Phönix-Journal Nr. 12

Die Kreuzigung des Phönix

von Gyeorgos Ceres Hatonn

Titel des Originals:
CRUCIFIXION
OF THE PHOENIX

Dieses Buch basiert auf der
ersten englischen Ausgabe,
herausgegeben von
PHOENIX SOURCE DISTRIBUTORS, INC.
P.O. Box 27353
Las Vegas, Nevada 89126 USA
1989

1. deutsche Ausgabe 2019
Layout, Umschlaggestaltung, Titelbild: José Buchwald
Satz: Arina Zwetkowa
Lektorat: Svetlana Zemli

Verlag und Druck:
tredition GmbH, Hamburg

ISBN Paperback: 978-3-7482-2619-2
ISBN Hardcover: 978-3-7482-2620-8
ISBN eBook: 978-3-7482-2621-5

Die Texte der Phönix-Journale sind bewußt
nicht durch Copyright geschützt (siehe Seite 4), um eine bestmögliche
Verbreitung zu ermöglichen.
Urheberrechtlich geschützt sind Gestaltung und Aufmachung
dieses Buches und bedürfen bei publizistischer Verwendung
der Genehmigung des Verlages
und des Herausgebers.

Die Deutsche Nationalbibliothek verzeichnet diese Publikation
in der Deutschen Nationalbibliografie;
detaillierte bibliografische Daten sind im Internet
unter http://dnb.d-nb.de abrufbar.

Phönix-Journal Nr. 12

Die Kreuzigung des Phönix

von Gyeorgos Ceres Hatonn

Aus dem Englischen übersetzt von
Lydia Alberts
2018

Herausgegeben von José Buchwald

Veröffentlicht auf Wunsch von
CHRIST MICHAEL ATON VON NEBADON

ERKLÄRUNG ZUM COPYRIGHT UND HAFTUNGSAUSSCHLUSS

Die Phönix-Journale sind gedacht als „Echt-Zeit"-Kommentare zu gegenwärtigen Ereignissen, so wie derzeitige Ereignisse in Verbindung stehen zur Vergangenheit und der Beziehung beider zur materiellen und spirituellen Entwicklung der Menschheit.

Geschichte, wie wir sie kennen, wurde von selbstsüchtigen Menschen revidiert, umgeschrieben, verdreht und verändert, um Kontrolle über die Menschheit sowohl zu bekommen als auch zu erhalten. Wenn man versteht, daß alles aus „Energie" besteht, daß sogar physische Materie „verschmolzene" [A.d.Ü.: im Sinne von „verdichtete"] Energie ist und daß alle Energie aus dem Gedanken GOTTES entsteht, kann man die Vorstellung akzeptieren, daß die erfolgreiche Ausrichtung von Millionen Gedanken auf ein zu erwartendes Ereignis es auch geschehen läßt.

Wenn man die vielen Prophezeiungen von Tausenden von Jahren ansieht, sind wir jetzt in der „Endzeit" (speziell das Jahr 2000, das zweite Millennium usw.). Das würde bedeuten, daß wir uns jetzt in der Zeitspanne der „Auslese" befinden, nur ein paar Jahre von der Ziellinie entfernt. GOTT sprach, daß in der Endzeit das WORT ergeht – in alle vier Himmelsrichtungen – so daß sich jede/r für den Weg entscheiden kann, den er/sie gehen möchte – entweder mit der Hinwendung zum Göttlichen oder der Abkehr – beruhend auf der WAHRHEIT.

So sendet GOTT Seine Heerscharen – Seine Botschafter – um diese WAHRHEIT zu verkünden. Die Phönix-Journale sind die Art und Weise, wie Er gewählt hat, sie uns zu präsentieren. So sind diese Journale die Wahrheit, die nicht mit einem Urheberrecht belegt werden können. Sie bestehen aus gesammelten Informationen, die auf der Erde bereits verfügbar sind, von Anderen recherchiert und zusammengestellt (einige zweifelsohne nur für diesen Zweck), und sollten nicht urheberrechtlich geschützt werden (außer *SIPAPU ODYSSEY*, was eine „Dichtung" ist).

Die ersten ungefähr sechzig Journale wurden von America West Publishing verlegt. Der Verlag entschied, daß aufgrund der ISBN-Nummer (notwendig für den Bücherverkauf) ein Urheberrecht angegeben werden müsse. Commander Hatonn, der ursprüngliche Autor und derjenige, der alles zusammenstellte, hat darauf bestanden, daß keine Urheberrechte bestehen und nach unserer Kenntnis wurden auch keine vergeben.

Wenn die Wahrheit alle Welt erreichen soll, muß sie frei weitergegeben werden können. Wir hoffen, daß jeder Leser das auch tun wird. Selbstverständlich sollte der Kontext erhalten bleiben.

DISCLAIMER

DIE ÜBERSETZUNGEN DER PHÖNIX-JOURNALE SIND EIN FREIES PROJEKT AUF DIESEM PLANETEN.

ES LIEGT KEINE BEANSPRUCHUNG DES MATERIALS DURCH ABUNDANTHOPE.NET ODER CHRIST-MICHAEL.NET VOR. VERÖFFENTLICHENDE WEBSEITEN KÖNNEN LEDIGLICH TRÄGER DES MATERIALS SEIN. EBENSOWENIG GIBT ES FESTE ANSPRÜCHE IRGENDWELCHER ÜBERSETZER AUF DAS KOMPLETTE MATERIAL.

ÜBER DIE PHÖNIX-JOURNALE

Die Phönix-Journale sind Ende der Achtziger bis etwa Ende der Neunziger Jahre des letzten Jahrhunderts in Kalifornien, USA, entstanden und wurden bereits damals schon teilweise in Buchform herausgegeben.

Die Autoren sind Wesenheiten aus der sogenannten *Bruderschaft des Lichts* der Kosmischen Ebenen. Allen voran *Gyeorgos Ceres Hatonn*, Oberster Befehlshaber für das Projekt Erdübergang, Esu Jesus Jmmanuel Sananda, der bereits vor 2000 Jahren als Botschafter der Geistigen Ebenen auf diesem Planeten – allgemein als *Jesus Christus* bekannt – inkarniert war, und diverse Meister der Farbstrahlen, wie z. B. der wohl bekannteste Meister des Violetten Strahls, *Saint Germain*, der auch mehrere Male im körperlichen Gewand die Geschicke der Welt gelenkt hat.

Hatonn stellt sich mit diesen Worten selbst vor:

„Ich bin Gyeorgos Ceres Hatonn, Oberster Befehlshaber Projekt Erdübergang, Sektor Flugkommando der Plejaden, Intergalaktische Flottenföderation unter dem Kommando von Ashtar; Repräsentant der Erde für den Kosmischen Rat und Intergalaktischen Rat der Föderation zum Übergang der Erde. Ihr könnt mich ‚Hatonn' nennen."

Eine kurze Zusammenfassung, was die Phönix-Journale sind, hat Kommandant Hatonn selbst gegeben:

„Diese Journale sind die Worte der Wahrheit, die Gottes Versprechen für die Veröffentlichung in der Endzeit darstellen, um der Menschheit eine letzte Chance zu geben, sich für die Wahrheit anstatt für die Lüge zu entscheiden."

Gyeorgos Ceres Hatonn outete sich später als niemand Geringeres als unser Schöpfersohn *Christ Michael Aton* und ist somit die höchste Autorität unter den Autoren.

Das Diktat wurde in englischer Sprache über radioähnliche Kurzwellen direkt an Doris Ekker alias „Dharma" übermittelt, die etwa 20 Jahre lang im Dienste der Himmlischen Heerscharen in etwa dreiwöchigem Rhythmus jeweils ein Journal fertiggestellt hat.

Ihr Beitrag für die Entwicklung der Menschheit kann nicht hoch genug geschätzt werden und sie war der einzige Kanal, durch den Gyeorgos Ceres Hatonn übermittelt hat. Nicht nur, daß sie tagtäglich im Dienst der Geistigen Ebene stand, ganz irdisch hatte sie auch zu kämpfen mit Anfeindungen, Verleumdungen, Übergriffen und sie mußte von der Geistigen Welt nach körperlichen Angriffen drei Mal wiederbelebt werden. Außerdem wurde oftmals der Buchdruck seitens weltlicher Verhinderer boykottiert oder die Zusammenarbeit der Phönix-Mitarbeiter in den damals arrangierten Radiosendungen diffamiert. Hier muß man fairerweise sagen, daß sich in dieser Beziehung bis heute rein gar nichts verändert hat.

Die Phönix-Journale sind ein Zeitzeugnis einerseits und – verbunden mit den dazu passenden geschichtlichen Hintergründen andererseits – ein geschichtliches Werk in mehreren Bänden, das den Menschen als geistiges Wesen betrachtet und somit in seinen Aussagen auch alle Bereiche berührt, mit denen ein Mensch während seines irdischen Seins in Berührung kommt – Geschichte, Wissenschaft, Gesundheit, Politik, Gesellschaft und nicht zuletzt Spiritualität und Religion, also die Verbindung zu Gott, unserem Schöpfer. Die Ebenen sind untrennbar miteinander verbunden und erst das „Be-Leben" und „Er-Leben" aller Ebenen macht den Menschen in seiner Gesamtheit aus.

Sie befassen sich mit dem, was sich seit Anfang unserer Zivilisation hinter den Kulissen abspielte, niemals an die Öffentlichkeit drang, oder einfach durch „Brände" – wie die Bibliothek von Alexandria – der sinnlosen Zerstörung „zum Opfer fiel". Oder auch durch Sintfluten, die die lemurischen und atlantischen Zivilisationen verschlangen.

Aus geistiger Ebene gesehen, tragen solche Katastrophen eine Aufforderung an die Zivilisationen in sich, die da heißen: Denken und

Handeln überdenken, zu geistiger Einsicht gelangen und sein Tun darauf abstimmen. Die Lebensregeln dazu liefern die Phönix-Journale auch in Form der Gebote der Schöpfung und Gottes.

Das erwartete Goldene Zeitalter wird die Zeit sein, in der sich die Menschen diesen Geboten wieder zuwenden und nach bestem Wissen und Gewissen danach leben, um auch die Schöpfung auf unserem wunderbaren Blauen Planeten wieder neu zu beleben.

Im Zuge der spürbaren Veränderungen auf unserer Erde ist es an der Zeit, daß die Menschheit ihre Chancen für eine bessere Welt wahrnimmt, die Verantwortung für ihr Handeln übernimmt, die Zügel in die Hand nimmt und nicht mehr abgibt an Regierende, sondern sich bewußt wird, daß der einzige Sinn und Zweck eines menschlichen Lebens in der seelisch-geistigen Entwicklung, im Wachstum, im Reifeprozeß und auf allerhöchster Ebene in der Heimkehr zum Schöpfer in geläuterter, geistiger Form besteht.

Uns dies bewußt zu machen, wurden die Phönix-Journale als DAS WORT wieder auf die Erde gebracht, das uns Gott als Führung und Leitfaden durch die „Endzeiten" versprochen hat. Wie Gyeorgos Ceres Hatonn sagt: Wer hören will, der höre, wer sehen will, der sehe. Unerläßlich für diese Entwicklung ist Wissen und Weisheit, die uns die Phönix-Journale bringen. Die stoffliche Welt ist der Spielplatz, auf dem die Seele Mensch verfeinert und geschliffen werden soll, dazu gehört die in der Bibel genannte „Arbeit" – an sich selbst! Damit jeder Mensch in seiner Einzigartigkeit wie Phönix aus der Asche zum Schöpfer aufsteigen kann.

Sananda in Phönix Journal Nr. 12, Kapitel 10:

„Es mag nicht das sein, was Manche zu hören ‚wünschen', aber es wird die Wahrheit sein und die Herzen der Menschen sollen es wissen! So sei es und Selah!"

INHALTSVERZEICHNIS

VORWORT 15

WIDMUNG 20

VORWORT DES AUTORS 26

KAPITEL 1 32

KAPITEL 2 45
   AM ANFANG 46
   VORBEREITUNG FÜR DIE SCHÖPFUNG (DAS WORT) 52

KAPITEL 3 55

KAPITEL 4 64

KAPITEL 5 80

KAPITEL 6 91

KAPITEL 7 100

KAPITEL 8 112

KAPITEL 9 129

KAPITEL 10 143

KAPITEL 11 154

KAPITEL 12 164
   MEINEN NAMEN ÄNDERN? 173

KAPITEL 13 176
   RAUMSCHIFFE 180
   QUALIFIKATION 182
   INFORMATIONEN ZUM RAUMKOMMANDO 184

GLEICHE TAKTIKEN GEGEN ALLE
    REGIERUNGEN DIESER WELT   184

KAPITEL 14   **186**
    GEWÄHLTE AMTSTRÄGER, DIE CHRISTUS NACHFOLGEN   186
    DANN HEILEN SIE DOCH AIDS, WENN SIE SO VIEL WISSEN 187

KAPITEL 15   **205**
    EDUARD A. MEIER (BILLY)   210

KAPITEL 16   **221**
    GALAKTISCHE STARBESETZUNG   221
    DAS HÖCHSTE GEBOT   229
    DIE SIEBEN   231

KAPITEL 17   **242**
    WAS UND WER IST DER PHÖNIX?   242
    JESUS EMMANUEL SANANDA – UND CHRISTUS   242
    WARUM „KÄMPFT" DAS BÖSE SO HART?   244
    KÖRPERLICHE PRÄSENZ   246
    EINHEIT   246
    KLARSTELLUNG ZU BIBLISCHEN WORTEN   248
    ZEICHEN UND AKTUALISIERUNGEN   249

KAPITEL 18   **253**
    WAHRHEIT   253
    LORD BUDDHA   253
    LORD JESUS CHISTUS (JMMANUEL)   254
    WARUM HEUTE?   254
    HIMMEL ODER HÖLLE   258
    WARUM SICH MIT DEN ERFAHRUNGEN ANDERER
        AUSEINANDERSETZEN?   259
    IRDISCHE BESTÄTIGUNGEN   260
    VERSUCHEN WIR ES MIT DEN INDIANERN (DIE ALTEN)   260
    WAS IST MIT JMMANUEL JESUS CHRISTUS?   261
    FEHLENDE VERBINDUNGSSTÜCKE   262
    ALLES IST EINS   264
    WAS IST MIT DEN LEGENDEN?   265
    SELBST DIE BUDDHISTEN ERKANNTEN DIE ENTITÄT   268

KAPITEL 19   **270**

KAPITEL 20   **276**
    DER URSPRUNG DES KASTENSYSTEMS   276

JMMANUELS (ISSA, JESUS) PARABEL	280
LORD KRISHNA	281
UND NOCH ETWAS ZU SAULUS (PAULUS) – ER TAT DAS BESTE, WAS ER KONNTE, JOHANNES!	283
GLEICHHEIT ALLER MENSCHEN	284
EINHEIT DER MENSCHLICHEN FAMILIE	286
GOTT UND FRAUEN	287
AUCH EURE MUTTER WIRD KOMMEN	292

KAPITEL 21 — 295

DIE MUTTERGÖTTIN	295
PROPHEZEIUNG IN FATIMA	296
DIE SONNE BEWEGTE SICH	297
GEHEIME BOTSCHAFT	297
EIN VERRATENES GEHEIMNIS IST KEIN GEHEIMNIS MEHR	298
SCHRECKLICHE VORAUSSAGEN	299
NUN, WO STEHEN WIR?	301
JETZT KOMMT DER SCHOCK, KLEINE SCHLAFMÜTZEN	303
DIE WARNUNGEN DER MUTTER	304
DIE WARNUNG	304
VORRÄTE FÜR DIESEN TAG	305
DIE ZEIT DER WARNUNG	305
DAS WUNDER	306
LASST UNS FÜR EINEN MOMENT ZUSAMMEN HINGEHEN UND BEOBACHTEN	307
ICH BIN ATON	310

KAPITEL 22 — 312

DER VERLORENE WEISSE BRUDER/WEISSE PROPHET	312
UND WIE SIEHT ES MIT ALKOHOL AUS?	312
HINTERGRÜNDE ZUM WEISSEN PROPHETEN	314
WARUM?	317
BEVOR WIR JETZT DIE INDIANER VERLASSEN	319
JETZT MÖCHTE ICH DIE HOPI EHREN, DENN SIE HABEN AUFZEICHNUNGEN HINTERLASSEN	319
BLACK MESA	322
WAS IST JETZT MIT DEN UFOs?	325
FELSENLEGENDEN	326

KAPITEL 23 — 328

GLAUBENSLEHREN VON WHITE BEAR / DER WEISSE BÄR	328
ZYKLEN	333

KAPITEL 24 — 340

„WINDSINGER"	340

WARUM DIESE GERINGSCHÄTZUNG VON FRAUEN DURCH
  PAULUS? 347
DIE DUALE NATUR DER GOTTHEIT 349
WAS IST MIT GOTT ALS MUTTER? 350
DREI ASPEKTE DER VERWIRKLICHTEN GÖTTIN 352
WIE SIEHT ES MIT WUNDERN AUS? 354

KAPITEL 25   359

MEISTERSCHAFT ÜBER KÖRPER, MATERIE UND ELEMENTE 359
ENTSCHWINDEN 362
ANDERE EVANGELIEN 365
WARUM SO VIELE BEISPIELE VON SO VIELEN, WENN IHR
  NUR EINES GLAUBEN WOLLT? 368
WIE STEHT ES MIT WANDELN AUF DEM WASSER? 368
AN IHREN FRÜCHTEN SOLLT IHR SIE ERKENNEN 369
WIEVIEL ZEIT GIBT ES FÜR DAS SPIEL? 372

KAPITEL 26   376

VERZERRTE SICHTWEISE 377
WAS IST „ZEIT"? 380
WOLLEN WIR DIE GESICHTER DER ANGST ANSEHEN 382
WOLLEN WIR ÜBER DIE DINGE SPRECHEN, DIE EUCH INS
  GEFÄNGNIS BRINGEN 384
BETRACHTET DEN GERICHTSHOF UND DIE MITSPIELER 385
„ANKLAGE" VON GATEHOUSE 393

KAPITEL 27   397

SICHERHEIT 397
DIE FAKTEN 398
DIE MEISTER DES REGENBOGENS 404

KAPITEL 28   412

WIE WÄR'S MIT ETWAS LICHT? 412
ALSO GUT – WOLLEN WIR EINIGE „WAHRHEITEN"
  VERGLEICHEN 419

KAPITEL 29   423

GEFÜHLE 424
DIE ZWÖLF SCHRITTE 428
ABSCHLIESSENDES ANERKENNTNIS 430

KAPITEL 30   432

WIRKLICHKEIT! WAS GENAU IST WIRKLICHKEIT? 432
WIEVIELE WERDEN SEHEN? 435

KAPITEL 31 — 444

- SCHAUEN WIR UNS DIESEN MORD GENAUER AN — 446
- WERDET DIE PROBLEMKLASSEN LOS — 448
- BERTRAND RUSSEL — 449
- WINSTON CHRUCHILL – KRIEGSHELD? — 451
- IHR MÜSST DIE GRÜNDE VERSTEHEN — 452
- ZUSAMMENSETZUNG DER PUZZLETEILE — 453
- UND WIE STEHT ES MIT CHEMIKALIEN? — 455

KAPITEL 32 — 458

- MANCHE ÖRTLICHKEITEN SIND GLEICHER ALS ANDERE — 459
- HEUTIGE MÖGLICHKEITEN — 461
- LAGERHALTUNG FÜR VIREN — 463
- LASSA - FIEBER — 463
- ZURÜCK ZUR GRIPPE — 465
- WIE STEHEN DIE MÖGLICHKEITEN MIT UFOS? — 465
- MARKIERT EUCH DAS HIER – *DAS KOMMT NICHT RUNTER VOM RAUMKOMMANDO*! — 467

KAPITEL 33 — 470

- SELTSAMES HINSCHEIDEN — 470
- SEUCHEN, GRIPPE UND ANDERE HÖHERE FORMEN DES TÖTENS — 470
- LEGIONÄRSKRANKHEIT — 473
- GEPLANTE EXPERIMENTE UND TÄTERSCHAFTEN — 475
- ERINNERT IHR EUCH AN DIE FILME?
  - SERIE ANDROMEDA! — 476
- SIE TATEN ES UND SIE WERDEN ES WIEDER TUN — 477
- NUN, DIESE PLÄTZE SIND SOWIESO ÜBERBEVÖLKERT — 477
- SELBST IN MEINEN EIGENEN GRUPPEN — 480
- ZURÜCK ZU DEN SUPERKEIMEN — 481
- POCKEN !!! — 481

KAPITEL 34 — 485

- VORBEREITUNG — 485
- „EPHESER 6, VERSE 10-13" — 486
- DIE VERSCHWÖRUNG — 487
- PLAN DER ILLUMINATI ZUR ÜBERNAHME DER WELT — 490
- EINE RUHIGE, KLEINE STADT NAMENS SAN ANTONIO — 492
- BETRACHTET EUCH DIE PLÄNE — 493
- NACHTRAG ZUM OBIGEN KAPITEL — 496

ORGANISATION DER ILLUMINATI 502

BIBLIOGRAPHIE 506

Glossar 507

VORWORT

Liebe Leser,

die Übersetzung dieses neuen Phönix-Journals „Die Kreuzigung des Phönix" von Hatonn möchte ich im Andenken und in Dankbarkeit meinem Vater widmen, der mir während seines Lebens all die Werte mitgegeben hat, die uns Hatonn in seinen Journalen – und ganz besonders in Diesem – als göttliche Werte vermittelt und als Grundlagen für unseren Lebensweg darlegt. Dieses Wissen erlaubt mir heute, die sehr tiefgreifenden und themenmäßig weitreichenden Texte der Phönix-Journale zu übersetzen und zu erkennen, daß wir nur auf dem Rückweg zu diesen Werten in unserer individuellen, als auch der menschlichen Gesamtheit, heil werden können. Es sind nämlich genau die Werte, die durch die Verirrungen und Verwirrungen in den Gedankenmustern und Taten der Menschheit verloren gegangen sind, so daß der heutige kranke und krankmachende Zustand unserer Welt und unserer Menschheit überhaupt erst erreicht werden konnte. Heute weiß ich, daß es DIESER Staffelstab war, den er mir nach seinem Übergang vor vielen, vielen Jahren in die Hand gedrückt hat – das Weitertragen der Göttlichen Werte. Ich bedanke mich in Demut.

Dieses neue Phönix-Journal spannt einen sehr, sehr weiten Bogen – von der Beantwortung der Korrespondenz von damaligen Lesern – aus dem Jahr 1990! – bis zu den Hintergründen vieler Mythen alter Völker, die er in ihren fast identischen Aussagen vergleicht und uns deren Entstellungen durch Menschenhand im Verlauf der Zeiten aufzeigt, die zu der Kreuzigung des Phönix führten, wie wir sie heute hautnah und schmerzhaft in unserer verkommenen Welt sehen und spüren. Dazu gehören natürlich insbesondere die Entstellungen durch die großen Weltreligionen, die auf ihren Lügen und wohldurchdachten Manipulationen ihre globale Macht aufgebaut und damit den Phönix gekreuzigt haben. Seinen vor zweitausend Jahren gekreuzigten Stellvertreter kennen wir Alle.

In den Antworten an die Leser erklärt er Schritt für Schritt die bereits im Kindesalter beginnende Übernahme des Phönix – zu sehen als die Erde und die Menschheit, ja sogar des einzelnen Menschen – durch den Fürsten der Dunkelheit, die die seltsamen Früchte trägt, die heute in erschreckendem und erschütterndem Ausmaß überall sichtbar und fühlbar werden. Wir spüren Alle diese Kreuzigung und das Kreuz, das auf uns lastet. Bewußt oder unbewußt.

Hatonn sagt zum Beispiel im Kapitel 27:

Der Phönix, Quetzal, Donnervogel usw. ist DAS Symbol für euren Evolutionszyklus. Ihr werdet wirklich im Feuer zu Tode kommen und werdet euch aus der Asche wieder erheben. DAS ist die Bedeutung des Phönix auf dem Titel.

Wobei man sicher nicht danebenliegt, wenn man als fühlender Mensch hier unter anderem auch an das innere Fegefeuer denkt.

Das Titelbild dieses Buches stammt aus dem Atelier unseres Herausgebers José Buchwald, ein begnadeter Maler, wie man sieht, der mit seinem menschlichen und weltlichen Mitgefühl und der Anbindung an Hatonn in der Lage ist, dessen Worte und Gedanken so punktgenau bildlich umzusetzen, daß ich persönlich sehr berührt bin und auch keine Minute daran zweifle, daß „der Funke" dieser überwältigenden Umsetzung auch auf Euch, liebe Leser, überspringt. Diese Hand wurde von „Oben" geführt. Danke José. Gänsehaut ...

Wer überlegt sich denn schon, daß die Kreuzigung eines kleinen Phönix bereits in der Kindheit beginnt? Daß der kleine Vogel, bereit zum Flug in kosmische Höhen, mit aller Gewalt durch unwissende Eltern, ebensolche Erzieher und Lehrer und im weiteren Sinne durch irdische Machtstrukturen zu einer „lahmen Ente" gemacht wird? Wer sich darüber Gedanken machen möchte, schaue sich die öffentlichen „Erzieher" unseres derzeitigen Lebens an. Stoff und Beispiele dazu gibt es heutzutage mehr, als man erfassen kann.

Nimmt es Wunder, daß so viele junge Menschen mit ihrer schmerzvoll verkrüppelten Seele, der man die Grundlage des göttlichen Funkens entzogen hat, in unserer Gesellschaft der Sucht verfallen? Was wird von den Medien in immer üblerer Manier hochgejubelt? Sucht, Sucht, Sucht … Alkohol, Drogen, Sex, Geld, Macht und Gier. Sucht kommt von dem Wort Suche – nach was wohl? Nun, Hatonn gibt uns in diesem Buch Antworten dazu.

Zitat aus Kapitel 29:

SCHRITT EINS: *Erkenne, daß dir die Abhängigkeit von einer Sache, sei es Alkohol, Essen, Schmerz, Sorge, Schuld usw. die Kontrolle entzieht und dich machtlos zurückläßt. Du mußt erkennen, daß dein lebenserfahrendes Bewußtsein in seinem derzeitigen Zustand von dir nicht mehr zu kontrollieren ist.*

SCHRITT ZWEI: *Erkenne, daß es eine Macht gibt, die größer ist als das Selbst, die dir Heilung und Stabilität bringen KANN.*

SCHRITT DREI: *Triff eine Entscheidung, deinen Willen und dein Leben der Sorgfalt dieser Höheren Quelle zu überantworten, Gott – so, wie du Ihn verstehst.*

Darüber nachdenken und mit den eigenen Lebenserfahrungen vergleichen und umkehren – DAS ist damit gemeint – wird die Seele in die Freiheit bringen, nach der sie sich sehnt. Wie ein aus der Asche des Schmerzes aufsteigender Phönix.

Hatonn wühlt alles in Einem auf, was mit (Selbst)Zweifeln bei uns besetzt ist und zeigt uns Mittel und Wege, die wir gehen können, um in unsere innere Vollkommenheit zu wachsen – über Mystik, alte Legenden, Zitate aus der Heiligen Schrift – und entsprechenden Vergleichen, die uns hart klarmachen, wie wir von unseren Kontrolleuren in Schach gehalten und gedanklich in engste Kreise gezwungen werden. Nicht zuletzt über unsere eigenen Suchtstrukturen, sei es die Sucht/Suche nach Liebe, Akzeptanz, Zuwendung, Materie. Alles nur, um unseren Weg in die Freiheit, zum Göttlichen, zu finden und damit das Fliegen zu lernen. Wie einfach könnte es sein, wenn man solche Gedankengänge bereits in der Schule lernen würde?

Das ist aber noch lange nicht alles, was uns Hatonn in diesem wirklich dicken Buch präsentiert. Da unsere kleine menschliche Welt auch von einer „Umwelt" umgeben ist, ist es nur schlüssig, daß er uns mit der Nase auf geschichtliche Hintergründe stößt, die man – selbstverständlich – nicht in Geschichtsbüchern nachlesen kann – es scheint mir der Ursprung der heutigen *Chemtrails* zu sein, die seit der extremen Trockenheit und genauso extremem Sprühen in diesem Sommer für Viele über Krankheiten spürbar waren. Die Übereinstimmungen mit der heutigen Zeit sind sicher „rein zufällig". Er thematisiert die Anfänge dieser Untat vor hundert Jahren – also 1918 – im Ersten Weltkrieg und die folgende Aufrüstung mit biologisch-chemischen Kriegswaffen. Man könnte glatt auf den Gedanken kommen, wir seien wieder im Krieg … honi soit qui mal y pense.

Dazu gab es – welche Überraschung aber auch! – am 16. November 2018 einen Artikel in einer großen, weitverbreiteten Tageszeitung über einen Krankenhauskeim, den Klebsiella pneumoniae, einem multiresistenten Keim, der „auf die Schnelle" drei Todesopfer gefordert hat. Wer denkt denn hier an Seuchen oder Pandemien? Ist doch in unserer westlichen Welt schon lange ausgerottet! Wenn man allerdings weiß, daß Bakterien und Viren im Schlafzustand viele Jahre überleben, bei Bedarf von den „Machern" aufgeweckt und aus der Luft sozusagen „über uns" ausgebracht werden können, wundert Einen gar nichts mehr. Hättet Ihr das gewußt? Nun, lest aufmerksam, was Hatonn dazu zu sagen hat. Er ist immer wieder für eine Überraschung gut. Mit diesem Wissen darf man fragen, wie man auf die Idee kommen kann, *Chemtrails* seien die Kondensstreifen von Flugzeugen …

Es geht wie immer bei Hatonn um das Innen, das Außen, das Oben und das Unten, wohl verbunden und so klar dargelegt, daß auch ein menschliches Gehirn verstehen kann, was er uns sagen möchte und er bittet immer wieder dringend darum, daß wir ihn hören mögen. Tun wir's endlich! Schreiten wir zur Tat. Einen besseren Lehrmeister und liebevolleren Vater können wir doch gar nicht haben, aber wir müssen uns halt auch bewegen wollen in Seinem göttlichen Sinne und wir müssen wissen, wohin wir gehen – was eignete sich dafür besser als die Phönix-Journale! Sie geben uns den Weg, die Wahrheit und damit das Leben. Die Beziehung zum Phönix ist deutlich. Man nennt ihn auch Quetzal, beginnt nicht umsonst mit einem **Q**. Wer sehen will, der sehe, wer hören will, der höre! Seine Worte sind klar, deutlich, manchmal auch hart, denn ohne Selbstdisziplin, ein auf gutem Grund stehendes Selbstwertgefühl und den Mut zum Gehen, oder besser Weitergehen, geht gar nichts. Den Mut und die Sicherheit gibt uns der Schöpfer, denn er zeigt uns auch das Ziel. Also, worauf warten wir jetzt noch?

Jeder von uns ist ein Phönix, schaut euch das Titelbild an, steigt auf aus dem Verderben und der Asche des Schmerzes und werdet flügge. Der Schöpfer hält euch. Sein Ziel für uns sollte auch unser Ziel sein, eine gesundete Seele, die letztendlich in den Schöpfer eingehen und darin aufgehen kann und wird. Zeit hat keine Bewandtnis. Habt Vertrauen in Seinen Plan!

Viel Kraft und Mut und der Segen des Herrn möge allzeit über euch sein.

Eure
Lydia Alberts
Im Dezember 2018

WIDMUNG

Aufzeichnung Nr. 1 | GYEORGOS CERES HATONN

Freitag, 16. Februar 1990, 7.30 Uhr, Jahr 3, Tag 184

Ich, Gyeorgos Ceres Hatonn, Kommandant der Flotte der Intergalaktischen Föderation, widme hiermit dieses Journal
MILTON WILLIAM COOPER
1311, S. Highland #205, Fullerton, Kalifornien, (714)680-9537. Wir vom Kommando grüßen und ehren Sie. Ich schreibe Ihren Namen in dieses Dokument, damit es wegen des Schutzes keine Mißverständnisse gibt. Mr. Coopers Name wurde ganz oben auf die Liste gesetzt, die wir euren irdischen Verschwörern anhand gegeben haben, damit sie wissen, daß er zu denen gehört, die vom Kommando beschützt werden. Mr. Cooper war sich unserer Mitwirkung nicht bewußt und seine menschlichen Absichten wurden wirklich ausreichend geprüft. Es gibt keinerlei Zweifel an seiner tiefen und ehrenvollen Intention, die Geheimregierung und deren Aktivitäten bezüglich des Globalen Plans 2000 ans Licht der Öffentlichkeit zu bringen und aufzudecken.

Genauso wie er unter Druck steht, das, was er entdeckt und mit anderen Forschern geteilt hat, herauszubringen – müssen auch wir vom Kommando, die wir als „Weiße Hüte" des Kosmos gesandt wurden, stetig dabei bleiben, die Wahrheit eurer irdischen Sprecher zu prüfen und zu beurteilen.

Wir haben in den detaillierten Ausarbeitungen von Mr. Cooper nur zwei nicht übereinstimmende Punkte gefunden. Wir haben nichts gegen die Kennzeichnung „Krill". Die Anklage in Sachen Mr. Krill war die Bezeichnung „Seiner machtvollen Hoheit". Wie ihr seht, tragen noch nicht mal die „kleinen grauen Männchen" solche irdisch-königlichen Titel.

Ein weiterer Punkt sind die Schlüsse und Präsentationen, die in seinem früheren Werk gemacht wurden hinsichtlich der Gefahren, von „außerirdischen kosmischen Wesen" versklavt zu werden. Nein, nein – „graue Männchen" gibt es in eurer Sphäre, nicht bei uns.

Der militärische Lebenslauf von Mr. Cooper ist untadelig. Seine wichtigste militärische Beschäftigung: Quartiermeister (Navigation). Die Zweitwichtigste: Interne Sicherheit.

In Vietnam, Danang Harbor Patrol, diente er in der Marinesicherheit und im Geheimdienst auf der USS Charles Berry DE-1035, pazifischer Seebetrieb. Auf der USS Charles Berry gehörte er als stellvertretender Kommandant dem Dienstpersonal der pazifischen Flotte an – und OPSTAT, dem Team des Prüf- und Berichtszentrums für Geheimdienst als Marineunteroffizier, auch als Beobachtungsposten im Kommandozentrum und dann auf der USS Oriskany CV A-35, pazifischer Seebetrieb. Ende 1975 verließ er die US Marine.

MR. COOPER IST EINER DER WENIGEN AUTOREN UND REPORTER, DIE TATSÄCHLICH ZEUGEN DESSEN WAREN, WAS IHR „UFO"-AKTIVITÄTEN NENNT. EINIGE SIND JEDOCH DEN WAHRHEITSBRINGERN ORDENTLICH AUF DIE FÜSSE GETRETEN UND HABEN ANDERE FÜR IHRE EHRENHAFTE ZEUGENSCHAFT VERURTEILT.

Mr. Cooper wurde viel zu lange mitten in der Kontroverse zwischen diesen Journalen und seinem Werk festgehalten. Wir halten diese zornige Kontroverse nicht aufrecht – es sind diese „Experten", die Mr. Cooper und die Journale davon abhalten, in die Öffentlichkeit zu gelangen, weil sie mit ihren Erschwerungen weitermachen, um ihr eigenes egoistisches Bedürfnis nach lautstarker Wichtigtuerei zu befriedigen. Darf ich eines eurer irdischen Klischees wiederholen: ein Experte ist ein unter Druck stehender Möchtegern. Das sind die, die keine Ruhe geben und sich durch Kleinigkeiten „hindurchprüfen", was für sich selbst spricht.

Es gibt viel mehr, die die Wahrheit daran hindern, ins Licht und an die Öffentlichkeit zu kommen als Solche, die das unterstützen.

Mr. Cooper und Andere, die ich später benennen werde (diese Widmung gehört Milton William <Bill> Cooper) werden der Schwarzmalerei bezichtigt – nun, da befindet er sich in guter Gesellschaft; genauso erging es Meister Esu Jesus Jmmanuel. Wenn ihr über diese Tage „die Wahrheit" aussprecht und die Verschwörung kontrolliert eure Welt – dann ist das wahrhaftig eine düstere Angelegenheit.

Und wirklich, wenn ihr das Ausmaß dieser Wahrheit anschaut, sieht es wirklich total hoffnungslos aus. Dabei vergeßt ihr aber, daß Gott ewig ist, Sein Plan den satanischen Plan weit übersteigt und Er siegen wird. Es wird eine Zeit grober Unannehmlichkeiten geben und eine Reise durch Feuer und Asche, um den Aufstieg des Quetzal erfahren zu können. Glaubt ihr, daß die Prophezeiungen unwahr sind? Nein, sie werden sich vor euren Augen entfalten – und diese Tage werden sich auf eurem Planeten ereignen.

Wenn ihr Leute nicht eure Augen öffnet und die Wahrheit lernt, seid ihr dazu verdammt, den Horror zu wiederholen. Alles umkehren? Nein, es wird nichts umgekehrt. Aber wenn ihr eure Scheuklappen vor den Augen abzieht und ein paar passende Aktionen startet – dann wird eine sehr, sehr große Anzahl überleben, um den Weg zu weisen.

Ich entschuldige mich dafür, wenn ich gegenüber Mr. Cooper etwas hart erschienen bin, denn meine Intention ist totale Liebe, aber ich bin ein disziplinierter Kommandant und ich muß meine Präsenz im Bewußtsein der Wahrheit machen und in Abgrenzung zu dem, was euch seitens der Verschwörung als angstmachende Anordnung gelehrt und verkauft wird.

Mr. Cooper informiert euch über einige „Basen", über die er „informiert" ist – davon gibt es noch mehr, die er nicht nachweisen konnte und die deshalb ohne nähere Bezeichnung blieben.

Der einzige Bereich der Arbeiten, in denen ich nicht mit Mr. Cooper übereinstimme, sind seine Schlußfolgerungen, die er, wie ich bemerkt habe, etwas abgemildert hat. Ich glaube, es war nie seine Absicht, daraus abzuleiten, daß es keine „wohlwollenden Außerirdischen" gäbe, sondern daß dieser Teil in den Präsentationen seines Materials nicht richtig zur Geltung gekommen ist.

Es gibt nicht nur „wohlwollende Außerirdische", sondern sämtliche Heerscharen des Himmels sind versammelt und bereit für die Wiederkunft des Christus-Kommandos. Wir benutzen weder Gewalt noch physische Intervention, denn GOTT hat den Erdenmenschen die Freiheit des Willens gegeben. Wir werden euch in eurem Erwachen beistehen und werden, wie gewünscht, in angemessener Mitwirkung dabei sein – viele, viele unserer Brüder sind bereits unter euch – und sie sind gekommen mit der Aufgabe, euch Augen und Ohren zu öffnen.

Ich biete Mr. Cooper den Frieden des Verständnisses an und verneige mich vor ihm für sein gefahrvolles und mutiges Werk. Wenn der CIA den Präsidenten der Vereinigten Staaten ermorden kann – wird er auch einen Verkünder der Wahrheit auf jeder erdenklichen Ebene aus dem Spiel nehmen – es wird aber nicht so leicht werden, denn wir begleiten unsere Wahrheitsbringer. Jetzt werde ich mich mal in „Stibitzen" ergehen, dessen ich so oft angeprangert werde:

-------- ZITAT --------

„DIE GESCHICHTE WIRD MEIN RICHTER SEIN UND AUCH ÜBER DIESE INFORMATION RECHT SPRECHEN UND ICH HABE KEINE ANGST VOR DIESEM URTEIL. ICH SCHWÖRE, DASS DIESE INFORMATION WAHR UND KORREKT IST NACH MEINEM BESTEN WISSEN.

Ich möchte allen Menschen für ihre Geduld und ihr Verständnis danken, die mir dabei geholfen haben, diesen Punkt zu erreichen. Ich schulde ihnen allen mehr, als ich jemals zurückgeben kann.

Schlußendlich kommt es nicht darauf an, wer Recht oder Unrecht hat oder ob der Name eines Projektes an der falschen Stelle steht. Es macht nichts aus, wer für wen arbeitet oder wer wirklich dies oder das ist. Es sollte mittlerweile offensichtlich sein, daß in unserer Regierung etwas sehr Düsteres und Falsches über das

UFO-Phänomen vor sich geht. Wir müssen jetzt alle zusammenhalten und das an die Öffentlichkeit bringen. Ich habe meinen Teil mit meinen besten Möglichkeiten dazu beigetragen. Ich kann dem nichts mehr hinzufügen außer meiner Zeugenaussage vor dem Kongreß oder einem Gerichtshof, daß das, was ich sah und niedergeschrieben habe, die Wahrheit ist und ich das so gesehen habe.

NUN TRETET HERVOR, WENN IHR IRGENDEINE INFORMATION HABT, DIE DAS GESAGTE UNTERSTÜTZEN KANN. DAS KÖNNTE DIE EINZIGE MÖGLICHKEIT SEIN, DIESE FURCHTBARE SITUATION AUFZUDECKEN. WENN ICH SCHEITERE, SCHEITERT IHR ALLE.

Milton William Cooper (Bill)"

* * * * *

Ich danke Ihnen, Bill Cooper, ich trete hervor – denn ich habe viel Information dazu, und auch ich benötige irdische Dokumentationen, im Falle, daß uns auch Keiner hört, und sie dazu noch versuchen, diese Schreiberin auszuschalten, die sehr wenig darüber weiß, außer was sie von mir bekommt. Es gibt bei euch jede Menge Informationen dazu, wenn ihr das jetzt bekanntgebt und teilt – denn Einige von euch sind als Pioniere den Weg schon vorausgegangen und wenn ihr darum bittet, nehmen wir euch unter unseren Schutz. Manche stehen derzeit unter unserem „aktuellen, physischen" Schutz und werden für die Zusammenarbeit wieder zu euch zurückkehren. Einer davon ist ein junger und äußerst mißbrauchter Kommunikations-Offizier, der „das alles" am 29. Oktober 1987 auf der Vandenberg-Basis in Kalifornien erlebt hat. So sei es.

Ich frage Mr. Cooper nicht nach seiner Zustimmung für diese Widmung, denn ich brauche keine Zustimmung einzuholen, um einen Menschen zu würdigen. Und ihr, die ihr euch was herausgreift und darüber in dümmlicher Ignoranz herumschwafelt, sollt die Früchte dieses banalen Benehmens ernten, denn die Uhr ist fast abgelaufen. Die Sanduhr bleibt auf dieser Seite stehen und wartet darauf, daß sie umgedreht wird. So sei es, denn in dieser Generation soll sich das alles bei euch zutragen – denn ALLE Zeichen stehen bereit und die Blätter und Feigen beginnen zu sprießen.

Genauso wenig wie diese Schreiberin erhält Mr. Cooper große, opulente Belohnungen, denn es ist wirklich höchst kostenintensiv, das Werk des Meisters fortzusetzen und die Nachforschungen müssen finanziert werden. Diesen Schreibern sagt man nach, sie würden fantastische und ordentliche Summen einstreichen – bis jetzt sind sie mit Hunderttausenden von Dollars verschuldet für das „Privileg", Informationen zu bekommen, die sie lieber nicht haben wollen.

Es sind große Summen vonnöten, denn ihr habt viel zu bauen und einen heimtückischen Übergang vor euch, durch den ihr durch müßt; ihr braucht Schutzräume und Krankheitstherapien – es ist viel zu viel, um alles aufzulisten und diese hier werfen alles bis auf das Lebensnotwendigste in die Projekte. Ihr auf der Erde seid so ein gewalttätiger Haufen; ah ja, ein gewalttätiger Haufen – aber Einigkeit und Liebe wird DAS WORT hervorbringen und DAS WORT IST GOTT und MIT GOTT IST ALLES MÖGLICH – IHR KÖNNT DAS, WAS IST ODER WAR NICHT RÜCKGÄNGIG MACHEN – ABER IHR KÖNNT ES ÄNDERN, WENN IHR ES EUCH SO AUSWÄHLT – IN BRÜDERLICHKEIT.

Ich grüße Sie in ergebener Hochachtung, Milton William Cooper.
SALU, SALU, SALU.
KOMMANDANT GYEORGOS CERES HATONN

VORWORT DES AUTORS

Aufzeichnung Nr. 1 | GYEORGOS CERES HATONN

Freitag, 9. Februar 1990, 8.15 Uhr, Jahr 3, Tag 177

Ich bin Gyeorgos Ceres Hatonn. Guten Morgen, und ich gebiete, daß der Segen von Licht und Freude uns Alle in Einigkeit und Aufmerksamkeit umgibt.

In diesem Vorwort möchte ich ein paar Erklärungen abgeben bezüglich diesem und folgender JOURNALE. Ich möchte alle Leser daran erinnern, daß diese Dokumente nicht zur literarischen Erbauung geschrieben wurden, sondern zum Zweck wahrheitsgetreuer faktischer Instruktionen und Informationen.

Die Fragen, die man uns aufgrund vorhergehender JOURNALE zuschickt, sind für alle Leser sehr wichtig, denn die, die die Fragen aufschreiben, bitten eigentlich im Namen Aller um Antwort. Manche Antworten passen zeitlich recht gut, so daß wir sie im *Phoenix Journal Express* (der „wöchentliche" Rundbrief) abdrucken können und Manche werden auch im anstehenden JOURNAL gebracht, egal, um welches Themenmaterial es sich dabei handelt.

Wir haben keine „Redakteure" als solche und die riesigen Stöße mit den Schriftstücken und dem Papierkram können wir unmöglich isoliert und Thema für Thema abhandeln – alle Informationen sind für alle Leser wichtig. Aus diesem Grund habe ich beschlossen, daß der erste Teil in jedem folgenden JOURNAL aus einer Zusammenstellung von Briefen und Antworten bestehen soll. Für die Briefe, die wir keinem Thema zuordnen können, danken wir euch einfach sehr, sehr herzlich und wir werden, wenn irgendwie möglich, alle Korrespondenz beantworten. Wir werden Auszüge daraus bringen, wenn das Thema allen dienlich ist und wir werden das anonym machen und nur die Initialen veröffentlichen. Wenn sich die Fragen auf die Darstellung einer bestimmten Person beziehen, werden wir die Konsequenzen dieser Namensveröffentlichungen sehr genau überprüfen und dann wahrscheinlich auch nur die Initialen preisgeben.

Wenn das Material einem Thema zugeordnet werden kann, das wir noch einmal besprechen, z. B. – „die kleinen grauen außerirdischen Männchen" – kann es gut sein, daß wir die Briefe mit den Fragen und Antworten mehrere Male benutzen. Es liegt nicht in unserem Interesse, uns zu wiederholen, aber Manche haben keinen Zugang, oder möchten einige der *JOURNALE* nicht lesen, weshalb sie den Informationszugang nur aus einer Quelle haben. Ich bitte um eure Geduld. Wir werden mit einem Schwall von Kritikern und kritischen Abhandlungen bombardiert – aber wir können nicht auf Alles einzeln antworten, denn unsere Schreiberin hat bereits 18 bis 20 Stunden eines gegebenen 24-Stunden-Tages vollauf zu tun. Und sie hat auch nur genau 24 Stunden pro Tag, gemäß eurer Zeitrechnung.

Wir werden uns bemühen, die Fragen so schnell wie möglich zu beantworten und werden die Antworten – *zuerst* – an die Fragesteller senden. Deshalb vermerkt es bitte auf dem Original der Korrespondenz, wenn ihr nicht wollt, daß wir eure Fragen nur mit den Initialen kennzeichnen und nur die Fragen des öffentlichen Interesses beantwortet haben wollt. Außerdem bitte ich darum, euch nicht hinzusetzen und euch widersprüchliches Geschwafel aus den Fingern zu saugen, denn wenn die Antworten in bereits veröffentlichtem Material zu finden sind, werden wir aus Zeitgründen auf die Antwort verzichten. Wir haben Welche, die in Gruppen zusammensitzen und Seiten über Seiten mit unnützen, unnötigen Fragen füllen, nur um den Schreiber zu beschäftigen. Sie haben kein Interesse an dem allumfassenden Zweck, sondern nur, zerstreuend und abwertend zu wirken. Ich werde die Leser mit Sinn und Interesse an Gott nicht diesem Trommelfeuer aussetzen, es sei denn, es enthält wertvolle Informationen – zu Schulungszwecken sind alle Dinge von Wert und verdienen Anerkennung.

Ich bin auf den kosmischen Ebenen und ganz speziell innerhalb meines Kommandos als strenger Vorgesetzter der Galaktischen Flotte sehr gut bekannt – nun, ich erwarte Disziplin und meine Intention in allen Instanzen ist die totale „Gerechtigkeit". Auf den Ebenen der Disziplin halte ich nicht den Schein einer Kerzenflamme in den Glanz von Christos oder Aton. Ihr wollt euch euren Christos als einen vorstellen, der ans Kreuz springt und nicht gottergeben wimmert, wenn die Nägel eingeschlagen werden – nicht so, meine Freunde. Er erwartet totale Selbstdisziplin und im Fall von bösartigen Interessen oder in der Konfrontation mit Satan oder seinen Spießgesellen ist Er ohne Gnade oder Sanftmut. Er ist ein ausgezeichneter, vorzüglicher Kommandant und das weit über eure Verständnisebenen hinaus.

Wenn Er ehrlich und durch Ernsthaftigkeit im Herzen um Schutz gebeten wird, wird Er verteidigen, ohne dem Anderen eine Chance zu lassen. Diejenigen, die in ihrer Selbstherrlichkeit Zwang ausüben, Andere „an die Wand drücken", eklatant dementieren und das Ganze noch gegen unsere Arbeiter richten, werden den Stachel der Vergeltung spüren, denn diese gemeinen und grausamen Aktionen dieser immer gleichbleibenden Art von vorsätzlichen Beleidigungen ist von Übel.

Wenn so etwas aus purer Unwissenheit geschieht, wird es auch mit Sanftheit behandelt werden – wenn aber absichtlich Bösartigkeiten zugefügt werden, wird mit gleicher Münze heimgezahlt. Wenn ihr einen Angriff startet und den Wortlaut auch noch niederschreibt, wird das alles gedruckt und öffentlich entkräftet. Diejenigen, die absichtlich etwas schlecht machen und schmähen, sind sehr willkommen, alle Fakten zu studieren, ihre Meinung dazu zu ändern und eins mit uns zu werden. Wenn sie sich entscheiden, das nicht zu tun, dann sei es so. Wir drängen Niemandem etwas auf. Wenn sich jemand ein Journal kaufen will, um es vor der Bundeshauptstadt zu verbrennen – soll er es machen. Ich schlage aber vor, daß er das selbst bezahlt, wenn er es doch verbrennt und dafür nicht einen Freund anpumpt, denn sonst wäre es Zerstörung fremden Eigentums.

Wenn wir schon dabei sind, es gibt Welche, die Pfeile und Sprengköpfe durch die Gegend schießen, aber das Material nur „selektiert" und aus dem Zusammenhang gerissen lesen und Dokumente sichten, die sie auf Kosten Anderer erhalten haben – das entspricht dann einer total unmoralischen Absicht in allen Facetten.

Manche beanstanden die direkte Antwort auf ihre gemeinen und verletzenden Briefe, die sie an meine Schreiber schicken, in denen sie behaupten, diese seien die Autoren. Wir aus den Höheren Ebenen sind die Autoren und die Korrespondenz an den „Autor" wird auch von UNS, DEN AUTOREN, bearbeitet. Wenn ihr keine Antwort wollt, dann sei es so – wenn es euch in der Küche zu heiß wird, Brüder, bleibt draußen. Wenn euch Literatur nicht interessiert, lest sie nicht, aber es wäre sehr weise, alle Informationen in den JOURNALEN und in den Express-Rundbriefen zu lesen, denn zum Schluß seid IHR Diejenigen, deren Meinung mit Ei bekleckert ist, wenn ihr eure Gegendarstellungen öffentlich macht oder es vorhabt. Bisher war nämlich jeder dieser Fälle eine außerordentliche Hilfe bei der Verbreitung der Wahrheit in unserem Material. Eure Attacken bestätigen doch nur unsere Darstellungen und dafür sind wir euch wirklich sehr dankbar.

Die, die uns schreiben und zu einigen problematischen Punkten nachfragen, genießen unseren größten Respekt, gibt uns das doch die Möglichkeit, auf Fragen zu antworten, die scheinbar total widersprüchlich sind. Ihr dürft nicht vergessen, daß wir noch nicht alle JOURNALE zu Papier gebracht haben und einige Themen werden wir später sehr detailliert bringen, aber wir werden uns immer bemühen, bis zu einem gewissen Grad befriedigende Antworten zu geben, die euch Geborgenheit vermitteln, während ihr auf die tiefergehenden Beiträge wartet.

Wir befinden uns nicht in dem Business, fortlaufende „Novellen" als solche zu schreiben und manchmal wird die Kapitelfolge aus der Notwendigkeit heraus etwas bezugslos erscheinen – bitte akzeptiert die Unterbrechungen. Grundsätzlich basiert jedes JOURNAL auf einem zusammengehörigen Themenkreis, aber wir können jetzt nicht mehr darauf verzichten, auch „Antworten" zu geben, die bezugslos dazu erscheinen. Bitte lest das im Zusammenhang.

Wir geben uns große Mühe, bei Fragen, dringenden offiziellen Geschehnissen und Antworten im ersten Teil auf dem Laufenden zu bleiben. Im ganzen restlichen Teil des JOURNALS schaut zur Klärung dann bitte in den ersten Teil.

Ich danke euch für eure geschätzte Geduld und Aufmerksamkeit, denn in Zukunft wird es unser Bestreben sein, DAS KOMPLETTE Material FÜR ALLE zur Verfügung zu stellen, selbst wenn es in einem zusammenhanglosen Format erscheint. Wir bitten um eure freundliche Nachsicht.

Es gibt keine englischen oder planetarischen Wörter, die meine Anerkennung für eure Beteiligung und Teilnahme ausdrücken könnten und ich wurde gebeten, diese Dankbarkeit auch im Namen meiner „kollegialen" Brüder aus meinem Bereich weiterzugeben. So sei es und Selah. Wir grüßen und schätzen euch, da ihr den „härteren" Weg der irdischen Dichte gewählt habt, wir erkennen den Schleier der Verwirrung und die meist dauerhaften Schwierigkeiten auf diesem Pfad. Wir sind euch jedoch so nah wie der „RUF". DER RUF ERZWINGT DIE ANTWORT. Selah. *ES IST WIRKLICH EINE PHANTASTISCHE ZEITSPANNE. FALLT NICHT IN DIE VERWIRRUNG UND DIE QUAL DER NEGATIVEN WAHRNEHMUNG, DENN UNSER MATERIAL IST NOTWENDIGERWEISE TROSTLOS. ABER ES IST WAHRHAFTIG DIE GLORREICHSTE ZEITENFOLGE IN EINEM PLANETARISCHEN ZYKLUS. GENIESST DIESE HERRLICHKEIT IN VOLLEN ZÜGEN, DENN BRÜDER, DAFÜR SEID IHR ZU DIESER ZEIT DORT UND DESWEGEN SIND WIR HIER – DIE WUNDERSAME GLORIE DER ERFÜLLUNG DER PROPHEZEIUNGEN DER SCHÖPFUNG. BEHALTET DAS INNIG IN EUREM HERZEN, DENN IHR WACHST IN DAS WISSEN HÖHERER WESENHEITEN HINEIN UND IN DIE ERFÜLLUNG VON GOTTES VERSPRECHEN. WIR BIETEN EUCH NUR DIE ANLEITUNGEN AN, SODASS DAS SPIEL UNTER DEN GEGEBENEN UMSTÄN-*

DEN GESPIELT WERDEN KANN, IHR ABER INFORMIERT SEID UND NICHT OHNE HINTERGRUNDWISSEN UND BLIND ÜBER DAS BLEIBT, WAS „EIGENTLICH IST". ES IST WIRKLICH SEHR SCHWIERIG, SICH DARÜBER KLAR ZU WERDEN, DASS IHR MIT LÜGEN GEFÜTTERT WURDET UND ES GIBT EINEN PLAN, EUCH ZU VERSKLAVEN – ABER UNWISSENHEIT IST KEINE LÖSUNG – IHR MÜSST DER WAHRHEIT INS AUGE SEHEN, DANN KÖNNT IHR HANDELN. DAS IST NICHT NEGATIV – ES IST DER POSITIVSTE BEITRAG ZU EUREM LEBENSFLUSS. AUSSERDEM SEID IHR TOTAL FREI IN EUREN ENTSCHEIDUNGEN – KEINER AUS DIESER LICHTEN EBENE ZWINGT EUCH, ETWAS ZU TUN ODER ZU SEIN – WIR BIETEN EUCH NUR DIE WAHRHEIT AN, DASS IHR INFORMATIONEN FÜR EURE ENTSCHEIDUNGEN HABT. ES IST ZU KEINEM ZEITPUNKT UNSERE ABSICHT – SPIELE MIT EUCH ZU SPIELEN – ES „IST" JEDOCH UNSERE ABSICHT, DIESES WUNDERBARE SPIEL „MIT" EUCH ZU SPIELEN.

In unendlicher Liebe, Respekt und Ehrerbietung für euch; ich und die „Kommandos" auf dieser Ebene stehen euch ergebenst zu Diensten.

Ich danke euch.
ICH BIN HATONN

KAPITEL 1

Aufzeichnung Nr. 1 | ESU JESUS SANANDA

Sonntag, 31. Dezember 1989, 7.30 Uhr, Jahr 3, Tag 137

Und das Wort soll hinausgehen über das Land und der, der Ohren hat, soll hören, der, der Augen hat, soll sehen. Denn in diesen Tagen wird die Menschheit gewaltig in die Versuchung geführt werden. Die Menschheit versteht nicht, daß sie diese Mühsal verändern und sich damit von ihren Fesseln befreien kann. Wenn sie sich nur in Brüderlichkeit einander zuwenden würde – aber die Menschen haben ihren Weg verloren. Die Menschen haben ihren eigenen zerstörerischen Weg selbst beschrieben, denn es war die Menschheit, die die Prophezeiungen umgeschrieben hat, damit sie ihnen selbst dienlich sind – die Einen, um „alles zu gewinnen" und die Anderen, „um nichts zu haben". Dies ist die Zeit, eure Entscheidungen zu treffen, denn der Zeitpunkt des Anfangs und der Beendigung wird euch nicht genannt werden.

Wer hat euch gesagt, daß der Messias rot oder grün oder schwarz oder weiß sein wird? Messias heißt Botschafter – könnt ihr euch vorstellen, daß die Botschafter überall um euch herum sind in jeder menschlichen Farbe und Glaubensrichtung?

Was ist mit Denen, die erscheinen und sich selbst Jesus Christus nennen – Wiederkunft? Christus wird einen neuen Namen tragen und so wird der, der von sich sagt „Ich bin Jesus Christus" geschmäht werden. Denn ich trage einen „neuen" Namen auf meinem Antlitz und bin Licht. Vor dem weißen Menschen WAR ICH UND BIN ICH. Vor dem schwarzen Menschen BIN ICH. Vor dem roten Menschen oder dem goldenen Menschen – BIN ICH – und weil ich BIN und WAR – SEID IHR! Wer herummalt und etikettiert, wird eine ausgetrocknete Malerbürste in der Hand halten – DENN ICH BIN!

Die Schwarzen sagen – „Ah, der weiße Mann hat mir das angetan." – Aber sicher, denn der schwarze Mann hat dazu beigetragen. Der braune Mensch sagt „Ah, der weiße Mensch hat mir das angetan". Aber sicher, denn der braune Mensch hat dazu beigetragen. Der rote Mann sagt „Ah, der weiße Mann hat mir das angetan." Aber sicher, denn der rote Mann hat dazu beigetragen und so geht es durch alle Rassen. Und was ist mit den weißen Rassen? Ah, der weiße Mann hat es ihnen auch angetan – denn sie alle saßen da, haben es erlaubt und haben dabei assistiert.

SATAN HAT EUCH ALLE BETROGEN. WERDET IHR FÜR DAS JAHR 2000 BEREIT SEIN? WERDET IHR BEREIT SEIN FÜR DEN PLAN 2000? SATAN DENKT, DASS ER BEREIT IST, UND MIT SICHERHEIT IST ER VIEL BESSER VORBEREITET – SATAN IST FARBENBLIND – ER FÜRCHTET NUR DAS LICHT. ER TEILT DIE BRÜDERSCHAFT DER MENSCHEN EINFACH IN SEGMENTE AUF, SPIELT SIE GEGENEINANDER AUS UND DURCH DIE TEILUNG BRICHT DAS HAUS AUSEINANDER.

Was hast DU getan, um als Schwarzer geboren zu werden? Was hast DU dazu getan, um als Weißer geboren zu werden? Rot? Gold? Gelb? Und was hast du getan, um grau zu werden? Du hast dich von den grauen Menschen des satanischen Regenbogens täuschen und dich gegen deinen Bruder aufhetzen lassen. Manche hat er dazu gebracht, sich von der Gier verführen zu lassen und genauso zu handeln und Andere haben sich ihrer eigenen Gier „angedient".

Ihr hört besser damit auf, Pfeile auf eure Brüder der verschiedensten Farben abzuschießen, denn das ist satanisch und die grauen Männchen haben den Plan so gut wie fertig – die Eine-Welt-Regierung mit einer solchen Macht und Zerstörung, daß ihr euch das nicht vorstellen könnt. Ihr werdet systematisch zerstört, wenn ihr nicht in den Plan paßt und es ist allgemein bekannt, daß Manche bereitwillig zu Sklaven werden und Andere nicht – die Verweigerer werden zusammen mit denen ausgelöscht, die als Quertreiber betrachtet werden und unerwünscht sind.

Schaut euch an, was in den Vereinigten Staaten geschieht – „DIE PLANER" haben dem schwarzen Mann seine „Manneskraft" genommen. Sie haben speziell die „Macho"-geprägten Traditionen der schwarzen und braunen Stämme verändert. Sie haben sie in Armut gezwungen, sie davon abgehalten, etwas zu erreichen, außer durch Kriminalität und Drogen. Sie haben ihnen Kriegswaffen in die Hand gedrückt, damit sie die eigenen Leute töten – die Gangs. Sie haben die Unachtsamen in Sucht und satanische Verehrung von deren Gebilden und Idolen getrieben. Aber dann, wenn die Mehrheit des „Volkes" entwaffnet und die Lage entsetzlich ist – werden DIE PLANER entsprechend ausgerüstete Polizeitruppen hinschicken, die Gangs ausschalten lassen und sie niederschlagen wie Fliegen auf einem Kadaver. Die Schwarzen werden eine Generation junger Führer verlieren und DIE PLANER werden noch eine Weile länger sicher sein.

Aufgrund der Wachstumsrate innerhalb der Rassen wird es bis zum Jahr 2000 mehr Schwarze als Weiße geben. Wenn man zu dieser Zahl noch die anderen „Minderheiten" dazurechnet, werden die Weißen, die eine ganze Zivilisation zugrunde gerichtet haben, ernsthafte Probleme haben.

Oh doch, es gibt ein Zerstörungssystem, das man für euch, ihr verschlafenen kleinen Massen, geplant hat. Ein guter, handfester nuklearer Schlag wird die Meisten von euch Störenfrieden auslöschen, weil ihr keine Schutzvorrichtungen habt. Oh, und ihr werdet keine militärischen Truppen um euch haben, die euch verteidigen – sie haben nämlich auch keinen Schutz. DIE POLIZEITRUPPE DER SATANISCHEN MACHT, BEREITS IN DER ALTEN WELT ETABLIERT, WIRD – MITHILFE DER SATANISCHEN „FÜHRER" – IN EURE NEUE WELT KOMMEN.

Könnt ihr in den USA eigentlich die Tausende von Toten in Panama akzeptieren, nur weil ein Marineangehöriger in einer heftigen Auseinandersetzung getötet und die Frau eines Marineangehörigen verletzt wurden? Das kommt daher, weil ihr mitten in der Gewaltsamkeit lebt, bis du, süße kleine Person in Timbuktu, genauso gewaltsam geworden bist. Ihr seid nicht informiert und das wird auch weiterhin so bleiben. Ihr seid eher interessiert an eurer täglichen Seifenoper und den Fußballspielen als daran, eure Nicht-Nachrichten zu sehen. Man hat euch sogar geraten, „die Nachrichten nicht anzuschauen" – um „Streß abzubauen". Ihr habt das üble Spiel, „an die Spitze zu kommen" nicht nur sanktioniert, sondern ihr nehmt sogar daran teil. Das habt ihr euch selbst zuzuschreiben. Die weißen Rassisten sagen „warum geht ihr Nichtweißen nicht einfach wieder dahin zurück, wo ihr herkommt?" Und der rote Mann sagt „warum gehen nicht „Alle" wieder dahin, wo sie herkommen?" Und so geht es weiter. WENN IHR IN DIESEN ZEITEN DER ERDVERÄNDERUNGEN UND ENDENDEN ZYKLEN ÜBERLEBT HABT, WERDET IHR DIE HAND EURES BRUDERS NEHMEN, IHR WERDET ALLE KOMPLETT FARBENBLIND WERDEN UND IHR WERDET EUCH ALS EINHEIT ZUSAMMENFINDEN – ODER IHR WERDET ALS INDIVIDUEN, UNTER EUCH SELBST ZERSTRITTEN, AUSGELÖSCHT WERDEN.

[A.d.Ü.: Im Folgenden geht es um die Schriften der Offenbarung des Johannes, verschiedene Kapitel. Ich bediene mich hier der Übersetzung Luthers von 1912: https://www.bibel-online.net/buch/luther_1912/offenbarung/11/#1, Sanandas Kommentare füge ich in kursiver Schrift ein.]

Offenbarung – Kapitel 11:

Schreiberin, laß uns die mystischen Worte zu Papier bringen, damit du Klarheit bekommst. Die von Johannes werden gut passen:

„¹ Und es ward ein Rohr gegeben, einem Stecken gleich, und er sprach: Stehe auf und miß den Tempel Gottes und den Altar und die darin anbeten. ² Aber den Vorhof außerhalb des Tempels wirf hinaus und miß ihn nicht; denn er ist den Heiden *(den Nationen)* gegeben, und die heilige Stadt werden sie zertreten zweiundvierzig Monate. Und ich will meinen zwei Zeugen geben, daß sie weissagen tausendzweihundertundsechzig Tage, angetan mit Säcken". *Das kommt mir so vor, als ob es dreieinhalb Jahre oder so wären.*

„⁴ Diese sind die zwei Ölbäume und die Fackeln, stehend vor dem HERRN der Erde. ⁵ Und so jemand sie will schädigen, so geht Feuer aus ihrem Munde und verzehrt ihre Feinde; und so jemand sie will schädigen, der muß also getötet werden." *Wer sagt, daß das die „guten Jungs" sind? Ich schlage vor, ihr hört weiter zu, dann werdet ihr feststellen, daß sie wirklich sehr interessant sind.* „⁶ Diese haben Macht, den Himmel zu verschließen, daß es nicht regne in den Tagen ihrer Weissagung, und haben Macht über das Wasser, es zu wandeln in Blut, und zu schlagen die Erde mit allerlei Plage, so oft sie wollen." *Nun, ihr seid sehr nahe dran, und wenn ihr euren Himmel in Feuer taucht, werdet ihr kein frisches Wasser mehr haben, um eure Stirn zu kühlen. Die, die sich Kontrolle verschaffen über diese Zeitspanne, werden aus der Neuen Weltordnung hervor kommen und das wird für euch Zeugen ziemlich unvorteilhaft werden. Wenn sich die Ordnung in sich selbst zurückzieht, wird es wahrlich grauenvoll werden.*

„⁷ Und wenn sie ihr Zeugnis geendet haben, so wird das Tier, das aus dem Abgrund aufsteigt, mit ihnen einen Streit halten und wird sie überwinden und wird sie töten. [A.d.Ü.: ab hier weicht Sanandas Diktat von der Luther-Übersetzung ab.] Und dreieinhalb Tage lang lagen ihre Leichname in den Straßen von Jerusalem – dem Ort, an dem der Herr gekreuzigt wurde". *Nun, das ist jetzt etwas schwierig, denn der Herr wurde überall auf eurem Planeten gekreuzigt.*

„⁹ Und es werden etliche von den Völkern und Geschlechtern und Sprachen ihre Leichname sehen drei Tage und einen halben und werden ihre Leichname nicht lassen in Gräber legen. ¹⁰ Und die auf Erden wohnen, werden sich freuen über sie und wohlleben und Geschenke untereinander senden; denn diese zwei Propheten quälten die auf Erden wohnten." *Ihr liebt eure Festivitäten und Partys und, wie immer, werdet ihr weder wissen noch verstehen, was um euch herum los ist. Genau wie bei den Gesegneten in Rumänien, die nur ihr Blut vergossen haben, um das auszuführen, was die Sowjets in Moskau nicht selbst tun konnten – die Außenseiter durch die (für Moskau) akzeptierten neuen Führer zu ersetzen und sie „Demokratie-Kameraden" zu nennen.*

„¹¹ Und nach drei Tagen und einem halben fuhr in sie der Geist des Lebens von Gott, und sie traten auf ihre Füße; und eine große

Furcht fiel über die, so sie sahen. 12 Und sie hörten eine große Stimme von Himmel zu ihnen sagen: Steiget herauf! und sie stiegen auf in den Himmel in einer Wolke, und es sahen sie ihre Feinde." *Nun, sagt das aus, daß der Heilige Gott sie holte? Nein, das sagt nur aus, daß etwas Wunderbares geschehen ist, weil sie einfach geschnappt und in so eine Art Fahrzeug gebracht wurden. Nun, jetzt haltet aber mal nicht die Luft an, um darüber nachzudenken, denn die nächsten Verse erzählen euch einige interessante Folgeaktivitäten.*

„13 Und zu derselben Stunde ward ein großes Erdbeben, und der zehnte Teil der Stadt fiel; und wurden getötet in dem Erdbeben siebentausend Namen der Menschen, und die andern erschraken und gaben Ehre dem Gott des Himmels." *Ihr glaubt ja zu diesem Zeitpunkt nicht, daß der alte Satan selbst hinweg gefegt wurde, oder? Ihr werdet in totaler Verwirrung herum rennen, um die Institution FEMA aus der Neuen Weltordnung dazu zu bringen, etwas für euch zu tun und euch dabei über die Versicherung der Neuen Ordnung beschweren und wo ist das Rote Kreuz der Neuen Ordnung mit Kaffee und Gebäck?*

Ah – „14 Das andere Wehe ist dahin; siehe, das dritte Wehe kommt schnell. 15 Und der siebente Engel posaunte: und es wurden große Stimmen im Himmel, die sprachen: Es sind die Reiche der Welt unsers HERRN und seines Christus geworden, und er wird regieren von Ewigkeit zu Ewigkeit." *Nun, vielleicht könnten hier mal ein paar Verhandlungen stattfinden? Aber wenn ihr weiterlest, sieht es dann nicht so aus, als ob Milch und Honig fließen?*

Offenbarung – Kapitel 12

„3 Und es erschien ein anderes Zeichen im Himmel, und siehe, ein großer, roter Drache, der hatte sieben Häupter und zehn Hörner und auf seinen Häuptern sieben Kronen; 4 und sein Schwanz zog den dritten Teil der Sterne des Himmels hinweg und warf sie auf die Erde. Und der Drache trat vor das Weib, die gebären sollte, auf daß, wenn sie geboren hätte, er ihr Kind fräße.

„5 Und sie gebar einen Sohn, ein Knäblein, der alle Heiden sollte weiden mit eisernem Stabe. Und ihr Kind ward entrückt zu Gott und seinem Stuhl. ⁶ Und das Weib entfloh in die Wüste, wo sie einen Ort hat, bereitet von Gott, daß sie daselbst ernährt würde tausend zweihundertundsechzig Tage." *Klingt für mich wie nochmal dreieinhalb Jahre. Also, jetzt kommt es mir vor, als ob die Dinge auf der Erde während der 1.260 Tage wahrscheinlich ziemlich ruppig werden. Vielleicht sind sie es aber schon? Vielleicht sollten einige der „Wahren und Getreuen" jetzt noch verschwinden mit einer geregelten Passage für ihre Sicherheit, denn das Schlimmste kommt noch, würde ich sagen, in dem bevorstehenden Teil.*

„⁷ Und es erhob sich ein Streit im Himmel: Michael und seine Engel stritten mit dem Drachen; und der Drache stritt und seine Engel, ⁸ und siegten nicht, auch ward ihre Stätte nicht mehr gefunden im Himmel. ⁹ Und es ward ausgeworfen der große Drache, die alte Schlange, die da heißt der Teufel und Satanas, der die ganze Welt verführt, und ward geworfen auf die Erde, und seine Engel wurden auch dahin geworfen." *Ah, aber die Geschichte wird noch interessanter, wenn ihr aufmerksam seid.*

„¹⁰ Und ich hörte eine große Stimme, die sprach im Himmel: Nun ist das Heil und die Kraft und das Reich unsers Gottes geworden und die Macht seines Christus, weil der Verkläger unserer Brüder verworfen ist, der sie verklagte Tag und Nacht vor Gott. ¹¹ Und sie haben ihn überwunden durch des Lammes Blut und durch das Wort ihres Zeugnisses und haben ihr Leben nicht geliebt bis an den Tod. ¹² Darum freuet euch, ihr Himmel und die darin wohnen! Weh denen, die auf Erden wohnen und auf dem Meer! denn der Teufel kommt zu euch hinab und hat einen großen Zorn und weiß, daß er wenig Zeit hat."

GEHT MAL ZURÜCK UND LEST DIESEN ABSATZ NOCHMAL. *Es hört sich für mich so an, als ob es so eine Art „Gericht" im Himmel gegeben hätte und jede Menge sogenannter guter Jungs Stellung beziehen mußten. Ihr seht, es gibt mindestens drei „Migrationen". Alle von euch, die die erste Schiffsladung hinauf nicht erwarten können, werden NACH dem Hochnehmen das größte Gericht ihres Lebens bekommen – denn die Verhandlungen gehen auf dem großen silbernen Bildschirm im Himmel weiter. Viele, die zu den Ersten der Umzügler gehört haben, könnten genauso gut eine Rückfahrkarte mit dem großen schwarzen Führer bekommen und dazu noch von Michael einen*

Klaps aufs Ohr. ZÄHLT EURE FROMMEN KÜKEN NICHT, BEVOR SIE GESCHLÜPFT SIND – SONST KÖNNTET IHR MIT LEEREN EIERSCHALEN ZURÜCKBLEIBEN. OH NEIN – UND IHR DACHTET, DER ERSTE ABFLUG WÄRE DAUERHAFT EINGERICHTET? SO SEI ES – FÜR EINIGE. IHR BEHAUPTET, GOTTES KINDER ZU SEIN – SEID IHR DAS WIRKLICH? WAS WOLLT IHR MACHEN, WENN DIE CHIPSTÜTE LEER IST, DER BLICKWINKEL VERSCHWOMMEN UND DIE WAHRNEHMUNG VERZERRT DURCH DIE WUNDER SATANS? ER MACHT DAS TATSÄCHLICH, WISST IHR, UND ICH GARANTIERE EUCH EINEN ZIEMLICH PLÖTZLICHEN STURZFLUG ZURÜCK IN DEN KAMPF. IHR DACHTET, DAS AUSSORTIEREN WÜRDE AUF DEM SCHIFF STATTFINDEN, ODER NICHT? NEIN, ES WERDEN EUCH EINE WEITERE GEGENÜBERSTELLUNG UND ENTSCHEIDUNGEN NACH DEM ABHEBEN ANGEBOTEN – GEHT UND LEST SIPAPU ODYSSEY.

„¹³ Und da der Drache sah, daß er verworfen war auf die Erde, verfolgte er das Weib, die das Knäblein geboren hatte. ¹⁴ Und es wurden dem Weibe zwei Flügel gegeben wie eines Adlers, daß sie in die Wüste flöge an ihren Ort, da sie ernährt würde eine Zeit und zwei Zeiten und eine halbe Zeit vor dem Angesicht der Schlange." *Sieht für mich aus, als ob das noch einmal dreieinhalb Jahre sind, schauen wir mal, 3 ½ + 3 ½ + 3 ½ = 10 ½ Jahre. Könnte das möglich sein? Seid ihr bereit für das Jahr 2000? Nun, macht euch keine Sorgen – schlaft weiter, vielleicht ist es gar nicht das, was die „Offenbarung" aussagen wollte. Könnte es sein, daß das Schlimmste nur beinahe passieren würde? So sei es.*

„¹⁵ Und die Schlange schoß nach dem Weibe aus ihrem Munde ein Wasser wie einen Strom, daß er sie ersäufte. ¹⁶ Aber die Erde half dem Weibe und tat ihren Mund auf und verschlang den Strom, den der Drache aus seinem Munde schoß. ¹⁷ Und der Drache ward zornig über das Weib und ging hin zu streiten mit den übrigen von ihrem Samen, die da Gottes Gebote halten und haben das Zeugnis Jesu Christi."

Offenbarung – Kapitel 13

„¹ Und ich trat an den Sand des Meeres und sah ein Tier aus dem

Meer steigen, das hatte sieben Häupter und zehn Hörner und auf seinen Hörnern zehn Kronen und auf seinen Häuptern Namen der Lästerung. ² Und das Tier, das ich sah, war gleich einem Parder und seine Füße wie Bärenfüße und sein Mund wie eines Löwen Mund. Und der Drache gab ihm seine Kraft und seinen Stuhl und große Macht."

„³ Und ich sah seiner Häupter eines, als wäre es tödlich wund; und seine tödliche Wunde ward heil. Und der ganze Erdboden verwunderte sich des Tieres ⁴ und sie beteten den Drachen an, der dem Tier die Macht gab, und beteten das Tier an und sprachen: Wer ist dem Tier gleich, und wer kann mit ihm kriegen?"

„⁵ Und es ward ihm gegeben ein Mund, zu reden große Dinge und Lästerungen, und ward ihm gegeben, daß es mit ihm währte zweiundvierzig Monate lang *(gab ihm Kontrolle über die Erde 42 Monate lang)." Uuuups! Noch einmal 3 ½ Jahre? Ich sage, nun, wo glaubt ihr, daß ihr jetzt seid?* „⁶ und es tat seinen Mund auf zur Lästerung gegen Gott, zu lästern seinen Namen und seine Hütte und die im Himmel wohnen. ⁷ Und ward ihm gegeben, zu streiten mit den Heiligen und sie zu überwinden; und ward ihm gegeben Macht über alle Geschlechter und Sprachen und Heiden. ⁸ Und alle, die auf Erden wohnen, beten es an, deren Namen nicht geschrieben sind in dem Lebensbuch des Lammes, das erwürgt ist, von Anfang der Welt." *Könnte es sein, daß die AGENDA 2000 bereits in Aktion ist?*

Jeder, der hören kann, höre genau. „¹⁰ So jemand in das Gefängnis führt, der wird in das Gefängnis gehen; so jemand mit dem Schwert tötet, der muß mit dem Schwert getötet werden. Hier ist Geduld und Glaube der Heiligen." *Das hier ist ein Häppchen, auf das ihr gut achten müßt.*

„¹¹ Und ich sah ein anderes Tier aufsteigen aus der Erde; das hatte zwei Hörner gleichwie ein Lamm und redete wie ein Drache."

„¹² Und es übt alle Macht des ersten Tiers vor ihm; und es macht, daß die Erde und die darauf wohnen, anbeten das erste Tier, dessen tödliche Wunde heil geworden war; ¹³ und tut große Zeichen, daß es auch macht Feuer vom Himmel fallen vor den Menschen; ¹⁴ und verführt, die auf Erden wohnen, um der Zeichen willen, die ihm gegeben sind zu tun vor dem Tier; und sagt denen, die auf Erden wohnen, daß sie ein Bild machen sollen dem Tier, das die Wunde vom Schwert hatte und lebendig geworden war. ¹⁵ Und es ward ihm gegeben, daß es dem Bilde des Tiers den Geist gab, daß des Tiers Bild redete und machte, daß alle, welche nicht des Tiers Bild anbeteten, getötet würden." *Sicherlich, das klingt für mich wie ein großer, häßlicher Computer und klar, es klingt für mich auch wie mindestens ein Teilstück aus der AGENDA 2000.*

„¹⁶ Und es macht, daß die Kleinen und die Großen, die Reichen und die Armen, die Freien und die Knechte allesamt sich ein Malzeichen geben an ihre rechte Hand oder an ihre Stirn, ¹⁷ daß niemand kaufen oder verkaufen kann, er habe denn das Malzeichen, nämlich den Namen des Tiers oder die Zahl seines Namens."

„¹⁸ Hier ist Weisheit! Wer Verstand hat, der überlege die Zahl des Tiers; denn es ist eines Menschen Zahl, und seine Zahl ist sechshundertsechsundsechzig." *Also darüber haben wir schon gesprochen, oder nicht?*

Offenbarung – Kapitel 14

„¹ Und ich sah das Lamm stehen auf dem Berg Zion und mit ihm hundertvierundvierzigtausend, die hatten seinen Namen und den Namen seines Vaters geschrieben an ihre Stirn. ² Und ich hörte eine Stimme vom Himmel wie eines großen Wassers und wie eine Stimme eines großen Donners; und die Stimme, die ich hörte, war wie von Harfenspielern, die auf ihren Harfen spielen."

„³ Und sie sangen ein neues Lied vor dem Stuhl und vor den vier Tieren und den Ältesten; und niemand konnte das Lied lernen denn die hundertvierundvierzigtausend, die erkauft sind von der Erde. ⁴ Diese sind's, die mit Weibern nicht befleckt sind, denn sie sind Jungfrauen- und folgen dem Lamme nach, wo es hingeht. Diese sind erkauft aus den Menschen zu Erstlingen Gott und dem Lamm; ⁵ und in ihrem Munde ist kein Falsch gefunden; denn sie sind unsträflich vor dem Stuhl Gottes." *Nehmt ihr an, das sind Diejenigen, die die „Prüfung bestanden haben" zu der Zeit der ersten Migration?*

„⁶ Und ich sah einen Engel fliegen mitten durch den Himmel, der hatte ein ewiges Evangelium zu verkündigen denen, die auf Erden wohnen, und allen Heiden und Geschlechtern und Sprachen und Völkern." Und wer könnten diese „Engel"botschafter sein?

„⁷ und sprach mit großer Stimme: Fürchtet Gott und gebet ihm die Ehre; denn die Zeit seines Gerichts ist gekommen! Und betet an den, der gemacht hat Himmel und Erde und Meer und Wasserbrunnen." *Brüder, das bedeutet, zollt höchsten Respekt.*

„⁸ Und ein anderer Engel folgte nach, der sprach: Sie ist gefallen, sie ist gefallen, Babylon, die große Stadt; denn sie hat mit dem Wein der Hurerei getränkt alle Heiden." *Klingt mir sehr danach, daß jede Menge Engelwesen mit Triumphwagen ziemlich viele „Erinnerungs"reden halten.*

„⁹ Und der dritte Engel folgte diesem nach und sprach mit großer Stimme: So jemand das Tier anbetet und sein Bild und nimmt sein Malzeichen an seine Stirn oder an seine Hand, ¹⁰ der wird vom Wein des Zorns Gottes trinken, der lauter eingeschenkt ist in seines Zornes Kelch, und wird gequält werden mit Feuer und Schwefel vor den heiligen Engeln und vor dem Lamm; ¹¹ und der Rauch ihrer Qual wird aufsteigen von Ewigkeit zu Ewigkeit; und sie haben keine Ruhe Tag und Nacht, die das Tier haben angebetet und sein Bild, und so jemand hat das Malzeichen seines Namens angenommen. ¹² Hier ist Geduld der Heiligen; hier sind, die da halten die Gebote Gottes und den Glauben an Jesum."

Nun, glaubt ihr wirklich, daß Seelenrebellen wie ihr gefangen gehalten, in Ketten gelegt und ein Malzeichen auf ihrer Stirn erhalten werden, damit ihr verloren seid? Seid nicht albern, kleine Chelas, Gott, das scheint ihr zu vergessen – arbeitet auf Seelenbasis und beurteilt das, was die Seele anbetet – nicht das, was euer törichter Mund sagt. Viele von euch tragen bereits das äußere Malzeichen, denn der große Verführer hat es anders genannt und ihr wußtet es nicht. Es wird das beurteilt, was ihr NACH dem Wissen um die Wahrheit getan habt.

„¹³ Und ich hörte eine Stimme vom Himmel zu mir sagen: Schreibe: Selig sind die Toten, die in dem HERRN sterben von nun an. Ja, der Geist spricht, daß sie ruhen von ihrer Arbeit; denn ihre Werke folgen ihnen nach. ¹⁴ Und ich sah, und siehe, eine weiße Wolke. Und auf der Wolke saß einer, der gleich war eines Menschen Sohn; der hatte eine goldene Krone auf seinem Haupt und in seiner Hand eine scharfe Sichel."

„¹⁵ Und ein anderer Engel ging aus dem Tempel und schrie mit großer Stimme zu dem, der auf der Wolke saß: Schlag an mit deiner Sichel und ernte; denn die Zeit zu ernten ist gekommen, denn die Ernte der Erde ist dürr geworden!"

„¹⁶ Und der auf der Wolke saß, schlug mit seiner Sichel an die Erde, und die Erde ward geerntet."

„¹⁷ Und ein anderer Engel ging aus dem Tempel, der hatte eine scharfe Hippe."

„¹⁸ Und ein anderer Engel ging aus vom Altar, der hatte Macht über das Feuer und rief mit großem Geschrei zu dem, der die scharfe Hippe hatte, und sprach: Schlag an mit deiner scharfen Hippe und schneide die Trauben vom Weinstock der Erde; denn seine Beeren sind reif!"

„¹⁹ Und der Engel schlug an mit seiner Hippe an die Erde und schnitt die Trauben der Erde und warf sie in die große Kelter des Zorns Gottes. ²⁰ Und die Kelter ward draußen vor der Stadt getreten; und das Blut ging von der Kelter bis an die Zäume der Pferde durch tausend sechshundert Feld Wegs." *Ich würde sagen, das klingt ziemlich ernst für mich. Könnte es sein, daß eure Brüder dabei stehen und bei dieser Ernte helfen? Läßt es einen nicht auch vermuten, daß der Fürst der Dunkelheit ebenso dabei steht, um die unglücklichen Menschen, die er irregeführt hat, auch noch niederzutreten? Kann man nicht auch vermuten, daß wir unsere Brüder nicht im Stich lassen, die den Preis der irdischen Erfahrungen bezahlt haben, um die entsetzlichen Konsequenzen dieses Gerichtes auf der Erde zu erleben? An diesem Punkt werden sehr viele diese Raumschiffe als das erkennen, was sie sind. Der Ort, an dem Sicherheit und Geborgenheit vorbereitet wurde.*

Es wird nicht besser: „¹ Und ich sah ein anderes Zeichen im Himmel, das war groß und wundersam: sieben Engel, die hatten die letzten sieben Plagen; denn mit denselben ist vollendet der Zorn Gottes."

Genug für diese Sitzung, denn ich wünsche, daß die Menschen über diese Dinge nachdenken. Es tut mir leid, Chela, daß ich dich in deinem Bewußtsein immer und immer wieder zum Zeugen dieser Geschehnisse machen muß und ich gewähre dir jetzt eine Löschung, damit du nicht in diesen Szenarien leben mußt und damit dein Herz noch mehr beschwerst. Es wird sein wie es sein muß und die Menschheit muß mit all dem, was kommen wird, in Balance kommen, da sie sich entschieden hat, dieses Spiel auf diese Art und Weise zu spielen, anstatt als Gesamtheit in Wahrheit und Ehrfurcht zu Gott und der Schöpfung zu kommen.

Ich verstehe, daß es für dich ein schwieriges Unterfangen ist, euer Neues Jahr zu begehen und zu feiern. Innerhalb der Schranken und in der Dichte eurer Dunkelheit gibt es gar nichts zu feiern, denn der Todeskampf des Drachen wird wahrhaftig ein Großer sein.

Ihr, die ihr mein seid, müßt stark sein in den Tagen, die da kommen werden, denn der Weg wird bedeckt sein mit Unruhen und Verwirrung. Eure Freude wird sein, daß ihr das Ende kennt und die Reise muß voll Frieden und Vertrauen sein. Euer Bruder braucht das Wort und ihr werdet es ihm und der Masse der hungernden, verlorenen Kinder eures Planeten geben. In der Zwischenzeit wird euch gegeben werden, das anzunehmen, was ihr nicht ändern könnt und weiterzugehen. Jedem wird das für ihn Passende gegeben werden und ihr müßt euch nicht grämen, wenn ein Anderer eine unrichtige Entscheidung trifft, denn Eure ist es, weiterzugehen.

Wer von sich glaubt, weise zu sein und seinen Lebenspfad so weitergeht, wird sich und seine Dummheit wieder treffen und diese Ignoranz wird in der Tat sehr kostspielig sein.

Wir werden uns nochmal zusammensetzen und die Sieben Engel, die Sieben Sterne, die Sieben Stämme, die Sieben letzten Plagen und die Sieben Schiffe besprechen. Laß uns später über den Tod der Hure, die für die betrogene Welt steht und dann noch über das Neue sprechen – die Neugeburt in die Reinheit und die damit einhergehende Frequenz und deren Schöpfungen. Der physische Tod ist hart und bringt Schmerzen, aber er muß sein, wenn ihr Freiheit finden wollt. Friede sei mit euch, Chelas. Auf eurem Weg steht ihr unter großem Druck, aber es wird euch das gegeben, was ihr benötigt, um eure Mission zu erfüllen. So sei es und ich lege meinen Segen über euch Getreuen und Wahrhaftigen. VOR ALLEM WAS IST UND WAR – ICH BIN!

ICH BIN SANANDA VON GOTT – WER MAGST DU SEIN?

KAPITEL 2

Aufzeichnung Nr. 2 | GYEORGOS CERES HATONN

Dienstag, 2. Januar 1990, 9.30 Uhr, Jahr 3, Tag 139

Wahrheiten, die über Äonen mit Lügen überlagert wurden, sind immer schockierend, Chela. Des Weiteren, wenn die Wahrheit folgerichtig ans Licht kommt, wird sie weder akzeptiert noch geglaubt. Die Zeit ist reif, um über diese Dinge zu sprechen. Du bist ausgewählt worden, um sie zu schreiben, denn sie ist irgendwo in der Dunkelheit blockiert. Du wirst in der erkannten Isolation Zufriedenheit lernen, denn während wir die „Journale" schreiben, wird fortlaufend alles Neue mehr akzeptiert werden als das Vorhergehende und deine Seele wird diese Wahrheit als Nahrung empfinden. Bevor wir weitermachen, solltest du unseren Schutz annehmen, denn deine Aufgabe in dieser Lebensreise ist schwer, genauso wie die Leben Derjenigen, die hinausgeschickt wurden, um daran teilzunehmen.

Es gibt Viele, die ihre Arbeit tun und am Ende wird alles zusammengemixt und ihr werdet Alle Verständnis für die Anforderungen und Methoden haben, den Ablauf und die Restriktionen in euren Leben und den Zeiten. Wenn wir die Lügen der Geschichte in die „neu geschriebene" Wahrheit der Geschichte umwandeln, wird dies Schockwellen durch das ganze Universum senden. Der Mensch hungert nach der Wahrheit und doch tritt er die sie begleitende Selbstdisziplin mit Füßen.

Du weißt, daß es keine Rückkehr gibt, denn deine Lebensreise ist über den Punkt hinausgekommen, von dem aus du wieder an den Anfang zurückkehren könntest – gelerntes Wissen kann nicht „ungelernt" gemacht werden. So sei es – es wird dir das gegeben werden, was du brauchst, um deine Arbeit zu verrichten.

Es gibt viele „verlorene" Örtlichkeiten und Städte, die wieder ins Bewußtsein der Menschen rücken. Orte aus den Tiefen der Mythen, die Wahrheit waren, aber im Verlauf der Erfahrungen lange verborgen geblieben sind. Da diese großen Migrationen und Veränderungen mit dem vollen Zyklus kommen werden, muß der Weg bereitet werden, damit alles, was kommen wird, auch akzeptiert werden kann. Denn genauso, wie Erfahrung eine Illusion ist, so ist es auch die „manifestierte" Illusion und sie muß in gleicher Weise „beendet", oder die Reise muß im individuellen Bewußtsein abgebrochen werden – was man „Wahnsinn" nennt.

Du mußt dich nicht an diese geheimen Orte begeben, denn wir sind an den Ort gekommen, an dem du lebst und du verstehst die Umstände noch nicht. Wenn es dir erlaubt wäre, ALLES zu speichern, würde dein physisches Leben keinen einzigen Tag lang dauern. Du mußt unter dem Schleier der Unwissenheit leben, so daß du deine Arbeit beenden kannst und dich nicht vollstopfst mit den Inhalten der Botschaften, die hervorgebracht werden. Zum Beispiel solltest du bei diesen unmittelbaren Themen deine Anwesenheit herausnehmen. Schreib einfach, was wir dir geben, das ist für uns in Ordnung und ich halte dich sehr sicher.

AM ANFANG

Dharma, du wirst jetzt immer besser annehmen können, warum gerade DU Diejenige bist, die diese Zeilen schreibt, wenn wir weitermachen. Halte dich nicht zurück bei den Themen, die aufkommen. Es wird viel geben über Echnaton und Aton und das, was WAR. Diese Informationen werden zusammengefügt mit dem, was IST und das Meiste wird von den Massen kaum zu akzeptieren sein. Ich bringe dir das als neutrale Sprecherquelle, so wird das Dokument objektiver für dich, Chela. Ich spreche als Hatonn, so daß du durch meine Präsenz als ATON nicht verunsichert bist.

Ein Großteil des Materials erschien bereits in geschriebener, veröffentlichter Form durch ein paar Leute, die für die Weitergabe nicht zugelassen waren und es wird deshalb wiederholt und, wo notwendig, korrigiert. Ihr werdet weiterhin verstehen, warum die Trennung zwischen euch und Denen, die „sich den Anschein gaben", eure Mentoren zu sein, erfolgen mußte. So sei es, denn du wirst dich über diese Fesseln erheben und ich werde dein Bewußtsein klären, was die Spreu dieser Begegnungen betrifft. Deine Wahrheit ist zu 100 Prozent die Wahrheit und es wird Keinem erlaubt sein, dich durch seine Wutanfälle davon abzubringen. Laß es nicht zu, daß ein menschliches Wesen sich gegen dich oder mich stellt, denn ICH BIN ATON und ich halte dich in meinem Innern.

Du mußt die Bedeutung von Sananda verstehen, der wieder gesandt wurde und der als Meisterlehrer wieder erscheinen wird, er ist ein Überlebender der Ältesten, der ehrerbietigen Männer, die auf der Erde lebten, als die „Riesen" auf dem Planeten umherstreiften.

Es gibt eine prachtvolle Versammlung von Künstlern, Heiligen, Pharaonen, Poeten und, und, und – die sich an einem speziellen Ort befindet und dem Zweck der Überbringung der Wahrheit für eure Entwicklung dient. Einige davon sind unbekannt, aber Viele haben in euren historischen Mythen, an die ihr euch erinnert, überlebt. Es ist eine wunderbare „Schule", wenn du es so sehen willst, sie haben eine große Verbundenheit untereinander, denn innerhalb dieser Gemeinschaft beseelte sich der *Rassengeist* zu Rassenführern der eingetrübten Vergangenheit – diese Führer formen die Gruppe, die euch weiterhin den Weg durch die Unterweisungen zeigen wird.

Diese Gruppe fügt sich zusammen aus stattlichen Entitäten von Männern und Frauen in menschlicher Form, die jedoch aus anderen Welten, Zivilisationen und von anderen Standorten in „Raum" und „Zeit" kommen. *Ursprünglich* kamen sie auf die Erde, um die Menschheit auf ihrem langen Aufstieg vom „Tierwesen" zur „Gottheit" zu begleiten. NUN, GANZ SICHER BRAUCHT IHR SIE JETZT WIEDER!

Vor etwa 18 Millionen Jahren eurer Zeitrechnung übersiedelten sie auf die Erde – dem „dunklen Sternen"-Planeten der „Sorgen", wie er genannt wurde – und sind seither nicht müde geworden, ihrer gigantischen Aufgabe nachzugehen, als Mentoren des Schöpfers dauerhaft eine rückständige, „gefallene" Rasse zu begleiten. Sie sind als legendäre „Götter" der alten Zeitalter zum Leben erwacht und inkarnierten später als Herrscher über die Völker. In eurer Generation haben sie sich als antike Wesen wieder vorgetastet, z. B. bei B.M. [A.d.Ü.: Billy Meier, s. Kapitel 15] in der Schweiz als SFATH, der eigentlich der THOTH der alten Mythologie war, auch Osiris, Apollo, Merkur usw. Ich sage euch das im Vorhinein, denn für euer Glaubenssystem ist so etwas sehr befremdlich, da die satanischen Absichten immer darauf hinaus liefen, die Mythen zu falscher Spiritualität herunterzuspielen. Und ja, Manche werden sagen, das ist Blasphemie und daß du eine Häretikerin bist, aber die Welt ist reif und hungert nach Wahrheit und es wird sich alles zusammenfügen mit der „Wahrheit" in dem, was ihr Heilige Schriften nennt. Außerdem ist es für die „Empfänger" dieser Dokumentation ganz normal, darauf herumzudenken, denn es ist wirklich eine große Herausforderung.

Solche falschen Götter wie Baal, Bacchus, Moloch und Andere waren reine Erdengötter und wurden im Pantheon der Götter trotzdem zur herrschenden Hierarchie, wenn „ein Goldenes Zeitalter" in ein Blutbad ausgeartet ist. Durch das Zusammenspiel von Wesenheiten aus lichteren Ebenen wurden der Menschheit große universelle Wahrheiten gebracht und es gab ein Zeitalter, in dem „Menschen mit den Engeln sprachen", das jedoch unmittelbar gefolgt war von einem Fall in den Untergang, als die Belehrungen beendet wurden. Es ist also nichts „Neues", daß extraterrestrische oder engelhafte Präsenzen auf eurem Planeten weilen – ihr seid nur wieder einmal auf dem Rosenpfad der Lügen in absolute Ignoranz geführt worden. Ihr glaubt, daß Lügen die Wahrheit sind, selbst wenn sie noch nicht einmal einem logischen Denkprozeß folgen. Vernunft und Logik scheinen eure Neigung, etwas zu „glauben", nicht zu beeinflussen.

Beispiele solcher Zeitperioden wären das Versinken der Wahrheit nach dem Tod des großen Pharao Amunhotep IV (Echnaton), dem ersten Regenten in der Geschichte, der sich zum Glauben an einen Gott bekannte [A.d.Ü.: Monotheismus] und der Schleier, den man über das Wort des Unendlichen Vaters nach der Kreuzigung in Golgatha geworfen hatte, als die wahrheitssuchende Menschheit buchstäblich den beutegierigen Tieren vorgeworfen wurde und geheime Räte Verordnungen überlieferten, die die Menschheit des von Gott gegebenen Wissens und der Wahrheit beraubten.

Die „Gruppe der Göttlichen Wanderer", die sich freiwillig immer wieder in irdische Existenz begeben, haben der Menschheit in allen Zeitaltern Tausende von Jahren lang beigestanden. (Kommt dir das bekannt vor?) Sie haben in bestimmten Zeitperioden immer wieder universelle Weisheit und Wahrheiten weitergegeben, wenn die Menschheit für die Aufnahme bereit war, und sich danach für eine gewisse Zeit zurückgezogen, um zu beobachten, was man mit dem neu erworbenen Wissen anfangen würde. Auf diese Weise entstand der *Aufstieg* und *zeitweilige Zustand* der kulturellen Geschichte der Menschheit.

Während eines Öffnungszeitraums für die universellen Einströmungen wurde die Menschheit auch von mächtigen Erdgeistern beherrscht. Als Beispiele solcher Zeitperioden wären die dekadenten Regierungen in den Kolonien des „Mutterlandes" nach der Überflutung von Lemuria und Atlantis zu nennen, aber auch die Zeit der Götzen im späten dynastischen Ägypten; genauso wie die Perversionen und Zügellosigkeiten von Rom unter den Cäsaren.

Die Legenden eurer Erde sind reich an Wissen um die „Sternenvölker", auch bezeichnet als „Völker von Oben" – die Götter, die von der Sonne kamen oder vom Himmel herabstiegen, um unter den Sterblichen zu wandeln. Hinter diesen sogenannten Mythen, die auf den ersten Blick aussehen, als seien sie Einbildung und Phantasien von abergläubischen Menschen, verbirgt sich aber die logische Antwort dafür, warum die Menschheit die Unsterblichen im Olymp und andere, der Sage angehörenden Wohnsitze der großen Götter verehrten. Ihr werdet hinter den Erzählungen über die Götter eurer klassischen Mythologie und die wundersamen seelisch-geistigen Kräfte eurer Altehrwürdigen die überraschende Wahrheit entdecken.

Die alten Schriftgelehrten und Propheten sprachen buchstäblich die Wahrheit, wenn sie nachfolgenden Generationen erzählten, daß *Engel und Götter* sich in ein fleischliches Gewand hüllten und von ihrer strahlenden himmlischen Heimat herabgestiegen sind, um die körperliche, mentale und spirituelle Ebene der Menschheit auf dem „dunklen Stern" in das kosmische Haus des Vaters zu erheben!

Ihr werdet auch erfahren, daß es phantastische historische Schätze gibt, die für die Menschheit eine unschätzbare Hinterlassenschaft darstellen, die in verborgenen Kammern unter einigen Weltwundern lagern. Zum Beispiel bezeichnen „die vier Ecken" – (und das bezeichnet viele Gebiete, die zur rechten Zeit sehr klar ihre Bestimmung zeigen) – der Erde zeitlose Aufzeichnungen, die jahrtausendelang vor den Augen der suchenden Menschen verborgen wurden. Selbst diese unschätzbaren Berichte über die Kämpfe und Intrigen auf eurem Planeten finden jetzt langsam ans Licht. Das Wissen bricht sich Bahn, aber vor allem dringt die Wahrheit durch, die die negativen und dichten Entitäten eurer natürlichen Manifestationen in Lügen verpackt haben. Immer erscheinen zu diesen Zeiten auch wohlmeinende, aber lächerliche „Weltverbesserer" auf dem Plan und werfen die Signale durcheinander.

Die negative Opposition, die andauernd versucht, die Menschheit zurückzuhalten und sie für immer im Dunkeln und in den Ketten von Brutalität und Bestialität zu halten, war sehr hinter der Zerstörung dieser Schatzkammern des grauen Altertums her. Beispiele hierfür wären die Zerstörung DER TAFELN DES ATON IN ECHNATONS HEILIGEN STÄTTEN DER NIEDERSCHRIFTEN DURCH DIE SCHÄNDLICHE PRIESTERSCHAFT DES AMUN, NACHDEM DER GROSSE PHARAO ERMORDET WURDE; der im Jahre 389 n.Chr. von einigen Eiferern gelegte Brand an der Bibliothek in Alexandria, der größten und berühmtesten Sammlung aus der Vorzeit, die über siebenhunderttausend Schriftrollen aus der alten Welt beherbergte, was einen unschätzbaren Wert darstellte, wobei der Brand dann die „Dunklen Zeitalter" einläutete; die totale Zerstörung der aztekischen Bibliotheken, die unschätzbare Codices enthielten und mit Feuer und Schwert von Cortez im Jahre 1519 n.Chr. ausgelöscht wurden, als die unnachahmlichen Schätze der Gier und seinen Brandanschlägen zum Opfer fielen.

Bestimmte geheime Orden haben es aber immer fertiggebracht, universelle Wahrheiten zu bergen und zu retten, indem sie die Wahrheit auf anderen Materialien speicherten, z. B. auf Lehmziegeln, Schriftrollen, Papyri und heutzutage auf Papier und magnetischen Scheiben, um sie an zukünftige Menschen weiterzugeben – und mit diesem Wissen über die Wahrheit würden sie sich von den Verkettungen unzähliger Zeitalter lösen können.

Die alten Aufzeichnungen wurden in Tempeln, Geheimkammern, Höhlen, Tempelruinen, Katakomben und in vielen anderen Nischen und Tunneln versteckt. Diese Niederschriften bergen das älteste Wissen überhaupt und werden in den allernächsten Jahren wieder entdeckt werden. Diese Bücher der Wahrheit wurden geheimgehalten – dann entdeckt, um erneut verborgen zu werden, wenn sie ihren Zweck erfüllt hatten, das offenzulegen, was während einer bestimmten Zeit oder eines Zeitalters an Wissen für die spirituelle Entwicklung der Menschen benötigt wurde.

Die Aufzeichnungen, über die wir in diesem Journal speziell sprechen wollen, liegen zu dieser Zeit wohl verborgen in den peruanischen Gebirgen, in Guatemala (unter den Quetzals) und in Mexiko. Wir werden uns allerdings nicht so genau ausdrücken, daß wir damit Persönlichkeiten oder genaue Ortsbezeichnungen preisgeben, denn dafür ist die Zeit noch nicht reif. Die alten Aufzeichnungen sind sehr gut erhalten und ebenso gut versteckt und für den Moment gibt es nur Eines dazu zu sagen – diesmal ist es nur die rechte Zeit für die Erzählung der Geschichten.

Es gibt ein paar Terminologien, die euch helfen werden, diese Informationen mit Anderen zu verbinden, zum Beispiel sollt ihr wissen, daß das Wort „Löwe" im positiven Sinn göttliche Wahrheit in ihrer Kraft bedeutet und Christus aus diesem Grunde auch „der Löwe" genannt wurde, usw. „Jesus" Christus wurde „der Löwe vom Stamme Juda" genannt. Weiterhin ist das Wort „Wort" das Wichtigste überhaupt. In seinem ursprünglichen Sinn, also seiner ersten Definition, bedeutet es nicht Ton, Stimme oder Sprache, sondern eher „Die Schöpfung", gemäß der göttlichen Gesetze und kommt von dem universellen, schöpferischen „Hauch", in einer „Grabstätte", „Grotte" oder Krippe der Erde des PERFEKTEN EINEN, der die Macht hat, den adamischen Menschen zu beleben und zu vergeistigen. Zum Beispiel sagt euch eure Bibel „der Mensch lebt nicht vom Brot allein, sondern von jedem Wort (Schöpfung), das aus dem Munde Gottes kommt."

VORBEREITUNG FÜR DIE SCHÖPFUNG (DAS WORT)

Das WORT wurde vorbereitet – „Am Anfang war das Wort, und das Wort war bei Gott und Gott war das Wort." Deshalb wurde das „WORT", der Göttliche, Schöpferische Strom, *auf der Erde vorbereitet*, damit die Menschen in der Lage sind, ihn hier in Liebe und Verständnis aufnehmen zu können. Dies, damit sie durch diese *Vorbereitung* zu höherem spirituellen Wissen und Weisheit aufsteigen konnten.

Ein Beispiel dieser Bedeutung wäre dies – als der Prophet Daniel einen geflügelten Löwen aus dem Meer aufsteigen sah, sah er eine symbolische Darstellung des Wortes für ein neues „Zeitalter" oder einen „Zyklus", in dem die Göttliche Wahrheit des Wortes sich aufmacht, neue spirituelle Bereiche zu erobern. Wenn ihr euch selbst betrachtet, könnte das gut für die heutige Zeit passen.

Um euch ein bißchen mehr Mythologie nahezubringen, beschreibe ich euch noch mehr symbolische Beispiele. Adepten, die die alten mithräischen Initiationsriten erfolgreich durchlaufen hatten (dazu kommen wir später), wurden „Löwen" genannt und bekamen als Zeichen ein ägyptisches Kreuz [A.d.Ü.: Ankh, Henkelkreuz] auf die Stirn. Mithras selbst wird oft mit einem Löwenhaupt und zwei paar Schwingen dargestellt. Der Bezug zum „Löwen" und dem „Griff der Löwenpranke" im Meistergrad der Maurer haben einen starken mithräischen Anstrich und kommen grundsätzlich auch aus dieser Quelle.

Die aufgehende Sonne über dem Rücken des Löwen wurde symbolisch immer als Macht und Herrschaft interpretiert. Die ägyptischen Priester trugen in vielen ihrer Zeremonien Löwenfelle, die als Symbol für die große Sonnenscheibe dienten, was der Tatsache geschuldet ist, daß die Sonne exaltiert, göttlich und glücklicherweise in der Konstellation Leo, dem Löwen, plaziert ist. In den ägyptischen Darstellungen enden die Sonnenstrahlen oftmals in menschlichen Händen (ATON). Die Maurer werden eine Verbindung zwischen diesen Händen und den wohlbekannten „Löwenpranken" herstellen, die mit ihrem Griff alles ins Leben holen.

Ja, natürlich, jetzt wird es verzerrt – genauso, wie ihr vielleicht ein Kreuz um euren Hals tragt. Ihr müßt die Mythen immer zurückverfolgen bis zu ihrer Entstehung in der Wahrheit.

Ich sage euch das alles, weil die Heiligtümer der alten geheiligten Kostbarkeiten und die innewohnenden Wahrheiten oft als Stätten des Löwen benannt werden – oder geheiligte Orte (Orte des Heiligen).

In früheren Zeiten wurde die Sonnenkorona als Löwenmähne dargestellt, was ein Relikt aus einer anderen Zeitspanne war, als die Sommersonnenwende im Zeichen Leo, des Löwen, dem Heiligen Löwen, stattfand. Die Geistesschüler der Ägyptischen Mysterien wurden manchmal Löwen oder Panther genannt. Der Löwe war der Sonnenbote, der Licht, Wahrheit und Wiedergeburt symbolisierte.

Der Löwe wird als König der Tierfamilie betrachtet und ist, wie jedes Oberhaupt eines Königreiches, der Sonne geweiht, deren Strahlen durch die zerzauste Mähne des Löwen symbolisiert werden. Die Allegorien, die von den Mysterienschulen aufrechterhalten werden, geben das innere spirituelle Leben preis durch Mythen wie – Derjenige, der das geheime „Buch" öffnet, ist der Löwe, und daß die Macht der Sonne die Samenhülsen sprengt.

Bei den Alten gab es auch einen eigenartigen Glaubenssatz, nämlich, daß der Löwe mit offenen Augen schlafen würde, weshalb er als Symbol für Wachheit oder Wachsamkeit auserkoren wurde. Es ist wirklich seltsam, worauf Mythen zurückzuführen sind und sich weiterentwickeln, denn der Löwe ist ständig wachsam, schläft jedoch mit Sicherheit mit geschlossenen Augen und dann, wenn er sich nicht in Gefahr befindet, auch so tief wie im Koma. Das ist das Gleiche wie bei einer Eule, die Weisheit symbolisiert, aber eigentlich ein dummes Tier ist.

Nichtsdestotrotz ist das der Grund, weshalb man Löwenstatuen als sichtbares Zeichen göttlichen Schutzes auf beiden Seiten von Türen und Eingängen plaziert. Jetzt haben wir noch mehr Anhaltspunkte – man errichtete auch häufig Löwenstatuen über jeder Art von vergrabenen oder versteckten Schätzen.

Verzettelt euch jetzt aber nicht in anderen Kulturen – wir sprechen jetzt von der alten ägyptischen Kultur, in der die Priester die Katze symbolisch für die magnetischen Naturkräfte sahen und sie sich zum Segen des astralen Feuers, das aus ihren Körpern entwich, mit diesen Tieren umgaben. Solche Tiere waren die Symbole der Ewigkeit, denn beim Schlafen rollen sie sich zu einem Ball zusammen, bei dem sich Kopf und Schwanz berühren – ein endloser Kreis. Es ist wichtig, daß ihr versteht, wieso sich manche Dinge aus Tradition zu Legenden formten und somit solche Geschichten auch Früchte tragen konnten. Aus der Unwissenheit werden falsche Schlüsse gezogen – das ist immer so!

Des Weiteren symbolisiert der Löwe auch Weisheit. König Salomon wurde oft als Löwe dargestellt; dieses Tier zu überwinden bedeutet auch, ein Meister dieses Wissens zu werden. Ihr solltet euch auch daran erinnern, daß Samson und Herkules Beide „den Löwen bezwangen" – der Löwe stellt auch einen der vier Eckpfeiler der Schöpfung dar.

Laß uns Pause machen, Dharma, bevor wir ausführlicher in diese Erörterung einsteigen, denn es wird eine lange und manchmal langweilige Enträtselung dieses Wandteppichs werden. Vor der Pointe muß die Geschichte offengelegt werden. So sei es.

Ich gehe auf Stand-by und fordere dich auf, mit mir in eine Zeit der Stille zu gleiten, denn das hier wird wirklich eine schwere Aufgabe werden.

HATONN KLÄRT BITTE.

KAPITEL 3

Aufzeichnung Nr. 1 | GYEORGOS CERES HATONN

Mittwoch, 3. Januar 1990, 7.30 Uhr, Jahr 3, Tag 140

Hatonn hier im Licht. Wir müssen jetzt einfach das nehmen, was zuerst beantwortet werden muß und dann machen wir mit dem Journal weiter, so wie wir Zeit haben. Es wird jedoch bald ein Zeitpunkt kommen, an dem wir unseren Druck von der Masseninformation weg bewegen und in die Arena der „Massen-Beantwortung" verlagern müssen. Bei diesen frühzeitigen Anfragen und Bloßstellungen überlasse ich es GG (oder wer auch immer mir die Frageliste übergibt), mit der Beantwortung zu machen, was er möchte. Ihr werdet feststellen, daß ich mit diesen Wahrheitsverdrehern immer ungeduldiger und nicht in allen Fällen sehr höflich mit ihnen umgehen werde.

Die Gleichen, die Tag und Nacht über Themen wie M-12 und andere „Vertuschungsgeschichten" referieren und laut und lang über „Wie konnten sie nur" herumbrüllen, kommen mit unschuldigen Augen zurück und erklären „Also, das ist die Wahrheit" – und „diesmal haben wir sie erwischt". Oh, ihr kostbaren, kleinen blinden Kinderchen – Satan ist der cleverste Herrscher überhaupt – in euren „Aufdeckungen" bekommt ihr GENAU das, was man euch wissen lassen will! Außerdem spielen die, die mit ihrem neu entdeckten „Wissen" und ihrer „Entrüstung" herumlaufen, dem Bösen genau in die Hände.

NEIN, ICH HABE NICHT GESAGT, DASS IHR VON ÜBEL SEID, NOCH DASS DIE ES SIND, VON DENEN IHR DIESE INFORMATIONEN HABT – ICH SAGE EUCH NUR, DASS DIE QUELLEN DIESER INFORMATIONEN ÜBEL SIND! UND IHR SEID DIE BETROGENEN.

Hier ist ein Kampf um die Eroberung von Seelenenergien im Gange auf einem Level, der so weit außerhalb eurer bewußten Wahrnehmung liegt, daß es für euch nicht mehr glaubhaft ist. Ihr berührt die Wahrheit und im nächsten Atemzug und Satz zeigt ihr, daß ihr gar nicht wißt, wovon ihr sprecht. Ihr bestätigt also in einem einzigen Satz meine Wahrheit und gleichzeitig verurteilt ihr sie. Noch einmal, ich werde die Korrespondenz Satz für Satz nehmen müssen und an den Urheber zurückgeben, damit ihr euch das anschauen könnt. Ich tue das für G&D-G, denn der Absender hat seine Position bereits bezogen.

Wie z. B. „Eine tröpfchenweise Bekanntgabe von Tatsachen über Verschwörungen und dann eine Verallgemeinerung über einen kosmischen Code und ein Abbruchplan für den Planeten ist doch eine verdächtige Kommunikation. Das Gleiche gilt für den teilweisen und irreführenden Gebrauch meiner vorhergehenden Korrespondenz."

Ich hatte keinerlei Absicht, „Ihre" Korrespondenz in irgendeiner anderen Form zu nutzen als den Empfängern derselben zu antworten. Genauso wenig könnt ihr diese Journale aus dem Kontext herausnehmen und daraus Meinungen bilden. Genau das stimmt nämlich nicht mit den gesamten Umständen – die Menschen zerpflücken etwas in Stücke, fügen sie in einer emotionalen Antwort zusammen und präsentieren ihre Schlüsse daraus – die in fast ALLEN Fällen falsch sind. Nachdem sie die falschen Rückschlüsse veröffentlicht haben, können sie ihr Ego nicht zurücknehmen, um die Wahrheit zu hören – und mein Lieber, genau hier hängen Sie fest – auf dem glühenden Sessel der Fehlinformation, auf dem Sie zu einem wunderbaren Werkzeug für Falschinformation und Verwirrung werden. Dazu kommt, daß, wenn man einmal eine Meinung in den Druck gebracht hat, das Ego mit einem Schlag verschwindet und die Lüge als Wahrheit erscheint, so daß man zu einer „Expertenautorität" wird, auch wenn es nur die eigene Dummheit war, die man rausposaunt hat. Tatsächlich gehe ich hier mit diesem Fall sehr leichtfertig um, denn es gibt einige Andere, die hier auch beteiligt sind und DIESE verdienen eine sanfte Antwort, denn deren Hunger nach Wahrheit ist wirklich sehr groß.

Wenn wir uns jetzt durch diese Serie von Gedankenmustern arbeiten, bitte ich Alle, die sich anschließen und daran teilhaben, beide Seiten sehr genau zu studieren. Als Vernehmungsbeamter kann ich nämlich ziemlich klar und barsch sein – ihr wollt Spiele spielen, aber das hier ist viel zu ernst für kleine Theaterstückchen.

Ich zitiere beim Weitermachen:

(TD): „Lieber G: einige weitere Gedanken zu unserer Korrespondenz."

Nein, es gibt hier keinen weiteren „Hintergedanken" – das ist nichts anderes als eine weitere Flut von Fehlinformationen, um diese wunderbaren Menschen hier von ihrer Arbeit abzuhalten. Sie, T.D., spucken immer mehr geistloses „Zeug" aus, das Andere bereits klar ausgesprochen haben und bringen damit jedes Argument, das Ihnen beliebt – aber ein anderes Argument, als „die plejadischen Freunde" in Mißkredit zu bringen, habe ich in den Ausführungen nicht gefunden.

(TD): „Wenn Irgendeiner glaubt, daß die Entführungen ganzer Familien und speziell von geschlechtsreifen Frauen durch die Retikulianer und deren Meister primär eine Panikmache war, sollten Sie sich mit denjenigen Psychologen, Psychiatern und Ärzten in Verbindung setzen, die mit diesen Unglücklichen Rückführungen gemacht und sie untersucht haben."

Schauen Sie sich mal Ihre eigenen Worte an. *„Primär"* ist ein gutes Beispiel, *mit dem man anfangen kann.* Was meinen Sie damit – „sollten sie sich mit denjenigen Psychologen, Psychiatern und Ärzten in Verbindung setzen, die mit diesen Unglücklichen Rückführungen gemacht und sie untersucht haben." Sieht so aus, als ob Sie meine Meinung bestätigen – funktioniert doch, oder nicht? Und wer sind diese Untersuchenden und Rückführer? Wenn es Hypnotiseure aus den von der AMA zugelassenen Hypnoseschulen sind, verneine ich *primär* deren Fähigkeit, einen mentalen Zustand beurteilen zu können, jedenfalls in den meisten Fällen. Und außerdem bestätigen Sie meine Rede bei jedem kritischen Punkt, obgleich ich überhaupt keinen Wert darauf lege, hier Haarspalterei zu betreiben, denn das ist auf keinen Fall das Thema dieser speziellen Konversation.

Die Meisten Ihrer Informationen haben Sie von Autoren wie dem Gynäkologen Richard Neal und „Dr." Harry Seagal, und ich verspüre keinen besonderen Drang, deren Werke zu loben oder in Frage zu stellen. Mein Antrieb besteht darin, euch dazu zu bringen, euer von Gott gegebenes Hirn zu benutzen.

(TD): „Genau das hat John Lear, Ex-CIA-Pilot und -Agent gemeint, als er sagte '... der Deal, daß die USA ihr eigenes Volk ausverkauft.' Seit 1950 wurden 100.000 Menschen mit biologischen Implantaten, die primär einem Befruchtungsaustauschprogramm dienten, gefunden."

Erstens, jeder, der als „Ex-CIA" herumläuft und die CIA schlecht redet, ist äußerst suspekt. Der CIA ist sehr gut bei dem, was er tut, meine Freunde – und die Inhalte der Äußerungen von Ex-CIA-Agenten werden sehr sorgfältig überwacht und wer die „falschen" Dinge sagt, wird sofort (oder weniger auffällig) „aus dem Spiel genommen". Ich mache auch bei einem John Lear keine Ausnahme – er erzählt einfach nicht alles, was „das Thema" berühren könnte – er verbreitet nur das Desinformationskonzept, das CIA, FBI, CFR und die Trilateralen euch wissen lassen wollen. *ES INTERESSIERT SIE ÜBERHAUPT NICHT, WENN SIE DABEI „EINE SCHLECHTE FIGUR" ABGEBEN.*

In den Jahrzehnten nach den frühen fünfziger Jahren wurde von Hunderten von aufgezeichneten Experimenten berichtet über die Spiele, die Menschen so spielen – im Winter 53/54 wurden einige tausend Tiere aus Porton Down getrieben und einige Meilen vor den Bahamas, das zu jener Zeit britische Kronkolonie war, auf See mit Stricken auf Flöße gebunden. Die Mikrobiologen beobachteten mit Teleskopen, wie mit dem Aufwind Wolken von Bakterien über die Tiere getrieben wurden. Die Krankheiten, die man testete, waren Milzbrand, Brucellose und Tularämie. Die Körper der infizierten Tiere wurden auf See verbrannt.

Kommen wir der Sache jetzt näher: während diese Tests die relative Ansteckungskraft der Krankheiten unter Beobachtungsstatus zeigten, lösten sie aber keinesfalls das zentrale Problem, wie leicht es sein könnte, eine große Stadt oder eine Militärbasis auf diese Art zu infizieren. Experimente mit „schädlich-unschädlichen" Bakterien gleich nach dem Krieg hatten gezeigt, wie leicht es für Krankheitserreger war, in das Innere eines versiegelten Schiffes zu gelangen, aber jetzt benötigte man Angriffe auf die Zivilbevölkerung. Während der nächsten beiden Jahrzehnte gab es, alleine in den Vereinigten Staaten, mehr als 200 Experimente, wie man mit „imitierten" biologischen Waffen militärische und zivile Ziele, einschließlich ganzer Städte, angreifen konnte, und das alles unter der Regie und mit der vollen Kooperation der Geheimdienste. Die Tests wurden unter strengster Geheimhaltung durchgeführt. Wenn nachforschende Amtsinhaber Fragen stellten, wurde ihnen mitgeteilt, daß die Armee Experimente mit Nebelwänden durchführte, um die Stadt vor Radarerkennung zu schützen. Die Angriffsziele reichten von abgelegenen ländlichen Orten bis hin zu großen Städten, inklusive New York und San Francisco, um nur zwei zu nennen.

Eines der frühesten Experimente fand im Jahr 1950 in San Francisco statt. Das Pentagon glaubte, es sei für ein sowjetisches U-Boot möglich, in einen amerikanischen Hafen zu schlüpfen (was tatsächlich möglich ist), dort eine Bakterienwolke zu hinterlassen und zu verschwinden, bevor die Opfer des Angriffs überhaupt begonnen hatten, bei den Krankenhäusern anzurufen. San Francisco, das Hauptquartier der Sechsten Armee und für einen Großteil der Pazifikflotte, wurde als wahrscheinliches Ziel eines solchen Angriffs ausgewählt. Zwischen dem 20. und 26. September 1950 wurde diese Theorie von zwei Minensuchbooten der US Navy getestet, die außerhalb der Golden Gate Bridge auf und ab fuhren. An Bord der Schiffe entließen Mannschaftsmitglieder Wolken eines Sprays, das mit *Bacillus globigii UND Serratia Marcescens*, zwei *vermeintlich* harmlosen Bakterienstämmen, infiziert war. Der *Serratia Marcescens*-Stamm mit dem Codenamen ‚8 UK' wurde in Porton Down während des Zweiten Weltkrieges entwickelt, und da er sich während der Inkubationszeit rot färbt, kann er leicht identifiziert werden, wenn er in Experimenten für Biologische Kriegsführung verwendet wird.

Es folgten sechs vorgetäuschte Attacken auf die Stadt. In ihrem späteren Bericht folgerten die Wissenschaftler, daß 117 Quadratmeilen des Areals von San Francisco kontaminiert waren und daß fast jeder in der Stadt die Bakterien inhaliert hatte. „Mit anderen Worten", so schrieben sie, „war fast jeder der 800.000 Bewohner von San Francisco bei normalem Atemvorgang dieser Wolke ausgesetzt ... inhalierten 5.000 oder mehr Partikel. Jedes andere Areal mit dem gleichen beständigen Wind und einer ähnlichen atmosphärischen Stabilität wie San Francisco ist durch einen solchen Angriff verletzlich, und es gibt viele solcher Orte in den Vereinigten Staaten und anderswo."

Der Test über San Francisco war nur einer von Vielen. Im Jahr 1951 kontaminierten Angehörige der US Navy absichtlich zehn Holzboxen mit Serratia marcescens, Bacillus globigii und Aspergillus fumigatis und verschickten sie danach von einem Auslieferungslager in Pennsylvania zur Armeebasis in Norfolk, Virginia. Die Experimente sollten zeigen, wie schnell sich eine Krankheit unter den Angestellten verbreitet, die im Auslieferungslager beschäftigt waren. Aus den drei Bakterienstämmen wurde Aspergillus fumigatis speziell deshalb ausgewählt, weil schwarze Arbeiter für dieses Bakterium besonders aufnahmefähig waren.

Was ist jetzt mit dem „harmlosen" Aspekt? Ganz San Francisco erlebte eine massive „Grippewelle", der man zum Schluß den Stempel einer Art Schweinegrippe aufdrückte und es gab auch einige Todesfälle. Jeder, der eine ordentliche Dosis dieses „Stoffes" abbekommen hatte, wurde schrecklich krank.

Sagt mir mal, meine Lieben, glaubt ihr wirklich, daß die Forschungen abgebrochen wurden oder daß die Techniken nicht noch niederträchtiger geworden sind? Glaubt ihr als Bevölkerung mit militärischer Verteidigung, aber völlig ungeschützt gegenüber einem radioaktiven Niederschlag, wirklich, daß ihr gegenüber heimtückischen, geheimen Angriffen von „Angst"treiberei nicht verletzlich seid? IHR HABT SEIT SERRATIA MARESCENS AUF SAN FRANCISCO VIERZIG JAHRE ZEIT GEHABT! *JETZT HÖREN SIE MAL, TD, SIE SIND*

ENTWEDER NAIV ÜBER MEIN FASSUNGSVERMÖGEN HINAUS, ODER SIE SIND FÜR IHRE BRÜDER TÖDLICH.

(TD): „Diese Verschwörung wurde von einer Anzahl Regierungsangehöriger nachgewiesen."

VON WEM? AUS ERSTER HAND? BUSCHTROMMEL? AUS BERUFENEM MUNDE? WAS MEINEN SIE MIT FREMDBEFRUCHTUNG? WENN SIE ZWEI ECHTE AUSSERIRDISCHE NEHMEN UND SIE KREUZEN – KOMMT BEI IHRER ARBEIT GAR NICHTS HERAUS. „WENN" DIE REPTILOIDEN BEI DIESEM SPIEL MITSPIELEN UND DIE MEISTEN DER RETICULIANER ROBOTER SIND – WAS GIBT ES DA ZU BEFRUCHTEN? SIE WÜRDEN GUT DARAN TUN, DAMIT AUFZUHÖREN, DIE PLEJADIER SCHLECHT ZU MACHEN UND STATTDESSEN NACH IHREM SATAN IM HOLZSTOSS SUCHEN.

Ist doch lustig – wenn man einen Esel mit einer liebenswürdigen Pferdestute kreuzt – bekommt man ein Maultier – steril und unfähig zur Fortpflanzung. Das, meine Brüder, ist aber fast die gleiche Gattung. Und außerdem unterschätzt ihr jegliche Arrangements, die mit dem „Bösen" auf Erden getroffen wurden.

(TD): „Nicht nur, daß die Reticulianer ‚WAHRSCHEINLICH' eine Schöpfung der Gentechnologie sind, die jetzt degenerieren, sondern die chemischen/informationstechnischen Bäder und das andauernde genetische Spiel auf diesen beiden Basen Groom Lake und Dulce wurden im Detail von MPs beschrieben, die dabei ihr Leben riskiert haben."

Das Wort „wahrscheinlich" ist höchst suspekt und beschreibt „Jemandes" Meinung gegenüber den Fakten. Ja, ich bin mir sicher, daß die MPs ihr Leben riskieren, um von solchen Dingen zu berichten und ich würdige ihre Position ganz sicher und sehr ernsthaft – jedoch bleibt es eine Annahme, bis man „Fakten" hat und sie wird beim Wiederholen auch oft verzerrt.

(TD): „Die abnormalen Schwangerschaften und deren Ende nach zwei Monaten nach aufeinanderfolgenden Entführungen, die höchst schmerzhaften mechanischen Schwangerschaftsabbrüche, um die

Föten, halb Mensch, halb Reticulianer, zu retten, die neuralen Implantate, die Operationsnarben an Eltern und Kindern wurden alle von Ärzten bestätigt!!"

Ich kenne keine Extraterrestrischen, die so uninformiert oder technisch so rückständig sind, daß sie sich auf eine solche Art und Weise benehmen, daß „sie später erwischt" werden, es sei denn, sie haben genau beabsichtigt, daß es so sein soll!

(TD): „Ihre plejadischen Freunde sollten aufrichtiger und ehrlicher bezüglich solcher Vorfälle mit Ihnen sein, da es jetzt ziemlich offensichtlich ist."

Das augenscheinlich „Offensichtliche" ist das Tödlichste von allem, mein Freund. GGs plejadische Freunde sind sehr aufrecht und ehrlich – es ist nur nicht das, was SIE und die Desinformanten hören wollen! Jetzt jedoch fahren Sie fort mit sinnvoller und sehr fundierter Information, die Sie sehr genau studieren sollten.

(TD): „Wie für diesen Kampf mit dem Bösen zu dieser Zeit vorausgesagt wurde, wird es soviel Negativität und Falschdarstellungen geben, daß es höchst schwierig werden wird, herauszufinden, wer aufrichtig und wer manipuliert ist. Und so wird es auf allen Ebenen sein, während wir die Stufen von Wahrheit und höherem Bewußtsein erklimmen (Wölfe im Schafspelz)."

SO SEI ES! ICH BIN DER MEINUNG, DAS HABEN SIE SEHR SCHÖN GESAGT!

(TD): „Eine Berieselung mit Verschwörungsfakten und danach eine Verallgemeinerung über einen kosmischen Code und ein Plan zum Verzicht auf diesen Planeten ist eine fragwürdige Kommunikation. Das Gleiche gilt für den teilweisen und irreführenden Gebrauch meiner vorhergehenden Korrespondenz."

Ich habe dazu schon geantwortet, aber ich habe noch eine oder zwei Fragen – Warum schicken Sie Korrespondenz und Botschaften an mich (was Sie gemacht haben), wenn nicht darum, eine Antwort zu erhalten? Und die Nächste – haben Sie erwartet, daß ich mich hinsetze und Sie mit den gleichen Lügen füttere, nur weil Sie annehmen, daß „DIESER

EMPFÄNGER UNINFORMIERT IST UND DAS GLEICHE ALTE SPIEL MIT DER „ÜBERLISTUNG DER BEVÖLKERUNG" SPIELT? DIESER EMPFÄNGER HAT KEINE AHNUNG VON DIESEN DINGEN – ALSO SIND SIE DIREKT ZUR QUELLE GEKOMMEN, FREUND, UND WEITER – DAS IST NICHTS ANDERES ALS EINE ARBEIT, DIE DIESE HIER EINEN GANZEN VORMITTAG KOSTET – DAS SIND KEINE SEMINARE MIT BÜHNENUNTERHALTUNG UND KEINE SAFTIGEN TELEFONGEBÜHREN MIT IRREFÜHRENDEN „EXPERTISEN", AUCH KEINE PERSÖNLICHE INTERPRETATION VON INFORMATIONEN ODER DATEN – INTERESSIERT SIE DAS ÜBERHAUPT?

ANONYMITÄT dient zwei Zwecken – zum Einen, um Informationen zu geben, für die ihr nicht verantwortlich sein müßt. Der andere Punkt ist der Schutz des Lebensflusses der Schreiberin. Welches ist Ihr Status, TD? Bei euch gibt es ein altes „Sprichwort" – „ wenn du die Hitze nicht verträgst, geh aus der Küche." Ein erneutes Aufwärmen der Meinungen und Interpretationen von Anderen ist nutzlos. Genau aus diesem Grund gebe ich keinem meiner Schreiber irgendwelche Meinungen und kann deshalb Behauptungen immer mit Fakten untermauern. Sie geben geänderte Informationen von Entertainern weiter, die auf Ihre Kosten etwas zusammenstoppeln und dann möchten Sie, daß ich Ihnen das mit einem Klaps auf den Rücken wieder zufüttere. Nein, so nicht – ein Tritt in die verlängerte Rückseite würde besser passen!

Chela, laß uns Pause machen – ihr alle seid krank wegen der „zufälligen Grippevergiftung." Es tut mir leid für euch, meine Lieben, daß ihr in der übelsten aller Zeiten gefangen seid. Ich komme zurück, sobald ihr etwas geruht habt – das sind wirklich sehr wertvolle Diskussionen. Eine ausgezeichnete Gelegenheit, um unser Material weiterzuverbreiten, und die Gegenüberstellung des Bösen zur Wahrheit ist exzellent, denn Aton wird nicht oft ohnmächtig. So sei es.

Ich bleibe auf Stand-by.
SALU, HATONN

KAPITEL 4

Aufzeichnung Nr. 2 | GYEORGOS CERES HATONN

Mittwoch, 3. Januar 1990, 13.00 Uhr, Jahr 3, Tag 140

Hatonn nimmt die Korrespondenz wieder auf und klärt den Bereich. Danke.

Das Folgende wird eine Menge Gefühle verletzen, aber ihr werdet es sowieso hören. Paßt jetzt auf bitte.

(TD): „Noch einmal, die Plejaden sind nicht unsere ursprüngliche Heimat. Wir haben unser Zuhause auf dem Orion, dem Mars und den Kolonien auf Erden deshalb verloren, weil wir die negativen Kräfte nicht reglementiert und unser Kreuz wieder aufgenommen haben. Eine einfache Lektion, die Alle betrifft, die in dieser Welt und diesem Universum leben müssen, der physischen Erschaffung der Dualität. Das Gefecht hier um die Verschwörung kann immer wieder gesehen und zurückverfolgt werden bis zu den Römern, Ägyptern, ja selbst bis zu atlantischen Zeiten, aber sie haben schlußendlich Alle eine kosmische Verbindung. Wir kamen vom Orion. Die negativen Kräfte kamen von Canis Majoris (Osirius) und hatten eine neue Basis auf der Venus, einem exzentrischen Planeten, den sie im Orbit dieses Sonnensystems geparkt hatten (man kann jeden Astronomen über seine Rotationsrichtung befragen). Diese meist manipulierten und hypnotischen Reptiloiden, die selbst von Keyhoe widersprüchlich beschrieben wurden, sind die Quelle der genetischen Spiele – genmanipulierte Schöpfungen (Monster), Mensch- und Tieropfer, Pyramiden (manche liegen mittlerweile unter Wasser), die die geomantischen Linien der Erde blockieren und damit höllische Verwerfungen im Raum-Zeit-Kontinuum verursachen. Semjase und ihr Vater müssen wissen, daß all diese Dinge die Wahrheit sind. Die Ägypter hatten einmal eine düstere Regierungszeit eines Monsters, ein Teil Löwe, ein Teil Frau und ein Teil Rabe (die Sphinx). Und die Ägypter beteten die Reptiloiden an (den Schakal, Canis Majoris) und zwar aus Angst. Genauso haben Völker (in Südamerika, Afrika) auch heutzutage immer noch Angst vor dem Morgenstern, der Venus, denn ihre Erfahrungen waren lang und traumatisch."

Ohne Ihnen zu nahe treten zu wollen – wo haben Sie all diesen Unsinn her? Ich werde Ihnen jetzt eine kleine Geschichte erzählen, mit der Sie machen können, was Sie wollen. Sie sind zu einer kompletten Müllhalde verkommen und genau das ist aber beabsichtigt.

Wenn ich Sie wäre, wäre ich etwas vorsichtiger damit, zu verkünden „wir kommen vom Orion". Die von den Dunklen für ihren ganz bewußten Dienst am Bösen höchst geschätzten Leute kommen vom Orion. Die „stattliche Truppe" derjenigen, die hingebungsvoll ihren Dienst beim Wandel dieses Planeten und seiner Völker verrichten, kommt von den Plejaden – in diesem wichtigen Zyklus – während der ganzen Zeit – immer und immer wieder. Das bedeutet nicht, daß es außer der Erde der „einzige" Ort ist, aber man kann in der Zeit zurückgehen bis zur Manifestation der Gedankenform, es hat immer gestimmt.

Als die Konfrontation mit „Luzifer" war und ein wahrhaftes Zerwürfnis offensichtlich wurde – wurde der alte Junge aus der Gottespräsenz herausgenommen. Er und eine Unmenge Abtrünniger richteten auf jedem Planeten in der Galaxie Verwüstungen an. Und tatsächlich, die Erde mußte wieder „neu eingefordert" werden, um die schmutzige Truppe an Bord zu bekommen. Der erste wichtigste „Startpunkt" der satanischen Energien wurde auf dem Orion und dem, was Sie Osiris nennen, geboren. In den himmlischen Ebenen wird man Sie auslachen, wenn Sie mit dieser stolzen Feststellung kommen „wir kommen vom Orion". Das mag ja wahr sein, aber es ist sicher nicht das, was die Meisten über sich verlautbaren lassen wollen.

Und jetzt wollen Sie über die Rotation der Venus sprechen? Ich kann Ihnen versichern, daß am Ende dieses Übergangs der Planet Erde sich in die andere Richtung drehen wird, so daß es aussehen wird, als ob die Sonne im Westen aufginge. Das spielt sich in den Planetenzyklen immer und immer wieder ab, da sich Achsen und magnetische Pole verändern. Ach übrigens, gehören die Astronomen, von denen Sie sprechen, auch zu denen, die die rotierenden Stroboskope eines Raumschiffes nicht erkennen? Oder sind das astronomische Experten, die ein Schiff nicht vom Mars unterscheiden können?

Wenn Sie jetzt von mir erwarten, daß ich das Böse abwerte – sei es auf eurem Planeten oder nicht – so muß ich Sie enttäuschen – vielleicht sollten Sie, bevor Sie sich in weiterer Schelte über Hatonn ergehen, erst einmal ganz genau alle Journale lesen. Ich wiederhole – es sind nicht die verkörperten oder nicht verkörperten Wesen aus dem Raum, die ihr fürchten solltet – es sind die Verkörperten AUF eurem Planeten.

Ich möchte in diesem Zusammenhang noch etwas ansprechen, das schon einige Zeit zur Klärung ansteht. Nur weil etwas von Wendell Stevens geschrieben oder recherchiert wurde, macht es das noch lange nicht zur Wahrheit. Noch muß man es diskreditieren. Wendell ist eine wunderbare Seele und „Recherchen" und einige seiner Bücher sind nicht die ganze Wahrheit, kurz gesagt – noch würde er behaupten, daß sie das sind – es gibt immer menschliche Irrtümer und – in diesem Fall – ist es ein galaktischer.

Man muß nämlich im Fall von Eduard Meier auch mehrere Vorsichtsmaßnahmen treffen – und daher habt ihr aber vorzugsweise die Aussagen von Semjase – wie bei Jemandem von eurer Westküste, der von sich sagt, daß er eine Menge Unterredungen mit ihr hatte. Eduard Meier war ein typisches Beispiel für das, was ich euch sagen möchte. Er hatte eine Begegnung nach der Anderen mit ihr – er hat sich dabei Notizen gemacht und dann seine Journale geschrieben. Von der Zeit an, als er das notierte, neu interpretierte und bis er es übertrug – war die Erfahrung umgedeutet, das heißt, ich könnte Dharma z. B. sagen, daß ich sie schätze. Aus dem Kontext gerissen und mit Manipulation könnte das um 15 Ecken wieder zurückkommen von der Aussage ich bete sie an bis zu ich habe ein intimes Verhältnis mit ihr – nichts davon ist wahr. Billy hatte nicht die ganze Zeit reine Absichten und mit der Hilfe von „Außenstehenden" wurden sie oft noch unreiner – und das, meine Freunde, war nicht der Fehler von Semjase, ihrem Vater oder irgendjemand Anderem von den Plejaden.

Natürlich gibt es Probleme im Himmel – besonders während der Beendigung eines Planetenzyklus. Ich möchte noch nicht einmal für oder gegen die Reptiloiden argumentieren – ich würde nur bezweifeln, daß soviele unter euch herumlaufen, Chelas. Nun, es gibt große Mengen Plejadier, die sich zwischen euch bewegen. Außerdem werdet ihr gegen Ende eurer Reise allen Arten von „Wundern" begegnen, die von unserer dunklen Bruderschaft ausgeführt werden. Satan kann als alles Mögliche auftauchen, ganz wie er wünscht, und ihr werdet jedes Mal anbeißen. Viele der Punkte, die Sie im obigen Absatz anschneiden, scheinen direkt aus den irdischen satanischen Ritualen zu kommen. Ja, das beinhaltet die orthodoxen Kirchen, die so etwas im Namen Christus' oder Gottes tun.

(TD): „Auf einem Planeten lernt man nichts über das Leben mit den Gesetzen und der Harmonie der Natur, oder wie man die negativen Kräfte im Universum kontrolliert oder sie entschärft, indem man sich zurückzieht, aufgibt oder sich zurücklehnt und die Massaker beobachtet. Man springt los, um Leben zu schützen, das Kind auf der Straße, Mutter Natur, die uns alle versorgt und so gequält wird. Ich wäre vorsichtig mit Doppelstandards: würde nicht eingreifen in die Exekution von Millionen unschuldiger Menschen und die Zerstörung der Lebenszyklen, aber AHO!, wie dankbar werden sie sein, wenn wir unser Leben riskieren und sie retten, die Plejadier vor den Ossirianern (von denen die Reticulianer sagten, es sei ihr „am Meisten gefürchteter Feind")."

Oh, wo wollen Sie lernen, mit den Gesetzen und der Harmonie der Natur zu leben, wenn nicht auf einem Planeten? Wo würde man lernen, die negativen Kräfte im Universum zu kontrollieren und zu entschärfen? Wo waren all diese Menschen, die zu euch kamen, alle Gesetze Gottes und der Schöpfung gebrochen und einen Planeten zerstört haben? Sind Sie der Gott des Jüngsten Gerichts als homöopathischer Doktor? Nun, das ist auch Hatonn und Semjase nicht. Ich schreibe die

Gesetze nicht. Sie hätten es gern, daß wir hereinstürzen, mit den Muskeln spielen, den erkannten Feind besiegen und den Tag wie Superman retten? Nun, genau das hätten Sie auch bekommen bei jedem Punkt, den Sie angeschnitten haben. Man hätte jeden nuklearen Sprengkopf auf uns abgeschossen und Sie wären mit einem zauberhaften Planeten weniger da gestanden! Außerdem glaube ich nicht, daß Sie von Hatonn jemals gehört haben, daß die Einzigen, die evakuiert werden, die Plejadier sein werden. Wir werden zusammen mit der Flotte der Föderation des gesamten Universums jeden aufnehmen, der vom Meister dazu bestimmt ist.

Herr Doktor, wo waren Sie während der Massaker? Was haben Sie zum Loslaufen und Leben schützen beigetragen? Was nutzen Sie im Benzintank Ihres Autos? Was trinken Sie und worin baden Sie? Kam dieses Wasser aus einer natürlichen Quelle oder aus einem Teich, der einem Anderen gehörte? Und wer ist daran schuld? Die Reptiloiden vielleicht? Nun, so sei es. Es ist sehr offensichtlich, daß Sie weder die Kosmischen Gesetze kennen noch nach den Gesetzen der Schöpfung leben. Welche Art wunderbare sexuelle Beziehung könnten Sie mit einem Partner haben, der entweder einen Planeten übervölkert oder nur dem „Spaß" dient? Wer im Glashaus sitzt, sollte nicht mit Steinen werfen.

(TD): „Außerdem ‚bezahlt' niemand ‚gerne' für ein Leben unter dem Gesetz des Mitgefühls, in dem man sich um Andere kümmert (außer in einem Rumänien)."

Wovon sprechen Sie? Von den Gesetzen des Mitgefühls für menschliche Erdenbewohner oder von der nicht erlaubten Einmischung des Raumpersonals der Föderation in die Angelegenheiten des Planeten? Sie haben sich in Ihrem ganzen Schreiben über die Intervention von Außerirdischen beschwert.

(TD): „Man muß kein homöopathischer Arzt oder Krankenschwester sein, um so zu denken."

Sicherlich nicht, aber es würde helfen, wenn man Fakten über das kennen würde, was man vor hat.

(TD): „Dieser Planet ist keine Gefängniskolonie."

Nein? Haben Sie schon mal versucht, von hier wegzukommen? So sei es!

(TD): „Die negativen Kräfte (soziopathisch, manipulativ und barbarisch, egoistisch) findet man im gesamten Universum (offensichtlich) …"

Erinnern Sie sich daran, daß Sie das gesagt haben – nicht ich. Außerdem wurden auch ideologisch Uninformierte gefunden.

(TD): „… und die Plejadier werden zum Schluß kämpfen müssen, um ihre Konstellation zu retten (zweifellos, nachdem sie zu lange gezögert haben und dann alles verlieren, da die negativen Kräfte die geomantischen Linien, die Planeten, Solarsysteme und Konstellationen am Laufen halten, auch unterbrechen können mit ihrer Raumzeit-Technologie. Eine solche stierische Sturheit ist wirklich nicht empfehlenswert)." [A.d.Ü.: die Plejaden stehen im Sternbild Stier]

Die einzig wirkliche Sturheit, die wir an den Tag legen, ist unsere Geduld mit den Nicht-Informierten wie Ihnen.

(TD): „Und wieder retten Sie mit Ihrem Personal aus dem Westen Amerikas keine Menschen, die dem Orden als Opferlämmer dienen."

Mein lieber Mann – was ärgert sie denn wirklich so, Freund? Opferlämmer? (sic, sic). Gehen Sie wirklich davon aus, daß diese Gesegneten allen Ernstes so dumm sind? In diesem Atemzug beleidigen Sie keinen Raumkommandanten – Sie beleidigen geliebte und brillante Energien, die sehr lange arbeiten, um die Köpfe solcher Leute zu retten wie den Ihrigen. Wie könnten wir sie auf irgendeine Art und Weise opfern? Es sieht so aus, als wenn Opfer gebracht werden müßten, dies jedoch nur über das Ansammeln von Wohlstand ginge und das auf dem Weg zur Wahrheit – Sie veröffentlichen Schriften, die Reichtum in Fülle bringen werden. Würden Sie darum bitten, daß sie in Armut und Not leben unter Ihrem unpassenden Schutz? Sie klingen fast wie die Regierung, die Sie anprangern – „ich tue das nur zu Ihrem Besten, da Sie offensichtlich nicht intelligent genug sind, für sich selbst zu sorgen."

(TD): „Genauso wenig würde es einer riesigen Flotte bedürfen, um der Weltbevölkerung die Wahrheit zu bringen: sehr einfach, Sie beordern ein paar Schiffe in die Erdumlaufbahn und übertragen die Wahrheit über die weltweite Verschwörung direkt, zeigen aus erster Hand deren Machenschaften, Schlachtfelder und Finanzmanipulationen auf, und zwar dauernd auf jeder AM, FM und Fernsehstation (auch, wenn die Geräte nicht einmal angeschlossen oder eingeschaltet sind)."

Sie meinen so etwas wie in Panama – einfach hier reindonnern! Ein genau gleiches Verhalten wie die Regierung, die Sie verabscheuen und die Menschen damit bis zum Wahnsinn erschrecken, damit auch gleich einen dritten (und letzten) Weltkrieg mit Skalarstrahlen und Nuklearraketen anzetteln? Ist das wirklich eine wohl durchdachte Lösung? Ich bin für Ihre Brüder wirklich sehr glücklich darüber, daß Sie diese Flotte nicht kommandieren. Und außerdem – nein, man braucht keine ganze Schiffsflotte, um das Wort auszusenden – nur ein paar mutige LEUTE DER MENSCHLICHEN ART, DIE SICH TRAUEN, DIE WAHRHEIT AUSZUSPRECHEN, OHNE DEN DICKEN MAX ZU MARKIEREN. DIE WAHRHEIT IST WIRKLICH EIN SEHR EINFACHES KONZEPT. UND SIE SCHLAGEN VOR, DASS WIR DIE MASSEN EINFACH HERNEHMEN UND IHNEN DIE WAHRHEIT IN DEN HALS STOPFEN, WIE ES DIE KOMMUNISTEN IN RUMÄNIEN GERADE GEMACHT HABEN – WERDEN SIE SICH MAL ÜBER IHRE WÜNSCHE KLAR – MACHEN WIR DAS JETZT MIT MITGEFÜHL ODER BENUTZEN WIR DEN VON GOTT GEGEBENEN FREIEN WILLEN, DEN DER SCHÖPFER EUCH UNGLÜCKLICHEN WESEN VERLIEHEN HAT? ES IST EUER WACHSTUM, DAS AUF DEM SPIEL STEHT – NICHT DAS UNSRIGE! ES IST NICHT „UNSER" PROJEKT – SONDERN EURES! NICHT DER PLANET DER RAUMFAHRER IST IN GEFAHR – SONDERN EURER!

(TD): „In 30 Tagen wäre für die Verschwörer alles vorbei, 200 Millionen Menschen wären z. B. in den USA auf den Straßen und würden Bush, Reagan, Kissinger, Rockefellers und die ganze amerikanische

Wirtschaftselite mitsamt den MJ12 Beauftragten, die darin verwickelt sind (Rothschilds, Sardo), einfordern. Dann können wir uns zusammensetzen und uns den anstehenden Aufgaben widmen wie Lebenszyklen erneuern und die Gifte aus den Ozeanen, dem Boden und der Atmosphäre entfernen – das wäre die Herausforderung mit der Plejadischen oder der Technologie vom Orion."

Meine Lieben, es wäre alles in weniger als 30 Tagen vorbei – sagen wir, bereits in 30 Minuten! Und ihr habt keine Bombenschutzbunker! Es gibt jede Menge Bewohner, die die Wahrheit noch nicht einmal kennen, noch viel weniger wollen sie hinausrennen und glauben, daß ein paar „Außerirdische" da sind, von denen „ihr" gesagt habt, daß sie nur darauf aus sind, euch zu versklaven, mit euch Reptilienmonster zu zeugen, den Genozid über euch ausspeien wollen und sie direkt dem Übel entsprungen sind. Und, oh ja – dazu wollt ihr noch die orionische oder plejadische Technologie, die sich um eure Probleme kümmern soll. Nun, so einfach, daß jeder verrückt danach ist, uns haben zu wollen, ist es nicht – ihr habt eine Überbevölkerung von mindestens 5 ½ MILLIARDEN Menschen – was, schlagen Sie vor, machen wir mit denen? Gott und die Gesetze der Schöpfung legten Methoden und Gebote fest und die Menschheit hat sich nicht in der Lage gesehen, diese Gebote zu befolgen – jetzt kommt ihr und wollt, daß ein anderes Volk Gottes kommt und für euch alles wieder in Ordnung bringt? Das ist nicht wahrscheinlich! Wo wart ihr alle, als das „Kartell" DEN PLAN für die Weltkontrolle in Bewegung brachte – vor mehr als hundert Jahren? Sie kamen und haben euch gesagt, was passieren wird und ihr Alle habt eure Spiele weitergespielt, habt eure Lust und Völlerei befriedigt, wohl genährt durch hohen Wohlstand, und jetzt wollt ihr, daß wir einfach ein paar Botschaften runterbeamen, die Täter einsammeln und sie zum Abmarschieren bringen – oder wolltet ihr, daß wir sie ermorden wie in Rumänien? Die Rumänen haben genau das gemacht, was man von ihnen erwartet hat – sie haben sich einer Regierung entledigt, die in Unabhängigkeit gegen die Elite in Moskau agiert hat und sie haben es zugelassen, daß das „Volk" die unerwünschten Querdenker eliminiert und durch ein paar handverlesene Leute ersetzt hat, die bereit waren, DEN PLAN zu erfüllen – investiert euer Geld in die Förderung, das wird euch schneller den Kanal hinunterspülen. Nein, mein Lieber, so einfach ist es nicht, oder?

Eure amerikanische Regierung kann all das tun, was Sie erwähnt haben und die Massen sehr beeindrucken wird – sie hat auch die Macht, sofort alle Raketen abzuschießen – UND SIE HAT EINEN ORT DER SICHERHEIT, AN DEN SIE SICH BEGEBEN KANN.

(TD): „G –, sind Sie unterscheidungsfähig und sorgfältig mit Ihren Kontakten und lehnen sich nicht an einen Ruheplatz an? Haben Sie sich mit jedem Punkt meines Briefes auseinandergesetzt? Eines der Täuschungsmanöver ist es, vor etwas zu warnen und es danach selbst zu tun (die abstrakte Hemisphären-Manipulation)."

Nun ja, das hat er alles gemacht und Sie haben uns in dieser Minute ein exzellentes Beispiel dafür geliefert, wie das in Aktion aussieht!

(TD): „... also – wir sollten nicht in jedes Schiff springen, das landet."

Das sollten Sie besser ernst nehmen. Jenes ist schon „auf Kurs" und deshalb ist es höchste Zeit für euch, euch darum zu kümmern, welches für euch paßt und welches richtig miserabel für euch ist. Ihr habt aus dem Raum genauso viele Beobachter wie Teilnehmer – der Übergang eines Planetenzyklus ist höchst interessant. Und außerdem hat eine ordentliche Anzahl „Außerirdischer" weder eine emotionale Resonanz noch eine Verbindung irgendwelcher Art zu euch – sie werden euch weder nötigen, noch euch zwingen oder euch etwas antun – aber wenn ihr losrennt und auf ein Schiff springt, wird das als freier Wille interpretiert und ihr werdet wirklich einen spritzigen Ritt erleben. Wenn Sie nicht wissen, wie man Identifikation und Klarheit kommandiert und einfordert – schlage ich Ihnen vor, G – zu fragen!

(TD): „Sich mit der Schreibweise aufzuhalten, anstatt das ehrliche Mitgefühl für das Wohlergehen von fünf Milliarden Leben auszudrükken, scheint mir hyperintellektuell und spirituell fraglich zu sein."

Bitte schauen Sie noch einmal in meine vorhergehende Antwort. Ich zerpflücke weder Jemandes Rechtschreibung noch das Englisch –

ich spreche eine universelle Sprache und ich irre mich dauernd in der Übertragung. Ich habe mich nicht über die Rechtschreibung „aufgehalten" – ich habe nur festgestellt, daß meine Schreibweise für Planeten aus einer Darstellung kam – in Englisch – und wollte sicherstellen, daß wir vom gleichen speziellen Punkt gesprochen haben. Ich entschuldige mich ehrlich, wenn ich damit ein Verletzungsgefühl hervorgerufen habe, denn das lag wirklich nicht in meiner Absicht.

(TD): „Jetzt sagen Sie mal, welche Ansprüche von Denen kommen, die bei diesem Exodus von der Erde genommen werden? Was passiert mit Denen, die das Gefühl haben, das Leben auf den Plejaden ist nicht fair? (Aber bitte, nicht noch mehr Rumäniens, Chinas, Guatemalas, Schwarz-Südafrikas). Warum klingt das alles weiterhin, als ob die Aufgestiegenen Meister Mitglieder in der Gruppe wären, die die ICH BIN-Affirmationen runterbeten, bis sie krankenhausreif sind?"

Meine wirklich Geschätzten, meine Güte, wie ist das mißverstanden worden. Ihr müßt nicht auf die Plejaden gehen. Das liegt an Ihnen und Ihrem Glaubenssystem. Wenn Sie zur Lichten Bruderschaft gehören (wie es aussieht, gehören Sie wahrscheinlich dazu), werden Sie nicht in eine Gruppe singender Affirmationsanhänger hineinfallen. Sie haben sich offensichtlich noch nicht mit meinen Schriften auseinandergesetzt. Wir werden Sie nicht zwingen, irgendwohin zu gehen – von Gott kommt kein Zwang – es werden jedoch auch keine bösen Absichten in die höheren Ebenen gelangen – jede böse Absicht wird in und durch die Reinigung gehen. Der alte Planet muß gepflegt, gereinigt und geheilt werden – er ist aus der Balance geraten und er wird sich verschieben und verändern. Es scheint, daß das Übel immer dorthin zurückkehrt, wo es fruchtbaren Boden findet – dorthin, wo Menschen sind. Wie lange es dauert, bis es mehr Rumäniens, Chinas, Guatemalas usw. gibt, liegt an der Menschheit. Erfahrung entsteht durch Zyklen – einen anderen Weg kann es nicht geben und zum Schluß geht der Zyklus zurück zur Einheit mit dem Schöpfer/der Schöpfung.

(TD): „G – , ich sehe aufseiten der Plejadier jede Menge Ausweichmanöver. Sie weichen aus bei den Themen: warum sie Atlantis verlassen haben, warum sie (wir) den Osirianern (Venusiern) unterlegen waren, wir kamen vom Orion, die Ältesten vom Orion bauten die Kolonien auf dem Mars und der Erde (wir haben auf der Venus fast unser Mutterschiff verloren), aus irgendeinem speziellen Grund leben sie nicht nach dem moralischen, sozialen Kodex ihrer Ältesten (Mars, Atlan, usw.), dem Gesetz der Barmherzigkeit, um damit der Schöpfung zu dienen. Und die nächstbeste Frage ist: Warum nicht? Ich möchte wetten, daß Semjase, ihr Vater und ihre Truppe nicht einem Einzigen ihrer Ältesten in die Augen schauen können. Das ist beschämend, und damit bereiten sie sich darauf vor, Alles zu verlieren."

MEINE KLEINEN, ICH BIN DEREN ÄLTESTER. WENN ICH AUSWEICHEND BIN, HABE ICH NICHTS WEITERES ANZUBIETEN. SIE BESCHULDIGEN MICH DER UNWAHRHEIT UND SIE SELBST HABEN MIR EINE UNWAHRHEIT NACH DER ANDEREN VORGELEGT! SIE SIND FRUSTRIERT UND ENTSETZLICH EINSAM UND HILFLOS MIT IHREN GEFÜHLEN – OH JA, LIEBER FREUND, ICH BIN VOLLER MITGEFÜHL, DENN GENAU IHR SEID DAS VOLK DER LÜGEN – DIE FRONTALZIELE DER LÜGE SELBST. ICH FLIESSE ÜBER VOR MITGEFÜHL AUFGRUND IHRER ERNSTHAFTEN ABSICHT UND OHNMÄCHTIGEN VERLETZLICHKEIT, FREUND – SIE SIND ENDLICH AUF DIE WAHRHEIT GESTOSSEN UND ICH LADE SIE EIN, ETWAS ZU BLEIBEN UND IHRE ERFAHRUNGEN MIT UNS ZU SAMMELN.

Bitte erlauben Sie mir die Freude, zartfühlend und liebevoll mit Ihnen umzugehen, denn ich habe Ihnen schmerzhafte Einsichten beschert und mein Herz nimmt Sie in Liebe auf, denn Ihr Herz ist so angefüllt mit Wahrheit und kümmert sich um all die Dinge um Sie herum, daß es am Platzen ist.

(TD): „Die Gesetze des Universums (egal, was die Plejadier äußern), besagen doch, daß wir lernen müssen, mit den Lebenszyklen der Planeten zu leben, mit ihren Pyramiden aus Insekten, Vögeln und tierischen Gärtnern, daß wir nach dem Gesetz des Mitgefühls zu leben haben, um Seiner Schöpfung (inklusive den Tieren) zu dienen und sie zu beschützen, sowie unsere Mitmenschen und Mutter Natur, die uns erhält, was die höchste Berufung ist, ansonsten wir immer und immer wieder genauso nachgetestet werden auf anderen Planeten, bis wir es begriffen haben. Man nennt das auf dem harten Wege lernen, weil wir die traumatischen Situationen solange wiederholen, bis wir entsprechend handeln. Und immer wieder verlieren wir unser Heim, die Schlachten, Revolutionen, Kriege mit den negativen Kräften und wir werden lange Zeit keinen Frieden finden, das ist doch die wirkliche Geschichte des Universums."

AHO! SIE HABEN ALLES GESAGT. SIE HABEN KEINEN STREIT MIT MIR – SIE ZITIEREN MICH IN IHRER HERZENSWAHRHEIT. WIR SIND DIEJENIGEN, DIE GESANDT WORDEN SIND, UM TEILZUNEHMEN UND BEIZUSTEHEN. WIR SIND DIEJENIGEN, DIE GESANDT WORDEN SIND, UM EUCH IN EUREN LÜGEN UND EUREM CHAOS DIE WAHRHEIT ZU BRINGEN UND UM EUCH NACH HAUSE ZU GELEITEN, DENN IHR SEID AUCH DIE ÄLTESTEN, DIE ZURÜCKGEKEHRT SIND UND IHR SEID DER REISE ÜBERDRÜSSIG, DENN SIE WAR LANG UND ANGEFÜLLT MIT FALLSTRICKEN UND DER PFAD NACH HAUSE IST OFT VERSPERRT. WIE HABEN SIE ERWARTET, WÜRDEN WIR KOMMEN? DACHTEN SIE, WIR KÄMEN AUF DER BÜHNE EINER UNTERHALTUNGSSHOW, AUF DER WIR MAGISCHE TRICKS VORFÜHREN UND ERSTAUNLICHE, TÄUSCHENDE GESCHICHTEN ERZÄHLEN? NEIN, WIR SIND GEKOMMEN, UM EUCH NACH HAUSE ZU HOLEN UND DER FÜHRER IST MIT AUF UNSEREM SCHIFF. SO SEI ES UND DER SEGEN DES FRIEDENS SEI MIT EUCH.

(TD): „G – , ich habe Ihnen nicht über die Plejaden geschrieben. Ich schrieb Ihnen über Sie und D – . Neben den Plejadiern sind auch noch Andere hier von vor 11.400 Jahren. Selbst die ganz ursprünglichen Ältesten sind wieder inkarniert für diese letzte Schlacht (ja, sie haben ihr Kreuz wieder aufgenommen, entweder hier oder auf den

Plejaden). Und der Arzt in mir weiß, daß wir es nicht zulassen können, daß noch mehr Planeten sterben (Mars), ohne daß nicht der ganze Körper negativ in Mitleidenschaft gezogen wird, genauso wie der Ozean der Blutstrom des lebenden Planeten ist, den wir vergiften."

Ich spüre Ihren Schmerz und weder scherze ich, noch heuchle ich Mitgefühl. Oh, wäre dieser wunderbare Ort mit solchen Menschen angefüllt, wie Sie Einer sind – welche Herrlichkeit. Aber, meine Lieben, ihr werdet diese Herrlichkeit erleben – ihr müßt zuerst die Asche haben, bevor der Phönix aufsteigen kann und dann wird die Schwingungsfrequenz wundervoll sein – verzweifelt nicht in eurer Warteschleife. Wir sind gesandt, um den Weg zu zeigen und wenn ihr die Situation, der ihr gegenübersteht, nicht HÖRT ODER SEHT, könnt ihr auch nichts tun, um sie in Ordnung zu bringen. Was wir bringen, scheint heimtückisch und voller Verderben zu sein – wir sprechen von Leben – ich meine WIRKLICHES LEBEN! Die Neugeburt von Balance und Harmonie – wenn ihr das Böse losgeworden seid, das alles Sein bis ins Herz zerstört. Wir bringen keine neuen Nachrichten – es war immer so vorgesehen – ihr seid nur zurückgekommen, um die Arbeit des Übergangs zu teilen und es richtigzustellen. Ich flehe euch an, euch jetzt nicht abzuwenden, da ihr den goldenen Ring gefunden habt.

(TD): „Und dann möchte ich Sie ganz bescheiden auch wissen lassen, daß ich mich selbst gefragt habe, unabhängig von den fortlaufenden Treffen mit den plejadischen Kontakten und ihrer traurigen Botschaft und Vorhersage für die Erde. Ich würde gerne mit Ihnen über die vorher angerissenen Themen und noch viel mehr sprechen. Wenn Sie jemals von Herz zu Herz über Alles und Jedes, das wichtig ist, sprechen möchten, werde ich sogar einige Risiken dafür in Kauf nehmen. Aber es ist sehr wichtig, daß Sie ein sicheres Telefon benutzen (nicht von zu Hause oder vom Büro aus), sichere Mail-Adressen, denn es ist vermessen anzunehmen, daß der Orden nicht Ihre Büros und Wohnungen überwacht (für sie und für uns steht alles auf dem Spiel, siehe z. B. die Drohungen an Billy Meier, Wendelle Stevens)!!! Und nochmal, diese wunderbaren und mutigen Menschen, die ich vorhergehend aufgelistet habe, sind sehr liebenswürdig und speziell aus den gleichen Gründen – sie versuchten uns zu schützen und sie wurden dafür ermordet. Ich bin der Ansicht, das sind wirkliche Helden mit Vorbildfunktion."

Bevor Sie weiterurteilen, darf ich Sie bitten, erst alle Unterlagen zu lesen – dann werden Sie nämlich herausfinden, daß wir sehr wohl die gleichen Gedanken und Absichten haben. Ich habe kein Recht, über Jemanden schlecht zu sprechen. Selbst die Prüfer machen ihren Job, aber ich bitte Sie, die Wahrheit nicht durch Verneinung zu verweigern, Allem gegenüber offen zu sein und nach innen zu schauen. Um eure Orte herum gibt es so viel Falschheit wie Fliegen auf einem Kadaver. Ihr, die ihr die größten Aufgaben zu bewältigen habt, seid auch die, die der größten Belastung ausgesetzt sind, wenn es darum geht, euch zu eliminieren. Sie, mein Freund, werden keinen Frieden finden, wenn Sie sich abwenden – denn bereits jetzt ist die Qual eine zu große Last. Es ist weise, Fragen zu stellen – es ist aber genauso weise, die Antwort zu HÖREN! So sei es.

Jetzt machen Sie aber bitte langsam, bevor Sie meine Strenge und Direktheit als Verletzung oder Unhöflichkeit verurteilen – ich muß ehrliche Antworten geben, um euch dazu zu bringen, genau hinzusehen bei dem, was ihr sagt und plant, denn mein Anliegen ist es, die Wahrheit zu sehen. Ihr wollt keinen Kommandanten mit schwammigen, heimtückischen Lügen – ihr geht in die außergewöhnlichste Schlacht eures Lebens und die Zeit ist reif, sich zusammenzufinden mit euren Brüdern und Mitstreitern. UND IHR MÜSST EUREN FEIND ERKENNEN, DENN ER WIRD EUCH BEI JEDER GELEGENHEIT BETRÜGEN. ICH ZIEHE VOR EUCH DEN HUT, WEIL IHR FÜR MILLIONEN ANDERE TEILNEHMT, DIE ENTWEDER EINFACH KEIN INTERESSE DARAN HABEN, FRAGEN ZU STELLEN, ODER DIE BEREITS DIE FÄHIGKEIT VERLOREN HABEN, DAS ALLES IN AUSGEGLICHENHEIT ABZUWÄGEN. NUR EIN SUCHENDES HERZ NIMMT SICH DIE ZEIT, SOLCH EINEN

GEDANKENVOLLEN BRIEF ZU SCHREIBEN. ICH HOFFE, DASS SIE DIESE ANTWORT MIT ANDEREN TEILEN, DENN WIE ICH SCHON SAGTE, WARTEN MILLIONEN DARAUF.

Chela, das war jetzt lang, aber es war sehr wichtig, daß wir diese Nachricht bringen. Genau dieses Journal nämlich, an dem wir gerade arbeiten, gibt euch solche Unterrichtsstunden über eure Vergangenheit. Aber wir sind limitiert und unsere Arbeitsstunden sind lang und es gibt keine Ferien oder Erholungsphasen, aber wir werden es machen – wir WERDEN es machen! Die Menschheit hungert nach Wahrheit und Licht und auf eurer Erde liegt ein so trauriges Schicksal – Gott sei mit euch, denn Vater/Mutter wird euch nicht bedürftig zurücklassen. Am Ende wird es so kommen, wie es auf den Tafeln des Universums geschrieben steht und ihr sollt wieder heimkommen. Ihr seid gekommen zum Pflegen, Heilen und Gebären – und Sterben, denn ihr könnt nicht Eins ohne das Andere haben. Kein Phönix ohne Asche – es muß beendet werden, bevor es einen Neubeginn geben kann.

Ich danke euch, daß ihr mir die Gelegenheit zur Beantwortung gegeben habt und danke auch für eure Aufmerksamkeit. Ein gerechter Zorn gegenüber dem durchdringenden Übel ist angebracht, Brüder – ihr seid lebendig. Ihr müßt die bösartigen Dinge niemals lieben, aber ihr sollet die Wesen nicht verurteilen, denn das ist nicht eure Aufgabe. Ihr sollet immer nach innen schauen und euch daran erinnern, daß ihr hier seid aufgrund der Gnade des Vaters! Das heißt aber keinesfalls, daß ihr nicht kritisch seid und das Böse nicht von Göttlichkeit unterscheidet. Wenn Handlungen die Gesetze von Gott und der Schöpfung brechen, dann sind sie FALSCH und alles „anders abstimmen" macht nicht den Funken eines Unterschieds.

Jetzt geh, Chela, denn ich habe dich heute sehr lange beschäftigt. Wir werden auch später nicht mehr arbeiten, denn ich möchte, daß du dich heute Nacht ausruhst – es kommen grade größere Versuche, diese Korrespondenz zu vereiteln. Das soll dich aber nicht interessieren, wir haben das unter Kontrolle. Ich möchte diese Korrespondenz mit unseren üblen Beobachtern teilen, denn es macht sie wirklich sehr nervös.

Ich beobachte alles sehr genau. Ich fordere sie auf, diese Frequenz zu eliminieren, oder wir werden das machen.

SALU, SALU, SALU.
HATONN KLÄRT, BITTE,
GUTEN ABEND.

KAPITEL 5

Aufzeichnung Nr. 1 | GYEORGOS CERES HATONN

Donnerstag, 4. Januar 1990, 8.00 Uhr, Jahr 3, Tag 141

Und der, der weiterhin falsches Zeugnis ablegt gegenüber meinen Heerscharen soll niedergestreckt werden. Die Lügner gegenüber den Meinen sollen auf meinen Ebenen vor Gericht gestellt werden. Hab keine Angst, Chela, denn du hast deine Arbeit gut gemacht und die Lügen sollen vom Wort getrennt und das Wort heil gemacht werden. Wer in die Wahrheit kommt, soll auch geheilt werden. So sei es und geht sanft, meine Lieben, denn unser Werk wurde gerade erst begonnen.

ICH BIN SANANDA

* * * * *

Hatonn ist hier.

AN DIE ZUSTÄNDIGE STELLE:

Ich werde darüber in Kenntnis gesetzt, daß einer, William Cooper, nicht nur mit Gerichtsprozessen gedroht hat, was bestimmte Informationen in *SPACE–GATE, THE VEIL REMOVED* [A.d.Ü.: Phönix-Journal Nr. 03, *SPACE–GATE, Der Schleier wird entfernt*, https://christ-michael.net/die-phoenix-journale/] angeht, von denen er behauptet, daß es Exklusiv-Informationen sind; er hat verbal auch deren Verleger gedroht, „diese Leute auszuschalten, daß das ‚Channeling' Bullshit ist und daß ich dabei bin, dem ein Ende zu setzen." Der Verleger informierte mich darüber, daß Mr. Cooper nach seinem Dafürhalten so wütend war, daß es fast irrational war. Mein Verleger schlug ihm vor, einen Brief zu schreiben, wobei er noch wütender wurde – er weigerte sich und beendete das Gespräch abrupt.

Ich jedoch betrachte das als offene und öffentliche Bedrohung für das Leben meiner Empfänger/Schreiber. Ich muß euch des Weiteren darum bitten, daß keiner von euch, der die Adresse meiner Schreiberin kennt, diese an die genannte Person weiterleitet. Oberli, es gibt einige Telefongespräche zu diesem Vorfall zu machen – Gabriel, und Kontakte in Sedona mit Ausnahme von Originalkontakten (Rick sollte in diesem Bereich einen Anruf tätigen). Das ist jetzt wirklich sehr ernst und es wird jetzt Zeit, daß ALLE damit aufhören zu glauben, das sei ein etwas dummes Spiel, in dem die Raumwesen gejagt werden und daß ihr den Grad der Ernsthaftigkeit erkennt. Es geht nicht um den Gebrauch der Information – es geht um einen vorsätzlichen Versuch, die Schreiberin loszuwerden. Jetzt könnt ihr vielleicht auch Alle das Ausmaß der Wahrheit in diesen Dokumenten ermessen. Ich werde jeden persönlich ins Ohr kneifen, der diese Information an die üble Gesellschaft weitergibt. HAT DAS JEDER GEHÖRT? DAS IST *KEIN SPIEL* UND ES IST JETZT LÄNGST ZEIT, DASS IHR DIE KRISE VESTEHT UND *EUREN MUND HALTET!*

(Bemerkung des Verfassers: Rick hat mit der Pforte von Schwester Thedra telefoniert und sprach mit Ted Burluni, der erneut versicherte, die Identität und den Ort der Schreiberin geheim zu halten. Anfang Februar gab Mr. Burluni diese Information an einen Ed DeMar weiter, besser gesagt „verkaufte" sie, und der sandte sie an das Turner Network, ans California UFO Magazin und so weiter und so weiter. Dieses Thema wird später in diesem Journal noch besprochen werden.)

GG hat gestern um 2.45 h [A.d.Ü.: amerikanisch geschriebene Zeit, 14:45 Uhr unsere Zeit] ein Dokument per Fax geschickt, in dem das Telefongespräch mit Mr. Cooper in Kürze dargestellt wurde. Das ist zwar nicht niedergeschrieben, aber ich mache das hiermit öffentlich. Ich möchte auch, daß die Schreiberin das in die Aufzeichnungen mit aufnimmt, damit wir uns darauf beziehen können:

„2:45 P.M. GG 3. Jan. 90.

„Ich wurde gerade von Bill Cooper kontaktiert, der die Adresse und die Telefonnummer des Autors wollte, der sich seine Schriften zu eigen macht. Es wurde ihm mitgeteilt, daß die Nummer und Adresse des Autors nicht verfügbar sind und daß wir die Geschichte gerne bereinigen würden. Er sagte, wenn wir zuerst gefragt hätten, hätte er dem Autor gerne die Erlaubnis gegeben, das Material zu nutzen, er möchte jedoch die Benutzung seines Materials beenden und will versuchen, einen Anwalt zu finden, der sich der Sache annimmt, und hat uns vorgeschlagen, damit aufzuhören oder andernfalls –. Interessante Zeiten. Welche Richtung möchten Sie eingeschlagen haben?"

Also, ich, Hatonn, werde ein paar Kommentare für die Aufzeichnungen dazu abgeben: Ich habe neulich darum gebeten, daß man Mr. Cooper Informationen zukommen läßt, was sein Material betrifft, ihm mitteilt, daß es eine Zusammenstellung guter Nachforschungen ist (andere), aber alle gezogenen Schlüsse nicht korrekt sind. Weiterhin habe ich darauf hingewiesen, daß bestimmte Hinweise total erfunden sind, z.B. alle Informationen bezüglich einer Wesenheit namens Krill*. Ich habe des Weiteren darum gebeten, daß der Urheber der Krill*-Geschichte den Verleger kontaktiert und meine Stellungnahmen bestätigt – was getan wurde. Diese Information wurde, wie gewünscht, an Mr. Cooper geschickt und er wurde gebeten, darüber nachzudenken, die Geschichte für seine Leser zu korrigieren und wir wären äußerst glücklich darüber, die „Wahrheit" mit ihm zu teilen. Oberli, wenn dieses Dokument aus dem „JOURNAL" genommen wurde, stelle jetzt bitte sicher, daß es eingefügt wird. Wir spielen hier nicht rum. Den Lügen über das Raumkommando wird in Zukunft entgegengetreten.

(Notiz des Verfassers: Das Dokument, auf das Bezug genommen wurde, ist ein Schreiben an den Verleger von einem sehr bekannten UFO-Forscher, der gestanden hat, daß die Krill*-Geschichte von ihm „erfunden" wurde, um festzustellen, wer sich *sein* Material „ausleiht").

[*A.d.Ü.: Im Original steht das Wort KrLLL. Ich gehe davon aus, daß dies ein Übertragungsfehler ist und habe mich deshalb für das Wort Krill entschieden.]

Ihr in der Öffentlichkeit seid auf einen Komplettplan angesetzt, der die Massen mit unserer Präsenz terrorisieren soll. Und tatsächlich ist jedes Dokument, das veröffentlicht wurde von „MJ-12, Geheim und Top Geheim und noch über Top Geheim" hinaus sehr sorgfältig zusammengestellt worden – Forscher und ehrenwerte Autoren haben das Material präsentiert so gut sie es konnten, aber die Wahrheit steht nicht in diesen Dokumenten und die darin untergebrachten Lügen dienen in massivster Weise der Irreführung der Öffentlichkeit.

Ich kann euch sehr wohl versichern, daß KEINE eurer irdischen Texte genommen worden wären, wenn die Öffentlichkeit für die echte Wahrheit bereit gewesen wäre. Das bedeutet jedoch keinesfalls, daß die Autoren in den meisten Fällen nicht in gutem Glauben gehandelt hätten und in anderen Fällen ein wenig Spaß damit hatten, es bedeutet nur, daß die Vertuschungen auf höheren Ebenen so unglaublich sind, daß ihr Leute das als pure Phantasie eines kranken Gehirns abtun würdet und ihr deshalb unfähig wäret, die Wahrheit anzunehmen. Wobei das Werk von Mr. Cooper das Letzte gewesen wäre, auf das Bezug genommen worden wäre.

Das Buch war fertig und auf dem Weg. Ihr habt Vorinformation dazu bekommen bezüglich Verwahrung und ohne Anfrage oder Wissen wurde an meine Schreiberin ein Dokument geschickt mit der Aufforderung (und Rückporto), das zurückzuschicken. Diese Schreiberin oder Jemand aus ihrem persönlichen Umfeld konnte mit dem Namen William Cooper nichts anfangen und hatte keine Kenntnis von seinen Schriften oder Vorträgen usw. Das war ein kompletter Unbekannter für sie.

WUSSTE ICH DAS? NATÜRLICH! ABER ICH BRAUCHE KEINE GEDRUCKTEN DOKUMENTE – ICH HABE AUSSERGEWÖHNLICH GUTE SCANNER DIREKT VOM GRÖSSTEN COMPUTER DES UNIVERSUMS. DES WEITEREN WERDEN ALLE INFORMATIONEN AUS DIESEM COMPUTER SIGNAL FÜR SIGNAL VON DEN DATENSYSTEMEN DER ÜBERWACHUNG (CIA UND MILITÄR) ABGEFANGEN, SOBALD WIR SCHREIBEN. UND NUR DAS HAT MEINER SCHREIBERIN DAS LEBEN GERETTET. UND AUSSERDEM WURDEN BEREITS DREI MORD-

VERSUCHE IN DER ART UNTERNOMMEN, DASS SIE HERZSTILLSTAND HATTE UND ES WAR NOTWENDIG, DASS WIR SIE WIEDERBELEBTEN.

ICH HOFFE, DASS DIESE FAKTEN ZU EURER ERNÜCHTERUNG BEITRAGEN! DIE GRÖSSTE HILFE, DIE IHR SEIN KÖNNT IST DIE, DIESE INFORMATIONEN UND DIESE JOURNALE IN DEN VIER ECKEN EURES PLANETEN ZU VERTEILEN ... SCHNELL, SCHNELL, SCHNELL.

DAS SCHLIMMSTE AN DEM GANZEN IST JEDOCH DIE TATSACHE, DASS MR. COOPER NOCH NICHT EINMAL AHNT, DASS ER EIN WIRKSAMES WERKZEUG IST. IHR SEHT, ER KONNTE ES NICHT VERSTEHEN, DENN SOFERN SEINE SCHRIFTEN KOMPLETTE ERFINDUNG UND PHANTASIE SIND – ER KONTROLLIERT DIE „WAHRHEIT" NICHT – WIE KANN MAN DANN DARAUF KLAGEN, DASS OFFIZIELLE DOKUMENTE VERWENDET WERDEN WIE DIE BIBEL ODER ÖFFENTLICHE INSTRUMENTE, DIE DURCH DIE FREIHEIT DES INFORMATION ACT VERÖFFENTLICHT WURDEN? ES GAB FÜR MICH KEINEN GRUND, DIE ERLAUBNIS FÜR IRGENDETWAS VON MR. COOPER EINZUHOLEN, DENN ICH BIN HIER, UM SEINEN INFORMATIONEN ZU WIDERSPRECHEN UND DAS, FREUNDE, IST ES, WAS IHN WÜTEND GEMACHT HAT.

Nun, Chela, werde ich dir Einiges diktieren, was direkt Zitate aus den Informationen sind, die Mr. Cooper darlegt:

„Das Fazit ist unvermeidlich:

1. Die geheime Machtstruktur geht davon aus, daß sich der Planet Erde irgendwann in der nahen Zukunft selbst zerstören wird, entweder durch unsere eigene Ignoranz oder durch Göttliche Verfügung. Diese Menschen glauben ernsthaft, daß sie das Richtige tun in ihrem Versuch, die menschliche Rasse zu retten. Es ist schreckliche Ironie, daß sie dazu gezwungen wurden, als Partner dafür eine außerirdische Rasse zu wählen, die sich ihrerseits in einem monumentalen Überlebenskampf

befindet. In diesem gemeinsamen Bemühen wurden viele moralische und legale Kompromisse geschlossen. Diese Kompromisse wurden jedoch irrtümlicherweise gemacht und müssen korrigiert werden und die Verantwortlichen müssen für ihre Taten zur Rechenschaft gezogen werden. Ich kann die Ängste und Dringlichkeit verstehen, die bei der Entscheidung, die Öffentlichkeit darüber zu informieren, vorgeherrscht haben müssen. Ganz offensichtlich stimme ich mit dieser Entscheidung nicht überein. Durchgehend in der Geschichte haben kleine, aber mächtige Gruppen von Männern das konstante Gefühl verspürt, über das Schicksal von Millionen zu bestimmen und durchgehend in der Geschichte lagen sie damit falsch. Diese große Nation verdankt ihre Existenz aber den Prinzipien von Freiheit und Demokratie. Ich glaube von ganzem Herzen, daß die Vereinigten Staaten von Amerika in irgendwelchen Bemühungen, die diese Prinzipien verneinen, weder erfolgreich sein können noch wollen. Die Enthüllungen müssen der Öffentlichkeit zur Verfügung gestellt werden und wir sollten die menschliche Rasse gemeinsam retten.

2. Wir werden von einer vereinten menschlich/außerirdischen Machtstruktur regiert, die in der teilweisen Versklavung der menschlichen Rasse gipfeln wird. Wir müssen Alles und jedes verfügbare Mittel nutzen, damit das nicht geschieht.

3. Die Regierung wurde komplett getäuscht und wir werden von einer außerirdischen Macht regiert, die in totale Versklavung und/oder Zerstörung der menschlichen Rasse mündet. Wir müssen Alles und jedes Mittel nutzen, um das zu verhindern.

4. Es geschieht noch etwas anderes, was momentan noch außerhalb unseres Verständnisses liegt. Wir müssen auf die Enthüllung aller Faktoren bestehen, die Wahrheit herausfinden und nach der Wahrheit handeln.

Auf jeden Fall MÜSSEN wir die Offenlegung der Wahrheit erzwingen, egal was auch passiert, wir werden es sicherlich verdienen.

Die Situation, in der wir uns befinden, basiert auf unseren eigenen Handlungen oder Nicht-Handlungen der letzten 44 Jahre. Es ist unser eigener Fehler und wir sind die Einzigen, die das ändern können. Wir als Volk haben in unserer Rolle als „Wachhund" der Regierung versagt, sei es durch Ignoranz oder falsch verstandenem Vertrauen. Unsere Regierung wurde gegründet „vom Volk, für das Volk, durch das Volk". Weder wurde erwähnt noch lag es in der Absicht, daß wir jemals unsere Rolle aufgeben und unser ganzes Vertrauen in eine Handvoll Männer legen, die sich im Geheimen treffen und über unser Schicksal entscheiden. Und tatsächlich sollte das durch den Aufbau unserer Regierung auch für immer verhindert werden. Wenn wir unserer Aufgabe als Bürger nachgekommen wären, hätte das niemals passieren können. Die Meisten von uns befinden sich selbst gegenüber den fundamentalen Funktionen unserer Regierung in kompletter Unwissenheit. Wir sind wirklich zu einer Nation von Schafen verkommen. Schafe werden zum Schluß immer zum Schlachthof geführt. Es wird Zeit, in der Art unserer Vorväter aufzustehen und wie Männer zu gehen. Ich erinnere euch Alle daran, daß die Juden in Europa gehorsam zu den Öfen marschierten, selbst nachdem sie gewarnt wurden und dennoch glaubten, daß die Fakten vielleicht doch nicht der Wahrheit entsprechen würden. Als man die öffentliche Welt über den Holocaust informierte, der in Hitlers Europa stattfand, wurde es nicht geglaubt. Ich behaupte hier und jetzt, daß Hitler genau von diesen Außerirdischen manipuliert wurde.

Ich habe Ihnen die Wahrheit gebracht, wie sie mir bekannt ist. Es interessiert mich nicht, was sie von mir denken. Ich habe meine Pflicht getan und gleichgültig, welches Schicksal mich noch erwarten mag, so kann ich doch meinem Schöpfer mit reinem Gewissen gegenübertreten. In erster Linie glaube ich an Gott. An denselben Gott, an den auch meine Vorfahren geglaubt haben. Ich glaube an Jesus Christus und daß er mein Retter ist. Als Zweites glaube ich an die Konstitution der Vereinigten Staaten von Amerika, wie sie niedergeschrieben wurde und auch wirksam sein sollte. Ich habe einen Eid abgelegt, die Konstitution der Vereinigten Staaten von Amerika zu schützen und zu verteidigen gegen alle Feinde von außen und VON INNEN. Ich habe die Absicht, diesen Eid zu erfüllen. Danke.

Milton William Cooper

****

Ich vermute, daß der einzige Grund, warum Mr. Cooper noch lebt und bei bester Gesundheit seine Seminartermine wahrnehmen und falsche Dokumente in die Öffentlichkeit bringen kann, der ist, daß sie gravierend falsch sind. Wissentlich oder unwissentlich, unterstützt er jedoch genau das, was die üblen Mächte über eine unwissende Bevölkerung ausschütten wollen.

IHR SEID NICHT IN GEFAHR WEGEN IRGENDWELCHER KLEINEN GRAUEN MÄNNCHEN AUS DEM WELTRAUM – DIE GEFAHR BEFINDET SICH DIREKT VOR EURER NASE; ZWISCHEN EUREN AUGEN!

Außerdem ist das wirklich ein trauriges Beispiel dafür, wie das Böse genau ins Herz eines religiösen Glaubens eines Volkes trifft, indem eine Fassade „christlicher" Wahrheit aufgebaut wird, um zu täuschen und einzulullen. Reflektieren die Aktionen dieses Mannes die Lüge, die ich gerade zitiert habe – „das Volk zu informieren" – nein, jetzt müht er sich ab, um euch die Wahrheit vorzuenthalten und zwar in jeder Art und Weise, die er heraufbeschwören kann.

Seid so nett und bittet Gott um Schutz für diese hier, die den Mut haben, die Wahrheit zu euch zu bringen, denn sie befinden sich in andauernder Gefahr. Behütet sie gut, denn wenn ihr keine Wahrheit habt, bleibt euch als Zivilisation nichts mehr. Ich kann nur euch Alle immer wieder drängen, verbreitet diese Journale so weit wie möglich, denn nur durch die Wahrheit könnt ihr siegen und dieses groß angelegte Vorhaben eurer Auslöschung überleben.

Ich glaube, das Einzige, was ihr zu tun habt, um in Balance zu kommen ist, sorgsam alle Details zu studieren, die mit der Panama-

„Invasion" zu tun haben. Hunderte abzuschlachten, um die Verletzungen einer Frau eines Militärangehörigen zu rächen?

BITTE – ICH BITTE EUCH WIRKLICH, SEID DOCH NICHT SO UNGLAUBLICH VERTRAUENSSELIG – EURE EIGENE EXISTENZ STEHT DOCH AUF DEM SPIEL!

Der Countdown für DEN PLAN 2000 läuft in der Endphase und der Phönix ruft – und fleht euch an, daß ihr hören mögt! So sei es.

DES WEITEREN ERSUCHE ICH EUCH, UM SCHUTZ FÜR MR. COOPER ZU BITTEN, DENN ER HANDELT IN UNWISSENHEIT UND BEFINDET SICH JETZT IN GROSSER GEFAHR DURCH DIE, DIE IHN AUFGEBAUT HABEN – UND DAS WAREN NICHT WIR AUS DEN ÄUSSEREN EBENEN; ES IST DIE CLIQUE AUS DEM PLAN FÜR DIE WELTKONTROLLE. SATAN ZERSTÖRT DIE, DIE ER BENUTZT HAT, WENN SIE AUSGEDIENT HABEN UND DAS IST WIRKLICH TRAGISCH. ER SCHRIEB IN UNWISSENHEIT – VIELE HABEN AUS PURER ABSICHT HERUMGEBASTELT UND GESPIELT UM DES SPASSES UND DER SPIELE WILLEN – MÖGT IHR ALLE JETZT ERKENNEN, DASS DIESES SPIEL EIGENTLICH SEHR ERNST IST. EINIGE HABEN BEREITS BITTER BEZAHLT UND NUR IN DEM BEMÜHEN, DIE WAHRHEIT ZU VERKÜNDEN – WOLLT IHR JETZT BITTE IHREN AUFSCHREI HÖREN?

AUSSERDEM BITTE ICH UM UNTERSTÜTZUNG VON MEINEN BRÜDERN BASHAR, LAZARUS, RAMTHA, MAFU UND ANDEREN, DIE EINER TOTEN WELT ERWECKUNG GEBRACHT HABEN – IN DER WAHRHEIT.

AN DIE, DIE DIE LÜGEN AUFRECHT ERHALTEN HABEN – BITTE ZIEHT EUCH VON UNSERER PRÄSENZ ZURÜCK IM NAMEN DER VATER/MUTTERGOTT-QUELLE, DENN ICH FORDERE EUREN RÜCKZUG. DIE, DIE VOM SCHÖPFER SIND, HABEN DIE ERLAUBNIS DER WAHL UND ENTSCHEIDEN ÜBER IHREN RECHTMÄSSIGEN WEG UND ICH FORDERE EUCH AUF, DIESE BARRIERE DER FALSCHHEIT ZU ELIMINIEREN.

UND IHR VON DER EINGEBORENEN AMERIKANISCHEN BRUDERSCHAFT KEHRT JETZT MAL AM BESTEN VOR EURER EIGENEN TÜR, DENN DIE WAHRHEITEN EURER ÄLTESTEN MÜSSEN JETZT ZU PAPIER GEBRACHT WERDEN UND IHR VAGABUNDIERT SEHR WEIT WEG VON DEN GESETZEN DES GROSSEN GEISTES HERUM – IHR HABT DIE ÄLTESTEN VERBALEN TRADITIONEN EURER VÖLKER GESTOHLEN UND VERKAUFT UND EUER VOLK HERUNTERGEZOGEN. ES WÜRDE EUCH NICHT SCHADEN, AN DEN HEILIGEN ALTÄREN DES GROSSEN TANKA EURE PFEIFEN ANZUZÜNDEN UND UM KLARHEIT BEI EUREN VISIONEN ZU BITTEN, DENN IHR SEID DIE WURZELN, DIE DIE ZIVILISATIONEN AN DIE SCHÖPFUNG BINDEN UND IHR HABT EURE BRÜDER HERRENLOS GEMACHT UND SIE BETROGEN.

GEGENÜBER MILTON WILLIAM COOPER MÖCHTE ICH MEINE TIEFSTE UND ERNSTHAFTE WERTSCHÄTZUNG UND DANKBARKEIT ZUM AUSDRUCK BRINGEN, DENN SEIN BEITRAG ZUR VERBREITUNG DER WAHRHEIT WAR GROSSARTIG. WIR WÜRDEN IHN SEHR GERNE BEI UNS BEGRÜSSEN – IN DER WAHRHEIT. ABER ER MUSS DIE LÜGEN DER BÖSEN HINTER SICH LASSEN.

SO SEI ES. ICH LEGE DAS SIEGEL DER WAHRHEIT AUF DIESE SCHRIFT UND BIN MIT MEINEN BRÜDERN AUS DEM ÄUSSEREN RAUM AUF STAND-BY, UM EUCH BEIZUSTEHEN, WENN IHR ES WÜNSCHT – ABER WIR KÖNNEN DIESMAL AUFGRUND DES KOSMISCHEN GESETZES DER UNIVERSELLEN DIMENSION NICHT PHYSISCH INTERVENIEREN UND IHR WERDET EUCH NOTWENDIGERWEISE IN DIE HÖHE BEWEGEN MÜSSEN. DANN KÖNNEN WIR DIE LAST DER EVOLUTION EURES WUNDERBAREN PLANETEN IN LICHT UND FRIEDEN MITTRAGEN.

ICH HABE NOCH EIN ANLIEGEN AN ALLE, DIE MIT DIESER INFORMATION IN BERÜHRUNG KOMMEN: BITTE VERSCHICKT

KOPIEN, BÜCHER, INFORMATIONEN UND AUFZEICHNUN-GEN, DIE DIESE JOURNALE MIT IRDISCHEN BELEGEN UNTER-MAUERN AN AMERICA WEST PUBLISHERS. WIR HABEN ZWAR MEHRERE HUNDERT REFERENZEN ANGEGEBEN, BENÖTIGEN ABER EURE UNTERSTÜTZUNG FÜR DIESE MUTIGEN HIER. BITTE VERTEILT JEDE INFORMATION, DIE IHR HABT UND DIE SICH AUF DIESE JOURNALE BEZIEHEN SO SCHNELL ALS MÖG-LICH. ICH DANKE EUCH SEHR FÜR EURE UNTERSTÜTZUNG.

Jetzt geh, Chela, und ruhe dich aus, damit wir später mit unserer Arbeit fortfahren können, die wir aus notwendigen Gründen für diesen ziemlich dringenden Schriftwechsel unterbrechen mußten. Ich habe noch einen weiteren Schriftwechsel, der beantwortet werden muß, bevor wir am Journal weiterarbeiten, aber das können wir machen, wenn wir die Arbeit wieder aufnehmen. Bin auf Stand-by.

Ich bin Hatonn und schließe die Frequenz.
SALU und guten Morgen.

KAPITEL 6

Aufzeichnung Nr. 3 | ESU JESUS SANANDA

Donnerstag, 4. Januar 1990, 13.00 Uhr, Jahr 3, Tag 141

ICH BIN SANANDA.

Dharma, bitte entspanne dich, denn ich bin sehr wohl in der Lage, diese Schleudersteine und Pfeile abzufangen. Ich kann mich nicht erinnern, daß ich dich jemals darin irregeführt hätte, davon auszugehen, daß es keine gäbe. Mir ist bewußt, daß wir von dir erwarten, daß du in Unwissenheit schreibst und funktionierst, aber das ist höchst notwendig und auch angebracht.

Wie wir mit der Verbreitung der Wahrheit fortschreiten, muß auch die Spreu aussortiert werden und aus diesem Grund habe ich das Abschicken der neuen formatierten Dokumente für den Druck zurückgehalten. Es gibt nur eine Möglichkeit zu fischen und das macht man mit Ködern, meine Liebe. So sei es.

Das ist die Antwort auf Korrespondenz an GG von Jemand, bekannt als JD. Er war geneigt, die Korrespondenz an die Quelle zu senden und deshalb werde ich auch darauf antworten. Ich arbeite selbstverständlich unter der Annahme, daß das auch die Absicht war. Ich habe „Annahme" gesagt, denn es war keineswegs seine Absicht. Die Absicht der Korrespondenz war, GG zu stoppen und ihn zu Tode zu erschrecken. Das wird aber nicht erfolgreich sein. Ich möchte in diesem Zusammenhang auch vorschlagen, daß ihr alle weiterhin eure Spielchen spielt, auch wenn die Zeit der Spiele schon sehr lange vorbei ist. Es ist Zeit für die Wahrheit und die Ära der Prophezeiungen und Offenbarungen und ihr befindet euch wirklich in äußerst ernsthaften Schwierigkeiten.

Ich glaube, es ist ziemlich offensichtlich, daß wir uns in allen Fällen so verhalten haben, daß wir Eduard Meier schützten und ich bin all Derer überdrüssig, die sich selbst „Brüder" nennen und ihm damit mehr Kontroversen und negative Aufmerksamkeit bescheren. Natürlich machte Billy Meier auch Fehler, und Fehler wurden auch bei allen menschlichen Aufzeichnungen gemacht, aber die wirklichen „Anwender" und Übeltäter bei diesem betrügerischen Verhalten werden an das Licht der Wahrheit gespült.

Um bei der Beantwortung alle Informationen abzudecken, scheint es mir das Beste zu sein, einfach die Bemerkungen zu zitieren und dann meine Antwort dazu zu geben. Es scheint mir weise zu sein, daß Alle von euch erst einmal klar verstehen, wer ich bin, denn es scheint mir, daß gerade beim Verfasser der Korrespondenz hier einige Mängel vorhanden sind.

ICH BIN DERJENIGE, DER ALS ESU, „JESUS", IMMANUEL, EMMANUEL, JMMANUEL, IISA, EISA, ISA ETC., ETC. AD NAUSEAM BEKANNT IST. VIELLEICHT MÖCHTE MICH HERR D. EHREN, INDEM ER

UND SIE NANNTEN IHN JMMANUEL, ICH BIN SANANDA [A.d.Ü.: Phönix-Journal Nr. 02, https://christ-michael.net/die-phoenix-journale/] ALS „SANANDAS VERSION" ZITIERT. ICH MÖCHTE DAS SICHERLICH HOFFEN, DENN ES IST DIE GESCHICHTE, DIE IN DEN GEHEILIGTEN AUFZEICHNUNGEN EINES GEWISSEN JUDAS ISCHARIOTH NIEDERGESCHRIEBEN WURDE, DER MEIN INNIGST GELIEBTER UND TREUER FREUND WAR UND DURCH DIE JAHRHUNDERTE EURER ZEITRECHNUNG UNSÄGLICH MISSBRAUCHT WURDE.

ES WIRD EUCH NICHT ERLAUBT WERDEN, DIESE WUNDERVOLLE SEELE LÄNGER ZU BESCHMUTZEN. IHR WERDET HIERIN MEINE WORTE HÖREN UND ES WIRD EUCH GUT ANSTEHEN, SIE GENAU ZU HÖREN.

Als Nächstes werde ich die Aufzeichnung zu dieser Schrift zurechtrücken und jegliche Verbindung mit dem, was Sie als GGs Version des *TALMUD JMMANUEL* bezeichnen. HIER SIND SIE, FREUND JIM, SCHWER FEHLGELEITET WORDEN.

Diese Schreiberin ist genau das, was ich sagte – eine Schreiberin. *UND SIE NANNTEN IHN JMMANUEL* wurde in Druck gegeben und eine Kopie des für die Veröffentlichung beabsichtigten Originals wurde an GG gesandt, sehr lange bevor es eine Verbindung zwischen GG und der Schreiberin gab. Gemäß den Aufzeichnungen, Herr D., wurde das mit weiteren Manuskripten versandt, die auch veröffentlicht werden sollten. Das wurde zusammengestellt und gedruckt mehr als sechs Wochen bevor es überhaupt einen Kontakt mit Herrn G. gab.

Am 16. Oktober 1989 wurde in Victorville, Kalifornien, ein Treffen mit Kommandant Hatonn, dieser Schreiberin, Oberli und GG arrangiert. Zu diesem Zeitpunkt brachte GG eine Fotokopie (einfache Xerox-Kopie) seines vor Kurzem beendeten Buches mit, um es den anderen Teilnehmern zu zeigen.

JETZT KOMMEN WIR ABER ZU EINIGEN SINNVOLLEN FRAGEN VON EUCH, DIE IHR WEITERHIN DIESE INFORMATIONEN IN EURER GIER UND KRIEGSTREIBEREI UNTER VERSCHLUSS HALTET. ENTWEDER, IHR GLAUBT DIE WAHRHEIT EINFACH NICHT, WOLLT SIE NUR GEGEN EINEN ORDENTLICHEN GELDREGEN DRUCKEN ODER IHR ENTHALTET SIE EUREN MITMENSCHEN ABSICHTLICH VOR, DIE DABEI SIND, SICH SELBST ZU ZERSTÖREN. ICH WERDE EURE KOMMENTARE UND FRAGEN DER REIHENFOLGE NACH BEANTWORTEN:

JD: Danke für den Anruf gestern Abend. Ich mache mir Gedanken darüber, daß die Entität, die an Dharma übermittelt, die Leser von Und sie nannten ihn Jmmanuel. Ich bin Sananda irreführt. Ich werde das die Sananda-Version nennen. Hier sind vier Fragen zu diesem Thema von mir, die sie ihm bitte direkt stellen wollen.

JD: (1) Warum täuschen Sie die Leser der Sananda-Version dahingehend, daß Sie sie glauben machen, daß die Originalabschnitte der Seiten 1-7 von Sananda gesagt wurden, wohingegen sie eigentlich aus dem Vorwort des Talmud Jmmanuel kommen, das von Eduard Meier geschrieben wurde? Meier ist nicht Sananda.

Ich glaube nicht, daß es jemals irgendeine Aussage gab, daß Sananda und Meier dieselben Personen sind. Ich schätze den Autor des Buches sehr und habe auch beträchtliche Anstrengungen unternommen, ihn vor dem zu schützen, was Sie gerade machen, Herr D. Reicht es niemals aus, daß ein Mensch sein Leben lang Drohungen ausgesetzt ist und ständig in der Angst vor Denen leben muß, die sein Werk für den eigenen Gewinn ausschlachten und ihn damit weiterhin Gefahren aussetzen? Das Ausmaß an Qual wird für Diejenigen gigantisch sein, die ihre Brüder benutzen. Eduard war nie wegen des „UFO"-Materials in Lebensgefahr, sondern wegen der Wahrheit über den lebenden Christos. Wie kommen Sie dazu, ihn jetzt wieder zu gefährden? Es scheint, als ob es immer noch mehr vergossenes und ausgesaugtes Blut geben müßte, um die gierigen menschlichen Verräter zufrieden zu stellen. Und Sie, Herr D., werden gerade mithilfe der Angebote dieser Schlächter vorgeführt – das, lieber Freund, kommt NICHT von mir.

Wer hat also Information von wem geklaut? Es scheint so, als ob die fraglichen Schriften und die Rollen, von denen sie übertragen wurden, zufällig MEIN EIGENTUM UND DAS VON JUDAS ISCHARIOTH SIND! WIE KOMMEN SIE DAZU, MIR ZU ERKLÄREN, WAS ICH MIT DER DARIN ENTHALTENEN WAHRHEIT ZU TUN HABE?

JD: (2) Warum geben Sie an Dharma die Irrtümer weiter, die es in der englischen Version des Talmud Jmmanuel gab und die kurzzeitig von GG vertrieben wurde? Können Sie nicht die Wahrheit von einem Irrtum unterscheiden? Untenstehend ein Beispiel:

Auf Seite 63 der Sananda-Version, Zeilen 7-8 von unten, wird ein Fehler aus der Version aus dem Jahr 1984 wiederholt. Der Satz: „Herodes schickte Leute zu Johannes und ließ ihn im Gefängnis enthaupten" gibt die belanglose Aussage Nr. 15:33 wieder, die sich auch in der Version von 1984 befindet. Es ist offensichtlich, daß dieser Satz in der englischen Version dort nicht hingehört, denn in der deutschen Version steht ein Satz mit einer anderen Bedeutung und das trotz der Tatsache, daß es der gleiche Satz ist, der als Nr. 16:12 im nächsten Kapitel steht.

Das ist ein typographischer Fehler, den Sie hier wiederholt haben und der typisch ist für einen Wort-Prozessor.

Ja, ich kann den Unterschied zwischen Wahrheit und Irrtum sehr wohl erkennen! Aber in manchen Fällen ist es doch sehr offensichtlich, daß Andere, die auch mit den Originalrollen und Übersetzungen hantieren, die Wahrheit nicht von LÜGE unterscheiden konnten. Fehler sind akzeptabel – Lügen sind es nicht! Ist es jetzt nicht langsam überfällig, daß die Menschheit damit aufhört, die göttliche Wahrheit zu interpretieren und sie zu manipulieren? Gibt es keine Möglichkeit, die Lügen zu stoppen und die anzuprangern, die die Manipulationen nur auf diese Art und Weise machen?

Sie sind wütend, Herr D., also behaupte ich an dieser Stelle meiner Ausführungen, daß SIE konkret beabsichtigt haben, die nicht korrekte Version, von der Sie als Version 1984 sprechen, neu zu veröffentlichen. Ich behaupte weiterhin, daß der einzige Grund dafür, daß Sie das noch nicht gemacht haben, der ist, daß Sie bisher keinen „Deal" mit den Eigentümern der „Rechte" erzielen konnten (sowieso unrechtmäßig). Nun, Sie können sich den geforderten Betrag nicht leisten, denn Jene sind von unlauterer Absicht und haben in der Vergangenheit ihre Mitarbeiter schwer geschädigt und Sie wären nicht sehr lange von der harten Lektion der Wahrheit verschont geblieben. Ich vermute, Sie stimmen mit mir überein, daß es sich hierbei um L.&B.-E. handelt.

In meinen Ausführungen bin ich noch niemals der Ignoranz oder des Mangels an Gerechtigkeit bezichtigt worden.

Ich habe absichtlich die Schrift, die Sie die Sananda-Version nennen, an GG gegeben, denn er wurde in der Vergangenheit von den Gleichen auch schwer geschädigt. Er hat ehrenhaft und ohne Boshaftigkeit gearbeitet, und Sie mögen herausfinden, daß seine Brüder das nicht getan haben.

JD: (3) Glauben Sie nicht, daß die Leser irgendwann doch bemerken werden, daß Sie einfach nur die englische Version des Talmud Jmmanuel von GG von 1984 durchgegeben haben und nur hier und da Ihre eigenen Bemerkungen hinzufügten?

Wessen Version? Mein sehr geehrter Herr, könnte es sein, daß Sie in Erwägung ziehen, einige übersetzte Rollen zu drucken, die unwahr sind? In Ihrer Wahrnehmung sind die Aufzeichnungen echt, oder? Wahrheit ist Wahrheit ist Wahrheit – oder? Wenn die *Sananda-Version* ein Abbild der Version 1984 ist, die Sie neu auflegen möchten – ist sie echt oder falsch? Wenn es die Wahrheit wäre und Sie verkünden, daß Sie die Wahrheit unter Ihre Mitbrüder bringen möchten – warum behaupten Sie dann, daß Sie irgendwie gekränkt oder ausgenutzt wurden?

Diese hier (Schreiberin) hat keine Ahnung, wer Sie sein könnten, da ihnen Ihr Name nicht geläufig ist! Als Oberli zu Dharma sagte, daß er einen Brief hätte, der beantwortet werden müßte, war ihre Antwort: „Wer in aller Welt ist denn das?" – Ich gehe davon aus, daß hier mehr dahinter steckt als eine freundliche Beschwerde über meinen geschätzten Freund Billy Meier, oder ein unwichtiger Hinweis auf einen typographischen Fehler, um – was auch immer – zufriedenzustellen. Außerdem verurteile ich L.&B.-E. dafür, daß man Billy Meier stark ausgenutzt, ihn um seine rechtmäßigen Eigentumsrechte gebracht und sich gegen ihn verschworen hat, um ihn seines berechtigten Anteils des Honorars zu berauben. Er wurde in den Rückzug gezwungen, mit Lügen verspottet und lächerlich gemacht bis zum totalen Zusammenbruch und ihr Habgierigen werdet in Zukunft weder in seine Taschen greifen noch seinen Seelenfrieden stören.

Ich gebe hiermit vor allen Zeugen bekannt, daß dieser Eduard Meier, „Billy", einen Teil des Erlöses bekommen soll, der aus der Verteilung der in Frage kommenden Schrift resultiert. Er soll für das Einpflanzen der ersten Sämlinge belohnt werden und ihr düstern Schnitter werdet die Ernte nicht einfahren. Ihr habt ganz sicher die Loyalität und Behandlung unterschätzt, die Menschen zuteil wird, die mit kosmischen Geschwistern interagieren, denn der Preis für diese Teilnahme trägt sich für sie nicht gerade leicht. So sei es.

JD: (4) Überblicken Sie denn nicht, daß Sie dazu beitragen, daß GG dafür beschuldigt wird, diese Durchsage an Dharma selbst gegeben zu haben? Es wird für viele offensichtlich sein, daß diese Übermittlung aus G's englischer Version des Talmud Jmmanuel von 1984 stammt. Man wird begreifen, daß die Sananda-Version hätte einräumen müssen, daß Eduard Meiers deutsche Version, die von dem 1976 getöteten libanesischen Ex-Priester aus dem Aramäischen übersetzt wurde, die Quelle ist, von dem sich sowohl die Version von 1984 als auch die Sananda-Version ableitet. Wenn man GG beschuldigt, die Sananda-Version erfunden zu haben, wird er für Sie keinen weiteren Wert mehr haben. Möchten Sie das?

Danke, G, ich denke, sowohl Sie als auch die Tausende Leser der deutschen Version des Talmud Jmmanuel von Meier haben ein paar Antworten verdient.

Warum, Herr D., sollte GG wegen irgendetwas beschuldigt werden? Es ist eine Tatsache, daß er einen Disclaimer mit Haftungsausschluß hat und zwar für jedes Dokument, das von mir übermittelt oder unter der Autorenschaft von irgend jemand aus meiner Mannschaft entstanden ist.

GG wurde unsäglich ausgenutzt von der Gruppe, die innerhalb der Gruppe um das „Billy Meier-Material" für sich selbst Tugendhaftigkeit beansprucht hat. Er hat immense Geldsummen in die Veröffentlichung der Schriften investiert und man hat ihm dann nicht nur die Rechte streitig gemacht, sondern die Ressourcen, die man mit eingebunden hat, brachen sowohl ihr Wort als auch die Verträge. Es sei denn natürlich, Sie Herr D., möchten mich fragen, warum GG dieses Dokument publiziert hat anstatt eher das Original von 1984 zu veröffentlichen, von dem Sie behaupten, daß es SEINES wäre?

Als faktische Referenz – wir haben die Verdienste Eduard Meiers großzügig in allen PHÖNIX-JOURNALEN gewürdigt. Die Menschen sind über diesen Kontakt wie Geier über einen Kadaver hergefallen und das wird nicht mehr toleriert.

Es gibt nicht einmal die entfernteste Möglichkeit, daß GG auch nur wegen eines seiner Werke in Mißkredit fällt. Außerdem möchte ich anmerken, daß der Ton und die Anspielungen bezüglich des Wortes „benutzt ihn" höchst beleidigend sind. Wir sind ihm demütigst dankbar für seine freiwillige Unterstützung – und wieder ist dies für ihn persönlich mit großen Ausgaben verbunden – und seine Assistenz bei unseren Bemühungen, die Wahrheit unter die Menschheit zu bringen, bevor dieser Zeitabschnitt zum Stillstand kommt.

Ihr, die ihr nach persönlichem Gewinn grapscht und unverdiente Belohnungen auf Kosten der Menschheit ernten wollt, seid zu bemitleiden, denn ihr seid in keiner Weise weise. Glaubt ihr, ich wüßte nicht, was meine Kinder tun? Eure Münder lassen Worte verlauten, die nicht dem entsprechen, was ihr im Herzen tragt – die Lüge in euch ist das, was zerstörerisch ist. Ihr seid wirklich sehr glücklich dran, daß GG ein moralischer und sanfter Mensch ist, denn ihr habt in keiner Weise diese Großmütigkeit verdient.

Ich überlasse es Ihrem Ermessen, G, ob Sie das in der Einleitung des neu formatierten Materials bringen wollen.

Oberli, du und Ranos könnt jetzt das Formatieren beenden, überprüft das mit G und schickt dann das Material ab – schnell bitte.

Ich gehe davon aus, daß ich die „verdienten" Antworten gegeben habe. Ich habe Denen, die herumwühlen und sich Dinge herauspikken, kein weiteres Wort dazu zu sagen; ich zolle GG Anerkennung und Dankbarkeit, da er seinen Brüdern unablässig gibt – wobei die Meisten das nicht verdienen. Es ist wirklich sehr eindrucksvoll, daß das Gericht durch die GNADE von Vater/Mutter kommt, denn die Intentionen der Sterblichen sind wahrhaftig verabscheuungswürdig. *ICH WERDE KEIN WEITERES MAL GEKREUZIGT WERDEN UND MEIN VOLK WIRD DEM MÄRTYRIUM AUCH NICHT MEHR LANGE AUSGESETZT SEIN! SO SEI ES UND LASST DAS WORT HINAUSGEHEN, DENN ICH LEGE MEIN SIEGEL DARÜBER, DASS ES DIE WAHRHEIT IST UND WIE ES GESAGT WURDE, WIRD ES KOMMEN, DENN ICH HABE DIE BEFUGNIS UND ICH KOMME WIEDER, UM MEINE HERDEN ZU TREFFEN UND SIE UNTER DAS WORT ZU STELLEN, DENN ICH BIN DAS WORT! SO SEI ES UND SELAH.*

Geh jetzt, Dharma, denn das sind schmerzhafte Momente und die Angriffe werden stechend und zutiefst verletzend. Es ist gut, Liebe, denn die Arbeit muß getan werden. Ich segne dich, geliebte Chela, denn du bist meine Hände und meine Füße, aber ich halte euch Alle unter meinen Schwingen. AU DA PAI DA CUM.

ICH BIN DER WEG, ICH BIN DAS WORT – ICH BIN SANANDA, GEWACHSEN, UM EINS ZU WERDEN MIT DEM VATER/MUTTER-SCHÖPFER UND DEMÜTIGER DIENER DER GESETZE DER SCHÖPFUNG. ICH BIN EUER BRUDER UND GEKOMMEN, EUCH NACH HAUSE ZU GELEITEN.

ADONAI,
ESU SANANDA

KAPITEL 7

Aufzeichnung Nr. 1 | SANANDA / HATONN

Sonntag, 7. Januar 1990, 7.00 Uhr, Jahr 3, Tag 144

Sananda ist hier, Dharma, um eine Anfrage zu beantworten, die sich auf Widersprüchlichkeiten in meinen Geburtsdaten bezieht – würde der „echte" Sananda jetzt aufstehen, bitte! Ah ja, 20 Fragen; ihr seid angefüllt mit Fragen, um die sich eure Welt dreht. Mein Geburtsdatum hat keinerlei Konsequenzen, aber ich werde das richtigstellen, soweit es mit der Basis eurer Doktrin zu tun hat.

In den Journalen wird man eine Diskrepanz erkennen. In dem Einen gibt es all die UNIVERSELLEN Symbole und in einem Anderen wird gesagt „nach eurer Rechnung, der 22 ..." Beide werden jedoch anerkannt als in eurem späten Sommermonat August liegend (der achte Monat). Tatsächlich habe ich mich in einem „Körper" verankert am 8,8,8 v. Chr. – sie haben ihr Kalendersystem nicht verbessert, bevor ihr in euren späteren Jahrhunderten zur „Perfektion" gelangt seid und außerdem hat das Niemand interessiert. Die Aufzeichnungen wurden in keiner anderen Art als in Teilstücken von Rollen aufbewahrt usw., und das bis 300 Jahre, nachdem ich kam und ging – wie die Buchhaltung der meisten Menschen – und Daten und Zeiten wurden rekonstruiert soweit es möglich war und wie der Anlaß es erforderte.

Die Volkszählung im Heiligen Land fand zwischen der Aussaat (wachsend) und der Ernte statt, während das Wetter für Reisen noch günstig war, also im August. Das Heilige Land kann im Dezember äußerst unangenehm kalt werden. Also, an diesen Daten – wenn ihr bei dem 8. bleiben wollt, das ist aus vielerlei Gründen das richtige Symbol, was ich hier nicht weiter ausführen möchte. Der 22., wie *in „SPIRALE ..."* dargestellt, ist eine – verzeiht mir – private Botschaft für Jemanden bei Little Crow.

Es war an einem Tag gemäß der Zählung nach dem Mondzyklus – 22 Tage, was auch die Stunde des Eintritts darstellte. Ihr wißt, das könnte leicht in ein neues Journal ausarten, wobei ich (und ihr auch) die Schreiberin verlieren würde! Die Botschaft ist für Wambli Little Crow wichtig, denn er bekam seine wichtigste Mitteilung mit der Zielrichtung nachts um 02:22 Uhr, nachdem Großvater ihn aufgefordert hatte, am 5. Januar 1987 22 Blitze zu zünden – SEINE SPIRITUELLE ZAHL AUF SEINER JETZIGEN REISE IST DIE „22". Es ist eine Art der Kommunikation und – ganz ehrlich – bin ich überrascht, daß ihr das bemerkt habt – aber ich bin darüber hoch erfreut. Denn für eine Welt, in der alles und jedes akzeptiert wird, was man ihr erzählt, scheinen 14 oder 15 Tage nicht so viel zu sein. Oh, wenn ihr die „lebendigen physischen Wesen" auf eurem Planeten aus schierer Langeweile genauso hinterfragen würdet!

Eure Regierung marschiert vorwärts und ermordet unzählige völlig unschuldige Menschen – gibt den jungen Männern Medaillen, streicht die Todesliste zusammen und gibt ihr den Stempel „Geheimsache/Nationale Sicherheit" und der Mann auf der Straße beklatscht den Tyrannen und lyncht die Anderen. Ich versuche es gerade mit meinem witzigen Talent, aber es ist zu sehr angefüllt mit Ironie, als daß es noch lustig sein könnte. Deshalb werde ich jetzt einfach das Rednerpult verlassen. Ich danke euch für eure Nachfragen und Jeder, der diese Ungereimtheit bemerkt hat, hat einen Stern gewonnen. Segen über euch, die ihr eure Aufgaben gemacht habt, denn da ihr den Unterschied bemerkt habt, habt ihr, die ihr gebraucht werdet, auch die Schriften gelesen. Adonai.

****

Hatonn als Nächster bitte. Ich hatte noch ein anderes Thema in meinem Kopf, das ich bisher versäumt habe, zu behandeln. Es ist für euch noch wichtiger als ihr realisieren könnt.

Da ihr in eine Zeit kommt, in der Raumfahrzeuge mit Raumkadetten offensichtlicher werden, müßt ihr vorsichtig sein. Ich sagte nicht, habt Angst oder seid unfreundlich – ich sagte „seid vorsichtig". Genauso wenig wie ihr in ein fremdes Auto springen würdet

(SOLLTET) – rennt nicht über einen Spielplatz im Park und hüpft in ein Raumfahrzeug, wenn es die Türen öffnet.

Ich möchte hier etwas wiederholen, was die „UFO"-Gemeinschaft im Quadrat springen läßt! Es ist nicht so wie die gefilterten Geschichten, die zu euch durchdringen. Ihr seid NICHT in Gefahr durch irgendwelche kleinen grauen Männchen aus dem All.

Ihr habt auf jeden Fall unzählige Schiffe, die exakt an der atmosphärischen Grenze herumschweben – sie experimentieren, beobachten – und warten auf Aktivitäten. Die Show auf der Erde kommt nur einmal von Zeit zu Zeit. Wenn ein Planet einen massiven Übergang macht, zieht er alles, was Leistungsvermögen hat, in diesen Bereich. Da gibt es dann ziemlich Eigenartige, die sowohl aus der inneren als auch aus der äußeren Erde kommen. Von Zeit zu Zeit bekommen sie Probleme oder landen einfach und machen Besuche – sie nehmen Erdproben usw. zu Studienzwecken, genauso wie ihr das auf dem Mond und dem Mars macht. Sie „entführen" keine Menschen und rennen mit ihnen davon – sie sind dafür bekannt, sie für ein paar Stunden „auszuleihen". Bitte nehmt zur Kenntnis, daß bei den wirklichen „Verschleppungen" (großangelegte Fehldefinition) die Entführten wieder an einen zugänglichen Ort zurückgebracht werden, der für sie völlig gefahrlos ist. Es ist manchmal nicht der gleiche Platz, an dem sie aufgenommen wurden, weil dort dann jede Menge feindliche Polizisten und Verwandte herumschwirren. Am gleichen Platz wieder abgesetzt zu werden, würde sowohl den darin verwickelten Menschen als auch das Schiff gefährden.

Weiterhin – ob ihr euch später daran erinnert oder nicht – es gibt seitens des Kontaktierten immer eine Erlaubnis. Selbst wenn es so aussieht, als ob er oder sie aus einer Zufallsgruppe selektiert wurde. Nein – nicht per Zufall – sondern vorher festgelegt, ziemlich nachdrücklich. Ihr habt keine Ahnung, wie viele Menschen aus purer Einsamkeit heraus hinaufschauen und uns bitten, uns zu zeigen und „kommt, besucht mich" sagen! Es ist die Zeit eures Erwachens, Brüder, die ihr zu dieser bestimmten Zeitepoche und für einen bestimmten Zweck auf der Erde seid.

Ich entschuldige mich bei denen, die den Köder geschluckt haben und glauben, daß es keine Reinkarnation gibt. DAS WURDE ABSICHTLICH AUS EUREN HEILIGEN SCHRIFTEN ENTFERNT UND WIR WERDEN DAS BIS INS KLEINSTE DETAIL BEHANDELN, WENN WIR SCHREIBEN, WAS MIT EUREN KIRCHEN PASSIERT IST, WENN WIR DAS ENTSPRECHENDE JOURNAL SCHREIBEN. ICH MACHE KEINERLEI AUSNAHME BEI EUREN KIRCHLICHEN ORGANISATIONEN, AUSSER, *DASS IHR IN DER LAGE SEIN MÜSST, KORRUPTION UND DIE KONTROLLE ZU ERKENNEN, DIE VON DIESEN CLUBS AUSGEÜBT WIRD. IHR ALLE SEID MALE UM MALE HIER GEWESEN – DAS IST EUER SCHULHAUS UND IHR WERDET DIE NOTWENDIGEN LEKTIONEN LERNEN, WENN ES EUCH ERLAUBT WIRD, AUF DIE HÖHEREN UNIVERSITÄTEN DES UNIVERSUMS ZU GEHEN UND DANN WERDET IHR JENE EBENEN DER WAHRHEIT KENNENLERNEN, WENN IHR DENN PLANT, FÜR DIE HÖCHSTEN EBENEN DES SEINS ZU GRADUIEREN. NICHT NUR, DASS ES KEINE HÄRESIE IST – ES IST LOGISCH, VERNÜNFTIG UND HÖCHST EFFEKTIV.*

Einige Raumfahrzeuge werden Wesen aus den weit entfernten Räumen des Kosmos beherbergen. Sie haben die Fähigkeit, das Universum in Gedankenschnelle und als Zeitreisende zu durchqueren, was ihnen auch erlaubt, in Zeitkapseln zu reisen. Junge, das ist schwieriger als ich dachte – denn alles, was ich sprachlich anzubieten habe, ist Star Trek.

Einige Wesen kommen aus Teilen des Raumes, die für Erdenbewohner nicht passen, da die Evakuierungsschiffe an Bord mit einer Atmosphäre ausgestattet sind, die für menschliche Lebensformen nicht geeignet ist. Wenn eine Evakuierung notwendig ist, gilt AUFSTEHEN UND WEGKOMMEN – ES GIBT KEINE SÜSSEN KLEINEN RAUMANZÜGE ZUM HINEINSCHLÜPFEN. Deshalb gibt es Tausende bereitstehende Schiffe, die nur observieren.

Dann gibt es weitere Fluggeräte, deren Crews perfekt in eurer Erdatmosphäre zurechtkommen können und ihr würdet euch genauso angenehm in ihren Schiffen oder auf ihrem Planeten fühlen. Sie sind Beobachter und Teilnehmer – wenn sie gebraucht werden. Sie befinden sich zur Beobachtung oder zur Teilnahme in eurem Bereich, wie gerade Bedarf besteht. Einige von diesen sind auf die eine oder andere Art ohne bemerkenswerte Emotionen – laßt sie mich „Spocks" nennen. Sie arbeiten aus reiner „Vernunft", sie respektieren absolut die Universellen Gesetze, sind aber nicht zu emotionalen Reaktionen fähig – ich glaube, ihr nennt das „Mitgefühl". Sie sind oftmals noch eigenartiger als andere Außerirdische, denn sie können zu euch in keiner Weise einen Kontakt aufbauen. Für sie handelt ihr ohne jegliche Vernunft.

Wenn die Zeit der Integration und der Erscheinungen jetzt näher rückt, wird es sehr viel mehr Interesse und Aufmerksamkeit dafür geben – und auch mehr Genehmigungen für Landungen usw. Abhängig davon, woher die Entitäten kommen, wird es alle möglichen Erscheinungsformen geben und viele werden Schutzanzüge tragen. Die Plejadier jedoch nicht – ES SEI DENN – BEI EUCH AUF DER OBERFLÄCHE HERRSCHEN DIE GEGENTEILIGEN BEDINGUNGEN – WAS AN JEDEM TAG EURER EXISTENZ SCHLIMMER WIRD.

ALLE, DIE IN DER LAGE SIND, SICH IN EUREM BEREICH AUFZUHALTEN, KOMMUNIZIEREN MENTAL. OB IHR DAS BEMERKT ODER NICHT, SIE WERDEN MIT EUCH KOMMUNIZIEREN! WENN IN EURER NACHBARSCHAFT EIN RAUMFAHRZEUG LANDET – TRETET ZURÜCK. EINIGE FLUGGERÄTE SIND HEISS UND WERDEN EUCH VERBRENNEN. EINIGE FLUGGERÄTE GEBEN RADIOAKTIVITÄT AB, DIE EURE KLEIDUNG VERBRENNEN KANN – ZUR ZEIT DER EVAKUIERUNG WIRD DAS RAUMFAHRZEUG NICHT LANDEN, ES SEI DENN, DAS IST ABSOLUT NOTWENDIG UND MAN WIRD EUCH DARÜBER ZUR RECHTEN ZEIT IN KENNTNIS SETZEN.

WENN SICH EUCH EINE WESENHEIT NÄHERT, IST ES TOTAL EINFACH, SICH MIT IHR ZU VERSTÄNDIGEN – SOFORT. IHR MÜSST NICHT VERBAL KOMMUNIZIEREN,

ABER ES IST IDEAL, WENN IHR ANDERE MENSCHEN UM EUCH HABT – ZU IHREM EIGENEN NUTZEN. IHR BITTET EINFACH DEN BESUCHER, SICH ZU IDENTIFIZIEREN. WENN ER SEIN AUFTRETEN NICHT MIT DEN WORTEN „ICH KOMME IM LICHT ODER DIENST DER GÖTTLICHEN QUELLE" BESTÄTIGEN KANN, FRAGT IHR IHN ALS NÄCHSTES!!!!!! WENN ER NICHT SOFORT BEJAHEND ZUSTIMMT, FORDERT IHN NACHDRÜCKLICH AUF, SICH ZU ENTFERNEN, WENN ER VON DER DUNKLEN BRUDERSCHAFT ODER MIT IRGENDEINEM ANDEREN VORSATZ ALS DER GÖTTLICHEN QUELLE KOMMT UND SAGT „BERÜHR MICH NICHT". DAS KOSMISCHE GESETZ ERFORDERT, DASS ER SICH ENTFERNT WENN MAN DAS VON IHM VERLANGT IM NAMEN DER GÖTTLICHEN QUELLE.

Ich gebe euch ein paar Beispiele. Wenn ich auf eurem Rasen auftauchen würde, würde ich euch sofort meinen Namen, meinen Rang und meine Seriennummer geben, sozusagen. Ich würde mich ausweisen und meine Herkunft und den Zweck angeben. Ich würde euch zuallererst sagen, daß ich in Frieden komme und den Göttlichen Dienst repräsentiere. Ich würde mich nicht hinter Worten verstecken oder eine direkte und sofortige Antwort vermeiden.

Wenn Joe Satan auftaucht, würde er sehr ausweichend mit euch umgehen und es vermeiden, euch seine Intentionen wissen zu lassen bis er euch entweder davon überzeugt hat, daß er in Ordnung ist oder ihr seid bereits auf dem Schiff. AUSSERIRDISCHE BESUCHER AUF JEDEM PLANETEN SIND DURCH KOSMISCHES GESETZ GEZWUNGEN, SICH SOFORT ZU IDENTIFIZIEREN UND BÖSE ABSICHTEN KUNDZUTUN – *WENN SIE GEFRAGT WERDEN!!!* WENN IHR NICHT FRAGT, MÜSSEN SIE EUCH DAS NICHT SAGEN! AUSSERDEM KÖNNEN SIE – WENN IHR NICHT FRAGT – SICH SO LANGE VOR DER ANTWORT DRÜKKEN, WIE IHR DAS SPIEL MITSPIELT – UND SIE SIND CLEVER. *SIE SIND DURCH KOSMISCHES GESETZ GEZWUNGEN, SICH HINWEGZUHEBEN, WENN SIE DAZU AUFGEFORDERT WER-*

DEN IM NAMEN DER UNIVERSELLEN QUELLE ODER MIT WEL-CHEM NAMEN IHR GOTT BENENNT.

ES MÖGEN AUF EUREM PLANETEN ENTFÜHRUNGEN STATTFINDEN, ABER SIE WERDEN NICHT VON FEINDLICHEN AUSSERIRDISCHEN REISENDEN DURCHGEFÜHRT – SIE WERDEN ABER DURCHGEFÜHRT MIT ZUSTIMMUNG VON ERDEN-BASIERTEN MENSCHEN, DIE VON IRDISCHEN STATIONEN AUS ARBEITEN. WENN SIE FEINDLICH SIND – SIND SIE ERDGEBUNDEN. DAS IST GANZ EINFACH SO, WIE ES IST – IHR HABT EINEN PLANETEN IM ZERSTÖRUNGSMODUS UND IHR HABT KEINE KÖRPERDIEBE AUS DEM WELTRAUM. SELBST DIE INTERVENTION IN UNSERER EIGENEN SACHE BEDARF EINER ZUSTIMMUNG DES KOSMISCHEN RATES UND EINES ERLASSES.

Ich kann euch weiterhin versichern, wenn ihr Lust auf eine sehr schreckenerregende Reise habt – dann rennt und hüpft auf das erstbeste Ding, das landet, ohne Fragen zu stellen. Es spricht nichts dagegen, daß ihr einen sehr interessanten Flug haben werdet und innerhalb einer vernünftigen Zeitspanne wieder zurückgebracht werdet. Und weiter, wenn ihr darum *BITTET*, an Bord bleiben zu dürfen, ist es denkbar, daß man euch dieses Privileg einräumt, aber da habe ich meine Zweifel, denn die meisten Schiffe mit einer Größe zum Landen haben keine Ausrüstungen für neugierige Erdlinge. Das sind Raumfähren und können nur für ein paar eurer Bedürfnisse für einen längeren Aufenthalt Vorsorge treffen. Ihr könnt die Mutterschiffe besuchen, aber ihr seid emotional sehr an die Erde gebunden, und ganz besonders in dieser Zeit, und dann werdet ihr zu Heulsusen – ihr ändert eure Meinung und fleht um Rückkehr nach Hause.

Diejenigen unter euch, die mit uns arbeiten und aus unseren Reihen kommen, sind normalerweise jede Stunde ihrer Schlafenszeit mit uns am Arbeiten. Dharma, zum Beispiel, kommt überhaupt nicht zur Ruhe – kaum hat sie die Augen zu, werden die Schaltkreise eingesteckt und wir bringen sie an Bord. Viele von euch – denn ihr könnt euch normalerweise nicht erinnern – sind total und komplett physisch außer Atem nach einem „guten Nachtschlaf"; nein, ihr wart aktiver als normalerweise, das kann ich euch stark versichern. Dharma, zum Beispiel, war mein Co-Kommandant – Kommandant Imnu. Weder habe ich die Zeit, noch den derzeitigen Wunsch, euch vereinzelt zu benennen, also nehme ich nur ein Beispiel. Wenn ihr das Gefühl habt, ihr seid einfach nicht wirklich von dieser Erde, dann stimmt das. Ihr habt als Erdenmensch zu funktionieren und habt meistens die gleichen Restriktionen.

Einige von euch werden wissen, daß sie Fähigkeiten haben, die über das normale Maß hinausgehen – es ist nicht erlaubt, sie zu nutzen und das wißt ihr auch, denn die Disziplin erfordert, daß ihr an den Ausgangspunkt zurückgeführt werdet und ihr würdet die Pointe des Finale verpassen.

Jede Menge von euch spüren solche verwandtschaftlichen Bande mit den „Außerirdischen", daß ihr dazu neigt, euch allen zuzuwenden, die bei euch landen und euch besuchen. Das ist in Ordnung, aber rennt nicht mit ihnen weg, wenn ihr nicht genau wißt, was ihr tut.

Wenn eine Evakuierung angesagt ist, werde ich ein paar Dinge wiederholen, die euch Ashtar schon erklärt hat. Ihr werdet wissen, daß es um alles um euch herum ziemlich schlecht bestellt ist und viele, viele Flugkörper werden euren Himmel bedecken. Etwa in der Mitte der Unterseite des Flugkörpers werden die Transportstrahlen sitzen – es werden Transportschiffe in der Größe von Shuttles sein und ihr werdet präzise geortet. Ihr werdet wahrscheinlich fürchterlich erschrecken – aber ihr müßt realisieren, daß die Situation kritisch ist, beruhigt euch also, bewegt euch nicht, außer um in den Lichtstrahl zu treten – ganz ruhig. Alle Kinder werden hochgehoben und an Bord des sicheren Flugkörpers wird es dann entsprechend organisierte Treffen geben. Wir können Beides tun – euch materialisieren und entmaterialisieren, und ja, auch durch ein Dach und durch Steinwände. Wir werden aufgrund von atmosphärischen Konditionen und Oberflächenaktivitäten wenig Zeit haben – ihr habt also keine Zeit, um zu euren Nachbarn zu laufen – das könnt ihr später erledigen.

Haustiere, Tierlebewesen und bewußte Wesen werden nach der Ordnung ihrer Domestizierung und menschlicher Abhängigkeiten entfernt werden. Das ist beabsichtigt und entspricht dem natürlichen Mitgefühl, denn die Menschen verbinden sich auf höchst beachtenswerte Weise mit ihren Tierfreunden. Selbst der bösartigste Mensch kann absolut närrisch auf sein Haustier sein. Das ist bewundernswert und beweist Gutherzigkeit selbst im bösartigsten Charakter, aber auch für diese emotionale Verknüpfung können Arrangements getroffen werden, wenn sie überhaupt möglich sind.

Ihr müßt aber auch einsehen, daß es viele physische Wesenheiten nicht in ihrer materiellen Form schaffen werden. Entweder sie können der Frequenz nicht standhalten oder sie entscheiden sich dafür, die Dimensionen zu wechseln und ihren Körper nicht mitzunehmen. Wenn weder eine Rückkehr auf die Oberfläche noch eine Umsiedlung geplant ist, wird der Körper einfach abgestreift. Auf jeden Fall aber werdet ihr eure Reise genießen.

Diejenigen, die sich dafür entscheiden, bei den Dunkelbrüdern zu bleiben, werden zurückgelassen – wir werden weder Zwang noch Gewalt anwenden und können euch nicht mehr als fünf bis zehn Minuten höchstens geben, um eure endgültige Entscheidung zu treffen. BEMÜHT EUCH UM EINE ENTSCHEIDUNG UND BEREITET EUCH DARAUF VOR – JETZT!

Vergeudet eure Zeit nicht damit, euch über eure Trainingsphase Gedanken zu machen, es sei denn, ihr plant, einfach nach oben abzuhauen. Jeder, der darauf aus ist, die Neugeburt eures Planeten in Harmonie zu erleben, geht Schritt für Schritt in der Frequenzveränderung mit ihm und wird deshalb sehr gut innerhalb des Schwingungsbereiches sein – wir haben sehr sorgfältig an diesem Pensum der Frequenzanpassung gearbeitet.

Wenn ihr in einer Gefahrenzone lebt und eure Arbeit (für den Meisterlehrer und den Übergang) euch derzeit in diesem Gebiet hält – werdet ihr geschützt sein oder gemäß eurer Mission verlagert. Ihr hängt an den Strahlen (das ist wie eure kleine Silberschnur) und ihr werdet in

Sicherheit gehalten. Das bedeutet nicht, daß, wenn euch gesagt wird, ihr sollt umziehen, daß ihr das einfach ignoriert, weil ihr nicht behelligt werden wollt usw., und daß ihr nicht doch ziemlich ramponiert und zerschrammt herauskommt. Zum Beispiel – wir würden darauf achten, Dharmas Finger gesund zu erhalten, was aber nicht heißt, daß sie nicht mit gebrochenen Beinen enden wird, weil ein Gebäude auf sie fällt. Wir haben sehr strenge Richtlinien, wenn es zu echter Einflußnahme kommt. Kinder sind bis zum Alter ihrer Eigenverantwortlichkeit der einzige Spielraum – bei einer notwendigen Evakuierung – alle Kinder werden hochgenommen.

Das bedeutet nicht, daß alle Kinder aus Gefahrenzonen entfernt werden – L.A. bei einem Erdbeben zum Beispiel – das hat nichts mit einer Evakuierung zu tun. Es werden aber Ausnahmen auch in diesem Bereich gewährt.

Eltern, die unter unserem Kommando stehen, die Splitterfragmente haben und um Sorgfalt gebeten haben, bekommen solche Ausnahmen für ihre ausgewiesenen Verwandten – z. B. – Dharma kann Enkelkinder, Kinder, Familie oder Freunde in einer speziellen Region haben. Wenn es angefordert wird – also, wenn sie auf der Liste sind – werden diese in ihrer LEBENSKRAFT in Sicherheit gebracht. Es ist uns erlaubt, sie sofort in Sicherheit zu bringen. Wenn sie gereifter sind, werden sie mit der Wahl des Ortes konfrontiert, denn es ist uns nicht erlaubt, weiteren Einfluß zu nehmen.

Wenn eure Leute nicht an Bord bleiben wollen, werden sie wieder zurückgebracht. Ihr werdet diese Entscheidungen annehmen müssen, egal wer von euch das ist. Das sind jedoch die Ausnahmen, denn wir können unsere dringlichen Arbeiter nicht in den allergefährlichsten Zeiten durch persönliche Besorgtheiten ablenken. Eltern haben keine größere Sorge als das Wohlergehen ihrer Kinder. Nun, das war einmal so üblich und daß es der Masse heute daran mangelt, ist der Grund für den Übergang.

Wenn ihr ein engagierter Arbeiter in unserem Kommando seid, macht diese Abmachungen jetzt – es braucht nicht viel dazu. Ormly gibt mir z. B. eine Liste und ich bring sie raus – dann werden die Entscheidungen getroffen, aber unser Versprechen an ihn wird zuerst eingelöst! Er wird dann wissen, daß seine Familie etc. in Sicherheit ist und er kann seine Arbeit tun. Wenn sie sich anders entscheidet – dann muß er die Entscheidung akzeptieren. Kinder auf dieser Liste werden ohne Ansehen umsorgt und bis zum Tag der Sortierung in Sicherheit behalten. Es gibt noch andere Ausnahmen für den Aufstieg – wenn welche nur aus böser Absicht bestehen und überhaupt kein positives Ansinnen haben – werden sie bei den eben bekannt gemachten Situationen nicht hoch genommen. Es wird keinerlei Böses in die Schöpferebenen verbracht, denn ER hat ein höchst ausgeprägtes Unterscheidungsvermögen und die Meisten, die böse erscheinen, sind es nicht. UND EBENSO GIBT ES MYRIADEN, DIE SEHR REIN UND ERLEUCHTET ERSCHEINEN, ABER EIGENTLICH AUSGESPROCHEN ÜBEL SIND. *DIES ZU BEURTEILEN IST DIE ANGELEGENHEIT GOTTES UND WEDER EURE NOCH MEINE.*

Nun, Dharma, ich nehme an, daß ich sowohl meine als auch die Zeit Nikolas in Anspruch genommen habe. Es tut mir leid, denn ich weiß, daß du keine Zeit hattest, deine Kinder und kleinen Enkelchen zu besuchen. Unsere Arbeit ist so dringlich, Chela, daß du bitte verstehen mußt und in Kürze können wir dir ein paar freie Tage geben, damit du dich entspannen und menschlich sein kannst. Aber jetzt laß ich dich gehen und vielleicht kannst du mit ihnen zusammen frühstücken.

Charles muß an diesen neuen Lehrstunden teilnehmen bitte, denn er sollte sein Bewußtsein mit den anderen Ingenieuren und Forschern gleichschalten, die mit Nikola zusammen arbeiten. Er wurde nicht umsonst zum Elektroingenieur ausgebildet. So sei es.

Ich gehe davon aus, daß wir bis an die Grenzen unserer Möglichkeiten alles beantwortet haben. Ich bemerke, daß es aussieht, als ob ich übertreiben würde – sicherlich, ich nehme jedoch wahr, wenn die Lichter des Verständnisses „an" und die der Angst „ausgehen."

Ich gehe in den Überwachungsmodus und du kannst jetzt gehen.
Salu,
Hatonn

KAPITEL 8

Aufzeichnung Nr. 1 | GYEORGOS CERES HATONN

Mittwoch, 10. Januar 1990, 8.00 Uhr, Jahr 3, Tag 147

Hatonn hier. Guten Morgen.

Ohne uns jetzt einfach von unserer Arbeit abzuhalten, werde ich versuchen, meinem letzten Korrespondenten (TD) dahingehend zu antworten, daß ich das Material in diesem Journal nutze. Es ist im Interesse aller, die sich mit den Vier „Zeitaltern", dem Kali Yuga usw. auseinandersetzen.

Als persönliche Anmerkung, ja, bitte fahren Sie mit Ihren Bemühungen fort, die Parteien, die Sie am Anfang Ihrer Korrespondenz erwähnt haben, zu kontaktieren. Wenn Sie weitersuchen, werden Sie Diejenigen finden, die Beides erschaffen haben – das Cross-Virus und das Anti-Virus dazu. Die darin am Meisten verwickelten Laboratorien befanden sich in dem Gebiet von Ost-Deutschland, aber natürlich war das Projekt ein Joint Venture.

Wenn Sie weitergehen, werden Sie einige Namen wiederkehrend finden: Lakhovsky, Korschelt und Weber. Weber hat natürlich theoretisiert, daß sich alle elektrisch geladenen Teilchen des Äthers um feste Objekte bewegen, ohne sie zu berühren – ich wage zu sagen, nicht unähnlich der sogenannten „Grenzschicht". Es ist aber tatsächlich mehr als einfache magnetische Anziehungs- und Abstoßungskraft, denn die Geschwindigkeit (Anstieg und Verminderung) hat einen hohen Stellenwert.

Die Annahme ist, daß feste Objekte grundsätzlich negativ und die Teilchen positiv geladen sind. Nun, es ist auch wieder nicht ganz so. Wenn man zum Beispiel von einer „unsichtbaren" Frequenz in eine „sichtbare" Frequenz wechselt, ist das Auftreten einer „Wolke" festgelegt – das ist natürlich das frühe Stadium einer Manifestation. Das ist die Form, in der Flugkörper regelmäßig gesichtet werden.

Als Nebenbemerkung – das ist das von den „Raumkadetten" am Häufigsten praktizierte und angewandte Manöver. Für Wesen aus den höheren Dimensionen ist es sehr unkomfortabel, in eurer Dichte herumzuexperimentieren. Denkt bitte immer daran – nicht die Anziehung hält alles an seinem Platz – es ist in vielerlei Hinsicht der Druck. So, wie wir uns den Erfahrungen des Kali Yuga, wie ihr es nennt, immer mehr nähern, werden wir immer häufiger präsent sein und unsere Schwingungen aus der Notwendigkeit heraus absenken müssen, während wir versuchen, die Schwingungen der Erdbewohner zu erhöhen. „Hängt euch" an diesen Dingen „nicht auf". Ich sage euch noch einmal, daß alles, was ihr derzeit braucht, bereits „erfunden" wurde – ihr seid auf dem richtigen Weg, denn Diejenigen, die die Schlüssel in der Hand halten, werden zu euch hingezogen, sobald sie von eurer Präsenz hören – unglücklicherweise müßt ihr aber auch eine Menge „Frösche küssen", bis ihr den „Prinzen" gefunden habt. Und außerdem weiß der Frosch oft nicht, daß er ein Prinz ist. Wenn es Welche gibt, die sich abwenden – laßt es zu, denn es gibt viele hartnäckige Übeltäter um euch herum, und sie müssen Alle in die komplette Harmonie fallen – dann geht mit euren Nervensägen, denn von Dharma kann nicht viel kommen. Sie ist sowieso schon komplett durcheinander von den ganzen Erfahrungen.

Dann war da natürlich noch der Versuch, die Teilchen zu bündeln, sie zu kondensieren und gleichartig auszurichten und danach wurde auch die Theorie übernommen, daß der Strahl auf das Gebiet der 18 Hirnnerven gerichtet werden muß usw. Natürlich ist die Quelle eine „Nornenspule" und Albert Zock hat hier eine Menge Arbeit geleistet.

Ich kann es nicht oft genug betonen – hängt euch nicht an all diesem Versuchsmaterial und den Irrtümern auf. NICHTS DAVON WIRD LAUFEN, WENN DER MENTALE STATUS NICHT IN HARMONIE MIT DEM GERÄT IST.

Daher kommen auch die Behauptungen, das sei „Quacksalberei" und, ganz ehrlich, das Meiste der Gerätschaften, die man der Öffentlichkeit präsentiert, sind Betrug – ganz einfach – aus dem oben genannten Grund. Wenn ein Mensch nicht an eine Heilung glaubt, gibt es keine Heilung. Was uns natürlich zu einem anderen Thema in der Korrespondenz führt. Ihr werdet es in der Zukunft als notwendig erachten, für eine nutzenbringende Maschine mehr als nur subjektive Zufallsergebnisse zugrunde zu legen, denn das Bewußtsein ist ein unfehlbarer Richter bei solchen Prozessen. „Das Bewußtsein" eines Virus ist jedoch nicht so anspruchsvoll.

TD, das ist Ihrer Einleitung ähnlich, in der Sie sich belustigend über die Temperatur der Sonne geäußert haben. Die Sonne ist auf der Oberfläche kalt. Warum verbreiten die „Big Boys" solcherart irreführende Daten über die Hitze auf der Sonne? Nun, wer weiß?! Was ihr seht, muß in etwas umgewandelt werden, was ihr „Hitze" nennt. Wenn sich jemand „Raum-Ingenieur" nennt, was bedeutet das eigentlich? Es sollte bedeuten, daß man bald erkennt, daß man praktisch gar nichts weiß – nur das egoistische kontinuierliche Fortdauern von „ich weiß alles" – und vor Diesen behüte uns.

Ihr könnt jedoch daraus ableiten, daß die Sonne jedem anderen Planeten ähnelt; aber sie ist größer und so positioniert, daß eure Planeten in diesem System sich um sie drehen. Auf diese Weise dient sie nicht nur als Empfänger für ein einheitliches Feld infraroter Wellen (Hitze), elektromagnetischem Licht und Gravitationsstrahlung, die den gesamten Raum durchdringen; sondern sie gibt diese Energie auch an die anderen Planeten ab, die sie umkreisen, wie etwa eine Mikrowellen-Repeater-Station.

Die Menschheit ist noch nicht so weit, um die Phänomene von atmosphärischen, thermonuklearen Erschütterungen einer so gigantischen Größenordnung zu verstehen, wie sie von der Sonnenoberfläche scheinbar ausgeschleudert werden, aber ihr könnt relativ sicher sein, daß es Elektrizität in außergewöhnlicher Bewegung ist, die durch einen Bewegungsablauf erschaffen wird, der eine ziemlich gleichmäßige sichtbare Vibration erzeugt, die wiederum ein ziemlich enges sichtbares „Farbspektrum" produziert. Dieser Kontrast als Vergleich zum Multispektrum der „Polarlichter".

Das steht nicht im Gegensatz zu der Überzeugung daß in Ihrem Fall, TD, ein bedeutungsvoller Kontakt (Aufmerksamkeitserreger) nicht ein seltsamer junger Mann mit UFO-Fotos sein könnte, der deutsch spricht und in DIE SCHWEIZ geht. Behalten Sie das in Ihrem Herzen! Aber ich muß euch zur Vorsicht mahnen – es gibt Viele, die den Anspruch haben, Außerirdische zu sein, obwohl sie reine Betrüger sind. Begreift den Kontakt, wenn er kommt, aber beißt euch nicht an Jedem fest, der etwas anders aussieht – es gibt Abertausende vom Feind geschickte Betrüger!

Ich nehme an, der junge Mann hat seine Abstammung und Kontakte als Plejadier dargelegt? Und außerdem sollte dem jungen Mann, der mit ihm in Kontakt kommt, erklärt werden, daß ein Eingreifen zum größten Teil nicht erlaubt ist aus Gründen sozialer Probleme und dem Schicksal der Erde. Wenn euch ein außerirdisches Wesen etwas anderes erzählt – distanziert euch und fordert es im Namen der Schöpferquelle auf, sich aus eurer Aura und eurem Umfeld zu entfernen. Keine Diskussionen – verschwinde!

Ihr werdet feststellen, daß ein in eurer Art inkarnierter Außerirdischer sich sehr wenig von euch unterscheidet, außer vielleicht dadurch, daß er die „Mißbildung" eines zusätzlichen Lendenwirbels hat, [A.d.Ü.: extra vertebrae, ein sechster Lendenwirbel statt der üblichen menschlichen fünf], denn wir sind eine „mentale" Gesellschaftsform und wir haben mehr Nervenfragmente als ein normal geborener Mensch, so wie ihr ihn betrachtet. Das wird selten erwähnt, denn die Meisten werden nie so genau untersucht. Es ist eine höchst komplizierte genetische Struktur und meistens erkennt man in der physischen Form überhaupt keinen Unterschied – wir würden durch eine spezielle „Energie"-Akzeptanz eintreten.

Ja, es gibt die blubbernden Städte – viele wurden jedoch evakuiert, denn so, wie ihr weiterschreitet in die großen Umwälzungen, werden die Gebiete der Meisten dieser Städte (Basen) zu aktiv. Sie wurden speziell dafür dort plaziert, um das Aufsteigen der älteren Kontinente dauerhaft zu überwachen und unter euren friedlichen Meeren befindet sich eine sehr, sehr aktive Mutter.

TD, ich habe wohl bemerkt, daß das nicht Teil Ihrer Anfrage war – ich weiß auch, daß Sie Bestätigungen suchen und das ist eine bedeutende Frage – vergeben Sie mir, Freund. Also, das für euch, und um meine Schreiberin zu besänftigen, denn sie fängt an zu glauben, daß wir alle „spinnen".

Eines muß ich betonen – ihr solltet euch nicht überwiegend von Mikroskopen leiten lassen, denn sie sind nur ein „Werkzeug". Es gibt Welche, die bereits die notwendigen Schwingungsfrequenzen lokalisiert haben – ihr müßt also die Frequenzen lokalisieren und das Gerät weiterentwickeln. Und ich sage euch jetzt, daß ihr jede Menge Sortierungsarbeit habt, denn die meisten der kleinen verfügbaren Vorrichtungen dienen nur der Gier und sind – abgesehen als mentales Spielzeug – zu nichts zu gebrauchen. IHR MÜSST ETWAS HABEN, DAS FUNKTIONIERT, UND ZWAR TROTZ PATIENT UND TROTZ VIRUS. Die in jedem Krebsvirus vorkommende Frequenz findet sich auf dem wirklichen Baseballplatz, denn das Kaposi Sarkom ist ein Karzinom. [A.d.Ü.: das ist eine Anspielung auf seine Aussage im Phönix-Journal Nr. 08 *AIDS, DIE LETZTE PLAGE DER MENSCHHEIT*, daß das Verhältnis von AIDS-Virus zu der Offenporigkeit des Kondommaterials wie Tischtennisball zu Basketballkorb ist.] Ihr werdet weiterhin davon absehen, das Ganze HEILBEHANDLUNG oder AIDS BEHANDLUNG zu nennen – ihr werdet es Imitierte Salzbäder oder etwas ähnlich Bedeutungsloses titulieren.

Ich erhalte und würdige eure Bereitschaft, in möglichen Zwangssituationen in unserem Namen einzugreifen. Die, die vorausgegangen sind, wissen zum größten Teil genau, was sie tun. Ich muß euch eine tolle Geschichte über eines eurer Gipfeltreffen erzählen, an dem ich, Ashtar, Korton und Soltec teilgenommen haben. Wir wurden in Gewahrsam „genommen", aber die Polizei hat nicht verstanden, daß es bei den „Raumkadetten" mehrere „Ebenen" gibt und wir aus der mentalen Schicht ätherisch sind und uns mithilfe unseres Willens auflösen können. Ich möchte allerdings hinzufügen, daß dies das letzte Treffen in physischer Manifestation war – alle folgenden hochrangigen politischen Zusammenkünfte werden in holographischem Zustand begleitet. Wie ihr seht, vergißt Satan, seiner Armee ein paar wichtige Informationen zu geben. So sei es – laßt uns auf dieser Reise noch ein wenig scherzen, denn schließlich ist alles Erfahrungssache und es ist euer Ziel, die größtmöglichen Erfahrungswerte zu machen.

Ja, eine Krankheit zeigt sich zuerst in den ätherischen und mentalen Körpern und befällt erst danach den physischen Körper. Und ja, alle Organe, Krankheiten und Substanzen haben ihre individuellen Schwingungsfrequenzen und alles kann gemessen werden. Worüber wir früher schon gekichert haben, wenn sie den Frequenzeintritt an Dharmas linkem hinteren Ohr messen würden, hätten sie unser Radiosignal – aber in der Minute, in der sie das versuchen, schalten wir aus und das ist höchst frustrierend. Ah ja, wir werden alle den freundlichen Austausch genießen, den wir miteinander teilen wollen und zu dieser Zeit werden wir ganz sicher jede Menge Amüsantes erleben – sowohl wir als auch ihr. Die Meisten von euch werden erleuchtet sein und den Gedächtnisverlust widerrufen. Im Rückblick ist Amnesie – eine sehr humorvolle Angelegenheit.

Was die Beobachtungen und Überprüfungen über die Präsenz der Großen Meister usw. in Ihrer Doktorarbeit betrifft, so glaube ich, daß die meisten Informationen bereits in den Journalen besprochen wurden, wenn Sie sie durcharbeiten. Wir haben noch einige Journale zu veröffentlichen und wir werden die fehlenden Punkte dort aufnehmen.

Die verallgemeinerte Darstellung der höheren Ebenen (von der irdischen Dichte aus gesehen) sind in Arbeit: die Erde oder die Materie, erdgebundene oder niedere Astralebene, astrale Zwischenebene, höchste Astralebene (die niedrigste der vier höchsten Erfahrungsebenen), danach die mentale und/oder Kausalebene, die Sphären- und höheren kosmischen Ebenen. Wir amüsieren uns immer über die

Einleitung eures heißgeliebten Theoaphylos, der jeden mit der Aussage erschreckt, er sei vom Siebten Strahl aus der Siebten Ebene und dem Siebten „was immer ihr wollt". Alle von euch, die zu dieser Zeit des Übergangs zurückgekehrt sind, um eine bestimmte Aufgabe zu erfüllen, kommen aus der höchsten siebten Ebene, so daß ihr tatsächlich und nicht nur als Gedankengut, Reflektionen der Meister in manifestierter Form seid. Es sollte euch auch davon überzeugen, daß es ohne Gott keine Perfektion gibt, denn wenn ihr euch als fleischliche menschliche Wesen manifestiert, nehmt ihr den Verlust eurer Erinnerung und die Erfahrung im Menschsein auf euch – es gibt keinen anderen Zweck für die manifestierte Erfahrung.

Ja, das Trinken von alkoholischen Getränken, das Essen von totem Fleisch und Blut und synthetischen Zusatzstoffen senkt eure allgemeine Schwingungsfrequenz und „wenn es mental erlaubt ist", verursacht das auch Krankheiten. Jegliche Schwingung wird von der mentalen Projektion kontrolliert und angepaßt. Deshalb bitte ich euch dringlich, ganz klar zu verstehen – sich einfach sagen, „ich werde kein Fleisch mehr essen und kein Tropfen Tierblut kommt mehr über meine Lippen, ich werde nur noch ‚natürliche' Pflanzen usw. usw. usw. bis zum Abwinken – zu mir nehmen" wird keinen einzigen Jota Gutes bewirken. ALLES LIEGT IN DER ABSICHT. IHR BESTEHT AUS ZWEI ENTITÄTEN – EINEM PHYSISCHEN HAUS, DAS SICH VIELLEICHT BESSER FÜHLT, WENN ES SACHGEMÄSS ERNÄHRT UND GEKLEIDET IST UND EURER SEELENESSENZ, DIE IN DER REALITÄT GAR NICHTS MIT DEM PHYSISCHEN ZU TUN HAT. Deshalb werde ich den Beitrag auch nicht vertiefen – außer, um euch die Offenheit und Schutzlosigkeit zu erklären, wenn ihr von einer Substanz o.ä. berauscht seid. Ich sage das, weil der Mensch wirklich ein seltsames Tier ist. Er hört von irgendetwas und denkt, dieses „Ding" selbst sei die Lösung, wird daraufhin seine Ernährung verändern, aber nicht sein Bewußtsein und das bewirkt gar nichts. Für Diejenigen, die die Gründe und die Zusammenhänge verstehen – super; bei den Massen müssen wir die Bereitschaft verändern.

Ich möchte jetzt noch einmal auf das Vierte Zeitalter zurückkommen (Kali Yuga) und ihr werdet feststellen, daß wir uns damit ziemlich intensiv in einem der vorhergehenden Journale beschäftigt haben – das Zeitalter des Kali. Ich möchte nicht, daß ihr das in einen Topf werft mit Sekten oder Doktrinen, aber da ihr den „Status" als Kali Yuga bezeichnet habt, muß ich auch in dieser Richtung antworten.

Die alten Schriften des Indischen Hinduismus sagten auch die aufeinanderfolgenden Herrscher der Welt voraus und legten auch dar, daß die letzten Weltherrscher des Kali Yuga Angehörige der weißen Rasse sein werden, die sie „Mletchhas" nannten. Die für die Mletchha gegebene Definition ist wie folgt: „Der wird Mletchha genannt, der Rindfleisch (Kuh) ißt, viel spricht, das sich selbst widerspricht und armselig ist in gutem Benehmen".

Erinnert euch, die Annahme, daß rotes Fleisch schlecht ist – speziell Rindfleisch – ist eigentlich zurückzuführen auf Spekulationen und Mythen (richtig oder falsch) der „irdischen" Menschen und ist immateriell. Das Essen von Kühen widerspricht den Lehren des orthodoxen Hinduismus, da die Kuh als heiliges Tier und als Repräsentantin der Mutter betrachtet wird. Der Grund für diese Verehrung liegt laut einiger Historiker darin, daß vor Zeitaltern Kuhmilch einmal die einzige Nahrungsquelle des Volkes war, da das Land durch eine schwerwiegende Dürre verwüstet war. Die Kuhmilch war die letzte Nahrungsquelle und rettete so die Bevölkerung vor dem Hungertod. Auf diese Weise wurde sie zum Symbol der Erdenmutter und man tötet seine Mutter nicht.

Die Europäer und ihre Seitenlinien, speziell die Briten und die Amerikaner, sind Rind- und Kuhfleischesser und haben die Welt bis zum heutigen Tag regiert. Was Indien betrifft, wurde das Land mehr als 200 Jahre von den Briten regiert und sie brachten auch den Brauch des Rindfleischessens mit. Sie gingen mit den herrschenden Maharadschas der verschiedenen indischen Provinzen, den Hindus und den Moslems, Allianzen ein und kontrollierten so den indischen Subkontinent entweder direkt oder indirekt durch ihre Stellvertreter, die die Bräuche, die Bekleidungsmode und sogar die Sprache ihrer Eroberer aufgriffen.

Es wurde aber bereits vor 5.000 Jahren eine Prophezeiung von Shrimad Bhagavatam gegeben:

„Sudras (Mitglieder der niedrigsten Kaste oder Klasse), gefallene Brahmanen (Priester) und Mitglieder anderer hoher Kasten, die die vedische Verhaltensweise aufgegeben haben, sowie Mletchhas werden über die Ufer der Flüsse Indus und Chandrabhaga herrschen, über die Stadt Kaunti und das Land Kaschmir. (Alle Teile des indischen Subkontinents, die vorher von den Briten regiert wurden.)

„Diese Könige ... die Zeitgenossen sein werden, werden nicht besser sein als die Mletchhas, was ihre Verhaltensweise betrifft, und sie werden der Ungerechtigkeit und der Verlogenheit, der Engstirnigkeit und der Wut überantwortet werden. Sie werden Frauen, Kinder, Kühe und Brahmanen (Priester) töten, sie werden begehren der Anderen Frauen und Reichtum, ihr Glück wird in schneller Folge der Wechselhaftigkeit unterliegen, sie werden arm an Kraft und Mut sein und nur kurze Zeit leben.

„Sie werden keine Reinigungsriten mehr zelebrieren, sie werden nicht mehr rechtschaffen handeln und von Rajas (Zorn) und Tamas (Wahnvorstellungen) beherrscht sein und, da sie Mletchhas im Gewand von Ksatriyas (Krieger) sind, werden sie ihrem Volk das Blut aussaugen. Das Volk, das sie regieren, wird ihre Angewohnheiten, Lebensart und Sprache annehmen und wird sowohl durch die gegenseitige Unterdrückung als auch die Unterdrückung durch seine Herrscher, ruiniert werden."

Die Erfüllung dieser Prophezeiung kann man heute sehen. Wo immer die Briten regiert haben, haben sie ihren Abdruck hinterlassen, die Gebräuche, die Bekleidung und sogar die Sprache der eroberten Völker verändert. Englisch ist mittlerweile eine der beiden offiziellen Sprachen in Indien und ist die internationale Weltsprache. Nun, für den Moment reicht das erstmal zu diesem Thema.

Ihr solltet jetzt eure Wahrnehmung nicht zielgerichtet auf einen Blickwinkel fokussieren, denn es ist aus den Jahren des Wandels auch sehr viel Gutes erwachsen, aber alles aus einem Blickwinkel heraus gesehen, erschafft irrtümliche Schlußfolgerungen. Genauso wie ich euch davor gewarnt habe, daß nicht alles aus der Forschung falsch ist – aber ein Fehler oder eine Lüge kann den gesamten Wert der Rückschlüsse zerstören.

Es geht mehr darum, Prophezeiungen als Mittel für die Zeitzeichen zu betrachten – zu einer Zeit, wenn diese Dinge auftauchen – es geht nicht so sehr darum, daß die Menschen Rindfleisch essen – sondern eher darum, wann diese Punkte alle präsent sind und die Masse der Menschen in der Lage sein wird, die Zusammenhänge herzustellen.

So, wie wir jetzt in *DIE KREUZIGUNG DES PHÖNIX* tiefer einsteigen, werden wir diese Ähnlichkeiten und Glaubenssätze besprechen, denn wir müssen die Menschheit auf irgendeine Art und Weise aus ihrer engen „Ichsucht" herausholen. Viele Traditionen wurden aus der Notwendigkeit einer Erfahrungsperiode heraus geboren und haben für die Seelenentwicklung oder das Wachstum überhaupt keine Bedeutung. DIE MENSCHHEIT MUSS LERNEN, DASS NICHT DAS „DING" DAS WICHTIGE IST – SONDERN DIE SEELISCHE EINSTELLUNG ZU DIESEM „DING".

Da gibt es ein kleines Spiel, das wir gerne mit euch spielen, die ihr in eurer Spur von Christentum, Hinduismus, Buddhismus usw. feststeckt und ich glaube, das werde ich euch jetzt erzählen.

Ich schreibe jetzt ein paar Sätze – tatsächlich sind es Zitate, und ihr sagt mir, von wem sie stammen:

1. „Am Anfang bestand nur der Herr des Universums. Mit ihm war das Wort das zweite und das Wort ist wahrlich der Höchste Gott." – *und:*
2. „Am Anfang war das Wort, und das Wort war bei Gott und das Wort war Gott."

3. „Ein Mensch erhebt oder erniedrigt sich durch seine eigenen Taten. Sorgt euch nicht über die Auslöschung von Kasten, Sexualität, Nationalität usw., denn in Wahrheit haben diese Bezeichnungen keine Bedeutung mehr, wenn der Körper gegangen ist. Erkennt, daß Sein Licht in Allem ist; auf der anderen Seite gibt es keine Kaste."
4. „Wenn dein Feind hungrig ist, gib ihm Brot; wenn er durstig ist, gib ihm Wasser; so sollst du glühende Kohlen auf seinem Haupt sammeln; und der Herr wird dich dafür belohnen; denn dein Feind wird sich ob seiner feindlichen Gesinnung schämen und sein Haupt und sein Gesicht werden ‚brennen' vor Scham und er wird seine Feindseligkeit begraben und dir als Freund begegnen, und das wird dein größter Lohn sein."
5. „Die Liebe ist ein rares Gut, die selbst aus einem erbitterten Gegner einen Freund macht und dieses Gut gedeiht auf Gewaltlosigkeit."
6. „Die Erhellung der Welt, Brüderlichkeit und Harmonie, Liebe und Gemeinschaft, ist eine bedingungslose Gnade und eine uneingeschränkte Belohnung; nein, eher, Barmherzigkeit und Einheit, die Beseitigung von Disharmonie und die Verbundenheit mit Allem auf der Erde in der höchsten Freiheit und Würde. Die Gesegnete Schönheit sagte: ‚Alle sind die Früchte eines Baumes und die Blätter eines Astes' ... Sie müssen ihre Sichtweise klären ... und müssen immer danach trachten, Jemandem etwas Gutes zu tun, mit Liebe, mit Rücksicht, Zuwendung und Beistand. Sie dürfen Niemand als Feind betrachten oder als Bringer von Unglück. Sie müssen Jeden auf der Erde als Freund ansehen; betrachtet den Fremden als Vertrauten und den Ausländer als Kameraden ... Das sind die Gebote Der Gesegneten Schönheit, das sind die Ratschläge des Größten Namens ... Die Verkündung von Frieden, Erneuerung, Liebe und Versöhnung ist die Religion der Gesegneten Schönheit ..."

7. „Die, die selbst Diejenigen lieben, von denen sie nicht wieder geliebt werden, sind barmherzig und liebend wie die eigenen Eltern. Das ist tätige, unbescholtene Tugendhaftigkeit und tätiger Guter Wille!"
8. „Zu den Guten wäre ich gut. Zu den Nicht-Guten wäre ich auch gut, um sie zu Guten zu machen. Vergelte Verletzung mit Freundlichkeit … Von allen edlen Tugenden ist das liebende Mitgefühl die Edelste."
9. „Besiege nicht Andere, sondern dich selbst, diszipliniere dich selbst, übe Mäßigung … Tue das, was du willst, das man dir antut … Keine Arglist, keine Verletzungen, diszipliniertes Essen und Benehmen, erhabenes Denken und einfaches Leben – das ist die Lehre der Erleuchteten … Ein Mensch soll das Böse durch Gutes überwinden; laßt ihn den Gierigen durch Großzügigkeit bezwingen und den Lügner durch die Wahrheit … Es gibt nur eines, das ewig währt: Haß wird niemals Haß zerstören; nur die Liebe kann es … Laßt uns glücklich leben, niemanden hassen, obwohl Andere hassen. Laßt uns leben unter denen, die hassen … Laßt uns gesund unter Kranken leben … Laßt uns ohne Gram unter denen leben, die wehklagen."
10. „Was für dich abscheulich ist, tu auch deinen Mitmenschen nicht an; das ist das ganze Gesetz. Der Rest ist nichts weiter als Kommentar."
11. „Tue Anderen nichts an, was du nicht willst, das man dir antut. Vergelte Verletzungen mit Gerechtigkeit und gib Gutes gegen Gutes zurück."
12. „Was gut ist für Alle und Jeden und wem auch immer – das ist auch gut für mich … Was ich als gut für mich erachte, sollte ich so für Alle erachten. Nur das Universelle Gesetz ist wahres Gesetz."
13. „Tue Anderen nicht an, was du dir selbst nicht angetan haben willst: und wünsche für Andere, was du dir wünschst und

wonach du dich sehnst. Das ist die ganze Rechtschaffenheit, hüte es wohl ... Mit Freundlichkeit bezwinge Zorn; mit Güte die Arglist; mit Großherzigkeit schlägst du alle Gemeinheit; mit unverfälschter Wahrheit besiege Lügen und Täuschung."

14. „Da du von Gott auserwählt worden bist, der dieses neue Leben geschenkt hat, und aufgrund seiner tiefen Liebe und Besorgtheit um dich, sollst du zartfühlende Barmherzigkeit leben und Gutherzigkeit gegenüber Anderen. Kümmere dich nicht darum, ob du einen guten Eindruck auf sie machst, sondern sei bereit, das still und geduldig zu ertragen. Sei freundlich und bereit, zu verzeihen, niemals hege Mißgunst. Erinnere dich daran, der Herr vergab dir, also mußt du auch Anderen vergeben. Und all dies zum Leben erweckt, hält alles in perfekter Harmonie zusammen."

15. „Liebe deine Feinde, tue Gutes denen, die dich hassen, segne Jene, die dich verfluchen, bete für die, die dich mißhandeln. Wenn dich einer auf die eine Wange schlägt, halte ihm auch die Andere hin; und wer dir deinen Umhang nimmt, dem gib auch deinen Mantel. Gib Jedem, der dich um etwas bittet; und fordere das nicht zurück, was dir ein Anderer genommen hat. Und so wie du von einem Menschen behandelt werden willst, so behandle ihn ... und dein Lohn wird groß sein und ihr werdet Söhne des Allerhöchsten sein; denn Er ist gütig zu den Undankbaren und Selbstsüchtigen. Sei so barmherzig wie dein Vater barmherzig ist."

„Richte nicht, auf daß du nicht gerichtet werdest: verdamme nicht, auf daß du nicht verdammt werdest; vergib und dir wird vergeben; gib und es wird dir gegeben werden ... Denn der Maßstab, den du anlegst, wird auch dich bemessen ... nimm zuerst den Balken aus deinem eigenen Auge, auf daß du klar siehst und das Körnchen aus deines Bruders Auge entfernen kannst."

16. „Du kannst nicht als Arzt tätig sein, wenn du nicht zuvor deine eigene Krankheit geheilt hast (welches die Erkrankung deiner Seele ist – das Ego) – der Schmerz, der deinen Frieden stört. Dann kannst du Andere behandeln und dich selbst Arzt nennen."

Das ist jetzt nicht irgendeine Art von Prüfung, um festzustellen, wer aufpaßt – das ist der Beweis, daß ihr nicht eine Wahrheit von der Anderen unterscheiden und sagen könnt, ob das die Wahrheit ist. Ich mache keine Wortspiele mit euch – die Menschheit muß verstehen, daß es im Wort der Wahrheit keinen Unterschied gibt und es das Töten eures Bruders nicht rechtfertigt, nur weil ihr beweisen wollt, daß er Unrecht hat, und dabei ist es egal, wie viele „demokratische Stimmen" ihr dabei haltet.

1. Veden, 2. Neues Testament, 3. Guru Nanak, 4. Altes Testament, Sprüche, 5. Mahatma Ghandi, 6. Baha'ullah aus Persien, 7. Lord Krishna (2.500 v. Chr.), 8. Laotse, Begründer des Taoismus (600 v. Chr.), 9. Lord Buddha (563 v. Chr.), 10. Hillel, der Ältere – Weiser des Judaismus, 11. Konfuzius, China (550 v. Chr.), 12. Zoroaster aus Persien (ca. 600 v. Chr.), 13. Mahabharata aus dem Hinduismus, 14. Der Heilige Paulus, 15. Jesus Jmmanuel, 16. Guru Nanak.

„GROSSER GEIST – GIB, DASS ICH NICHT MEINEN NACHBARN KRITISIERE, BEVOR ICH NICHT EINEN KILOMETER IN SEINEN SCHUHEN GEGANGEN BIN." AHO!

****

Jetzt machen wir weiter mit TDs Ausführungen zu Substanzen, Potenzen usw., basierend auf den Vielfachen von Sieben. Um eine gegebene These zu einem „Gesetz" zu machen, darf es keine Abweichungen geben – das Einzige, worauf man sich bei einer „Wissenschaft" – sowohl bei den alten, als auch bei den neu Entdeckten (wieder Entdeckten), verlassen kann, ist das augenscheinliche Fehlen einer Übereinstimmung. Seid höchst vorsichtig, daß ihr nicht so konzentriert eure Finger zählt, daß ihr denjenigen übersehet, der unsichtbar ist.

Und weiter, ohne daß ich jetzt den Namen ausplaudern möchte, bezieht ihr euch im Augenblick auf Jemanden, der am 5. November 1942 in die Körperlichkeit gekommen ist. Ich habe zu dieser Energie keinen besonderen Kommentar außer, daß ihr hier äußerst vorsichtig sein solltet.

ES GIBT NIEMALS eine Gesamtentfernung irgendwelcher Aufzeichnungen aus der Akasha Chronik – es gibt keinen Grund, warum aus der Akasha Chronik, egal auf welchem Weg, Aufzeichnungen entfernt werden sollten. Das wäre gleichbedeutend mit der Erstellung eines Familienstammbaumes, bei dem Diejenigen weggelassen werden, die man nicht dabei haben will oder ein paar hinzugefügt werden, damit er gut aussieht. FÜR EINE ENERGIE, DIE SAGT, IHRE AUFZEICHNUNGEN WURDEN ENTFERNT, GIBT ES ÜBERHAUPT KEINE GLAUBWÜRDIGKEIT. DIE AKASHA-CHRONIK IST EINE AUFZEICHNUNG ALLER UNIVERSELLEN EXISTENZEN – WENN MAN HIER UND DA EINEN TEIL LÖSCHEN UND „LEERE SCHUBLADEN" HINTERLASSEN WÜRDE, WÄRE DAS EIN WIDERSPRUCH IN SICH SELBST. SEID BITTE SEHR VORSICHTIG UND BLEIBT IN EURER BEWUSSTHEIT BEZÜGLICH DESSEN, WAS ICH EUCH ÜBER ORION ERZÄHLT HABE. ICH BIN NICHT HIER, UM ÜBER SOLCHE PERSONEN ZU DISKUTIEREN, DENN ICH MÜSSTE SELBST EINSICHT IN DIE AUFZEICHNUNGEN NEHMEN – UND AN DIESEM PUNKT IN EUREM SZENARIO WÜRDE ICH GAR NICHTS FINDEN. DABEI WILL ICH ES BELASSEN UND FORDERE EUCH AUF, WEISHEIT UND UNTERSCHEIDUNGSKRAFT ZU NUTZEN.

Jetzt beziehe ich mich auf die Diskussion über die Kontakte in Flagstaff und Old Delhi – es sind viele solcher Vorfälle passiert und einige davon werden noch zu eurer Kenntnis kommen. Eure Äußerung „ich glaube, daß ihr als unsere Cousins aus Atlantis auch auf die Schulter geklopft bekommt, wenn es um die höheren Gesetze geht."

JA, JA, IHR HABT WIRKLICH DEN GANZEN HIMMEL VOLL MIT WESEN AUS DER VIERTEN DIMENSION, DIE ZUFÄLLIG

IN DER LAGE SIND, DIE HIMMEL OHNE BEGRENZUNG VON „ZEIT" UND „RAUM" ZU DURCHQUEREN. SIE STEHEN ALLE IM GLEICHEN DIENST, HABEN ABER ALLE UNTERSCHIEDLICHE GRADE DER EINSICHT UND DES ZWECKS – SO IN ETWA WIE IHR. AUSSERDEM WAREN SIE SEHR LANGE VON IHREN HEIMATBASEN WEG UND SIE SIND EINSAM, MANCHMAL GELANGWEILT, UND WEIT ENTFERNT VON PERFEKTION – DA IST GROSSE DISZIPLIN UND VIEL, WORAN MAN SICH ERINNERT. AUSSERDEM SIND VIELE, DIE IN DEN DIENST AUF EURER ERDOBERFLÄCHE GEGANGEN SIND, IN DER „SACHE" VERLOREN GEGANGEN. DAS IST EIN VIEL ZU BREIT GEFÄCHERTES THEMA, ALS DASS WIR DAS ZU DIESEM ZEITPUNKT DES DIKTATS BEHANDELN KÖNNTEN UND MEINE SCHREIBERIN IST MÜDE.

Diejenigen, die auf irdischen Basen stationiert sind, sind nicht selten sehr aus dem Konzept gebracht und manchmal werden sie tatsächlich zu einem richtigen Problem durch negative Beeinflussung und Desillusionierung. Das ist eine wirklich unangenehme und unglückliche Situation und genau deshalb weise ich euch darauf hin, Vorsicht walten zu lassen.

In den vergangenen Zeitaltern gab es die Basen – die sehr oft Energieformen aus Lemuria und Atlantis usw. beherbergt haben. Zusammen mit dieser Gruppe gibt es die Gruppe der „Besucher", d.h. die Anden und, näher bei euch, Mount Shasta. Diese Basen haben eine hohe Fluktuationsrate. Wir versuchen, bei keinem „Außerirdischen" einen längeren physischen Aufenthalt als sechs Monate zuzulassen. Mehr als sechs Monate beeinträchtigt die Erinnerung und die irdische Dichte verlangt einen hohen Tribut. Aus diesem Grund sind die meisten Inkarnierten in eurer Dichte geboren. Das Vorhaben bis zur Durchführung dauert länger, aber der Druck des „Lebens" wird enorm verringert. Oh ja, es gibt dauerhaftes „Auf die Schulter klopfen bezüglich Höherer Gesetze". Aber auf jeden Fall ist die Disziplin, die Höheren Gesetze zu brechen, sehr stark – wirklich ausgesprochen stark.

Ich habe den Eindruck, daß ich die Korrespondenz jetzt schließen möchte. Ich vertraue auf euch, die ihr die Journale editiert, daß ihr für dieses Material einen Platz findet. Wir müssen eine bessere Möglichkeit finden, diese Informationen für die Suchenden zur Verfügung zu stellen, aber manchmal passen die Themen nicht richtig zu dem Journal, das zu der Zeit bearbeitet wird.

Ich habe heute Morgen mein Willkommen bei der Schreiberin sehr überzogen, so daß ich mich jetzt zurückziehe und ihr eine Pause gönne.

Danke für die dauernde Unterstützung und für die Abhandlung. Wir werden in den Tagen, die vor uns liegen, eine wunderbare Gemeinschaft haben. Geht achtsam, Freunde, und erlaubt euch auf alle Fälle Nachdenken und Anerkennung. Wenn man etwas bekämpft, erzeugt man nur Rebellion. So sei es und guten Tag.

HATONN GEHT AUF STAND-BY.
KLÄRT DIE FREQUENZEN.
DANKE DIR, CHELA.

KAPITEL 9

Aufzeichnung Nr. 1 | ESU JESUS SANANDA

Donnerstag, 11. Januar 1990, 8.00 Uhr, Jahr 3, Tag 148

Sananda macht weiter. Ich stelle fest, daß wir heute ein etwas schmerzhaftes Thema behandeln. Zuerst laßt mich euch an etwas erinnern, weil momentan aufgrund lächerlicher Aussagen große Streitereien heraufbeschworen werden.

Wir haben davon gehört, daß dieser Schreiber Jesus entweder für verschwunden erklärt, ihn als Produkt der Einbildung bezeichnet oder, noch schlimmer, als Betrüger, und jetzt ist irgendein neuer „Sananda" der Oberboss. Meine Güte, ihr auf dem winzigen, dunklen Planeten mit seiner geballten Schönheit – hört und seht nicht.

Ihr lebt in der Zeit, in der sich die „Prophezeiungen erfüllen" – nicht nur, daß ich nicht als der einmal gewesene „Jesus" zurückkehre, sondern auch nicht als der damalige Quetzalcoatl oder Buddha. HALTET EIN mit euren Albernheiten – selbst in euren zusammengebastelten „Bibeln" wurde gesagt, daß der Christus einen neuen Namen tragen würde, der seiner Position gerecht wird. Dieser Name ist ganz einfach „Sananda". Das ist eine Bestimmung und ihr versteht die universelle Sprache nicht. Ich bin im letzten Jahrhundert einige Male für einige Jahre gekommen und gegangen – als Sananda – meistens auf den höheren Ebenen der Lehrtätigkeit und an den Orten, wo die verbliebenen Teile der Kontinente noch von Nachkommen der alten Zivilisationen bewohnt werden. ES WÄRE WIRKLICH SEHR WEISE, WENN DIE STREITEREIEN AUFHÖRTEN UND DIE MENSCHHEIT UM SICH HERUM DIE NOTLAGE ERKENNEN WÜRDE, IN DER SIE STECKT. ES IST SATANS WERK, HOHN UND VERLEUGNUNG ZU ERZEUGEN, DENN IN DIESEN WORTEN IST

NICHTS AUSSER LICHT UND WAHRHEIT. MACHT WEITER MIT EUREN VERLEUGNUNGEN UND DER SENSENMANN WIRD DIE LÜGE AUSLÖSCHEN UND DA WIRD NICHTS MEHR SEIN ALS HÄSSLICHKEIT. SO SEI ES.

Wie, habt ihr erwartet, wird hier mein Auftritt sein und wie seid ihr darauf vorbereitet? Glaubtet ihr, ich komme als Jimmy Bakker oder Jimmy Swaggert? Wie wär's mit Ramtha? Mafu? Lazarus? Nein, ich würde zuerst in die Herzen der Menschen eintreten. Weiterhin würde es ein großes Aufwachen der Menschen in die Wahrheit sein, wenn sich das Wort verbreitet – ICH BIN DAS WORT! Nicht diese kleine Schreiberin, die ihren Arbeitsplatz kündigen würde – „ICH" BIN DAS WORT. Seid nicht bestürzt über die, die nicht glauben – von Gott kommt keine Gewalt – Jeder wird seine Entscheidung treffen. Ihr Lieben, die ihr euch Mühe gebt, das Wort zu verbreiten, verschwendet eure Zeit nicht an die Gewissensbisse Derjenigen, die nicht hören wollen. Mit seiner Verbreitung und seinem Bekanntheitsgrad – werden sie es hören, oder sie werden einfach mit dem Verruf weitermachen. Wenn ihr hört – wirklich hinhört – bei ihren Geschichten, werdet ihr ihre Ignoranz und Unwahrheiten erkennen und sie sind ganz einfach von den Tentakeln des Lügners eingefangen worden.

Das rührt von den Egos her, die sich selbst als „zu groß" für einen Angriff einschätzen und entweder nicht wissen, wie sie die üblen Fragmente entfernen sollen oder es „unter ihrer Würde" finden, es zu tun. Diese sind am Leichtesten zu umgarnen. Diese „wissen bereits alles", haben große „Visionen" und das hat üblicherweise mehr mit menschlicher „Gefolgschaft" – „Fan Clubs" und/oder dem Anhäufen von Reichtum zu tun. Andere wurden einfach nur getäuscht. Wenn eine „Energie" euch alles sagt, was ihr hören „wollt", solltet ihr höchst mißtrauisch gegenüber dem sein, was aus dessen Munde kommt! Fast alles, was sich als Wahrheit auftut, sind Dinge, DIE NIEMAND HÖREN WILL! JEDOCH KOMMEN DAMIT AUCH DIE LÖSUNGEN UND ANLEITUNGEN – UND DAMIT EINHERGEHEND IMMER AUCH DIE GNADE DES SCHÖPFERS UND

DIE GRENZENLOSE VERGEBUNG, LIEBE UND DER RECHTE PLATZ.

WEITERHIN WISSET DIES – UND DAS GILT SPEZIELL FÜR GG, DER ÜBER DIE ANTWORTEN EINER GROSSEN GRUPPE VON „ANHÄNGERN" EINES ALTEN RAUMWESENS ENTMUTIGT WURDE. ERSTENS WERDEN ES DIE DARIN ENTHALTENEN INFORMATIONEN NIEMALS ZU DEN SPRECHERN ODER SCHREIBERN SCHAFFEN, AUSGENOMMEN EINIGER NEGATIVER ANMERKUNGEN. ZWEITENS MÜSST IHR DEN PROZESS DES AUSSORTIERENS BETRACHTEN UND NACH INNEN SCHAUEN, UM ZU ERKENNEN, DASS DAS BÖSE DIE STRASSENBLOCKADEN LANGE ZEIT VOR DEM LICHT SETZT. ICH WERDE ZU DIESER ZEIT KEINEN KOMMENTAR DAZU ABGEBEN, DENN DAS WIRD SICH VON SELBST REGELN.

Es wird der „kleine Mann" sein, der das Banner aufnimmt und sich bewegt. Es werden die Einfühlsamen sein, die sich bereits von Dogmen und idiotischen Lehrmeinungen orthodoxer Bekenntnisse abwenden – betrachtet Menschen wie James Robison, der den Glauben der Baptisten hinter sich ließ und sich DEM CHRISTUS UND GOTT zuwandte. Aber ihr müßt ihn dazu BRINGEN zu hören, denn er wird von der Schuldigsprechung geplagt und unter der Verdammung und Stößen von Literatur begraben. ABER DIE MENSCHHEIT HUNGERT NACH DER WAHRHEIT – JEDER, NICHT NUR DIE WENIGEN AUSGEWÄHLTEN, DIE SICH TEURE SEMINARE UND FUTTER FÜR DEN BAUCH ERLAUBEN KÖNNEN.

LASST UNS JETZT ÜBER DIE KORRESPONDENZ VON DG SPRECHEN.

SEX, HEIRAT, SCHEIDUNG, AUSSEREHELICHES ZUSAMMENLEBEN USW.

Dharma, wir müssen jetzt einfach unser Vorhaben, was wir bearbeiten wollen, in eine andere Richtung lenken auf das, was am Dringendsten ist, wenn wir die Fragen nicht beantworten, haben wir nichts anderes getan, als die Post umzuschichten.

(DG): „... Ich möchte jetzt meine Fragen auf die Gesetze der Schöpfung konzentrieren, wie sie in UND SIE NANNTEN IHN JMMANUEL [A.d.Ü.: Phönix-Journal Nr. 02] ausgeführt sind. Bitte entschuldigen Sie, aber ich bin verwirrt über die sexuellen Aktivitäten, Beischlaf und Scheidung. Ich bin mir sicher, daß Andere das auch verstehen wollen, genau wie ich und ich möchte ihnen das logisch erklären können, nachdem ich es verstanden habe."

Bitte behalten Sie im Auge, daß bei diesem Text mit den Erklärungen zwei Dinge nicht vergessen werden dürfen. 1: Dieses Dokument wurde „übertragen" von Schriftrollen, die zu der Zeit des Jmmanuel (Jesus) von Nazareth, also vor zweitausend Jahren, geschrieben wurden. 2: Das war lange „nach den Geschehnissen" und von Gott werden immer Erklärungen abgegeben zu den Irrtümern, die zu dieser Bedrängnis geführt haben. Die Lektionen sind „Erfahrungswerte" und die Menschheit ist aufgefordert, durch diese dreidimensionalen Erfahrungen an jedem Ort und soviel wie möglich zu lernen. ICH MÖCHTE EUCH WEITER DARAN ERINNERN, DASS DIE UNWISSENHEIT UM DIE GESETZE FÜR GOTT ZIEMLICH AKZEPTABEL IST – ABER DASS ER SEINEN KLEINEN NICHT ERLAUBT, BLIND ZU BLEIBEN IM BÖSEN.

Ihr sagt, „Nun, da ist Jemand gekommen, der uns einige neue Gebote gebracht hat, die alle Unsinn sind". Nein – sie werden in der Schrift einfach so dargeboten, wie sie sind, nicht mehr und nicht weniger. Ob Ihr oder ich dem Inhalt zustimmt oder nicht, macht keinerlei Unterschied. Es gibt einen guten Grund für die Gesetze, der aber nicht der ist, den ihr annehmt. Es ist kein Bündel lächerlicher Einschränkungen, um euer Leben unglücklich zu machen – IHR HABT EUER GLÜCKLICHES LEBEN ZERSTÖRT DURCH DEN MISSBRAUCH DER GROSSEN UND WUNDERVOLLEN GESCHENKE, DIE EUCH GEGEBEN WURDEN.

Dharma, ich werde versuchen, diese Fragen in einer erweiterten Reihenfolge zu beantworten. Das wird länger werden, also werdet bitte nicht ungeduldig, denn wir werden heute am Journal nicht weiterschreiben – oder wir betrachten das als Teil des Journals.

Gehen wir also gleich zur ersten Frage und hoffen, daß wir unsere Leserschaft lang genug behalten, damit sie die Dissertation am Ende des Journals liest, denn wenn sie das nicht tut, wird sie es weiterhin nicht verstehen.

> „Wenn jemand verheiratet ist und seinen/ihren Partner liebt, sind dann sexuelle Aktivitäten zwischen den Beiden, die NICHT der Fortpflanzung dienen, sondern dem Austausch der gegenseitigen Liebe dienen, gegen das Gesetz? Wenn ja, bitte erklären Sie mir die Logik dahinter."

Diese Frage muß sorgfältig gelesen werden, denn ich werde exakt diese Frage beantworten ohne Betrachtung der noch folgenden Fragen: NEIN, wenn es auf Gegenseitigkeit beruht und es keine kranken Manipulationen dabei gibt. Und, es ist JA, wenn nicht volle Würdigung und achtsame Betrachtung der Möglichkeit gegeben wird, daß die Geburt eines Kindes die Folge sein kann. Die Fakten sind die, daß der Mensch seine Fähigkeit verloren hat, „Liebe" vom „sexuellen Akt" zu unterscheiden. In 999 von 1.000 Fällen ist „Liebe" als solche nicht daran beteiligt. Wenn ein Mann und eine Frau den Wunsch der Einheit miteinander haben, sollten sie zuerst versuchen, in ihrer geistigen Absicht eins zu werden. Ihr habt in den Beziehungen, wie ihr sie heute praktiziert, kaum Vertrautheit. „Sex" ist keine Innigkeit. Worauf das Gesetz hinweist, ist die Notwendigkeit absoluter VERANTWORTUNG für euer Tun und nicht einfach sorglos ins „Heu" zu hüpfen, um dort herumzutollen ohne den geringsten Gedanken, was es für den Partner oder für das mögliche Ergebnis der Beziehung bedeuten könnte. Euer Herz kennt den Unterschied. Manchmal wird der eine oder andere Partner es wünschen, den Anderen – in Liebe – „aufzunehmen", aber das ist sehr selten, denn der Grad der gegenseitigen Erwiderung klafft weit auseinander, sowohl bei den Geschlechtern als auch bei den Gefühlen. Es ist wirklich sehr selten, daß der Eine sich dem Anderen in voller Liebe „hingibt" – normalerweise ist es mehr das „wenn ich jetzt kooperiere, könnte ich später etwas davon haben".

Der Punkt jedoch ist, daß die sexuelle Vereinigung einen Zweck hat und die Menschen vergessen haben, daß „Liebe" sehr viel mehr ist als zehn oder fünfzehn Minuten Vergnügen. Liebe hat damit in Wirklichkeit gar nichts zu tun, denn das ist einfach eine körperliche Funktion – und außerdem ist es diese Körperfunktion, die eure gesamte Zivilisation immer und immer wieder heruntergezogen hat.

Außerdem ist es Gottes Wunsch, euch über die Ebene des nichtdenkenden animalischen Instinktes zu erheben und ganz bewußt die Verantwortung für euer Handeln zu übernehmen. Die höchste Vereinigung gründet auf gemeinsamer Vorstellung von Sinn und Zweck und dem totalen Einstehen des Einen für den Anderen und alles zusammen fügt sich sehr schön von selbst.

Gibt es „Vergebung" für „Sex an all den falschen Orten?" Natürlich – ihr wurdet darauf trainiert und erpreßt und hineingedrängt in die Aktivitäten eurer derzeitigen Gesellschaft, die vom Übel regiert wird. Seht ihr das nicht? Die Schädigung ist passiert und ihr könnt in keiner Weise ändern, was vorher gewesen ist. Es ist aus und vorbei. Die Menschheit hat weder die Gesetze gehört noch sich danach ausgerichtet und jetzt steht ihr vor einem heillosen Durcheinander. Es geht hier nicht um Vergebung – der Punkt ist das Verstehen der Wahrheit. Verantwortung!

„Wenn das oben Gesagte mit Ja beantwortet wird, wie ist es dann, wenn der eine oder beide Partner sterilisiert sind? Oder ist das gegen Die Schöpfungsgesetze, weil es dann um eigenes Vergnügen geht? Und wenn das so ist, was ist die Logik hinter diesem Gesetz, wenn man verheiratet ist und Sex EINE der Möglichkeiten ist, die gegenseitige Liebe zum Ausdruck zu bringen?"

Das magische Wort steht im ersten Satz – „sterilisiert". „Du bist einen langen Weg gegangen, Baby". Die Menschheit hat ihre Geringschätzung und ihren Egoismus gezeigt, als sie die Möglichkeit der

Sterilisation gefunden hat. Damit hat sie alle Verantwortung zugunsten von Spaß und Spiel zurückgelassen. Damit habt ihr euch selbst den Beweis erbracht, daß ihr Menschen der Lüge seid. Das schien eine verheißungsvolle Möglichkeit zu sein, die weitere Zeugung von Kindern zu verhindern und das ist es auch „manchmal". Was jedoch dahintersteckt, ist, daß „ich jetzt meinen Vergnügungen nachgehen kann, ohne auf die Konsequenzen von Spaß und Spiel Rücksicht nehmen zu müssen". Wenn ihr sterilisiert seid, seid ihr dann auf irgendeine Art und Weise weniger? Nein, denn in Wirklichkeit gehört ihr in eurer schlampigen Zivilisation zu den wenigen umsichtigen und verantwortlichen „Liebenden". Vergebung? Und wieder, hier gibt es nichts zu vergeben, wenn ihr das in ehrlichem Glauben entschieden habt – die „Unwissenheit" über die Gesetze ist total akzeptabel. Jedoch ist die Ansage von „ich wußte nicht, was ich tat", wenn ihr es eigentlich wußtet, eine Sache – genau gewußt zu haben, was ihr tatet und es trotzdem getan zu haben, würde ein wenig mehr Extra-Vergebung im Inneren erfordern, und ihr könntet es Gott gegenüber einfach mal „erwähnen". Egal wie, vergebt euch selbst, denn es ist vergangen und ihr könnt nichts mehr daran ändern. Akzeptiert das und entlaßt es aus euren Gedanken, Chelas, schreitet weiter – der heutige Tag ist zu betrachten und nicht eure Gutherzigkeit oder Schlechtigkeit in der Vergangenheit.

Ich gebe euch jedoch einen wunderbaren Hinweis, denn wenn ihr den lichten Pfad einschlagt, wird sich die Notwendigkeit des Fehlverhaltens und das Bedürfnis nach Genußsucht immer mehr verringern und die Angelegenheit wird sich von selbst erledigen. Ein Mensch ist das, was er denkt – wenn ihr aufhört, über diese Dinge nachzudenken und euer Tätigkeitsfeld auf Geistesgröße ausrichtet – werdet ihr kein Problem an dieser Sache erkennen.

Diese Gedankengänge, die in jeder Hinsicht unerfüllend sind, werden euch vom Babyalter an von den Medien usw. aufgedrängt. Das ist dazu gedacht, euch herunterzuziehen, euch über euren Verwendungszweck Zuwendung einzufordern. Ihr seid ein versklavtes Volk

– durch Sex, der nicht erfüllend ist, durch Gewalt, die sexuellen Drang stimuliert und durch illegale Beziehungen, die dem alten Adrenalin einen kleinen Schub verpassen. Währenddessen geht euer Planet den Bach runter und ihr spielt in dem einen oder anderen Bett herum und habt ungewollte Kinder oder tötet sie – alle diese Aktionen verhärten das Herz und machen Menschen zu Barbaren, denn sie verlieren das Mitgefühl – UND ALLES FÜR DAS EGO.

Das nächste Mal, wenn ihr an diesen „EINEN" Weg denkt, eurem Partner eure Liebe zu zeigen – betrachtet Alternativen und probiert sie aus. Es könnte etwas sehr Interessantes in Erscheinung treten. Nein, ich verurteile diese Art Austausch nicht, aber in der Wahrheit der Gesetze, wie sie gegeben wurden, habe ich überhaupt kein Recht, meine eigene Meinung dazu kundzutun. DIE SCHÖPFUNG MUSS IN IHRER PERFEKTION DAS GLEICHGEWICHT ERHALTEN UND DER MENSCHHEIT IST ES ERLAUBT, IHRE ERFAHRUNGEN AUF DER PHYSISCHEN EBENE ZU MACHEN, UM IN SPIRITUELLE PERFEKTION HINEINZUWACHSEN – WAS IHR AUF EURER REISE MACHT, WIRD EUCH ENTWEDER IN DIESE PERFEKTION ODER ZU EINER WIEDERHOLUNG BRINGEN, BIS IHR ES ERLEDIGT HABT – NICHT MEHR UND GANZ SICHER NICHT WENIGER.

„Warum die Unterschiede zwischen außerehelichem Zusammenleben und Ehe, wenn zwei Menschen genauso in Liebe verbunden sind?"

Das ist eine gute Frage. Kein Unterschied. Aber trotzdem, noch einmal, ihr müßt sehr sorgsam die Beweggründe und die Auswirkungen abwägen. Warum lebt ihr zusammen? Warum würdet ihr heiraten? Die erste Frage ist immer, „Warum seid ihr nicht verheiratet, wenn ihr die gleiche Hingabe habt?" Nun, in eurer Gesellschaft geht man genauso sorglos in eine Ehe wie in ein außereheliches Zusammenleben. Es wird genauso schnell aufgelöst wie eine vertragliche Form. Die negative Komponente bei beiden Formen ist der Mangel an Verantwortung.

Lebt ihr zusammen, um regelmäßig einen sexuellen Partner zu haben? Falsch! Lebt ihr zusammen, um es schneller auflösen zu können, wenn ihr euch entscheidet, daß ihr nicht füreinander da sein wollt? Falsch! Wegen der Antwort auf das erste. Eine aufrichtige Ehe, die mit Liebe geschlossen wird, mit der Absicht lebenslanger (selbst wenn es schief geht) und sorgsamer Verantwortung, bekommt man nicht auf einem Stück Vertragspapier. Aufgrund des Mißbrauchs der Zeugungsaspekte – tauchen üblicherweise die Probleme mit der Geburt der Kinder und schwieriger finanzieller Situationen usw. usw. auf – und das hat nichts zu tun mit „Vertrag" oder Verantwortung.

Gestern (im Fernsehen) haben Statistiken gezeigt, daß etwa 30 Milliarden Dollar „Unterhaltszahlungen für Kinder" ausstehen. In allen Fällen zeigen sie auf, daß die Lust des Augenblicks über der Bereitschaft steht, die Verantwortung für seine Handlungen zu übernehmen.

Außerdem ist die Geburtenkontrolle auf allen Ebenen ein Mangel an Verantwortung für seine Taten – da stehen Selbstdisziplin und Selbstkontrolle an erster Stelle. Falsch? Richtig? Ich schlage vor, daß ihr das selbst beurteilt – euer Planet kippt auf die entgegengesetzte Achse, weil ihr jetzt die Folgen von 5 ½ Milliarden Überbevölkerung zu tragen habt. Können die paar Sekunden für einen schnellen Sex hinter einem Busch in Südafrika auch nur „eines" dieser sterbenden, leidenden und unschuldigen Kinder wettmachen? Schaut in ihre Gesichter und dann antwortet. Verantwortung gegenüber ein paar Sekunden Vergnügen. Für manche ist die Antwort offenbar „ja". Nun, jetzt habt ihr die Konsequenzen.

Keiner schreit hier, um diese lieben Wesen dahingehend auszubilden, daß das unverantwortliche Benehmen endet – es heißt „bringt ihnen Geburtenkontrolle bei". Abstinenz IST das einzig positive Mittel zur Geburtenkontrolle. Keiner sagt „lehrt sie und fordert bei diesen Kindern Abstand von solchem Verhalten", es heißt „gebt ihnen Sexualunterricht und zeigt ihnen mechanische Geburtenverhütung".

ES IST DAS „VERHALTEN", DAS FALSCH IST – NICHT „LIEBE" FÜR EINEN MANN ODER EINE FRAU ODER EIN KIND. IST

ES LIEBE, WENN EIN VATER SEINE TOCHTER ODER SEINEN SOHN VERGEWALTIGT? NATÜRLICH NICHT – DAS IST ETWAS TOTAL ÜBLES UND DOCH IST ES VERHALTEN UND NICHT GEDANKENGUT. WENN EIN MENSCH SOLCHE GEDANKEN HAT, SOLLTE ER AUF SEINE KNIE NIEDERFALLEN UND DEN GEDANKEN KLÄREN – ES IST DIE TAT, DIE ZERSTÖRT. WENN IN EUREN MEDIEN NICHT DER SCHWERPUNKT AUF DIESEN AKTIVITÄTEN IN JEDER FORM LÄGE – WÄRE EIN SOLCHER GEDANKE NICHT EINMAL DA.

DIE MENSCHHEIT GLAUBT MITTLERWEILE, DASS SOLCHE DINGE IHR „RECHT" SIND. NUN, SIE WEISS, DASS DAS NICHT STIMMT – ALSO WIRD SIE WIDERWÄRTIG UND BÖSARTIG, DAMIT SIE MIT IHREN TATEN LEBEN KANN.

Außereheliches Zusammenleben und Ehe ist per Definition dasselbe – mit dem gleichen Maß an Verantwortung, die geteilt und nicht dem Partner „aufgedrückt" wird. Das Wort Außereheliches Zusammenleben bedeutet jedoch eine sexuelle Gemeinschaft ohne die Vorzüge eines Vertrags, wenn der Akt der Ehe den Wunsch nach Einheit und Begleitung beinhaltet und „Sex" nicht die vorrangige Absicht ist. Viele Ehen sind jedoch auf nichts weiter als auf „Sex" gebaut und scheitern deshalb fast sofort, denn niemand kann der Lüge gerecht werden, die man euch aufgedrückt hat – selbst das Vergnügen, das ihr suchtet, wird mißglücken.

Es ist nicht das „Leben" in der gemeinsamen Wohnung, das euch Schwierigkeiten bereitet – der Übeltäter ist das, was ihr im gleichen Bett macht. Freunde können in großer Anzahl zusammenleben und ohne große Berührungen eine wunderbare Intimität erleben. Und trotzdem, schaut in euer Wörterbuch und ihr werdet dort die Definition von Intimität als Begattung, Geschlechtsverkehr usw. finden. Ihr seht, selbst das Wort wurde verdorben. Innigkeit bedeutet, das zu teilen, was für eure Seele etwas sehr Wertvolles und Geheimnisvolles ist – das, Freunde, ist „keine Rückwärtsrolle im Heu."

Wir haben wirklich sehr oft – homosexuelle „Liebe" und homosexuelles „Verhalten" diskutiert. Der Akt der Sodomie ist ein rein lustvoller und schmerzhafter Akt – rein lustvoll. Für gleichgeschlechtliche „Liebe" benötigt man keinen „sexuellen" Kontakt – obgleich das auch sehr innig sein kann, denn es gibt nichts höher genug zu schätzen als einen wahren Freund. „Liebe" heißt sicherlich nicht, Denjenigen, von dem ihr behauptet, ihn zu lieben und zu schätzen, mit einer Krankheit zu infizieren, die tödlich ist – AIDS.

Ich habe diese Krankheit nicht erfunden – das waren MENSCHEN! Ich habe nicht proklamiert, daß sie am Einfachsten unter Männern zu verbreiten ist, die Sodomie praktizieren und Blutvermischung über kontaminierte Drogennadeln. Das waren Menschen! Das sind die zwei hervorstechendsten Wege der Übertragung. Nach einer Weile kann man das jedoch vernachlässigen, denn wenn sie einmal in der Öffentlichkeit ist, verbreitet sie sich auf allen Wegen. DIE MENSCHEN WUSSTEN GENAU, WAS SIE TATEN, ALS SIE DIESES PROBLEM ABSICHTLICH ERSCHUFEN – MACHT GOTT NICHT VERANTWORTLICH DAFÜR!

„Bitte erklären Sie mir das Scheidungsgesetz und was aus Jemandem wie mir wird, die eine geschiedene Person geheiratet hat? Und was wird aus dem Mann, den ich heiratete und der geschieden war?"

Das soll jetzt nicht banal klingen – leben Sie glücklich weiter. Sie heirateten, ließen sich scheiden und heirateten wieder gemäß Ihren Herzen und den Gesetzen des Landes. Sie können nichts mehr daran ändern. Sie würden sicher nicht zurückkehren in eine zerstörende Situation, um sich um eine Richtigstellung von etwas zu bemühen, das zu allererst falsch war. Es wurde einfach so gemacht. Tun Sie das Beste nach Ihren Fähigkeiten, um eine „verantwortungsvolle" und „innige" Beziehung mit dem Ehemann zu führen, den Sie jetzt haben.

Es ist eine Tatsache, daß viele Ehen, die geschlossen wurden und das „Paar" diese Wahrheiten erkennt – trotzdem für Beide größtenteils falsch sind und sie werden niemals Frieden in ihren Beziehungen finden. Es werden auch immer noch viele Ehen durch die Landesgesetze aufgelöst, denn sie wurden an erster Stelle nicht wirklich in der Liebe zu Gott und der Schöpfung geschlossen.

Nun muß ich in der Zeit weiter zurückgehen zu dem Punkt, an dem diese Regeln das erste Mal „öffentlich" gemacht wurden. In jenen Tagen, zur Zeit von Jesus, war eine Frau, die geschieden werden sollte, völlig mittellos und hatte keinerlei Möglichkeit, sich selbst zu versorgen, geschweige denn die Kinder, denn der Mann ging einfach und verweigerte seine Verantwortung. Die Scheidungsgründe waren in den meisten Fällen die mangelnde Fähigkeit der Frau, einen Erben zu gebären oder der Genuß sexueller Vergnügungen mit einer anderen Frau. Und wieder, das totale Fehlen von Verantwortung für die Handlungen.

Es ist nicht die Scheidung, die notwendigerweise inkorrekt ist – es war der Mangel an Vorbereitung und Verantwortlichkeit in der ursprünglichen Heirat. Falsche Partner wurden ausgewählt, Ehen wurden falsch geschlossen und in den Jahrhunderten hat sich nichts geändert außer, daß es noch weniger Verantwortungsgefühl gab und die Methoden anders waren. Heute kann eine Frau besser für sich selbst sorgen – aber nicht, wenn sie Kinder hat und Männer wurden nicht dazu gemacht, Mütter zu sein und Frauen wurden nicht dazu gemacht, Väter zu sein. DIE MENSCHHEIT hat vergessen, daß es immer einen Grund für die zwei Geschlechter gab.

Noch einmal, es geht nicht darum, euch, die ihr eure Partner gewechselt habt, zu verdammen – Viele haben das sehr ehrenhaft gemacht. Etwas anderes ist jedoch die Tatsache, daß die Menschen über die Gesetze „abstimmen" und die Regeln ändern, wenn die Wahrheit aber die ist, daß ihr nicht über DIE GESETZE DER SCHÖPFUNG abstimmen könnt. Ihr könnt zwar eine Aktion mit den Augen eines Landes legalisieren – aber das macht sie in der Wahrheit noch lange nicht rechtens. Es entspricht sicherlich nicht meinem Wunsch, daß eine Person in der Hölle einer schlechten Beziehung lebt. Ich bin aber der Ansicht, daß, wenn ihr den „sexuellen" Aspekt und die „finanzielle" Verantwortung ordentlich handhaben würdet – die Scheidungsrate minimal wäre.

Und das, wiederum, soll euch nur darauf hinweisen, was falsch gelaufen ist, um euch zu der Unübersichtlichkeit, Überbevölkerung und Verwüstung des ökologischen Systems eines Planeten zu führen, der es nötig hat, wieder genährt zu werden. Wißt ihr, ob ihr das jetzt als Gefängnisplanet betrachtet oder nicht, er ist es – er ist es, denn ihr könnt von eurem Platz nicht weg – ihr als Menschen könnt nicht im Raum leben, noch könnt ihr zu anderen bewohnten Planeten reisen – die anderen Planeten, die ihr erreichen könntet, sind eurem Maß an Erfahrung alle überlegen und befinden sich selbst in der Reinigungsphase.

Ob euch die Gesetze gefallen oder nicht, es gab gute Gründe für die GESETZE DER SCHÖPFUNG, WIE SIE VOM SCHÖPFER GEMACHT WURDEN – euer Planet war dafür gedacht, etwa 500 Millionen Menschen mit ein paar mehr oder weniger zu ernähren – jetzt habt ihr etwas über 6 MILLIARDEN. Es interessiert mich nicht, was ihr von Verzicht und Fortpflanzungsregeln haltet – die Fakten stehen – und das hat euch platt gemacht. Die Menschheit hat aufgehört, den Akt als „Liebe" und „Erschaffung" zu sehen und benutzt ihn für Lust, Kontrolle und Macht – all das ohne eine verantwortliche Haltung dem Partner oder den damit hervorgerufenen Problemen gegenüber.

Gott sagt euch jetzt, was schief lief, so daß ihr ins Verstehen kommt in dem Maß, wie sich das Wort verbreitet, denn es wird eine Zeit des Neuaufbaus kommen und wenn ihr nicht bereit, willens und fähig seid, die gegebenen Gesetze zu befolgen – werdet ihr in der gleichen unsäglichen Katastrophe enden.

Dharma, jetzt wird es doch ein wenig lang, um es ohne Pause zu beenden und es scheint, als ob wir hier einen passenden Punkt dafür gefunden haben.

Ich bin meiner geschätzten kleinen D. sehr zu Dank verbunden, die wegen dieser Fragen viel nachgedacht und gebetet hat – sie wurden in eurem Namen nicht leichtfertig gestellt und ich habe versucht, sie in der gleichen ernsthaften und tiefen Hoffnung zu beantworten. DAS WICHTIGSTE – MERKT EUCH, WAS VORBEI IST, IST VORBEI – VIELES, WAS EUCH JETZT GESAGT WIRD, KOMMT, EHRLICH GESAGT, IM NACHHINEIN – KEINER HAT AM ANFANG WIRKLICH ZUGEHÖRT. JEDOCH SIND ALLE VON EUCH AUCH TÄTER GEWESEN, DENN DAS IST NUR EINMAL VON TAUSEND MAL HIER UND JETZT. DER VATER ZEIGT UNS, WO UNSERE ANTWORTEN UND HANDLUNGEN UNKORREKT WAREN UND WAS WIR WIEDER IN DIE HARMONIE ZURÜCKFÜHREN MÜSSEN, UM IN EINE NEUE, WUNDERBARE SCHWINGUNG ZU KOMMEN UND ES ZULASSEN, DASS DIESE PRACHTVOLLE SCHÖPFUNG HEILT UND WIEDER GEBOREN WIRD. SO SEI ES.

WOLLEN WIR ES FÜR DEN MOMENT DABEI BELASSEN UND WIR WERDEN DIE ÜBRIG GEBLIEBENEN ANFRAGEN EIN WENIG SPÄTER BEANTWORTEN. ADONAI.

SANANDA BLEIBT NEBEN DIR UND
ERWARTET DEINEN RUF

KAPITEL 10

Aufzeichnung Nr. 2 | ESU JESUS SANANDA

Donnerstag, 11. Januar 1990, 12.30 Uhr, Jahr 3, Tag 148

Sananda macht weiter. Danke.
Wir machen bitte mit der Beantwortung von DG's Fragen weiter.

„Warum muß ein Mann eine Zahlung in Silber oder …? als Sicherheit an die Frau leisten, die er heiraten wird, wenn sie doch im Geist dem Mann gleich ist? Ist es deshalb, weil sie seine Kinder gebären wird und sie deshalb seinen Schutz und seine Sicherheit benötigt?"

Ja, das ist teilweise richtig, aber es gibt auch andere Gründe. Vergeßt nicht, daß zu der Zeit, als speziell diese Schrift erstellt wurde – die Ehen normalerweise „arrangiert" wurden und eigentlich wurde von der Frau eine Mitgift für den Mann erwartet.

Bitte nehmt auch zur Kenntnis, daß der Preis auf der Basis von 100 Silberstücken pro Lebensjahr festgelegt wurde, unter Berücksichtigung ihres Wissens, ihrer Fähigkeiten und ihrer Kraft, vorausgesetzt, daß sie bei guter Gesundheit war. Auch wurde der Preis nicht als Kaufpreis betrachtet, sondern als *Sicherheit* für die Frau für den Fall des Eintretens von Umständen, die sie in eine Mangelsituation hätten bringen können. Außerdem wurde der Betrag bei einem *Vertrauensmann* hinterlegt, der ihren Besitz verwalten sollte.

Dies wäre also eine Summe für den Todesfall ihres Mannes gewesen, oder wenn er auf andere Weise abwesend gewesen wäre und relativ gesehen – das war, was ihr heute eine Versicherung nennt. Zu jener Zeit verstand es sich auch von selbst – daß zusätzliche Mittel für jedes während der Ehe geborene Kind zur Seite gelegt wurden. Das wurde einzig und allein aus Gründen der Sicherheit und „Verantwortung" als Rückhalt so gehandhabt.

Alle Arten von groben Trugschlüssen wurden aus diesen Regeln geboren. Zum Beispiel wurde später herumgeträumt, daß ein Bruder seines Bruders Witwe ehelichen und tatsächlich Kinder „für seinen Bruder" zeugen sollte. FALSCH! Das scheint mir ein ziemlich miserabler Vorwand dafür zu sein, um das zu bekommen, was ausschließlich Sache der Frau ist, nämlich auf die Sicherheitszahlung von seiten des Bruders zu verzichten. Erkennt ihr, wie die Menschen mit allem Wertvollen manipulieren und alles so umschreiben, damit es für sie von Vorteil ist? Der logische Gedanke und die Tatsache ist aber, daß niemand so etwas wie – ein Kind „für" jemand Anderen haben kann.

Grundsätzlich wurde deshalb in etwa der Wert und die Lebensjahre der Frau bei ihrer Eheschließung genommen und so abgeschätzt, daß sie noch einmal die gleiche Anzahl Lebensjahre verbringen konnte, wenn ihr Mann sich innerhalb dieser Zeitspanne von ihr trennte oder innerhalb dieser Zeit wieder heiratete, usw. Und noch einmal – es geht um Verantwortungsgefühl und das Bekunden von Respekt gegenüber der Ebenbürtigkeit der Versorgung, obgleich es unterschiedliche Arten der Versorgung sind.

„Da viele von uns sich auf diesem Planeten durch diese oder andere Vergehen gegen die Gesetze der Schöpfung versündigt haben, wie kann uns die Schöpfung vergeben? Und wie werden wir wieder ‚aufgerichtet'?"

Ihr bewegt euch vom „Jetzt" an vorwärts. Es wird nicht erwartet, daß ihr mit den Fingern schnippt und alles wird sich verändert haben und ihr seid in der Vollkommenheit angekommen. Durch die einfache Hinwendung zur und Achtsamkeit für die Korrektur habt ihr bereits „Vergebung" erlangt. Aber der Ausdruck ist auch nicht ganz korrekt, denn als solches gibt es eigentlich nichts zu „vergeben". Ihr habt einfach Fehler gemacht – was eigentlich das Wort „Sünde" schon alles beinhaltet – das Fehlen der Vollkommenheit. Außerdem fehlt allen Menschheitssünden aller Menschen die Fähigkeit zur absoluten Vollkommenheit.

Wenn ihr Niemanden bewußt verletzt habt – geht einfach eurer Wege, sitzt nicht da und erträumt euch mögliche Verletzungen, um euch selbst zu bestrafen. Selbstbestrafung ist die Schlechteste aller Unternehmungen, denn ihr werdet euch am Ende selbst zu hart verurteilen. Überlaßt wichtige Beurteilungen euch selbst und Gott, wenn der Jüngste Tag kommt. Ihr werdet es selbst wissen, ob ihr absichtlich und vorsätzlich Jemanden geschädigt habt. *Der wichtigste Punkt der Veränderung ist, mit dem Lamentieren über alles aufzuhören, was getan und vorbei ist und nehmt euch das vor, was ihr ändern könnt und geht weiter. Wenn etwas nicht mehr geändert werden kann, seid weise genug, es zurückzulassen.*

„Zerstört die Schöpfung irgendetwas, was sie erschaffen hat? Ich beziehe mich auf die Bösen des Satan, ich meine, was wird aus Denen, die sich entschieden haben, den ‚dunklen' Weg zu gehen?"

Nein! Und das ist ein für die Menschheit wirklich unglücklicher Punkt – die Tatsache der Reinkarnation, die aus euren Heiligen Unterweisungen entfernt wurde. Durch das Entfernen von Wort und Wissen darüber – habt ihr genau und an erster Stelle den Erfahrungsfall ausgelöscht. Glaubt mir, Chelas, das stand in allen Heiligen Schriften und wurde vorsätzlich daraus entfernt, um die Kontrolle einer Gruppe über eine Andere aufrecht zu erhalten. Ich werde das ausführlich in einem zukünftigen Journal behandeln.

Physisch gesehen ist die körperliche Erfahrung auf der dreidimensionalen Ebene ein „Spiel", in dem ihr gehalten seid, all seine Möglichkeiten auszuschöpfen. Eure Seele wird geboren und wächst und reift durch die Erfahrungen, sowohl in der derzeitigen Dichte als auch auf höheren Ebenen, um wieder in die umfassende Perfektion der Göttlichkeit hineinzuwachsen und EINS mit dem Schöpfer zu werden.

Jeder Augenblick der Inkarnation des Christus war ein Geschenk, das euch beweisen sollte, daß es keinen Tod der Seele gibt, sondern

Fülle und Fortbestand des wirklichen LEBENS. Die Christusenergie im Menschsein soll Erfahrungen machen und zeigen, daß ein Mensch die Gesetze Gottes und der Schöpfung unter allen Umständen wirklich leben kann und in diesem Tun auch Ausgeglichenheit und Barmherzigkeit in eine sehr dumpfe und heruntergekommene Existenz bringen kann. Es ist dazu noch selbstherrlich und elitär, zu proklamieren, daß Gott nur EINEN gesandt hätte. Man würde selbst in Zeiten, in denen die Welt in einer Sackgasse steckt und nicht mehr tiefer in Übel und Angst versinken kann, immer wieder da sein, um die Orientierung in Richtung Wahrheit aufzuzeigen, und wieder das WORT präsentieren und alles für diese Zeit Passende und den Umständen entsprechend Notwendige tun, um die Menschheit an ihre Wahrheit, ihren Sinn und die Gesetze zu erinnern und wie sie danach leben soll. Ihr seht, wenn die Menschheit zuzeiten Jesu umgekehrt und sich den Gesetzen der Schöpfung zugewandt hätte, hättet ihr es geschafft, eurem sinkenden Planeten wieder Balance zu bringen. Die Menschheit befand sich in einem verzweifelten Engpaß, aber der Planet hätte, wenigstens was Bevölkerung und Ökologie betrifft, in Balance bleiben und seine eigenen Krankheiten wieder ausmerzen können. Die Menschheit ist einfach weitergewachsen, während sich ihre eigene Balance und ihre Sorgfalt gegenüber allem Leben auf allen Ebenen immer mehr verringerte. Deshalb werdet ihr ab einem bestimmten Punkt eurer Selbstzerstörung überlassen. Das bedeutet nicht totale „Zerstörung", denn lebende Seelenenergie wird niemals zerstört.

Nun möchte ich Diejenigen unter euch an etwas erinnern, das privat über Fragen und Antworten von Hatonn an TD gegeben wurde und auch ein paar Punkte mit Denjenigen klären, die das nicht wissen.

Als Luzifer, der eine bevorzugte und prachtvolle Schöpfung Gottes war, als Anführer der Ebenen der Erzengel aus der Präsenz Gottes ausgestoßen wurde – „um sich zu entwickeln" – nahm er seine Anhänger mit sich und rannte wie wild durch das ganze Universum – wobei er die Orte, die sie bewohnten, in Fetzen riß. Tatsächlich mußte die Erde selbst wieder „kulturfähig" gemacht werden, um sie für Neuschöpfungen bewohnbar zu machen. Die Erde war auch der Ort, wohin Satan verbannt wurde (der Name Luzifer wurde von Gott in Satan verändert). Luzifer bedeutet heller und strahlender Morgenstern – die großartigste Perfektion. Als das Übel eintrat, konnte er offensichtlich dieses Zeichen nicht mehr um seinen Hals tragen.

Luzifer forderte Gott heraus und wurde aus der Präsenz Gottes herausgenommen, um seinen Weg zu ändern. Horden von Engeln gingen mit ihm. Später, nachdem er daran gescheitert war, seinen Weg zu ändern oder einen anderen Platz einzunehmen, forderte er Gott noch einmal heraus und dieses Mal wurde er in einer Konfrontation mit dem Erzengel Michael „niedergezwungen" und besiegt. Die Worte „niedergezwungen" und „gefallen" geben nicht die räumliche Richtung an, sondern bedeuten eher „aus der Gnade gefallen". Er wurde auf die Erde und auf andere Planeten mit der gleichen Dichte geschickt, wo er die Balance zerstörte und eine Katastrophe nach der anderen über die Völker brachte. Tatsache ist, daß er und seine Gangstergang erst in das Sternbild Orion gingen, bevor sie auf die Erde kamen. Genau wie in eurem Sonnensystem nicht jeder Planet wie die Erde ist – sind auch im Orion nicht alle Planeten und Orte wie der Orion. In diesem Sternbild gibt es immer noch Orte, die total übel sind. Sie [A.d.Ü.: Satan und Konsorten] sind jedoch, praktischerweise – Gefangene des Planeten, wenn nicht wenigstens der Konstellation. Da man sich wieder an die Technologie erinnert und sie ausbaut, vergrößern sich auch die Reisemöglichkeiten und es werden Kolonien gegründet und so beginnen die Zyklen immer wieder von vorne.

Es gibt immer die „Gelegenheit" zur Veränderung und die Rückkehr in die Herde des Schöpfers.

Satan und seine Gangstergangs suchten alle neuen Kolonien heim und verursachten unsägliche Zerstörung. Sie zerstörten die Lebensformen auf Venus und Mars, als sie auf ihrem Weg durch die Galaxie waren. Darum auch die Abspaltung oder die Anerkennung der Rassen der „Reptilien". Ihr sprecht über eine unsichtbare Ebene und das Reptil ist der Repräsentant der „dunklen" Kräfte. Darum ist in eurer neueren Mythologie Venus auch der „Planet der Liebe", denn sie existiert noch in ihrem vierdimensionalen Status der „Rechtschaffenheit".

Der Schöpfer sorgt immer für ein „Wiedereintrittsverbot", das das Böse während der Erholungsphase eines Ortes für eine gewisse Zeit fern hält. Danach werden satanische Einflüsse wieder erlaubt – als Bewährungsprobe, wenn ihr so wollt. Die, die den dunklen Weg beschritten haben, bekommen die Gelegenheit, wieder Erfahrungen zu sammeln und werden – hoffentlich – ihre Wege verändern. Und seht her, ihr Alle seid auch einmal in diesen Schuhen gegangen. NUN, WAS WOLLT IHR MACHEN? SEIN ODER NICHT SEIN IST DIE FRAGE!

Denen, die in der „Dunkelheit" leben, wird die Wahrheit und Fähigkeit zur „Veränderung" gegeben. Sollten sie sich entscheiden, die satanischen Wege weiter zu beschreiten, werden sie den Konsequenzen überlassen und so, wie die Seelen erscheinen, werden sie wieder in Dimensionen verbracht, die ihrer Entwicklungsstufe entsprechen. Den Übelsten wird es überlassen, sich in der „Leere" zum Ausdruck zu bringen – *in der Abwesenheit von Licht, was tatsächlich Fehlen von Weisheit und Wissen bedeutet.* Egal wie, der Planet wird gründlich von Lebensformen gereinigt und die Energien gehen dorthin, wo sie ein für sie passendes Umfeld haben. Satan ist geknebelt (abgehalten davon, sich einzumischen) bei Denen, die bleiben – der Planet verändert sich und die Heilung beginnt. Die höheren Wesen des Planeten und seine weiterentwickelten Wesen gehen in eine höhere Dimension ein, das niedere Selbst (der Körper – wie ihr das sehen mögt) wird für die Rückgewinnung zurückgelassen, die versunkenen Kontinente steigen auf und der alte Kontinent geht ins Recycling.

Der finale Zusammenstoß kommt, denn Satan ist ein „schlechter Verlierer"! „Wenn ich das nicht haben kann, soll es keiner haben". An diesem Punkt muß das gestoppt werden, sonst würde er sicherlich die komplette manifestierte „Bühne" zerstören und das Spiel wäre beendet, denn die Auswirkungen eines explodierten Planeten im Universum würden auch eure Nachbarn verwüsten.

Während ihr mittendrin in den „Erfahrungen" der Manifestation steckt, gibt es keinen Weg für euch, die „Illusion von Erfahrung" wirklich zu verstehen. Der Schöpfer hat das auf diese Weise gestaltet, damit ihr eure Erfahrungen macht und lernt, mit Wahrheit umzugehen. Ich erinnere euch daran, die astralen Ebenen sind sehr widerwärtig – ihr könnt euch keine Vorstellung davon machen, was „langweilig" wirklich ist, wenn ihr euch nicht an eure Erfahrungen erinnern könnt. Ihr müßt einen langen, langen Weg die Leiter hinaufsteigen, um wieder Auswahlmöglichkeiten usw. zu bekommen. *Es ist sicherlich angebracht, daß ihr jetzt Aufmerksamkeit walten laßt und euch dann geradeaus auf die Heimreise begebt.* Es ist ein echter Verlust, wenn eine höhere Seele an die Körperlichkeit verloren geht, denn bei der nächsten „Abreise" gibt es dann erhebliche Verwirrung. Und zwar deshalb, weil eine Seele sich nicht wirklich rückwärts entwickelt, aber sie kann dann auf eine Nebenstraße gesetzt werden.

Segen über euch, die ihr verstehen wollt – ganz besonders, da ihr auf eurem Weg Andere nicht irreführt mit fehlerhaften Antworten. Es geht hier um Verantwortung – nicht daß ihr sie für Andere tragt, sondern daß ihr euch verantwortlich fühlt – ganz besonders, wenn ihr das WORT verbreitet. Es braucht „Zeit", um unterscheiden zu können und dabei geht es nicht darum, daß ihr eure eigenen Antworten nicht ausknobeln könntet, sondern daß ihr einfach die Bestätigung für eure eigenen Antworten bekommen müßt und ein wenig Einblick habt dort, wo die Antworten noch vernebelt sind. Ihr, die ihr zu diesen Zeiten sehr eng mit uns zusammenarbeitet, „steht mit einem Fuß fest in der irdischen Realität und mit dem Anderen irgendwo auf der kosmischen Ebene." Außerdem ist das eine sehr schmerzhafte Situation – auf keinen Fall ist es die wundersame Abspaltung von weltlicher Sorgfaltspflicht – es ist mehr Verantwortung, drückende Visionen und lange, harte Arbeitsstunden. Wie es Little Crow sagte, „durch das Wissen gewinnst du gar nichts, außer unruhige, schlaflose Nächte und eine wirklich schwere Last an Verantwortung." Aber es wird euch innerer Frieden zuteil werden, der alles um euch herum weit übersteigt – er wird nicht die Zweifel beseitigen, nicht die Sorgen, die Frustrationen, die Sehnsucht usw., *aber ihr werdet an einem bestimmten Punkt den Frieden in euch bemerken.* Ihr werdet euch nach den „alten Zeiten" sehnen, als es OK war, die neuen, schönen Möbel und die hübschen Kleider zu haben – dann laßt es euch gut gehen und habt das weiterhin. Das soll dem Menschen zeigen, daß es auch wundersam und beglückend sein kann, wenn man im Licht steht.

So, wie sich die innere Zufriedenheit einstellt, kommt auch die Veränderung in den täglichen Wertigkeiten und Dinge, „die einmal wichtig" waren, haben überhaupt keine Bedeutung mehr. Laßt das zu und kämpft nicht dagegen an oder tretet euch bei jeder Wegbiegung oder Entscheidung in eure Rückseite. *IHR SEID HU-MAN – DAS BEDEUTET HÖHERE UNIVERSELLE MENSCHEN –* ES IST EINFACH NUR AN DER ZEIT, DASS IHR EUCH DARAN ERINNERT.

Ihr werdet alle unsäglich viele Zeitspannen haben, in denen ihr urteilt, euch beschwert und euch total miserabel fühlt – das heißt aber nicht, daß der folgende Tag auch verloren ist. Es bedeutet nur, daß ihr wachst und daß ihr eure Frustrationen über euer Menschsein ausdrückt.

Ihr müßt euch über die „Angst" erheben – was aber nicht bedeutet, daß ihr zu manchen Zeiten nicht komplett von Terror und heilsamer Furcht aufgefressen werdet. Das können sehr gute Warnhinweise sein – aber ihr müßt über die „Angst" hinauswachsen, denn „Angst" ist die zerstörerischste und schwächendste Emotion – noch schlimmer als „Haß". Angst lähmt. Die Basis aller Tatenlosigkeit ist Angstmotivation und Angst kann in der Anwesenheit von Liebe nicht überleben.

Aus diesem Grund solltet ihr, *wenn ihr euren „Raum" klärt und im Namen der Göttlichen Quelle das Dunkle auffordert, sich zurückzuziehen – euren Anruf in „Liebe" tätigen und damit die einzige Waffe der „dunklen Kräfte" entfernen, die sie haben, um euch ruhigzustellen.* Respektiert die Negativität, aber schwelgt nicht darin.

Es ist für euch Geschätzten unmöglich, eure Köpfe zu erheben, um um euch herum zu schauen, zu sehen, was IST und gleichzeitig damit aufzuhören, eure Köpfe wieder in den Sand zu stecken. Es ist wirklich ein Durcheinander – ein heilloses Durcheinander, und ihr habt erst einmal den Eindruck, daß ihr Diejenigen seid, die aus dem Takt gekommen sind. Aber HÖRT – HÖRT WIRKLICH dem zu, was Andere euch entgegenschleudern in „einem vernünftigen und autoritären Ton" und prüft das auf Richtigkeit. Wenn zum Beispiel jemand sagt „nun, ich bin der alleinige und einzige Channel für ...." (und dann kommt eine der großen Energien, sagen wir, einer der mächtigen Cohans oder Erzengelwesen), *akzeptiert seine Meinung und geht eurer Wege*. Gott würde ein Wesen *niemals* bitten, die Last der Erde alleine zu tragen, noch würde er den Kindern auf der anderen Seite des Planeten den Zugang zur Wahrheit versperren. Das heißt nicht, daß dieser Redner nicht eine große Wahrheit mitzuteilen hätte, es heißt lediglich, daß das physische Ego den Plan betreten hat.

Ich kann die eben abgegebene Aussage durch ein Beispiel untermauern. Wenn Dharma meine einzige Schreiberin wäre, würde ich sie nie mit einer solchen Aussage belasten – NIEMALS! Aussagen gegenteiliger Natur sollen euch nur davon abhalten, euch gegenseitig anzuhören. Zum Beispiel interessiert es Dharma überhaupt nicht, ob ihr alles aus jedem Munde auf dem Planeten lest oder hört – auf lange Sicht gesehen, ist ihre Wahrheit „die Wahrheit" und zu Manchen wird sie passen, zu Anderen nicht. Wehe denen, die ihre Fans in einer Lüge gefangen halten.

Viele „Gruppen" und Lehren können dieser Wahrheit hier kaum das Wasser reichen und ehrlich gesagt, die Meisten können es nicht. Statt sich anzupassen und damit die Unterstützung zu erhöhen, setzen sie jedoch darauf, sie in Verruf zu bringen. *Ihr dürft einfach nicht aufgeben.* Für Dharma ist das sehr hart, denn sie liebt all diese und möchte auch ihre Erfahrungen teilen. Sie fragt immer, ob wir Widerspruch bekommen und sie muß aber auch *die Wahrheit suchen und ihr werdet die Wahrheit erkennen.*

Alle Aufklärer haben großartige Arbeit geleistet, werden aber höchst suspekt, wenn sie Angst haben, ihre Anhänger und Leser mit Anderen zu teilen, weil sie die Brandmarke auf ihren Aussagen fürchten. Wenn ihr wißt, daß eure Wahrheit die Wahrheit ist – seid ihr doch sehr glücklich darüber, wenn ihr sie mit allen teilen könnt, die sie hören wollen. Sie ist auch ein wunderbares Werkzeug für die Auslese. *Wenn ein „Channel" sich aus irgend einem Grund weigert, in einer Gruppe seinen/ihren „energetischen Kontakt" mit dem „energetischen Kontakt" eines anderen Mediums kommunizieren zu lassen, HABT IHR EINEN RICHTIGEN FALSCHEN PROPHETEN BEI DER HAND!* Ihr werdet keinen finden, der diesen Weg ohne zu zögern geht, mit irgendeiner „unsichtbaren" Energieform in Konfrontation oder Kommunikation zu gehen. Lernt Unterscheidungsvermögen, Chelas, denn das sind die Anhaltspunkte, die ihr sucht. Ich kann euch viele Beispiele in diesem Zusammenhang geben. Es mag auf der menschlichen Seite an der Fähigkeit des Erkennens mangeln, aber NIEMALS auf der Seite der Energiequelle.

Ich erinnere mich an einen sehr unangenehmen Tag, als es zu einer großen Konfrontation mit Hatonn kam, als ein Anwesender für Morya sprach. Die menschliche Entität bemerkte nicht, daß Aton das Terrain übernahm, aber Morya bemerkte es und sagte „danke Vater, für die sehr notwendige und liebevolle Lektion." Hatonn wurde von Darryl Anka nicht erkannt, aber höchstwahrscheinlich von Bashar und es gab eine Riesendiskussion. Sehr oft wird das teilnehmende „Medium" in totale Verwirrtheit gestürzt, wenn es aus sich selbst heraus spricht, und die Fassade bröckelt sichtbar.

Die höheren Energien sind sehr nachsichtig bei Denjenigen, deren Gruppen zu großen Organisationen gewachsen sind, denn was hat der „wertvolle" Channel zu tun? Wer wird die Rechnungen für alle „Organisatoren" bezahlen, wenn „die Energie" bei einem Seminar nicht auftaucht? Ist so etwas passiert? Tausende von Malen und das kleine „Channel" tut sein/ihr Bestes, das alles durchzuziehen und Niemanden zu enttäuschen. Nach einer Weile ist sie/er nicht mehr mit „business" belastet und zum Schluß wird das gesamte Paket durch das Böse zerstört – das ist das Muster, nicht die Ausnahme. Für diese „Channeler" ist das äußerst schwierig, und ursprünglich war darin keine „Sünde" zu erkennen. Obgleich es in vielen Fällen von Anfang an ein Schwindel war. Vergeudet eure Zeit nicht damit, euch darüber Gedanken zu machen, denn *die Wahrheit kommt ans Licht und das Böse wird sich selbst verschlingen. Gegendarstellungen von solchen Gruppen können uns in unserer Arbeit nur unterstützen.*

Die Menschen sind wißbegierig über alles, was verdammt, verbannt und zensiert wird und werden eifrig suchen, um alles über diese Tatsachen herauszufinden – laßt euch niemals von denen in Streß versetzen, die mit Steinen werfen, besonders nicht aus den öffentlichen Medien usw., denn sie tun euch einen großen Gefallen. Wir sprechen die Wahrheit aus und ihr habt null zu befürchten, denn es ist beabsichtigt, daß sie Augen und Ohren findet.

Es mag nicht das sein, was Manche zu hören „wünschen", aber es wird die Wahrheit sein und die Herzen der Menschen sollen es wissen! So sei es und Selah!

Dharma, bring das bitte zum Abschluß, denn es gibt Fragen an Hatonn und ich habe viel gesagt. Ich wünsche, ich habe mehr Frieden als Verwirrung gebracht, denn es ist meine Absicht, für Verstehen zu sorgen und nicht für weiteres Unbehagen.

Ich trete beiseite, bleibe aber immer in deinem Dienst.

ICH BIN SANANDA – ESU JESUS JMMANUEL

KAPITEL 11

Aufzeichnung Nr. 1 | GYEORGOS CERES HATONN

Dienstag, 18. Januar 1990, 8.00 Uhr, Jahr 3, Tag 155

Hatonn hier, um mit Denen zu kommunizieren, die um Antwort gebeten haben. Danke euch. Ich hoffe doch, daß ihr dieses Schriftstück mit Mehreren teilt, da wir uns um Antworten bemühen, die „allgemeingültig" sind.

Zuerst an PY und MB – Aton hat alles erhalten und versteht; *für viele naht die Zeit. Eine Umsiedlung von Einigen könnte nötig werden, aber denkt nicht darüber nach und sorgt euch im Moment auch nicht darum.* Ich sehe, daß wir jetzt mit der Herausgabe einer Übersicht in einen Kreislauf geraten sind, der mehr Einsatz erfordert. Das wird auch erklären, warum jetzt die Zeit noch nicht da ist, in euren derzeitigen Lebensumständen herumzurühren, zu poltern oder es brodeln zu lassen. Wir strecken noch immer „unsere Hand aus, um Manche zu berühren". Wollen wir das den ersten „Ruf des Phönix" von 347 nennen. Wir kichern darüber, denn ihr werdet das Malzeichen auf eurer Stirn wahrnehmen – Gott hat nie gesagt, daß es außen drauf steht! Die Erkenntnisse erwischen euch irgendwo zwischen euren Augen, wenn Ohren und Augen als Antwort auf den Schubs in den Fokus treten. *Ihr seid die Erdung der Energien.* Auch dann, wenn ihr nicht herumlauft, Bäume umarmt und alles „erdet" – ihr dient tatsächlich als Erdungs"punkt", an dem Positiv zu Negativ wird und dann in seiner Umkehrung wieder zur Quelle zurückfindet.

Stellt euch Aton (Gott, Zentralsonne, Quelle – egal was) als die große „Mutterstation", als Transformator im Himmel vor. Ihr seid die kleinen Trafo-Häuschen, die überall stehen. Stellt euch dazu Milliarden „Glasfasern" vor, die in alle Richtungen verlaufen und irgendwo durch irgendetwas geerdet werden. Das sind die Lebenskreisläufe und Einige von euch haben überall Nebenstellen – die durch größere Nebenstellen verbunden sind (Hatonn, Sananda – Silver Ray, Wakan Tanka –), aber immer wieder zurück ins Büro kommen! Manche haben sich vom Kreislauf so weit entfernt, daß sie praktisch keine Rückkehrmöglichkeit mehr zum Brennpunkt haben, aber eine Verschlechterung des Kreislaufs WIRD VON ATON NIEMALS HERBEIGEFÜHRT.

Ich habe meinen Grund, warum ich in Parabeln spreche, denn ich denke, es macht es euch leichter zu erkennen, was als Nächstes kommt. *Seht, an irgendeinem Punkt eurer Erfahrung seid ihr als „gefallene" Engel in diese massive Dichte gekommen, um eure Erfahrungen zu machen. Durch euer Wachstum werdet ihr zu Lehrern und aus Gründen, die eure Aufnahmefähigkeit weit übersteigen, kehrt ihr zurück – und dieses Mal, um dafür zu sorgen, daß „der Phönix" in Glanz und Herrlichkeit wieder aufersteht. Ihr befindet euch in der Zeit, in der man den Phönix kreuzigt. Sein Sterben – ist der Todeskampf einer außer Kontrolle geratenen Welt im Kali Yuga (Zeit des totalen Chaos).*

Wir verarbeiten viele Werke, die man euch als Menschheit bereits präsentiert hat und bringen einfach die Wahrheit daraus nochmal in eure Aufmerksamkeit. Wir haben festgestellt, daß ein Buch, welches bereits vor einer Weile geschrieben wurde, nicht noch einmal gelesen wird, ganz egal, wie erstaunlich es auch gewesen sein mag – die Menschheit will es neu erzählt haben und vielleicht etwas anders dargestellt. Wenn ihr alle hingehen würdet und das Buch von Antony Sutton über Skull and Bones lesen würdet, oder die Werke von Gary North oder die von Ron Paul und, und und – aber das macht ihr nicht, also produzieren und produzieren wir und beschäftigen Dharma. Unser Anliegen ist es, das alles als ein Set von Gedächtnisstützen zusammenzustellen, so daß ihr beim Aufschlagen sofort die bestätigte Wahrheit habt – dann können wir loslegen wie eure sprichwörtliche Rakete.

Jedoch ist das auch der Grund dafür, warum wir in Rätseln sprechen und bei der Beantwortung eurer Fragen, die für unsere „Feinde" nicht passend sind und die sie weder hören noch sehen sollen, nachlassen, da wir unter Dauerbeobachtung sind.

Ja, natürlich, die Herren Tesla, Russell usw. werden genau informiert über alle laufenden, maßgeblichen Geräte und Prozesse auf eurer Erdkugel. Aus diesem Grund bekommen nur ein oder zwei Ausgewählte solche zielgerichteten Informationen und Besuche – daß ihr daran erkennt, *wie wichtig euer eigener Beitrag ist, der als Gesamtes in der Regel vor euch verborgen bleibt, damit ihr für die Hauptausrichtung verfügbar bleibt.* Mr. Tesla schickt eine Antwort auf eine gestellte Frage: „*Ja, die Erde ist grundsätzlich die Erdung für alle Energie und der beste Weg, drahtlose Energie zu senden ist, die Erde selbst als Medium zu nutzen.* Es ist sehr schade, daß soviel des mineralischen und flüssigen Lebensstroms der Erde verlagert wird, aber ihr werdet, bevor dieser Vorhang fällt, ein neues Medium haben, mit dem ihr arbeiten könnt."

„Da ist noch etwas, worauf ich eure Aufmerksamkeit lenken möchte, bitte. *Wir werden ein kleines Gerät bauen, das von der Basis her wie Windkraftmaschinen funktioniert und die ungenutzten Energien dieser Maschinen wieder verwendet.* Es wird auch jemand an die Öffentlichkeit treten, der theoretische Dokumentationen verbreitet, die ihm von ‚Silver Ray' vor etwa zwei Jahren gegeben wurden und die bei dem Konzept für Energieproduktion von Nutzen sein werden. Wenn einige von euch daran teilnehmen wollen, werden wir euch die Spieler bekannt geben. Wir können nicht einfach so die Lösungen an euch geben, denn sie würden niemals genehmigt werden – es wird der genaue Zeitpunkt kommen, an dem sie in Sicherheit an die Öffentlichkeit kommen können. Es ist wirklich traurig, daß es auf diese Weise passieren muß, aber es ist für euch eine erfahrungsreiche und höchst interessante Herausforderung – *ihr müßt immer daran denken, daß alles einen Erfahrungswert besitzt und genießt das, was ihr seid oder nicht seid, denn ihr könnt auch Spaß daran haben.* Ich werde in Kürze eine Diskussionsrunde bei den „Basis"-Vereinigungen dazu starten, aber heute muß ich in der Warteschlange bleiben. Danke Dharma, Tesla meldet sich ab."

Oberli, mach ein Tonband von Silver Rays Botschaft und vielleicht fügst du auch Ashtars direkte Botschaft an Dharma dazu und laß alles an GG, GWM und JB schicken. Es ist an der Zeit, daß sie auch in die

Originalkontakte eingeweiht werden. Wir haben diese lange Zeit wirklich gebraucht, um Dharmas Training an diesen aufnahmebereiten Punkt zu bringen und ich danke euch, daß ihr das bei dieser Schreiberin anerkennt, denn wir freuen uns auch sehr darüber und sind viel schneller vorwärts gekommen, als wir gehofft haben und sie ist aufgeblüht wie ein Lotus und hat manchmal 24-Stunden-Schichten mit dem Stift oder der Tastatur gemacht, um dann später bei Tonaufnahmen auch noch präsent zu sein. Das bedeutet jedoch auch, daß alle ihre Mitarbeiter ihre Zeit auch für den Vertrieb verdoppeln mußten. Es war ein langer, langer, harter Weg, aber wir erfreuen uns wirklich an den Ergebnissen, die SICH ZEIGEN – SELBST IM AUSLAND WECKT ES DIE SCHLAFENDEN TÄUBCHEN AUF. SEID GESEGNET, IHR GESCHÄTZTEN BRÜDER, UND IHR WERDET NOCH MEHR DANKBARKEIT ERFAHREN, DA IHR EUCH DURCH DIE JAHRE GEKÄMPFT HABT BIS ZUM DURCHBRUCH.

PY & MB – macht euch keine Gedanken über die Antworten aus Sedona. Laßt mich das erklären, bitte. Wenn ihr einen Wirbel mit so hoch aktiven Leuten habt und sie beginnen, zu verstehen – werden die satanischen Elemente alle Kräfte mobilisieren – meistens, um „Erfahrungen zu sammeln", „zu sein" und nach kleingeistigen Menschen zu suchen. Ihr alle habt erst in die Erkenntnis hineinwachsen müssen. Sobald Aufmerksamkeit und die nötigen Geldmittel versiegen und die „Masche" nicht mehr zieht, erheben sich die echten Lichtarbeiter wie ein Schmetterling. Die Anderen fallen weg oder versuchen, eure Bemühungen zunichte zu machen, sobald sie die Wahrheit der Situation erkennen. Genau das ist passiert mit denen „im Gatehouse" – die Bruderschaft hat diesen Ort wie einen Kokon umgeben und der kleine Lichtschein innen kann die Mengen nicht mehr erreichen, obwohl es ihr Geburtsrecht ist.

Wir haben „DIE NEW AGE BEWEGUNG" als die tödlichste Bewegung bezeichnet, die eure Welt jemals gesehen hat, genauso wie die orthodoxen Theologien. „Die Bewegung" wird genauso in höchstem Maße kontrolliert und korrumpiert, nur um das zu erreichen was sie sollte – ein Hineinfallen in Mystizismus, Magie und Tatenlosigkeit. In der Bemühung, „urteilsfrei" zu werden, hat der Mensch dummerweise auch sein Urteilsvermögen verloren. Ihr „Sucher" seid der Köder und landet als Beute vor den Füßen des Tieres. Es gibt Hunderte von Orten, die bis zum Überlaufen angefüllt sind mit Suchenden, die in die Falle der Dunkelheit in diesen satanischen Mistbeeten geraten sind. Dies ist ein Grund, warum der Ort in der Region hier ziemlich unbekannt ist und so soll es auch bleiben. Viele hatten sich vorgenommen, hier zu bleiben, wurden aber gedrängt, anderswo hinzugehen, um die Energien von dieser Zuflucht hier wegzunehmen. Die geliebte kleine Schwester ist die Wichtigste – sie und ihre Anhänger hatten an diesem Ort Einrichtungen erstellen wollen und wir haben sie aufgefordert, in der Zwischenzeit woanders hinzugehen – das Training für diese Schreiberin wäre mit Denjenigen, die an der Schwester hängen, ganz unmöglich gewesen. Oh ja, man kann das satanische Biest an der Nase herumführen – deshalb auch der „Drogenkrieg" – das Übel hat sich gegen das üble Wetteifern um Güter erhoben und in Gier und Despotismus die Hackordnung nicht eingehalten. WIR MÜSSEN DARAUF VORBEREITET SEIN, DIE EINZELTEILE AUFZUSAMMELN UND DIE LEIDENDEN ZU HEILEN, WENN SICH DIE NEBELSCHWADEN LICHTEN UND DIE SCHLANGE SICH SELBST VERZEHRT – WIR MÜSSEN MIT EINER VORBILDLICH FUNKTIONIERENDEN GESELLSCHAFT VORBEREITET SEIN – AUCH WENN SIE KLEIN IST – UND VORBEREITUNGEN GETROFFEN HABEN, DAS WINZIGE QUETZAL ZU NÄHREN, WENN ES AUS DER ASCHE GEBOREN WIRD. OH JA, DAS KÖNNEN WIR SICHER MACHEN. *WENN DIE FAMILIE IN ALARMBEREITSCHAFT UND BEREIT IST, KANN DER BAU BEGINNEN UND IHR WERDET DAS HABEN, WAS IHR BRAUCHT UND IHR WERDET WIE EIN FLÄCHENBRAND WÜTEN.* [A.d.Ü.: Quetzal bedeutet Symbol, hier „Q" und in „Quetzalcoatl" auch die Gefiederte Schlange der Mayas.]

Ich möchte diese Botschaft bitte zu GWM geschickt haben. Aber wir werden seine Korrespondenz gesondert beantworten, weil sie höchst vertrauliches Material beinhaltet. Aber wir möchten unbedingt, daß er weiß, daß wir es erhalten haben und daß wir darüber nachdenken, wie wir am Besten antworten.

Zur Zeit gibt es KEINEN EINZIGEN WEG, irgendwelche irdische Technik vor den dunklen Kräften zu schützen und mit den neuesten Satelliten, die in Stellung sind, ist es auch der Mühe nicht wert. So, wie wir hier weitermachen, ist es wirklich sehr praktikabel. Zuerst müssen wir eine Glaubwürdigkeit aufbauen, dann die Vision aus Sipapu Odyssey verbreiten, bei der offensichtlich auch der Christos mitgewirkt hat. Dann können wir in aller Öffentlichkeit unsere eigenen Kreisläufe kontrollieren und die Grauen Biester werden feststellen, daß sie nicht alles „auf ihre Art" haben können. *Die USA sind alles andere als verloren, wenn ihr alle innerhalb dieser Dekade zusammenhaltet.* Deshalb müßt ihr den Fokus vorherrschend auf diesem Bereich haben. Was die Welt angeht, sind Andere bei der Arbeit und d*ie Bücher sollen so weit wie möglich verbreitet werden,* aber ihr müßt ab jetzt mit Problemen rechnen, denn das letzte, was das „Kartell" tolerieren wird, ist alles, was mit Freiheit zu tun hat. Die massiven Manöver im Kommunistischen Block sind politischer Natur und es wird sich zeigen, ob das Volk gewinnt oder nicht. Die „gegebenen" Umstände werden tatsächlich so bemessen, daß das Volk dorthin geschleust wird, daß es genau das tut, was das Kartell will. Es wird aussehen wie Freiheit, aber es werden Ketten in Geschenkpapier sein in Form von Krediten, Kundenkreditkarten, usw., die sie genau an das Tier fesseln, das seine Tentakel überall in euren Himmeln hat. Was wie Freiheit aussieht, ist die schlimmste Knechtschaft, die die Menschheit je gesehen hat. DAS IST DIE KREUZIGUNG DES PHÖNIX!

Das nächste Journal wird auch diesen Namen tragen. Es wird die Prophezeiungen zu der Jetztzeit in Beziehung setzen. Es wird DEN PLAN wiederholen und wiederholen und, um es in der Größe eines Handbuchs zu halten, wird es beendet werden, bevor DIE KIRCHEN es komplett in sich und der KREUZIGUNG GOTTES integrieren. Nun, Gott hat nicht vor, sich noch einmal kreuzigen zu lassen – Überraschung für die kleinen dunklen Brüder! ER HAT NICHT VOR, WIEDER GEKREUZIGT ZU WERDEN! BEHALTET DAS IN EUREN HERZEN! Das bedeutet, daß ihr das in zwei oder drei unterschiedlichen Fassungen lesen müßt – die grundsätzlich alle die gleiche Botschaft beinhalten, bis ihr SIE WIRKLICH HÖRT! Viele von euch haben einen „Schlummeralarm" in ihrem Wecker und man muß ihn mehrere Male drücken. Wir müssen noch mehr über Skull & Bones sprechen, Die Agenda 2000, die Trilateralen und den Council on Foreign Relations [A.d.Ü.: CFR, Rat für auswärtige Beziehungen] und ich wiederhole meine Aufforderung, daß Alle, die von den Journalen hören, sicherstellen, daß der Herausgeber Informationen von Jedem und allen Veröffentlichungen bekommt, die diese Journale unterstützen. Wir haben die Absicht, euch ALLE kurz- und langfristig zu schützen. Alle Bücher oder Artikel, die an den Herausgeber geschickt werden, sollen auch an die Adresse der Schreiberin gesandt werden, denn sie lebt in totaler Blindheit und solche Bestätigungen „retten ihren Tag". Es ist wirklich schwer, zum Beispiel, wenn man nicht weiß, daß Rhonda die Frau von JB ist und Dorothy seine Tante. Sie muß Bestätigungen für ihr Material bekommen, denn zeitweise lebt sie in der Überzeugung, daß das alles genau Girard's Beschreibung „eines kranken Geistes" entspricht. Sie lebt mit zugestöpselten Ohren und elektronischen Geräuschen, die unentwegt ihr Gehirn beschallen. Wir spielen Musik für sie, bis sie im Schlaf an Bord zum Arbeiten kommt – damit sie zur Ruhe kommt und schlafen kann. Hier sage ich euch noch etwas – dieser kleinen Gruppe von Empfangenden. Manche wissen es schon – die Meisten aber nicht.

Dieses Gebiet hier ist wirklich sehr wichtig. Es ist bekannt als Tejas Shape' [A.d.Ü.: Tehachapi, Kalifornien, USA] – wenn ihr so wollt, die vier Ecken von Mu. Die Wohnung der Schreiberin liegt auf der nordöstlichen Ecke eines Kristalls, der etwa zweieinhalb Meilen im Durchmesser hat – mitternachtsblau und komplett angefüllt mit goldenem Sternenstaub. Es ist das Navigations-Kommunikations-Zentrum für diesen Bereich. Die Aktivität dieses Kristalls ist hoch genug, Manche von euch zu manchen Zeiten vom Hügel zu fegen und es leben nur wenige Menschen direkt darauf – und wir haben die Absicht, das auch so zu belassen. Ihr seht, es gibt viele Dinge mit hoher Priorität, um die wir uns kümmern müssen, wenn Gelder fließen. Die Hauptarbeit von diesen hier ist dem Rest von euch völlig unbekannt und vielleicht können Oberli oder Ilsie einmal unsere Liste der notwendigen Projekte für dieses Gebiet beilegen.

Wir haben Vorschläge für Neugründungen unterbreitet und jetzt warten wir auf die Fertigstellung der Finanzierungspläne und erwarten die Talsohle eures Wirtschaftssystems – das Timing muß perfekt sein, denn wir müssen die Schenkungen wirklich weise nutzen – und sie müssen EUCH erreichen für eine sehr irdische Art der Absicherung – wir können nicht einfach ein paar Millionen von Dollars manifestieren, das ist weder praktikabel noch erlaubt. IHR MÜSST IMMER DARAN DENKEN, DASS DIE KOSMISCHEN GESETZE EINE EINMISCHUNG IN EINE GESELLSCHAFT DES FREIEN WILLENS NICHT ERLAUBEN.

GG, ich würde annehmen, daß sich TD über eine Kopie dieser Botschaft freuen würde, bitte. Im Moment sollte er unbedingt GWM vorgestellt werden – es wird Zeit, daß diese Verbindung hergestellt wird.

Ihr werdet bald herausfinden, daß es unter euch alle Begabungen und alles Wissen gibt, damit die in Frage stehenden Aktionen anlaufen können. Erdenmenschen tragen alle Einzelteile in sich und ihr werdet einfach damit anfangen, sie auch zu erkennen. Es wird auch „Überläufer" vom Kartell geben, die euch Dinge bringen, die bereits existieren – so, wie sich die Wahrheit Bahn bricht.

Im Übrigen, ihr schaut auf diese Journale und habt bereits eine vorgefaßte Hürde für den Vertrieb – Weltraum- und körperlose Wesen – was passierte eigentlich mit „Künstlernamen"? Es kommt mir vor, als ob Mark Twain das Richtige tat. Wenn Wahrheit die Wahrheit ist – schaut auf die Quelle und konzentriert euch auf die Wahrheit darin. Wen sollte es interessieren, woher die Wahrheit kommt? Aber, die Menschheit muß sich auch an uns gewöhnen, so daß sie vorbereitet ist, wenn wir auftauchen – meine Lieben, da kommt ihr noch hin, denn wir planen unsere eigene „Show" in Sipapu – wir haben nichts gegen Wally Gentleman's Spezialeffekte – wir werden ihm dafür eine bessere Photoausrüstung zukommen lassen. Am Horizont lauern einige aufregende Gegenleistungen – handhabt euren Kalender etwas lockerer.

P.S., GWM: GG hat Ihr Dokument DIE MAGIE DES EWIGEN LEBENS nicht vorliegen – ich würde es aber sehr begrüßen, wenn er Ihre Werke auch hätte, zusammen mit einer Kopie für die Schreiberin. Wir haben uns das von einem ortsansässigen Freund „geliehen". Danke Dir, geliebter Bruder. Das sind die Wege, auf denen wir euch bitten, uns zu „hören" – damit ihr wißt, wem die Stunde schlägt, sozusagen. Wir bitten um Vergebung, wenn es so scheint, als ob wir uns mit eurem persönlichen Eigentum einige Freiheiten herausnehmen, aber Gott nimmt niemals etwas, ohne es zehnfältig zurückzugeben, *mindestens!* So sei es.

GG, bitte sende das zu CH in Colorado. Dieses Buch über die Phönix-Unternehmen ist wirklich exzellent – es gibt da ein paar Mißgeschicke, da die Namen jetzt hochkommen, aber wir sollten noch ein oder zwei Journale herausbringen, bevor das gedruckt wird, sonst haben wir einige Forderungen am Hals. Was jeden ärgerlich und bereit zum Kampf macht ist die Tatsache, daß wir 12 Bücher in ebenso vielen Wochen schreiben, diese noch mit Dokumenten als Hintergrundinformation ausstatten können, dabei noch nicht einmal mit der Wimper zucken und so jemand wie FH fünf bis sieben Jahre braucht, um noch nicht einmal so viel zu machen. Es ist eine höchst unbescheidene menschliche Reaktion und deshalb werden wir mehr Bücher durch Weiterempfehlungen für dieses Material verkaufen, als irgendjemand glauben kann. WIR WERDEN ABER KEIN BUCH EMPFEHLEN, DAS FALSCHE UND NACHTEILIGE SCHLÜSSE ZIEHT – DABEI INTERESSIERT MICH NICHT, WIE AKKURAT DIE NACHFORSCHUNGEN SIND. WENN DIE AUTOREN VON DOKUMENTATIONEN ZU SAUBEREN, WAHRHEITSGEMÄSSEN SCHLÜSSEN KOMMEN, WERDEN WIR SIE IN EINEM UNVORSTELLBAREN MASS UNTERSTÜTZEN. SELBST DIE, DIE

VON DEN ARKTURIANERN EMPFANGEN – NICHT MAL DIE „AUSSERIRDISCHEN" FEHLINFORMANTEN SCHLIESSEN WIR AUS. SO SEI ES.

Dharma, halte das Material von GWM für eine ausführlichere Antwort bereit; ich möchte einfach nur den Empfang bestätigen. Wir werden das sehr sicher aufbewahren. Ich glaube, auf die anderen noch ausstehenden Fragen haben wir geantwortet. Deshalb laß uns eine Pause machen, bevor wir wieder am Journal arbeiten – ich weiß, du hast schon vergessen, daß wir bereits zwei oder drei Teile geschrieben haben – du mußt nochmal zurückgehen und dir einen Überblick verschaffen. Es ist genauso wichtig, daß diese persönlichen Antworten gegeben werden, Chela – eigentlich ist es für die momentanen Mitarbeiter wichtiger. Ich gehe auf Stand-by, so daß du eine Pause machen kannst. Wir werden die Verdickung an der Sehne deiner linken Hand entfernen, Chela, da ich bemerke, daß sie dich belastet und unangenehm für dich ist. Die Knoten an der Seite deines Handgelenks sind einfach muskuläre Vergrößerungen aufgrund des Tippens. Ja, wir warten auch auf ein paar „hilfreiche" Dharmas, aber bei all dem, was SIE tut, können sie ihr nicht das Wasser reichen! Wir würden uns ziemlich einsam fühlen miteinander, und meine kleine Familie hier würden wir schmerzlich vermissen. Wir hätten aber vielleicht mehr Zeit für die persönlichen Besuche. Es wird alles zur rechten Zeit kommen – bitte beendet eure Bedenken und Projektionen der Ideen nicht, denn exakt das wird die Umstände verändern. So sei es und ich grüße euch, denn wir feiern mit unserer Familie.

Salu.
Hatonn klärt die Frequenz, bitte. AHO

KAPITEL 12

Aufzeichnung Nr. 1 | EMMANUEL

Samstag, 20. Januar 1990, 7.30 Uhr, Jahr 3, Tag 157

Jesus ist hier, Dharma, um wieder auf die Steinschleudern und Pfeile zu antworten, die auf dein Herz gerichtet sind. Mich treffen sie nicht, kleiner Spatz, aber deine Wunden müssen versorgt werden. Das ist ein solcher Übergriff auf die Zeit für unsere Arbeit, daß ich euch bitte, diese Schrift separat zu halten, damit sie auch an die versandt werden kann, die nach diesem Zeitpunkt noch kommen. Wir haben schon Hunderte von Stunden mit diesem Thema verbracht und ich würde es begrüßen, wenn die, die die Zeit für die Suche aufbringen können, die einzelnen Segmente finden würden. In der Zwischenzeit werde ich weiterhin antworten.

Das ist eine Antwort auf einen vierseitigen Brief von einem James E. Hackett aus Sedona, Arizona. Ein sehr verärgerter und feindseliger junger Mann von etwa 29 Jahren eures Kalenderzyklus', der gerade sein Studium beendet hat und ein talentiertes Kind ist, der aber seine Zeit mit „Spielaufbau" verzettelt, obwohl das Lebensspiel um so viel wunderbarer ist. Er wünscht, zumindest hat er das so dargelegt, eine „persönliche" Antwort von mir zu bekommen. Es ist sicherlich nicht das, was er im Herzen trägt, aber sein Mund schreit wirklich laut. Sein Bewußtsein ruft verzweifelt nach Wahrheit und Hilfe, denn er fürchtet eine Niederlage und er findet keine Erfüllung in dem, was er tut. Möge meine Präsenz ihn berühren, daß er meine Worte hören und sehen möge, denn er schlägt vor Schmerz und Unruhe wild um sich. Ich möchte ihn bitten, daß er meine Antwort so liebevoll annehmen möge, wie ich die Punkte aufschreibe, die er wie eine Explosion auf mich und meine Kontakte gerichtet hat. Im Namen des Vaters – Amen.

Aus seinem Brief geht ganz offensichtlich hervor, daß er wenig Respekt vor seinen Eltern hat – oder vor sich selbst. Er liebt es, gedankenlos zu reden und sicher auch ohne Nachforschung und Verständnis für das, was er von sich gibt. Das ist in der Zeit dieses Entwicklungszyklus der normale Stand der Erdenmenschen.

Ich danke ihm sehr für seine Korrespondenz, obgleich er nicht weiß, wovon er spricht oder was er schreibt. Dharma, ich möchte, daß wir aus seinem Brief zitieren und ich werde antworten. Wir werden alle Schreib- und Tippfehler korrigieren, denn die Rechtschreibung und Äußerungen, so wie sie dargestellt sind, würden große Verwirrung hervorrufen. Wenn jemand eine Kopie des Originalschreibens haben möchte, werden wir das gerne schicken, wendet euch deshalb bitte an GG.

LASS UNS ANFANGEN.

Sternendatum 14. Januar 1989

Grüße vom Erdenschiff. Mein Name ist James Hackett, ich bin Anhänger und Gläubiger der göttlichen Energie von Jesus Christus und Gottvater. Ich bin genauso ein vorsichtiger und kritischer Skeptiker bei Denjenigen, die für sich in Anspruch nehmen, auf dem Weg ins göttliche Licht voranzuschreiten.

Sie, Sananda, behaupten, Sie seien die Verkörperung des Christus und wie Sie wissen müßten, hat Christus seine Nachfolger vor Jenen gewarnt, die in seinem Namen kommen, aber den Weg in die Hölle vorbereiten. Letzten Monat habe ich zwei solcher Individuen im Fernsehen gesehen, die tief davon überzeugt waren, Christus zu sein. Da gibt es noch einen, der auf den Straßen in unserer Stadt herumläuft.

Meine Mutter ist eine hingebungsvolle Leserin der Literatur des Raumkommandos. Sie hat Ihr Material aktiv gefördert und verteilt und hat einen großen Teil ihrer Zeit damit verbracht, mich davon zu überzeugen, daß Sie der sind, der Sie behaupten zu sein. Ich muß ehrlich mit Ihnen sein und Ihnen sagen, daß vieles, von dem Sie sagen, es sei die Wahrheit, eigentlich nur für die Vertrauensseligen, Angstvollen oder die ist, die auf der Suche sind. Ich ehre meine Mutter, wie es in den Geboten steht. Ich liebe sie und habe Angst, daß sie durch ihren unwahrscheinlichen Glauben und ihren Mangel an Unterscheidungsfähigkeit verletzt werden könnte, wie es auch Anderen ergangen ist, die PTL, Swaggert oder zahlreichen anderen Priesterschaften nachgefolgt sind. Um meine Mutter zu schützen, werde ich Sie entweder als Betrug bloßstellen oder bestätigen, daß Sie der Christus sind. Ich hoffe, daß Sie meine Fragen sowohl selbst als auch geschrieben beantworten werden.

Wenn Sie der Christus sind, warum haben Sie dann Ihren Namen geändert? Ich bin darüber ziemlich verwirrt und ich frage mich, ob IBM jemals darüber nachgedacht hat, seinen Namen zu ändern, nachdem er zum allgemeinen Sprachgebrauch geworden ist. Welchem Zweck sollte das bei Ihnen dienen? Sie haben den Namen des Christus als eine Art lockere Verbindung angefügt. Ihre Aufdeckungen über die Bibel sind interessant, und trotzdem frage ich mich, warum Sie mit all Ihrer Macht nicht vor Tausenden von Jahren bereits für diese Wahrheit gesorgt haben. Kamen Sie nicht auf die Erde, um damals und heute für diese Wahrheit zu stehen? Waren Markus, Matthäus, Lukas und Johannes Romanschreiber? Offensichtlich ist das Göttliche Buch nicht so gut – ich bin froh, daß Sie hier sind, um mit diesen Fehlinformationen aufzuräumen – ich wäre niemals darauf gekommen, daß Judas ein Heiliger ist.

In einer kürzlichen Filmserie erhob sich die Frage „Warum braucht Gott ein Raumschiff?", also, warum brauchen Sie eines? Als Sie das letzte Mal auf der Erde waren, kam Ihr Geist auf dieselbe Weise? Warum sind Sie nicht unter uns gekommen, um uns aus unseren Versuchungen zu führen und zwar in der gleichen machtvollen und effektiven Art und Weise wie schon einmal vor 20 Jahrhunderten? Warum verstecken Sie sich jetzt im Schatten?

Ich könnte mir vorstellen, daß Gottes Sohn wichtigere Dinge zu tun hat, als sich drohend über der Erde aufzubauen und wöchentlich über das bevorstehende Verderben zu predigen. Was machen Sie mit dem Rest Ihrer Zeit?

Wenn Sie der Christus sind, das soll jetzt nicht respektlos klingen, muß ich Sie aufgrund Ihrer eigenen Vorsicht als das bezeichnen, was Sie angeben zu sein und das bestätigen, bevor ich Ihnen nachfolge und außerdem noch dem Glauben schenken soll, was Sie sagen. Die Schriften des Raumkommandos, so informativ sie auch sein mögen, scheinen die gleichen Taktiken beim Menschenfang anzuwenden wie viele Menschen des Übels in der Vergangenheit, um die Menschheit zu kontrollieren. Hitler hat die gesamte deutsche Rasse gegen die Juden vereinigt, indem er sie als Verschwörer und als die Wurzel aller deutschen Probleme bezeichnete. Es sieht aus, als ob bei Ihnen die gleiche Operation gegen alle Regierungen dieser Welt im Gange sei. Daß sie uns betrügen und uns in unsere Auslöschung führen. Ich kann nicht glauben, daß das geschehen könnte mit so vielen gewählten Offiziellen, die Christen sind. Sicher, ein Mensch, der mit Gott geht, geht fest. Sicher, Gott würde diesen Menschen genauso beschützen, wie Sie Dharma beschützen.

Es ist interessant festzustellen, mit welchen Leuten Sie sich umgeben. Anstatt mit Moses und Buddha, kommen Sie mit Tesla und Russell.

Ihre Prophetien über AIDS mögen sehr wohl wahr sein, aber, wenn Sie das Wissen dazu haben, diese Plage zu heilen, warum tun sie es dann nicht jetzt? Ich könnte mir vorstellen, daß, wenn Sie sich an der 50 Meterlinie des Super Bowl manifestieren und rufen würden „Ich bin der Christus, hört auf, AIDS zu verbreiten", auch etwas Gutes dabei herauskommen würde. Wir sind eine Welt, die von uns regiert wird, ganz besonders in den letzten Tagen, aber Sie scheinen sich hinter irgendeiner Star-Trek-Anweisung zu verstecken, die Sie daran hindert, sich in unsere Angelegenheiten einzumischen (oh ja – außer den Atomexplosionen). Während es auf der anderen Seite in Ordnung für Sie ist, mit unseren Regierungsoffiziellen zu kommunizieren, die Sie der Lüge, der Täuschung und jeder anderen verräterischen Aktion bezichtigen. Und doch sind Sie nicht in der Lage, mit uns direkt zu kommunizieren. Ich bin verwirrt!

Es fällt mir auch außerordentlich schwer zu glauben, daß Sie trotz all Ihrer Perfektion und Ihrer Computer, die CIA-Übertragungen empfangen und auswerten und was weiß ich noch alles, mit einer Schreiberin über eine Radio-Transmission arbeiten, deren Frequenz für niemanden auf diesem Planeten geheim bleibt. Wenn Sie in der Lage sind, CIA-Übertragungen zu empfangen und zu dekodieren, dann sind Sie sicherlich auch in der Lage, sich selbst über konventionellere Methoden zu zeigen wie zum Beispiel über satellitenverbundenes Fernsehen, oder wenigstens über einen einfachen amerikanischen Standardcode zum Informationsaustausch, um Ihre Informationen direkt auf den Computer des Verlegers zu übertragen, um der armen Dharma eine komplette Auszeit zu gönnen und Sie damit aufhören könnten, ihr Leben in Gefahr zu bringen!

Sie, Sananda, sprechen nicht in der gleichen präzisen, prophetischen Sprache wie zu Ihrer Zeit, als Sie der Christus waren. Jedes Wort, das Sie damals sprachen, hatte mehrere Bedeutungen und hat oftmals viel Nachdenken erfordert, das immer den Schluß zuließ, daß Liebe und Brüderschaft jedes unserer Probleme lösen würde. Heute kommen Sie mit einer ganz anderen Botschaft. Sie versklaven uns mit Angst und sprechen sich damit selbst frei von der Tyrannei, die Sie als über uns hängend predigen. Sind Sie nicht mehr der Retter?

Ihre neuliche Konfrontation mit Mr. Cooper bringt mich zu der Überzeugung, daß Sie ein profitables Geschäft führen, das gerade Wettbewerb bekommt. Ich fürchte, daß Sie, Sananda, und Ihre Kameraden Hatonn und Ashtar, nicht im Lichte des Christus arbeiten. Zusammen mit der Gegendarstellung zu Mr. Coopers Argumenten, drohen Sie Mr. Cooper, daß er „schwer geprüft" werden wird. Die

Wahrheit muß nicht mit dem Tod hervorgebracht werden und das wird sie auch selten! Wissen Sie das nicht bis jetzt?

Ihre Verbindung zu Ramtha, dem größten Schwindel der modernen Zeit, ist sehr alarmierend. Ihr einfaches Leben auf Erden, ohne irgendwelche Reichtümer, hat Viele dazu gebracht, sich von den materiellen Gütern abzuwenden und den Reichtum des Geistes zu suchen. Ramtha ist, in scharfem Kontrast und laut eigenem Eingeständnis, an „einem gewinnorientierten Geschäft" beteiligt. Sind Sie und Ihre Brüder des Raumkommandos eine Niederlassung der Knight Enterprises?

An diesem Punkt, mein Herr, habe ich das Gefühl, daß Sie nicht der sind, der Sie vorgeben zu sein; Sie sind entweder eine schmerzlich desillusionierte Seele wie die, die ich im Fernsehen gesehen habe, oder Sie und Dharma sind ein und dasselbe, oder es interessiert Sie gar nicht, was Sie drucken, denn das Meiste scheint sowieso aus einer Vielzahl von Quellen abgeschrieben zu sein und wurde schon viele Male wiederholt. Und außerdem ist Ihre Anforderung für weiteres Material von Erdenwesen fragwürdig. Ist der Sohn Gottes nicht allwissend? Haben Sie keinen Zugang zu allen Informationen, die Sie für uns brauchen, auf diesem Superspezialcomputer, von dem Sie sprachen?

Wie berichtet wurde, haben Sie sich kürzlich mit Archäologen getroffen, Sie sind also offensichtlich in der Lage, auf die Erde zu kommen. Meine Mutter, mein Vater und ich laden Sie ein, uns in unserer einfachen Behausung in Sedona, Arizona, zu besuchen, das ist weniger als eine Meile von Schwester Thedra entfernt. Kommen Sie zu uns zu einer kleinen Zeremonie des Abendmahls, mit der wir Sie bei Ihrer Rückkehr auf die Erde willkommen heißen wollen. Bringen Sie die Kommandanten Hatonn und Ashtar mit und klären Sie diese wichtigen Fragen. Überzeugen Sie uns von Ihrer Wahrheit und wir werden von jetzt an Ihre demütigen Diener sein. Vielleicht möchten Sie sich mit einer Delegation Ihrer derzeitigen Anhängerschaft treffen, oder vielleicht möchten Sie mich auf Ihrem Schiff treffen, geben Sie mir die Koordinaten und ich mache mich bereit dafür, nach oben geholt zu werden.

Seien Sie gesegnet, wer auch immer Sie sein mögen!

(Unterschrift)
Im höchsten Licht der göttlichen Ordnung,
Salu, Salu, Salu!

Junge, seien Sie sehr glücklich, daß Dharma und ich nicht von der gleichen Energie sind, denn ich befürchte, sie würde Ihnen ganz ordentlich auf die Ohren geben. Wachen Sie auf – Sie sind ein super Beispiel für einen „Menschen der Lüge". Sie palavern über alles, was Sie nicht wissen und haben noch nicht mal die Traute, „es nachzuschauen". Für Jemand, der sich von der höheren Schulbildung „in einem Sabbatjahr" erholt, schlage ich vor, wieder auf die niederen Stufen zurückzugehen, denn mindestens 25 % Ihrer Wörter sind falsch geschrieben und die, die Sie absichtlich falsch geschrieben haben, damit sie unhöflich sind, zeigen einen schlechten Geschmack. Oberli, stell sicher, daß Mr. Hackett eine Kopie seines Briefes mit der Antwort zurückerhält, daß er nachvollziehen kann, welche Wörter er benutzt hat.

Ich werde euer „Gutes Buch" verwenden, aber in den meisten Fällen nur Stellen zitieren, denn der Brief wäre Hunderte Seiten lang, wenn ich bei jeder Behauptung alle Stellen in dem Buch angeben würde. Ich werde aus der *LEBENDEN BIBEL* ZITIEREN, „UMGESCHRIEBEN, SCHRITT FÜR SCHRITT-ÜBERSETZUNG" VON TYNDALE HOUSE PUBLISHERS, INC., WHEATON ILL. 13. AUSGABE JULI 1988. Ich glaube nicht, daß Mr. Hackett die Standardübersetzung der King James-Bibel versteht.

ANTWORT

Ich weise bitte auf den obigen Brief hin, denn ich werde Satz für Satz beantworten.

Guten Tag, Mr. Hackett. Sie sagen, Sie kennen die göttliche Energie von Jesus Christus und Gottvater – das denke ich NICHT! Außerdem haben Sie kein Konzept zu dem, was sie sagen. Ich behaupte nicht, die „Verkörperung" von Christus oder jemand Anderem zu sein. Ich bin der aufgestiegene Christus Sananda „Emmanuel" der letzten Erfahrung. Ich habe mich auf eurer Örtlichkeit in vielen Zyklen manifestiert – ich habe mich nicht „wieder verkörpert". Ja, Sie wurden ernsthaft gewarnt vor Jenen, die in Christus' Namen kommen und sich selbst *Christus nennen würden. Wenn sie sich selbst „Jesus" nennen würden, können Sie Hilfestellung für Urteilsvermögen bekommen – dazu komme ich gleich. Können Sie nicht Abstand davon nehmen, Diejenigen zu beurteilen, die schwer daran tragen, sich selbst in dem Glauben zu finden, sie seien der wiedergekehrte Jesus? Können Sie nicht ihre inneren Qualen und Leiden sehen? Haben Sie nicht genug Mitgefühl, ihre Hände zu nehmen und ihnen in ihrem Leid beizustehen, sondern müssen noch mehr Steine auf die verkrüppelten Wesen werfen? Können Sie sich nicht mit ihnen zusammensetzen, mich bitten, die Dunkelheit in ihrem Raum zu klären, sich ihre Geschichte anhören und ihnen die Wahrheit anbieten, um in diesen kostbaren Wesen den leeren und schreienden Ruf um Hilfe zu erfüllen? Wenn Sie einen haben, der in Ihren Straßen herumläuft, können Sie ihn nicht beiseite nehmen und den Ruf seines Herzens hören? Diese werden oft mit Drogen und Medikamentenmißbrauch in die Falle geführt und sind dann in den Lügen der satanischen Energien gefangen, um die Wahrheit, wie sie Ihnen dargebracht wird, zu diskreditieren.

Oder haben Sie sich selbst als Gott über „ihre" Seele gesetzt, damit Sie über sie „richten" können? Sind Sie nicht in der Lage, einen falschen Redner in einen Messias zu verwandeln (BOTSCHAFTER GOTTES!)(MENSCHENSOHN!) anstatt ihn als Übel zu sehen? Oder agieren Sie ständig als Werkzeug des Bösen, um Ihren Bruder von der Göttlichkeit wegzuziehen? Sie tun sich als Richter und Jury hervor und als Scharfrichter für die Wahrheit! Denken Sie darüber nach, mein Freund.

Stimmt irgendetwas nicht mit der Literatur vom Raumkommando? Was vermuten Sie, könnte daran falsch sein – im Allgemeinen? Ich schätze Ihre Mutter dafür, daß sie versucht, „Sie davon zu überzeugen, daß wir die sind, von denen wir sagen, wir seien es". Vielleicht möchte sie mit ihren Versuchen aufhören, denn Sie haben sich ja schon eine Meinung gebildet, daß wir Beides sind, real und das, was wir sagen, wir seien es. Ihr Ego wird Ihnen nicht erlauben, etwas anderes zu tun als zu argumentieren, denn Sie sind sehr unsicher und abhängig von Ihren Eltern, was Ihre Unterstützung und den weltlichen Komfort angeht und für Sie ist es leichter, einfach zu diskutieren und ihr Wissen in Frage zu stellen und zurückzuweisen, damit Sie weiterhin ohne eigene Verantwortung für ihr Selbst leben können.

Sie sagten „Ich muß ehrlich mit Ihnen sein und Ihnen sagen, daß vieles, von dem Sie sagen, es sei die Wahrheit, eigentlich nur für die Vertrauensseligen, Angstvollen oder die ist, die auf der Suche sind." Ich sage, daß das Meiste, was man euch in die Ohren stopft, auf vertrauensseligen Ohren beruht und darauf ausgerichtet ist, gegen die Wahrheitssucher zu arbeiten. Sie teilen mit, daß Sie die „Gebote" befolgen und Ihre Mutter ehren. Sie sagten, Sie lieben sie und haben Angst, daß sie durch ihren unwahrscheinlichen Glauben und ihren Mangel an Unterscheidungsfähigkeit verletzt werden könnte, wie es auch Anderen ergangen ist, die PTL, Swaggert oder zahlreichen anderen Priesterschaften nachgefolgt sind. Zum Schutz Ihrer Mutter werden Sie mich entweder als Betrug bloßstellen oder bestätigen, daß ich der Christus bin.

Ich denke, Sie ehren Ihre Mutter nicht – sie mißbrauchen sie, machen sie lächerlich und verraten sie. Was „Liebe" betrifft; ich bin der Ansicht, daß Sie keine Ahnung haben, was das Wort „Liebe" bedeutet. Sie haben Angst davor, daß sie Ihnen irgendwie die Aufmerksamkeit entziehen könnte, Ihnen weltliche Güter und Ihren komfortablen Platz und Lebensstil wegnehmen könnte, mit dem Sie so unsäglich unglücklich sind!

Wie können Sie mich willkürlich anprangern, anders als die zu sein, die Sie Swaggert, PTL und andere Priesterschaften nennen, wenn Sie gleichzeitig behaupten, daß ich von den Lehren des Guten Buches abweiche, mit dem sie euch vor den Gesichtern herumwedeln, während sie euch gleichzeitig mit Lügen bewerfen? Können Sie ihnen im

Rahmen der christlichen Wahrheit nicht verzeihen und Mitgefühl für ihren Niedergang haben – oder sitzen Sie über ALLE zu Gericht? Wenn Sie alle anprangern, die die Worte der Bibel erwähnen und auch die, die sich bemühen, falsche Darstellung richtigzustellen – wer bleibt dann noch übrig? Lassen Sie mich vielleicht einer der Ersten sein, der Ihnen das sagt – Satan, mein Lieber. Mich als „Betrug" darstellen? Ich zweifle ehrlich daran, daß Sie mich als irgendetwas hinstellen werden, denn ich gehe davon aus, daß Sie weder die notwendige Anstrengung aufbringen werden, noch in der Lage sind, Fakten zu recherchieren oder Ankündigungen zu machen. SIE HABEN KEINE QUALIFIKATION, MICH CHRISTUS ZU NENNEN! SO SEI ES!

MEINEN NAMEN ÄNDERN?

Ich habe meinen Namen nicht verändert. Die Menschheit hat mir ein anderes Etikett aufgeklebt. Mein Name war Emmanuel (oft geschrieben Immanuel oder Jmmanuel, was heißt, Gott ist mit uns). Matthäus 2, Vers 20-23: „…denn das Kind in ihr wurde vom Heiligen Geist empfangen. Und sie wird einen Sohn gebären und du sollst ihn Jesus nennen (heißt ‚Retter'), denn er wird sein Volk von seinen Sünden erlösen. Das wird die Botschaft Gottes durch seine Propheten erfüllen – ‚*Hört! Die Jungfrau wird ein Kind empfangen!*' Sie wird einen Sohn gebären und er soll „Emmanuel" heißen (bedeutet ‚Gott ist mit uns')."

Mein Name war nicht Jesus, denn Saulus von Tarsos (er änderte seinen Namen in Paulus, um die alte Erinnerung an Saulus auszulöschen, da er der schlimmste Verfolger der Anhänger der Wahrheit war) gab mir diese Bezeichnung aufgrund seiner Reisen und der griechischen Übersetzung (der Gesalbte). Mein Name war Esu Emmanuel. Eigentlich war er nicht in einer Art geschrieben oder ausgesprochen, das ihr als euer Englisch erkennen würdet.

Mein ägyptischer Name war Sananda, obgleich er für jene Zeit, in der sie ihn mir gaben, nicht korrekt war. „Sananda" stellt, genauso wie „Christus", ein „Merkmal der Definition" dar. Ich wurde auch oft Esa und „Meister" Esa genannt (ausgesprochen ee-sah), denn der Ausdruck

„Meister" bedeutete männliche Jugend (im Hebräischen bedeutet das gar nichts). Als ich im Wissen wuchs und Achtung gewann, wurde ich „Meister" genannt, wie in der Terminologie „Meisterlehrer". Eigentlich war ich als ein „Meister Cohan" bekannt (Hauptlehrer). Auf eure Örtlichkeit kam ich in meiner Eigenschaft als „Wegbereiter" und um euch das Wissen zu bringen, daß es keinen „Tod" gibt – sondern ewiges Leben. Sie sehen, die Menschen haben seit Beginn der Aufzeichnungen die Wahrheit verdreht.

Jetzt sage ich Ihnen genau, wer ich bin und warum mein Name Sananda ist – „Sananda" heißt „Das Wort Gottes, Eins mit Gott, Gebieter der Gebieter, König der Könige". Ein bißchen viel der Schwülstigkeiten und sie interessieren mich nicht, außer das, was besagt: „EINS MIT GOTT", Gott ist „ATON" – DIE „EINE" QUELLE, DAS „EINE" LICHT – DER SCHÖPFER UND EINS MIT DER SCHÖPFUNG.

Offenbarung Kapitel 19, Verse 11-16: „Dann sah ich, wie sich der Himmel öffnete und dort ein weißes Pferd stand; und der, der auf dem Pferd saß, wurde ‚Treue und Wahrhaftigkeit' genannt – der, der gerecht bestraft und Kriege führt. Seine Augen waren wie Flammen und auf seinem Haupt waren viele Kronen. Ein *Name stand geschrieben auf seiner Stirn und nur er kannte die Bedeutung.* Er trug ein Kleid, das befleckt war mit Blut und sein Titel war ‚DAS WORT GOTTES'."

ICH BIN SANANDA UND ICH BRINGE DAS WORT UND WER OHREN HAT, LASST IHN HÖREN UND WER AUGEN HAT, LASST IHN SEHEN – UND WER SICH VON MIR ABWENDET, IST GEGEN MICH, DENN IHR SEID ENTWEDER FÜR MICH ODER IHR STEHT GEGEN MICH UND EURE TAGE AUF EUREM ORT SIND GEZÄHLT. GEWALT KOMMT NICHT VON GOTT – GEWALT UND ZWANG KOMMEN VON SATAN – ES KÜMMERT MICH NICHT, WAS IHR WÄHLT, ABER IHR *MÜSST* EUCH ENTSCHEIDEN. WENN IHR EUCH ENTSCHEIDET, DEN WEG MIT DER BRUDERSCHAFT DER DUNKELHEIT UND IGNORANZ ZU GEHEN, IST ES EUER WEG, DENN KEINER VON GOTT WIRD EUCH DEN HALS UMDREHEN.

DAS WORT SOLL HINAUSGEHEN IN DIE VIER ECKEN DER WELT, WIE ES ATON BESTIMMT HAT UND DANN WIRD ES ZU ENDE SEIN – IHR HABT DIE WAHL, DENN DAS WIRD EUCH KEINER ABNEHMEN – AUCH KEIN ANGENOMMENER „RETTER" – JEDER WIRD SEINEM GOTT GEGENÜBERSTEHEN UND SEINE WAHL TREFFEN. ICH SAGE EUCH, DASS IHR NUR AUF DEM CHRISTLICHEN PFAD DES LICHTS IN EINHEIT MIT DEM LICHT DES VATERS KOMMEN KÖNNT. ABER AUCH DAS IST EURE EIGENE WAHL. SO SEI ES, DENN ICH VERSIEGLE DIESES WORT, WEIL ICH DIE BERECHTIGUNG DAFÜR HABE. ICH SEGNE EUCH UND BITTE EUCH INSTÄNDIG, DASS IHR MICH HÖRT, DENN WEDER VERBERGE ICH MICH, NOCH SCHÜCHTERE ICH EUCH EIN. ICH ERWARTE JEDOCH, DASS IHR MIT DER DRANGSALIERUNG EURER BRÜDER AUFHÖRT, DENN IHR WANDELT IN BLINDHEIT.

Sie schlagen vor, daß ich mich mit IBM vergleiche, weil das zum allgemeinen Sprachgebrauch geworden ist. Ich gehe davon aus, daß Sie nicht eines der Journale wirklich „gelesen" haben – denn ich würde „Jesus" immer antworten, da ich nicht die Worte des Mundes verfolge, sondern die Worte des Herzens. Denn wenn ich nur Jenen antwortete, die mich „Gee-sus" nennen, wie sollte ich dann auch denen antworten, die mich „Hay-sus" nennen? Ich kann mir jedoch die Gründe der Erklärung zusammenreimen – Menschen haben die Lehren des einen „Jesus" verfälscht und folgen dem blindlings. Wenn ich eine Lüge aufrecht erhalte, bin ich nicht besser als der Prinz der Lügen – der König des Bösen! Wenn ich Sie George nennen würde, James, würden Sie nicht meine Aussage korrigieren? Selbst wenn Sie 2000 Jahre lang George genannt würden und Sie würden „James" heißen, wäre die Bezeichnung „George" korrekt?

Dharma, laß uns eine Pause machen, denn ich möchte die Bezeichnung „Christus" und meine „lockere Verbindung damit" sorgfältig diskutieren! Danke Dir, ich erwarte deinen Ruf, wenn du weitermachen willst. Adonai.

KAPITEL 13

Aufzeichnung Nr. 2 | EMMANUEL

Samstag, 20. Januar 1990, 11.15 Uhr, Jahr 3, Tag 157

CHRISTUS: Die vollkommene Wahrheit, die als göttliche Manifestation Gottes kommt, um Inkarnationsirrtümer zunichte zu machen; eine vollkommene Art Menschheit, auch mit der Bedeutung „salben oder gesalbt"; das bezieht sich auch auf den Messias.

Mr. Hackett, ich bin mir sicher, Sie „denken", Sie verstehen Ihre Aussage, „Sie haben den Namen Christus als eine Art lockere Verbindung angefügt". Die „Bezeichnung" Christus, wie in „Christus Jesus" wurde mir auch erst gegeben, nachdem ich auch die Verbindungen zu Denjenigen hinter mir gelassen hatte, die später in meinem Namen predigten.

Ich selbst habe nie die Feder auf Papier gesetzt, noch den Meißel auf den Stein, noch die Farbe auf die Schriftrolle. Alle Worte wurden in eurer Bibel (Buch) etwa 300 bis 500 Jahre nach meinem Ableben niedergeschrieben. Ich sagte, ich bin der „Messias" mit der vollen Bedeutung von „der Menschensohn", also „locker" in dem Sinne abwechselnd mit dem Wort „Gottessohn", welches in der exakten Definition des Wortes unkorrekt ist. „Messias" definiert als Menschensohn und Botschafter des Wortes Gottes. Matthäus 26, Vers 63-64: „…Aber Jesus schwieg still. Und der Hohepriester antwortete und sprach zu ihm: Ich beschwöre dich bei dem lebendigen Gott, daß du uns sagest, ob du seist Christus, der Sohn Gottes. [64] Jesus sprach zu ihm: Du sagst es. Doch ich sage euch: Von nun an wird's geschehen, daß ihr werdet sehen des Menschen Sohn sitzen zur Rechten der Kraft und kommen in den Wolken des Himmels." [A.d.Ü.: Bibelversion Luther 1912]

Matthäus 27, Vers 11: „[11] Jesus aber stand vor dem Landpfleger; und der Landpfleger fragte ihn und sprach: Bist du der Juden König?

Jesus aber sprach zu ihm: Du sagst es." [A.d.Ü.: Bibelversion Luther 1912]

„Christus" ist eine Bezeichnung des Seinszustandes. UND – ABER DURCH DEN CHRISTLICHEN WEG SOLLT IHR IN DAS HIMMELREICH GOTTES GELANGEN. SO SEI ES! Ich bin gekommen, um euch den christlichen Weg zu zeigen – ALS WEGWEISER. Ihr Erdlinge habt mich den „GESALBTEN" genannt – „DEN JESUS CHRISTUS" – ich kam als Messias Emmanuel und bin später in meine Vollkommenheit gewachsen als „SANANDA" – EINS MIT GOTT; DEM WORT! *JETZT, ZU DER ZEIT MEINER RÜCKKEHR ZU EUCH, KOMME ICH ALS SANANDA, UM DAS KÖNIGREICH GOTTES ZURÜCKZUFORDERN UND DIE KINDER DES SCHÖPFERS NACH HAUSE ZU DEN LICHTVOLLEN ORTEN ZU BRINGEN – DIESES MAL KOMME ICH NICHT ALS VERKÖRPERTER CHRISTUSBOTSCHAFTER. ICH KOMME ALS GEBIETER DER GEBIETER, ALS KÖNIG DER KÖNIGE, UM EUCH NACH HAUSE ZU GELEITEN, EUCH, DIE IHR MEINE HAND NEHMEN UND MIT MIR GEHEN WOLLT.*

Sie sagen „Ihre Aufdeckungen über die Bibel sind interessant, ich frage mich jedoch, wieso Sie mit all Ihrer Macht nicht dafür gesorgt haben, daß diese vermutlichen Wahrheiten im größten Buch aller Zeiten niedergeschrieben und bereits vor Tausenden von Jahren verbreitet wurden."

WER hat festgelegt, daß die Bibel das größte Buch ist, das jemals geschrieben und verbreitet wurde? Sie haben auf Ihrem Planeten genauso Viele, die diese Bezeichnung verneinen würden. Warum ich mich nicht einmischen würde? Aus dem gleichen Grund, aus dem Sie in Ihrem Brief Unverstand niederschreiben. Gewalt ist nicht Gottes Sache und Gott gab der Erde die Wahl des „freien Willens". Er gab ihr weiterhin Gebote und die Gesetze der Schöpfung, die sie befolgen sollte. Zur gleichen Zeit klagen Sie lauthals mein Sein an; Sie widersprechen sich selbst insofern, als Sie von mir möchten, daß ich auf die eine oder andere Weise „Gewalt" ausübe. WAS HAT ES DAMIT AUF SICH,

DASS SIE DINGE KORRIGIEREN MÖCHTEN, MR. HACKETT? GOTT LEBT INNERHALB DES TEMPELS, DER „SIE" SIND; SIE SIND EIN GESEGNETES FRAGMENT GOTTES – WARUM HABEN „SIE" DIE DINGE NICHT BERICHTIGT? WIR VON DER BRUDERSCHAFT DES LICHTS KOMMEN JETZT UND SIE KLAGEN UNS AN IN UNSEREN BEMÜHUNGEN, DIE DINGE ZU KORRIGIEREN. „SIE" WERDEN VON UNS NICHT GEZWUNGEN – ES STEHT IHNEN GANZ FREI, GAR NICHTS ZU LESEN, EINSCHLIESSLICH DER 2000 JAHRE ALTEN BIBEL. WENN SIE NICHT AN MEINE PRÄSENZ GLAUBEN – WARUM NEHMEN SIE SICH DANN SO VIEL ZEIT, MICH ANZUKLAGEN? DAS, MEIN HERR, IST DAS VORRANGIGE MITTEL DES ÜBELS.

GOTT IST LIEBE; ER ERLAUBT ES IHNEN, SICH DAS ZU NEHMEN, WAS SIE MÖCHTEN UND DARAUS EINE AUSWAHL ZU TREFFEN. WEDER VERURTEILT ER IHRE WAHL, NOCH BESCHIMPFT ER SIE DESHALB. AUCH WENN ES FALSCH IST, DAS VORHANDENE MATERIAL DER WAHRHEIT NICHT ZU LESEN, DANN SEI ES SO. „WENN DER HUND SCHON TOT IST, WARUM TRETEN SIE IHN DANN WEITERHIN?"

Nein, ich bin nicht auf die Erde gekommen, um die Wahrheit „SICHERZUSTELLEN". Ich bin gekommen, um die Wahrheit in eine Welt zu bringen, die sich wahrhaftig in miserablem Zustand befand. In eine Welt, die gradlinig auf dem Weg in die jetzige Zeit der Zerstörung war und um euch zu warnen. Das, mein Herr, war meine Botschaft für euch – um euch an die Gebote Gottes und die Gesetze der Schöpfung zu erinnern und daß, wenn ihr euren Weg und eure Aktionen nicht ändern würdet, ihr die Konsequenzen zu tragen hättet, die ihr durchweg im Alten und im Neuen Testament findet. Jetzt komme ich wieder – nicht, um die Wahrheit „abzusichern", sondern, um euch an die Wahrheit zu erinnern, denn das Stundenglas ist umgefallen und der Sand ist ausgelaufen. Ich komme jetzt nicht als der Messias als solcher, als Überbringer des Wortes – jetzt komme ich als Sananda, um euch nach Hause zu begleiten oder euch euren Weg des Aussortierens gehen zu lassen.

Ich kam als Emmanuel, um die Prophezeiungen des „Alten Testamentes" zu ERFÜLLEN. Jetzt komme ich als Sananda, um die Prophezeiungen des NEUEN TESTAMENTES zu ERFÜLLEN.

„Waren Markus, Matthäus und Lukas Romanschreiber?" Nein, aber die Männer, die ihre sorgfältig aufgezeichneten Mythen übersetzten, waren und sind es. Zum Beispiel hat der geschätzte Markus Jesus als solchen gar nicht selbst erlebt. Er übernahm später die Erzählungen von Petrus und schrieb sie nieder. Alle Evangelien von Matthäus, Markus, Lukas und Johannes wurden von einem deutschen „Wissenschaftler" aus etwa achtundzwanzig bekannten „Evangelien ausgewählt" – und es gibt immer noch Dutzende, die es zu „entdecken" gilt und ihr werdet herausfinden, daß das, was zwischen den Buchdeckeln eures „Guten Buches" steht, nicht der Wahrheit entspricht, genauso wenig wie das Evangelium des Judas Ischarioth.

****ICH WÜRDE MIR WÜNSCHEN, DASS SIE SORGSAM ÜBER DIE IRRTÜMER UND DIE FALSCH GESCHRIEBENEN WÖRTER UND NAMEN IN IHREM VIERSEITIGEN SCHREIBEN BUCH FÜHREN UND MIR DANN BEKANNT GEBEN WÜRDEN, DASS SICH NIEMAND IM VERLAUF VON 2000 JAHREN UND HUNDERTEN VON ÜBERSETZUNGEN GEIRRT HABEN KANN! SO SEI ES! ****

Ich habe die Worte aus dem Buch von Matthäus einfach deshalb ausgewählt, weil es das erste in der Reihenfolge eurer „Evangelien" ist. Selbst wenn der Inhalt eures „Guten Buches" Irrtümer birgt, schmälert das die darin enthaltene „Wahrheit" nicht und ich freue mich, daß Sie sich „freuen", daß ich hier bin, mit dieser Fehlinformation aufzuräumen – denn ich habe verstanden, daß Sie nie gedacht hätten, daß Judas ein Heiliger ist. Und eigentlich ist „Heiliger" ein menschliches Wort und Werk – keines von Gott, denn Gott spricht „ihr seid von Mir – also seid ihr gleich dem, was ICH BIN" – ein kolossal großer Unterschied!

RAUMSCHIFFE

„Warum braucht Gott ein Raumschiff?" ER BRAUCHT KEINES – IHR BRAUCHT EINES! ICH BRAUCHE KEIN RAUMSCHIFF, ABER NOCH EINMAL, IHR BRAUCHT EINES! ICH BIN HINGEGANGEN UND HABE EUCH EINEN ORT BEREITET UND ICH WERDE WIEDERKEHREN, UM EUCH AN DIESEN ORTEN ZU VERSAMMELN – UND „IHR" BRAUCHT EINE MÖGLICHKEIT, DORT HINZUKOMMEN, LIEBER FREUND.

„Als sie das letzte Mal auf der Erde waren, kam dann Ihr Geist auf die gleiche Weise?" Nein – denn ich besuche sie regelmäßig und ich komme entweder in manifestierter oder holographischer Form oder als spirituelle Essenz. Wenn Sie sich auf die Zeit von vor 2000 Jahren oder so beziehen – ja und nein. Ich wurde durch Befruchtung meiner irdischen Mutter durch Gabriel geboren – das, mein Herr, ist Erzengel Gabriel. In meinem Umfeld war immer ein Sternenschiff und dieses spezielle Sternenschiff war und ist das unter dem Kommando von Antheos Xandeau Ashtar. Als menschlich geborene physische Manifestation in menschlicher Form reiste ich oft mit dem Schiff, denn vor meiner eigenen Läuterung und meinem Hineinwachsen in Verständnis war ich, genau so wie ihr, Gefangener des menschlichen Fleisches. Ich wurde ausgesandt, um Erfahrungen als Mensch zu machen und genau das habe ich auch getan. GOTT ERBITTET VON EUCH NICHTS, WAS ER NICHT SELBST BEREIT IST ZU ERFAHREN UND DAS HAT ER GETAN.

Mit Ihrer nächsten Behauptung machen Sie sicherlich einen Scherz: „Warum sind Sie nicht zu uns zurückgekehrt, *um uns in der gleichen machtvollen und effektiven Art und Weise aus der Versuchung zu führen, wie Sie das vor 200 Jahrhunderten gemacht haben?*" Oh Sie Blinder – schauen Sie sich die Welt und die Äonen zwischen Galiläa und Sedona 1990 an. Satan übernahm meinen Namen und proklamierte sich zum Fürsten des Lichts und, was noch hinterhältiger ist, es wurden unaussprechliche und unsägliche Verbrechen an und durch die Menschheit verübt, die die Vorstellungen der wildesten Horrorfilme noch übersteigen. Ich kam „so machtvoll", daß man mich lächerlich machte, mich bespuckte, steinigte und mich unter und auf ein Kreuz zerrte – ich kann mir kaum denken, daß die Menschheit meine Erfahrung als „effektiv" betrachtet hat in der Zeit, als ich sie machte. Ich gehe davon aus, daß Ihre Aussage „vor 200 Jahrhunderten" ein Tippfehler war [A.d.Ü.: im Originalschreiben von Mr. Hackett steht 20 Jahrhunderte, wurde also wohl von Dharma/Oberli von 200 auf 20 korrigiert]. Wenn sie aber wirklich über die Zeit von vor 200 Jahrhunderten sprechen möchten, würde ich das sehr gerne tun. Ich bezweifle jedoch, daß Sie, Mr. Hackett, bereit sein werden, das zu „glauben" und Sie sich zweifellos bemühen würden, mich als „Betrug" hinzustellen.

„Warum verstecken Sie sich jetzt im Schatten?" Wo sind die Schatten, Mr. Hackett? Ich stehe sicher auf dem Wort der Wahrheit in den noch herauszugebenden Bänden unserer Arbeit. Ich bin außerdem der Kapitän für die gesamte Erfahrung dessen, was ihr „Verzückung" und „Aufstieg" und „Armageddon" nennt – ICH BIN SO UNÜBERSEHBAR, DASS SOGAR DAS LICHT GEBLENDET IST VON IHRER VISION UND WAHRNEHMUNG UND DIE DUNKLEN ARBEITEN VOLLZEIT, UM SIE IN UNWISSENHEIT ZU HALTEN. SO SEI ES.

Und weiter: „Ich könnte mir vorstellen, daß Gottes Sohn wichtigere Dinge zu tun hat, als sich drohend über der Erde aufzubauen und wöchentlich über das bevorstehende Verderben zu predigen. Was machen Sie mit dem Rest Ihrer Zeit?" Das ist anders herum – IHR SEID EIN VOLLZEIT-JOB. ICH HABE NICHTS WICHTIGERES ZU TUN, ALS ÜBER DER ERDE ZU SCHWEBEN UND DIE WAHRHEIT ZU BRINGEN – WENN SIE DAS ALS VERDERBEN WAHRNEHMEN, DANN SOLLTEN SIE VIELLEICHT DIE KONSEQUENZEN NOCH EINMAL BETRACHTEN UND DEN STANDPUNKT, VON DEM AUS SIE DIESES KONZEPT SEHEN. TATSÄCHLICH BRINGE ICH DIE WAHRHEIT UND PREDIGE HERRLICHKEIT, ÜBERGANG IN LICHT, GLANZ UND WISSEN – BALANCE UND HARMONIE. SIE WOLLEN, DASS ICH DAS GLEICHE

TUE WIE SATAN, EURE SELBSTZERSTÖRUNG ZULASSE UND DANN SAGE „UUPS, SORRY – ICH HABE VERGESSEN EUCH ZU SAGEN, DASS DIE BRÜCKE VOR DER NASE EURES RENNWAGENS VOLLER SCHLAGLÖCHER IST!"? GLAUBEN SIE WIRKLICH, DASS DAS DER MENSCHHEIT UM SIE HERUM HELFEN WÜRDE, AUS IHRER GEISTESKRANKHEIT HERAUSZUKOMMEN – DIESEN WAHNSINN BEI EUCH NENNT MAN MENSCHEN IN EINER PERIODE DER TOTALEN KONTROLLE SATANS, GENAU WIE ES „EUER" „GUTES BUCH" EUCH SAGT! „Im Rest meiner Zeit" nehme ich an, „faulenze ich herum", schreibe Botschaften und bringe Dharma durcheinander, die nichts davon hat außer Rückenschmerzen, entzündete Fingergelenke und Bankrotterklärungen; Arbeit in der Anonymität, außer ein paar sehr engen Freunden, die genauso viel Zeit und alle weltlichen Güter investiert haben, damit SIE Zugang zum WORT haben. Irgendwie haben wir nicht bemerkt, daß es ZUVIEL IST! ABER DAS SPIEL VERÄNDERT SICH EIN WENIG, MEINE LIEBEN, IHR WERDET NICHT MEHR LÄNGER IN EINER ECKE AN MIR KLEBEN, NOCH WERDET IHR MEIN SEIN KREUZIGEN, NOCH MEIN VOLK UMBRINGEN – MERKT EUCH DAS WOHL! ICH BIN DER WEG UND DAS TOR UND IHR KOMMT NUR DURCH MICH HINEIN, DENN ICH KOMME VON GOTT, WEIL ES DIE ZEIT DER AUSLESE UND DES „RICHTENS" IST – JA, ICH WEISS, WER ICH BIN – WER MÖGT IHR SEIN?

QUALIFIKATION

„Wenn Sie der Christus sind, das soll jetzt nicht respektlos klingen, muß ich Sie aufgrund Ihrer eigenen Vorsicht als das bezeichnen, was Sie angeben zu sein und das bestätigen, bevor ich Ihnen nachfolge und außerdem noch dem Glauben schenken soll, was Sie sagen."

Warum? Sie glauben offensichtlich alles, was Ihnen von den Üblen gefüttert wird! Außerdem ist Respektlosigkeit Ihre volle Absicht. Denn Sie haben bereits entschieden, daß ich nicht „der Christus" bin und dazu kommt, daß Sie davon ausgehen, für Ihre gewagte Äußerung auch noch ein wenig Aufmerksamkeit zu bekommen. Sie erinnern mich an den, der auf die Straße geht und es verflucht, daß er sich den Schlägen Gottes widersetzt hat. Es interessiert mich nicht, ob Sie mich „qualifizieren", Sie sollten sich eher darum bemühen, sich selbst zu „qualifizieren". Ich komme nicht, um etwas zu „beweisen", aber es wird höchste Zeit, daß ihr mir etwas „beweist"! Sie hätten diese Aufgabe leicht in einem Satz lösen können, indem Sie mich um Identifizierung und Referenzen gebeten hätten. Denken Sie darüber nach, mein törichter Freund, den ich inständig bitte, zu meinem weisen Freund zu werden. Ich habe von Niemandem erwartet, blindlings zu „folgen". Ich bitte darum, daß ihr „MIT mir geht". Ich habe niemals ein lebendiges Wesen gebeten, „für mich zu sterben". ICH BITTE EUCH JEDOCH, MIR TREU ZU BLEIBEN UND „MIT" MIR ZU LEBEN, DAMIT IHR REICHLICHE FÜLLE UND VERBUNDENHEIT GENIESST MIT DEM, WAS IHR SEID UND DASS IHR WIEDER FREUDE DARAN HABEN MÖGT, IM LICHT DER SCHÖPFERPRÄSENZ, DER HARMONISCHEN BALANCE UND DER AUSGEGLICHENHEIT MIT DER SCHÖPFUNG ZU WANDELN. NICHT MEHR UND NICHT WENIGER. ICH BITTE EUCH UM RÜCKKEHR ZU DEN GESETZEN GOTTES UND DER SCHÖPFUNG, DENN IHR HABT EURE MUTTER ERDE IN DIE ZERSTÖRUNG GEFÜHRT UND EINE SPEZIES AN MENSCHEN AN DEN RAND DER VERNICHTUNG. SETZT EURE FÜSSE VORSICHTIG AUF DAS EIS, DAS DEN HEXENKESSEL DER HÖLLE BEDECKT – BEINAHE 6 MILLIARDEN AUF EINEM PLANETEN, DER FÜR 500 MILLIONEN GESCHAFFEN WURDE.

Und weiterhin kümmert es mich nicht, ob Sie das, was ich sage, „glauben" oder nicht, wie Sie sagen. Sie können das glauben, was Sie möchten – ich möchte Sie bitten, damit aufzuhören, Steine auf den „Glauben" Ihres Umfeldes zu werfen und auf Ihre Mutter, die Sie in Liebe und Hingabe genährt hat – während sie es offensichtlich zuließ.

INFORMATIONEN ZUM RAUMKOMMANDO

„Die Schriften des Raumkommandos, so informativ sie auch sein mögen, scheinen die gleichen Taktiken beim Menschenfang anzuwenden wie viele Menschen des Übels in der Vergangenheit, um die Menschheit zu kontrollieren." Welche Schriften? Schriften von wem? Nicht aus meinem Kommando, mein Herr. Das ist genau der Grund, warum es im Universumsland der UFO-„Clubs" dieses Heulen und Wehklagen gibt. WIR SIND DARAUF BEDACHT, EUCH AUS DER FURCHT UND DEM TERROR HERAUSZUHOLEN, MIT DEM IHR VON DENEN ZUGEDECKT WERDET, DIE FORSCHEN, FASZINATION UND DEN RUMMEL NÄHREN, FALSCHE SCHLÜSSE VERÖFFENTLICHEN UND DIE FEHLINFORMATIONEN DER „NAIVEN" ÖFFENTLICHKEIT (Ihr Wort), AUFS AUGE DRÜCKEN. *SIE TREFFEN DEN PUNKT SOGAR NOCH VIEL BESSER ALS ICH!*

„Hitler hat die gesamte deutsche Rasse gegen die Juden vereinigt, indem er sie als Verschwörer und als die Wurzel aller deutschen Probleme bezeichnete." Nein, hat er nicht. Sie übertreiben. Es gab Tausende von Deutschen, die ihr Leben dafür gaben, die Leben von Juden zu retten. Das Wort „gesamt" stimmt nicht. Und außerdem, warum machen Sie einen armen, kleinen, bösen Mann verantwortlich für den Untergang von Millionen – könnte es nicht sein, daß die Millionen eine bösartige Idee aufgenommen haben und genauso bösartig sind wie der Mund, der das Böse postulierte? Genauso sprechen Sie davon, daß die Isolation der Juden Hitler alleine zuzuschreiben ist – was sagen Sie zu den anderen Millionen, die auf seine Anweisung oder auf den Befehl der Bösartigen in seinen Truppen hin umgebracht wurden? Warum erwarten Sie absolute Genauigkeit von Denjenigen dieser Ebenen in den USA, sprechen aber die Unwahrheit bei der Gegendarstellung?

GLEICHE TAKTIKEN GEGEN ALLE REGIERUNGEN DIESER WELT

Und wieder, NEIN! Sie haben das Wesentliche nicht begriffen – !! Sie sollten lieber die Journale immer und immer wieder lesen –

besonders das, was noch nicht beim Buchbinder ist. „Die Regierungen", wie Sie sie sehen, verwenden die gleichen Taktiken innerhalb DES PLANES 2000, um euch, das Volk, komplett zu versklaven, was noch fürchterlicher werden wird, als es Hitler sich jemals ausdachte. Das läuft auch schon – selbst die „Todescamps" in Form von AIDS, Hungersnöten, Drogen und Mord durch die Erschaffung von Kriegen und Wirtschaftskontrolle. Wir sagen euch, wie es ist – zusammen mit vielen Rednern und Autoren bei euch – die es unter Androhung von Freiheitsstrafen und sprichwörtlichem Tod wagen, euch die Wahrheit zu verkünden, aber ihr spielt einfach weiter mit euren Glotzkisten und erträumt euch weitere und noch dümmere Computerspiele, um euer Bewußtsein darin zu begraben. SIE *BETRÜGEN* EUCH UND WERDEN EUCH IN DIE VERNICHTUNG FÜHREN – WIE LÄMMER ZUR SCHLACHTBANK. UND GENAU WIE EUER BRUDER UND NACHBAR FRAGT IHR DANN GOTT, WARUM ER EUCH DAS ANTUT UND „GOTT HILF UNS" UND „OH JESUS, BITTE SAG UNS, WAS WIR MACHEN SOLLEN"! GLAUBT IHR, ICH HABE NICHT AUCH DIE ART DER MENSCHEN KENNENGELERNT IN DEN ÄONEN DER ZEIT?

Mitten in euren Geburtswehen stellt ihr Forderungen an uns – andauernd! Wir sind mit großen Unbequemlichkeiten und Gefahren auf euch zugekommen, um euch zu antworten und haben euch sogar ganz genau auf irdische Art und Weise gesagt, was ihr tun könnt, um euch zu verändern und für euch zu sorgen und ihr kommt und sagt „Gott würde das niemals sagen oder tun." Nun, was wollt ihr eigentlich? Wenn euch die Antworten nicht gefallen, dann beendet euer Bitten! UND HÖRT AUCH DAMIT AUF, ZU VERSUCHEN, DENJENIGEN, DIE DIE ANTWORTEN HABEN *WOLLEN*, DIESE ZU VERWEIGERN. ICH WIEDERHOLE – ICH WEISS SEHR WOHL, WER ICH BIN. WER MÖGT IHR SEIN?

Bitte nochmal eine Pause, bevor wir die Diskussion über Politiker und Gott beginnen. So sei es – das Wort „Politiker" ist an sich schon grauenhaft. Salu.

KAPITEL 14

Aufzeichnung Nr. 3 | EMMANUEL

Samstag, 20. Januar 1990, 15.00 Uhr, Jahr 3, Tag 157

GEWÄHLTE AMTSTRÄGER, DIE CHRISTUS NACHFOLGEN

„Gewählte Amtsträger" und „Christus nachfolgen" sind zwei Aussagen, die sich in der Praxis gegenseitig ausschließen. Die, die gewählt sind, sind deshalb gewählt, weil sie die Gesetze der Menschen durchzusetzen haben – Gewalt ist nicht von Gott. Christus nachfolgen – meinen Sie damit die typische Art und Weise, wie Christen heutzutage funktionieren? Diese Frage ist einfach zu vielschichtig, um sie ganz zu interpretieren; ich hege nicht die Absicht, mich einer Antwort zu entziehen, jedoch erkenne ich nicht den Typus von „Christusnachfolger" und das wahre „Beschreiten des Pfades des ‚Christusbewußtseins'." Selbst die, die am Lautesten geschrien haben, sie seien „Menschen Gottes" haben sich großteils geirrt und waren für die Jugend widerliche Beispiele, weil sie die Gebote gebrochen haben, z.B. durch Ehebruch, Unzucht, sich Aneignen von Dingen, die ihnen nicht zustanden (aufgezwungene Steuern) und indem sie Angelegenheiten eurer Konstitution hinein oder hinaus „gewählt" haben. Was passierte mit Martin Luther King, John Kennedy und Anderen, die für sich ehrenhaftes Führungsverhalten „beanspruchten"?

Es gibt praktisch KEINE gewählten Amtsinhaber, die Christen sind und wenn dem so ist, verbleiben sie nicht in der „Elite der Macht". Ich stand fest und wurde auch gekreuzigt – man kann das Bekenntnis eines Menschen zu Gott nicht beurteilen. Ich kenne Dharmas Hingabe, aber auch das ist etwas zwischen Dharma und Gott und geht niemanden Anderen etwas an. Man kann auch nicht wissen, wie die

Verbindung von Martin Luther King war, zum Beispiel. Sie handeln, als ob „Schutz" etwas sei, was aufgedrückt wird, ob man das will oder nicht. Wenn Sie etwas tun wollen, was der Mühe wert ist und Sie verantwortungsbewußt sind – dann sehen Sie zu, daß Sie Mr. LaRouche aus dem Gefängnis frei bekommen und wählen ihn zum Präsidenten. Ich glaube, daß Sie Ihre eigene Antwort auf diese Frage finden. Es gibt noch viel mehr vernünftige und effektive Arten, durch das Kartell hochzukommen und DEN PLAN zu verändern. Trotz bringt Zerstörung. Wissen und Wahrheit in der Einheit bringt Veränderung – aber zuerst muß die Menschheit das Problem verstehen.

„Es ist interessant festzustellen, mit welchen Leuten Sie sich umgeben. Anstatt mit Moses und Buddha, kommen Sie mit Tesla und Russell." Wie kommen Sie darauf, daß ich nicht mit Moses und Buddha zusammen bin? Was haben Sie gegen die Herren Tesla und Russell? Wissen Sie überhaupt, wer die Herren Tesla und Russell aktuell sind? Ich befinde mich in außergewöhnlich exzellenter Gesellschaft – ich reise mit Gott, Aton, der in einer Form kommen wird, die näher bei dem sein wird, was Sie fast nicht akzeptieren können. Seien Sie froh, daß Er sich dafür entscheidet, denn Er hat mehr Verständnis für Ihr Verhalten in einer Manifestation, die annähernd Ihre eigene ist. Ich gehe davon aus, daß Sie, Mr. Hackett, THE RAINBOW MASTERS nicht gelesen haben oder Sie wären nicht in Ihre eigene Falle der Unwissenheit getappt. Und außerdem müssen wir Ihnen noch die Gruppe der Erzengel und die Ältesten Wakan Tanka vorstellen, soweit es möglich ist. Oh ja, die Gesellschaft, in der ich mich auf dieser Ebene befinde, ist äußerst vorzüglich.

DANN HEILEN SIE DOCH AIDS, WENN SIE SO VIEL WISSEN

Ich habe AIDS nicht verursacht, warum sollte ich es dann heilen? Die Menschen haben AIDS erfunden und zwar höchst absichtlich, möchte ich hinzufügen. Warum bestehen Sie nicht darauf, daß man Ihnen die Therapie und das Gegenmittel gibt, das man schon hatte, bevor man das Virus einsetzte? Warum verwandle ich Sie nicht in einen Frosch? Ich könnte es, wissen Sie!

DIE MENSCHHEIT MUSS DAS SELBST AUSMERZEN, WAS *SIE* VERBROCHEN HAT – NICHT MEHR UND NICHT WENIGER.

„ Ich könnte mir vorstellen, daß, wenn Sie sich an der 50 Meterlinie des Super Bowl manifestieren und rufen würden „Ich bin der Christus, hört auf, AIDS zu verbreiten", auch etwas Gutes dabei herauskommen würde." Glauben Sie das wirklich? Ich würde Ihnen zurufen, wenden Sie sich wieder den Gesetzen Gottes und der Schöpfung zu. Ich würde Ihnen sagen, beenden Sie Ihre sexuellen Abartigkeiten wie Sodomie, Unzucht und ehebrecherisches Verhalten. Ich würde Ihnen nahelegen, Ihre Älteren wieder zu schätzen und für Andere das zu tun, was Sie sich für sich selbst wünschen. Ich würde Ihnen empfehlen, ihre Nachbarn zu LIEBEN und GOTT ZU LIEBEN, anstatt sich mit der miserablen, krankmachenden, materiellen Raffgier zu beschäftigen. Ich könnte Ihnen auch vorschlagen, am Sabbath Gott zu verehren, anstatt bei einem Ballspiel zu sitzen, für das Sie sogar Wetten abgeschlossen haben – an einem Superbowl *Sonntag!* Wenn ich mit einem Raumschiff käme, würde jede erdenkliche, der Menschheit bekannte Waffe auf dieses Schiff abgefeuert werden, so daß Sie einen kompletten nuklearen Holocaust hätten. Außerdem würde mich die Zuschauermenge beim Superbowl lynchen, wenn ich das Ballspiel unterbrechen würde und wahrscheinlich würden die Tribünen unter dem lauten Gelächter dabei zusammenbrechen. Wenn Sie glauben, meine kurz aufleuchtende Erscheinung würde etwas bewirken, dann müßten Sie die Menschen kennen, die sich auf einer Superbowl befinden und die ich noch nicht getroffen habe.

„Wir sind eine Welt, die von uns regiert wird, ganz besonders in den letzten Tagen, aber Sie scheinen sich hinter irgendeiner Star-Trek-Anweisung zu verstecken, die Sie daran hindert, sich in unsere Angelegenheiten einzumischen (oh ja – außer den Atomexplosionen)."

Nein, ihr regiert euch nicht selbst – ihr erlaubt euch, von denen „beherrscht" und manipuliert zu werden, die euch kontrollieren. Eine

Regierung durch die Menschen, der Menschen und für die Menschen gibt es schon lange nicht mehr, an keinem Ort auf eurem Planeten.

Ich verstecke mich hinter keiner Star-Trek-Direktive. Ich befolge die Kosmischen Gesetze des Universums und jede Umleitung, die von diesem Rat des Höheren Gesetzes bewilligt wurde. Wir schreiten nicht ein bei nuklearen Explosionen – wenn wir gebeten werden, bei der Umkehr einer außer Kontrolle geratenen Kettenreaktion mitzuwirken, dann ist uns das erlaubt. Es ist uns auch erlaubt, einen unterirdischen Atombombenversuch bei einer Größenordnung von 150 Megatonnen zu neutralisieren (das verursacht ein kleines Erdbeben etwa der Stärke 6 auf eurer Skala). Es ist uns weiterhin erlaubt, alle Nuklear"waffen" bei 150 Meilen über eurer Oberfläche zu blockieren, denn ihr befindet euch dabei im universellen Raum, der von galaktischen und Wesen aus den Sternbildern genutzt wird. Alles, was die universellen Räume betrifft, steht unter den Regierungsrichtlinien des Kosmischen Rates in Zusammenarbeit mit den Repräsentanten der Föderation.

„Während es auf der anderen Seite in Ordnung für Sie ist, mit unseren Regierungsoffiziellen zu kommunizieren, die Sie der Lüge, der Täuschung und jeder anderen verräterischen Aktion bezichtigen. Und doch sind Sie nicht in der Lage, mit uns direkt zu kommunizieren. Ich bin verwirrt!"

ICH KOMMUNIZIERE mit Ihnen direkt und SIE SIND NICHT VERWIRRT – Sie brüskieren bewußt in so einer Art „freundlicher" Projektion Ihrer Negierung. Ich nehme mal an, daß es nicht wir aus den höheren Regionen sind, die etwas dumm erscheinen – wenn wir eine „demokratische Stimme" nähmen. Wenn Sie nicht erkennen, daß Ihre Regierenden lügen, betrügen und ziemlich jede andere betrügerische Aktion durchziehen, dann schlage ich Ihnen vor, dem, was um Sie herum vorgeht, etwas mehr Beachtung zu schenken – oder wissen Sie nichts über Watergate, Contra-Iran-Gate und die heutige Verleugnung von Marion Berry, Kokain zu nehmen?

„Es fällt mir auch außerordentlich schwer zu glauben, daß Sie trotz all Ihrer Perfektion und Ihrer Computer, die CIA-Übertragungen empfangen und auswerten und was weiß ich noch alles, mit einer Schreiberin über eine Radio-Transmission arbeiten, deren Frequenz für Niemanden auf diesem Planeten geheim bleibt."

Wie seltsam, Mr. Hackett, daß Sie telepathische Kommunikation noch nicht erforscht haben. Das ist wirklich die neueste und kommende Technologie. Sie selbst wollen ja meine Worte noch nicht einmal hören, also, warum würde dann die ganze Welt diese Frequenzen mitbekommen? Außerdem hängt die CIA hier in dieser Computeranlage. Glauben Sie wirklich, es wäre effektiver, wenn der CIA Computer plötzlich beginnen würde, diese Botschaften auszudrucken? Glauben Sie, sie würden unverändert bleiben? Glauben Sie, Mr. Bush würde sie auf NBC, ABC oder anderen Nachrichtenkanälen veröffentlichen? Die werden alle vom CFR und der Trilateralen Kommission kontrolliert – genau die Gleichen, die DEN PLAN kontrollieren, um Sie zu kontrollieren, werter Herr.

Doch, wir können uns auch über konventionelle Methoden präsentieren – fragen Sie die Kommunikationsmannschaft bei Yucca Flats und Vandenberg. Hin und wieder nutzen wir Satellitenfernsehen – die Wahrheit ist jedoch, daß es nie in eure Medien gelangt und wenn es so kommt, wird es als Spielberg-Trick heruntergespielt und jeder hat eine Menge Spaß beim Aufdecken. Außerdem habe ich eine sehr effiziente Methode, meine Informationen direkt an den Verleger zu geben. Und – wenn Sie Dharma eine hübsche lange Verschnaufpause gönnen – müßten Sie sich überhaupt nicht mit der Wahrheit auseinandersetzen. Ich habe schon Andere erlebt, die versucht haben, den Informationsfluß auf die gleiche Weise zu stoppen, so daß Ihr Vorschlag bei ihr nur ein mildes Lächeln ausgelöst hat. Informationsfluß stoppen und wieder gewinnt Satan! Das ist ein anderer Trick des alten Fürsten, den Sie nicht durchschaut haben.

„Sie, Sananda, sprechen nicht in der gleichen präzisen, prophetischen Sprache wie zu Ihrer Zeit, als Sie der Christus waren. Jedes Wort, das Sie damals sprachen, hatte mehrere Bedeutungen und hat oftmals viel Nachdenken erfordert, das immer den Schluß zuließ, daß Liebe und Brüderschaft jedes unserer Probleme lösen würde."

Oh, und hier haben Sie alles offen gelassen. Meine prägnante prophetische Sprache muß so viele Bedeutungen gehabt haben, daß die Menschheit sie alle verpaßt hat. Mir schienen sie sehr konkret zu sein und trotzdem behauptet niemand von sich, in der Lage gewesen zu sein, sie zu entziffern und sie rennen weiterhin zu Astrologen und Wahrsagern, um ihre Instruktionen abzuholen. Außerdem denke ich, daß Sie besser getan hätten, die Dokumente noch einmal zu lesen, denn sie fließen über mit direkten „Vorhersagen" – der Unterschied zu heute ist, daß Sie jetzt DRIN stecken. Ja, ich bin immer davon ausgegangen, daß Liebe und Brüderlichkeit alle eure Probleme lösen würde – SIE HÄTTEN ES! SO SEI ES.

WENN ICH HEUTE MIT EINER ANDEREN BOTSCHAFT KOMME, DANN DESHALB, WEIL LIEBE UND BRÜDERLICHKEIT NICHT DIE OBERHAND BEHALTEN HABEN – DAS BÖSE HAT GESIEGT UND JETZT STEHT IHR VOR DER WAHL FÜR EUER SCHICKSAL, DENN DER PUNKT DER RÜCKKEHR OHNE GROSSE AUFSTÄNDE UND REINIGUNG IST ÜBERSCHRITTEN. ICH KOMME HEUTE ALS SANANDA IN EINE ZEIT, IN DER EIN WELTENZYKLUS ZU ENDE GEHT. IHR HABT ZU LANGE GESCHLAFEN.

„Sind Sie nicht mehr der Retter?" Ich war nie euer „Retter"! Ich kam als der Messias. Sie werden für Ihre eigenen Handlungen geradestehen und Ihr eigenes Urteil sprechen müssen. Ich kann in Ihrem Interesse vermitteln und um GNADE und Erbarmen bitten – aber Ihr „Seelenheil" ist etwas zwischen Ihnen und dem Schöpfergott. Weder ich noch irgendjemand Anders kann das für Sie erledigen. Jeder wird sich selbst „retten" oder sich selbst „verlieren", ich habe kein himmlisches Recht, einzugreifen und werde nur bitten und Ihnen meine Hand anbieten – mehr kann ich nicht tun. ICH BIN DAS WORT – SIE HABEN DEN FREIEN WILLEN.

„Ihre neuliche Konfrontation mit Mr. Cooper bringt mich zu der Überzeugung, daß Sie ein profitables Geschäft führen, das gerade Wettbewerb bekommt."

Nun, wenn es nur so wäre, denn Gott ist Fülle. Jedoch war es bis hierher leider nur kostenträchtig. Wettbewerb? Wie kann ein Mensch abschätzen, was es bedeutet, einem dürstenden Land Wasser zu bringen, wenn Konkurrenz um den Wassereimer besteht. Mr. Cooper benutzte Schriften wie CRASH AT AZTEC, ABOVE TOP SECRET, THE MAJESTIC 12 PAPERS, und Dutzende Quellen, die zuvor von Anderen herausgegeben wurden. Er präsentierte inkorrekte Information und zog inkorrekte Schlüsse daraus – das wird nicht länger hingenommen. Wenn Sie dafür einen Beweis möchten, werden wir Krill* nochmal diskutieren – Original Geisel Krill*, über die Mr. Cooper in Seiner Allmächtigen Hoheit in geschmacklosester und widerlichster Art und Weise gesprochen hat – dieser Außerirdische war das Produkt eines humorvollen Einfalls eines Anderen. Oberli, bitten lege diesem Schreiben eine Kopie von Mr. Lears Schreiben bei.

[*A.d.Ü.: Im Original steht das Wort KrLLL. Ich gehe davon aus, daß dies ein Übertragungsfehler ist und habe mich deshalb für das Wort Krill entschieden.]

Sie haben Angst, daß ich und meine Kollegen „nicht im Lichte des Christus arbeiten." Junge, ICH BIN das LICHT! Und außerdem diene ich demütig Hatonn, der vierdimensionaler Kommandant ist, sich jedoch in der höheren Wahrheit befindet – ATON. ASHTAR IST DER OBERKOMMANDANT DER GESAMTEN UNIVERSELLEN RAUMFLOTTE IN EURER GEGEND DIESES UNIVERSUMS. ICH BIN BEKANNT DAFÜR, ÄRGER ZU MACHEN – REIZEN SIE MICH NICHT.

„Zusammen mit der Gegendarstellung zu Mr. Coopers Argumenten, drohen Sie Mr. Cooper, daß er „schwer geprüft" werden wird. Die Wahrheit muß nicht mit dem Tod hervorgebracht werden und das wird sie auch selten! Wissen Sie das nicht bis jetzt?"

(Sic, sic) Jetzt kommen Sie, es ist doch Mr. Coopers Ansatz in der Fehlinterpretation, der widerlegt (schwer geprüft) wird. Ich habe nicht den geringsten Wunsch, Mr. Cooper zu schaden. Ich respektiere und behandle ihn auch sorgsam, habe ihn auch gefragt, ob er sich uns in der Wahrheit anschließen möchte, denn er kann eine Menge beitragen. Aber zu verkünden, daß er seine Wahrheit verbreitet, weil er Christus und Jesus dient, erregt ziemliches Mißfallen – denn Liebe ist ein gebender Akt und würde niemals einem Anderen Leid oder Schmerz zufügen. Glauben Sie wirklich, Sie könnten die öffentliche Wahrheit „patentieren"? Das würde den Gebrauch der Heiligen Bibel ausschließen. Mr. Cooper machte ein paar öffentliche Anmerkungen in der Richtung, daß er meiner Schreiberin Einhalt gebieten würde. Ich nehme das als persönliche Drohung mit der Absicht, ihrer Körperlichkeit Schaden zuzufügen. Ich halte nichts davon, Mr. Cooper zu verletzen – ich schätze und lade ihn in meinem Inneren ein, jedoch nicht, um die dunkle Bruderschaft ins Innere zu bringen. Wenn er es wünscht, in unserem Namen Werbung zu betreiben, sind wir dafür sehr dankbar, jedoch wird es am Ende nicht ich sein, der herabgewürdigt wird.

„Ihre Verbindung zu Ramtha, dem größten Schwindel der modernen Zeit, ist sehr alarmierend. Ihr einfaches Leben auf Erden, ohne irgendwelche Reichtümer, hat Viele dazu gebracht, sich von den materiellen Gütern abzuwenden und den Reichtum des Geistes zu suchen. Ramtha ist, in scharfem Kontrast und laut eigenem Eingeständnis, an „einem gewinnorientierten Geschäft" beteiligt. Sind Sie und Ihre Brüder des Raumkommandos eine Niederlassung der Knight Enterprises?"

Auf welchen Informationen basiert Ihre Aussage, daß Ramtha ein Schwindel ist? Ich habe keine Verbindung zu Ramtha noch mit einem seiner Sprecher; wenn er ein Bruder ist, muß er jedoch auch einen Schritt vorwärts machen und assistieren. Offensichtlich ist seine Gruppe das aber nicht. Mein junger Freund, Sie werden herausfinden, daß, wenn wir „fischen gehen", wir auch die „richtigen Köder" dabei haben, um herauszufinden, welche Fische im Wasser schwimmen. Das „Komitee", welches darüber entscheidet, welche Bücher von Ramthas Gruppe unterstützt werden, bewegt sich aber immer noch auf der „Forschungsebene". Der Leiter der Gruppe für Publikationen usw. sagte, er bezweifle das große Interesse an manchen Journalen, weil „sie nicht im Mafu-Topf ‚landen' möchten!" also, was um Himmels willen glauben Sie, meint er damit?

Und was ist mit meinem einfachen Leben auf der Erde ohne Reichtum? Ich wurde mit einigen der größten Güter gesegnet, die einem Menschenkind jemals zuteil wurden. Ich arbeitete gewissenhaft in meinem Beruf und außerdem blühte ich im Schweiße meines Angesichts und meiner eigenen Arbeit auf. Gott ist Fülle und wenn Sie Gottes Fülle begrenzen, unterliegen Sie einem Irrtum. Glauben Sie, daß Armut und Leben von dem, was ein Anderer erschafft, ehrenhaft ist? Außerdem gibt es keinen anderen Zweck „im Geschäftsleben zu stehen", als der, Gewinne zu machen, seien sie emotionaler oder materieller Natur. Es ist nicht amüsant, Jemanden zu sehen, der aus angeberischen Gründen vorgibt, in Armut zu leben oder der einfach zu faul ist, sich um seine eigenen Bedürfnisse zu kümmern. Außerdem nehme ich weiterhin an, daß Sie nichts über die „Knight Enterprises" wissen, denn ich weiß höchstens das dazu, was ich auf den Scannern finden könnte. Auf alle Fälle würde ich die darin beschäftigten Personen nicht verdammen, obgleich ich Unwahrheit „niederknüppeln" würde, falls ich sie fände.

Wenn ihr einen Mitmenschen in Not findet und ihr könnt ihm helfen – tut es. LASST EUCH ABER VON IHM NICHT IN DIE GOSSE ZIEHEN ODER BUCKELT VOR IHM, DENN DAS HAT KEINEN SINN. WAS ZÄHLT, IST DIE „LIEBE" ZUM REICHTUM UND DIE HINGABE EURES „HERZENS" DARAN. GELD ALS SOLCHES IST EIN WERKZEUG UND NICHTS WEITER. GELD IST WEDER GUT NOCH SCHLECHT – DIE „LIEBE" ZU DEN REICHTÜMERN IST DER PUNKT. EINEM MENSCHEN OHNE FÜSSE SCHUHE HINZUWERFEN, MACHT KEINEN SINN, ES SEI DENN, IHR GEBT IHM VIELE PAARE SCHUHE UND ZEIGT IHM, WIE MAN EIN SCHUHGESCHÄFT FÜHRT. GEHT NEBEN EUREM BRUDER UND TRAGT IHN GELEGENTLICH, WENN ER ES NÖTIG HAT – ABER IHR HABT KEIN RECHT DAZU, EINEN ANDEREN DURCH DIE ZURSCHAUSTELLUNG EURER SELBSTGERECHTEN WOHLTATEN „KLEIN ZU MACHEN". MENSCHEN

VERLETZEN IHRE UNGLÜCKLICHEN BRÜDER MIT STOLZER WOHLTÄTIGKEIT, WENN DIE ARMEN JOBS, LIEBE UND EINEN SCHUB BRAUCHEN, UM AUF DIE FÜSSE ZU KOMMEN. EIN MENSCH MUSS WÜRDE UND SELBSTACHTUNG HABEN – IHR HELFT EINEM ERTRINKENDEN NICHT, WENN IHR INS WASSER SPRINGT, UM MIT IHM UNTERZUGEHEN – STRECKT EURE HAND AUS, ZIEHT IHN HOCH UND HERAUS UND TEILT MIT IHM, WAS IHR HABT. ES BRINGT NICHTS, WENN IHR ALLES GEBT, WAS IHR HABT UND DANN WEGEN EURER TORHEIT ZUR LAST FÜR ANDERE WERDET. *DER MENSCH MUSS LERNEN, VERANTWORTUNG ZU ÜBERNEHMEN!* DER MENSCH MUSS LERNEN, AUF EIGENEN FÜSSEN ZU STEHEN UND DIE VERANTWORTUNG FÜR ALL SEIN TUN ZU ÜBERNEHMEN – *FÜR ALL SEIN TUN.*

„An diesem Punkt, mein Herr, habe ich das Gefühl, daß Sie nicht der sind, der Sie vorgeben zu sein; Sie sind entweder eine schmerzlich desillusionierte Seele wie die, die ich im Fernsehen gesehen habe, oder Sie und Dharma sind ein und dasselbe, oder es interessiert Sie gar nicht, was Sie drucken, denn das Meiste scheint sowieso aus einer Vielzahl von Quellen abgeschrieben zu sein und wurde schon viele Male wiederholt."

Viele Male wiederholt? Es scheint mir eher, daß ich es gar nicht oft genug wiederholt habe, denn ganz sicher haben Sie, Mr. Hackett, jedes Mal das Meiste davon verpaßt. Wie können Sie etwas wissen über abgeschriebenes Material – haben Sie alle verfügbaren Publikationen gelesen, um eine weise Entscheidung zu treffen, wer von wem abgeschrieben hat? Könnte es vielleicht einfach nur sein, daß einige der benutzten Schriften MEINE gewesen sein könnten?

ICH BIN GENAU DAS, WAS ICH VORGEBE, ZU SEIN – UND WIEDER, WER MÖGEN SIE SEIN, DER RICHTET UND VERDAMMT UND OHNE GRÖSSERES WISSEN GROSSSPURIGE AUSSAGEN MACHT?

Oh je, die arme Dharma versucht einfach nur, ihren Job zu machen – meistens gegen alle möglichen Widrigkeiten und Speerspitzen aus dem Lager der gelehrten Autoritätsexperten, deren Sprachwerkzeuge sehr viel effizienter arbeiten als die Masse zwischen ihren beiden Gehörgängen.

Also, wenn Sie erkennen, daß ein Teil meines Materials anderen Ansätzen ähneln könnte – freue ich mich wirklich, denn das sollte Sie ein wenig trösten bei der Bestätigung, daß es womöglich die Wahrheit ist. DIE WAHRHEIT ÄNDERT SICH NICHT – WENN ES DIE WAHRHEIT IST UND SIE WIRD ÖFFENTLICH, WIE KÖNNTE MAN SIE ÄNDERN UND SIE TROTZDEM ALS WAHRHEIT BEHALTEN? DAS FUNKTIONIERT NICHT!

„Wie berichtet wurde, haben Sie sich kürzlich mit Archäologen getroffen, Sie sind also offensichtlich in der Lage, auf die Erde zu kommen. Meine Mutter, mein Vater und ich laden Sie ein, uns in unserer einfachen Behausung in Sedona, Arizona, zu besuchen, das ist weniger als eine Meile von Schwester Thedra entfernt. Kommen Sie zu uns zu einer kleinen Zeremonie des Abendmahls, mit der wir Sie bei Ihrer Rückkehr auf die Erde willkommen heißen wollen. Bringen Sie die Kommandanten Hatonn und Ashtar mit und klären Sie diese wichtigen Fragen. Überzeugen Sie uns von Ihrer Wahrheit und wir werden von jetzt an Ihre demütigen Diener sein. Vielleicht möchten Sie sich mit einer Delegation Ihrer derzeitigen Anhängerschaft treffen, oder vielleicht möchten Sie mich auf Ihrem Schiff treffen, geben Sie mir die Koordinaten und ich mache mich bereit dafür, nach oben geholt zu werden."

Ja, ich bin durchaus in der Lage, auf die Erde zu kommen und das tue ich auch oft. Oberli, sorge dafür, daß ein Bild beigelegt wird. Ich danke Ihnen für Ihre Einladung, aber Sie haben sie sehr sarkastisch und mit verletzender Absicht ausgesprochen und es würde Ihre Eltern sehr schmerzen. Mir mangelt es nicht an Brot, also warum wollen Sie das nicht mit einem irdischen Bruder teilen, der keines hat? Ich werde nicht versuchen, Sie von irgendetwas zu „überzeugen" – Ihre

„bigotten" Meinungen interessieren mich kaum. Genauso wenig nehme ich an, daß Sie die Präsenz der Kommandanten Hatonn und/oder Ashtar „wirklich" wünschen. Ich möchte Sie nicht zu meinem Diener machen – ich wünschte, Sie würden sich anstrengen, Ihren Mitmenschen zu dienen und zwar in einer anderen Art als ihrer Hinterhältigkeit und Selbstgerechtigkeit. Sie würden unsere Präsenz nicht wirklich genießen, denn wir kommen im Dienst an euch und wir verbeugen uns nicht vor der Präsenz des Bösen.

Eine Delegation meiner derzeitigen „Nachfolger"? Ich bin bei meinen Brüdern, die im Dienst von Gott und der Schöpfung stehen, immer im Dienst – ich weiß wenig über „meine Nachfolger", denn Sie unterstellen, daß es wahrhaftig eine armselige Truppe ist.

Sie genießen Ihre Späße? Dann lassen Sie mich Ihnen ein paar entzückende Bildbeschreibungen geben. Wie stellen Sie es sich vor, zu diesen allerliebsten Schäfchenwölkchen hinaufzukommen, um bei der „Göttlichen Energie von Jesus Christus und Gottvater zu sein?" Hüpft dort jeder singend und tanzend auf diesen putzigen kleinen Wölkchen herum? Die Wolken befinden sich nur ein paar hundert Meter über Ihrer Oberfläche und Ihre Oberfläche wird zu einem richtigen Schweinestall werden. Möchten Sie, daß wir Sie in der nuklearen Wolke herumschweben lassen? So sei es – es ist Ihre Wahl. Und außerdem bezweifle ich, daß Sie sich den Mühen unterziehen, sich auf ein „beamen", wohin auch immer, vorzubereiten. [A.d.Ü.: „beamen" bedeutet „hochgeholt werden" oder „sich hochholen lassen". Ich lasse es stehen, weil es mittlerweile auch mit dieser Bedeutung im deutschen Sprachgebrauch angekommen ist.]

Jetzt James, möchte ich ihnen noch etwas sehr Wichtiges sagen. Sie sind ein erstaunliches Wesen und eine wundersame Erschaffung des Schöpfers. Nicht nur, daß ich Ihnen diesen Brief nicht übel nehme, sondern ich danke Ihnen aufrichtig und ernsthaft dafür, daß Sie ihn geschrieben haben. Ich denke nicht, daß sie ihn mit absichtlicher Niedertracht oder Bösartigkeit verfaßt haben. Ich begrüße die Gelegenheit für die Beantwortung, denn es ist ein „typischer" Brief und ich schätze es, daß Sie ihn uns zugesandt haben. Weiterhin würde es mir sehr gefallen, wenn wir Freunde sein könnten, denn Sie sagten ja, daß Sie mir glauben und mich schätzen und sogar ein „Nachfolger" der Göttlichen Energie von Jesus Christus sein könnten – nun, hier ist meine Hand, denn genau darum geht es – die Göttliche Energie!

Und wie nun haben Sie die Wiederkunft „des Christus" erwartet? Bereitet es Ihnen soviel Kummer, daß Gott den Weg bereitet? Ich habe bereits einen Platz für Sie vorbereitet – tun Sie wieder weniger für mich?

Sie leben weniger als einen Kilometer von Schwester Thedra entfernt? Dann schlage ich Ihnen vor, rennen Sie so schnell sie können zu ihr hin und erzählen ihr, daß Sananda Sie geschickt hat. Sie könnten sehr wohl sehr überrascht sein, zu hören, daß Sananda wirklich sehr real ist.

Ich komme nun zum Ende und möchte ein paar meiner eigenen Aussagen „abschreiben" – und wieder aus dem Buch Matthäus, denn es ist so gut wie jedes Andere:

[A.d.Ü.: hier verwende ich wieder die Bibelübersetzung Luthers von 1912, die Zusätze füge ich kursiv ein.]

Matthäus 24, Vers 3 ff.:

„³ Und als er auf dem Ölberge saß, traten zu ihm seine Jünger besonders und sprachen: Sage uns, wann wird das alles geschehen? Und welches wird das Zeichen sein deiner Zukunft und des Endes der Welt? ⁴ Jesus aber antwortete und sprach zu ihnen: Sehet zu, daß euch nicht jemand verführe. ⁵ Denn es werden viele kommen unter meinem Namen, und sagen: „Ich bin Christus" und werden viele verführen. ⁶ Ihr werdet hören Kriege und Geschrei von Kriegen; sehet zu und erschreckt euch nicht. Das muß zum ersten alles geschehen; aber es ist noch nicht das Ende da. ⁷ Denn es wird sich empören ein Volk wider das andere und ein Königreich gegen das andere, und werden sein Pestilenz und teure Zeit und Erdbeben hin und wieder. ⁸ Da wird sich allererst die Not anheben. *Aber all das wird erst der Anfang der Schrecken sein, die über euch kommen.*

⁹ Alsdann werden sie euch überantworten in Trübsal und werden euch töten. Und ihr müßt gehaßt werden um meines Namens willen von

allen Völkern. ¹⁰ Dann werden sich viele ärgern und werden untereinander verraten und werden sich untereinander hassen. ¹¹ Und es werden sich viel falsche Propheten erheben und werden viele verführen. ¹² und dieweil die Ungerechtigkeit wird überhandnehmen, wird die Liebe in vielen erkalten. ¹³ Wer aber beharret bis ans Ende, der wird selig.

¹⁴ Und es wird gepredigt werden das Evangelium vom Reich in der ganzen Welt zu einem Zeugnis über alle Völker, und dann wird das Ende kommen.

¹⁵ Wenn ihr nun sehen werdet den Greuel der Verwüstung (davon gesagt ist durch den Propheten Daniel), daß er steht an der heiligen Stätte (wer das liest, der merke darauf!), ¹⁶ alsdann fliehe auf die Berge, wer im jüdischen Lande ist; ¹⁷ und wer auf dem Dach ist, der steige nicht hernieder, etwas aus seinem Hause zu holen; ¹⁸ und wer auf dem Felde ist, der kehre nicht um, seine Kleider zu holen.

¹⁹ Weh aber den Schwangeren und Säugerinnen zu der Zeit! ²⁰ Bittet aber, daß eure Flucht nicht geschehe im Winter oder am Sabbat. ²¹ Denn es wird alsbald eine große Trübsal sein, wie nicht gewesen ist von Anfang der Welt bisher und wie auch nicht werden wird.

²² Und wo diese Tage nicht verkürzt würden, so würde kein Mensch selig; aber um der Auserwählten willen werden die Tage verkürzt.

²³ So alsdann jemand zu euch wird sagen: Siehe, hier ist Christus! oder: da! so sollt ihr's nicht glauben. ²⁴ Denn es werden falsche Christi und falsche Propheten aufstehen und große Zeichen und Wunder tun, daß verführt werden in dem Irrtum (wo es möglich wäre) auch die Auserwählten. ²⁵ Siehe, ich habe es euch zuvor gesagt.

²⁶ Darum, wenn sie zu euch sagen werden: Siehe, er ist in der Wüste! so gehet nicht hinaus, – siehe, er ist in der Kammer! so glaubt nicht.

²⁷ Denn gleichwie ein Blitz ausgeht vom Aufgang und scheint bis zum Niedergang, also wird auch sein die Zukunft des Menschensohnes. ²⁸ Wo aber ein Aas ist, da sammeln sich die Adler.

²⁹ Bald aber nach der Trübsal derselben Zeit werden Sonne und Mond den Schein verlieren, und Sterne werden vom Himmel fallen, und die Kräfte der Himmel werden sich bewegen.

³⁰ Und alsdann wird erscheinen das Zeichen des Menschensohnes am Himmel. Und alsdann werden heulen alle Geschlechter auf Erden und werden sehen kommen des Menschen Sohn in den Wolken des Himmels mit großer Kraft und Herrlichkeit. ³¹ Und er wird senden seine Engel mit hellen Posaunen, und sie werden sammeln seine Auserwählten von den vier Winden, von einem Ende des Himmels zu dem anderen.

³² An dem Feigenbaum lernet ein Gleichnis: wenn sein Zweig jetzt saftig wird und Blätter gewinnt, so wißt ihr, daß der Sommer nahe ist. ³³ Also auch wenn ihr das alles sehet, so wisset, daß es nahe vor der Tür ist. ³⁴ Wahrlich ich sage euch: Dies Geschlecht wird nicht vergehen, bis daß dieses alles geschehe.

³⁵ Himmel und Erde werden vergehen; aber meine Worte werden nicht vergehen. ³⁶ Von dem Tage aber und von der Stunde weiß niemand, auch die Engel nicht im Himmel, nein, nicht einmal Gottes Sohn, sondern allein mein Vater.

³⁷ Aber gleichwie es zur Zeit Noah's war, also wird auch sein die Zukunft des Menschensohnes. ³⁸ Denn gleichwie sie waren in den Tagen vor der Sintflut, sie aßen, sie tranken, sie freiten und ließen sich freien, bis an den Tag, da Noah zu der Arche einging. ³⁹ und achteten's nicht, bis die Sintflut kam und nahm sie alle dahin, also wird auch sein die Zukunft des Menschensohnes.

⁴⁰ Dann werden zwei auf dem Felde sein; einer wird angenommen, und der andere wird verlassen werden. ⁴¹ Zwei werden mahlen auf der Mühle; eine wird angenommen, und die andere wird verlassen werden.

⁴² Darum wachet, denn ihr wisset nicht, welche Stunde euer HERR kommen wird.

⁴³ Das sollt ihr aber wissen: Wenn der Hausvater wüßte, welche Stunde der Dieb kommen wollte, so würde er ja wachen und nicht in sein Haus brechen lassen. ⁴⁴ Darum seid ihr auch bereit; denn des Menschen Sohn wird kommen zu einer Stunde, da ihr's nicht meinet.

⁴⁵ Welcher ist aber nun ein treuer und kluger Knecht, den der Herr gesetzt hat über sein Gesinde, daß er ihnen zu rechter Zeit Speise gebe?

⁴⁶ Selig ist der Knecht, wenn sein Herr kommt und findet ihn also tun. ⁴⁷ Wahrlich ich sage euch: Er wird ihn über alle seine Güter setzen.

⁴⁸ So aber jener, der böse Knecht, wird in seinem Herzen sagen: Mein Herr kommt noch lange nicht, ⁴⁹ und fängt an zu schlagen seine Mitknechte, ißt und trinkt mit den Trunkenen: ⁵⁰ so wird der Herr des Knechtes kommen an dem Tage, des er sich nicht versieht, und zu einer Stunde, die er nicht meint, ⁵¹ und wird ihn zerscheitern und wird ihm den Lohn geben mit den Heuchlern: da wird sein Heulen und Zähneklappen."

Matthäus 25, Vers 1 ff:

„¹ Dann wird das Himmelreich gleich sein zehn Jungfrauen, die ihre Lampen nahmen und gingen aus, dem Bräutigam entgegen. ² Aber fünf unter ihnen waren töricht, und fünf waren klug. ³ Die törichten nahmen Öl in ihren Lampen; aber sie nahmen nicht Öl mit sich. ⁴ Die klugen aber nahmen Öl in ihren Gefäßen samt ihren Lampen.

⁵ Da nun der Bräutigam verzog, wurden sie alle schläfrig und schliefen ein. ⁶ Zur Mitternacht aber ward ein Geschrei: Siehe, der Bräutigam kommt; geht aus ihm entgegen!

⁷ Da standen diese Jungfrauen alle auf und schmückten ihre Lampen. ⁸ Die törichten aber sprachen zu den klugen: Gebt uns von eurem Öl, denn unsere Lampen verlöschen.

⁹ Da antworteten die Klugen und sprachen: Nicht also, auf daß nicht uns und euch gebreche; geht aber hin zu den Krämern und kauft für euch selbst.

¹⁰ Und da sie hingingen, zu kaufen, kam der Bräutigam; und die bereit waren, gingen mit ihm hinein zur Hochzeit, und die Tür ward verschlossen.

¹¹ Zuletzt kamen auch die anderen Jungfrauen und sprachen: Herr, Herr, tu uns auf!

¹² Er antwortete aber und sprach: Wahrlich ich sage euch: Ich kenne euch nicht.

¹³ Darum wachet; denn ihr wisset weder Tag noch Stunde, in welcher des Menschen Sohn kommen wird.

Und wieder kann das Königreich des Himmels durch diese Geschichte dargestellt werden.

[14] Gleichwie ein Mensch, der über Land zog, rief seine Knechte und tat ihnen seine Güter aus;

[15] und einem gab er fünf Zentner, dem andern zwei, dem dritten einen, einem jedem nach seinem Vermögen, und zog bald hinweg. [16] Da ging der hin, der fünf Zentner empfangen hatte, und handelte mit ihnen und gewann andere fünf Zentner.

[17] Desgleichen, der zwei Zentner empfangen hatte, gewann auch zwei andere.

[18] Der aber einen empfangen hatte, ging hin und machte eine Grube in die Erde und verbarg seines Herrn Geld.

[19] Über eine lange Zeit kam der Herr dieser Knechte und hielt Rechenschaft mit ihnen. [20] Da trat herzu, der fünf Zentner empfangen hatte, und legte andere fünf Zentner dar und sprach: Herr, du hast mir fünf Zentner ausgetan; siehe da, ich habe damit andere fünf Zentner gewonnen. [21] Da sprach sein Herr zu ihm: Ei, du frommer und getreuer Knecht, du bist über wenigem getreu gewesen, ich will dich über viel setzen; gehe ein zu deines Herrn Freude!

[22] Da trat auch herzu, der zwei Zentner erhalten hatte, und sprach: Herr, du hast mir zwei Zentner gegeben; siehe da, ich habe mit ihnen zwei andere gewonnen.

[23] Sein Herr sprach zu ihm: Ei du frommer und getreuer Knecht, du bist über wenigem getreu gewesen, ich will dich über viel setzen; gehe ein zu deines Herrn Freude!

[24] Da trat auch herzu, der einen Zentner empfangen hatte, und sprach: Herr, ich wußte, dass du ein harter Mann bist: du schneidest, wo du nicht gesät hast, und sammelst, wo du nicht gestreut hast; [25] und fürchtete mich, ging hin und verbarg deinen Zentner in die Erde. Siehe, da hast du das Deine.

[26] Sein Herr aber antwortete und sprach zu ihm: Du Schalk und fauler Knecht! wußtest du, daß ich schneide, da ich nicht gesät habe, und sammle, da ich nicht gestreut habe? [27] So solltest du mein Geld zu

den Wechslern getan haben, und wenn ich gekommen wäre, hätte ich das Meine zu mir genommen mit Zinsen. ²⁸ Darum nehmt von ihm den Zentner und gebt es dem, der zehn Zentner hat. ²⁹ Denn wer da hat, dem wird gegeben werden, und er wird die Fülle haben; wer aber nicht hat, dem wird auch, was er hat, genommen werden. ³⁰ Und den unnützen Knecht werft hinaus in die Finsternis; da wird sein Heulen und Zähneklappen.

³¹ Wenn aber des Menschen Sohn kommen wird in seiner Herrlichkeit und alle heiligen Engel mit ihm, dann wird er sitzen auf dem Stuhl seiner Herrlichkeit, ³² und werden vor ihm alle Völker versammelt werden. Und er wird sie voneinander scheiden, gleich als ein Hirte die Schafe von den Böcken scheidet, ³³ und wird die Schafe zu seiner Rechten stellen und die Böcke zu seiner Linken.

³⁴ Da wird dann der König sagen zu denen zu seiner Rechten: Kommt her, ihr Gesegneten meines Vaters ererbt das Reich, das euch bereitet ist von Anbeginn der Welt! ³⁵ Denn ich bin hungrig gewesen, und ihr habt mich gespeist. Ich bin durstig gewesen, und ihr habt mich getränkt. Ich bin Gast gewesen, und ihr habt mich beherbergt. ³⁶ Ich bin nackt gewesen und ihr habt mich bekleidet. Ich bin krank gewesen, und ihr habt mich besucht. Ich bin gefangen gewesen, und ihr seid zu mir gekommen.

³⁷ Dann werden ihm die Gerechten antworten und sagen: Wann haben wir dich hungrig gesehen und haben dich gespeist? oder durstig und haben dich getränkt? ³⁸ Wann haben wir dich als einen Gast gesehen und beherbergt? oder nackt und dich bekleidet? ³⁹ Wann haben wir dich krank oder gefangen gesehen und sind zu dir gekommen?

⁴⁰ Und der König wird antworten und sagen zu ihnen: Wahrlich ich sage euch: Was ihr getan habt einem unter diesen meinen geringsten Brüdern, das habt ihr mir getan. ⁴¹ Dann wird er auch sagen zu denen zur Linken: Gehet hin von mir, ihr Verfluchten, in das ewige Feuer, das bereitet ist dem Teufel und seinen Engeln! ⁴² Ich bin hungrig gewesen, und ihr habt mich nicht gespeist. Ich bin durstig gewesen, und ihr habt mich nicht getränkt. ⁴³ Ich bin ein Gast gewesen, und ihr habt mich nicht

beherbergt. Ich bin nackt gewesen, und ihr habt mich nicht bekleidet. Ich bin krank und gefangen gewesen, und ihr habt mich nicht besucht.

[44] Da werden sie ihm antworten und sagen: HERR, wann haben wir dich gesehen hungrig oder durstig oder als einen Gast oder nackt oder krank oder gefangen und haben dir nicht gedient?

[45] Dann wird er ihnen antworten und sagen: Wahrlich ich sage euch: Was ihr nicht getan habt einem unter diesen Geringsten, das habt ihr mir auch nicht getan.

[46] Und sie werden in die ewige Pein gehen, aber die Gerechten in das ewige Leben."

****

SO SEI ES UND SELAH.
ICH WEISS, WER ICH BIN – WER MÖGEST DU SEIN?

Dharma, es war wirklich lang und ich danke dir, Chela, denn ihr müßt mir Hände und Füße sein bis zu dem Tag, an dem ich wieder unter euch bin. In unendlicher Liebe biete ich euch die Hand und den Schutz unter meinen Flügeln. Ich werde immer euren Ruf erhören; werdet ihr die Antwort hören?

Au Da Pai Da Cum denn ich bin der Weg und wer darum bittet, wird einkehren. Segen über euch Menschen der Wahrheit.

ICH BIN ESU EMMANUEL SANANDA

KAPITEL 15

Aufzeichnung Nr. 1 | GYEORGOS CERES HATONN

Mittwoch, 24. Januar 1990, 7.00 Uhr, Jahr 3, Tag 161

Guten Morgen, Dharma. Laß uns erst über ein paar Themen sprechen, bevor wir mit dem Journal weitermachen. Einen Teil der Erörterung möchte ich dem Material widmen, das von Billy Meier an GG geschickt wurde. Ich möchte auch, daß Oberli alle verfügbaren Informationen über die Santa Barbara Savings vs. E. und D.E. zusammenträgt, die im Gericht von Jason Brent in Mojave, Kalifornien, präsentiert worden sind [A.d.Ü.: Santa Barbara Federal Savings and Loan Association = Bank]. Das ist nämlich ein ziemlich gutes Beispiel dafür, wie tief die Ungerechtigkeit geht, die euch Bürgern aufgezwungen wird. Dieser spezielle Richter plant nun, von einem Amtsgericht in ein höheres Gericht zu wechseln. Das ist ein Beispielfall und ich werde ihn ausführlich behandeln.

Wir müssen auch Dr. Meek noch antworten, aber ich glaube, er ist ziemlich geduldig, solange wir noch diese vordringlichen kleinen Happen erledigen müssen. Außerdem möchte ich noch eine „Auswahl" des Themenmaterials haben, das G&D nach Florida mitnehmen.

Zuerst möchte ich kommentieren, was gerade so in eurer Regierung passiert, denn es könnte eine höchst verheerende Woche für eure Märkte werden, wenn nicht heute gleich am frühen Morgen Maßnahmen ergriffen werden.

Eure Mittelwerte sind die Spiegelung des Druckes in Japan und die negative Haltung gegenüber weiteren Finanzmitteln, um eure Wirtschaft zu stützen. Die Märkte in Japan und Großbritannien sind als Antwort darauf auch verunsichert. Der waghalsige Computerhandel mit seinem terrorisierenden Effekt beginnt zu wirken und es werden all-out Bemühungen gemacht, um die Aufmerksamkeit auf die Studenten nach China und allen anderen Arten von Nichtigkeiten zu lenken, um diese Unsicherheit aufrecht zu erhalten, bis man irgendwie die Stabilität wieder erreicht hat.

Was WIRKLICH passiert, ist der lastende Druck auf Regierung und Feds [A.d.Ü.: Federal Reserve Banks], die Fakten veröffentlichen zu müssen, daß „hier vielleicht zweimal soviel Geld für die S&Ls benötigt wird, vielleicht weitere 50 Milliarden US $". Natürlich wurde hier in die Ausgangssumme kein Puffer eingebaut und alle wußten es – außer euch netten kleinen Sklaven, die die 100 Milliarden US $ bezahlen. Nun, nicht mal das wird nahezu ausreichen. Es war niemals beabsichtigt, das Problem zu lösen, denn es war ein hauptsächlicher Ausgangspunkt dafür, die Wirtschaft auf die Knie zu zwingen und weiterhin unter der Kontrolle der Bankerverschwörer durchzuwitschen. Jetzt gibt es eine ganze Liste zusammenbrechender Institutionen, die der bereits langen Liste hinzugefügt wird und alle auf der höheren Ebene, wie Herr Greenspan, schauen ganz unschuldig drein und labern daher, als ob es höhere Gewalt wäre.

Mr. Bush ignoriert alles zusammen und gibt lauthals seine Gründe bekannt, warum er sein Veto gegen ein Gesetz einlegen wird, das es chinesischen Studenten in den Vereinigten Staaten erlaubt, etwas länger zu bleiben usw. Er behauptet, es würde gegen das „Studenten-Austausch-Programm" mit China verstoßen, wenn man es versäumt, die Studenten darauf hinzuweisen, daß sie wieder heimgehen sollen. So sei es – haltet einfach eure Augen und Ohren offen und betet kraftvoll, daß es noch ein wenig aufrechterhalten werden kann, bis wir etwas besser dastehen. Wir müssen unbedingt die Finanzierung für unsere Projekte durchbekommen.

Aktuell nehmen die Banken nur Projekte an, die erfolgversprechend sind. Nichtproduktive Investitionen gibt es im Überfluß, so daß es für die Banken nicht genug Einnahmen gibt, womit sie ihre Schuld- und Zins-Ungleichheiten ausgleichen können, und das wird noch schlimmer werden, wenn die Wirtschaft noch rückläufiger wird.

Wie ich euch gestern gesagt habe, ist das Bestreben, die Fassade noch ein wenig länger aufrecht zu erhalten, denn noch haben sie nicht jedes Gewehr unter Kontrolle – dieser Schub wird jetzt richtig auf Touren kommen, denn die Verschwörer hoffen, die Sklaven vor dem totalen Kollaps komplett unter Kontrolle zu bekommen – höchstwahrscheinlich wollen sie die Wirtschaft in kontrollierter Abfolge kollabieren lassen, um die Durchführbarkeit des PLANS 2000 sicherzustellen. Das bedeutet kontrollierte Ausgabe von Luftgeld und damit werdet ihr alle in den Bauch des Biests geschaufelt.

Was könnt ihr tun? Tut, was wir euch vorgeschlagen haben und haltet die Augen offen. Wissen ist eure einzige Chance. Bitte erinnert euch daran, daß es um Wissen geht, von dem sie wollen, daß ihr es nicht bekommt – seit der Zeit von Adam und Eva, wie euer Märchen sagt. Der „Apfel"-Baum war tatsächlich der „Baum der Erkenntnis", ihr Historiker.

Glaubt ihr nicht, daß die Verschlechterung eures Bildungssystems beabsichtigt ist? Wenn man die Bevölkerung unwissend und ungebildet hält, kann man sie durch pure Gewalt und cleveres Aussortieren kontrollieren. Wenn ein Mensch nicht lesen und schreiben kann – ist die Schlacht schon geschlagen.

Außerdem – pervertiert eure Bevölkerungen in unmoralisches Benehmen, danach treibt ihr ihre Babys ab und Satan hat erneut eine Runde gewonnen – weil die lichten Seelen in die Länder zurückkehren, in denen es noch Hoffnung auf eine Kursveränderung des Bösen gibt. Die satanischen Kräfte sind den rechtschaffenen Kräften zahlenmäßig bereits weit überlegen. Die Absicht dabei ist, neue, lichtvolle Energien vom Eindringen abzuhalten und die vorhandenen Schwingungen in immer tiefere Verwirrung abzusenken, so daß die Arbeit des Bösen vervollständigt werden kann – vorzugsweise durch eure so genannten christlichen und jüdischen Führungen und Kirchen. Wenn der „kirchliche" Prediger in die Nähe der Wahrheit kommt – führe ihn in Versuchung, so daß er in den Schmutz fällt und damit treibt man Massen weg vom Licht und in den schwarzen Morast. Ihr habt all diese Dinge bereits in Aktion gesehen – schaut um euch herum und macht euch Gedanken dazu, daran möchte ich euch erinnern.

Jetzt möchte ich mit euch über das Einwirken dunkler Kräfte sprechen und wie die Anzeichen solcher Einwirkungen sind. Der Angriff ist normalerweise höchst heimtückisch – wird durchgeführt bei einem bestimmten „begabten" Wesen durch Kräfte, die sich in diesen Kreis hineinschleichen. Dann wird damit begonnen, Stück für Stück das Ego des Betroffenen zu demontieren – „schau hier, sie stehlen unser Material" und „laß uns mal diesen unsäglich miserablen Menschen ‚unser' Material nicht mehr zusenden, denn sie könnten es übernehmen" – es wäre sehr aufheiternd, wenn es nicht so schmerzvoll und vorsätzliche schwarze Absicht wäre.

Wenn ihr wirklich davon ausgehen würdet, daß die Wahrheit verbreitet würde und ihr vermutet, daß man dafür euer Material kopiert, würdet ihr diese nicht mit eurem Material überfluten, so daß es wahrheitsgetreu bleibt? Nun, aber genau das passiert eben nicht – betrachtet euch, was passiert, wenn die Wahrheit verbreitet wird – sie bedrohen euch mit Rechtsstreitigkeiten, weil ihr die öffentliche Wahrheit benutzt, sie attackieren den Autoren, sie senden überhaupt keine Nachrichten mehr und beginnen „ihren eigenen Schwanz aufzufressen" insofern, als es manchmal vorgekommen ist, daß Welche, die bisher eine große Auswahl an Büchern führten, dann nur noch das Zeug aus dem inneren „Kreis" und vom „Guru" anboten.

Und das alles nur, um diese JOURNALE bei der Verbreitung zu boykottieren. Es ist wirklich dumm, denn alle Welt weiß, daß der beste Weg, etwas zu fördern, der ist, das Ding zu verbieten oder es schlecht zu reden.

Es gibt Welche, die behaupten, alles was sie wollten wäre, das Wort zu verbreiten und die Menschen im Namen von Christus und der Göttlichkeit zu „RETTEN". Nein, was sie wollen ist, den Massen die Wahrheit vorzuenthalten, um das durchzusetzen, was nach ihrer Ansicht das Einheimsen der Belohnung ist. Üblicherweise ist die darin verwickelte zentrale Figur komplett unwissend über den Teufelspakt.

Ich kann mir nichts Seltsameres vorstellen, als diese Ufologen, die sich im Geldkreislauf befinden, die „guten kleinen Außerirdischen" in Verruf bringen und dazu noch das Banner aufnehmen, um unsere Arbeit zu diffamieren. DENN DARIN GIBT ES NUR WAHRHEIT UND SIE WISSEN ES! DAZU KOMMT, DASS DIEJENIGEN IM TEILNEHMERKREIS DES WISSENS ANFANGEN, DIE UNTERSCHIEDE ZU ERKENNEN, ERSTE SCHRITTE MIT IHRER EIGENEN, VON GOTT GEGEBENEN VERNUNFT MACHEN UND REALISIEREN, DASS ES „LOGISCHEN SINN MACHT".

Einige der zu Anfang sehr Bescheidenen mußten herausgenommen werden wegen der komischen „Bewegungen", die um sie herum aufgebaut wurden. Dümmliche Bezeichnungen und sorgfältig konstruierte Ego-Logos werden über ihr ganzes Material gedruckt und sie bauen sich auf als der „einzige Kontakt" und ohne korrekte Pflege geht der zentrale und sehr begabte Kontakt verloren – zerstört durch seine Mitmenschen, und er kann nicht einmal erkennen, „welche" ihn so verletzt haben. Die Zeit hat in solchen Fällen keine Bedeutung – das kann durch Kommunikationszeit und lange vorher, durch die Jahrhunderte gewesen sein.

Ich würdige zum Beispiel solche wie Virgil Armstrong. Seine Bücher wurden ihm genommen und in viele Sprachen übersetzt – und haben sich in Rußland sehr gut verkauft. Außer der Ehre bekommt er nichts für diesen „Diebstahl", aber es ist ihm ein Anliegen, das Wort so weit wie möglich zu verbreiten – es geht ihm nicht um diese paar Pfennige. Ja, er muß für sein Werk eine Belohnung erhalten, aber das kommt auf vielen Wegen und mittlerweile marschiert die Wahrheit quer durch alle Länder. Und wir von den Schützenden Brüdern werden sein Werk bewerben und fördern und für ihn soll die Fülle fließen durch die Wahrheit und keine Rechtsstreite eher läppischer Natur. Es gibt keine Veranlassung, Terror durch Schwarzmalerei zu unterstützen. Die Fakten können in der Hoffnung auf Einsicht und unendliche Liebe dargelegt werden, um die Wesen zu erheben, anstatt Salz in ihre offenen Wunden zu streuen.

Ihr müßt die Wahrheit in eurer derzeitigen Situation erkennen, denn nur durch die Wahrheit werdet ihr frei. Aber es ist wunderbar erhebend und Freude spendend, etwas zu wissen, um danach sofort die Herausforderung anzunehmen, etwas in positive Richtung zu verändern. Es ist unaussprechliche Freude, Gott zu kennen und zu verstehen, daß der üble Plan nicht gewinnen wird und ich finde meine Mannschaft durchgehend freudig und friedlich, einfach nur deshalb, weil sie an einer solchen Zeit der Herausforderungen teilhaben und Wahrheit und Wissen erleben darf. Und durch ihren Beitrag an Liebe und Hingabe wird die Belohnung mannigfaltig und große Fülle sein, denn das ist das Versprechen des Schöpfers.

EDUARD A. MEIER (BILLY)

Ich muß für diesen wunderbaren Freund das ihm angeheftete Etikett in dieser außerordentlich traurigen Situation verwenden, denn anders hätte meine Erörterung sehr wenig Bedeutung. Der Beitrag dreht sich um einen Brief und eine Information, die von Billy an GG [A.d.Ü.: George Green] gesandt wurden, den Billy als einen sehr engen und lieben Freund betrachtet. Billy wurde in seiner menschlichen Form beinahe zerstört, der Schmerz in seinem Wesen schreit laut und dann wurde er in seinem Leid für Lügen geöffnet.

Dieser Mann war unser erster wichtiger Kontakt auf eurem Planeten in der neueren Zeit der Veränderungen. Er war ein „einfacher" Mann der Wahrheit und sehr bescheiden in den Jahren seiner Kontakte mit Semjase. Er wurde mit irdischen Bombardements geplagt und mußte sparsam leben, aber er war ein einfacher und ehrlicher Mensch, der geschickt wurde, um irdischer Kontakt zu werden, so daß wir uns bekannt machen und mit unserer Wahrheit akzeptiert werden konnten und nicht um des Terrors willen.

Billy Meier wird für seinen Beitrag zu *UND SIE NANNTEN IHN JMMANUEL – ICH BIN SANANDA* [A.d.Ü.: Phönix-Journal Nr. 02], vollen Ausgleich erhalten, denn er war der Erste, der es wagte, die

Originalaussagen der alten Schriftrollen zu drucken, nachdem er das übersetzte Material von einem höchst Geschätzten im Libanon erhalten hatte.

Ich werde seinen Brief hier wörtlich zitieren:

----

30. Dezember 1989

Hallo GG,

Danke für deinen Brief und für die Bücher.

Mein Material wurde dazu benutzt, Horrorgeschichten daraus zu machen und damit die Menschheit in noch mehr Verwirrung zu stürzen.

Mein Kommentar:

Die Amerikaner sind Betrüger, Heuchler, Schwindler und die ersten und letzten Gauner im ganzen Universum.

Schau dir die anliegenden Kopien an.

Eduard A. Meier (BILLY)

Das anliegende Material ist sowohl herzzerreißend als auch voller Wahrheit. Es gibt einige Mißverständnisse in der Botschaft des Plejadiers, aber ihr solltet Billy trotzdem großzügig Mitgefühl entgegenbringen, denn er mußte sehr viel Interpretationsarbeit leisten, weil er sich Notizen machte und es dann niederschrieb. Für ihn ist es nicht so einfach wie für Dharma, zum Beispiel, denn bei ihr benutzen wir einfach die Tastatur – unzweifelhaft werden die unbearbeiteten JOURNALE etwas geändert, da sie von einer Sprache in eine andere umgesetzt werden. So sei es. Ich werde auf Unstimmigkeiten hinweisen. Zuerst kopiere ich mal einen Teil:

Einhundertneunzigster Kontakt
Dienstag, 29. Mai 1984, 14.44. h
Quetzal Nach unserem letzten Gespräch und der Inspektion deiner . . . .

Eduard „BILLY" Meier erklärt:
Die wirkliche Kontaktperson, Herr Eduard „BILLY" Meier, der der Kontakt mit den Plejadiern war – SEMJASE – QUETZAL – PTAAH – PLEJA – TALIJDA – und Anderen, distanziert sich ausdrücklich von der Zusammenarbeit mit Dr. Fred Bell, seinen Machenschaften und seinen vorgespielten Äußerungen, daß er, Dr. Fred Bell, die ersten Kontakte mit dem Plejadier SEMJASE gehabt hätte.

Die Vortäuschungen des Dr. Bell, daß er Kontakte mit den Plejadiern gehabt hätte und die Informationen, von denen er behauptet, er hätte sie von ihnen, wurden von den Plejadiern als irreführend und unwahr bezeichnet und daß er sie als seine eigenen ausgab; Information aus den Kontaktnotizen von BILLY.

Unter Bezugnahme auf den Auszug aus dem übersetzten und neu geschriebenen 193. Kontakt vom Dienstag, 29. Mai 1984, um 14.44 h, Kontakt zwischen der Station des Kommandanten der Plejaden, Quetzal, und BILLY Meier . . . . der folgenden gegebenen Anweisungen. Die ersten Schritte bezüglich unserer Anweisungen wurden bereits unternommen und wir haben all unsere Verbindungsgruppen aus den USA und Asien zurückgezogen, denn es macht keinen Sinn, daß Fanatiker, Betrüger und Schwindler uns zum Zwecke ihrer eigenen Profite benutzen. Wir wissen, daß dies bereits mit B. Chriswell und einem Dr. Fred Bell passierte (von den USA: von Billy notiert), und auch mit einigen Anderen, über die Sie in unseren letzten Gesprächen informiert wurden. Zu jener Zeit merkten Sie an, daß Beide, Dr. Bell und B. Chriswell, in der Öffentlichkeit vorgetäuscht und erklärt haben, daß sie Kontakte mit SEMJASE, PTAAH und Anderen aus unserer

Gruppe in Europa hatten, was nicht übereinstimmt mit der Wahrheit, denn wir hatten nie Kontakte irgendwelcher Art mit Erdenmenschen außerhalb Europas. Unsere Kontakte in Europa beziehen sich jetzt auf nur vier Personen, einer von ihnen sind Sie, zwei weitere Personen sind mittlerweile verstorben, bleibt noch eine weitere Person. Zu der jetzigen Zeit gibt es nur zwei Kontakte in bewußter Form. Mit Ihnen halten wir den physischen Kontakt aufrecht und mit der anderen Person nur den telepathischen. Heißt, reine Telepathie mit gemäßigten Impulsen. Alle anderen Kontakte sind unbewußter Natur, da die verbundene Person keine Idee davon hat, was passiert und die ins Auge gefaßte irdische Person keine Erinnerung an den Kontakt haben wird. Als Ergebnis daraus hat kein Erdenmensch bewußten Kontakt, weder mit unseren europäischen, asiatischen, noch unserer Gruppe in Amerika. Jeder, der das behauptet, muß als Betrüger oder Schwindler bezeichnet werden. Sie wissen selbst sehr gut, warum das so ist und warum Sie das einzige „Sprachrohr" sind, und aus welchen Gründen nur Sie unsere Kontaktperson in diesem gegebenen Format sein können. Egal wie, wir haben unsere Gruppen aus den USA und Asien bis auf Weiteres zurückgezogen und bis zu der Zeit, da sich die Wellen geglättet haben und die Wahrheit durchsickert. Das wird auch einige Nachteile in der Entwicklung dieser Länder haben und es können auch ein paar sehr unliebsame politische Folgen daraus entstehen. Aber trotzdem werden wir davon Abstand nehmen, bis die Wahrheit durchkommen kann, bevor wir uns erneut mit dem Gedanken befassen, uns noch einmal auf Entwicklungshilfe für die Länder USA und ASIEN einzulassen..........................

8. Frage: Sie haben viele Feinde, auch besonders in UFO-Kreisen. Was haben die gegen Sie?

Antwort: Die heutigen Kreise der sogenannten Ufologen und Kontaktpersonen bestehen meistens aus Leuten, die sich nicht mit Ufologie und der Wahrheit auf einer verantwortungsvollen Ebene beschäftigen wollen. Stattdessen verfolgen Viele unechte Studien der Ufologie, prahlen und lügen über erfundene Kontakte, um damit ihren Hang zur Sensationsgier zu stillen, desgleichen ihr Sektierertum und kleine Eifersüchteleien, ihre Schlaubergerattitüden, Großspurigkeit und Minderwertigkeitskomplexe auszuleben und oft genug auch ihre Egotrips zu befriedigen. Hinzu kommen diese Anderen, die sogenannten „Gesegneten"; die Delegierten von Gott/Heiligen/Jesus; Apostel; Gott- und Engelbotschafter; „Auserwählten"; Channelers und Andere mit angenommenen übersinnlichen Begabungen; Erleuchtete; Seher, Offenbarer und Heiler von eigenen Gnaden, usw. Diese Menschen sind ein Teil der Weltbevölkerung, der es schafft, die leichtgläubigen und schwankenden Individuen auf der ganzen Welt zu umgarnen, auszunehmen und zu belügen. Ehrlich gesagt, 99,979 % all dieser Anschuldigungen dieser Scharlatane basieren auf absichtlichen Fälschungen, Lügen und Betrug, inklusive derer, die angeblich von UFOs, Außerirdischen und von denen der „anderen Seite" oder aus anderen Dimensionen kontaktiert wurden. Diese Lügenmärchen könnten auch aus zeitweiliger Schizophrenie oder ähnlichen Geisteskrankheiten entstanden sein. Und tatsächlich sind aus einer Million Behauptungen zu Kontakten, Aufgeklärtheit, zu den Auserwählten zu gehören, Übertragungen von Botschaften und so weiter, nur 203 (!) echte Wahrheits- und Realitätsübermittler, während die restlichen 999,797 aus dieser Million Betrügereien und Lügen der einen oder anderen Art sind. Meine Feinde sind eifersüchtig auf meine Kontakte mit den Plejadiern und sind der Ansicht, sie seien eine weitaus bessere Kontaktperson im Vergleich zu mir. Jedoch sind sie generell nicht nur weniger informiert über mich und meine Kontakte, sondern sie haben keine wirkliche Ahnung von dieser Mission und die Existenz und das Wirken spiritueller Ebenen, Energien, Gesetze und Gebote, geschweige denn von ihrer Wahrheit und der Wirkungsweise. Ganz zu schweigen von ihrer Ahnungslosigkeit gegenüber der Existenz der Schöpfung, ihrer Gesetze und Gebote oder den Wechselwirkungen zwischen Schöpfung, dem Geist, den verschiedenen

Ebenen und dem Leben, die nicht nur Ruhm nach sich gezogen haben (nach dem sie sich mit all ihren Egos die Finger lecken), sondern wirklich ernsthafte Probleme, z. B. alles in allem elf Mordversuche, die gegen mich gerichtet waren. Und außerdem übersehen diese Menschen, daß sie mit der gleichen Feindseligkeit behandelt werden würden, die sie jetzt mir gegenüber an den Tag legen.

Das Schlimmste ist, daß sie sich weigern, darüber nachzudenken, daß ich mit dieser Mission und ihrer Erfüllung nicht erst seit Jahrzehnten betraut bin, sondern bereits in vielen früheren Leben; daß ich im Vorfeld schon mit den Grundbestandteilen wie äußerster Disziplin vertraut gemacht wurde; daß ich mich in Jahren der Mühen selbst ausbilden mußte, ohne Hilfe von außen; und daß ich in der Lage sein mußte, diese Mission zur vorgesehenen Zeit zu übernehmen, um sie weiterzutragen und zu verwirklichen. Meine Feinde sehen nur, daß sie in dieser Mission keine Rolle spielen können, auch wenn sie sich noch so sehr anstrengen. Das erregt auf der einen Seite ihren Neid und ihren Haß und auf der anderen Seite ihre Frustrationen, denn sie selbst können ihre wilden und verrückten Spekulationen und sektiererischen Marotten nicht großflächig angelegt veröffentlichen. Ich möchte jedoch darauf hinweisen, daß ich keinerlei Feinde in all den Gruppierungen seriös interessierter Menschen habe, die sich ernsthaft und enthusiastisch mit den Themen über UFOs und Informationen dazu auseinandersetzen.

Außerdem neiden sie mir meine UFO-Fotografien der Strahlschiffe (nachgewiesenermaßen die Besten der Welt), Filme, Dias, Proben von Metallen und Kristallen usw. und nennen sie Fälschungen. Das ist immer der Fall bei Pseudo-Wissenschaftlern, unehrlichen Kritikern und von Allen, die die Wahrheit nicht akzeptieren können aus Gründen der Sektiererei, Religion, Politik, Pseudo-Wissenschaft oder Ähnlichem.

Ein weiterer Punkt für die Animositäten meiner Person gegenüber ist die Tatsache, daß ich Betrüger, Lügner, Schizophrene, Psychopathen und Schwindler entlarve, wenn sie über UFOs diskutieren oder über Kontakte mit Außerirdischen, Kontakte mit welchen „von der anderen Seite" und aus anderen Dimensionen. Feindseligkeiten kommen auch vor mit Channelers, die als „Gesegnete" betrachtet werden und anderen Ausgeflippten etc. Ich distanziere mich von diesen Leuten und ich fürchte mich nicht, ehrlich über mein Wissen und meine Erfahrungen mit ihnen zu sprechen. Natürlich behaupten all diese Betrüger, Lügner und Schwindler immer noch, daß sie zu den 203 aus einer Million gehören, die die Wahrheit sagen, aber sie realisieren nicht, daß sie sich selbst nur noch tiefer in ihren eigenen Lügen verstricken.

****

Beim zweiten Nachdenken glaube ich, daß ich über das oben Gesagte keine Kommentare abgeben werde. Ich denke, ihr müßt jetzt Urteilsvermögen entwickeln und wenn es genug Fragen dazu gibt, werde ich antworten. Ich bitte euch dringend, euch nicht an einer defensiven oder offensiven Strategie aufzuhängen, sondern an der Wahrheit, die hierin enthalten sein kann.

AUF JEDEN FALL – WIR WERDEN EDUARD (BILLY) MEIER EIN FORUM ZUR VERFÜGUNG STELLEN, UM SEINE WAHRHEIT AN DIE ÖFFENTLICHKEIT ZU BRINGEN IN EINEM LAND, DAS SEINE WAHRHEIT GESTOHLEN, SEINE FOTOGRAFIEN BENUTZT HAT (ZUM EXAKT GLEICHEN ZEITPUNKT, IN DEM SIE IHN IN VERRUF GEBRACHT HABEN) UND, WENN ER DAS FORUM ANNEHMEN WILL, WERDEN WIR ALLES TUN, WAS MÖGLICH IST, UM SEINE WAHRHEIT MIT EHRLICHKEIT ÖFFENTLICH ZU MACHEN.

Wenn wir von gestohlenem Material sprechen, dann von allen seinen Fotografien, die mit unserer Zustimmung und den Bereitstellungen unsererseits gemacht worden sind, zusammen mit den Notizen, die verdreht und dann so dargeboten wurden, als ob es hervorgezauberte Lügen wären. Es gab weit verbreitete Bemühungen, sein Werk in Mißkredit zu bringen, wie ich schon in *SPACE–GATE – Der Schleier wird entfernt* [A.d.Ü.: Phönix-Journal Nr. 03] sagte und Alle die, die diesen Mann absichtlich verunglimpft haben, werden aufgrund ihrer Lügereien diskreditiert werden.

Bitte achtet auf diesbezügliche Daten. Erinnert euch auch, daß Quetzal ein anderer Name für Phönix ist. Es gibt Irrtümer in der Wahrnehmung, daß es nur EINEN Kontakt gäbe – wie ich euch vorher gesagt habe, würde keine Führung jemals eine so schwere Last auf ein menschliches Wesen legen.

Wir haben wirklich unsere Kontakte aus den USA und Asien für eine gewisse Zeit zurückgezogen, außer bei den Wenigen, die Botschafter für die Erstellung eines Netzwerkes waren. Dharma hat bis 1986 nie von den Plejaden gehört – sie hat die Konstellation „Wee Dipper" genannt und hatte nie etwas davon gehört, bis Sananda ihr 1986, und „Hatonn" und „Ashtar" 1987 davon erzählt haben und sie sich vor Lachen darüber ausschütten wollte. Sie hatte überhaupt keinen Kontakt mit Billy Meier. GOTT ARBEITET AUF MYSTERIÖSEN WEGEN BEI SEINEN WUNDERN! SO SEI ES.

GG, bitte aktualisiere das, wie es dir möglich ist. Wir werden die dunklen Energien, die in ihn eingedrungen sind, „ausschälen" müssen und es ihnen unmöglich machen, zu ihm durchzudringen. Er hat momentan einen Kreis von Leuten um sich geschart, die ihn komplett in Verruf bringen, wenn er es nicht schafft, sie unter Kontrolle zu bringen. Er klärt sich selbst nicht mehr und hat irreführende Informationen erhalten – die Betrüger haben ihm erklärt, Semjase sei tot usw. Das entspricht nicht der Wahrheit, aber wir können nicht mit ihm kommunizieren durch den Schleier von Dunkelheit, den er um sich herum aufgebaut hat. Einige um ihn herum haben aufsehenerregende Logos und schmutzige Vorausplanungen gemacht und bauen einen Kult um ihn herum auf. Wenn er sich nicht über die Irrtümer in dieser Aktion bewußt wird, können wir nicht mit oder durch ihn arbeiten. Einige in seinem Umfeld haben genau das gegenteilige Image um ihn herum aufgebaut, als das, was wir mit ihm vorhatten.

Ich befürchte, es könnte schwierig werden, die Informationen durch diese Abfangjäger durchzubekommen, wie das in anderen

Fällen bei eurer Nation schon war. Alles, was man machen kann ist, sich um Kontakt zu bemühen.

Ihr seid im Moment unter einer Lawine von Arbeit begraben, so daß ich vorschlage, diesen Kontakt aufleben zu lassen. Ich biete einem „Menschen" keine Plattform für seinen Haß, Rache oder haßerfüllte Gegendarstellungen. Ich biete aber einer „Person" die Möglichkeit, seine Wahrheit mitzuteilen. Sie wird jedoch nicht akzeptiert mit Gier und der Absicht „aha – jetzt werde ich's der Welt zeigen". Unsere Mission ist es, über diese Dinge hinauszuwachsen und wenn das nicht paßt, muß man den Lieben segnen und ihm erlauben, seinen gewählten Weg zu gehen. Er erkennt nicht, daß er in seinem Haß das Thema und die Gesetze der Schöpfung und Gottes, die er verkündet, beiseite schiebt. Ihr scheint einfach nicht zu erkennen, was ihr tut.

DIESES IST EINE SEHR GUTE GELEGENHEIT, UM „DIE ANDERE WANGE HINZUHALTEN", IN EIN WUNDERBARES WACHSTUM EINZUTRETEN UND DIE WAHRHEIT ZU ERHELLEN, INDEM MAN EINFACH DIE WAHRHEIT UNTERSTÜTZT. IHR MÜSST DIE STEINE NICHT AUF DIE GAUNER UND DIEBE ZURÜCKWERFEN. DIE, DIE DIE LICHTE QUELLE REPRÄSENTIEREN, MÜSSEN SICH ÜBER DIE MENSCHLICHEN TRIEBE HINAUSHEBEN, DAMIT DIE ÖFFENTLICHKEIT NICHT ALLE BRANDMARKT. WENN IHR EUCH GENAUSO VERHALTET, WIE DIE DUNKLEN MASSEN, DANN VERWUNDET IHR DIE WAHRHEIT. WIR WERDEN DAS WIRKLICH SEHR GENAU BEOBACHTEN UND ICH DANKE EUCH FÜR DIE MÖGLICHKEIT, DAMIT ANFANGEN ZU KÖNNEN, DAS IN DIE ÖFFENTLICHE AUFMERKSAMKEIT ZU BRINGEN.

Ja, es ist schlimm, wenn ein Mensch elf Mordanschläge erleben muß – aber so geht es Allen, die die Wahrheit bringen; Dharma hatte mehr und sogar mit drei Erfolgen. Und wenn ihr euch außerdem aus unserem Einflußbereich herausnehmt, können wir euch nicht mehr abschirmen und Billy hat uns praktisch zurückgewiesen und er war noch nicht einmal in der Lage, hinter die Fassade zu schauen.

Satans Gesellen sind immer bereit, sich einzuklinken, beabsichtigt oder zufällig, wenn ein Mensch niedergedrückt ist und geben ihm Verständnis und Zuwendung und streichen über sein Ego, bis die Augen total erblindet sind. Ich bitte Billy, hierüber tief nachzudenken. Bei der nächsten Kontaktaufnahme, die er bekommt, muß er fordern „SICH HINWEGZUHEBEN IM NAMEN GOTTES UND DER SCHÖPFUNG", wenn die Energie mit schwarz verfärbter Absicht kommt. Ich gehe davon aus, daß er in einem leeren Energiekreis zurückgelassen wird, vorausgesetzt, daß er den Satz wahrhaftig und mit voller Absicht artikuliert, denn sie sind kurz davor, ihn komplett übernommen zu haben. Er wurde miserabel behandelt, aber er wußte, daß es von Anfang an so sein würde und ihr nehmt die Mission schließlich an. Wenn ihr die Last nicht tragen könnt, wird sie von euch genommen, aber Wahrheit, gepaart mit negativen Aktionen, wird nicht toleriert. Bitterkeit und Haß kommen nicht von Gott oder der Schöpfung und unseren Beauftragten ist es nicht erlaubt, solche Dinge zu leben, während sie unsere Botschaften verbreiten. So sei es und mögen die Augen, die sehen – sehen, und die Ohren, die hören können – hören! Gott wird euch nie lassen, ohne euch die Fähigkeit zu geben, in Seinen Schoß und zu Seinem Wirken zurückzukehren. Ich schlage vor, daß sich Billy bei Seinen höheren Freunden nach der Echtheit von Hatonn/Aton usw. erkundigt. Wir müssen in die Balance zurückkehren.

Genug, Dharma. Fühle dich nicht betroffen, wenn du eine Rückantwort bekommst wie „Wer braucht Sie, um mir zu sagen, was ‚MEINE' ausgesuchten Energiebedürfnisse zu mir sagen – glauben Sie NICHT, sie könnten mir das direkt sagen?" Klingt vertraut? Oder, „Dieser Hatonn muß aus der Dunkelheit kommen, denn er äußert Dinge, die meinen eigenen Ansichten widersprechen." Demut ist der erste Schritt auf dem Weg zu Gott und Jmmanuel Sananda. *ES GIBT KEINE DUNKELHEIT AN DIESEM ORT, CHELA! SO SEI ES. UND NEIN, ICH NEHME DEINE KÜNDIGUNG NICHT AN – ES GIBT NOCH VIEL ARBEIT ZU TUN UND DU HAST DICH BEREIT ERKLÄRT, DIESEN TEIL ZU ÜBERNEHMEN.*

Ich denke, es wäre ganz gut, wenn du und Oberli euch anziehen und heute oder Morgen in die Stadt gehen würdet, um euch von den einkommenden Energien zu distanzieren. Ihr habt seit über zwei Wochen eure Wohnung nicht verlassen und das Bombardement gegen euer Heim ist ohne Pause schwer zu ertragen. Danke.

Und was sonst noch als auf Stand-by zu gehen und zu klären, bitte. Guten Tag.

KAPITEL 16

Aufzeichnung Nr. 1 | GYEORGOS CERES HATONN

Donnerstag, 25. Januar 1990, 7.00 Uhr, Jahr 3, Tag 162

Wir bekommen eine Menge Briefe und wir sind sehr dankbar dafür. Ich werde auf die antworten, die direkt an mich gerichtet sind. In manchen Fällen, Dharma, werden wir die Korrespondenz komplett übernehmen und in Anderen nur die entsprechenden Punkte. Hier ist Hatonn, um heute Morgen zu schreiben. Wie üblich, haben wir Beides, Briefe, die mit Liebe gesandt wurden und solche mit Haß, mit „selbst erdachten" „Liebes"-Bezeugungen.

GALAKTISCHE STARBESETZUNG

Bitte zitiere genau:

„Sonntag, 21. Januar 1990

Hey, Herr Bonze Hatonn,

Da Sie einen so heißen Computer haben, geben Sie uns die Namen und Adressen Derjenigen, die uns unsere Freiheit wegnehmen wollen.

Ersparen Sie uns verschwommene, halbblöde Informationen, ersparen Sie uns Ihre Kränkungen und das Palaver über die Gefährdung ihrer „kleinen Chela". Wenn die Wahrheit die Wahrheit ist, gibt es kein Zurückhalten. Kommen Sie direkt zum Punkt oder wenden Sie Ihr Raumschiff und geben Sie Vollgas.

Wir erkennen nicht, warum Bashar Ramtha Lazarus und Mafu sich auf Ihre Richtung einschießen sollen. Jeder hat seine verabredete Göttliche Mission und seinen Sinn. Jede Illusion der Trennung auf Ihrer Seite zeigt, daß Sie noch viel zu lernen haben.

Im Universellen Bewußtsein des Geistes ist die Dualität irrelevant. Seelenfreiheit durch das Erkennen von Gott als das Eine, Unzerstörbare, Ewige, Anregende Prinzip Allen Lebens Ist, War und Wird Immer Sein.

Das Einzige Thema

Niemand – nichts kann oder hat die Macht, uns unsere Freiheit zu nehmen und dazu kommt, daß Menschen ihre Freiheit aufgeben, sie wird ihnen nicht genommen. Es kommt nicht auf die Umstände an, diese Wahrheit ist unveränderbar.

Die Flamme der Liebe lodert in Allem. Energien und Einstellungen, denen in dem begegnet wird, was sich JETZT Phönix Dokumente nennt, sind ein entfernter Ruf der zur Verfügung stehenden Flamme der Liebe.

Unterschrieben mit ‚die nicht so mickrige Galaktische Starbesetzung'"

Unser lieber „Victory", „Beyond", „Galaktische Starbesetzung" Gary Bussy wünscht Namen und Adressen, deshalb beginnen wir mit Galaktische Starbesetzung, Sundial Motel, 1034 N. Main, Cottonwood, Arizona 86326.

Ich nehme Ihre Lehrstunden an, mein Sohn, und da ich es nicht auf den Punkt gebracht habe und ich weder einen „Vorwärts"- noch einen „Rückwärts"gang bei meinem Schiff habe, kann ich es nicht „wenden und Vollgas geben". Ein Kreis hat weder ein Vorne noch ein Hinten und wir beschleunigen auch nicht, indem wir „Vollgas" geben.

Wenn Ihnen unsere Arbeit nicht gefällt, scheint es mir angebracht, daß Sie sie einfach links liegen lassen. Wenn Sie, auf der anderen Seite, den Wunsch verspüren, Kritik zu üben, schlage ich vor, daß Sie diese Informationen erst mal ordentlich verstehen und sie verinnerlichen. Außerdem möchte ich Ihnen den Rat geben, jedes Wort in „Satans Trommler" auswendig zu lernen. [A.d.Ü.: *SATANS TROMMLER*, PJ-09]

Ich weiß, daß Sie nicht für alle sprechen, die Sie als Galaktische Starbesetzung aufgeführt haben, denn einige aus Ihrer Gruppe, deren Namen Sie aus Ihren freien Stücken genannt haben, haben eine Verbindung mit Ihnen dementiert.

Es ist auch sehr bedauerlich, daß Sie sich hinter den wunderbaren Affirmationen und Lehren des sehr Geschätzten St. Germain VERSTECKEN, denn Sie bringen die Verehrten, die diese Lehren als Wahrheit weitergeben, in Verruf.

Die Flamme der Liebe brennt in Allem – genauso macht es die Flamme des Bösen! So sei es. Ich bin Ihnen sehr dankbar über die liebevolle Unterstützung, die Sie uns in der Vergangenheit entgegengebracht haben und ich schätze Ihre Meinungen. Ich habe nicht die geringste Absicht, Unannehmlichkeiten, Mißverständnisse oder Reserviertheit in unsere Beziehung zu tragen, denn ich finde keine Beziehung. Friede sei mit Ihnen, mein Sohn, denn Ihr Herz ist in höchster Not – Niemand wird gezwungen, sich „mit mir auf einer Linie zu bewegen", sei die Energie inkarniert oder nicht. Es ist Ihre Wahl, welchen Weg Sie gehen, denn ICH BEABSICHTIGE, MIT GOTT UND DER SCHÖPFUNG AUF EINER LINIE ZU SEIN, IN LIEBE UND AUSGEGLICHENHEIT UND HOFFENTLICH, UM MEINE MISSION ZU ERFÜLLEN, DIE DURCH EINE FURCHTBARE TRANSFORMATION EINES PLANETEN FÜHRT, DER ANGEFÜLLT IST MIT FLEISCHLICHEN MENSCHEN, DIE GOTT UM BEISTAND BITTEN. JEDER VON EUCH IST FREI IN SEINER ENTSCHEIDUNG, DIE VORAUSSCHAUEN BEISEITE ZU LEGEN – DAS, MEIN LIEBER, IST ETWAS ZWISCHEN IHNEN UND GOTT UND NICHT SACHE VON HATONN. Danke Ihnen.

* * * * * * * * * * * *

Ich freue mich über die folgenden Fragen, und da sie von Vielen gestellt wurden, werde ich nur einen Teil einer solchen Bittschrift zitieren, denn sie ist sehr umfangreich. Der Schreiber dieser Korrespondenz ist „beschämt". Über ein Thema, das unklar ist, gibt es sicherlich nichts zu schämen. Ich kann nicht immer alles ganz klar ausdrücken, aber ich bin ganz sicher bereit, in der mir möglichsten ehrlichen Art und Weise zu antworten. Als Kommandant, der die vierte Dimension repräsentiert, kann ich mich besser in eure Nöte einfühlen, aber da ich eine höhere Frequenz habe und aus feinstofflicher Materie bestehe, kann ich euren Vorstellungen nicht immer ganz folgen.

Ihr hattet noch nicht alle Lektionen über die Schöpfung und Manifestation, der Illusion, über den Bestand von „Feinstoff" und „Grobstoff" und es ist sehr schwierig, eine Frage zu beantworten, ohne damit nicht eine Reihe weiterer Fragen zu erschaffen. Also werden wir die Fragen aufschreiben und danach werde ich versuchen, mit den Informationen zu antworten, die euch bereits gegeben wurden – denn trotz allem könnt ihr nur das verstehen, was ihr wißt – das Unbekannte muß gesucht und gefunden werden. Wir erwarten jedoch nicht, daß ihr alle Journale gelesen, noch einmal gelesen und verinnerlicht habt, denn einige von euch haben nicht einmal ein Journal.

Wir werden ganz gut mit solchen Fragen zurechtkommen, die in ehrlichem Interesse gestellt wurden und mit jenen, die nur gestellt wurden, um das Wissen zu zerlegen und das Ego zu bestätigen.

-------- ZITAT --------

Gibt es einen Unterschied zwischen „dem Liebesakt" mit Jemandem, den man liebt und „Sex zu haben" zum Wohle von Sex und das ohne Liebe? Ich meine, daß erwartet wird, daß wir aufhören mit den sexuellen Aktivitäten mit unseren Partnern, weil sie nicht der Fortpflanzung dienen und damit den Gesetzen der Schöpfung zuwiderlaufen? (Ich weiß, daß Sex um DESSENTWILLEN NICHT gut ist.)

Wir alle wollen das tun, was für unser höchstes Wohl und Entwicklung ist. Aber, ich schätze, daß wir diesen physischen Körper haben, weil er eine körperliche Entspannung durch diesen Akt erfährt. Es war etwas, das wir mit unseren Partnern genossen haben ... aber jetzt sind wir alle verwirrt. Hält uns das davon ab, unsere höheren Schwingungen zu erreichen oder was?

Unsere nächste Frage in der gleichen Richtung ist ... Ist Masturbation gegen die Gesetze der Schöpfung? Oder ist es einfach ein anders gearteter physischer Akt für den Körper, der unnötig ist? Ist Sex ohne den Wunsch nach Fortpflanzung böse? Ist Masturbation böse? Oder ist es etwas, das man mit Absicht tun sollte?

Unsere letzte Frage ist ... Was bedeutet es, wenn man eine sexuelle Erleichterung im Schlaf- oder Traumzustand hat? Ist das schlecht?

*****

Ich werde diese Fragen in rückwärtiger Reihenfolge beantworten müssen. GUT ODER SCHLECHT GIBT ES NICHT – ES GIBT NUR WAHRHEIT ODER IRRTUM. „GEDANKLICHE ABSICHT" IST DAS EINZIGE, DAS ES GIBT – DER KÖRPER REAGIERT AUF DIE „ABSICHT" DER „FEINSTOFFLICHEN" SEELE.

Laßt mich euch an die Definition von „böse" erinnern: Das Böse befindet sich immer in der Opposition zum Leben. Es ist das, was die Lebenskraft ablehnt. Es hat, kurz gesagt, mit „töten" zu tun („Mord") – nämlich, unnötiges Töten, Töten, das zum biologischen Überleben nicht nötig ist. Nun laßt euch nicht verwirren durch die „abstrakten" Definitionen, die intellektuell über euch ausgeschüttet werden und die die Erklärung irrelevant machen. MORD IST NICHT ABSTRAKT.

Böse ist auch das, was den Geist tötet. Ihr müßt verstehen, daß es möglich ist zu töten, oder zu versuchen zu töten, was eines dieser Attribute ist, die nicht wirklich den Körper töten. So kann man einen Menschen „brechen", ohne ihm auf der Körperebene auch nur ein Haar zu krümmen.

Das Böse ist also die Kraft, die entweder im Innen oder im Außen eines menschlichen Wesens lebt, welches versucht, Leben oder Lebendigkeit abzutöten. Das Gute ist das Gegenteil. Das Gute ist das, was Leben und Lebendigkeit fördert.

An diesem Punkt des Übergangs und der Erfüllung dessen, was vorausgesagt wurde, befindet ihr euch unter der Herrschaft des Bösen. Die Menschheit ist zentriert in Wollust, Gier, Genußsucht, Krieg und alle Arten weltlichen „physischen" Bewußtseins. Ihr könntet wohl annehmen, daß ihr in der Materie keine Wahl hättet – ihr habt jedoch in der Materie alle Arten von Wahlmöglichkeiten, auf die ihr euer Bewußtsein richtet.

Eure Fähigkeit, eine Wahl zu treffen, ändert sich ständig mit eurer Lebenserfahrung. Je länger ihr die falsche Wahl trefft, desto verhärteter wird euer Herz; je öfter ihr die rechten Entscheidungen trefft, desto weicher wird euer Herz, oder wird lebendig.

Jeder Schritt im Leben, der euer Selbstbewußtsein, eure Integrität, euren Mut, eure Überzeugungen stärkt, erhöht auch eure Fähigkeit, eine wünschenswerte Alternative auszuwählen, bis es schlußendlich für euch immer schwieriger wird, das Unerwünschte anstatt das Gewünschte zu wählen. Auf der anderen Seite schwächt euch jeder Akt der Ergebung und der Feigheit und öffnet den Weg für noch mehr Akte der Kapitulation, bis ihr zum Schluß eure Freiheit verloren habt. Zwischen dem einen Extrem, daß ihr euch nicht mehr für ein falsches Handeln entscheiden könnt und dem anderen Extrem, die Freiheit für das rechte Handeln verloren zu haben, gibt es zahllose Abstufungen der Freiheit der Wahl. In der Lebenspraxis ist der Grad der Freiheit der Wahl in jedem Moment ein anderer. Wenn der Grad der Freiheit der Entscheidung für das Gute groß ist, benötigt man weniger Mühe, sich für das Gute zu entscheiden. Wenn er klein ist, braucht man mehr Anstrengung, Hilfe von Anderen und tatsächlich auch glückliche Umstände dafür.

Laßt uns jetzt den Traumzustand anschauen. Prüft euer Bewußtsein dazu. Ist diese Erleichterung begleitet von unzüchtigen und lustbetonten Visionen oder ist es einfach nur „Erleichterung"? Es läßt sich alles auf die Absicht zurückführen, denn wenn das Bewußtsein immer auf Lust und Gier ausgerichtet ist, wird das in den Schlafzustand mit hinübergenommen. Wenn es jedoch Erleichterung, ein vom physischen Druck ausgelöster und „unbewußter" Akt der Körperlichkeit ist – wie könnte es dann böse sein? – oder notwendigerweise „gut" in diesem Fall.

Masturbation fällt in die gleiche Kategorie. Jedes Individuum muß in sich hinein und nach der Absicht schauen. Den Menschen wurde erzählt, und deshalb vermuten sie es auch so, daß eine physische Erleichterung in einem sexuellen Zusammenhang irgendwie notwendig ist – so sei es – ES IST IMMER ABSICHT.

Ja natürlich gibt es einen großen und herrlichen Unterschied zwischen dem „Liebesakt" mit Jemandem, den man liebt und „Sex haben" um des Sex willen und ohne Liebe.

Nur das daran beteiligte Individuum hat volle Kenntnis darüber, „warum" es einen Akt irgendeiner Art vollzieht. Sexualverkehr bis zum Höhepunkt ist offensichtlich eine höchst vergnügliche „Erleichterung" und etwas sehr Befriedigendes – oder nicht? Tatsache ist jedoch, daß es eine Weile sehr hemmend sein kann – denn normalerweise ergeben sich die verwundbaren Parteien, die die „Kontrolle" nicht innehaben, für eine gewisse Zeit der anderen Partei. Wünscht ihr euch, daß ihr mitten in solchen Aktivitäten zu euren Evakuierungspflichten gerufen werdet oder vielleicht kurz danach? Ich denke oft, die Evakuierung des Planeten muß sich um die Gewohnheiten des Zubettgehens der Bevölkerung drehen und darf auch nicht mit den Abendessenszeiten kollidieren.

Manchmal ist es vielleicht ganz gut, das FOLGENDE ZU WISSEN, um in der Lage zu sein, eure Taten gegen das zu messen, was ihr individuell spürt: Selbst beim Alleinsein – sind immer zwei daran beteiligt – ihr und Gott oder ihr und die bösartige Energie. Da es tatsächlich, in der Summe, nur EINS ist, könnt ihr auch nur EINEM antworten. Wenn ihr jedoch mitten in IRGENDEINER Aktivität steckt – prüft und seht, ob es euch gut damit geht, diese Aktion in der Gegenwart von Christus oder Satan durchzuführen? Diese Vorstellung gibt euch normalerweise eine gute Richtlinie für das Erfassen eurer Absicht. Und in allen Dingen ist „Verantwortung" – ERKENNT EURE ABSICHT UND RESPEKTIERT EURE VERANTWORTUNG.

Es gibt immer Welche, die sich selbst dazu ausersehen, Regeln aufzustellen und sie durchzusetzen. Niemand „Anderes" hat dieses Recht – weder in eurem Bett noch sonst irgendwo. Denn zum Schluß steht IHR nackt vor Gott und müßt euren Umgang mit eurer Verantwortung beurteilen, das ist keines Anderen Sache. Es hängt alles davon ab, wo ihr enden wollt. Wenn ihr eure Entscheidungen in Klarheit vor Gott trefft, werdet ihr bei Gott enden – wenn eure Handlungen durchsetzt sind von Übel, werdet ihr bei Satan und seinen Truppen enden und zwischen diesen beiden Extremen gibt es Myriaden von Abstufungen. Wenn ihr zum Schluß EINS SEIN WOLLT MIT GOTT UND DER SCHÖPFUNG – IHR GEHT HEIM, WENN IHR SO WOLLT, ZUR QUELLE – WERDEN EURE ENTSCHEIDUNGEN ÜBERWIEGEND GUT SEIN.

Wenn ihr diese Dinge aus der vorderen Reihe eures Bewußtseins herausnehmt, werden sie in eurem Leben den rechten Stellenwert einnehmen. Der Mensch ist das, was er denkt und wenn ihr diesen Punkten die höchste Priorität in eurem menschlichen Bewußtsein einräumt, werden sie auch weiterhin das größte Problem bleiben.

Ich möchte annehmen, daß eine Beziehung zwischen Mann und Frau in gegenseitiger Liebe wirklich höchst spirituell ist und sehr wahrscheinlich dazu beitragen kann, eine höhere Frequenz zu erreichen – das wäre eher die Ausnahme als die Regel, einfach weil es nicht die „Körperlichkeit" ist, die die Schwingungsfrequenz erhöht, sondern das Element „Liebe", und die „Ehrlichkeit" innerhalb der Beziehung stünde an der Seite der „Liebe" und findet in der „Körperlichkeit" ihren Ausdruck.

DAS HÖCHSTE GEBOT

Das höchste Gebot im Gesetz der Schöpfung ist das: Strebe Weisheit und Wissen an, da dies dich befähigen wird, die Gesetze der Schöpfung weise zu befolgen.

Das höchste Gebot im Gesetz Gottes ist das: Du sollst Gott ehren als Gebieter über die menschlichen Rassen und seine Gesetze befolgen, denn ER ist der „König der Weisheit", z. B.

1. Du sollst vor dem Schöpfergott keine anderen Götter haben und die Gesetze der Schöpfung befolgen, die alles umfassen.
2. Du sollst dir weder ein Leitbild noch ein falsches Bildnis machen, das du als Gott anbetest, denn hiermit gibst du die Macht in die Hände des Übels.
3. Du sollst Gott den Herrn lieben von ganzem Herzen, ganzer Seele und mit deinem ganzen Wesen – (du sollst dich selbst lieben wie Gott und Gott wie dich selbst).
4. Du sollst den Namen Gottes nicht mißbrauchen, noch sollst du ihn benutzen, um ein falsches Zeugnis zu schwören.
5. Gedenke des „Tages" Gottes und halte ihn heilig.
6. Ehre deine Eltern.
7. Du sollst deinen Nächsten nicht töten.
8. Du sollst nicht ehebrechen.
9. Du sollst nicht stehlen (weder materiell noch emotional).
10. Du sollst das Eigentum deines Nachbarn weder begehren noch es ihm neiden.

So sei es!

Um den „Lebensstrom" zu erläutern, werde ich insofern als gebürtiger Plejadier sprechen, als einige der höheren Punkte und Geheimnisse auf dieser Ebene der Entwicklung nicht zugänglich sind. Wenn ihr euch weiter in Richtung Wissenserwerb fortbewegt, werdet ihr in das Erkennen eurer beabsichtigten Stufe der Auffassungsgabe kommen. Ich möchte mich in diese Entwicklung nicht einmischen.

Alles in allem gibt es fünf Stufen, die auch für uns noch immer ungewiß sind. Diese führen zu den Geheimnissen der Schöpfung. Es ist jedoch nicht meine Absicht, Informationen zurückzuhalten und werde mit euch unser Verständnis auf unserer Ebene der Entwicklung teilen.

Der eingeborene Indianer könnte das viel schöner aufschlüsseln als ich es kann, aber ich werde es kurz machen und bitte John S. außerdem um besondere Aufmerksamkeit, denn es wird einige seiner Fragen hinsichtlich Emmanuel beantworten.

Es wird gesagt, daß das Leben von Anbeginn bis zum Ziel in sieben Hauptschritte oder Perioden eingeteilt ist. Diese sind wiederum in sieben Unterperioden eingeteilt, die das Ganze bilden. Die Unterperioden können mit den Klassen in der Schule verglichen werden, außer, daß sie nicht in Jahren, sondern in Lebenszeiten gezählt werden. Also besteht für jede Periode eine gewisse Entwicklung und ein gewisses Ziel. Auf diese Weise verlaufen alle sieben Unterperioden, die Hunderte oder Tausende von Jahren dauern können und dann ist eine Hauptperiode erfüllt.

Das geistige Leben ist geschlechtslos, denn das Geschlecht ist eine spezielle Eigenart des organischen Lebens, um die Fortpflanzung zu sichern. Spirituelles Leben in der organischen Form unterliegt den Gesetzen der Wiedergeburt (oder Zyklen), um eine Entwicklung in beide Richtungen zu verfolgen.

So muß jede Lebensform sieben bestimmte Hauptperioden durchlaufen, einschließlich ihrer sieben Unterebenen. Für festgelegte rein organische Lebewesen ist die periodische Abfolge der Jahreszeiten ausschlaggebend, während die Zeitspannen für geistig ausgerichtete Lebewesen wie der Mensch, unregelmäßig und oft individuell unterschiedlich bewertet werden. Sie sind nicht auf einen bestimmten Rhythmus festgelegt, wie Pflanzen zum Beispiel. Die Wiedergeburt eines geistig ausgerichteten menschlichen Wesens kann nach dem Tod des physischen Körpers innerhalb von Sekunden, Jahrzehnten, in tausenden von Jahren oder mehreren Jahrtausenden stattfinden. Wenn ein spirituell ausgerichtetes Leben unterbrochen wird, ist es benachteiligt. Und zwar deshalb, weil es das Ziel seiner Unterebene nicht erreichen kann und, wenn nötig, wiederholen muß, um das Ziel der Periode zu erfüllen.

Das kann auch bedeuten, daß ein Leben ein weiteres Mal erfahren werden muß. Dementsprechend kann das nächste Leben von kürzerer Dauer sein, weil nur die „verpaßten" Unterrichtsstunden nachgeholt werden müssen, um das Ziel der gegebenen Periode zu erreichen.

Ich nehme an, daß ihr auch das in eurer Wahrnehmung habt – eine Bestrafung irgendwelcher Art, aber es ist einfach nur der Wachstumsprozeß. Die Hölle der Wahrheit ist nichts anderes, als das Erleiden einer selbst auferlegten Strafe; in anderen Worten, das Wiedergutmachen eines selbst verursachten Fehlers.

Eure religiösen Prediger benutzen Hölle und Strafen oft als schrecklichen Hammer, den sie über eure Köpfe hängen. Wenn ihr im Leben Fehler macht, könnt ihr die Irrtümer durch das Erkennen des Fehlers wieder ausgleichen, oder nennt es, wie ihr wollt, macht aber dasselbe nicht mehr und nehmt es auf als Wissen, aus dem danach die Weisheit erwächst.

DIE SIEBEN

I. ELEMENTARES LEBEN
    1. Elementare Entwicklung von Verstand und Geist
    2. Elementares Denken mit Verstand und Geist
    3. Elementares Vernunftdenken
    4. Elementare Übungen für Verstand und geistige Kraft
    5. Elementare vernunftbegabte Handlungen
    6. Elementares Denken und Handeln durch den Willen
    7. Auf Vernunft basierende Führung des Lebens

Lebewesen auf dieser Ebene werden als geisteskrank angesehen, als Dummköpfe usw., obgleich sie denkende, vernünftige Wesen sind. Aber in Wirklichkeit sind ihr Geist und ihr Verstand noch nicht spirituell entwickelt. (Es sind neue geistige Wesen, die sich zuerst durch Lernen und Erfahren zu formen haben).

II. VERNUNFTBEGABTES LEBEN
1. Elementare Entwicklung der Vernunft
2. Effektive Erkenntnis über Vernunft und deren Anwendung
3. Elementares Anerkennen und Wahrnehmung höherer Einflüsse
4. Glaube an höhere Einflüsse, ohne Wissen dazu zu haben
5. Glaube an höhere Mächte, Aberglaube, Angst vor dem Bösen, Verehrung Gottes (Keimzeit für Religionen, dogmatische Glaubensrichtungen usw.)
Das nächste ist die Position des durchschnittlichen Erdenmenschen.
6. Elementare Wahrnehmung der wirklichen Realität. Forschung, sachkundige Entwicklung. Erste spirituelle Wahrnehmungen und Übungen damit. Spirituelles Heilen und Telepathie.
7. Elementare Entwicklung von Wissen und Weisheit

III. INTELLEKTUELLES LEBEN:
(Derzeitige gebildete Erdenmenschen, außergewöhnliche Wissenschaftler und ein paar grenzwissenschaftliche und spirituelle Wissenschaftler.) Hier ist der Ausdruck „Wissenschaftler" wirklich allgemein gemeint.
1. Fortgeschrittene Entwicklung des Intellekts. Hochtechnologie. Zweite Anwendung spiritueller Kräfte. Elementare Erschaffung von Lebensformen.
2. Realisierung und Anwendung von Wissen, Wahrheit und Weisheit. Langsames Aufschlüsseln von akzeptierten Glaubenssätzen.
3. Erste Anwendung von Wissen und Weisheit.
4. Akzeptanz und Anwendung der Naturgesetze. Generation der Supertechnologien. Zweite Stufe der Erschaffung von Lebensformen.

5. Natürliche Anwendung von Weisheit und Wissen in der Wahrnehmung spiritueller Kräfte. Weiterer Zusammenbruch akzeptierter Glaubenssätze.
6. Leben in Wissen über Weisheit, Wahrheit und Logik.
7. Elementare Wahrnehmung der Realität als absolut real.

IV. REALES LEBEN:
1. Klares Wissen über die Realität als absolut real.
2. Wahrnehmung spirituellen Wissens und spiritueller Weisheit.
3. Anwendung spirituellen Wissens und spiritueller Weisheit.
4. Wahrnehmung der Realität der SCHÖPFUNG und ihrer Gesetze.
5. Leben nach dem Gesetz der SCHÖPFUNG. Reinigung des Geistes und des Intellekts. Wahrnehmung der Verpflichtung und der Macht des Geistes. Zusammenbruch blinder Annahmen in Glaubensdingen.
6. Geführter und kontrollierter Gebrauch spiritueller Kräfte.
7. Erschaffung der ersten lebenden Wesen. Dies zeigt das Potential für Menschen, lebende Organismen innerhalb von Wissenschaft und Technologie zu erschaffen, wenn ein bestimmter Vollkommenheitsgrad erreicht ist. Ihr werdet feststellen, daß ihr bereits in der Lage seid, einige dieser Dinge zu tun.

VI. SPIRITUELLES LEBEN:
1. Anerkennung und Realisation Spirituellen Friedens, universeller Liebe und erschaffender Harmonie.
2. Leben gemäß puren spirituellen Wissens.
3. Spirituelles Erschaffen und Schöpfungen.
4. Trennung des Geistes von organischer Materie.
5. Erste reine spirituelle Existenz.
6. Finale spirituelle Existenz.
7. Übergang in das Bewußtsein der Schöpfung.

VII. SCHÖPFUNGSLEBEN:
1. Dämmerschlaf während sieben Perioden der Ruhe.
2. Erwachen und Beginn, in der Schöpfung als SCHÖPFUNG zu erschaffen, Dauer sieben Perioden.
3. Erschaffung lebender Formen.
4. Erschaffung neuen Geistes zum Fortschritt der SCHÖPFUNG.
5. Erschaffen großen Geistes in der SCHÖPFUNG.
6. Entwicklung in der Erschaffung und Eins-Werden mit der SCHÖPFUNG.
7. Letzter Abschnitt höchster Optimierung während der siebten Periode – SELBST ZUM SCHÖPFER/SCHÖPFUNG WERDEN.

Der „Dämmerschlaf" der SCHÖPFUNG dauert etwa sieben Perioden/Groß-Zeiten. In diesem Dämmerstatus der SCHÖPFUNG hört alles Leben und das ganze Universum auf zu existieren – während der Schöpfer ruht, sozusagen. Sofort nach dem Erwachen beginnt Er, alles wieder neu zu erschaffen. Während des Dämmerschlafs „existiert" weder Zeit noch Raum wirklich. Da gibt es nur das „Nichts", da sich alles „schlafend" und zu Nullzeit im ewigen Busen der SCHÖPFUNG befindet. Wenn kein Erschaffen existiert, gibt es auch keine Zeit und keinen Raum. Es gibt nur Fortbestehen in einem namenlosen Zustand der IST-HEIT.

Es ist sinnlose Zeit- und Energieverschwendung, zu hartnäckig über das „namenlose Nichts" nachzudenken – das ist ein Geheimnis, das weder ihr noch ich zum gegenwärtigen Ende der Abfolge verstehen sollen. Little Crow wird wahrscheinlich die Sichtweise in seinem Journal etwas ausweiten, denn das soll mit der Schöpferenergie geschrieben sein und ich möchte in dieses Format nicht einsteigen.

Nun, da wir euch unzweifelhaft komplett verwirrt haben, möchte ich um eine Pause bitten. Ich melde mich nach einer Rast zurück und werde die höchst einfühlsamen Fragen und Verwirrungen von John

Swanson so gut ich kann beantworten. Sicherlich bin ich nicht Derjenige, der auf solche Fragen zu höheren spirituellen Wahrheiten antworten sollte, aber ich tue mein Bestes, es in eine verständliche Form zu übertragen. Das ist das Hauptproblem, das von Anfang an in übergroßem Maße bestand – welche Vorstellungen könnt ihr vollkommen in euch aufnehmen zu Konzepten, die in eurer Existenz ziemlich neu sind. Ich werde es versuchen und wenn ich darin versinke, werde ich eine höhere Quelle anrufen. Es sieht so aus, als ob Germain und seine geliebten „Organisatoren" mich irgendwie benachteiligen. Ich schätze es an John, daß er nie einen Widerspruch in der Wahrnehmung unbemerkt zuläßt, und dafür segne ich ihn. Allein die Aufrechterhaltung von mehr Mißverständnissen hat zur Zerstörung geführt. So sei es – vielleicht sollte ich mal nach einer „universellen" Encyclopedia Britannica schauen.

****

Den Teil von Johns Brief, den ich hier beantworte, werde ich zitieren:

„… In dem Buch UND SIE NANNTEN IHN JMMANUEL [A.d.Ü.: das Buch ist erhältlich beim Tredition Verlag] habe ich zu meiner großen Überraschung die Aussage gefunden, daß angenommen wurde, unser Geliebter Jesus hätte (nachdem sein Körper gepflegt wurde) am dritten Tag nach seiner Kreuzigung das Grab durch einen geheimen Eingang verlassen, daß er später mit Seiner Mutter Maria und Judas Ischarioth nach Indien gegangen sei, geheiratet hätte, älter als hundert Jahre wurde und dort begraben läge. Das ist das *genaue* Gegenteil von dem, was wir von unserem Geliebten Jesus und Saint Germain erhalten haben, denn es wurde uns in unserer Arbeit mit dem „ICH BIN" gesagt, daß der Körper Jesu mithilfe des Großen Göttlichen Führers im Grab durch das Heilige Feuer (die violette Flamme) ins Universelle zurückkehrte und unser Geliebter Jesus danach in Seinen Höheren Mentalkörper einging. Er sagte zu unserer Geliebten Maria „Berühre mich nicht, denn ich bin noch nicht zu meinem Vater aufgestiegen".

Er ging 40 Tage lang mit Seinen Jüngern und stieg dann zur Mittagsstunde auf dem Hügel von Bethanien vor 500 Menschen auf. Die Darstellung von Judas Ischarioth ist das Gegenteil dieser Aussage.

Die „ICH BIN" Aktivitäten sind innerhalb der gegebenen Anweisungen hundertprozentig stichhaltig. Es fällt mir *sehr, sehr, sehr* schwer, die Darstellung von Judas Ischarioth zu akzeptieren.

* * * * *

Bitte haltet euren Verstand lang genug aufnahmefähig, um mich bis zum Ende anzuhören, bevor ihr Vorurteile gegen das aufbaut, was ich hierzu zu sagen habe.

Erstens „vermutest" du, daß die Anweisungen der „Ich Bin"-Aktivitäten gültig sind. Diese Feststellung bedeutet nicht, daß ich nicht mit dieser Wahrnehmung übereinstimme, aber du solltest realisieren, John, daß mit den Jahren auch Irrtümer entstehen, je nach der Fähigkeit eines Jeden, diese Informationen zu verstehen.

Zweitens darfst du die Progressionsebenen auf den Stufen der Sieben nicht vergessen, die ich euch gerade gegeben habe. Judas Ischarioth hat seine Lehren und SEINE Wahrnehmungen zu der Zeit dieser Erfahrungen notiert.

Ich bitte euch, euch an das zu erinnern, um was ich euch oben gebeten habe. Versteht bitte, daß die höheren Wesen der Himmlischen Ebenen das geben müssen, was auf der Wachstumsebene der Empfänger akzeptiert und verstanden werden kann.

Hätten sich die Aktivitäten um „Ich Bin" oder um irgendein anderes Glaubenssystem etablieren können, wenn Germain gekommen wäre und gesagt hätte – „also, alles in allem Freunde, das Leben, wie ihr es wahrnehmt, ist nur eine Illusion – eine Gedankenform Gottes, und guten Tag"?

Ich bin sehr erleichtert, daß die gestellte Frage sehr leicht zu beantworten ist, denn es „scheint" nur so, als ob es widersprüchlich ist. Da gibt es einige Wahrheiten, die aufzeigen, daß in den Bibeln dazu Ähnlichkeiten fehlen. Das paßt vielleicht etwas besser mit den Ansätzen in der Godfrey King Version zusammen.

Der Lehrer mit dem Christusbewußtsein, Immanuel (der, den ihr Jesus nennt), war ein Menschensohn – Gott unter euch. Es ist wirklich etwas dumm, zu glauben, daß er an ein Kreuz genagelt wurde und starb, denn dieser Träger des Christusbewußtseins hat die Erfahrungen in diesem Lebensstrom für die Vollkommenheit in seinem höheren Himmlischen Status gemacht und lebte in eurer Dichte, um die Völker zurück in die Wahrheit Gottes und der Schöpfung zu bringen.

In seiner menschlichen Form wurde er betrogen, angeklagt, verurteilt und gekreuzigt. Am Kreuz übergab er Gott sein Sein, aber die Nabelschnur zu seinem physischen, manifestierten, fleischlichen Körper wurde noch nicht durchtrennt.

Es gibt große Verwirrung darüber, wie der Mythos ab diesem Punkt weiterging und die Zahl der Versionen ist genauso groß wie die Anzahl derer, die ihn erzählen, inklusive Germain.

Der junge Meister wurde vom Kreuz abgenommen – eine noch viel schrecklichere und schmerzhaftere Erfahrung als das Annageln und Aufstellen des Kreuzes, denn es gibt keine „leichte" Möglichkeit, einen Körper von einem Kreuz abzunehmen. Sein göttlicher Körper (der Feinstoffliche) blieb zur Erfassung der Umstände; die fleischliche Form wurde in ein Grab gebettet.

Drei Tage oder so, nach eurer Zählung, sind nötig, die Trennung auf höherer Ebene zu vollziehen, ganz zu schweigen von der nötigen Präzision, die körperliche Dichte derart auf einen Seinsstatus zu erhöhen, daß sie weiterhin das ätherische Wesen beherbergen kann. Natürlich hätte man das auch gleich machen können, aber das hätte der Menschheit nicht die Erfahrung und Erkenntnisse beschert, die sie gebraucht hat, um von jenem Punkt zu diesem zu kommen.

Sein Körper wurde geheilt, verfeinert, transformiert, und eigentlich neu erschaffen. Es war nötig, daß Beides sicht- und „berührbar" war.

Ich, Hatonn, habe nicht die Kompetenz, zweifelsfrei festzustellen, ob er jetzt 40 Tage oder 39 oder 41 unter seinen Jüngern weilte, oder ob das auf dem Hügel von Bethanien war oder nicht, aber ich habe auch keinen Grund, etwas anderes anzunehmen, denn es wäre für den Übergang seines wahrgenommenen physischen Daseins in seinen vollständigen Lichtkörper sehr logisch gewesen, da er ins Licht aufstieg und mit dem Licht eins wurde – also, es tut mir leid, aber unter diesen Umständen wäre Gabriel sofort mit einem wunderbaren Schiff zur Stelle gewesen, um die aufgestiegene Gott-heit aufzunehmen.

Genau wie bei den ICH BIN-Wiederholungen, laßt ihr ihn in einen Baum aufsteigen – also, da könnt ihr euch ganz sicher sein, er ist auf dem Hügel von Bethanien nicht in einen Baum aufgestiegen. Es war das Geschenk des Wissens über das EWIGE LEBEN und die Wahrheit, daß EIN MENSCH AUFSTEIGEN KANN, WENN SEINE VOLLKOMMENHEIT GROSS GENUG IST FÜR DAS „WAS ICH TUE, KANNST AUCH DU TUN, UND VIEL MEHR."

Nun, was einem hier wirklich Gedanken macht, ist, daß alle „angenommen" haben, daß der Träger des Christusbewußtseins körperlich tot und gegangen war. Es war höchstwahrscheinlich nicht die Zeit für die Menschheit, die Erfahrung seiner plötzlichen Wiederkehr zu machen – man hätte es ihm noch einmal auferlegt und eine noch üblere Zerstörungsmethode erfunden. Er wurde deshalb vom Szenario entfernt und traf sich später mit den Anderen, denn sie wußten nichts von seinem Status anderswo – obgleich seine Mutter über diese Dinge informiert war.

Judas schrieb das nieder, was er wahrnahm und bezeugen konnte – mehr konnte er nicht tun. Ganz einfach, die Rollen wurden in einer Zeit ärmlicher Technik und Massenignoranz geschrieben. Es war eine Zeit der „Dunkelheit", die zuerst einmal den jungen Lehrer auf die Erde gebracht hat. Vor Ablauf der großen Zyklen sendet Gott immer einen Lehrer, Messias, Führer – wie immer ihr ihn auch nennen wollt.

Die Zeit des Meisters in Galiläa und den umgebenden Gebieten war angefüllt mit Aberglaube und Verderbtheit. Frauen wurden wegen Prostitution von genau den Männern zu Tode gesteinigt, von denen sie vorher ins Bett genommen wurden.

Segne die, die dich genährt und die Häppchen auf deinem Löffel so sorgfältig bemessen haben, daß du anfangen konntest, aufzuwachen und ernährt werden konntest. Das Baby rollt zuerst herum, dann wackelt es herum wie der Schwanz einer Eidechse, dann fängt es an, mühsam zu kriechen, krabbelt, dann klammert es sich an Gegenstände und fällt hin, dann watschelt es ohne Hilfe und fällt auch nicht, dann watschelt es über kleine Entfernungen und schlußendlich geht es – und wenn es sehr gut lernt, lernt es langsam zu rennen und dann schneller und immer schneller – aber es geht nicht auf einmal von der Wiege auf die Rennbahn.

Ihr als Menschen seid immer noch am Erwachen und man hat euch von Anfang an mit Falschheit gefüttert. Ihr, die ihr ein wenig erwacht seid, könntet vielleicht das Konzept, daß alles eine Illusion ist, verstehen, aber ich sehe keinen, der die volle Bedeutung dessen erfassen könnte.

Als der vom Christusbewußtsein erfüllte Esu (Jesus) ins LICHT und mit dem LICHT aufstieg, konnte Er zu Recht sagen, es ist „vollbracht", denn Er hatte seine Mission erfüllt – jedoch war damit Seine Arbeit noch nicht beendet. Er verbrachte eine Interimszeit in der Gottespräsenz und wurde dann wieder ausgesandt, die noch verbliebene Arbeit auf dem Himmelskörper zu beenden. Aber immer noch muß sein Beitrag ins Licht der Realität gebracht werden, denn sie wurde sicher verwahrt gegen den Tag der Abrechnung.

Ihr müßt wirklich über und auch darüber hinauswachsen, Gott zu begrenzen, sonst werdet ihr nicht ins Verständnis kommen. Um wirkliche Erfahrung zu machen, muß Gott ALLES erfahren. Dieser wunderbare Mann war in der Lage, über das Universum hinaus zu schreiten und traf Vorkehrungen für diesen speziellen Zyklus der Evolution. Es gab sehr viel an Vorbereitungen zu treffen, um an eurem Ort in physischer Form zu erscheinen.

Wunder über Wunder sind innerhalb des Königreiches des Geistes versteckt. Das sichtbare Universum, mit dem sich das menschliche Wesen bewußt auseinandersetzt, ist nur ein Stecknadelkopf innerhalb der prächtigen, unbegrenzten geistigen Existenz der Schöpfung. Was für die physischen Augen sichtbar oder erfaßbar und menschlicher

Auffassungsgabe möglich ist, stellt nur einen Punkt in der Ewigkeit dar. Geht nicht verloren, indem ihr den Baum anstarrt und deshalb den wunderbaren Wald nicht seht.

Ihr müßt über eure engen Begrenzungen hinaussehen, über den Baum hinaus, über den Wald hinaus, über die Himmel hinaus, denn alles, was der Mensch an Universum sieht oder was man ihm darüber erzählt, ist nur ein Einziges von Vielen dieser Art, die in Myriaden gezählt werden müssen, denn es existieren Universen innerhalb von Universen, Universen gegenüber von Universen, Universen über Universen, Universen unter Universen und Universen außerhalb von Universen, und in diesem ersten Punkt ist es gewaltige, all-mächtige Intelligenz, die mit der Schöpfung existiert. Und mit diesem riesigen Geist, mit diesen Urkräften der Existenz, der Schöpfung, ist die spirituelle Intelligenz des menschlichen Wesens verbunden, denn ein Fragment dieser spirituellen Intelligenz der Schöpfung lebt in jedem menschlichen Wesen als Geistfunken und beseelt es.

Es war so, daß der Menschensohn mit dem Christusbewußtsein sich veranlaßt sah, weitere Erfahrungen in der physischen Existenz zu durchlaufen, um sich ein Bild davon zu machen, wie die Menschheit am Besten wieder zurück zur Schöpfung gebracht werden konnte. Zum jetzigen Zeitpunkt habt ihr noch keine Möglichkeit, den gesamten Wert einer physischen Existenz zu überblicken.

Ich glaube wirklich, daß, wenn ihr diese Abschnitte sorgfältig und mit einem Gebet studiert, ihr die kleinen Unterschiede in den Darstellungen erkennen könnt – ganz besonders, wie sie von Germain präsentiert werden. Es ist ein wenig schwieriger, wenn ihr aus den typischen orthodoxen Religionen kommt, auf die man sich als „Christ" bezieht.

Am Ende seiner vollen Mission streifte der Meister den alten Körper ab, denn nun hatte er sein Bild auf der ätherischen Ebene vervollkommnet – und wieder habe ich keine Möglichkeit, euch das zu erklären, denn ich habe kein Beispiel, mit dem ich es euch darlegen könnte. Am Ende seiner Reise mußte er seine physischen Anzeichen zurücklassen – was aber vollkommen neu erkannt werden wird, denn die Menschheit war immer noch nicht in der Lage, deren Sinnlosigkeit auf höherer Ebene zu erkennen. Ob es, fleischlich gesehen, derselbe Körper war oder ein anderer, spielt nicht die geringste Rolle. Ihr müßt jetzt nach vorne schauen, in die Abschnitte der höheren Schöpfung, des zu Erschaffenden. Wenn ihr das Alte nicht abwerft, werdet ihr für das Neue den Einsatz verpassen.

Ich spüre, als ob ich jetzt genug Kuddelmuddel veranstaltet hätte. Es gibt soviel, was es zu sagen gibt und wenn die Zeit noch nicht reif dafür ist, macht es wenig Sinn. WIR müssen fest die Hand der Langsamsten unter den Erwachten halten, damit wir sie in der Verwirrung nicht verlieren, und wir sind gerade dabei, uns in Themen zu bewegen, die viel zu schwer zu akzeptieren und zu kauen sind, bevor sich alle Zähne an ihrem Platz befinden. Verzeiht mir, wenn das nicht so ganz passend ist, aber wir werden das alles noch sehr, sehr ausgedehnt besprechen.

Ihr müßt euch am äußeren Rand der engen Grenzen des Christseins fortbewegen, sogar in die außergewöhnliche Wahrnehmung der gesamten SCHÖPFUNG hinein. Es ist wirklich eine wunderbare Zeit, um im prachtvollen Kleid eines Menschen Erfahrungen zu sammeln. Ihr bewegt euch in der Herausforderung aller Herausforderungen und ich fühle mich geehrt, mit euch zu gehen und euch in dieser Zeit des großen Übergangs zu dienen.

Dharma, laß es dabei bewenden jetzt, denn die Botschaften waren lang und ich möchte sie nicht noch weiter durcheinander bringen – ich werde jetzt gehen mit diesen Wahrheiten, auf daß dafür ein größeres Verständnis einsetzen möge.

In der Liebe, die ALLES IST, gehe ich auf Stand-by.

Salu – der Segen Gottes möge euch umgeben. ICH BIN HATONN.

KAPITEL 17

Aufzeichnung Nr. 1 | GYEORGOS CERES HATONN

Montag, 29. Januar 1990, 8.00 Uhr, Jahr 3, Tag 166

WAS UND WER IST DER PHÖNIX?

PHÖNIX:

1. Nach der ägyptischen und griechischen Mythologie ist es ein Vogel, der die Sonne (Sohn?) repräsentiert [A.d.Ü.: im Englischen Wortspiel von „sun" = Sonne und „son" = Sohn, beide Wörter haben die gleiche Aussprache], der sich selbst durch Feuer verzehrte, nachdem er viele, viele Jahre (Manche sagen Hunderte, Andere sagen Tausende) gelebt hatte und danach erneuert aus seiner Asche aufstieg; ein Symbol von Unsterblichkeit und spiritueller Wiedergeburt.

2. Eine Person oder ein Ding mit überragender Vorzüglichkeit oder Schönheit; ein Musterbeispiel – ein Modell oder *ein Muster* an hervorragenden Eigenschaften und Perfektion irgendeiner Art; ein unschlagbares Beispiel.

JESUS EMMANUEL SANANDA – UND CHRISTUS

Emmanuel ist der Mann – mit Aktivität, Verstand und Vernunft, Beziehungen, die Er Anderen überbrachte. „Ihr seid gemacht, um stark zu sein – an Körper, Verstand, Seele und Absicht durch diese Kraft, die in Christus wohnt und damit seid ihr Gott inkarniert. Demnach ist die KRAFT in Christus (Gott). Das MUSTER ist der Mensch."

Was hat die eine Definition mit der anderen zu tun? Genau wie beim Phönix oder den weiteren Bezeichnungen wie Quetzal, Donnervogel usw: auch Jmmanuel stieg im Grab aus Seiner eigenen Asche empor und überwand den Tod, womit er für die Menschheit zum Symbol von Unsterblichkeit und spiritueller Wiedergeburt wurde.

Der Phönix ist das perfekte Symbol für diese Zeit der Entfaltung – das Ende/der Anfang. Unser Schiff der Zentralsonne/des Hauptsohnes [A.d.Ü.: „Central Son craft", s. Erklärung oben] ist Phönix benannt. Dies ist die Zeit des Phönix. Unsere Botschaften tragen das Emblem des Phönix, so daß Alle, die diese Bücher annehmen, WISSEN können! Der Phönix ist ein Traum und gleichzeitig der Wunsch, wieder neu zu werden – Wiedergeburt und Weiterschreiten in die Himmel der Neu-Schöpfung – vom Tod ins Leben.

Die Welt verzehrt sich selbst im Feuer von Haß, Suchtstrukturen, Krieg, Teilung, Zwietracht und Konflikten, sowohl im buchstäblichen als auch im übertragenen Sinn durch den Wildwuchs an nuklearen und chemischen Manipulationen. Aber habt Mut, denn „die göttliche Manifestation Gottes, die wieder Fleisch wird, um den leibhaftig gewordenen Irrtum zu zerstören", das, was die östliche Philosophie einen Avatar, einen Sananda nennt – er kommt bald wieder und wird aus der Asche eures verschmutzten, verbrannten und mitgenommenen Planeten aufsteigen für eine Neue Welt des Lichts, von Liebe, Frieden, Harmonie und Einheit.

Was würde das für euch bedeuten? Ihr müßt euch auf diese Zeit der Reinigung und Trübsal vorbereiten, indem ihr euch zurückbewegt in Richtung MUSTER FÜR HERVORRAGENDE EIGENSCHAFTEN UND HIN ZU VERVOLLKOMMNUNG strebt, das ihr im ursprünglichen Phönix seht – WESEN MIT CHRISTUSBEWUSSTSEIN – „das höchste menschliche, physische Konzept des Göttlichen Gedankens."

Ihr befindet euch jetzt im Chaos (Zeitalter des Kali): ganz gleich, was ihr falsch gemacht habt, welche Irrtümer, falsche Worte oder Taten euch in der Vergangenheit unterlaufen sind, wenn ihr euch dem Herrn wieder zuwendet und seinem Beispiel an Liebe, Hingabe, Teilen, Fürsorgen, Geben und Vergeben folgt, wird sich nicht nur euer physisches und materielles Leben verbessern, sondern ihr werdet auch eure Seelen retten und wie der Phönix aus der Asche der Ignoranz ins Licht der Wahrheit aufsteigen.

Der Herr spricht: „Und siehe, ich mache alle Dinge neu." Schaut mit großer Freude und Erwartung auf diesen Neubeginn, denn nichts und niemand kann die Sonne/den Sohn davon abhalten, wieder aufzugehen und die Welt mit Ihrem/Seinem Licht zu verjüngen und zurückzuholen.

WARUM „KÄMPFT" DAS BÖSE SO HART?

Das Prinzip der Schaffung, Organisation und Niedergang (G-O-D) [A.d.Ü.: Wortspiel im Englischen – „Generation, Organization, Destruction" – G-O-D] ist auf Seinem Weg – und bald da! Diese Journale und andere unbezahlbare Dokumente verbreiten sich, und es gab sie schon einmal vor dieser Serie, um die Guten Nachrichten dieser Wiederkehr anzukündigen und Anweisungen für den Übergang in dieser Zeit des Wechsels zu geben.

Wir müssen euch die Wahrheit insofern geben, als alle „Religionen" EINS sind. Das Bewußtsein des Christlichen Weges (Rote Straße) muß sich verbreiten – ihr auf dem Planeten Erde müßt bewußt realisieren, daß ihr in der Zeit des Wandels von Ende/Beginn lebt. Ihr müßt auf diese Dinge vorbereitet sein. Gott, der Schöpfer, würde euch nicht ohne Reise- und Transport-Anweisungen zurücklassen.

Diejenigen, die diese Botschaften erhalten – auch die aus der Gruppe TBN um Paul Crouch, der vorschlägt, daß IHR zu Christus zurückkehrt und euch von diesem „Phönix"-Kick zurückzieht – sollten besser ihre Laternendochte einsetzen, denn ihre Vision ist dämmrig genug. WIR WAREN NIEMALS WEG AUS DER PRÄSENZ DES CHRISTUSGOTTES, ABER IHR SEID BIS ZUM ÜBERLAUFEN ABGEFÜLLT MIT FEHLEINSCHÄTZUNGEN UND HABT EURE HERZEN VERHÄRTET UND EUREN VERSTAND VOR DER WAHRHEIT VERSCHLOSSEN! Keine Rasse, Farbe oder Glaubenssystem ist in Besitz des Konzeptes noch der Erscheinungsform des Wesens an sich.

Ihr WERDET euch in die Ära der Spiritualität, des Friedens, der Liebe und Wahrheit, der Brüder- und Schwesternschaft mit der gesamten Menschheit bewegen oder ihr werdet vergehen und am rechten Ort mit der dunklen Bruderschaft enden.

Wenn ihr euch selbst „Christen" nennt, erwartet ihr das zweite Kommen des Christus; wenn ihr Jude seid – dann des Messias; seid ihr Moslem – dann des Mahdi; oder Buddhist – dann Maitreya Buddha; Hindu – Lord Kalki; ein amerikanischer Indianer – die Wiederkunft sowohl des Weißen Propheten oder verlorenen Bruders ALS AUCH der weißen Büffelkuh (oder Kalb)-Frau.

Es spielt keine Rolle, welche „Religion" man gelernt hat, sie alle lehren das Gleiche, wenn sie in der Wahrheit sind: Der „Herr" kommt bald! Wenn man die Vorhersagen aller Hauptreligionen der Welt studiert, sieht man, daß alle diese Prophezeiungen von den gleichen Dingen handeln und daß fast alles erfüllt worden ist.

Die gemeinsamen Prophetien beinhalten allesamt seltsame Wetterveränderungen, erhöhte Erdbebenaktivitäten, Vulkanausbrüche, soziales, politisches und wirtschaftliches Chaos, anhaltende Kriege von Nationen gegen Nationen, starker Druck für eine „Eine-Welt-Regierung" in den Händen eines antichristlichen Gebildes, ökologisches Desaster durch chemische Verschmutzungen, Zerstörung der natürlichen Ressourcen über alle Maßen und ohne Reparaturmöglichkeiten, moralischer Niedergang der Rassen, Hungersnöte, Plagen durch Natur und Krankheiten, gegenseitiger Totschlag und die Entwürdigung der speziellen emotionalen Faser der Menschheit – all diese Dinge bringen die Welt an den Rand einer Katastrophe und sind die Vorläufer zum Kommen des Herrn.

Die Beweise (und ihr Erdlinge liebt ja eure Beweise) für diesen bevorstehenden Wandel sind nicht nur die religiösen Prophetien, sondern auch die wissenschaftlichen, astrologischen, astronomischen, politischen, historischen und derzeit laufenden Ereignisse, die sich vor euch entfalten und euch unter totaler Verwirrung begraben. Diese Dinge sind sehr sorgfältig recherchiert worden und wir sind nun dabei, dies alles zusammen zu fügen, damit Diejenigen unter euch, die immer noch die Authentizität anzweifeln, sich beruhigen können.

KÖRPERLICHE PRÄSENZ

Es ist nicht nur die „körperliche Präsenz" eures „Herrn" auf Erden, die ihr erwartet; ihr erwartet genauso die Geburt dessen, was „Christusbewußtsein" genannt wird und in allem ist, die Entfaltung des Göttlichen Geistes in euch und seine Offenbarung außerhalb von euch. Ohne diese Entfaltung, ohne diese Geburt des neuen, größeren Göttlichen Bewußtseins ist die Menschheit dem Untergang geweiht!

Die Menschen können ohne innere Veränderung den gigantischen Entwicklungen in ihrem äußeren Leben nicht mehr stand halten. Wenn die Menschheit überleben soll, ist eine radikale Transformation der menschlichen Natur unausweichlich. Die Entwicklung des Bewußtseins ist das zentrale Motiv der terrestrischen (irdischen) Existenz. Ein Bewußtseinswandel ist der Hauptpunkt der nächsten Entwicklungsstufe. Das Sichtbarwerden der makellosen, individuellen Bewußtheit beinhaltet die gänzliche Bewußtheit über das Selbst und aller Wahrheiten seines Wesens und DAS ist auch die Richtung, in die die Evolution führt. *ALLES SEIN IST EINS*, und völlig bewußt zu sein bedeutet, im Bewußtsein von Allem integriert zu sein, oder, in anderen Worten, EINS zu sein mit ALLEM und deshalb auch *EINS MIT GOTT*.

EINHEIT

Was ist gemeint mit dem Ausdruck „Einheit?" GOTT IST EINS! Egal, welche unterschiedlichen Namen man Ihm auch gibt, und egal, daß alle Religionen aus der gleichen Quelle entspringen – es ist DER „EINE" GOTT. Genauso wie H(2)O in Englisch „water" heißt, in Spanisch „agua", in Französisch „eau", in Hindi „pani", „jal" in Bengali und so weiter, so ist es doch die gleiche Substanz, nur die Bezeichnungen sind unterschiedlich.

Die „Religionen" dieser Welt ähnlen sehr den Speichen eines Rades, alle führen zum Zentrum – DEM EINEN GOTT. Ob ihr Ihn jetzt

Christengott, Jehova, Allah, Om, Buddha, Krishna, den Großen Geist oder einfach Prana (Primal)-Energie nennt, macht überhaupt keinen Unterschied, denn die Substanz ist von identischer Struktur. Es sind einfach unterschiedliche Namen für dieselbe Quelle, aus der alles entspringt. Religionen sind nichts anderes als unterschiedliche Straßen, die an einem Punkt zusammen laufen. Welchen Unterschied könnte es möglicherweise machen, wenn man eine andere Straße nimmt, aber dasselbe Ziel erreicht? Außerdem könnt ihr bei euren Heiligen Büchern kein Buch vom Anderen trennen, denn wenn es Unterschiede gibt – so hat der Mensch daran herum hantiert, denn es gibt keinen Unterschied in den ursprünglichen Worten Gottes.

Ihr aus der „Englischen Christlichen" *Glaubensbewegung gebt euch selbst dem Rest eurer Erdenbrüder;* denn ihr habt unwissentlich das Hindu-Wort für Gott – OM – benutzt, um Gott zu beschreiben: OM-nipresent, OM-niscient und OM-nipotent. [A.d.Ü.: allgegenwärtig, allwissend, allmächtig.] Omnipräsent – allgegenwärtig – bedeutet, die Gegenwart Gottes oder OM allüberall – immer präsent. Omniscient – allwissend – bedeutet das Wissen von OM oder Gott, oder alles wissend; omnipotent – allmächtig – bedeutet die Macht Gottes oder OM, oder mit aller Macht ausgestattet. „OM" kommt aus dem Sanskrit, welche die älteste Schriftsprache ist, die der Menschheit bekannt ist und es gab sie sogar vor dem Lateinischen. Das lateinische Wort „OMNI" jedoch bedeutet „ALLES" und meint Gott, denn Gott ist Alles – ALLES.

Unsere Absicht hierbei ist, einige der Fehlannahmen zu klären und auf Ähnlichkeiten in den Lehren und Wahrheiten hinzuweisen, die in den Hauptreligionen der Welt enthalten sind, damit wir mehr Harmonie, Einheit und Verständnis zwischen den Menschen der unterschiedlichen Religionen schaffen und auch mit einer Menge Verwirrungen, Mißverständnissen und Fehleinschätzungen aufräumen, die Menschen unterschiedlichen Glaubens miteinander haben. Die organisierten Religionsstrukturen sind sehr oft die GROSSEN TRENNWÄNDE in der Welt und der Menschheit gewesen, anstatt die großen Vereiniger von Menschheit und Welt zu sein. Wahre Religion ist spirituelle Religion, es ist die Suche nach Gott, das Öffnen seines tiefsten Seelenlebens gegenüber der *innewohnenden* Gottheit, der ewigen Omnipräsenz.

In der wahren Bedeutung des Wortes Spiritualität solltet ihr nach dem richtungsweisenden Licht und dem harmonischen Gesetz suchen. Spiritualität ist etwas anderes als Intellektualität; ihr Erscheinen ist das Zeichen dafür, daß eine Kraft, größer als Verstand oder Vernunft, ihrerseits an die Oberfläche strebt. Spiritualität ist ein fortschreitendes Entdecken der inneren Wirklichkeit unseres Wesens hin zu Geist, Selbst und Seele, das anders ist als euer Verstand, Leben und Körper. Es ist eine innere Sehnsucht nach Wissen, eine Verbindung und Einheit mit der darüber hinaus gehenden, größeren Realität einzugehen, die das Universum durchdringt und in euch lebt, und als Ergebnis dieser Sehnsucht, des Kontaktes und der Einheit, entsteht eine Wende, eine Wandlung, eine Geburt zu einem neuen Wesen, mit anderen Worten, ihr werdet ein gnostisches Wesen – wobei gnostisch bedeutet: Wissen über Gott durch direkte, persönliche spirituelle Erfahrung.

KLARSTELLUNG ZU BIBLISCHEN WORTEN

Jmmanuel sprach: „Wenn ihr nicht wieder geboren werdet, könnt ihr nicht in das Königreich Gottes eingehen. Bereuet! Denn das Königreich Gottes ist nah!" Das biblische Wort „bereuen" ist vom griechischen Wort „metanoia" übersetzt. Ihr Lieben, euer ursprüngliches Neues Testament wurde in Teilen geschrieben in „Koine" (hiervon leitet sich das Wort „a word coined from ..." ab) [A.d.Ü.: deutsch: geprägt], was eine Mischung aus verschiedenen Sprachen der Region war, meistens Griechisch, und später in reines Griechisch übersetzt wurde. „Metanoia" oder „bereuen" bedeutet eine komplette Bewußtseinsveränderung, eine komplette *Kehrtwendung* in die entgegen gesetzte Richtung, oder sich drehen, alles verändern, und mit dieser Veränderung oder Verwandlung wird man *„wieder geboren"*. Jetzt schaut euch mal genau die Parallele von Aurobindo, dem großen indischen Meister, zu den obigen Worten von Jmmanuel an:

„Als Gottes Partner bitten wir euch inständig, diese wundervolle Botschaft zu Gottes großer Güte nicht beiseite zu schieben. Denn Gott sagt ‚dein Ruf kam zu mir zu einer günstigen Zeit, als die Empfangstore weit offen standen. Ich half dir an einem Tag, als Erlösung angeboten wurde'. Sehet, JETZT ist die rechte Zeit; sehet, JETZT IST DER TAG DER ERLÖSUNG!"

ZEICHEN UND AKTUALISIERUNGEN

In eurem Buch der Offenbarungen enthüllt Gott, daß zu der Zeit des Endes dieses Zeitalters des Chaos die Göttliche Mutter (oder Gott als die Mutter) für eine Zeitspanne von 1260 auf die Erde kommen würde, ihr Haupt von 12 Sternen umkränzt, und vom „Roten Drachen verfolgt" würde. (Offenbarung 12). Das Gesagte wurde vor 2000 Jahren prophezeit.

Laßt uns einige höchst unwiderlegbare Kundgebungen anschauen, die auch ziemlich geläufig sind: Am 24. Juni 1981 startete auf einem Hügel hinter dem Dorf Medugorje in Jugoslawien eine Serie von Erscheinungen der Göttlichen Mutter gegenüber sechs Kindern – vier Mädchen und zwei Jungen im Alter von zehn bis 17 Jahren. Gemäß Zeugenaussagen von Türken, Moslems, Kommunisten und ähnlichen Gläubigen, wurden diese Erscheinungen von Wundern begleitet. Zum Beispiel am 2. August 1981 „… die Menschen sahen, wie die Sonne anfing, sich zu drehen und sich auf sie zu bewegte, während sich die Erde verdunkelte …" – das genau gleiche Zeichen oder Wunder gab die Heilige Mutter am 13. Oktober 1917 in Fatima, Portugal. Andere Wunder enthielten 1) auf der Bergseite wurde ein loderndes Feuer wahr genommen, als jedoch die Polizei auftauchte, gab es keinen Anhaltspunkt dafür, daß etwas brannte und es wurde auch nichts Verbranntes gefunden; 2) das Wort „MIR" oder „FRIEDEN" war in Leuchtschrift über den Himmel geschrieben; und 3) um ein riesiges Zementkreuz, das auf der Bergspitze aufgestellt war, erschien ein blendendes Licht – so glanzvoll, daß man das Kreuz sich in Regenbögen von Licht drehen sah.

Alarmiert durch die massiven spirituellen Verwandlungen, die diese Geschehnisse hervor gerufen hatten, zäunten die kommunistischen Behörden (oder vielleicht der „Rote Drache"?) den Berg mit Stacheldraht ein und nahmen die Leute fest, inklusive des Gemeindepfarrers und der sechs Kinder, die trotz vehementer Drohungen die Erscheinung der Mutter nicht widerriefen und so wurden sie auch wieder frei gelassen. Ab diesem Zeitpunkt wurden die Menschen aufgefordert, in der Gemeindekirche St. Jakobus zu beten, wo die Göttliche Mutter, die sich nach Aussagen der Kinder selbst „die Friedenskönigin" nennt und eine Krone mit 12 Sternen trägt, in den vergangenen drei Jahren täglich erschienen ist.

Die Mutter hat den Kindern gesagt, daß aufgrund der „Sünden" (Irrtum) der Menschen die Welt am Rand einer riesigen Katastrophe stehe. Die „Strafe" könne nicht abgewendet werden, aber die Tage würden verkürzt werden und die Schicksalsschläge könnten durch Gebete und Buße abgemildert werden. Aus diesem Grund hat sie Folgendes betont: 1) FRIEDEN – durch Aussöhnung mit Gott, der Familie, Nachbarn und Ländern; 2) GEBETE, 3) BUSSE – für die eigenen Sünden und die Sünden der Welt durch persönliche Opfer wie 4) FASTEN (und ich werde später noch über „fasten" durch Definition und Absicht sprechen); 5) UMKEHR – oder sich Gott zuwenden und ein spirituelles Leben führen.

Die Göttliche Mutter erklärte weiterhin, daß der Menschheit am Ort ihrer ersten Erscheinung in Medugorje ein sichtbares Zeichen nach drei vorausgehenden Ermahnungen als Warnung gegeben würde. Diese Warnungen seien Ereignisse auf der Erde, die in ziemlich rascher Reihenfolge erfolgen würden. Der Gesinnungswandel zu Gott während dieser kurzen Zeitspanne der Gnade sei wesentlich, denn nachdem das sichtbare Zeichen einmal gegeben sein würde, würden Diejenigen, die noch am Leben wären, nur noch wenig Zeit für die Umkehr haben.

In neuerer Zeit ist die Göttliche Mutter auch In Detroit (USA), Vietnam, Nicaragua, Wien (Österreich), Garabandal (Spanien) und anderswo erschienen, einschließlich Poona, Indien, wo Smt. Indira

Devi (Ma) im März 1984 eine Vision der Heiligen Mutter hatte, während der ihr gesagt wurde, sie solle den Freitag in Andacht an sie verbringen und Informationen über das Leben des Herrn Jmmanuel lesen. Darüber hinaus gab es weltweite Berichte über Statuen der Geheiligten Mutter, die Tränen vergossen, inklusive ein „CNN" Artikel vom Mai 1984, in dem berichtet wurde, daß eine Statue in der Kirche St. John of God in Chicago und im Libanon die Statue „Our Lady of Fatima" zwei Wochen lang ununterbrochen Bluttränen weinten.

Die Mutter hat den Kindern gesagt, daß dies die letzten Male sind, die Sie auf Erden in dieser Art erscheinen wird, da ihre Anwesenheit in anderer Weise benötigt wird und daß ihr sehr nah an den Ereignissen seid, die Sie beschrieben hat. Diese Zeitvorgabe bestätigt, wie es scheint, eine Vision, die eurem eigenen irdischen „Papst" Leo XIII am 13. Oktober 1884 gegeben wurde, in dem ihm gezeigt wurde, daß die Kräfte des Bösen ihren Einfluß auf der Welt innerhalb 100 Jahren verlieren würden. Also ist es für euch zwingend notwendig, daß ihr euch sofort auf Gott besinnt und anfangt, die Botschaft der Göttlichen Mutter zu leben, wie sie in Jugoslawien gegeben wurde – die gleiche Botschaft, nebenbei bemerkt, gab sie auch in Fatima. Denn, wie Sie sagte, „Ihr habt vergessen, daß ihr mit Beten und Fasten einen Krieg verhindern könnt. Tatsächlich könnt ihr die Naturgesetze außer Kraft setzen."

Laßt uns noch ein ziemlich phänomenales Ereignis aus dem Jahr 1945 betrachten, als die Atombombe Hiroshima zerstört hat. Acht Männer, die nahe des blendenden Epizentrums der Atomexplosion lebten, haben wie durch ein Wunder die ausdörrende Druckluftdetonation und die Gammastrahlen nicht nur überlebt, während jeder innerhalb eines Radius' von einer Meile verging, sondern haben auch keinerlei Einwirkungen der Radioaktivität gezeigt, obgleich Andere, die weiter entfernt waren, nach wie vor an den tödlichen Wirkungen sterben. 40 Jahre lang haben etwa 200 eurer Wissenschaftler diese acht Männer vergeblich untersucht, um heraus zu finden, was sie vor diesen Verbrennungen geschützt hat. Einer der Überlebenden, Pater H.

Shiffner, S.J., gab die dramatische Antwort im Fernsehen in Amerika: „In diesem Haus haben wir die Botschaft von Fatima gelebt".

Eine weitere Botschaft, die sehr oft übersehen wird, ist die nächste Botschaft der Göttlichen Mutter, die besagt, daß, wenn ihr zurückkehrt an den Busen der Mutter (in diesem Fall ist das die Erde, Terra – der Boden), wäret ihr vor dem Holocaust geschützt. VIELLEICHT – LIEGT DIE ÜBERLEBENSCHANCE NUR DREI METER VON DER HÖLLE ENTFERNT?

Diese Botschaft kommt zu diesem besonderen Datum als Antwort auf eine Frage, die Sananda vorgestern gestellt wurde. Danke Dir, mein Sohn, für die Nachfragen bezüglich der Mutter.

Wir werden diesen Teil damit abschließen und *FRIEDE SEI MIT EUCH!* HATONN

KAPITEL 18

Aufzeichnung Nr. 1 | GYEORGOS CERES HATONN

Dienstag, 30. Januar 1990, 7.30 Uhr, Jahr 3, Tag 167

WAHRHEIT

Ihr werdet die Wahrheit kennen und die Wahrheit wird euch befreien!

Lügen Diejenigen, die behaupten, ihre Arbeit sei aus öffentlichen Dokumenten „entwendet" oder „gestohlen" worden, welche als „Nicht-Fiktion" dargelegt werden, und die wir als Wahrheit bezeichnen?

Wenn Jmmanuel Sananda (Jesus) etwas niederschreibt oder die Flottenkommandanten etwas über ihre eigenen Erfahrungen schreiben und es wird vermischt mit dem, was Andere schreiben, ist das dann Wahrheit? Ist es Lüge? Könnt ihr Gott als euren eigenen Besitz beanspruchen, der einen Anderen von der Wahrheit ausschließt?

Wenn ihr das geschriebene Werk eines Anderen als unwahr bezeichnet und es ist genau das, was ihr vorgestellt habt (und ihr beklagt euch darüber), zeigt es dann nicht, daß ihr euren Bruder belogen habt? Wenn ihr Schriftstücke beurteilt, die ihr nicht mal komplett gelesen habt – habt ihr dann das Recht, die Autoren als schlecht zu bezeichnen? Ich werde am Ende meiner Darstellung von heute Morgen noch eine kürzliche Verzichtserklärung für dieses Dokument untersuchen.

DAS *IST DIE KREUZIGUNG DES PHÖNIX* UND ICH WERDE EUCH AUFZEIGEN, WIE ES ANFÄNGT UND WIE DIE NEGATIVE MACHT SICH SELBST HÖCHST ALBERN DARSTELLT.

LORD BUDDHA

„Es ist dumm zu glauben, Wahrheit befindet sich in der Unwahrheit genauso wie sich Unwahrheit in der Wahrheit befindet –

die Wahrheit bleibt immer die Wahrheit und die Unwahrheit bleibt immer die Unwahrheit ... Das bedeutet nur Leid für böse Menschen – Leid im Jetzt, Leid später, Leid in dieser Welt und Leid in der Nächsten. Freude für gute Menschen – Freude im Jetzt, Freude später, Freude in dieser Welt und Freude in der Nächsten ..."

„Rechtschaffene Gedanken werden die Fackel sein, die seinen Weg erhellen. Wahrhaftiges Streben wird sein Führer sein. Rechtmäßige Sprache wird sein Wohnort auf dem Weg sein. Seine Gangart wird aufrecht sein, denn er benimmt sich in der rechten Art und Weise. Sein Labsal wird es sein, seinen Lebensunterhalt rechtmäßig zu erwerben. Seine Schritte werden aufrichtiger Fleiß sein: die richtigen Gedanken sein Atem; und ehrliche Kontemplation wird ihm den Frieden schenken, den man in seinen Fußstapfen erkennt."

„Gesegnet sind die, die trauern, denn sie sollen getröstet werden. Gesegnet sind die Sanftmütigen, denn sie werden die Erde besitzen. Gesegnet sind, die nach Rechtschaffenheit hungern und dürsten, denn sie sollen gesättigt werden. Gesegnet sind die Barmherzigen, denn sie sollen Barmherzigkeit erlangen. Gesegnet sind die, die reinen Herzens sind, denn sie werden Gott schauen. Gesegnet sind die Friedensstifter, denn sie werden Gottes Kinder genannt werden. Gesegnet sind die, die wegen ihrer Gerechtigkeit Verfolgung leiden, denn ihrer ist das Himmelreich."

LORD JESUS CHISTUS (JMMANUEL)

„Bittet, und es wird euch gegeben; suchet und ihr werdet finden; klopfet an und die Tür wird euch aufgetan. Denn Jeder, der bittet, wird empfangen und Jeder, der sucht, wird finden und Jedem, der anklopft, wird aufgetan ... Denn es gibt nichts Verborgenes, außer, es soll offensichtlich werden; noch gibt es etwas Geheimes, außer, es soll ans Licht kommen."

WARUM HEUTE?

Für einen Menschen gibt es zwei Seinszustände – einmal in dieser Welt und einmal in der Nächsten; es gibt aber auch einen dritten

Zustand – das Zwischenstadium zwischen diesen Beiden, das mit einem Traum vergleichbar ist … während er sich in diesem Zwischenstadium befindet, überblickt er sowohl das Schlechte als auch das Gute, das noch auf ihn zukommt, da dies von seiner Lebensführung auf der Erde abhängig ist, gut oder schlecht.

Ich werde euch ein paar typische Aussagen von Leuten geben, die das erlebt haben, was ihr „Nahtod-Erfahrung" nennt. WIR ziehen das Wort „Nahleben" vor. Das wird auf eine Art diesen dritten Seinszustand etwas besser erklären, als ihn nur einfach in Form einer Definition zu beschreiben.

„Das Nächste, an das ich mich erinnern kann, ist, daß ich gespürt habe, wie ich mit unglaublicher Geschwindigkeit durch diesen dunklen Tunnel gezogen wurde, so etwa wie wenn ich in einen tiefen Brunnen gefallen wäre, und als ich fiel, schienen all meine Sorgen und Nöte wegzuschmelzen. Das war überhaupt nicht schmerzhaft; da war nur ein Gefühl von Wärme, Frieden, Ruhe und Abgeschiedenheit. Beim Fallen hörte ich diese wunderbare Musik um mich herum, wie klingende Glocken oder summende Chöre. Es war, als ob mein Wesen oder meine Seele mit dieser Musik pulsierte oder mitschwang."

„Am Ende dieses Tunnels war dieses wunderbar helle Licht. Zuerst war es klein, wurde aber immer größer und heller, als ich mich darauf zubewegte. Ich wurde wie ein Magnet von ihm angezogen. Plötzlich war dieses weiße Licht ganz um mich herum, hüllte mich ein, überschüttete mich mit Wärme und Liebe. Aber es war mehr als nur Licht; es war ein *Wesen*, eine göttliche Präsenz mit einer eindeutigen Persönlichkeit. In seiner Gegenwart fühlte ich mich total akzeptiert, geliebt und sicher."

„Dann stellte mir das Wesen eine Frage: Was hatte ich in meinem Leben gemacht, das ich Ihm zeigen wollte, und war ich bereit, zu sterben? Plötzlich sah ich einen Film mit meinem ganzen Leben – alles, was ich jemals gedacht, gesagt oder getan hatte, war farbig zu sehen – wie im Kino, aber realer. Es war, als ob das Wesen mir half, mich und mein Leben zu beurteilen."

„Dann war es, als ob sich neun Zehntel meines Gehirns öffneten und es wurde mir die Ehre zuteil, alles Wissen zu sehen, zu hören und zu verstehen; eine Sekunde lang, alle Geheimnisse der Zeitalter und des Universums, die Bedeutung von Schöpfung, Leben und Sterben und deren endlose Zyklen wurden mir offenbart."

„Als Nächstes zeigte mir das Wesen diesen wundervollen Ort – es war wie im Himmel – überall Licht und Musik. Es war wie eine liebliche Landschaft oder ein Wald, und ich war Teil davon, auch von anderen Menschen. Keine Worte können die Schönheit dieses Ortes beschreiben oder die Liebe und Wärme, die ich fühlte, daß ich dort sein durfte."

„Das Wesen fragte mich, ob ich an diesem wundervollen Ort bleiben wolle und ich sagte „Ja!". Ich wollte weder diesen Ort noch Seine Gegenwart verlassen. Aber dann sagte Er zu mir, daß ich noch nicht bleiben könne; daß ich noch eine Mission zu erfüllen hätte, noch Dinge für Ihn zu tun hätte und wenn ich Ihn wirklich liebte, würde ich zurückgehen und diese Taten für Ihn vollbringen."

„Plötzlich war ich wieder in diesem Tunnel und alles wurde schwarz um mich. Als ich wieder erwachte, erkannte ich, daß sich meine Seele wieder in der Gefangenschaft des Körpers befand."

„Ich habe keine Angst mehr vor dem Tod, denn ich weiß, was mich erwartet und Er wird da sein, um mich zu begrüßen. Aber ich habe auch nicht den Wunsch, sofort zu sterben, ich habe noch Arbeit für Ihn zu erledigen und das nächste Mal, wenn ich gehe, möchte ich ohne Reue gehen!" Diese Person starb durch einen plötzlichen Unfall. Die nächste Beschreibung kommt von einem Mann, der sich für Selbstmord entschieden hat:

„… dieser letzte Drink gab mir den ‚Mut', den ich brauchte.

Ich stolperte aus der Bar in mein Auto und fuhr los, den Highway hinunter zur Klippe. Dort angekommen, drehte ich das Lenkrad nach rechts und der Wagen, mit mir auf dem Sitz, segelte hinaus in den Raum. Ich fühlte, wie der Aufprall meinen ganzen Körper durchschüttelte und der Schmerz durchzuckte meinen Kopf, ich wurde ohnmächtig."

„Das Nächste, was ich weiß ist, daß ich meinen Körper verlassen hatte und in so einer Art schrecklichem Schwebezustand war. Es war furchtbar! Alles, vor dem ich versucht hatte, zu fliehen – der Verlust meiner Arbeitsstelle, die Peinlichkeit, die Trinkerei – all das drehte sich immer und immer wieder in mir. Es war so wie eine Art Wiederaufführung. Jedes Mal, wenn ich durch die ganze Sequenz der Geschehnisse durch war, dachte ich, ‚mein lieber Mann, bin ich froh, daß es vorbei ist!' Und dann fing es wieder von vorne an, und ich wußte, daß ich an dieser schrecklichen Stelle, in diesem erbärmlichen Zustand von Existenz eine lange Zeit bleiben würde – vielleicht für immer!"

„Ich habe sofort den begangenen Fehler erkannt und wünschte, ich hätte ihn nie gemacht, aber jetzt konnte ich nichts mehr tun, weil ich von diesem Ort nicht weg kam und wieder in meinen Körper schlüpfen konnte. Alle meine Probleme waren immer noch bei mir, nur noch viel intensiver! Es war, als ob ich an nichts anderes mehr denken konnte ALS an meine Probleme! Ich war verwirrt und perplex und es hat sich angefühlt, als ob mein Gehirn total ‚stumpfsinnig' war. Ich war niedergedrückt und konnte nicht herausfinden, was ich tun oder wo ich hingehen sollte; es war hoffnungslos; es schien keinen Ausweg zu geben!"

„Dann kamen diese häßlichen Geschöpfe und zogen mich immer tiefer in diesen Ort hinein. Ich hatte das Gefühl, als ob ich von Schlangen malträtiert und gebissen wurde – die Schlangen meiner Leidenschaften schlugen auf mich zurück! (*) Die Geschöpfe zwangen mich, mit ihnen zu gehen und plötzlich fand ich mich in einer Bar wieder, in der ich andere Menschen beim Trinken beobachtete. Als sie tranken, versuchten diese ‚Dämonen' – ich weiß kein anderes Wort dafür – deren Körper zu besetzen! Ich versuchte, den Leuten in der Bar zu sagen, daß sie aufhören sollten – aufzuhören mit dem, was sie tun, damit sie nicht so enden wie ich, aber sie konnten mich nicht hören."

„Als nächstes zogen mich diese Geschöpfe zu einem Feuerloch – hier blubberte und rauchte es dauernd. Sie zwangen mich, hineinzusehen und dort sah ich die Konsequenzen meines Tuns. Meine Frau und meine Kinder trauerten um mich und dann wurden sie aus unserem

Haus hinausgeworfen, weil sie kein Geld hatten, um die Hypothek zu bezahlen."

„Ich schrie und rief um Vergebung für das, was ich getan hatte und der Herr in seiner großen Barmherzigkeit hörte meinen Schrei. Plötzlich fühlte ich mich wieder in meinem Körper – mit unsäglichen Schmerzen zwar, aber zurück im Körper. Gott hat mir eine zweite Chance gegeben!"

(*): Die Sioux betonen, daß dies nicht als zeitgerechter Vorfall gesehen werden muß, sondern als ewige Wahrheit. Jeder Mensch, der seinen Trieben und den weltlichen Dingen anhängt, lebt in Ignoranz und wird von Schlangen aufgefressen, die seine eigenen Leidenschaften darstellen.

HIMMEL ODER HÖLLE

Die vorher beschriebenen Szenarien sind eine Zusammenstellung aktueller Erfahrungen von verkörperten Menschen zu dieser Zeit an eurem Ort. Faktisch sind es Erfahrungen des Lebens nach dem Tod. Die Ereignisse in der ersten Erzählung – sind ein Augenblick eines himmlischen Lebens danach – und wurden aus wahren Aussagen von Personen zusammengefügt, die im irdisch überblickbaren Sinne „gestorben" waren, und zwar entweder durch einen Unfall oder durch natürliche Gründe, die später wieder zu körperlichem Leben zurückgefunden haben und deren Seelen sich wieder mit ihren Körpern vereinigt hatten. Der größte Teil dieser Personen waren weder große Heilige noch sonderlich spirituell; sie waren, im Großen und Ganzen gesehen, ganz normale Menschen, die grundsätzlich „gut" und liebevoll waren, aber nicht perfekt oder „Gott-bezogen". Sie hatten in ihrem Leben viele Fehler gemacht, genau wie ihr Alle – wie WIR alle. Und trotzdem waren ihre Erfahrungen nach dem Tod sehr angenehm, wenn nicht sogar himmlisch, und im Allgemeinen hatten sie einen tiefgreifenden, sehr positiven Einfluß auf den Blickwinkel des Individuums und die Bedeutung des Lebens, der Liebe und Gottes.

Die Begebenheiten in der zweiten Schilderung – ein Augenblick eines höllischen Lebens danach – wurden aus aktuellen Erzählungen von Individuen zusammengestellt, die entweder versucht hatten, Selbstmord zu begehen oder die in einer ziemlich selbstzerstörerischen, egoistischen und haßerfüllten Art und Weise gelebt hatten; und Denen eine zweite Lebenschance gegeben wurde, um ihre Wege zu ändern. Auch sie waren, im Allgemeinen, zutiefst beeindruckt von ihrer Todeserfahrung und in vielen, wenn nicht sogar allen Fällen, haben sie die Wege ihres Lebens verändert; genauer, sie wurden liebevoller und fürsorglicher und gingen achtsamer mit den Bedürfnissen Anderer um. Sie erkannten, daß sie gegen Gottes Gesetze der Liebe gelebt hatten und „von der anderen Seite aus" als „Rebellen" gegen Gott betrachtet wurden.

WARUM SICH MIT DEN ERFAHRUNGEN ANDERER AUSEINANDERSETZEN?

Das sollte euch schon *wirklich etwas angehen,* denn innerhalb der nächsten Jahre nach eurer Zählung können 90 % der jetzt Lebenden sehr gut „tot" sein und deshalb auch das eine oder andere dieser „Leben nach dem Tod" erleben! Wie ihr gesehen habt, ist es wirklich eure Wahl, in welche „Welt" ihr gehen wollt – was zieht ihr vor, Himmel oder Hölle? Wenn ihr liebevoll und bestrebt seid, Gottes Gesetze zu leben, wartet „der Himmel" auf euch! Wenn ihr haßerfüllt und zerstörerisch seid, dauernd Gottes Gesetze brecht und seine Schöpfungen zerstört – werdet ihr in der „Hölle" erwartet! So sei es – IHR habt immer die Wahl.

Laßt uns über die Prophezeiungen für die „Endzeiten" dieses Zeitalters sprechen – das, was die Hindus Kali Zeitalter nennen, das Zeitalter des Chaos. Wenn es euch scheint, als ob ich wiederhole, was ich bereits gesagt habe, verzeiht mir die Wiederholung , denn ich werde immer noch mit Fragen zu diesem Thema bombardiert und ich werde nicht weitermachen, bis die Fragen ein wenig zum Stillstand gekommen sind.

Hier sprechen wir über das Ende des Systems von Dingen – von Ego, Lügen, Haß, Gewalt und Zerstörung; das Ende des menschlichen Systems und der menschen-gemachten Gesetze, das durch das Göttliche System und Gottes Gesetze zu Liebe, Frieden, Ausgleich, Einheit und Wahrheit ersetzt werden soll.

IRDISCHE BESTÄTIGUNGEN

Durch die Äonen haben Propheten immer wieder „das Ende dieses Weltzeitalters" gepredigt. Warum solltet ihr glauben, daß „der Anfang" (denn höchst sicher ist es nicht das Ende) etwa jetzt stattfinden sollte? Auf welche Fakten kann man sich beziehen, um zu beweisen, daß ihr im Zeitalter von Kali seid, oder den „End"-Zeiten?

VERSUCHEN WIR ES MIT DEN INDIANERN (DIE ALTEN)

Wie ich euch woanders schon mitgeteilt habe, wurden die indianischen Prophezeiungen, die bereits gut 2000 Jahre alt sind, ganz klar auf einen Felsen in Black Mesa, nahe den „Vier Ecken" in euren Vereinigten Staaten, gezeichnet. Sie sagen eine Zeit großer Zerstörungen voraus. Die Indianer wissen, daß diese Zeit gekommen ist und daß die große Drangsal/Reinigung nahe ist, wenn „eine Schale voller Asche" erfunden wird. Diese Waffe sei so gewaltig, daß sie, wenn sie vom Himmel fällt, die Ozeane zum Kochen bringt und das Land so stark verbrennt, daß viele Jahre lang nichts mehr wachsen würde.

Die Erfindung dieser Waffe wurde dazu genutzt, die breite Veröffentlichung bestimmter indianischer Lehren einzuleiten; Lehren, die dazu hätten dienen sollen, die Welt darauf aufmerksam zu machen, daß eine finale Katastrophe allem Leben auf dem Planeten ein Ende setzen würde, wenn die Völker der Welt nicht aufwachen und ihre Wege ändern und damit auch ihre Führungen zwingen würden, ihre Richtung, der planetarischen Auslöschung entgegen, zu verändern. Diese Waffe – die Schale der Asche – wird als Atombombe gesehen, deren pilzförmige Wolke der Kürbisschale der Indianer aus Amerika ähnelt.

Seit der Erfindung der Bombe sind die Tage verstrichen und Hunderte anderer Anzeichen wurden in eure Realität gebracht. Der Berg St. Helens hat zu den Indianern gesprochen, meine Freunde. Genauer gesagt, letzte Woche, eure Zählart, hat die Mutter wieder gesprochen, als es in Süd-Dakota gerumpelt hat und die Erde gebebt und der Boden gezittert und Warnungen ausgesprochen wurden.

WAS IST MIT JMMANUEL JESUS CHRISTUS?

Als Jesus von argwöhnischen und verschüchterten Jüngern gefragt wurde, was die Zeichen für das Ende dieses Zeitalters seien, antwortete er Kriege, Erdbeben, Hungersnöte, spuckende Vulkane, Epidemien, falsche Propheten und religiöse Verfolgungen. Dann, zu den letzten Zeichen, sagte Er:

„Und da werden sein Zeichen in der Sonne, dem Mond und den Sternen … die Menschen werden vor Angst und düsteren Vorahnungen über das, was über die Welt kommen wird, ohnmächtig werden; *denn die Gewalten des Himmels werden erschüttert.*"

„Himmel" bedeutet in diesem Kontext „Himmlische Mächte" oder die Kräfte der Schöpfung. Das ursprünglich griechische Wort für „Himmel" ist „Ourania", was auch die Wurzel des Wortes „Uranium" ist. Umgeschrieben heißt dieser Satz „und die Gewalten von Uranium werden erschüttert." Uranium wird geschüttelt, um Kernkraft zu erzeugen. So wurden bereits vor fast 2000 Jahren von Jmmanuel die Entdeckung der Kernkraft und die Zerstörung genau vorausgesagt und sollte als Zeichen für das endende Zeitalter gesehen werden.

Aha! Wir werden uns dann endlich zeigen: „dann wird das Zeichen des Menschensohns im Himmel erscheinen … und sie werden den Menschensohn kommen sehen auf den himmlischen Wolken mit Macht und Glorie …!"

Glaubt ihr, es ist Zufall, daß der erste erfolgreiche Test für Kern- oder Nuklearfusion den Codenamen *„Baby Jesus"* und die erste erfolgreiche Atom- oder Nuklearexplosion „die Trinität" bekam?

„Denn dann wird sein große Drangsal, wie es sie nie gegeben hat vom Anbeginn der Welt bis heute, nein, und so wird es sie auch nie mehr geben. Und wenn jene Tage nicht abgekürzt würden, würde nichts überleben, was lebendig ist ..."

„Wenn also diese Dinge anfangen stattzufinden, schauet hinauf und erhebet eure Häupter, denn eure Erlösung nahet heran. Wahrlich, ich sage euch, diese Generation wird nicht hinwegscheiden, bis alles vollzogen ist." Das bedeutet, die Generation, in welcher all diese Zeichen vorhanden sind.

FEHLENDE VERBINDUNGSSTÜCKE

Euch, die ihr wünscht, eure Begrenzungen für Gott, an die ihr euch klammert, auf euch selbst anzuwenden und damit wertende Meinungen erschafft, möchte ich etwas Nahrung für eure Meditationen geben, statt daß ihr mit leeren Köpfen Mantras rezitiert.

Ihr erhebt euch waffenstrotzend und behauptet UND SIE NANNTEN IHN JMMANUEL kann ja nicht der Wahrheit entsprechen, denn in Emmanuel Jesus kurzem Leben war keine Zeit für große und ausgedehnte Studien in Indien. Und doch zeigt das Tuch, das 2000 Jahre lang versteckt war, ganz klar ein Symbol auf der Stirn des eingehüllten fleischlichen Körpers. Dieser Blutstropfen trägt die Darstellung des Sanskrit-Wortes für Gott – Om. Was könnte solch ein Symbol auf der Stirn eines „christlichen" Messias bedeuten? Könnte es bedeuten, daß ihr nicht die ganze Geschichte habt? Oder, könnte es bedeuten, daß IHR DIE GESCHICHTE HABT, ABER SIE NICHT WISSEN WOLLTET?

Warum macht ihr nicht ein paar Hausaufgaben? Ihr werdet Wahrheit finden und fehlende Bruchstücke mit Antworten. Es gibt ein paar eklatante Lücken in der ganzen Geschichte, selbst wenn ihr UND SIE NANNTEN IHN JMMANUEL komplett ablehnt. Was ist mit dem „Weißen Propheten"? Und was mit diesem wundersamen Trugbild, das von Zeit zu Zeit in den schlimmsten aller Zeiten erschien – in Indien, Südamerika, Nordamerika, Asien, dem Mittleren Osten, dem

Fernen Osten – und auf dem Raumschiff Phönix? Und was ist mit dem, der in den verschiedenen Völkern von Rußland aufgetaucht ist?

Schaut mal auf ein paar leere Notizblockseiten: Warum wurde Jesus nicht im frühen Alter verheiratet – es war jüdischer Brauch, sogar bereits mit 13 Jahren zu heiraten. Eure Bibel sagt, Er war in der Lehre bei Seinem Vater Joseph, dem Zimmermann. Außerdem ist in Aufzeichnungen vermerkt, daß Jesus zur Zeit des Todes Seines Vaters abwesend war, und es wird gesagt, das sei etwa um Sein 20. Lebensjahr gewesen. Gemäß den Aussagen in der Bibel erkannte Johannes der Täufer Jesus zuerst nicht. Man sollte sich auch daran erinnern, daß Johannes und Jesus Cousins waren und ihre Familien ziemlich nahe beieinander wohnten. Wenn Jesus sein ganzes Leben in Nazareth verbracht hatte, warum hätte Johannes, sein eigener Cousin, Ihn nicht erkennen sollen? Also, woher kommen all diese Dinge? Ihr, die ihr so fanatisch seid in eurem Bibelglauben – wie Viele von euch kannten diese Kleinigkeit? Es steht in eurer Bibel! Wie könnt ihr das Urteil eines Anderen weitergeben, wenn ihr bei euren eigenen Tests durchfallt?

KÖNNTE ES SEIN, DASS ES DA EIN PAAR DINGE GIBT, DIE IHR NICHT *WISST*? WO WOLLT IHR DAS LERNEN, DAMIT IHR IN AUSGEGLICHENHEIT UND WISSEN KOMMT, WORAUF IHR EURE MEINUNG AUFBAUEN KÖNNT, WENN IHR EUCH INFORMATIONEN VERWEIGERT, WEIL EUER „PREDIGER" ODER „PRIESTER/PRIESTERIN" EUCH SAGEN, DA NICHT HINZUSEHEN, HINZUHÖREN ODER EUCH NACH INNEN ZU WENDEN UND „ZU SPÜREN"? SIE SAGEN EUCH NICHT, DASS IHR NACHFORSCHUNGEN ANSTELLEN UND SEHEN SOLLT, DENN SIE WISSEN INTUITIV, DASS IHR EUCH DANACH VON IHNEN ABWENDEN WERDET UND VON IHRER BIGOTTEN, FANATISCHEN FALSCHHEIT. IHR WERDET DIE ZEICHEN DES TIERES IMMER DORT AUFTAUCHEN SEHEN, WO MAN EUCH VOM „WORT" ABHALTEN WILL. WIR VOM LICHT LADEN EUCH EIN, EUREN RAUM ZU KLÄREN, UM EINSICHT UND VERSTÄNDNIS ZU BITTEN – UND LEST, SEHT UND BERÜHRT

DAS ALLES, *DAMIT IHR DIE WAHRHEIT KENNENLERNEN KÖNNT!*

Ihr habt gerade den schlechten Zug in euch entdeckt, den Punkt, an dem ihr unter allen Umständen verhindern wollt, die Wahrheit eines Anderen anzuschauen. DIE WAHRHEIT BESTEHT DARAUF, AUS DEN TIEFSTEN TIEFEN DES OZEANS UND VON DEN HÖCHSTEN HÖHEN DER BERGE GEHÖRT ZU WERDEN. SIE VERSTECKT SICH NICHT HINTER ANSCHULDIGUNGEN VON „DIEBSTAHL", „FORDERUNGEN NACH RECHTMÄSSIGEM EIGENTUM DER INFORMATION" ODER EKLATANTEN UND UNKLUGEN PROKLAMATIONEN. SCHWEIGEPFLICHT UND DIE GEHEIMNISKRÄMEREI VON GEHEIMGESELLSCHAFTEN SIND DIE WERKZEUGE SATANS HÖCHSTPERSÖNLICH.

Wir haben dieser Schreiberin immer wieder gesagt, daß sie attackiert, attackiert und nochmal attackiert werden würde. Wir haben ihr auch gesagt, daß es höchst schmerzhaft sein würde, wenn ihr Bewußtsein das Augenmerk auf DIEJENIGEN richten würde, die ihr zuerst erzählten, ihre Arbeit sei perfekt und sie dann schlußendlich verraten haben. Diese sagten ihr auch bei Beginn ihrer Arbeit im August 1987, daß Diejenigen, die sie als „Freunde" bezeichnete, sich von ihr abwenden und das ihr Herz brechen würde – aber nicht notwendigerweise ihren Geist.

Ihr in der Gruppe der Leser müßt wissen, daß die letzten Schläge gegen sie wirklich sehr kritisch waren, denn ihr Geist ist leidgeprüft. Es ist auch alles sehr ernst und ihr, die ihr sehr nahe seid und dazu tendiert, sie zu hänseln und es herunterzuspielen, ihr solltet etwas geduldiger sein, denn ihr Herz ist wahrhaftig angegriffen.

ALLES IST EINS

Ihr brecht weiterhin den Stab darüber, wessen Wahrheit nun die Wahrheit ist. Also, laßt uns mal gleich etwas richtig verstehen, bevor wir weitermachen – ihr habt den freien Willen, euch eure Wahrheit selbst zurechtzulegen und das schätze ich – DAS MACHT ABER

AUS EUREN WAHRHEITEN NOCH LANGE KEINE WAHRHEIT! DENKT DARÜBER NACH!

Wenn wir euch sagen, daß Issa, Esa, Esu, Immanuel, Jmmanuel, Hesus, Emmanuel, Das Weisse Weibliche Büffelkalb, Der Stehende Bär, Buddha, Quetzalcoatl usw. usw. usw. ALLE DER EINE SIND, DANN MÜSST IHR LANGSAM ANFANGEN ZU REALISIEREN, DASS ES DIE WAHRHEIT IST UND DAMIT AUFHÖREN, IHN IMMER UND IMMER WIEDER ZU KREUZIGEN.

WAS IST MIT DEN LEGENDEN?

Viele Darstellungen über die Reisen Jesu waren ein Resultat der Visionen, die von Menschen projiziert wurden. Aber woher kamen diese Visionen? Sie kamen aus dem Buch „Gottes Erinnerungen" oder der „Akasha Chronik", wobei das Wort „Akasha" aus dem Sanskrit kommt und „Ursubstanz" oder Geist Gottes bedeutet, da Gott der Ursprung aller Dinge ist.

Es gibt aber auch Darstellungen der Reisen „Christi", die nicht auf Visionen basieren. Und wenn Jesus wirklich durch und über die Lande reiste, müßte es dann nicht Volkslegenden oder Darstellungen Seiner Reisen und Besuche geben, oder wenigstens Hinweise darauf, daß Er irgendwo in diesen Ländern weilte? Die Antwort ist natürlich ein nachdrückliches – JA!

Den ältesten Hinweis auf „Jesus" findet man in einer Zusammenstellung von Schriften der Hindu, der *SHRIMAD BHAGAVATAM*, die beschrieben werden als „die Früchte der Veden und Upanishaden" und „die Verkörperung des Herrn selbst" in diesem Zeitalter – dem Kali Zeitalter, dem Zeitalter des Chaos oder den Endzeiten. *DIE SHRIMAD BHAGAVATAM* ist der christlich-judäischen Bibel insofern ähnlich, als sie das Leben der großen Heiligen und Weisen beschreibt und auch die Lehren des Herrn Selbst während der Zeitalter. Sie zeichnet akkurat historische Begebenheiten wie die Erschaffung des Universums und dieser Welt chronologisch auf mit der Sintflut, die die Erde bedeckte, mit dem einzigen Unterschied, daß die Darstellung der Flut mindestens 1000 Jahre länger zurückliegt als Noahs Darstellung, die ihr in der Bibel findet! Menschenskind, das sieht ja gerade so aus, als ob die Energien der höheren Quelle die persönlichen Schriften der Menschheit sogar bis vor die Zeit der „Schöpfung" „stibitzt" hätten.

Sie enthält ebenso einen Teil, der den Abstammungslinien der Könige und Herrscher aus dem Buch Daniel im Alten Testament auffällig gleicht. Natürlich bezieht sich die Regierungszeit der Könige hier auf Indien, aber das ist historisch genauso akkurat wie bei Daniel und den Herrschern im Mittleren Osten.

Die Geburt und das Leben des Herrn als Shri Krishna (oh, das auch noch) wird genauso erzählt wie Prophezeiungen und Vorhersagen, die Sein Kommen zu jener Zeit ankündigten. (Es tut mir leid, Chelas, aber ihr bekommt die Wahrheit gerade vor euren Augen ausgebreitet – egal, mit welchem Müll ihr vorher auch gefüttert wurdet). Die Geburt des Herrn als Buddha (oh, ich falle in Ohnmacht!) wurde genauso prophezeit wie die Region, in welcher der Herr geboren werden sollte: „Wenn das Kali (Zeitalter des Chaos) beginnt, wird Er (der Herr) in Magadha (im Norden Bihars, Indien) geboren werden als Buddha mit Hinblick darauf, die Feinde Gottes zu täuschen". Lord Buddha wurde 563 vor Christus tatsächlich im alten Kapilavatthu geboren, das im Norden Bihars in Indien liegt – sorry!

Es gibt auch andere Prophezeiungen über die Inkarnation des Herrn während des Kali Zeitalters. SIE BESAGEN, DASS DER HERR WIEDERKOMMEN WÜRDE UND IHM DIESES MAL ÜBERWIEGEND DIE ARMEN UND FISCHER FOLGEN WÜRDEN UND DASS SEINE JÜNGER DIEJENIGEN SEIN WÜRDEN, DIE URSPRÜNGLICH DIE WORTE DER WAHRHEIT VERKÜNDEN WÜRDEN:

> „Die Menschen dieses Zeitalters (dem Zeitalter des Kali und der Zeit des Kommens Christi) werden sich als gierig, unmoralisch und gnadenlos herausstellen, sie werden grundlos Feindseligkeiten anzetteln und sind unglücklich und extrem habsüchtig. (Ich schätze, daß das eine ziemlich gute Beschreibung der Herrscher zu jener Zeit ist!). Die Sudras

(die unteren Klassenschichten oder armen Arbeiter), *Fischer*, und Ähnliche übernehmen die Führung. Ah ja, der arme Simon Petrus."

Ihr müßt euch in Erinnerung rufen, daß die Meisten der frühen Nachfolger Jesu aus einfachen Verhältnissen der unteren Schicht stammten, wenn man den Gesellschaftsstandard betrachtet. Sie scharten sich um Ihn, weil Er ihnen die Hoffnung auf eine bessere Zukunft gab. Ihr müßt auch bedenken, daß Jesu engste Jünger überwiegend Fischer waren, einschließlich, unter Anderen, Simon Petrus, Andreas, Jakobus und Johannes – armer, abgekämpfter Petrus, den man immer den „Menschenfischer" nannte.

Überall in der *SHRIMAD BHAGAVATAM* findet man das Wort „Isa". „Isa" bedeutet „Gott" oder „Herr der erschaffenen Wesen". Es ist interessant zu wissen, daß die Moslems, die glauben, Jesus sei ein großer Prophet gewesen, ihn „Isa" nennen. Zufall?

Der Buddha sprach auch von einer zukünftigen Inkarnation Gottes auf der Erde. Als Er dabei war, diesen physischen Plan zu verlassen, fragte Ihn Sein Schüler mit tränenerstickter Stimme „Wer soll uns lehren, wenn Du nicht mehr bist?" Und Lord Buddha erwiderte:

„Ich bin nicht der erste Buddha (der Erleuchtete – Avatar – Sohn Gottes), der auf die Erde kam, noch werde ich der Letzte sein. Zur rechten Zeit wird ein anderer Buddha in diese Welt eintreten, ein Geheiligter, ein außergewöhnlich Erleuchteter, begnadet mit Weisheit in seiner Haltung, verheißungsvoll, Einer, der das Universum kennt, ein unvergleichlicher Menschenführer, Meister der Engel und Sterblichen. Er wird euch die gleichen ewigen Wahrheiten lehren wie ich es getan habe. Er wird Seine Religion predigen, glorreich in ihrem Ursprung, glorreich auf dem Höhepunkt und glorreich in ihren Zielen, im Geist und in den Lettern. Er wird ein religiöses Leben verkünden, vollkommen perfekt und rein; genauso, wie ich es heute tue."

Der Schüler fragte: „Wie werden wir Ihn erkennen?"
Und der Buddha sagte:

„Er wird als Metteyya bekannt sein, was bedeutet: Er, dessen Name liebenswürdig und wunderbar ist."

Sprach Er von Emmanuel Jesus (und sein Name soll sein „Wunderbar")? Nun, es ist sehr interessant, daß Jesus als die Verkörperung von Barmherzigkeit, Freundlichkeit und Göttlicher Liebe beschrieben wird. In künstlerischen Darstellungen wird er oft gezeigt, wie er auf Sein Heiliges Herz deutet – das Symbol für Liebenswürdigkeit und Göttliche Liebe. All das, gepaart mit der Tatsache, daß Seine Jünger Fischer sein sollten, verleiht doch sicher der Möglichkeit Gewicht, daß Lord Buddha sich auf Emmanuel, den weißen Propheten, bezog.

SELBST DIE BUDDHISTEN ERKANNTEN DIE ENTITÄT

Ihr, die ihr „eher vergehen wollt als Buddhist zu sein" hört jetzt besser mal zu. Selbst die buddhistischen Priester erkannten Jesus – als sie ihn sprechen hörten – als „den Geheiligten", die Reinkarnation des Herrn an, dessen Ankunft von Lord Buddha fast 600 Jahre zuvor prophezeit wurde!

„Jetzt hörte auch Vidyapati, der Weiseste der indischen Weisen, der Oberste des buddhistischen Tempels, den hebräischen Propheten sprechen und er sagte:

Ihr Priester, hört mich sprechen: Wir stehen heute am Gipfelpunkt einer Zeit. Vor sechs Zeiten (vor sechshundert Jahren) wurde eine Meisterseele (Lord Buddha) geboren, die der Menschheit ein glorreiches Licht war und jetzt steht ein weiser Meister hier in diesem Tempel –

Dieser hebräische Prophet ist der aufsteigende, vergöttlichte Stern der Weisheit. Er bringt uns Wissen über die Geheimnisse Gottes; und die ganze Welt wird Seine Worte hören, wird Seine Worte befolgen und Seinen Namen preisen. Ihr Priester des Tempels bleibt!

Werdet still und hört, wenn Er spricht; Er ist das Lebendige Werkzeug der Mitteilungen Gottes.

Und alle Priester gaben ihre Dankesbekundungen und priesen den Buddha der Erleuchtung („Jesus" Emmanuel Christus)."

Dharma, laß uns bitte eine Pause machen, bevor wir weiter zu den Legenden gehen, denn es ist wirklich sehr wichtig, daß man einen fortlaufenden Faden über UND SIE NANNTEN IHN JMMANUEL hinaus erkennen kann. Wenn du dich zurückerinnerst, wir hatten gesagt, daß er in seinen fortdauernden Reisen nicht als Jesus bekannt war (übrigens in Galiläa auch nicht), sondern als Isa (Issa, Esu usw., ihr könnt das nachlesen, ich werde es hier nicht noch einmal wiederholen). Bemerkenswert! Die einzelnen Themenfäden sind alle da, wenn ihr nur schauen wolltet, und wir können euch nicht dazu bewegen, das nachzuschlagen, es sei denn, wir beziehen uns auf Dokumente und Geschichten, die auf eurer Welt bereits vorhanden sind. Ich werde nicht länger ruhig hier sitzen, während die Pfeile der Anschuldigungen gegen meinen Kommandanten und Meisterführer abgeschossen werden. SEIN NAME IST WAHRHEIT UND DAS WORT UND SANANDA (GOTT) IST SEIN NAMENSSCHILD. WIE KÖNNEN ES EINIGE WAGEN, DIESER WUNDERSAMEN SCHÖPFUNG IN IHRER VOLLKOMMENHEIT DUNKLE ANSCHULDIGUNGEN UND DIEBSTAHL VORZUWERFEN? SEID VORSICHTIG, DASS IHR EUCH NICHT OHNE LEGITIMATION VOR DEM EINGANGSTOR WIEDERFINDET! SO SEI ES FÜR DIE WEISEN GENUG ZU HÖREN UND ZU SEHEN. IHR, DIE IHR EUCH SO ANGEFÜLLT MIT AUTORITÄT UND WEISHEIT WÄHNT, SEID IN KEINER WEISE WEISE; DENN EIGENTLICH SEID IHR DIE DÜMMSTEN DER GANZEN MENSCHHEIT. SALU!

HATONN

KAPITEL 19

Aufzeichnung Nr. 2 | GYEORGOS CERES HATONN

Dienstag, 30. Januar 1990, 14.00 Uhr, Jahr 3, Tag 167

In einem buddhistischen Manuskript namens DIE LEGENDE ÜBER SANKT ISSA findet man die aussagekräftigste Darstellung über Jesu Reisen in Indien und anderen Ländern. Ich werde mich in Bezug auf die Reisen nicht auf die Aussagen Judas Ischarioths berufen, denn es wurden sehr viele irdischen Manuskripte durch Feuer zerstört, da der Priester, der sie gefunden und übersetzt hatte, sie in seiner Wohnung in einer Mauer verborgen hatte; das Haus wurde von Israelis bis auf die Grundmauern niedergebrannt, als der Mann mit seiner Familie flüchtete – aber das ist eine andere Geschichte.

Es gibt genügend Schriften dazu, die ausreichen werden. „Issa" ist dasselbe wie „Isa" oder „Jesus", kann auf das erste Jahrhundert nach Christus zurückdatiert werden und damit sind diese Dokumente älter als das Neue Testament, in dem Issa „oder Jesus" als der Eine beschrieben wird, „... den der Buddha angekündigt hatte als den, der das Heilige Wort verbreiten wird ..."

Ein russischer Forscher namens Nicolas Notovitch war wahrscheinlich der erste „Westler", der von dem Manuskript erfahren hat. Notovitch hatte in den späten 1800er Jahren ausgedehnte Reisen nach Indien, Afghanistan und Tibet unternommen und hörte auf diesen Reisen von den Sagen und dem Manuskript. Er entschied sich, diese Legende zu überprüfen und reiste dazu in ein buddhistisches Kloster mit dem Namen Himis in Leh, in Ledak, das früher zu Tibet gehörte und heute im nördlichsten Teil von Indien liegt. Das Original-Manuskript war in der alten Sprache Pali verfaßt und wurde von Tibet nach Indien gebracht.

Die Sage vom Heiligen Issa stellt nahezu das ganze Leben von Emmanuel dar, einschließlich Seiner Folterungen und Kreuzigung, gibt aber auch fehlende Teile historischer Informationen bekannt. Das Manuskript wurde den Bedürfnissen der damaligen Gelehrten angepaßt, so daß die Zeit seiner Erfahrungen in seine frühe Lebenszeit gelegt wurde, denn die allgemein bekannte und fortbestehende Behauptung war, daß eine neue physische Form von Emmanuel nach seinem Aufstieg nicht bekannt war. Die Diskrepanz war ein schwer lastendes Problem für die Gelehrten in dem Bemühen, die Einzelteile in der richtigen Reihenfolge zusammenzufügen. Ihr sollte immer im Gedächtnis behalten, daß es damals weder Fernsehen, Telefon noch Telegraphenübermittlung gab – nur mündliche Weitergabe und die Art der Übermittlung waren damals entbehrungsreiche Reisen zu Fuß. Es war wirklich sehr einfach, falsche Geschichten in Umlauf zu bringen – und außerdem, „tot ist tot ist tot".

Notovitch war überzeugt von der Echtheit des Manuskriptes und schrieb ein Buch über seine Reisen und die Legende des Heiligen Issa, das auch eine Übersetzung des Originalmanuskriptes beinhaltete.

Fünfunddreißig Jahre später, im Jahr 1922, reiste Swami Abhedananda, Anhänger eines der größten Heiligen, die auf der Erde lebten – Sri Ramakrishna – ebenfalls nach Himis, um das Manuskript selbst in Augenschein zu nehmen. Er war von der Authentizität auch überzeugt und schrieb darüber in seinem Buch *KASHMIRI O. TIBBETTI*.

Die Legende des Heiligen Issa beginnt mit den Worten:

„Die Erde zitterte und die Himmel weinten, denn im Land Israel wurde ein großes Verbrechen begangen.

Denn dort wurde der große und gerechte Issa, in dem sich die Seele des Universums manifestiert hatte, gefoltert und hingerichtet;

der sich in einem einfachen Sterblichen inkarniert hatte, um der Menschheit zu dienen und den bösartigen Geist in ihnen zu zerstören;

sie zurückzuführen zu Frieden, Liebe und Freude, eine Menschheit, gefallen durch ihre Sünden und ihnen den Weg zu weisen zu dem einen und unsichtbaren Schöpfer, dessen Gnade unendlich ist ..."

Selbst *damals*, meine Lieben, hat die Menschheit ihre Bücher nicht mit dem „Ende", sondern mit dem „Anfang" begonnen.

Die Legende geht weiter mit Aussagen von Händlern aus Israel über die dortigen Geschehnisse. Sie erzählt von den Mühen des Volkes Israel, zuerst mit den ägyptischen Pharaonen, dann seine Befreiung durch Mossa (Moses), und mit den Heidenvölkern aus dem Land Romeles (Rom). Sie erklärt, daß die Mühsal, die die Israeliten erlitten, aus ihren eigenen Sünden entstand, da sie die Gesetze Gottes vergessen hatten und sich stattdessen sinnlichen Begierden und den Gesetzen der sterblichen Menschen zuwandten. Aufgrund ihres Leids begann sich das Volk wieder zu erinnern, bat den Einen und wahren Gott, sie zu erhören, ihnen zu vergeben und sie von ihrem Übel zu erlösen. Er tat es! Die Sage geht weiter:

„Zu jener Zeit war für den mitfühlenden Richter der Augenblick der Reinkarnation in menschlicher Form gekommen; und der ewige Geist, der sich in einem Status vollkommener Ruhe und höchster Seligkeit befand, erwachte, trennte sich für eine unbestimmte Zeitperiode vom ewigen Sein, so daß Er in menschlicher Form die Menschheit lehren konnte, sich mit der Göttlichkeit zu identifizieren und damit ewige Glückseligkeit zu erlangen; und durch Sein eigenes Beispiel zu zeigen, wie man moralische Reinheit erreichen und seine Seele von der Dominanz leiblicher Sinnesbegierden befreien kann, um die notwendige Vollkommenheit für den Eintritt in das Königreich des Himmels zu erlangen, welches unabänderlich ist und wo die ewige Seligkeit wohnt.

Kurz danach wurde im Land Israel ein wundersames Kind geboren. Gott Selbst sprach durch den Mund dieses Kindes von den Mühen des Körpers und der Erhabenheit der Seele. Das göttliche Kind, dem man den Namen Issa gegeben hatte, begann schon in Seinen jungen

Jahren von dem Einen und unsichtbaren Gott zu sprechen, forderte die verlorenen Seelen auf, zu bereuen und sich von den Sünden zu reinigen, die sie schuldig gemacht hatten.

Die Menschen kamen aus allen Gegenden, um Ihm zuzuhören und staunten über die Reden, die aus Seinem kindlichen Munde kamen; und ganz Israel war sich einig, daß der Geist des Ewigen in diesem Kinde wohnte."

Die Legende besagt, daß Issa oder Jesus im Alter von 13 Jahren Sein Elternhaus verließ und nach Indien reiste, „mit dem Ziel, sein Wissen über Gottes Wort zu vervollkommnen und die Gesetze der großen Buddhas zu studieren (die Erleuchteten)."

Hier ist die Geschichte, was die Perfektion der Abläufe betrifft, inkorrekt. Issa wurde zuerst in himmlische Ebenen verbracht, wo er von Himmlischen Söhnen und Cohans erleuchtet wurde. Sein Lehrplan war wirklich sehr intensiv – DANACH wurde er nach Indien verbracht, wo er einige Jahre in Jaggannath, in Radjugriha, in Benares und anderen heiligen Städten lebte, wo er zuerst studierte und später lehrte und allen Mitgliedern der Gesellschaft die Veden darlegte – die ältesten heiligen Schriften der Welt.

Hier, genau wie in Israel, erregte der junge Lehrer den Zorn einiger orthodoxer brahmanischer Priester, die Gottes Lehren über das Kastensystem verdreht hatten, indem sie sagten, daß vor Gottes Augen nicht alle Menschen gleich seien und einige, die Sudras, oder Mitglieder der „niedrigsten" Kaste, selbst für das Hören der Worte des Herrn zu unwürdig seien, geschweige denn sie lesen zu dürfen. Jesus verwarf diese falsche Doktrin der Ungleichheit und warnte die Priester davor, den Zweck hinter Gottes Großem Plan zu pervertieren. Er ermahnte sie, zur Wahrheit zurückzukehren und Gottes Lehren in Bezug auf das Kastensystem zu überprüfen. Wir werden das Kastensystem ebenfalls untersuchen. Wir werden in den Ursprung, den Zweck und die Funktion des Kastensystems in der Gesellschaft hineinschauen, um jeglichen Irrglauben und falsche Vorstellung über die Gleichheit aller Menschen auszuräumen. Wir werden ebenso die universellen Wahrheiten durchsehen, die in unverfälschten Schriften in allen großen Religionen dieser Welt zu finden sind, wie sie auch durch Jesus und Seine Reisen durch Indien, Tibet, Persien, Griechenland, Ägypten und Palästina bestätigt wurden. Wir werden auch in die unterschiedlichen Prophezeiungen der Hauptreligionen hineinsehen, um ohne jeglichen Zweifel zu beweisen, daß dies die Anfangs/Endzeiten eines großen Zyklus sind.

Vieles in der Umgruppierung der Reisen Issas ist verwirrend, weil in der Übersetzung beachtet werden mußte, daß die Sage über Issa in seiner Jugendzeit stattfinden mußte, da er durch die Kreuzigung verfrüht den physischen Tod fand. Versteht ihr, daß das der Anfang der Kreuzigung der Wahrheit war? Die Menschheit hat begonnen, die Abfolgen so zu arrangieren, daß sie zu den übernommenen Gerüchten paßten.

Es besteht ein großer Unterschied zwischen dem Jungen, der zu den Meistern reiste, um mit ihnen die Wahrheit zu studieren und zu teilen, und dem *Mann*, der später überwiegend anonym durch das Land zog. Nachdem er das Heilige Land verlassen und sich mit seiner Mutter Maria, seinem Bruder Thomas und dem Jünger Judas Ischarioth getroffen hatte, reiste er nach Nordindien. Während dieser Zeit predigte er in vielen Ländern und mußte auch oft fliehen, denn seine Reden waren revolutionär. Aus diesem Grund dauerte seine Reise nach Indien mehrere Jahre und war geprägt von unaussprechlicher Härte – was die Bösartigkeit betraf, hat er nicht viel Unterschied zu den Ländern festgestellt, die er gerade verlassen hatte.

In dem Land, das ihr heute Pakistan nennt, weit oben im Norden, nahe der letzten Ausläufer des westlichen Himalaya, verließ seine geliebte Mutter diese Ebene. Nach ihrem Ableben reiste Issa Jmmanuel weiter und durchquerte den Teil Indiens, den ihr heute Kaschmir nennt, um weiterzulehren. Er reiste ausgedehnt durch die Länder, die ihr heute Afghanistan und West-Pakistan nennt. Er ging ganz gezielt in diese Gegend, teilweise auch um sich sicher zu fühlen, denn zehn der israelischen Stämme waren aus Israel ausgewandert und hatten sich in dieser Region angesiedelt.

Dharma, gib das bitte frei, denn ich habe noch anderes, was wir berücksichtigen müssen. Wenn wir wieder an den Journalen arbeiten, werden wir von eurer eigenen „Natur" sprechen und einige Gedanken der großen Meister wie Mutter Natur (das Kalb der Weißen Büffelkuh) und Lord Krishna usw. bearbeiten, um herauszufinden, was sie wirklich gesagt und gemeint haben und was die Menschheit auseinandergerissen hat. So sei es. Geh in Frieden, ich halte dich eng unter meiner Aufsicht.

Salu und schönen Tag
ICH BIN HATONN AUS DEM LICHT

KAPITEL 20

Aufzeichnung Nr. 1 | GYEORGOS CERES HATONN

Donnerstag, 1. Februar 1990, 8.15 Uhr, Jahr 3, Tag 169

DER URSPRUNG DES KASTENSYSTEMS

Was genau ist das Kastensystem? Was ist sein Ursprung und was war seine WAHRE Bedeutung in der Gesellschaft? Die *Gita*, der Herr, wie Krishna erklärt:

„Ich ordnete die Menschen in vier Kasten ein und wies ihnen vier Funktionen zu gemäß ihren unterschiedlichen Temperamenten und vergangenen Handlungen. Die Arbeit wurde Priestern zugeteilt, Kriegern, Bauern, Händlern und Arbeitern, einem jeden nach den Talenten, mit denen er gemäß seiner inneren Natur geboren wurde."

„Gelassenheit, Selbstbeherrschung, Reinheit, Spiritualität, Duldsamkeit, Weisheit, Askese und Genialität – all das sind natürliche Eigenschaften eines Priesters."

„Heldenhaftigkeit, Tapferkeit, Beständigkeit, Geschicklichkeit, Großherzigkeit, Furchtlosigkeit in der Schlacht, verwaltungstechnische Fähigkeiten – all das sind natürliche Eigenschaften eines Kriegers."

„Handel, Gewerbe, Ackerbau und Viehzucht sind die natürlichen Eigenschaften eines Bauern oder Händlers, selbst der Dienst am Menschen durch Arbeitsvergabe ist die Pflicht eines Sudras (Arbeiters)."

Was er hier versuchte darzulegen, war die Anerkennung der unterschiedlichen Talente und Fähigkeiten jedes Einzelnen. In dem Wort

„versuchen" steckt viel öfter die Erwartung eines Fehlschlages aus diesen Bemühungen als ein Erfolg. Deshalb benutzen wir auch überwiegend das Wort „bemühen" statt des Wortes „versuchen". „Versuchen" beinhaltet die Absicht zu versagen. „Bemühen" bedeutet „arbeiten in Richtung erschaffen". Wie ihr euch vorstellen könnt, hat die Menschheit die obige Einteilung genommen und sie verzerrt. Die ursprüngliche Beschreibung war ganz einfach, daß ein Mensch wahrscheinlich in ein ihm innewohnendes Talent oder einen Dienst hineinwachsen konnte aufgrund der Möglichkeiten und sein Engagement war in den Augen Gottes genauso passend und lobenswert. Die Aufstellung entstand einfach aus der Kategorisierung von vier grundsätzlichen Arten der Arbeit.

Sri Aurobindo, ein Meister Yogi, erklärt:

„Es gibt also vier Arten von Arbeiten, die Arbeit des religiösen Dienstes wie Schreiben, Lernen und Wissensvermittlung; die Arbeit von Regierung, Politik, Administration und Krieg; Arbeit in der Produktion, Besitztumserzeugung und Handel; die Arbeit, Kräfte anzuheuern und Dienste zu verrichten. Hier wurde die Anstrengung unternommen, das ganze Zusammenspiel der Gesellschaft unter Teilnahme aller vier dieser klar abgegrenzten Klassen zu gründen und zu etablieren. Das System war nicht speziell für Indien gedacht, sondern war mit gewissen Unterschieden das vorherrschende Merkmal eines bestimmten Stadiums der sozialen Entwicklung auch in anderen alten und mittelalterlichen Gesellschaften. Die vier Funktionen sind im Leben aller normalen Gemeinschaften immer noch gültig, allerdings gibt es keine klaren Abgrenzungen mehr."

Aus der obigen Sicht mag die Trennungslinie möglicherweise nicht mehr so klar sein, wie sie einmal war, aber in einigen betroffenen Gegenden sind die Grenzen offensichtlicher gezogen und Soldaten stehen auf ihren Posten, um sicherzustellen, daß Diejenigen der „unteren" Klasse nicht passieren können. Ursprünglich war die Abgrenzung nicht hierarchischer Natur, sondern eher eine Einteilung in „Typen". Wie in dieser kleinen Gruppe hier auch, Einer empfängt, der Nächste formatiert, ein Anderer erstellt die Druckunterlagen und wieder ein Anderer druckt, und noch ein Weiterer vertreibt – keiner steht alleine da und jeder „Job" ist anders. Der Eine ist nicht wichtiger als der Andere. Man könnte sagen, daß Dharmas Job der Wichtigste ist, denn ohne sie würde das Wort nicht fließen – aber ohne Vertrieb würde es in der Tastatur steckenbleiben. Ich hoffe, ich habe mich deutlich genug ausgedrückt.

Heutzutage kann man nicht anders als feststellen, daß es grundsätzlich immer noch vier Typen von Arbeit in der Welt gibt, die, grob betrachtet, immer noch der Auflistung entspricht. Wirkliches Glücksgefühl in der eigenen Arbeit kann man nur finden, indem man *seiner eigenen Natur folgt* (und das ist der Trick dabei – seiner Eigenen, nicht der Definition eines Anderen) und die in Jedem von euch schlummernden Talente entwickelt. Nicht jeder hat das Talent zum Zeichnen; nicht Alle haben einen „grünen Daumen", um Pflanzen wachsen zu lassen; ihr habt auch nicht alle Computergehirne für Zahlen und Wissenschaft oder fühlt euch hingezogen zum Studium von Philosophie oder Religion. Aber Jeder ist mit bestimmten Talenten gesegnet und *es obliegt euch selbst, herauszufinden, was eure natürlichen Talente sind und sie zu pflegen, ihnen zum Wachsen und Gedeihen zu verhelfen*. Denn ihr alle habt einen Platz in Gottes Masterplan und *im Finden eures Platzes und der Rolle im Göttlichen Plan liegt wahrer Frieden, Harmonie und Glücklichsein*.

Was jedoch passiert ist, ist, daß einige Gruppen selbsternannter „Eliten" dazu übergegangen sind, einige Individuen als „über" Anderen stehend zu erklären und damit in Kraft gesetzt haben, daß die, die „sie" als „im Rang untenstehend" betrachten, bis zu dem Punkt unerfüllt bleiben, daß sie, die „als untenstehend betrachtet werden" zum großen Teil einfach damit aufhören, sich abzumühen, diese irrigen Barrieren zu überwinden. Aber, indem sie ihre eigenen Demarkationslinien erstellten, haben sie damit etwas viel Schlimmeres erschaffen – KORRUPTION INNERHALB DER ISOLIERTEN GRUPPEN, DIE SCHLUSSENDLICH DIE ISOLIERTEN DAZU GEBRACHT HAT, SICH NICHT MEHR IN „DEM SCHLAMM" ZU SUHLEN, DEN „SIE" „IHNEN" ALS „GEGEBEN" „VORSETZTEN". Es gibt, und dafür dankt eurem Schöpfer, immer Einige, die nicht still dasitzen und sich ihre Gefühle, ihre Seele und ihr Bewußtsein totschlagen lassen, sondern sich für ihre „Freiheit" vorwärts bewegen, koste es sie, was es wolle. Aber *lautes, lärmendes und kriminelles Verhalten erzeugt einen Rückschlag. Veränderungen können nur bewirkt werden durch die Aufklärung der Massen* – das, was wir uns hier bemühen zu tun.

Das erfordert allerdings, daß ihr, die ihr für die Wahrheit einsteht, diese Dinge (Schlupflöcher), die die Elite in euren Gesetzen [A.d.Ü.: Original „Ceasar's Laws", Anspielung auf „gebt dem Kaiser, was des Kaiser's ist] *festgeschrieben hat, auch nutzt, um das Spiel cleverer zu spielen als die, die euch aufgrund ihres Machtanspruchs verfolgen.*

Ihr in den USA, zum Beispiel, seid jetzt Sklaven eurer von Menschenhand geschriebenen „Statuten", eure Konstitutionellen Gesetze sind mittlerweile so gut wie vergessen und ihr bemerkt es noch nicht einmal. Wie viele haben eine Ausgabe der Konstitution [A.d.Ü.: Verfassungsrecht] und der Bill of Rights [A.d.Ü.: hier: https://de.wikipedia.org/wiki/Bill_of_Rights] zu Hause, viel weniger auf dem Frühstückstisch liegen, um etwas nachzuschlagen – und wißt ihr, wie ihr sie handhaben müßt, wenn ihr euch darauf beziehen wollt? Nun, wir werden eine Menge über eure Konstitution in einem anderen Journal schreiben und wir werden mit der obligatorischen Abgabe der Einkommensteuererklärungen beginnen, was außer in Washington D.C. und U.S.-Protektoraten illegal ist. Oh ja, ich weiß, „sie" können die Konstitution außer Kraft setzen und das machen sie an jeder Wegbiegung – ABER WER SOLL EUCH EURE VERFASSUNGSRECHTE ZURÜCKBRINGEN, WENN NICHT *IHR SELBST?*

Fast alle Gefängnisinsassen bei euch sitzen aufgrund von „ungesetzlicher" Verfolgung ein. Behaltet im Gedächtnis, daß alles, was die amerikanische legislative Demokratie tut, „legal" ist, denn sie haben ihre eigenen Gesetze geschrieben – das ist innerhalb der Konstitution aber nicht „rechtmäßig". Wir werden später darüber in größerem Rahmen sprechen, aber Dharma arbeitet schon so viele Stunden am Tag, daß wir einfach nicht alles sofort abdecken können. Wir werden uns jedoch bemühen, vor Ende Februar zu diesem Thema zu kommen, so daß ihr Zeit habt zu überlegen, was ihr machen wollt, wenn der Abgabetermin für die Einkommensteuer näherrückt.

JMMANUELS (ISSA, JESUS) PARABEL

Lord „Jesus" erklärt diesen Gedanken mit der Parabel von den Talenten, wo Er Talente mit Geld vergleicht. In der Parabel ruft der Herr drei Diener herbei und gibt jedem eine Anzahl Talente oder eine Summe Geldes, angepaßt an ihre individuellen Fähigkeiten. Die Beiden, die fünf bzw. zwei Talente bekommen, verdoppeln ihren Betrag schnell durch harte Arbeit und Nachdenken. Aber der Eine, der nur ein Talent bekommen hat, tut nichts; er versuchte noch nicht einmal, es zu nutzen oder es auf irgendeine Art zu vervielfachen.

Als der Herr zurückkehrt, ist er über die beiden ersten Diener, die ihre Talente weise genutzt und Größe und Wert erhöht haben, hoch erfreut. „Gut gemacht, gute und treue Diener", lobte sie der Herr. Ihr seid treue Diener gewesen, ihr seid mit dem Wenigen ehrlich gewesen und ich will euch zum Herrn über viel machen; habt teil an der Freude eures Herrn."

Aber zu dem Diener, der noch nicht einmal versuchte, ein guter Bediensteter zu sein, der sich sogar geweigert hatte, das Talent zu nutzen, das ihm gegeben wurde, sagte der Herr ärgerlich: „Du unnützer und fauler Diener! ... Du hättest mein Geld bei den Bankiers investieren sollen und bei meiner Rückkehr hätte ich das, was mir gehörte, mit Zinsen wieder zurückbekommen sollen."

Er nahm dem Diener das eine Talent ab und gab es dem, der die meisten Talente hatte, denn er hatte das weise genutzt, was Gott ihm gegeben hatte, und sagte zu ihm: „Der Mensch, der das, was ihm gegeben wurde, weise nutzt, soll mehr bekommen und er soll in Fülle leben. Aber von dem Menschen, der untreu ist, soll auch die kleinste Verantwortung genommen werden, die er hat. Und wirf den unnützen Diener hinaus in die äußere Dunkelheit…"

LORD KRISHNA

Aus der *GITA*:

„Jeder handelt gemäß seiner eigenen Natur: selbst der Erleuchtete ist da keine Ausnahme. Welchen Nutzen hat dann Unterdrückung im Leben? …"

„Es ist weiser, einer Evolutionslinie zu folgen, die mit der eigenen Natur übereinstimmt, selbst wenn sie nicht perfekt ist, als einem Pfad der Vollkommenheit zu folgen, der dem eigenen Temperament fremd ist …"

„Ein Mensch erlangt Erlösung, wenn er seiner eigenen Berufung treu bleibt. Laßt mich euch erklären, wie er das erreicht, wenn er seine Pflicht erfüllt. Der Eine, der das Universum durchdringt und der Ursprung der Verpflichtung zum Handeln ist – wenn der Mensch DIESEN durch seine Arbeit, die ihm von IHM als Pflicht zugewiesen ist, verehrt, dann erlangt er Vollkommenheit."

„Es ist besser, eine Handlung auszuführen, die eurer eigenen Natur entspricht – selbst wenn sie nicht perfekt gelingt – als eine perfekt ausgeführte Handlung, die nicht euch selbst entspringt, sondern die Pflicht eines Anderen ist. Ihr begeht keine Sünde, wenn ihr eure Pflicht tut, die eurem Temperament entspricht."

„Keiner muß ein Werk verleugnen, das durch seine Natur entstanden ist, selbst wenn es fehlerhaft ist. Denn jedes Werk ist mit Fehlern behaftet, selbst Feuer durch Rauch."

Nun ist es ziemlich interessant, daß eine „Sünde" (Irrtum) begehen eigentlich bedeutet, gegen seine innere Überzeugung zu handeln.

Warum? Aus zwei Gründen, einmal, weil Gott euch Alle aus einem Grund hierher gestellt hat und dieser Grund ist, Ihm in der Weise zu dienen, die Er euch zugewiesen hat. Folglich erfüllt jeder seinen Zweck, indem er/sie seine/ihre Rolle in Gottes Großem Kosmischen Spiel spielt, weil er/sie seiner/ihrer Natur folgt und damit die innewohnenden Eigenschaften und von Gott gegebenen Talente entwickelt, ganz gleich, in welchem Bereich. Es ist immer der Mensch, der daherkommt und die Bedeutung der Worte neu definiert. Es ist offensichtlich, daß die Politiker öffentlich verkünden (solange sie sich im Wahlkampf befinden), daß sie eure Diener seien und nur den Wunsch haben, euch zu dienen und dem Volk all die wunderschönen Geschenke machen zu wollen. Sie wissen und ihr wißt, daß sie sich selbst als „Herren" verstehen und sie euch genau nichts zukommen lassen; währenddessen lacht ihr über ihre Possen und schlaft bei ihren Reden ein – und trotzdem ziehen genau diese in die Legislative und machen ihre „legalen", „unrechtmäßigen" Gesetze, die euch, das Volk versklaven.

„Die ganze Welt ist eine Bühne und wir sind nur die Schauspieler dabei". Nicht Jeder, männlich oder weiblich, kann eine Führungsrolle übernehmen, aber das Schauspiel kann ohne die Bühnenarbeiter, die Mannschaft für die Beleuchtung, die Kostümbildner und die Kartenverkäufer nicht weitergehen! Alle sind gleich nützlich und wichtig für die gesamte Produktion.

Es wird gesagt, daß die Kasten in Indien, je nach Funktion, verschiedenen Körperteilen am Körper des Herrn zugeordnet werden. Die Priester und geistlichen Würdenträger, so sagt man, bilden das Haupt des Herrn, da ihre Hauptfunktion Lernen, Sprechen und Lehren ist; Krieger und Politiker, so sagt man, entsprechen den Armen und Händen des Herrn, da sie Seine Instrumente für Anweisungen und Schutz sind; Schafhirten und Bauern sind der Bauchgegend des Herrn zugeordnet, da ihre Arbeit üblicherweise mit Nahrung usw. zu tun hat und die Arbeiter gehören zu den Füssen des Herrn, da auf ihrer Arbeit der Rest der Gesellschaft aufgebaut ist. Der Gedanke dahinter ist der, daß alle Mitglieder der Gesellschaft, ungeachtet ihrer Funktion und ihrer Arbeit, vom Herrn kommen und Teile des Herrn sind; deshalb sind alle gleich wichtig oder wie kann ein Teil Gottes wichtiger als ein anderer Teil Gottes sein?

Also, ein Teil kann dem Anderen nicht übergeordnet sein – ABER DER MENSCH KOMMT DAHER, DEFINIERT DIE BEDINGUNGEN NEU UND BESCHLIESST EIGENMÄCHTIG, DASS EINER ÜBER DEM ANDEREN STEHE UND DAMIT HABT IHR EINE KOMPLETT GEISTLOSE UND BANALE UMARBEITUNG DER GESETZE GOTTES UND DER SCHÖPFUNG.

UND NOCH ETWAS ZU SAULUS (PAULUS) – ER TAT DAS BESTE, WAS ER KONNTE, JOHANNES!

„Nun, Gott gibt uns viele Arten spezieller Fähigkeiten, aber es ist derselbe Heilige Geist, der die Quelle von allen ist. Es gibt verschiedene Arten des Dienstes an Gott, aber es ist derselbe Herr, dem wir dienen. Es gibt viele Wege, auf denen Gott in unserem Leben arbeitet, aber es ist der gleiche Gott, der Sein Werk in und durch alle von uns tut…"

„Der Heilige Geist stellt Gottes Macht durch jeden von uns als Werkzeug dar, der gesamten Kirche zu helfen … Es ist der gleiche und einzige Heilige Geist, der all diese Geschenke und die Energien gibt, und der entscheidet, was jeder von uns bekommen soll … Jeder von uns ist Teil des einen Körpers Christi … Der Heilige Geist hat uns alle in einem Körper zusammengefügt … Das sorgt für Glücklichsein unter den einzelnen Teilen, so daß die Teile die gleiche Fürsorge für jedes Andere walten lassen wie für sich selbst. Wenn ein Teil leidet, leiden alle Teile mit und wenn ein Teil geehrt wird, freuen sich alle Teile darüber …"

„Alle von euch machen den einen Körper Christi aus und jeder von euch ist ein einzelnes und notwendiges Teil dessen."

Nun frage ich euch – wenn euer „Prediger" auf die Kanzel steigt und das oben Genannte liest, behandelt er euch dann als gleichberechtigt? Oder wird er, wie zum Beispiel mit diesen JOURNALEN, euch erzählen, euch nicht damit zu befassen, weil sie des Teufels sind? Geht ihr wie die Lämmer zur Schlachtbank innerhalb seiner „Definitionen" und „Anweisungen" oder steht ihr aufrecht wie ein „gleichwertiger" Mann oder „gleichwertige" Frau, das ihr seid, und verkündet, daß ihr selbst entscheidet, was ihr lesen wollt! Seht ihr nicht, wie übel selbst die Häuser Gottes korrumpieren (besonders die Häuser Gottes), denn es ist die ultimative „Wahrnehmung" und das „Unterscheidungsvermögen" eines Einzelnen, der sich selbst zu eurem Vormund bestimmt hat. Seht ihr, er müßte euch eigentlich dazu auffordern, euch mit Gottes Licht zu umgeben und diese Dinge zu lesen und wenn sie falsch sind, würdet ihr euch davon distanzieren und zurückkehren zu dem, was ihr als richtig fühlen würdet. IHR WEIGERT EUCH, VERANTWORTUNG FÜR EUCH ZU ÜBERNEHMEN – IHR GEBT SOGAR EURE SEELEN IN DIE HÄNDE UND KONTROLLE EINES ANDEREN, DEN IHR NICHT EINMAL KENNT. SO SEI ES.

Ich hoffe, ihr findet es auch interessant, daß sowohl die Christen als auch die Hindus die gleiche Darstellung des Körpers Christi als dem einen Herrn verwenden, um den Gedanken dieser Gleichheit auszudrücken? Um es kurz zu machen, was die Schriften des Heiligen Paulus und die Hindus aussagen ist, daß alle menschlichen Wesen in Gottes Augen gleich sind, da jedes menschliche Wesen ein Teil des Einen Gottes ist. Deshalb kann weder Kaste, Klasse, Rasse, Geschlecht, Religion, Nationalität, Glaube, Kultur und so weiter und so fort als einer Anderen über- oder untergeordnet angesehen werden, denn wie könnte ein Teil Gottes einem anderen Teil Gottes überlegen oder unterlegen sein? Denn habt ihr nicht alle den Einen Schöpfer?

GLEICHHEIT ALLER MENSCHEN

Das Kastensystem war damals dazu gedacht, eine logische Einteilung für Arbeit, basierend auf den gegebenen Fähigkeiten jedes Einzelnen, zu sein. Die Kasten waren nicht dazu gedacht, wasserdichte Einzelabteilungen zu sein. Wenn zum Beispiel ein Mensch in einen Bauernhaushalt geboren wurde und seine gegebenen Fähigkeiten und Neigungen in einem anderen Bereich wie Politik oder Religion gelegen hätten, hätte sie/er das Recht *haben sollen*, frei seiner/ihrer Natur zu folgen und die Arbeit zu tun, die seinem/ihrem Temperament am Meisten entsprochen hätte. Einem Menschen diese freie Beweglichkeit abzusprechen, wäre eine Einmischung in Gottes Plan für dieses Individuum gewesen. Ich nehme an, daß ihr mit mir übereinstimmt, daß dem Plan Gottes sehr oft zuwider gehandelt wird?

Eine der wichtigsten Lektionen, die Menschen mit Nahtoderfahrung gemacht haben, war, wie sie sagen, daß sie auf „der anderen Seite" lernten, daß es nicht nur falsch ist, Selbstmord zu begehen, sondern daß man Gott damit Sein Geschenk Leben direkt ins Gesicht zurückwirft, und daß es auch falsch ist, jemand Anderen zu töten, denn das würde bedeuten, sich in den Göttlichen Plan für diesen Menschen und seinen ureigenen Zweck einzumischen. Genauso ist es, wenn jemand das Recht abgesprochen wird, seiner/ihrer Natur zu folgen und die Arbeit zu verrichten, für die er/sie von Gott gemäß seiner/ihrer Natur vorgesehen war, noch einmal, Einmischung in Seinen Plan und den Sinn für das Individuum.

Schauen wir noch einmal in die Legende von Sankt Issa. Issa (oder Jesus) war unerbittlich in Sachen Gleichheit und gleiche Chancen für Alle, um Gott zu erkennen und Einheit mit Ihm anzustreben:

„Er verwahrte sich hart gegen die menschliche Arroganz der eigenen Autoritätsverleihung, um seine Mitmenschen um ihre menschlichen und spirituellen Rechte zu bringen. ‚Wahrlich', sagte Er, ‚Gott hat keinen Unterschied zwischen Seinen Kindern gemacht, die ihm alle gleich wert sind' …"

„Der Menschheit wurde ein Gesetz gegeben, das ihn in seinem Handeln führen soll: Furcht (Ehre, Respekt, Ehrerbietung) für den Herrn, Deinen Gott; beuge deine Knie nur *(nur vor IHM)* und bring nur Ihm allein *(Ihm allein)* die Gaben, die aus deinem Ertrag kommen … sei demütig, aber demütige deine Mitmenschen nicht. Hilf den Armen, unterstütze die Schwachen, tu keinem ein Übel an, begehre nicht, was du nicht hast und was einem Anderen gehört … Wer sich von seiner primitiven Reinheit erholt hat, soll mit seinen Übertretungen, die ihm vergeben sind, sterben und er hat das Recht, über die Herrlichkeit Gottes nachzudenken."

Oh, wenn ich euch nur dazu bringen könnte, das Obige mindestens drei Mal zu lesen – WIRKLICH zu lesen, bevor ihr weitergeht.

EINHEIT DER MENSCHLICHEN FAMILIE

Der, den ihr Jesus nennt, sprach:

„Mein Vater-Gott, der war und ist und ewiglich sein wird … Der in Seiner grenzenlosen Liebe alle Menschen gleich erschaffen hat. Die Weißen, die Schwarzen, die Gelben und die Roten können in Dein Angesicht schauen und sagen Unser Vater-Gott …"

„Der Heilige Eine sagte, daß alle Seine Kinder frei sein sollen; und jede Seele ist ein Kind Gottes. Die Sudras sollen so frei sein wie die Priester; die Bauern sollen Hand in Hand mit den Königen gehen, denn die Bruderschaft der Menschen soll auf der ganzen Welt bestehen."

„Oh Mensch, erhebe dich! Sei dir deiner Kräfte bewußt, denn derjenige, der will, muß kein Sklave bleiben. Lebe einfach so, wie du auch deinen Bruder leben sehen willst; lasse jeden Tag aufgehen wie die Blume ihre Blüte; denn die Erde ist euer, der Himmel ist euer und Gott wird dich zu dir selbst bringen."

Oh, ihr erinnert euch nicht an diesen Teil? Versucht es mal mit dem *Wassermann-Evangelium des Jesus Christus!* Es ist ziemlich angefüllt mit wunderbaren Einsichten. [A.d.Ü.: hier der Autor: https://de.wikipedia.org/wiki/Levi_H._Dowling, das Buch heißt in Englisch *Aquarian Gospel of Jesus*]

GOTT UND FRAUEN

Es ist doch interessant, daß viele Jünger und Nachfolger von „Jesus" in Israel oder Palästina Frauen waren. Ja, ihr habt das so verstanden, daß alles Männer waren? Nun, was bedeutet eigentlich „Jünger"? Es bedeutet Bewunderer, Fan, Verehrer, Enthusiast, Schwärmer, Nachfolger, Groupie, Lehrling, Anfänger, Neuling, Assistent, Neophyte, Neuankömmling, Novize, Probeschnupperer, Schüler, fortgeschrittener Schüler, Angeworbener, Neueinsteiger, Student, Unerfahrener, Praktikant, Glaubensgenosse, Konvertit, Getreuer, Eiferer – , noch mehr gefällig?

Wieder setzte der Mensch seine eigenen Regeln und Gesetze ein. Die Frauen wurden von den orthodoxen jüdischen Priestern als „unwürdig" betrachtet, den inneren Tempel der Synagogen zu betreten. Frauen waren in ihren Augen ausschließlich für den Dienst an ihren Männern da und waren definitiv Bürger zweiter Klasse, wenn nicht sogar noch tiefer in der dritten oder vierten Ebene. Jesus sprach verächtlich über diese Ungleichheit und den Doppelstandard, mit dem die Justiz die Frauen maß, wie im Fall der Ehebrecherin: („Wer unter euch ohne Sünde sei, der werfe den ersten Stein"). Es wäre logisch, daß einige der umstehenden Männer sogar mit dieser Frau geschlafen hatten, wenn sie wirklich eine Ehebrecherin war.

Jesus machte keinen Unterschied zwischen Männern und Frauen, wenn es um Seine Nachfolger ging und vielleicht zeigte sich Jesus aus diesem Grund nach Seiner Transformation in ein höheres Lichtwesen auch zuerst einer Frau – Maria Magdalena.

Besser ich zitiere:

„…eine alte Frau, die sich der Gruppe genähert hatte, um Issa besser zu hören, wurde von einem Mann beiseite gestoßen, der sich direkt vor sie stellte.

Daraufhin sagte Issa: ‚Es ist nicht gut für einen Sohn, seine Mutter wegzustoßen, damit er ihren Platz einnehmen kann. Wer das tut, respektiert seine Mutter nicht – das geheiligste Wesen nach seinem Gott – und ist der Bezeichnung Sohn unwürdig'.

Hört, was ich euch zu sagen habe: Respektiert eine Frau; denn in ihr sehen wir die Mutter des Universums und alle Wahrheit der Göttlichen Schöpfung kommt durch sie.

Sie ist die Quelle alles Guten und Schönen, da sie auch der Keim von Leben und Sterben ist. Der Mann hängt in seiner ganzen Existenz von ihr ab, denn sie ist die moralische und natürliche Unterstützung in seiner Arbeit.

Unter Schmerzen und Pein gebiert sie dich; im Schweiße ihres Angesichts wacht sie über dein Wachstum und du bereitest ihr große Ängste bis zu ihrem Tod. Segne und verehre sie, denn sie ist dein einziger Freund und Beistand auf Erden.

Respektiere sie; beschütze sie. Diesem Tun wird ihre Liebe zu dir entspringen; du wirst Gnade finden vor Gott und ihretwegen werden dir viele Sünden erlassen.

Liebet eure Frauen und respektiert sie, denn sie werden die Mütter von Morgen sein und später die Großmütter einer ganzen Nation.

Seid der Frau gegenüber demütig; ihre Liebe veredelt einen Mann, erweicht sein verhärtetes Herz, zähmt die wilde Bestie in ihm und macht es zu einem Lamm.

Frau und Mutter sind die unschätzbaren Kostbarkeiten, die euch Gott gegeben hat. Sie sind die wunderschönsten Verzierungen des Universums und aus ihnen werden alle geboren, die die Welt beleben werden.

So wie der Herr der Heerscharen das Licht von der Finsternis trennte und das Land von den Wassern, so besitzen Frauen das Geschenk, hinter der bösen Natur des Mannes all das Gute in ihm zu erwecken.

Deshalb sage ich euch, nach Gott müssen der Frau eure besten Gedanken gelten, denn sie ist ein göttlicher Tempel, wo ihr sehr leicht euer perfektes Glück erlangen könnt.

Nehmt aus diesem Tempel eure moralische Kraft. Dort werdet ihr eure Sorgen und Fehlschläge vergessen und die Liebe erlangen, die ihr benötigt, um eurem Mitmenschen zu helfen.

Laßt sie nicht durch Erniedrigung leiden, denn indem ihr sie erniedrigt, erniedrigt ihr euch selbst und ihr verliert das Gefühl der Liebe, ohne die nichts hier auf der Erde existieren kann.

Beschützt eure Frau, damit sie euch beschützen kann – euch und euren ganzen Haushalt. Alles, was ihr tut für eure Mütter, eure Frauen, für eine Witwe oder für jede andere Frau in Bedrängnis, tut ihr eurem Gott".

Das bedeutet nicht, daß eine Frau dann hingeht und gegen den Mann kämpft, um ihn sich untertan zu machen und sich selbst als über ihm stehend zu proklamieren. In diesen Tagen wurde die *Balance* gekippt durch die Schreie und „Kämpfe" um die Gleichberechtigung der Geschlechter, um in der anderen Richtung in die völlige Absurdität zu geraten. Der Ausgleich ist Respekt und Liebe der beiden Geschlechter zueinander, gemäß der beteiligten Fähigkeiten und Verantwortlichkeiten. DIE BALANCE SOLL NIE DURCH DIE GESETZGEBUNG ENTSTEHEN, DENN FÜR MORAL KANN MAN KEIN GESETZ ERLASSEN! SIE WIRD ERWACHSEN AUS DER EBENBÜRTIGEN BEGEGNUNG EINES MANNES MIT EINER FRAU UND IHREM SPIRITUELLEN VERSTÄNDNIS. ES HAT ÜBERHAUPT NICHTS ZU TUN MIT „JOB" ODER „STATUS", WIE ES VON DER GESELLSCHAFT DEFINIERT WIRD.

Ganz klar, der Meisterlehrer sah Frauen nicht als dem Mann untergeordnet an. Im Gegenteil, Er betonte, daß es die weiblichen Aspekte von Liebe und Mitgefühl sind, die Männer bei sich kultivieren müssen, wenn sie die höchsten spirituellen Wahrheiten erkennen wollen.

Selbst eure derzeitigen „Wissenschaftler" erkennen die Notwendigkeit, der rechten Gehirnhälfte größere Bedeutung beizumessen, da sie als der Teil betrachtet wird, der mit den „traditionellen" weiblichen Qualitäten – wie Liebe, Fürsorge, Zusammenarbeit, Mitgefühl, Geduld und Toleranz, Intuition und Kreativität ausgestattet ist. Da ihr jedoch jetzt MARSCHIERT und fordert und drückt und drängelt, eignet ihr Frauen euch die ganz traditionellen Attribute an, die gemeinhin „den Männern" zugeordnet werden. Wenn ihr jedoch eure eigenen, weiblichen Eigenschaften in einem Mann wieder erkennt, bezeichnet ihr ihn als „Waschlappen".

Genauso geht ihr noch weiter und macht ein riesiges Tamtam um die linke Gehirnhälfte als analytische Seite, die Logik, Verstand und all die Qualitäten kontrolliert, die „traditionell" mit Männern assoziiert werden. NUN, WER GLAUBT IHR, HAT DIESE RICHTLINIEN ERFUNDEN? GLAUBT IHR, DAS WAR EUER ÖRTLICHER FRAUENVEREIN?

Hebt euch über diese lächerliche Geschlechtertrennung hinaus; legt diese verrückte Wahrnehmung der Trennung beiseite. Ihr zwingt einen großen Teil eurer Gesellschaft dazu, Homosexualität zu proklamieren, während die Geschlechter eigentlich auseinander gerissen werden, so daß sie sich nicht mehr miteinander wohlfühlen und eigentlich auch nicht die geringste Beziehung zur Homosexualität haben – das wird zu einem Verhaltensmuster und einem Tödlichen noch dazu. Ihr entwickelt einen Schwarm Frauen, die rabiater sind, Raffgier entwickeln und weniger fürsorglich sind als in allen Zeiten davor seit der Schöpfung auf eurem Planeten.

Es ist richtig, daß sich Frauen einsetzen sollen für Gleichheit bezüglich Respekt und Arbeit, die zu tun ist, aber man sollte immer Weisheit und Vorsicht walten lassen, daß im Zurechtrücken zur Ausgeglichenheit die Waagschalen nicht aus der Balance geraten bis zu dem Punkt, an dem große Zerstörungen stattfinden, was weit über das Maß des Zurechtrückens hinaus geht. Die Erkenntnis ist, daß die Mutter Erde in ihre Zeit der weiblichen Projektion hinein wächst – könnt ihr einfach nicht akzeptieren, daß es nicht das Eine oder das Andere sein kann, sondern daß es um die Aufrechterhaltung der *Balance* geht?

Frauen beginnen, nach einer neuen Vision eurer Zukunft zu rufen, sowohl politisch und wirtschaftlich, als auch spirituell; eine Vision der gegenseitigen Kooperation, nicht des Wettbewerbs; einer Vision von Vertrauen und Liebe, nicht Mißtrauen und Haß. Dafür gibt es weltweite Beispiele, da Frauen mehr an die Öffentlichkeit kommen und damit beginnen, eine neue Art von Selbstbewußtheit und Selbstvertrauen zu zeigen mit ihrer Fähigkeit, die unterschiedlichen Rollen, die ihnen der Schöpfer im kosmischen Spiel zugedacht hat, zu spielen: als Frauen und Mütter, Wissenschaftlerinnen und Lehrerinnen, soziale Aktivistinnen und Politikerinnen, und darüber hinaus, als spirituelle Führerinnen, die nach Frieden in der Welt rufen.

Aber laßt uns mal anschauen, was sich sonst noch dadurch ereignet hat, daß das Problem nicht *korrekt* analysiert wurde.

Ihr habt weiterhin Mißbrauch mit den Möglichkeiten der Zeugung getrieben und habt es in ein „Recht" auf Spiel und Spaß verkehrt. Da es nun mal so ist, daß Frauen die Kinder gebären und Männer die Frau und das Kind während Schwangerschaft und Geburt umsorgen, wenigstens ursprünglich gemäß der Tradition, ist Chaos entstanden.

Die Kinder, die geboren werden, werden in den Kinderkrippen geparkt, die das Kind im Prinzip am Leben erhalten. Die Mütter rennen an ihren Arbeitsplatz, die Männer fühlen sich abgelehnt, und um wieder angenommen zu werden, hüpfen sie ins Bett und beweisen ihre Männlichkeit, wobei das entweder strikte Geburtenkontrolle erfordert oder unerwünschte Kinder oder Abtreibung zur Folge hat. Der Kreislauf wird größer und größer und jetzt habt ihr einen Planeten, der mit fünfeinhalb Milliarden Menschen überbevölkert ist und ein totales Ungleichgewicht zwischen den Geschlechtern aufweist. Ihr veranstaltet eure Hochzeiten und schließt Verträge ab, die die Scheidung abdecken, und die Kinder erwischt es in einem absoluten Alptraum von Existenz, Unsicherheit und Ablehnung. Die Erwachsenen beider Geschlechter sind so erbärmlich unglücklich, daß sie ihr Heil in der Flucht in eine lockere Moral und Drogenmißbrauch suchen, nur, um es von einem Tag auf den Anderen zu schaffen. Ihr schaut nicht hin, wo das Problem wirklich liegt, ihr beweg euch in dieser Chaoswelle weiter und fragt euch „warum macht denn die Regierung nichts, warum steckt sie da nicht mehr Geld rein, setzt mehr Polizei ein, erläßt nicht noch ein paar Gesetze und so weiter und so fort," ohne daß ihr die Balance und Moral wieder herstellt, gepaart mit Verantwortlichkeit für euer Handeln, damit das Problem gelöst wird. Ihr bleibt durch die falsche Betrachtungsweise dieses Problems mit Blindheit geschlagen. IHR KÖNNT ALL DIESE PROBLEME NICHT LÖSEN, INDEM IHR GESETZE ERLASST!

AUCH EURE MUTTER WIRD KOMMEN

Es ist in der Tat kein Zufall, daß Frauen als gleichberechtigt angesehen werden wollen und sich lauter für ihre „Rechte" einsetzen. Es ist nur bedauernswert, daß es auf diese Weise geschehen muß. Die weibliche Form Gottes kehrt genauso zurück wie die männliche Form.

Die amerikanischen Indianer erwarten die Wiederkehr von Beiden, der femininen Form in der Art und Weise, wie sie sie ehrfürchtig „Weiße Büffelkuh" nennen. Nach der indianischen Tradition inkarnierte diese feminine Form Gottes vor Jahrtausenden und brachte dem indianischen Volk das Wort der Wahrheit und die Heilige Pfeife – die Friedenspfeife. Sie versprach, am Ende dieses Zeitalters wieder zu kommen, um es in die Neue Welt des Friedens zu führen.

Um euch zu zeigen, daß es in Wahrheit Balance und Harmonie gibt, wurde die Christusenergie ausgesandt, um durch die Frau geboren zu werden, damit ihr sehen könnt, daß es die Eine ohne die Andere [A.d.Ü.: Energie] nicht hätte geben können. Aber die Meisten von euch haben den Kern der Sache nicht verstanden. Eure Erde wird Mutter oder Großmutter genannt. Aus der Substanz der Erde wurdet ihr erschaffen – geboren durch den Schöpfer. Deshalb müßt ihr Vater/Mutter Gott – Mutter Schöpfung/Vater Schöpfer haben.

In den letzten Jahrzehnten wurden euch viele Zeichen geschickt, um euch zu helfen, das Prinzip zu verstehen, aber die Meisten vergessen das oder gehen in den Debatten der Kirchen verloren, ob man die Wahrheit in diesen Zeichen akzeptieren soll oder nicht.

Die Sterne am Himmel bestätigen die Erfüllung der Prophezeiungen, daß der weibliche Aspekt Gottes auch auf der Erde erscheinen und Ihr femininer Einfluß auf der ganzen Welt spürbar wird.

Ich nehme ungern astrologische Zeichen zur Beschreibung dieses Zustandes, denn auch die Astrologie wurde in „Wahrsagerei" umfunktioniert, obgleich die Tatsachen bestehen bleiben, daß die Sterne tatsächlich Zeichen geben, die ihr beobachten solltet. Denn es gibt einen wichtigen Punkt zu beachten – oft ist das, was ihr seht, nicht das, „was ihr als Stern oder Planeten wahrnehmt". Millionen eurer Sterne und Planeten sind nichts anderes als Raumschiffe – viel größer als eure kleine Erde. Sie können beliebig gedreht, ersetzt und über eure Himmel bewegt werden, ohne die magnetische Balance des umlaufenden Sonnensystems oder die galaktische Harmonie zu stören.

Im Jahr 1981 gab es eine seltene dreifache Konjunktion der Planeten Jupiter und Saturn und sie fand – nach eurer Definition und Wahrnehmung – im Einzigen, wirklich weiblichen Zeichen der 12 Zeichen des Tierkreises statt, aber so war es in Wirklichkeit nicht! [A.d.Ü.: Als dreifache Konjunktion wird die dreimalige scheinbare Begegnung zweier Planeten am Sternenhimmel bezeichnet, wenn sie innerhalb weniger Monate erfolgt.] Aber um nicht in Diskussionen zu verfallen (denn Gott bemüht sich, euch Zeichen zu schicken, die in eure Verständnisebene passen), werden wir die traditionelle Wahrnehmung auf eurer Erde zugrunde legen. Dieses Tierkreiszeichen ist die Jungfrau, die die Jungfrau oder die Mutter darstellt. Es ist die gleiche Konjunktion, die zur Zeit von Christi Geburt auch zu sehen war, soweit es die Astrologen theoretisieren können. Dieses Zeichen Jungfrau wurde von euren Astronomen, Historikern, Theologen und Astrologen auch als der berühmte Stern von Bethlehem bezeichnet, von dem die Bibel spricht. (Interessant zu wissen, daß das Sternenschiff, mit dem Sananda ziemlich oft unterwegs war – für euch – Stern von Bethlehem genannt wurde. Ich benutze hier das Imperfekt, denn das Kommandoschiff heißt jetzt DER PHÖNIX. Das bedeutet nicht, daß es keinen Stern von Bethlehem mehr gibt, sondern es sagt nur aus, daß sich Sananda Jesus Jmmanuel in diesen kritischen Endzeiten des Zyklus sehr oft an Bord dieses Schiffes befindet.)

Die Geschichtsexperten werden darauf hinweisen, daß die Magier der Astronomie und Astrologie die Bedeutung dieser seltenen Konjunktion sehr genau verstanden und dahingehend zu deuten wußten, daß ein Messias geboren werden würde (Botschafter von Gott, dem Wort). Sie betonten, daß die Sterne zwar das irdische Leben nicht kontrollieren, jedoch die Geschehnisse auf der Erde beeinflussen und reflektieren – was wirklich ein wichtiger Punkt ist.

Diese seltene Konjunktion fand in der Zeit um Christi Geburt im Zeichen Fische statt, wobei Fische im Tierkreis als das Zeichen gesehen wird, das den Sohn repräsentiert und auf der Erde dem Land Palästina entspricht, und da es genau dem Zeichen Jungfrau gegenüber steht, repräsentiert es die Jungfrau oder die Mutter im Tierkreis! Ist es nicht auch interessant, daß Emmanuel, der Sohn, von Maria, der Mutter (Jungfrau) geboren wurde! (Im Übrigen – „Jungfrau" hatte eine ganz andere Bedeutung als ihr glaubt!) Diese seltene Konjunktion gab es auch zur Zeit der Geburt des Buddha 563 v.Chr. und noch einmal vierzig Jahre später zur Zeit seiner „Erleuchtung". Zufall vielleicht?

Dharma, wir brauchen eine Pause. Wir werden dann mit „Muttergott" bei unserer nächsten Sitzung weitermachen.

Danke für eure Aufmerksamkeit.
Hatonn auf Stand-by, bitte.
Salu. D/2-03-169

KAPITEL 21

Aufzeichnung Nr. 2 | GYEORGOS CERES HATONN

Donnerstag, 1. Februar 1990, 14.41 Uhr, Jahr 3, Tag 169

DIE MUTTERGÖTTIN

Ich möchte darauf hinweisen, daß viele der unterschiedlichen Aspekte Gottes, die als Visionen in diesem Jahrhundert gekommen sind, in der weiblichen Form kamen. Die meisten Visionen, die als Heilig betrachtet werden, haben nicht Gott als Vater, sondern Gott als die Heilige Mutter gezeigt wie in den Visionen der Heiligen Mutter in Lourdes, Frankreich, in Fatima, Portugal und in anderen Gegenden; hierin enthalten ist auch eine Vision der Mutter, die Jemandem erschien, der jüngst von den Katholiken heilig gesprochen wurde – Maximilian Kolbe, ein polnischer Priester und Opfer in einem berüchtigten Konzentrationslager Hitlers – Auschwitz.

Die Vision erschien Maximilian eines Tages, als er als Junge in der Kirche betete. Er hatte eine Vision der Heiligen Mutter, die zwei Kronen hielt, eine rote und eine weiße. Sie sagte ihm, daß die weiße Krone bedeutete, er würde rein bleiben und die rote Krone, daß er ein Märtyrer werden würde. Beide Aspekte der Vision erfüllten sich, da Maximilian im Herzen rein geblieben war und Franziskanermönch wurde, die der Mutter dienten. Jahre später entschied er sich, anstelle eines anderen Mannes, der im Todeslager in Auschwitz war, den Hungertod auf sich zu nehmen. Der Mann, dessen Leben er gerettet hatte, war einer von zehn Gefangenen, die von den Nazis ausgewählt wurden, den Hungertod zu sterben als Vergeltungsmaßnahme für das ganze Lager, weil ein Gefangener geflohen war. Der Mann hatte eine Frau und Kinder, so daß Kolbe freiwillig die Strafe im unterirdischen „Hungerbunker" an dessen Stelle antrat. Nach zwei Wochen lebte Kolbe immer noch, so daß ihm die Nazis ein tödliches Medikament injizierten. Auf diese Weise erfüllte sich die zweite Hälfte der Prophezeiung und Kolbes Opfer half, Mut und brüderliche Liebe unter den restlichen Gefangenen in Auschwitz aufkommen zu lassen.

Die anderen Erscheinungen der Mutter, die wir hier erwähnen, wurden auch als wahre Begebenheiten angenommen und wir werden ständig dazu befragt. Sie wurden begleitet von übernatürlichen Heilungen und Himmelszeichen, wie die Erscheinung der fallenden Sonne in Fatima, die von Abertausenden Menschen gesehen und bestätigt wurde. Und tatsächlich war einer der Hauptgründe, warum die Heilige Mutter zu jener Zeit in Fatima erschien, die Tatsache, daß Gott wollte, daß die Welt sich langsam bewußt über den zu verehrenden weiblichen Aspekt des Universums und der Beziehung zu unserer Schöpfung werden sollte, ohne den Fokus auf den Schöpfer zu werfen, denn die Gesetze der Schöpfung stehen über Allem.

In den Fatima-Erscheinungen und der Prophezeiung, die von der Mutter gegeben wurde, liegt eine große Bedeutung. Laßt uns dieses Ereignis näher betrachten.

PROPHEZEIUNG IN FATIMA

Millionen Menschen glauben, daß die Prophezeiungen in Fatima in diesen Zeiten wahr werden. Die heutige chaotische Situation in den Kirchen und den Regierungsbüros des Christentums ist der vor mehr als 70 Jahren vorausgesagten Lage sehr nahe und das Schlimmste kommt erst noch.

Was ist die Fatima-Prophezeiung? Ist es eine detaillierte Voraussage von kommenden Ereignissen, enthüllt von einer Erscheinung der Geliebten Maria, die sich während des Sommers und Herbstes 1917 sechs Mal drei kleinen Kindern zeigte? Die Vision fand in der Nähe des kleinen Dorfes Fatima in Portugal statt, etwa 100 km nordöstlich von Lissabon.

Aufgrund steigender Beweise, daß die Erscheinungen wirkliche Wunder waren, genehmigte die Katholische Kirche im Jahr 1930 eine

Verehrung Unserer Lieben Frau von Fatima. Die Stelle, an der die Erscheinungen stattfanden, wurde zu einem wichtigen Schrein und gläubige Katholiken machen am 12. und 13. Mai eine jährliche Pilgerreise nach Fatima.

Die Erscheinung zeigte sich den drei Kindern – Jacinta, Francisco und Lucy – die im Alter von 10, 9 und 7 ½ waren. Die erste Erscheinung war am 13. Mai 1917; die letzte am 13. Oktober 1917. Diese letzte Erscheinung gipfelte in dem sehr gut dokumentierten Wunder des 20. Jahrhunderts.

DIE SONNE BEWEGTE SICH

An jenem Tag, etwa um 11:30 h morgens, waren ca. 70.000 Menschen, darunter auch Reporter der Lissabonner Zeitungen, schockiert, als sie sahen, wie in der Mitte eines wolkenverhangenen Tages der Himmel aufriß und die Sonne über ihnen einen „Tanz" vollführte, als die drei Kinder mit einer Erscheinung sprachen, die nur für sie sichtbar war. (Die Vision erschien den Kindern jeden Monat am 13. und die Öffentlichkeit und die Presse waren anwesend, um die „Vorstellung" am 13. Oktober zu bezeugen.)

Gemäß eines katholischen Lexikons, welches den Stempel des verstorbenen Francis Kardinal Spellman, Erzbischof von New York, trägt, „begann sich die Sonne zu drehen wie ein Rad im Himmel". Klingt für mich ziemlich vertraut und suspekt.

Bei dieser letzten Vision, so berichteten die Kinder, sahen sie die Erscheinung mit einem Lichtspeer die Erde öffnen und ein riesiges Feuermeer tat sich auf – die Hölle. Die Erscheinung sagte auch ein schnelles Ende des Ersten Weltkrieges voraus und über kurz oder lang eine noch schlimmere globale Feuersbrunst, „die viele Nationen auslöschen werde". Könnte das möglicherweise ein Lichtspeer gewesen sein, der ein Hologramm präsentiert hat, wie in *SIPAPU ODYSSEY*?

GEHEIME BOTSCHAFT

Es gab auch einen geheimen „dritten" Teil der Prophezeiungen, der nur der einzigen Überlebenden der drei Kinder gegeben wurde, Lucia dos Santos, die in Coimbra Karmeliternonne wurde. Sie unterhielt eine Korrespondenz mit Papst Pius XI. (Achille Ratti) und Papst Pius XII. (Eugenio Pacello) aufrecht, den beiden anti-bolschewistischen Päpsten, die die Römische Katholische Kirche in ihrer gewaltigen Opposition zum Kommunismus sowjetischer Prägung durch die Jahre 1922 bis 1958 führten. Nein, ich werde in dieser Ausgabe nichts zu Katholiken gegen Protestanten sagen – denn genau das stimmt in eurer Welt nicht, Bigotterie und zweifelhafte Aufteilungen im Namen dessen, der euch nichts darüber lehrte, was Religionen praktizieren. Ich spreche hier von einem wahrgenommenen Wunder und ihr müßt über „wessen Wunder?" hinauswachsen. Es war eine Botschaft Gottes an sein Volk.

Papst Paul VI. (Giovanni Battista Montini) las die Geheimbotschaft, als er das Höchste Katholische Amt im Juni 1963 antrat und berief sofort sowohl John F. Kennedy als auch den sowjetischen Premier Nikita S. Chruschtschow (das ist doch mal eine sehr interessante Zusammenstellung, findet ihr nicht?) ein, denen die geheime Botschaft offensichtlich vorgelesen wurde. Einige Beobachter berichteten, daß damit die gemeinsamen Gespräche der beiden Nationen begannen, die zum Nuklearen Atomabkommen führten.

Papst Paul sah sich weder veranlaßt, die Warnungen in der geheimen Botschaft zu veröffentlichen, noch die publizierten Versionen zu bestätigen. Einige Beobachter jedoch hatten den Eindruck, daß die harte antikommunistische und antisowjetische Haltung der beiden Päpste Pius XI. und Pius XII. das Ergebnis der Inhalte in der geheimen Prophezeiung war.

EIN VERRATENES GEHEIMNIS IST KEIN GEHEIMNIS MEHR

Trotz der strikten Geheimhaltung gelangte der geheime „dritte" Teil der Prophezeiung in die Hand eurer Presse und wird als echt eingeschätzt. Er wurde zuerst in einer deutschen Zeitung, *Neues Europa*, am 15. Oktober 1963 veröffentlicht und im September 1964 in einer Französischen, *Le Monde et la Vie*. Nun, vielleicht lasen die Franzosen den deutschen Artikel nicht und die Engländer lasen weder den Deutschen noch den Französischen.

Seit dieser Zeit wurde die Botschaft in den Vereinigten Staaten mit ein paar Veränderungen in der Formulierung neu veröffentlicht (die „Menschheit" kann es nicht ertragen, etwas stehen zu lassen, sondern muß daran herumdoktern), aber alles in grundsätzlicher Übereinstimmung mit dem, was als offizielle Version bezeichnet wurde. Sie bekam die kirchliche Absegnung, allerdings mit der Erklärung, daß „die abschließende und maßgebliche Entscheidung über die Fakten ausschließlich vom Obersten Lehramt der Kirche gefällt werden kann, dessen Entscheidung ab dem Zeitpunkt zu akzeptieren ist, an dem sie vom Papst verkündet wurde". Natürlich. Nun, Gottseidank passierte es, oder sicherlich „hätte" es nicht passieren „können" – wie bei des Kaisers neuen Kleidern – die nackte Wahrheit ist oftmals so offensichtlich, daß man seine Augen schließen muß, um sich sicher zu sein.

SCHRECKLICHE VORAUSSAGEN

Die schrecklichen Voraussagen, die im „dritten" Teil der Botschaft gemacht wurden, sind der Grund dafür, daß sich keiner der Päpste in der Lage gesehen hatte, sie zu veröffentlichen. Hier ist die Geheime Vorhersage, wie sie in amerikanischen katholischen Gruppen die Runde macht. Ganz sicher werde ich mit solch wohlmeinender Autorität nicht streiten – jedenfalls diesmal nicht.

„Sei nicht besorgt, kleines Kind, ich bin die Mutter Gottes, die zu dir spricht und die dich bittet, der Welt in meinem Namen die folgende Botschaft zu überbringen. Wenn du es tust, wirst du großen Widerstand bekommen. Aber bleibe stark in deinem Glauben und du wirst allen Widerstand überwinden. Höre gut zu und erinnere dich an das, was ich dir sage. Gute Menschen müssen noch besser werden. Sie müssen Gott anflehen, ihnen ihre begangenen Sünden und die, die sie in Zukunft begehen werden, zu vergeben. Du bittest Mich um ein Zeichen, so daß Alle meine Worte verstehen, die ich durch dich an die Menschheit richte. Du hast gerade das Wunder erblickt, das große Wunder der Sonne! Jeder hat es gesehen, Gläubige und Ungläubige. Und nun ist es in Meinem Namen verkündet."

„Eine große Geißel wird über die ganze Menschheit kommen, nicht heute und nicht morgen, aber in der zweiten Hälfte des Zwanzigsten Jahrhunderts. Was ich bereits in LaSalette durch die Kinder Melanie und Maximin verkündet habe, wiederhole ich nun durch euch. Die Menschheit hat sich nicht so entwickelt, wie es von Gott gewünscht war. *Die Menschheit hat gefrevelt und die wundersamen Segnungen Gottes mit Füßen getreten. Nirgendwo regiert mehr seine Anordnung. Selbst an den höchsten Stellen regiert Satan und leitet den Lauf der Dinge.* ES WIRD SATAN GELINGEN, SOGAR DIE HÖCHSTEN POSITIONEN IN DER KIRCHE ZU INFILTRIEREN. Satan wird erfolgreich Verwirrung in den Köpfen der Wissenschaftler stiften, die Waffen erfinden, die in kurzer Zeit große Teile der Menschheit zerstören können. Satan wird die Führer der Nationen übernehmen und dafür sorgen, daß diese zerstörerischen Waffen in Massen produziert werden."

„Wenn sich die Menschheit diesen Bösartigkeiten nicht widersetzt, werde ich mich gezwungen sehen, das Schwert Meines Sohnes in Rache niedergehen zu lassen. Wenn die mächtigsten Regierenden dieser Welt und der Kirche sich diesem Übel nicht aktiv widersetzen, werde ich Gott, Meinen Vater, bitten, Seine Gerechtigkeit über der Menschheit walten zu lassen. Dann wird Gott die Menschheit noch schwerer und heftiger bestrafen als damals bei der Sintflut."

„Für die Kirche kommt aber ebenfalls eine schwere Zeit der Belastung. Kardinäle werden sich gegen Kardinäle wenden und Bischöfe gegen Bischöfe. Satan wird sich genau in ihre Mitte begeben und in ihren Reihen wandeln. In Rom werden auch große Veränderungen stattfinden. Was morsch ist, wird fallen und darf nicht beibehalten werden. Die Kirche wird verdunkelt und die ganze Welt in große Verwirrung gestürzt werden."

„Der große, große Krieg wird in der zweiten Hälfte des Zwanzigsten Jahrhunderts kommen. Feuer und Rauch wird von den Himmeln fallen und die Wasser der Ozeane werden zu Dampf werden und ihren Schaum in den Himmel spucken. Alles, was steht, wird umgeworfen werden. Millionen Menschen werden sterben. Die Überlebenden werden die Toten beneiden. Bedrängnis, Elend und Verzweiflung wird sich über die ganze Welt ausbreiten. Die Zeit rückt näher und der Abgrund wird immer tiefer und es gibt kein Entrinnen. Die Großen und Mächtigen werden mit den Niedrigen und Sanften vergehen, die Guten werden mit den Bösen sterben, die Geistlichen Fürsten mit ihren Gläubigen und die Regierenden mit ihren Völkern. Überall wird der Tod regieren, zum Triumph erkoren durch vom Weg abgekommene Menschen. SATANS HELFER WERDEN DIE HERREN DER ERDE SEIN. Diese Übel werden zu einer Zeit kommen, wenn sie von Niemandem erwartet werden, trotzdem müssen sie kommen als Bestrafung und Rache in Übereinstimmung mit Gottes Plan. Später wird jedoch Gott in Seiner Pracht wieder angerufen und es wird Ihm wieder gedient werden, wie es war vor nicht so langer Zeit, als das Wort noch nicht verdorben war."

„Die Zeit der Zeiten kommt, das Ende allen Endes, wenn sich die Menschheit nicht wandelt. Wehe, wehe, wenn diese Wandlung nicht stattfindet und wenn alles so bleibt, wie es ist oder noch schlimmer wird."

„Ich rufe alle treuen Nachfolger meines Sohnes, des Christus, auf, gehet hin und verkündet dies: denn ich werde immer an eurer Seite sein, um euch beizustehen."

NUN, WO STEHEN WIR?

Es kommt mir so vor, als ob ihr diese Botschaft schon vorher gehört haben solltet – von mehreren Quellen in fast identischen Worten. Warum wäre sie so schockierend? Wenn ich es euch aus diesem Grund sage, tut ihr mich dann einfach als einen der Fantasie entsprungenen „Raumkadetten" ab? Weil ihr Menschen immer kopfüber wie ein Vogel Strauß agiert, der den sandigen Geschmack im Schnabel mag? Ihr seid nicht „begehrt", wenn ihr einfach bei der Wahrheit bleibt, man ist immer beliebter, wenn man all diesen sabbernden Nicht-Denkern exakt genau das sagt, was sie hören wollen – es hilft dabei, sonntags die Kollektekörbchen zu füllen.

Genau wie die früheren Prophezeiungen der Erscheinung (die z.B. den Aufstieg des Kommunismus vorhersagten), wird sich auch diese letzte Prophezeiung erfüllen.

Selbst auf einer strikt wissenschaftlichen Ebene sind solche Aussagen wie „Die Menschheit hat gefrevelt und die wundersamen Segnungen Gottes mit Füßen getreten" nur allzu wahr, wie euch jeder Student der Ökologie vom Grabesrand zurufen wird.

Die Infiltration eurer Kirchen durch den von Bösartigkeiten durchdrungenen Klerus, einschließlich Bischöfen, ist der Beweis dafür, daß „Satan es sogar schafft, sich in die höchsten Positionen der Kirchen einzuschleichen" – er hat sich sicherlich ein kolossales Stück von den TV-Religionslehrern abgeschaut und die werden bemerkt, weil sie so unverhohlen in der Öffentlichkeit agieren. Das ist in jeder orthodoxen Kirche passiert, denn es fand auf der Ebene statt, auf der die Regeln für die in den Gemeinden tätigen Seelsorger festgelegt werden. Heutzutage proklamieren nicht wenige Seelsorger, daß „Gott tot ist", lehren Sittenlosigkeit und erlassen neue Gesetze und Gebote, „um den modernen Bedürfnissen besser Rechnung tragen zu können". TATSÄCHLICH LEHREN SIE *SITTENLOSIGKEIT* UND SANKTIONIEREN UNMORALISCHES BENEHMEN, SELBST BEI KINDERN. „LASST UNS IHNEN ‚SICHEREN SEX' BEREITS IN DER GRUNDSCHULE BEIBRINGEN!!!!" Einige engagieren sich sogar in umstürzlerischen Aktivitäten unter dem Deckmantel genannt Gott.

Einige eurer Brüder behaupten, daß die Unruhe der Katholischen Kirche am Meisten schadet. Eine ganz erhebliche Anzahl Katholiken haben sich für eine Seite entschieden und stehen sich in feindlicher

Konfrontation gegenüber, wobei das auch die kirchlichen Hierarchien betrifft. Nun, da gibt es keine Unterschiede – es zieht sich über die ganze Welt durch jede „Konfession" und dann heißt es, eine Konfession gegen die Andere.

JETZT KOMMT DER SCHOCK, KLEINE SCHLAFMÜTZEN

Das ist der größte Schlag für euch Patrioten, die ihr in eurem ideologischen Traumland herumhängt. Was nämlich wirklich der größte Schock in all diesen Botschaften war, wissen nur ein paar von euch, deshalb schaut euch um, bevor ihr das hier verleugnet:

Zu den anderen Dingen, die diese kleinen unwissenden und des Lesens und Schreibens unkundigen kleinen Landkinder sagten – und Amerika, jetzt halte den Atem an – war, daß Rußland „nicht nur seine Irrtümer über die ganze Welt verstreut", wie es das schon getan hat, *sondern daß DREI (3)* KOMMUNISTISCHE REICHE AUF DER WELTBÜHNE AUFTAUCHEN WÜRDEN – RUSSLAND, DIE VEREINIGTEN STAATEN UND CHINA!

Man muß bedenken, daß sich diese Kinder, die in einer zerklüfteten Landschaft in Portugal völlig von der Welt abgeschieden lebten, im Oktober 1917 noch nicht einmal bewußt waren, daß ein Weltkrieg ausgebrochen war und auch, daß sie niemals von Rußland gehört hatten. Sie wußten in ihrem zarten Alter noch nichts über Kommunismus – der selbstverständlich 1917 noch nicht einmal als Weltregierung bekannt war. Und Tatsache ist auch, daß die bolschewistische Revolution noch nicht einmal ein Hauch in der damaligen Welt war. Und trotzdem unterhielten sich diese Kleinen, eines davon nach amerikanischem Standard höchstens im Kindergartenalter oder der ersten Klasse, mit der Mutter Gottes über die Sowjetherrschaft, den Kommunismus und drei sowjetische Reiche, die viel später, im 20. Jahrhundert, etabliert werden sollten! Ah ja, aus dem Mund von Kleinkindern. Ich vermute mal, daß ihr Diejenigen ermutigen würdet, welche im Alter von neun oder zehn Jahren Bücher über Atlantis schreiben wollten. IHR wißt nicht, wer solche Kinder sein könnten. Ich für meinen Teil bin aber an einigen von ihnen sehr interessiert.

Man könnte wahrscheinlich auch auf die Idee kommen, daß diese Kinder eine Art Märchen erzählt hätten, wenn das heutzutage mit Fernsehen passiert wäre und man hätte sie großzügig auf laufende Ereignisse vorbereitet – ich wage zu sagen, daß, wenn ihr eure eigenen Kinder in diesem Alter über die Orte und die politischen Regimes befragt hättet – sie es nicht gewußt hätten, oder?

Wenn diese kleinen Kinder irgendetwas über die Welt, in der sie lebten, gewußt hätten oder die Weltregierungen studiert hätten, könnte man annehmen, daß sie durch Souffelieren etwas erfunden hätten. Aber sie konnten weder lesen noch schreiben und hatten niemals von Kommunismus gehört – wie alle im Jahr 1917, nicht wahr? Ihr könnt euch ganz sicher sein, daß diese Geschichte echt ist und die Göttliche Mutter den Kleinen diese Prophezeiungen wirklich gegeben hat, Ihre verzweifelten Warnungen, die bis heute nicht in größerem Rahmen ernst genommen wurden.

DIE WARNUNGEN DER MUTTER

Es ist offensichtlich, daß Die Mutter vom Ewigen Vater/Schöpfer gesandt wurde, um die Menschheit für die biblischen Voraussagen zur Reinigung der Erde durch Feuer aufzurütteln, es sei denn, sie macht eine komplette Kehrtwendung zu ihren eigensinnigen Wegen. Eine weltweite Warnung soll der Strafe vorausgehen, um Gottes Kinder zu einem Leben in Dankbarkeit aufzurufen. Sie hat auch versprochen, daß Gott nach dieser Warnung ein großes Wunder geschehen lassen wird und, wenn sich die Menschheit immer noch gegen eine Veränderung wehrt, Gott gezwungen ist, die Strafe zu senden. Wie weit, glaubt ihr, habt ihr es heutzutage mit der „Wegveränderung" gebracht?

DIE WARNUNG

Am 12. Juni 1976 erschien die Gesegnete Mutter den Kleinen mit dieser Warnung: „Meine Kinder, ihr müßt häufiger beten; tuet mehr

Buße, denn die Warnung kommt über die Menschheit. *Es wird gewaltige Explosionen geben und der Himmel wird sich zusammenziehen wie eine Papierrolle. Diese Gewalt wird sich mitten ins Herz eines jeden Menschen bohren. Er wird seine Vergehen gegen Gott verstehen.* Jedoch WIRD DIESE WARNUNG VON KURZER DAUER SEIN, und Viele werden ihren Weg der Verdammnis fortsetzen, so stark sind die Herzen mittlerweile verhärtet, Meine Kinder – HABT ACHT VOR DEM SONNENAUFGANG!

„Wie der Tag der Nacht folgt, so soll diese Warnung bald folgen. Habt Acht vor dem Sonnenaufgang!" Sie sagte, daß ihr nicht in den Himmel und den Lichtblitz sehen sollt!!!! „Habt Acht vor dem Sonnenaufgang! Schaut nicht hinauf in den Himmel – nicht in den Lichtblitz! Schließt eure Fenster! Laßt eure Läden herunter! Bleibt im Haus; wagt euch nicht vor eure Tür, sonst werdet ihr nicht zurückkehren! Betet! Werft euch auf den Boden! Betet mit ausgestreckten Armen und bittet Gott, euren Vater, um Gnade. Holt eure Tiere nicht ins Haus, denn für die Tiere derer, die reinen Geistes geblieben sind, wird gesorgt."

VORRÄTE FÜR DIESEN TAG

„Oh Meine Kinder, wie Viele werden versuchen, zurückzukehren und ihre Wohnungen herzurichten, wenn es bereits zu spät ist? Haltet geweihte Kerzen, Wasser, Decken und Nahrungsmittel in euren Häusern bereit. *Die Kerzen derer, die in der Gnade leben, werden nicht ausgelöscht, aber die Kerzen in den Häusern derer, die sich Satan hingegeben haben, werden nicht brennen!* Amen, Ich sage euch, wie die Nacht dem Tag folgt, wird eine große Dunkelheit über die Menschheit kommen."

DIE ZEIT DER WARNUNG

Und was sagte Emmanuel? „Ich gebe euch ein Zeichen, wenn die Zeit reif ist: *Wenn ihr die Revolution in Rom seht, hört und fühlt; wenn der Heilige Vater flieht und Zuflucht in einem anderen Land sucht, dann wisset, daß die Zeit reif ist.* (Das kam am 14. September 1976 zu euch).

DAS WUNDER

Am 24. Dezember 1973 sprach die Gesegnete Mutter zu einem von euch.

„Die Warnung, die über die Menschheit kommt, muß wirkungsvoll sein. Und in der Gnade des Vaters wird für Jedermann ein großes Schauspiel am Himmel zu sehen sein. Jedoch werden die Erfüllungsgehilfen der Hölle die Hand des Vaters in diesem Wunder für sich geltend machen – oder es widerlegen."

„Ihr müßt eure Seelen von allen Sünden reinigen, den Vergänglichen und Verzeihlichen. Kommt im Glauben zu Meinem Sohn. Glaubt, was ihr in Garabandal sehen werdet und kehrt um auf eurem Weg, der von Satan geschaffen wurde. Kehrt zurück zum Vater, tuet Buße und sühnet, denn die Strafe wird alsbald nach dem großen Wunder folgen. Ich segne euch Alle, Meine Kinder, wie der Vater euch Alle mit betrübtem Herzen segnet."

Die obige Botschaft spricht von Garabandal. Für die, denen das Wissen dazu fehlt – Garabandal ist ein kleines Dorf im Nordwesten Spaniens, wo sich die Gesegnete Mutter vom 18. Juni 1961 bis 13. November 1965 vier jungen Mädchen zeigte.

Die Mädchen sprachen von der Warnung, dem Großen Wunder, das im Pinienwald in der Nähe ihres Dorfes stattfinden sollte und von der Strafe.

Eines der Mädchen namens Conchita schreibt über das Wunder in ihrem Tagebuch:

„Die Gesegnete Jungfrau kündigte mir ein großes Wunder an und sagte, daß Gott, Unser Herr, es [A.d.Ü.: das Wunder] durch ihre Fürbitte ausführt. Genauso wie die Züchtigung sehr, sehr groß sein wird, in Übereinstimmung mit unseren ausgedehnten Wüsten, so wird das Wunder außerordentlich groß sein, um die Bedürfnisse der Welt auszugleichen."

„Die Gesegnete Jungfrau hat mir das Datum des Wunders genannt und wie es sein wird. Ich soll es acht Tage im Vorhinein bekanntgeben, so daß Menschen kommen werden. Der Papst wird es sehen, wo er sich auch immer befindet, und Pater Pio auch. Die Kranken, die bei dem Wunder dabei sind, werden geheilt und die Sünder werden gewandelt werden."

„Es wird keinen Zweifel im Geist eines Jeden geben, der das große Wunder wahrnimmt, das Gott, Unser Herr, durch die Fürbitte der Gesegneten Jungfrau geschehen läßt. Und nun, da wir den großen Tag dieses Wunders erwarten, laßt uns sehen, ob sich die Welt ändert und die Strafe abgewendet wird."

LASST UNS FÜR EINEN MOMENT ZUSAMMEN HINGEHEN UND BEOBACHTEN

Dharma, schreib Kind, während wir mit Sananda und Großvater und Mutter auf die Welt schauen.

Seid gewarnt, die Häuser werden vom Wind fortgeblasen, die Haut wird austrocknen und sich von den Knochen lösen, wie ihr es noch nie gesehen habt! Eilt und Hört. Das ist eine der letzten Warnungen, die der Welt gegeben wird, bevor die Katastrophen über euch hereinbrechen! Unsere Worte werden über die ganze Erde hallen. Alle, die fallen, werden aus eigenem freiem Willen fallen – sie lieben materielle Dinge und irdische Vergnügungen mehr als die unvergängliche Glorie Des Königreichs des Vaters.

Schaut, der Wert eines Lebens wird bis zum Extrem herabgewürdigt: Menschen morden gewissenlos. Bruder gegen Schwester; Familien werden durch das Böse auseinandergerissen. Männer und Frauen verfallen Süchten und Krankheiten. Mütter weinen über den Verlust ihrer Söhne und Töchter, die der hungrigen Kriegsbestie zum Fraß vorgeworfen werden – viele werden sich wahrhaftig Christus am Kreuz anschließen.

Dharma, sieh und weine mit mir. Steh aufrecht mit unseren Brüdern und meinen Adlern und bezeuge, denn es muß niedergeschrieben werden, damit die Menschheit etwas hat, worauf sie ihre Wahl gründen kann.

Ihr habt keine Schutzbunker, in denen ihr euch verstecken könnt und trotzdem bewegt sich niemand; sie argumentieren nur und beschweren sich. Du kannst die Zerstörung bezeugen, die im Großen Krieg über die Menschheit kommen wird. Es werden so Viele vergehen, daß nicht einmal genug Zeit bleibt, ihre Gräber zu kennzeichnen, Mein Kind.

Die Mütter werden sich danach sehnen, zu sehen, wo ihre Söhne liegen, aber vergebens. Dieser Trost kann ihnen nicht gewährt werden, weil der Verlust von Leben so groß sein wird.

Dharma, du mußt Das Wort weitergeben. Könnt ihr Kleinen nicht umkehren jetzt und den Ewigen Vater bitten, bevor es zu spät ist? Seid ihr Kinder so blind für die Wahrheit, daß ihr die Straße nicht erkennt, auf der ihr reist?

Diese Zeit wird schrecklich werden, aber es gibt derer zwei, ihr Kleinen. Die eine Zeit wird vom Menschen kommen, durch die Hand des Menschen, das ist der Krieg, er wird so riesig sein, daß nur dank des gnädigen Herzens des Ewigen Vaters die Erde nicht ganz zerstört wird; die zweite Zeit ist die Strafe des Planeten als Wiedergutmachung.

Oh ja, meine Kinder, ich höre eure Stimmen der Verachtung, die rufen: Sadismus! Ist das ein sadistischer Gott, der Seine Schöpfung einer solchen Zerstörung aussetzt?

Ich als euer Gott sage euch, nicht ich bringe euch eure Zerstörung; ihr bringt die Zerstörung selbst über euch, denn ich als euer Gott überlasse euch den Erfahrungen eures freien Willens. Wenn ihr in eurem freien Willen euren Gott und den Plan für die Erlösung des Menschen, wie er von Anbeginn der Zeit gegeben wurde, zurückweist, so sage ich euch – werdet ihr euch zerstören. Ihr habt ein schreckliches Ungleichgewicht über eure Mütterliche Quelle und die Schöpfung des Schöpfers gebracht. Könnt ihr nicht erkennen, daß dieses Ungleichgewicht eine Veränderung hin zu Reinheit und Erneuerung bringen muß – ihr geht zu weit.

Ihr müßt euch betrachten, was alles getan wurde, es sei denn, ihr glaubt, dafür nicht verantwortlich zu sein, weil Alle daran beteiligt waren.

In Amerika, Dharma – schau dir an, was da los ist. Dein Land, ein Land mit vielen Menschen und über alle Maßen gesegnet, hat niemals Massenmord und Tod gesehen – bis jetzt. Aber auch hier wurden die Gesetze Gottes und der Schöpfung abgelehnt und die Massen werden das Grauen der Lügen ernten, die ihnen von der üblen Verschwörung untergeschoben wurden. Eure Massen haben sich abgewandt von der roten Straße der Göttlichkeit und sind versunken im fleischlichen Vergnügen, der Befleckung des menschlichen Körpers und der Entweihung von Körper und Geist.

In deinem Land wird es vielerorts massive Erdbeben geben bis hinauf in die Gebiete von Kanada und hinunter bis nach Mexiko. Es wird Erdbeben an Stellen geben, die bisher nie davon berührt waren, da die Erde darunter anschwillt. Vulkane werden ausbrechen und giftige Dämpfe werden aufsteigen aus Brüchen, die die Erde aufspalten. Die Hitze wird brennen, Viehherden werden darben und der Hunger wird euer Land plagen, da sich die Wachstumsperioden verändern werden und das Wasser für die keimenden Felder verschmutzt sein wird.

Die wirklichen Opfer von euch Eltern sind aber eure Kinder. Das Beispiel, das ihr ihnen vorgelebt habt, ist wirklich armselig. Viele Kinder werden von dieser Welt genommen werden. Es wird eine Zeit großer und tödlicher Plagen sein. Es wird eine große Seuche geben und Viele, Viele werden sterben. Ah, und die Schreie der ermordeten Ungeborenen werden euch zerschmettern und eure Seelen werden im Angesicht ihrer Unschuld erschauern.

Ich kam zu euch vor 2000 Jahren in einer Zeit der Trostlosigkeit und ihr habt mich gekreuzigt – Ich war der Adler, der gesandt wurde, um euch den Weg zu weisen und ihr habt mich an ein Kreuz genagelt und seid eurer bösartigen Wege gegangen. Nun ist die Zeit gekommen und ihr habt euch nicht vom Bösen abgewandt – und das Feuer brennt und jetzt kreuzigt ihr auch den Phönix – aber diesmal wird es anders sein, denn jeder wird seinen Weg wählen und die Evolution wird kommen und der Zyklus wird beendet werden und der Phönix und meine Küken werden wieder in die wundersamen Dimensionen größeren Lichts aufsteigen und diese Tage des Horrors werden aus ihren Erinnerungen getilgt werden, so daß sie Frieden finden können – ABER DAS WORT WIRD HINAUSGEHEN IN DIE ECKEN DER WELT UND DANN FÜR DIE ZEIT EINES ANDEREN GROSSEN ABSCHLUSSES EINES ANDEREN GROSSEN ZYKLUS' ZU EINER ANDEREN ANGENOMMENEN „ZEIT" ERHALTEN BLEIBEN.

Wenn ihr nur eure Aufgaben machen und Vorbereitungen treffen wolltet, würden es genug für die Erneuerung und die Rückforderung der Heilung schaffen. Ihr Leute müßt achtsam den Lehren eurer altehrwürdigen Lehrer folgen, die nicht vergessen haben.

Es hat nichts mit Strenge zu tun, wenn ich fordere, daß ihr hinseht – denn es beginnt bei euch und denjenigen Brüdern, die DAS WORT zur Drucklegung bringen, auf daß die Menschheit wissen möge und die Zeit ist knapp und deshalb müßt ihr auch so viele Arbeitsstunden leisten.

„Furcht" gibt es nur in dem Sinne, daß ihr euch Gott und den Gesetzen der Schöpfung zuwenden müßt, denn darin liegt die Wahrheit und der Weg. Hoffnung ist wie eine Lotusblüte, die in der Sonne aufblüht und ihren Duft über das Land verströmt. Oh Chelas, es ist nicht hoffnungslos, es ist glorreich. Aber das Alte muß gehen, damit der Phönix aufsteigen kann vom Alten ins Neue. So sei es.

Ich schenke euch Frieden und zeichne die Bilder weicher, denn eure Sinne sind in den vergangenen Tagen sehr mißbraucht worden. Haltet meine Hand und nichts kann euch oder meine Kinder berühren. Ihr seid meine Geliebten und ich gewähre euch Frieden.

ICH BIN ATON

Laßt uns jetzt diesen Teil abschließen, denn wir haben heute viele Stunden gearbeitet und die Leistungsfähigkeit schwindet mit der Müdigkeit. Doch bevor ich heute Abend gehe, möchte ich noch über die Indianer und ihre Beziehung zum Christos sprechen. Sie haben Ihn den Weißen Propheten oder den Verlorenen Weißen Bruder genannt.

Fast alle eingeborenen Indianer haben Legenden über einen Weißen Propheten oder Verlorenen Weißen Bruder, der vor Tausenden von Jahren kam und ihnen die Lehren vom Großen Geist brachte. Er lehrte sie, einander zu lieben und Er hat oft Beispiele aus der Natur gebraucht, um Seine Lehrstunden zu illustrieren. Er vollbrachte unglaubliche Wunder, eines davon war, in Monument Valley [A.d.Ü.: Nationalpark in USA] einen riesenhaften Felsbrocken hochzuheben – eigentlich war es eine halbe Klippe, die vom Gebirge hinab gestürzt war. Andere Wunder waren die Kontrolle der Elemente, wunderbare Heilungen und auch Auferstehung von den Toten.

Die Menschen liebten Ihn und kamen zu Ihm, aber die Priester hatten Angst vor Ihm, denn Er war eine Gefahr für ihre Macht. Er wird immer mit einem Bart dargestellt, mit längeren Haaren, hellhäutig, mit blaugrauen Augen, Er trug Sandalen und eine lange, weiße Toga mit Seinem Symbol – dem Kreuz – eingestickt an den Ecken. Sein Gruß war, die Hand in Frieden zu erheben, was der Grund für diesen ziemlich weit verbreiteten Gruß unter den Indianern ist.

Er lehrte die Menschen, pyramidenartige Tempel zu bauen und bat sie, die Friedenspfeife in Erinnerung an Ihn zu rauchen. Er brachte ihnen Samen von vielen unterschiedlichen Pflanzen, einschließlich der Mezcal-Pflanze, und sagte ihnen voraus, was die Zukunft für die Indianer und ihr geliebtes Land bereit hielt, einschließlich der Ankunft des weißen Mannes, den Er „die, die erobern" nannte, was in Spanisch als „conquistadores" bekannt ist und die tatsächlich 1500 Jahre nach Seiner Prophezeiung eintrafen. Ich werde diese Prophezeiungen zu diesem Zeitpunkt nicht diskutieren.

Er repräsentierte genau das, was seine Bezeichnung auch aussagt – ein „weißer Prophet". Die Christusenergie war schon ein Teil des indianischen Wissens und hat Bezug zum Heiligen Kreis der Ewigkeit. Es ist spät heute, also werden wir morgen tiefer in diese Diskussion einsteigen.

Danke dir für deine Hände und euch Allen für eure Augen und Ohren. Guten Abend und seid in Frieden und Freude, denn unsere Arbeit geht gut voran.

Salu, Hatonn

KAPITEL 22

Aufzeichnung Nr. 1 | GYEORGOS CERES HATONN

Freitag, 2. Februar 1990, 7.45 Uhr, Jahr 3, Tag 170

DER VERLORENE WEISSE BRUDER/WEISSE PROPHET

Hatonn macht weiter. Ich möchte hier die indianischen Betrachtungsweisen nur berühren, denn diese großartigen Lehren aus den mündlichen Überlieferungen werden von Little Crow, dem großen Roten Adler, herausgegeben. Aber Denjenigen, die mit diesen Mythen nicht vertraut sind, möchte ich klar sagen, daß hier höchst sicher ein Zusammenhang besteht.

UND WIE SIEHT ES MIT ALKOHOL AUS?

Interessant zu bemerken, daß Er das Volk ermahnte, niemals den Whiskey des Weißen Mannes anzurühren, den Er damals schon „Teufelswasser" nannte; eine Beschreibung dazu hörte man fast 2000 Jahre später von dem heiligen Shr Dadji, der in einem Brief schrieb, daß Alkohol „einen der dämonischsten Einflüsse in der Welt hat." Der Weiße Prophet sagte, daß dieses Teufelswasser oder Alkohol die Vernunft auslösche, die Zunge lockern und einen dazu bringen würde, sich töricht zu benehmen. Ich kann euch versichern, daß der Weiße Prophet nicht für Untertreibungen bekannt ist. Alkohol und Drogen öffnen alle Tore zur Hölle und rufen die inneren Dämonen zur Zwiesprache auf den Plan.

Die derzeitigen Informationen über Alkohol rechtfertigen Jesu Warnungen mehr als reichlich. Mediziner verlautbaren heute, daß Alkohol Gehirnzellen abtötet, einschließlich der Zirbeldrüse, was nicht wiederhergestellt werden kann; er hat giftigen und vergiftenden

Einfluß auf Herz und Lunge, denn er fügt dem Herzmuskel irreversiblen Schaden zu; er läßt Gewebe degenerieren, selbst bei sogenannten Gelegenheitstrinkern; er verursacht Bauchspeicheldrüsenentzündungen; beeinträchtigt die Funktion der endokrinen Drüsen; verursacht frühe Senilität, einschließlich sexueller Fehlfunktionen; Alkohol läßt rote Blutkörperchen zusammenklumpen, verlangsamt damit die Blutzirkulation und behindert somit Zellen und Organe bei der Aufnahme von lebensnotwendigem Sauerstoff; er schwächt das Immunsystem und macht damit den Körper empfänglich für Krankheiten und Infektionen; er erschafft „betrunkene Zellen", die die Knochen brüchig machen; Alkohol fördert Nervenentzündungen und wird mit allen Arten von Krebs in Verbindung gebracht. Er verursacht in menschlichen Föten auch das fötale Alkoholsyndrom und selbst Babys, deren Mütter während der gesamten Schwangerschaft nur ein paar Drinks hatten, fügen ihren Babys mentalen und/oder physischen Schaden zu. Er produziert auch ein abnormales Gen, das an Nachkommen weitervererbt wird, so daß sie selbst anfälliger für verschiedene Krankheiten und Alkoholismus werden. Die Eltern müssen ihren Kindern ein positives Beispiel geben. Heute „hat in den USA einer von zehn Elternteilen ein Alkoholproblem und zwingt damit seine Kinder, sich in ihre eigene Welt zurückzuziehen – und auf jeden alkoholsüchtigen Elternteil kommen vier oder fünf andere Familienmitglieder." Also müßt ihr euren Kindern helfen, indem ihr euch zuerst selbst helft und ihnen dann das rechte Beispiel vorlebt.

Alkohol ist das wichtigste Instrument, um nichtsahnende Beteiligte in die Falle zu locken. Zuerst wird das Getränk weitergegeben und – einmal davon gekostet – nimmt die Zerstörung ihren Lauf, so daß man niemals mehr zur Vollkommenheit zurückkehren kann. Selbst wenn der Konsum beendet wird, wird das Wesen körperlich weiterhin geschädigt bleiben in seiner Erinnerungsfähigkeit, seine mentalen Prozesse werden sich verlangsamen, oftmals bis hin zu totaler Senilität oder unumkehrbaren Organschäden. Satan, meine Freunde, kennt das Gift sehr genau, mit dem er euch füttern muß, um euch total unter Kontrolle zu halten und schlußendlich euer Bewußtsein abzutöten, wobei er euch auch eure Seele nimmt. Oh ja, bevor wir mit allen Journalen durch sind, werden wir höchst sicher das „12-Schritte-Programm" zur Errettung von den Dämonen abgedeckt und euer Bewußtsein geknackt haben, damit ihr euch selbst befreien könnt, Terror, Angst, Fluchtgedanken und niederen Selbstwert hinter euch lassen und eure Tempel neu aufbauen könnt, wenn ihr wirklich diesen besonderen Weg eingeschlagen habt. Wir werden euch zeigen, wie ihr in euer unbeschädigtes Unterbewußtsein gelangen und auf diese Art und Weise eure Gefängnistore öffnen könnt. So sei es, denn zuerst müßt ihr bereit und willens sein, euch des Problems anzunehmen und es zu akzeptieren, zu verstehen und den Wunsch nach Veränderung zu haben – meistens muß der Wunsch nach wirklicher Veränderung das Wichtigste sein. Der Mensch sitzt immer noch mittendrin in seinem Selbstmitleid und wartet auf einen Anderen, der ihn vor ihm selbst rettet – nein, das muß jeder selbst machen. Ein Anderer kann Hilfestellung leisten – aber Keiner kann es für kein Geld der Welt für euch tun, geschweige denn durch Gesetze oder Strafen – ihr müßt in den brennenden Wunsch nach Veränderung selbst hineinwachsen.

HINTERGRÜNDE ZUM WEISSEN PROPHETEN

Einmal sprach der Weiße Prophet zum Volk über seinen Hintergrund. Er sagte, Er sei geboren über dem Meer im Osten: „in einem Land, in dem alle Männer einen Bart tragen. Er sei geboren worden von einer Jungfrau in einer Nacht, als ein heller Stern aus den Himmeln kam – die Himmel öffneten sich und entließen geflügelte Wesen, die Melodien auserlesener Schönheit sangen. Er sprach von Häusern, Vieh, Gewändern und Bräuchen, von ihren Schiffen und Tempeln und ihren metallglänzenden Armeen."

Er sprach auch über Sein Leben dort: vom Heilen und Lehren, wie die Menschen Ihn liebten, aber die Priester Ihn haßten und das wiederum, weil er eine Gefahr für ihre Macht darstellte. Er sprach von

Seinem Gerichtsprozeß, Seiner Einkerkerung, während der Er ausgepeitscht und geschlagen wurde, über Sein Kreuz, das Er selbst tragen mußte, Seiner Kreuzigung und Seiner Auferstehung.

Er wurde von verschiedenen Völkern mit unterschiedlichen Namen benannt, denn als Er das erklärte, waren Namen nur von geringer Aussagekraft und Wert; allein wichtig waren die Wahrheiten, die Er lehrte. Also erlaubte er jedem Stamm, Ihn bei dem Namen zu nennen, den sie wählten. Also nannten die Völker Ihn den Fischgott, denn das Symbol dieser Gruppe war der Fisch, der Herr über Wind und Wasser – Hurukan, aus dem euer moderner Ausdruck „hurricane" [A.d.Ü.: Sturm, aber auch bei uns Hurricane] entstammt, die Gefiederte Schlange oder Quetzal-Coatl – wobei Quetzal der heilige Vogel der Tolteken, Mayas und Azteken war, der Wind oder Luft bedeutet (daher auch Geist), der ein wunderschön gefärbtes Gefieder und lange Schwanzfedern besitzt, der in Bäumen nistet, die sich im letzten Stadium des Verfalls befinden und heutzutage für eine bedrohte Spezies steht, wobei „tl" „der Herr" bedeutet und gleichbedeutend ist mit Donnervogel oder Donnervolk und/oder Phönix. Die Definitionen sind ein wenig anders, aber vom Konzept her wirklich sehr ähnlich; Kate-Zahl, der Weiße, der Heiler, oder einfach der Prophet. Als Er jedoch von einigen eingeborenen Nachfolgern gedrängt wurde, ihnen den Namen zu nennen, den Er in Seinem Heimatland trug, antwortete Er: „Chee-Zoos, Gott der Morgendämmerung", und erklärte ihnen, daß der Name, den Seine Landsleute Gott gegeben hatten, „der Große Yeh-ho-vah" war.

Nun, ihr tollen weißen Menschen als selbsternannte Dr. Allwissend und Skeptiker mögt den Legenden der amerikanischen Eingeborenen nicht wirklich Glauben schenken und meint, daß die Indianer sich den Charakter Jesus Emmanuel ausgeliehen haben, nachdem sie von den christlichen Missionaren davon gehört hatten. Das kann aber nicht sein, meine Freunde, da diese Legenden fast 2000 Jahre zurückzudatieren sind. Und Emmanuel selbst sagte, daß Er sich noch um andere Herden zu kümmern hat: „Ich bin der Gute Hirte. Ich habe noch andere Schafe, die nicht aus diesem Pferch sind: Ich muß sie auch nach Hause bringen und sie werden meine Stimme erkennen. Also wird da sein eine Herde und ein Hirte."

Jene – die amerikanischen Indianer – sind die andere Herde, von der Jmmanuel sprach. Außerdem gibt es Aufzeichnungen, daß die spanischen Conquistadores (Eroberer) zu einem großen pyramidenförmigen Tempel gelangten, als sie sich ihren Weg nach Colulua – einer heiligen Stadt der Indianer – frei schlugen – es war der Tempel von Quetazlcoatl, dessen Basis größer als die der Cheops-Pyramide ist. Quetzalcoatl hatte die Ankunft dieser bärtigen weißen Männer vorausgesagt, die metallbeschlagene Stiefel und Eisenstangen tragen sollten, die lauten Lärm machen sollten und Menschen aus größerer Distanz töten könnten. Er hatte auch vorausgesagt, daß Sein Tempel durch diese mächtige Armee entweiht werden würde und selbst die Kämpfe, die auf den Rängen und den Stufen bis hinauf zur Spitze des Tempels stattfänden, sah er voraus.

Und tatsächlich, in der Blutigsten aller Schlachten in Meshico (Mexiko) schlachteten sich die Spanier ihren Weg die Tempelstufen hinauf frei, hielten aber auf ihrem Weg inne, als sie die Spitze erreichten. Aus welchem Grund? Auf der Spitze des Tempels fanden sie eine lebensgroße Statue eines Christus-ähnlichen Menschen, gearbeitet aus weißem Marmor und gekleidet in ein fließendes Gewand stand er da und hieß sie mit ausgebreiteten Armen willkommen.

Was es noch gibt, kürzlich entdeckte Artefakte mit dem Kreuzzeichen in der Hand – dem Zeichen des Weißen Propheten – gefunden in archäologischen „Ausgrabungen", Aufschüttungen der nativen Amerikaner in der Nähe von Spiro [A.d.Ü.: Spiro Mounds in Oklahoma, siehe hier: https://en.wikipedia.org/wiki/Spiro_Mounds], die sich mit der Karbonmethode auf das erste Jahrhundert n.Chr. rückdatieren lassen. Andere Funde waren Pergamente, jetzt in Harvard, die Zitate aus dem Alten Testament enthalten, geschrieben in altertümlichem Hebräisch! So sei es, Überraschungen, die gut dazu sind, eure Aufmerksamkeit zu bekommen.

Ein Verfasser von Legenden schrieb, daß sein Vater einmal ein Piktogramm auf Stein gefunden hat, das den weiß gekleideten Lehrer zeigte (sein Name ist H.H. Bancroft). Es zeigte Seine Haare, Seinen Bart und die Toga und „über Seinem Kopf standen in altem Hebräisch die Worte der Zehn Gebote".

WARUM?

Jmmanuel als der Weiße Prophet versprach den amerikanischen Indianern, daß Er am Ende dieses Zeitalters wiederkommen würde. Aber was bedeuten diese Reisen Jesu auf den amerikanischen Kontinent und warum reiste Er auch in den Osten, wie es die Legenden vom Heiligen Issa und andere schriftliche Zeugnisse beweisen? Als Antwort möchte ich Paramahansa Yogananda zitieren:

„Gott machte Christus zu einem Orientalen, um Ost und West zusammenzubringen. Christus kam, um das Christusbewußtsein der Bruderschaft in Ost und West zu erwecken. Es stimmt, daß Christus die Meisten der unbekannten 18 Jahre Seines Lebens in Indien verbrachte, wo er die großen Meister Indiens studierte. Das schmälert jedoch nicht seine Göttlichkeit und Einzigartigkeit. Es zeigt nur die Einheit der Bruderschaft aller Heiligen und Avatare."

Jmmanuel (Jesus) als Christus war einzigartig, wie alle Avatare. Sie sind genauso einzigartig wie eine Schneeflocke; keine Zwei sind genau gleich und doch sind sie vereint, da sie aus derselben Quelle kommen und aus der gleichen Substanz bestehen. Sie sind einzigartig und doch vereinigt in der Wahrheit der Vaterschaft/Mutterschaft Gottes und der Bruderschaft/Schwesternschaft der Menschheit. Sie alle stammen aus der Wurzel des Einen Gottes ab mit seinen zahllosen Manifestationen, und trotzdem sind sie Eins – Eins im Geist, Eins in der Liebe, Eins in der Wahrheit. EINHEIT BEDEUTET NICHT GLEICHFÖRMIGKEIT!

Hört auf, eure mit Blindheit geschlagenen Gremien zusammenzustellen, die unterschiedliche Teile eines Elefanten untersuchen und dann falsche Schlüsse ziehen –

NEHMT EURE VERDAMMTEN SCHEUKLAPPEN AB UND SCHAUT EUCH DAS AN, WAS VOR EUCH STEHT!

Ihr müßt eure Scheuklappen der Vorurteile und Unwissenheit ablegen und das gesamte Wesen des Herrn erkennen, denn wie die amerikanischen Indianer glauben, enthält keine Religion die ganze Wahrheit; Jede ist nur ein Versuch, die Erscheinungsform Gottes zu verstehen und ist damit nur ein anderer Weg, der zum gleichen Ziel führt – Der Eine Große Geist, der Alles durchdringt, der im Innen und Außen ist, jenseits aller weltlichen Dualitäten, Unterschiede und körperlichen Attribute; das ewige Sein – Sat-chit-ananda (Sananda?), das Glückselige Sein der Bewußtheit, wo die Ewige Liebe Oberste Herrscherin ist.

Alle Avatare und wahren Propheten führen euch zu der Erkenntnis und Vereinigung mit diesem Ewigen Wesen – Gott ohne Merkmale, der Große Geist hinter aller Schöpfung. Das Beispiel, das euch Sri Ramakrishna mit seinem Leben und seinen Erkenntnissen über den Herrn gegeben hat mit seinen drei verschiedenen Wegen beweist, daß Gott EINS ist, es aber dennoch verschiedene Wege zu Ihm gibt. Der einzige Unterschied in den Erfahrungen Ramakrishnas ist, daß er für die Vereinigung mit dem Herrn durch drei verschiedene Türen schritt: die Mutter des Hinduismus, das Prophetentum im Islam und Emmanuel im Christentum. Erst durch das Verschmelzen dieser manifestierten Formen des Herrn kam Ramakrishna zu seiner Erkenntnis und erreichte die Vereinigung mit dem nicht manifestierten Herrn, dem Großen Geist, dem Wesen des Lichts, von dem Diejenigen sprechen, die Nahtoderfahrungen haben.

Außerdem sind sich die Lehren aller Botschafter Gottes so ähnlich, daß Jemand, der nicht weiß, welche Lehren er liest, nur schwer herausfinden kann, wer was gesagt hat! Zum Beispiel sind die christlichen, gnostischen Evangelien fast identisch mit denen des Ostens:

> „… die Identität des Göttlichen mit dem Menschlichen, das Anliegen über Illusion und Erleuchtung, der Gründer dessen, der nicht nur als der Herr, sondern auch als spiritueller Führer dargestellt

wird – so daß einige Gelehrte sogar auf die Idee gekommen sind, daß – wenn man die Namen verändert – der ‚lebende Buddha' das Gleiche gesagt haben könnte wie das, was im Thomas-Evangelium zum Leben Jesu gesagt wird."

BEVOR WIR JETZT DIE INDIANER VERLASSEN

Little Crow, der bald „THE SACRED HILL WITHIN" [A.d.Ü.: etwa: „Der innere Heilige Hügel"] herausbringen wird, ist in dieser Inkarnation durch Geburt vom Stamm der Lakota Sioux. Ich möchte auf keinen Fall in diese wunderbare Schrift eindringen. Deshalb befassen sich all meine ausschweifenden Anmerkungen mit dem, was andere Autoren und Stammesführer gebracht haben. Es ist wie mit den Evangelien der Jünger, die Wortwahl ist zwar unterschiedlich – jedoch niemals das Konzept.

JETZT MÖCHTE ICH DIE HOPI EHREN, DENN SIE HABEN AUFZEICHNUNGEN HINTERLASSEN

In Arizona, nahe des Dorfes Oraibi im Herzen des Hopilandes, gibt es einen Felsen, in den Felsbilder [A.d.Ü.: Petroglyphen] eingearbeitet sind, die eine Prophetie über den Großen Geist darstellen und Seine Wiederkunft beschreiben.

In der unteren linken Ecke ist ein Bogen und ein Pfeil, die die materiellen Werkzeuge darstellen, die die Hopi vom Großen Geist bekommen haben, der rechts neben den Werkzeugen steht.

Der Große Geist deutet auf seinen Weg, der gerade aufwärts führt. Ein höherer Weg auf der rechten Seite des Großen Geistes ist der Weg des Weißen Mannes. Zwei weiße Männer und ein Hopi gehen auf diesem Weg, wobei der Hopi symbolisiert, daß das Volk die alte Tradition verläßt und sich auf andere Wege einläßt. Eine vertikale Linie vereinigt den Pfad des weißen Mannes mit dem des Hopi, die ihren Kontakt anzeigt, seit die Hopi aus dem unteren Teil der Welt aufgestiegen sind.

Der Pfad des Hopi liegt tiefer, spiritueller, als der des Weißen Mannes.

Ein großer Kreis stellt den Zweiten Weltkrieg dar. Ein dritter Kreis symbolisiert die Große Reinigung, deren schnelles Herannahen die Hopi aufgrund eines Zeitplans wahrnehmen, der vor Jahrhunderten aufgestellt wurde.

Nach dieser Übergangszeit kehrt der Große Geist zurück; es gibt Nahrungsmittel und Wasser in Fülle; der Welt geht es gut. Der Weg des Weißen Mannes wird immer ungleichmäßiger, bis er nur noch aus einer Reihe von Punkten besteht, die zum Schluß ganz verschwinden. PASST BITTE AUF, IHR BEKOMMT, WORUM IHR IMMER UND IMMER WIEDER GEBETEN HABT.

Ein in vier Teile aufgeteilter Kreis in der rechten unteren Ecke der Felszeichnung ist das bekannte Symbol für das spirituelle Zentrum des nordamerikanischen Kontinents, von dem die Hopi annehmen, daß es der Südwesten der Vereinigten Staaten ist, ganz speziell das Gebiet um Oraibi herum.

[A.d.Ü.: hier finden Sie einige Felszeichnungen in Oraibi und Andere in USA/der Welt https://www.google.de/search?tbm=isch&q= petroglyphen+in+Oraibi,+Arizona&chips=q:petroglyphen+in+oraibi+ arizona,online_chips:prophecy+rock&sa=X&ved=0ahUKEwi5_Jrpkdv cAhVLI1AKHYbNCVwQ4lYIJygB&biw=1024&bih=621&dpr=1]

Eine Zeitlang wurde angenommen, daß die Cherokee im Besitz der Antworten seien (natürlich haben sie sie „auch"), aber zu der jetzigen Zeit mit dem derzeitigen Wissen scheint es so, als ob die offensichtlichsten Geheimnisse durch die Hopi-Tradition präsentiert werden. Laßt euch aber davon nicht verwirren, nur, weil es Grundlage dieser Diskussion ist.

In den Mythen der Hopi-Völker, die von einer Welt in die Andere auftauchen (DURCH SIPAPU), kann man zum Einen poetische Aufzeichnungen über die intellektuelle und spirituelle Evolution eines Volkes finden, oder ihr habt genau das, was die traditionellen Hopi sagen: Aufzeichnungen von wichtigen, hochentwickelten Zivilisationen, die in prähistorischen Zeiten aufstiegen und zusammenbrachen.

Man kann diese Zivilisationen Mu, Lemuria, oder Atlantis nennen, es macht wenig Unterschied, wie man sie bezeichnet; aber die Hopi-Mythen bestehen darauf, daß jene menschliche Rasse durch drei Welten gegangen sei, die auf Befehl des Großen Geistes untergehen mußten, um gereinigt zu werden, da sich das Volk auf Korruption und Materialismus eingelassen habe. (Wirklicher Diebstahl, diese Aufzeichnungen wurden seit Anbeginn der Zeit eures Planeten gehalten und Manche sogar von noch viel früher!)

Die letzte große Zerstörung wurde durch eine Flut herbeigeführt und Alle vergingen, außer ein paar wenigen Gläubigen. Die Geschichte von der großen Sintflut hat in den Mythen fast jeder Kultur überlebt und es wird gesagt, daß die Hopi und alle Wahrhaften, die gerettet wurden, eine Vereinbarung mit dem Großen Geist getroffen haben, daß sie sich nie wieder von Seinem Weg abwenden würden. Aber jetzt glauben die Hopi, daß die Vierte Welt zu einem Ende kommt. Die Menschen sind abtrünnig geworden von der Vereinbarung mit dem Großen Geist. Wieder einmal ist eine Große Reinigung fällig.

Die Hopi glauben, daß der Große Geist Umgang mit dem ersten Volk pflegte und daß Er sie lehrte, wie sie leben und beten sollten. Er atmete Seine Lehren, Prophezeiungen und Warnungen auf Steintafeln, bevor Er sich dem Blick der Menschen entzog. Spider Woman [A.d.Ü.: Spinnweibchen] und ihre beiden Enkel blieben, zusammen mit anderen Geistführern, als Helfer des Großen Geistes. Diese Tafeln wurden vom Geist Massau in der Mitte durchgebrochen, als die Hopi diesen Kontinent erreichten. Heute erwarten die traditionellen Hopi die Rückkehr des Älteren Bruders, dessen Haut in der Zwischenzeit weiß wurde, und der seinen Teil zu den Heiligen Steintafeln beitragen wird mit all Jenen, die von seinem Jüngeren Bruder bewahrt wurden. Das Zusammenfügen der Heiligen Tafeln wird den Anbruch des Reinigungstages symbolisieren. Ernsthaft, ist jetzt der „Stein" das Symbol oder das WORT? Schreib weiter Dharma!

Die Hopi wurden von einem Stern in ihre derzeitige Heimat in Arizona geführt. Als Abraham mit seinem Neffen Lot verhandelte, wählten die Hopi verwüstetes und unfruchtbares Land, während sie anderen Stämmen die grünen, fruchtbaren Täler überließen. Oder so könnte es für Diejenigen mit den gierigen Augen aussehen. Die Hopi siedelten sich in diesem besonderen Gebiet an, denn es befindet sich im Land des Großen Geistes. Trotz der kargen Beschaffenheit ihrer Heimat wurden die Hopi gewarnt, daß Fremde kommen und versuchen würden, sie ihnen wegzunehmen. Es wurde den Hopi jedoch gesagt, daß sie jeglichem Druck standhalten und festhalten sollten an dem Land und ihrer alten Religion. Wenn sie in der Lage wären, Meisterschaft über ihre materiellen und spirituellen Geschenke des Großen Geistes zu erlangen und wahrhaftig zu ihrem Namen stünden – „Einer, der den friedvollen Weg geht" – würde das Hopiland eines Tages das spirituelle Zentrum werden, von dem aus alle Indianer wieder zu ihren alten Traditionen erweckt und auferstehen würden, um die Herzen und Seelen der eingefallenen Fremden zu retten.

Dort in dem spirituellen Zentrum gibt es Schreine, die Ecksteine für die spirituellen Pfade sind, die in alle vier Windrichtungen des Kontinents fließen. Es ist durch ihre Zeremonien möglich, die Naturkräfte zusammenzuhalten. Vom spirituellen Zentrum ausgehend, breiten sich ihre Gebete über die ganze Welt aus. Ihre Gebete sind die Balance, die Alles ausgewogen und heil erhalten. Das ist der Heilige Platz. Er darf niemals entehrt werden. Nur Menschen, die wissen, wie man Dinge zum Wachsen bringt, werden überleben. Durch das Gebet können Menschen, genau wie es die Hopi gemacht haben, ihren eigenen Weg entwickeln.

Laß uns hier unterbrechen und über mehr Kreuzigungen der Mutter Natur sprechen.

BLACK MESA

[A.d.Ü.: Black Mesa Kohleförderung liegt teilweise auf Navajo- und Hopi-Gebieten, aus denen die Indianer vertrieben worden sind, um mehr Kohleabbau zu generieren.]

Black Mesa hängt gerade in einer massiven Krise, da die Kohle im Tagebau für ein Konsortium von 23 Kraftwerksgesellschaften gefördert wird (Western Energy supply und Transmission Association). Dieses wunderbare Land mit den weiten, stillen Wüsten und dem tiefen Himmelsraum – diesem Herz der Mutter – wird in Kürze sechs Kraftwerke beherbergen, die das Herz des Energienetzes ausmachen werden. Alle sechs Werke werden etwa 14.000 Megawatt (MW) erzeugen, aber das ist erst der Anfang. Der Plan ist, auf 36.000 MW zu erhöhen, was der 17-fachen Kapazität des ägyptischen Assuan-Staudamms entspricht. Wieviele von euch Lesern realisieren das?

Da Black Mesa von den Hopi als das spirituelle Zentrum dieses Kontinents betrachtet wird, kann man sich das Entsetzen vorstellen, das die nicht informierten Traditionalisten ergriffen hat, als sie von der geplanten Entweihung erfahren haben. Sie halten dieses Land für den Großen Geist. Der Große Geist gab das Land zur Sicherheitsverwahrung an dieses Volk; und sie erhalten dieses kostbare Herz-Land für den Großen Geist. Die Hopi spüren, daß sie es sind, die das Land erhalten müssen und trotzdem sind es die Stammes-Ratsmitglieder der Hopi und der Navajo, die das Land an die Förderungsgesellschaften verpachten. Brüder, das unterscheidet sich überhaupt nicht von der Verunstaltung der geheiligten und ehrwürdigen Black Hills der Lakota. Wie kommt der weiße, bösartige Mann dazu, Bilder seiner üblen Führerfiguren in das Gesicht Gottes einzugravieren? Wie lange werdet ihr es noch WAGEN, eure Zerstörung und Entweihung im und auf dem Antlitz Gottes zur Schau zu stellen? NICHT MEHR VIEL LÄNGER, MEINE KINDER, NICHT MEHR VIEL LÄNGER! BEWAHRT DAS IN EUREN HERZEN!

Die Traditionalisten der Hopi beziehen sich auf ihre Prophezeiungen und bestätigen die Ansicht, daß der Ältere Bruder bald zurückkehren und seine Hälfte der Heiligen Tafeln hinzufügen wird (kannst du ein wenig schneller schreiben, Dharma?). Die Prophezeiungen besagen, daß die Große Reinigung dann stattfinden wird, wenn sich die Menschheit der Materie zuwenden wird statt der Spiritualität;

wenn die Bösen ausschwärmen, um Land und Leben der Hopi und anderer indianischer Brudervölker zu zerstören; wenn die Führer der Menschheit sich dem Bösen zuwenden statt dem Großen Geist; wenn die Menschheit etwas erfunden hat, das alles innerhalb eines großen Gebietes verbrennen wird, wenn es auf den Boden fällt und das Land zu Asche macht, auf der kein Gras mehr wächst. Es scheint mir so, als ob das alles ziemlich gut zu dem paßt, was sich bereits ziemlich offensichtlich erfüllt hat.

Meine Lieben, die Hopi sind in ihrer Erwartungshaltung gegenüber der Großen Reinigung nicht alleine, und die Legenden der Mesquakie, ein Volk, das sehr stolz seine alten Traditionen gepflegt hat, sehen eine große Katastrophe voraus, die „die Dinge neu ordnen wird" und ich möchte das mit euch teilen, da ihr ja immer eure Beweise und Bestätigungen sucht, sucht und sucht.

„Es wird möglicherweise ein großes Feuer irgendeiner Art sein und es werden ein paar Handvoll Menschen verschont bleiben, die die Erde neu besiedeln werden. Das haben die Propheten der Mesquakie gesagt. Sie haben davon gesprochen, daß die einhundertdreißig unterschiedlichen Menschen mit ihren unterschiedlichen Sprachen wieder zu ihren alten Religionen zurückfinden werden. Diese Menschen werden zu den Traditionalisten kommen, um zu lernen. Es gibt noch traditionalistische Inseln in Mexiko und den Vereinigten Staaten. Die Menschen hier in Iowa haben uns Heiden und Ungläubige genannt. Zum Schluß werden wir feststellen, daß wir alle Brüder sind."

„Ich meine, das Ende könnte sehr nahe sein. Ich spreche nicht als Pessimist, sondern als Jemand, der an die Prophezeiungen der Mesquakie glaubt. Vor hundert Jahren haben die Mesquakie von einem Kasten in einer Ecke gesprochen, in dem wir Geschehnisse sehen würden, die weit weg passieren und in dem Menschen sprechen, die gar nicht da sind. Sie haben große Schienenstränge im Himmel prophezeit. Sie haben vorhergesagt, daß die Tiere sterben würden. Sie haben auch gesagt, daß, wenn viele Arten anfangen auszusterben, die Menschheit dann anfangen würde, ungewöhnliche Dinge zu beobachten. Fluten, Erdbeben. Es wäre, als ob die Erde gegen die unmenschliche Behandlung aufbegehren würde."

„Andere indianische Stämme überall im Land beginnen, diese Dinge kommen zu sehen. Viele sagen in ihrer Verzweiflung ‚was können wir tun, um die alten Traditionen wieder aufleben zu lassen? Wie können wir wieder dahin zurückfinden?' Natürlich gibt es für sie einen Weg der Rückkehr; aber die Zeit ist sehr knapp. Sie beginnen am Besten gleich mit ihrer Rückkehr oder sie gehen auf dem Bahnhof verloren, wenn der Zug abfährt. Ihr wißt, es wird dann alles vorbei sein."

Alle Indianerstämme lagern Lebensmittel und Wasser für die kommende Große Reinigung ein. Es wurde ihnen gesagt, daß es bald eine schreckliche Hungersnot geben wird – in der Zukunft, nur in ein paar wenigen Jahren eurer Zeitrechnung. Konserven und getrocknete Lebensmittel, Samen, Kerosinlampen, Wasser in Flaschen und Wasseraufbereitungstabletten werden beiseite gepackt und in sorgsam verborgenen Höhlen verstaut, ebenso wie Öl und Kerosin, um die Lampen zu befüllen und viele Kerzen, um den Weg zu erleuchten, bis es wieder Rindertalg gibt. Die Hopi sprechen über den Älteren Weißen Bruder und das Geheimnis dessen, was passieren wird.

Sie nehmen sich viel Zeit für Meditationen und für das, was ihnen der Große Geist mitteilt, und sie haben bereits für drei Jahre Lebensmittel auf Lager.

Die Ältesten sprechen von „Astralreisen". Die Hopi visualisieren sich in einem Boot, das auf einem Strom schwimmt und sie gehen und lernen viel über die Große Reinigung, die „eher kommt, als wir denken". Aus diesem Grund lagern sie Lebensmittel ein. Es wird eine große Katastrophe geben und sie glauben, daß ihre Heimat im Südwesten ein sicherer Platz ist. Es gibt mehrere sichere Plätze, wenn ihr einfach nur mal zuhören würdet und euch aus euren Spielen der Trennung und Lächerlichkeiten herausnehmen würdet, denn das kostet euch viel kostbare Zeit, die ihr für die Vorbereitungen aufwenden könntet.

WAS IST JETZT MIT DEN UFOS?

Jetzt sprechen wir mal von Rummel, Blödsinn und Möglichkeiten der Wahrheit. Ich habe nicht vor, einen Krieg zwischen Indianern und Cowboys zu entfachen. Es gibt immer Welche, die mitten in der Wahrheit noch herumspielen, aber ihr werdet herausfinden, daß das hier auch in das Gewebe hineinpaßt.

Ein Nicht-Indianer, P.S., behauptete gegenüber den Medien, daß er zum Hopi-Reservat geschickt wurde (Manche behaupten ja immer wieder, daß sie irgendwohin geschickt werden, um sich dort in die Geschäfte Anderer einzumischen). Dharma, geh nochmal zurück und laß nur die Initialen stehen bitte, denn ich will keine Kontroversen und keine Verwirrung, was diese Geschichte betrifft.

Er ging dahin, für die Hopi „UFOs zu rufen", um ihnen ein Zeichen zu präsentieren, und dann produzierte er etwas, was die wartende, skeptische Presse eine „Fliegende Untertasse" nannte. Es sah aus wie ein Stern – fast, wurde behauptet. Es erhob sich in den Himmel, stoppte, schwebte herum, schwenkte auf eine Seite und wiederholte diese Manöver über den ganzen Himmel. Also, das war im August 1970 und provozierte einen erneuten Bruch zwischen den traditionellen Hopi. Einer der Ältesten, Chief Dan Katchongva (109 Jahre alt), sagte, daß sowohl die Spaltung als auch die UFOs eine Erfüllung der alten Prophezeiungen für die Große Reinigung darstellen würden.

FELSENLEGENDEN

Eine Felszeichnung nahe Mishongnovi auf Second Mesa zeigt „Fliegende Untertassen", die durch den Raum reisen. Der Pfeil, auf dem das domförmige Objekt sitzt, steht für Reisen durch den Raum. Auf dem domförmigen Gebilde gibt es auch ein Mädchen, das für Reinheit steht. Sie glauben, daß diejenigen Hopi, die den Tag der Reinigung überstehen, zu anderen Planeten verbracht werden. Die gläubigen Hopi haben die Schiffe gesehen und wissen, daß das wahr ist. „Wir, die gläubigen Hopi, haben die Schiffe gesehen und wir haben gesehen, daß fast alle unserer Brüder den ursprünglichen Lehren untreu geworden sind und von ihren eigenen Wegen abkommen. Nahe Oraibi wurde der Lebensplan gezeigt und wir sind hier versammelt, um den Wahren Weißen Bruder zu erwarten." Manche Hopi behaupten, daß die Schiffe mit Kachinas besetzt sind, das sind Wesenheiten, die in traditionellen

Hopitänzen dargestellt werden; ich hoffe aber wirklich, daß ich nicht so angsteinflößend aussehe, wie die, die projiziert wurden.

Ich weigere mich jetzt, mich weiterhin in indianischen langen Reden zu ergehen oder mitten in eure orthodoxen Doktrinen zu springen, aber ich möchte euch doch gerne einige Legenden nahebringen, die große Wahrheiten enthalten und ihr könnt sie dann zu eurer Freude und Innenschau nehmen.

Laß uns jetzt eine kleine Pause machen, Dharma, und danach werden wir über einige Weisheiten des White Bear sprechen, was „die Zeiten" angeht, denn ich meine, hiervon könnt ihr nicht oft genug hören.

Hatonn geht auf Stand-by. Saluset

KAPITEL 23

Aufzeichnung Nr. 2 | GYEORGOS CERES HATONN

Freitag, 2. Februar 1990, 11.45 Uhr, Jahr 3, Tag 170

Hatonn ist hier im Dienst des Großen Geistes und der Sanften Landstriche, damit wir Licht auf einen erschöpften, dunklen Ort bringen können. Was innen ist, muß auch ins Außen kommen, so daß wir uns zusammen die Wahrheit unserer Reise ansehen können.

Wenn ich einige der Legenden und Lehren zuordne, so werde ich nicht alle Fürsprecher ehren, denn, obwohl sie große Wahrheiten ausgesprochen haben, haben sie dennoch ihre Traditionen verkauft und die mündlichen Weitergaben ohne Erlaubnis und nicht in der richtigen Reihenfolge gemacht. Für Diejenigen ist das hier die Konfrontation für Alles, was sie im Irrtum weitergegeben haben; mich betrifft das nicht, denn ich werde nicht über deren Weg richten. Gar nichts bleibt verborgen vor Tonkashila, Wakan Tanka oder Kunshi, Waziya und ich kann nicht an ihrer Stelle sprechen, denn ich bin im Dienst der großen Weisheit von Schöpfer/Schöpfung.

Für Diejenigen, die wissen möchten, was hier am Ort unserer Diktate passiert, so sei gesagt, daß wir die dunklen Geister und Bruderschaft auffordern, diesen Ort zu verlassen und bevor wir mit dem Schreiben beginnen, bestehen diese Räumlichkeiten nur aus LICHT, so daß die Wahrheiten unangetastet bleiben. Wenn ihr dann mit euren Augen durch die Journale spaziert, werdet ihr nichts als die Wahrheit finden. Danke euch für eure Nachfragen.

GLAUBENSLEHREN VON WHITE BEAR / DER WEISSE BÄR

Es ist eine stimmige Wahrheit, daß die „Magie" der Kraft, des Reichtums und der Bedeutung der Ältesten der amerikanischen Indianer in diesem Jahrzehnt wiedergeboren wird. Das ist zurückzuführen auf das Planetensystem, welches die Menschheit zwingen wird, in ihre volle Realitätsanerkennung zu kommen und zu bemerken, daß sie diese aus der religiösen Ordnung der Stämme erhalten kann. Es gibt bestimmte stattfindende Ereignisse, von denen ihr wißt, daß sie klares Zeugnis über die wiederhergestellte Kraft der alten Traditionen ablegen. Diese Aktivitäten finden sowohl in der Atmosphäre, als auch auf der menschlichen Ebene statt. Aus diesem Grund ist es wichtig, daß die Völker zu dieser Zeit in die volle Realität kommen.

Die Dinge, die heute in eurer Nation passieren, sind ein wichtiger Bestandteil der Hopi-Prophezeiungen. Dazu kann man viele Beweise bringen, aber man muß dabei bedenken, daß viele das nicht verstehen werden und annehmen können. Ihr wollt nicht hören, da euch eure Engstirnigkeit bezüglich Menschen anderer Hautfarbe im Weg steht, obwohl kein Mensch seine Hautfarbe ändern kann, solange er in der menschlichen Form verbleibt. Vorurteile sind wirklich eine große Hemmschwelle.

Schon um 1890 herum, zur Zeit des Onkels des Weißen Bären, wurden die in Washington bereits vor Geschehnissen gewarnt, die zu einer Zeit stattfinden würden, aber unglücklicherweise hat bei Einigen aufgrund der Hautpigmentierung das Gehirn beim Erfassen der Wahrheit ausgesetzt [A.d.Ü.: gemeint ist die Pigmentierung der Indianer, der Wahrheitsübermittler].

Wie der Weiße Bär heute sagt: „Die Hautfarbe stellt zwischen Seelenbrüdern kein Hindernis dar; aber unsere Botschaften in den alten Vorhersagen werden konstant ignoriert. Aber wer sind wir? Wir sind kein aggressives Volk. Wir werden keine aggressiven Bewegungen gegen Jemanden starten, der uns Schlechtes antut. Wir überlassen die Fügung unserem Göttlichen Schöpfer. Aber wir erkennen jetzt, daß immer mehr Mitglieder unseres Volkes sich für die alten Traditionen und Philosophien interessieren, aber es gibt auch zwei machtvolle Wege, die sich jetzt formieren. Der Eine ist der aggressive Weg, der Andere der Spirituelle. Der spirituelle Weg wird gewinnen, da er immer stärker wird, denn der aggressive Weg wird in den nationalen Belangen eingefangen werden und den Blick auf die wichtigen Dinge verlieren.

„Wir beobachten auch, daß sich Manche schädlichen Psychodrogen hingeben, da sie glauben, daß diese bei der ‚spirituellen Entwicklung förderlich sind'. Mein Volk muß sich zurückziehen aus diesen schädigenden Drogeneinflüssen, die niemals in der Weise verwendet wurden wie heute, der Gebrauch wird auf diese Weise nur sanktioniert. Wer wirklich spirituell wachsen will, für den ist der Gebrauch von Marihuana, Peyote und anderen Drogen einfach falsch. Diese Mittel wurden niemals zum Gebrauch empfohlen, außer in der traditionellen, geheiligten Weise."

„Es gibt keine Abkürzungen in der Spiritualität. Ihr müßt im Inneren beginnen. Ihr könnt euren Aufstieg nicht durch chemische Mittel erreichen. Ihr müßt die wichtigen Botschaften aus euren Visionen erkennen."

„Es wird in den von euch so genannten Kontinenten Europa und Asien ein spirituelles Erwachen geben und die Basis hierfür liegt in den religiösen Traditionen dieser Kontinente. Aber sie müssen auch nach Amerika kommen. Denn dort *war* die Freiheit. Dort wurde der wahrhafte Geist der Bruderschaft verankert. Es ist völlig unwichtig, wieviele religiöse Orden vor Tausenden von Jahren eingeführt wurden, wir sind das Volk, das das wirkliche spirituelle Wissen nicht verwässert hat. Einige von uns haben es zwar auf ihren falschen Wegen mißbraucht, als sie die Traditionen von Dieben und Fanatikern mit aufgenommen haben, aber auch Diese müssen wieder zurück auf ihren Weg finden."

„Ihr mögt euch wünschen, daß ich euch erzähle, daß wir dieses Chaos aufräumen werden, das veranstaltet wurde. Aber das kann ich nicht. Die Verschmutzung unserer Atmosphäre ist das Schlimmste, was die Menschheit zustande gebracht hat. Diese Verschmutzung wird in unsere Böden gelangen und in die Körper der Menschen, als gesamter Rasse der Menschheit. Und was noch schlimmer ist, es werden nicht nur die Körper der Menschen vergiftet, sondern auch ihr Geist. Die Hopi tun ihr Bestes, alle Nationen dieser Welt zu erwecken, damit sie ihren Teil zu unserer Prophezeiung beitragen. Wir sind nicht die Einzigen, aber ich kann klarerweise nur von meinem Volk sprechen."

„Wenn wir vom Älteren Weißen Bruder sprechen, beziehen wir uns nicht auf den modernen weißen Mann, sondern wir beziehen uns auf den spirituellen Bruder, der das universelle Verständnis hat. Momentan ist er noch nicht im Fleisch präsent, jedoch wird er kommen. Viele aggressive Aktionen durch Nationen, die sich Großmächte nennen, werden ein bestimmtes Ereignis in Bewegung setzen, das zum Kommen des Echten Weißen Bruders führen wird."

„Jeder will genau wissen, wann und an welchem Datum und in welchem Jahr das sein wird, aber das geht nicht. Selbst mit unseren Prophezeiungen, die sich sehr tief damit auseinandergesetzt haben, bleibt das „Jahr" nur eine Andeutung von Zeit, denn man kann sich nur an den Zyklen ausrichten und für „Zeit" gibt es keine exakten Angaben, denn sie kann verändert werden, nicht jedoch die Sequenz. Es gab da ein ganz interessantes großes Programm, das der Verrücktheit der Menschheit entspricht. Jeder muß Seite für Seite dieses Dokuments durchgehen, das vollgeschrieben ist mit Daten und Tabellen und das Wochen enthält, die von Sonntag zu Sonntag laufen. Nun, es gibt zwar bestimmte Dinge, die die Menschen zwischen diesen beiden Tagen machen können, aber sie müssen beim nächsten Sonntag ankommen. In diesem großen Programm gibt es Dinge, für die man Jahre braucht, bis sie erledigt sind, aber all das ist in der Tabelle festgehalten. Man schaut auf den lockeren Zeitrahmen und wenn Dieses oder Jenes bis zu einem bestimmten Punkt nicht passiert ist oder wenn es vor dem festgelegten Zeitpunkt passiert, dann geht jeder davon aus, daß es nicht passieren wird und dann sind die Prophezeiungen falsch. Nein, die Menschheit liegt falsch, nicht der Kalender oder die Zyklen oder der Ablauf."

„Es scheint, daß wir in den Wahrscheinlichkeitsannahmen etwa fünfzehn Jahre oder so hinterherhinken. Es gibt große universelle Kräfte, die junge Menschen dazu bringen, sich mit dem indianischen Lebensstil auseinanderzusetzen und sie versuchen, ihn zu kopieren. Sie kommen ins ‚Spiel', ohne darüber ein Wissen zu haben. Unglücklicherweise sind nicht alle dieser jungen Menschen motiviert durch Spiritualität und wirken dann zerstörerisch."

„Innerhalb dieser jungen Leute wird die falsche Art der ‚Macht' zugrunde gelegt und diese ist in der Tat zerstörerisch. Ich wünschte mir, sie könnten die positiven Aspekte und Lehren aus unseren Stammestraditionen übernehmen, denn wir versuchen, uns selbst rein zu erhalten, aber es ist nicht gut, daß sie dieses Brauchtum so spielen wie Kinder auf der Wiese."

„Viele dieser jungen Leute kommen aus wundervollen Völkern, aber solange sie nicht die wahren Wege finden, auf den rechten Pfad des spirituellen Lebens durch Gespräche mit dem Großen Geist zu kommen, werden sie von den Gegenkräften motiviert. Manche sagen, sie hätten vordem bereits als Hopi gelebt. Ich bin zuversichtlich, daß dem nicht so ist. Sie sind in ihrer Verhaltensweise wesentlich aggressiver, als ich es wäre, wenn ich wiedergeboren wäre, und sie sind auch wirklich die Heyokas, außer, daß sie in keiner Art und Weise geheiligt sind [A.d.Ü.: Heyoka: lt. Wikipedia https://de.wikipedia.org/wiki/Heyoka , Zitat: Bei den Plainsindianern waren Contraries solche Personen, „die sich einem außergewöhnlichen Lebensstil widmeten, bei dem sie das Gegenteil von dem ausführten, was Andere gewöhnlich taten. Hierbei kehrten sie alle Konventionen ins Gegenteil um".] Sie gehen gerne auf ‚Visionssuche' mit Solchen wie Sun Bear, laufen in verschmutzten Kleidern herum und sitzen in Schwitzhütten aus Plastik – sie suchen Unterhaltung statt Wahrheit."

„Wenn man sich mit Menschen der Gegenseite beschäftigt, dann, ja, weiß man, daß ihre spirituelle Haltung nicht in Ordnung ist. Sie sind zu rebellisch. Aber ich versuche mein Bestes, um den jungen Menschen unserer Nation zu helfen."

„Wir von den Hopi haben unsere Glaubenslehren und komplettes, vollständiges Wissen auf unseren Heiligen Tafeln und wir haben versucht, uns selbst rein zu erhalten. Manche Hopi glauben, daß die Hopi die Einzigen sind, die dieses Wissen in ihren Seelen tragen, das kann aber nicht der Wahrheit entsprechen, denn am Ende sind ALLE EINS und das bedeutet, daß ALLE dieses Wissen bis zu einem gewissen Grad in sich selbst beherbergen." WEISHEIT IST KEIN BESITZ VON EINZELNEN, CHELAS.

ZYKLEN

Die Zivilisationen auf der Erde sind zyklisch entstanden. Es gab sehr hochentwickelte menschliche oder menschenähnliche Kulturen vor den Überlieferungen eurer laufenden Epoche. Prächtige Zeiten und Erfahrungen liegen versteckt in eurer Vergessenheit begraben. Ganze Zivilisationen erlangten den Höhepunkt kultureller Errungenschaften, nur, um während ihrer augenscheinlich goldenen Tage zusammenzubrechen und, Jahrtausende später, nur noch als Gerüchte und halbwahre Erzählungen fortzubestehen. Mächtige Reiche sind zum Zwecke irdischer Erfahrungen einzig und allein aufgestiegen, um ihre züngelnden Flammen in globalen Katastrophen ausgelöscht zu bekommen. Die moderne Menschheit kann bei solchen Wahrscheinlichkeiten kaum fortbestehen in ihren selbstgefälligen, egoistischen kleinen Spiele-Tempeln.

Es würde euch guttun, eure eingeborenen Brüder und deren Legenden einmal anzuschauen, die die Evolution der Menschheit durch Aufeinanderfolgen von Weltzyklen darstellen, die alle zerstört wurden, sobald der Mensch von den Lehren des Großen Geistes abfiel und sich nur noch auf seine eigenen kläglichen Möglichkeiten verlassen hat. Wenn sich dieser traurige Zustand etabliert, verursacht der Große Geist eine Zeitspanne der Großen Reinigung, um Mutter Erde für eine neue Epoche, eine neue Welt, zu reinigen.

Die Traditionalisten der Hopi erzählen ihre Legenden über die vier Welten und warnen mit ihren Prophezeiungen, die aussagen, daß eine Große Klärung dann stattfinden wird, wenn sich die Menschen mehr der materiellen anstatt der spirituellen Seite zuwenden; wenn die Bösen hinausgehen, um das Land und das Leben der Hopi und anderer indianischer Brüder zu zerstören; wenn die Führer der Menschheit sich dem Üblen zuwenden statt dem Großen Geist; wenn die Menschheit etwas erfindet, das auf den Boden fällt und damit alles in weitem Umkreis und den Meeren zum Kochen bringt, das Land in Asche verwandelt, auf der kein Gras mehr wächst – all das, was aus der großen Kalebasse der Aschen fällt.

Ihr werdet in den Reihen der ausübenden Medizinmänner bei den Traditionalisten Niemanden finden, der diese Zeit der Reinigung mit dem biblischen „Tag des Jüngsten Gerichts" gleichsetzt – das Herabfallen des kosmischen Vorhangs mit einem verheerenden Paukenschlag, während die Zuschauer weinen und mit den Zähnen klappern. Es gibt viele Gründe dafür, und nicht der Geringste ist der, daß diese Gesegneten immer sein werden. Sie sind immer die Ersten und die Letzten und ich möchte zu diesem Zeitpunkt nicht weiter darüber sprechen. Das wird zur rechten Zeit besprochen werden; wir sprechen hier von Zyklen.

Die Große Läuterung ist eine notwendige Reinigung und eine Zeit der Transzendenz.

Danke dir, Dharma, daß du mir zugehört hast – ich muß auch öfter bei dir abtesten, denn die Legenden, die du mit unserer Erlaubnis in die Tasten getippt hast, sind falsch übersetzt und nicht in der richtigen Reihenfolge und wir schätzen all Jene nicht, die die geheiligten Legenden aus ihrer richtigen Abfolge reißen, so daß sie von der Menschheit leichtfertig bei ihren Spielen mit der Wahrheit herumgeworfen werden können. Es ist eine wundervolle und sehr schöne Legende und es wurde sehr achtlos mit ihr umgegangen. Deine Wahrnehmung ist immer besser eingestellt und ich bin wirklich hoch erfreut. Es war eine schöne indianische Legende, nicht mehr und nicht weniger.

(Dharma: Wenn ich Leser wäre, wäre ich über das oben Gesagte sehr wißbegierig und ihr sollt wissen, daß ich fast vier Seiten einer zauberhaften indianischen Legende herausgeschrieben habe. Ich habe mich von Anfang an mit ihrer Korrektheit sehr unwohl gefühlt – beim Schreiben wurden mir die Irrtümer immer mehr bewußt. Das sind genau die Dinge, die mir helfen, weiterzuschreiben im Angesicht der Anschuldigungen des Abschreibens und der Lügen, die großzügig über mir ausgeschüttet werden – ich glaube, daß ich die

Oberhand behalten werde, denn ich habe guten Grund ZU WISSEN, DASS DIESE SCHRIFTEN AUS QUELLEN ÜBER MEINEM EIGENEN VERSTEHEN KOMMEN. SIE KOMMEN IN SEHR ZARTER ART UND WEISE ZU MIR, UND MANCHMAL IST MEIN ZIMMER ÜBERVOLL MIT LICHT, SO DASS ICH MIT GESCHLOSSENEN AUGEN SCHREIBEN MUSS, UM DAS POCHEN DES LICHTS IN MEINEM KOPF ABZUSTELLEN. WENN ICH MICH IRRE, WERDE ICH ANGEHALTEN UND ICH BIN SEHR, SEHR DANKBAR DAFÜR, DASS ICH DIESE MOMENTE DER GROSSARTIGKEIT TEILEN DARF, DENN ICH WEISS, ICH VERDIENE DIESE EHRE NICHT. ES GIBT KEINE MÖGLICHKEIT AUSZUDRÜCKEN, WELCHE LIEBE AUS DIESEN WESEN FLIESST. ICH DANKE EUCH, DASS ICH DAS HABE SAGEN DÜRFEN).

* * *

Wir wurden gebeten, hier die „Prophezeiungen der Hopi" abzudrucken. Sie wurden schon weit verbreitet und ich habe wirklich nichts dagegen. Ich möchte euch nur um Besonnenheit und Urteilsvermögen bitten und daß ihr das oben Gesagte im Kopf behaltet, wenn ihr sie lest. Spezielle Daten sind tabu und doch haben die veröffentlichten Dokumente Jahreszahlen angegeben, um also weder einen Kommentar noch eine Richtigstellung abzugeben, bitte ich Dharma einfach, sie so zu übernehmen, wie sie ihr von anderer Seite überlassen wurden. Sie hat unterschiedliche Versionen bekommen, angefangen bei Notizen (aus erster Hand) bis zu ordentlichen Veröffentlichungen – wir werden die gedruckte Version nehmen, denn ich möchte keine der Energien einbringen von Denen, die nicht die ordentliche Reihenfolge einhalten.

1980: Das Jahr der Erschaffung der Lehren der Acht Großen Mächte und deren Einführung und Rückgabe des Twenty Count an die Menschheit [A.d.Ü.: eine Art Medizinrad mit 20 Stationen als universelle Lebenshilfe, siehe hier, allerdings in Englisch: http://www.wayofthehuman.net/2011/inspiration/earth-medicine/twenty-count] Der Star Maiden Circle und die Lehren des blühenden Baumes [A.d.Ü.: Star Maiden Circle und Flowering Tree Teachings, bitte bei Interesse selbst googeln], die die Evolution mit der Verteilung der Räder und Schlüssel (die esoterischen Lehren der nordamerikanischen Indianer) der Schildkröteninsel begannen. In jenem Jahr wurden die wichtigsten Räder und Schlüssel weitergegeben.

1981: Das Jahr der Pflanzung der Lichtsamen des Hokseda (Höheres Selbst). Viele Lehrer der Acht Großen Mächte begannen damit, ihre Samen des Lichts über die Entwicklung des Höheren Selbst zu verankern und fingen damit an, die Lehren des Regenbogenvolkes weiterzugeben, das auch als Meti bekannt ist (gemischtes Blut – Regenbogenvolk).

1982: Das Jahr der Befruchtung, das Jahr der Pflanzung, das Jahr, um sich in diese Lichtsamen zu begeben, um ihr Potential zu erkunden, die Straßenkarte, die ein Mensch nutzen kann. Auf der Schildkröteninsel Iore sagen wir, es ist das Jahr, seinen Pfad mit Herz zu finden und Viele, Viele haben das getan.

1983: Das Jahr der Erfüllung, das Jahr, um Perfektion, Wachstum und Entwicklung zu suchen. Das Wichtigste ist, daß dies das Jahr des Vertrauens und der Treuherzigkeit ist, in dem alles noch offen ist, wenn Menschen ihren Lehrern zuhören und Lehrer zu Lehrern sprechen. Wenn die Mythologien dieser Welt und alle Acht Großen Mächte schlußendlich die Geheimnisse enthüllen und die Lehren innerhalb der Mythen offengelegt werden. Aus diesem Grund waren die Lehrer höchst erfreut.

1984: Dieses Jahr ist kritisch. Das Jahr des Tieres. Das Jahr von Tuwalananie, der Macht des Dunklen. Der Grund hierfür ist, daß die Lichtsamen drei Jahre lang gepflanzt wurden und wir zu wachsen beginnen und die Lehren kommen aus der Verborgenheit und Alle innerhalb der Acht Großen Mächte, die Teilwahrheiten gelehrt haben, die in den Mythen vorsätzlich Lügen gelehrt haben, die die Macht der Räder dazu benutzt haben, Kontrolle über Menschen zu erlangen, um Anhänger zu finden, Schüler zu finden, um Verehrer zu haben, werden jetzt durch das Erwachen des Bewußtseins des Regenbogenvolkes bedroht, da das Regenbogenvolk in jedem Land, in jeder Nation und in allen Ländern lebt. Mit anderen Worten, die Sonnentänzer sind stark genug. Die dunklen Mächte sind extrem bedroht und sie werden ihre Macht nutzen und ihre Macht ist die Technologie. Wir werden Einige der stärksten technologischen Fortschritte für die Menschheit in diesem Jahr erleben, und genau diese technologischen Fortschritte werden es sein, die für das Überleben der Menschheit sowohl eine enorme Bedrohung als auch ein Segen sind. Nun, was ebenfalls ein Heyoka (Trick) ist, ist, daß 1984 auch ein Jahr ist, in dem wir Balance und Harmonie zwischen den lichten und den dunklen Kräften herstellen müssen. Das wird sehr interessant werden und deshalb haben wir auch dieses Gefühl der Dringlichkeit, denn es wird knapp.

1985: Das Jahr der Kommunikation von Mensch zu Mensch. Das Jahr, in dem die menschliche Familie zum Menschen wird. Dann wird es mehr Lehrer geben und es werden mehr Lehren an die Öffentlichkeit kommen, so viel, wie dieser Planet in den ersten fünfzigtausend Jahren nicht gesehen hat. Denn dann werden wir den Kontakt mit unseren Ahnen von den Sternen in einer gut nachvollziehbaren Art und Weise neu etablieren. Die erste Welle wird von den Plejaden kommen und wird komplett akzeptiert werden und das wird allen Weltmächten bekannt sein. Die zweite Welle kommt vom Sirius.

1986: Tunkashila und die erleuchteten Lehrer werden beginnen, den Schleier vom Riß zwischen den Welten zu heben. Wir werden unsere Erinnerungskreise sehen. Alle Kivas und die heiligen Stätten werden 1986 wieder aktiviert und werden ganz erwacht sein [A.d.Ü.: Kivas: siehe hier https://de.wikipedia.org/wiki/Kiva]. Die innere Kammer der Großen Pyramide wird geöffnet. Der Orden der Goldenen Morgenröte wird dort das erste Mal seit 20.000 Jahren wieder Zeremonien abhalten. Der Sonnentempel in Palenque wird renoviert, wieder zum Erwachen gebracht, und die Zeremonien werden erneuert. Viele der Zeremonien, die traditionell sind, wie es genannt wird, werden zusammenfallen, da sie uns eingeschlossen hielten und sie heute nicht mehr funktionieren würden. Für einige der Medizingesellschaften wird das hart werden, weil sie keinen anderen Weg kennen.

Sie müssen sich verändern oder sie werden sterben. Viele, die man als große Lehrer angesehen hat, die uns aber buchstäblich als Verehrer der sakramentalen Orden im Dunkeln gehalten haben, werden physisch sterben und hinübergehen, denn für sie ist das der einzige Weg, 1986 das Licht zu finden und viele Lehrer wird man als solche ansehen, weil sie es waren, nämlich Bauern, Arbeiter, Tankstellenwärter und man wird sie aufgrund des vollständigen Erwachens auch als Solche annehmen.

1987: 144.000 Sonnentänzer werden in ihren träumerischen Bewußtseinskörpern erwachen. Sie werden beginnen, sich in ihren Rädern der gefiederten oder geflügelten Schlangen zusammenzufinden und eine mächtige Lichtkraft werden, um dem Rest der Menschheit zu helfen, ihren Traum wach zu tanzen. Ein Sonnentanz-Lehrer ist jedes erwachte Wesen, das seine Schilde ausgeglichen, seinen träumerischen Bewußtseinskörper entwickelt hat und alle Pfade, alle Lehrer und alle Wege annehmen kann.

1988: Wir werden in einem neuen Kreis des Rechtes sitzen. Bürger- und Sozialrecht werden fallen. Alle Gesetzgebung zu Bürger- und Sozialrecht, von welcher Regierung sie auch verabschiedet wurden, müssen in Einklang mit den natürlichen Gesetzen sein, oder die Menschen werden sie nicht akzeptieren und sie müssen erleuchtet sein, um die Gesetze zurückzuweisen.

1989: Wir werden wieder einen Weg sehen, einen neuen Traum fortzusetzen. Wir werden die Landkarte von den Sternen wieder zurückbekommen und wir werden erleben, daß die Sternenmenschen aus der Illusion der zweibeinigen Form herauskommen und in ihre aktuelle Große Schlaf-Traum-Form schlüpfen. Und so werdet ihr 1989 einige mächtige, höchst erleuchtete Meister erleben, und das ist auch das Jahr des zweiten Kommens des Christus, von dem im Buch der Offenbarung gesprochen wird und es wird das Erwachen eines neuen Zyklus sein, eine neue Darstellung von Energiebewegung der Menschheit. Christus bedeutet Kreis. So wird das zweite Kommen des geheiligten Kreises bedeuten, daß alle erwachten Menschen als eins im Bewußtsein tanzen werden.

Dharma, Stop hier bitte. Ich glaube, daß du beim Lesen erkennen kannst, daß das jede Menge des B-Wortes beinhaltet [A.d.Ü.: „Bullshit" – Mist]. Das wurde mit den „New Age"-Groupies geteilt aus dem einen Grund, weil sie die Harmonische Konvergenz so getauft hatten. Ich glaube, du siehst, daß in Wirklichkeit nichts gesagt wird. Es war eine wunderbare Person, die eine Ablaufmöglichkeit ihrer wahrgenommenen Geschehnisse gegeben hat und es wurde verbrannt wie Ameisen in einer Kerzenflamme. Ein wenig Wahrheit und jede Menge interpretierte Legenden, die in Beton gegossen wurden, genauso wie die Bedenken bei der Bibel. Ich möchte die Wahrheit darin nicht verleugnen, ich meine nur, daß es die Hopi sicherlich vorziehen würden, wenn das nicht die finale Version ihrer wunderbaren Prophezeiungen wäre. So sei es. Ich hoffe, ich habe euch nicht über Gebühr enttäuscht, weil ich nicht wollte, daß der letzte Teil des Jahrhunderts auch noch gedruckt wird, aber meine Schreiberin ist müde und wenn ihr das Versteckspiel braucht, dann geht und besorgt euch eure eigene multi-interpretierte Fassung. Ich hoffe, daß ihr bis zu diesem Punkt eurer Lehrstunden Unterscheidungsvermögen gelernt habt. So sei es und Segen sei mit euch, ihr braucht auch eure mystischen Spiele, die die innewohnende Nachricht verstecken.

Laß uns mit diesem Teil Schluß machen, denn ich denke, wir sollten die amerikanischen Indianer eine Weile zurücklassen und das ganze Thema Little Crow überlassen.

Ich verlasse euch mit großer Wertschätzung.
Ich bin Hatonn, klären bitte.
Salu.

KAPITEL 24

Aufzeichnung Nr. 1 | GYEORGOS CERES HATONN

Samstag, 3. Februar 1990, 7.15 Uhr, Jahr 3, Tag 171

Hatonn hier mit Klärung und bereit, zu beginnen. Das Erste, was wir heute zu Papier bringen werden, ist eine Wertschätzung für den einzigartigen Gary Smith, der bei euch als „Windsinger" bekannt ist.

„WINDSINGER"

Windsinger Gary Smith war ein wunderbarer Mann in eurer Erdenfamilie und jetzt verrichtet er seinen Dienst aus dieser Dimension heraus, worüber wir sehr erfreut sind, denn die Schönheit seines Geistes bringt uns sehr viel Freude. Der Tempel des Windsingers war die Wildnis; die wunderschönen Canyons des Westens. Mehr kann ich dazu nicht sagen, denn ich werde den Ort, an dem unsere Hologramme gefilmt werden, nicht preisgeben. Er ging als junger Mann von euch, war aber eine sehr alte Seele. Seine Musik erzählte die Geschichten über das Vergangene und die Zukunft. Wir werden seine Musik und Lyrik nutzen und ich möchte Seiner hier ehrend gedenken, damit er nicht vergessen wird und er für immer in den Blättern unserer Wahrheit verzeichnet ist.

[A.d.Ü.: Gary Smith ist bei uns sehr unbekannt, weshalb ich die Lyrik zu seiner Musik unübersetzt lasse, denn sie spricht in der Originalsprache sehr aus dem Herzen. Googelt „Gary Smith Windsinger", und ihr werdet fündig.]

WINDSINGER

Windsinger, ride! Windsinger, ride! Windsinger ride!
Nit C' Hi Hatatih, Nit C' Hi Hatatilt, ride!

A young Navajo came riding,
While at his back set the bleeding desert sun;
He sought his name upon the mountain,
From the wise man, Nagi-Khan.

Nagi-Khan was such an old man,
And his eyes were filled with silence,
The silence passed from the ages,
When the spirits first walked and breathed upon the land.

The old man smiled at the boy,
And spoke with the strength of ten-thousand desert winds;
"Ride the Four Winds of the mountain;
Wake, and see, and think, and speak – WINDSINGER!"

He was carried to the North from the mountain,
To the land of the Bear, and silent, frozen faces;
The Bear sat and watched the Eagle,
Whose talons had been tangled in the darkness.

The Eagle tried to stretch his wings,
And to tear himself free from the darkness;
But his people were all sleeping,
And not one person cared to awake and cut him free.

The boy breathed deeply from the winds,
And sang with words that struck like burning spears!

"Hear your empty lives of deafness!
Awake now! Can't you see the danger?"

He was carried by the wind to the Southland,
Where the Lion and the Llama crawled on bloated bellies;
Their eyes were only blackened sockets,
And children tried to run while rickets swelled their knees.

The rich would feast and make their speeches;
Tomorrow would bring the needed changes;
But their speeches were all empty,
And the hungry children groaned 'til their parents could not sleep.

Then the groaning changed into a roar,
The roar began to thunder and the winds began to scream:
"Do not let the children suffer!
Make all the people wake and see – Windsinger!"

He was carried to the East across the ocean,
To a place where the Dragon spewed its venom on the land;
He saw the vacant stares of millions,
Hungry stares that held no hope for food in empty hands.

The Dragon crouched before the Eagle,
That had gorged itself on darkness,
That had slept itself to weakness,
In whose eyes grew dim the light that could still make all men free.

The spirits moves upon the Winds,
Till the voices of the ages began to echo in his ears:
"Ride again among your people;
Make them wake, and see, Windsinger!"

Windsinger rode among his people,
Singing in the cities, the suburbs, and the ghettoes;
He sang to his brothers in the hogans,
In the squalor of the reservations.

But the people would not listen;
And the children danced their frenzied dances,

As the neon whirled, and flashed, and blinded;
And poison-bearing clouds hung like incense in the air.

The boy sang out his broken heart,
Then with sorrow in his eyes he rode slowly to the West.
"Dance while you sleep, my people;
The songs that I sing have no meaning for your ears."

But as he rode he heard a rumbling,
For a few had woken and turned to raise their faces;
They came forth from the darkened ghettoes,
From the cities, and off the reservations.

A few had stopped to hear the singing;
And awakened from the slumber of the many;
Each one raised a burning spear,
With which to pierce the darkness and let forth the shining light.

The winds begin to move and sing,
Till the valleys echoed with a hundred rolling songs;
The man rode to his sacred mountain,
To wake, and see, and think, and speak – Windsinger!

Diese Songs sollen auch in *SIPAPU ODYSSEY* verwendet werden, denn dieser Mann starb an gebrochenem Herzen – die Ärzte nannten es Multiple Sklerose; es war ein gebrochenes Herz, denn niemand wollte hinsehen. JETZT WERDEN SIE SEHEN UND HÖREN UND TANZEN, WINDSINGER!

THE RED TAIL

I am the Red Tail
Climbin' and soarin' through your sky,
With the sunset on my feathers,
With your friends, all gettin' high!

Higher than the Red Tail;
Up above me, there is beauty all around.
Out beyond me, there breathes beauty.
Down below me, there grows beauty.
There is beauty all around me!

Learn to see me,
Learn to feel me, like the wind across my wings.
Let my spirit grow within you.
Learn to know me, Learn to be!

Like the Red Tail;
Catching currents, and rising in the sky.
Out away from all that's ugly,
Breathing freedom from the windstorms,
Growing wise and filled with light!

You can be the Red Tail
A sunrise, a burst of glory in the sky.
You'll know freedom,
You'll know beauty,
You'll find love, and you'll be wise!

Rise with the Red Tail!
Strive to find, all the beauty in your Life.
Like the Red Tail you caught at sunset,
Like the Red Tail of your mind!

I am the Red Tail,
Climbin' and soarin' through your sky,
With the sunset on my feathers,
With your friends all gettin' high ... all gettin' high
... all gettin' high.

BIRDS FLY AROUND HER

(Diese Malerei ist wirklich „dort".)

Deep among the canyon wall, I hiked alone while silence flowed;
In some cool shade I stopped to rest and drink some water.
Looking up, I noticed her, an act of love was painted where
The sandstone face slipped down to meet
– the crumbled ages.

Unknown hands from years gone by, had stopped to rest here,
the same as I;
But with his brush and paints of clay, he left his love here.
A painted girl to greet the dawn.
A crown of white, a feathered gown;
Her smile demure, she waited while
– birds flew around her.

A thousand years this love has grown
and stood the test of wind and storms,
While my love waits beyond these walls,
– birds fly around her.

The canyons grow and canyons die, as sand dissolves behind her eyes,
Her painted birds will tumble down and join the ages.
The grass turns green and then to brown, a thousand times
before her crown;
Although she's changing, slowly fading
– her love will live here.

So who am I to linger here?
I'm just a flash before her mirror,
A fading whisper who stops to watch
– birds fly around her.

UND ER BAT DARUM, DASS WILLY NELSON DIESE SONGS IM HINTERGRUND VON SIPAPU ODYSSEY SINGEN SOLLTE! WER VON EUCH WILL HINGEHEN UND ES WILLY SAGEN? WIRST DU DEN SONG UND DIE STORY NEHMEN UND IM WIND GLEITEN – WINDSINGER???

* * * * *

Im Oktober 1986 lag Windsinger im Sterben und Dharma hielt seine Hand. Er bat nur darum, daß seine Songs honoriert würden, denn seine Musik war sein Leben. Er bat darum, daß er noch einmal zu den Canyons gehen dürfte, wo der Film gedreht würde und es wurde ein Versprechen abgegeben – „und wenn ich dich auf meinem Rücken tragen muß – Windsinger". Aber es sollte nicht auf diesem Wege sein. Dharma, Windsinger wird im Canyon sein – an jenem gesegneten Tag – der Einzige, Windsinger, wird mit mir kommen! So sei es, kleiner Adler.

* * * * *

Laßt uns nochmal kurz zurückkehren zum Thema Frauen und Gott. Zu einer Zeit gab es einen ziemlichen Konflikt aufgrund männlichen Chauvinismus', der zuzeiten Emmanuels üblich war. Ein Beispiel – einmal beschwerte sich Petrus lautstark bei einem Treffen, daß Maria die Unterhaltung mit Emmanuel dominiere und Petrus und seine brüderlichen Apostel von ihrer „rechtmäßigen" Rangfolge verdränge. Er drängte Emmanuel, sie zum Schweigen zu bringen und wurde schnell zurechtgewiesen. Später jedoch räumte Maria Emmanuel gegenüber ein, daß sie es sehr schwierig fand, sich gegenüber Petrus frei heraus zu äußern, da er Schwierigkeiten damit hätte, Lehren oder Ratschläge von einer Frau anzunehmen, worauf Emmanuel antwortete, daß Jeder, der vom göttlichen Geist inspiriert ist, das Recht zum Sprechen habe, sei es Mann oder Frau. Ja, Dharma, ich dachte, diese Botschaft könnte dir gefallen – nicht, weil du speziell darum gebeten hast, zu sprechen, sondern, um euch die Möglichkeit zu geben, festzustellen, daß eure Rollen so oft in Opposition zu dem stehen, was vorher war, so daß ihr eure Lektionen besser verstehen könnt. Vielleicht könnte Oberli sich über deine Gefühle etwas mehr Gedanken machen, wenn er kurz angebunden ist, denn du hast wirkliche keine Zeit, mit deinen Freunden im Bewußtsein zu kommunizieren. Manche denken, daß du auch irgendwie teilgenommen hast, wenn du für mich schreibst und bei euren Treffen für mich sprichst – eines Tages werde ich sie ins Verstehen dazu bringen müssen. So sei es.

WARUM DIESE GERINGSCHÄTZUNG VON FRAUEN DURCH PAULUS?

Oh ja, wenn ihr das lest, werdet ihr sehen, daß viele Dinge in der Bibel wirklich sehr interessant sind. Ich habe Neuigkeiten für euch – viele der Briefe, die man dem Heiligen Paulus zuschreibt, wurden niemals von ihm geschrieben!

Die Bibel wurde etwa 1600 Mal übersetzt, da gab es genug Gelegenheit zum Verfälschen, Weglassen und hier ein bißchen und dort ein bißchen hinzuzufügen; das ist eine Tatsache, die seit Jahrhunderten sogar von Theologen zugegeben wird. Die Pseudo-Paulianischen Briefe hatten oft mit der Organisation der Kirche zu tun, mit Ritualen, Dogmen und Lehrmeinungen. Und hier erkennt ihr auch die „sogenannte" Geringschätzigkeit von Paulus gegenüber Frauen, weil er sagt, daß Frauen dem Manne untertänig zu sein haben, daß sie keine Rechte hätten zu sprechen, noch weniger in der Kirche zu lehren und er hat auch die Regeln verfaßt, daß „Witwen" innerhalb der Kirche erst „in fortgeschrittenem Alter" lehren dürften.

Ein Gelehrter hat keine Mühe damit, diese Dinge auseinanderzuhalten. Diese Lehren können gar nicht von Paulus stammen, da erstens der Schreibstil nicht dem von Paulus entspricht; zweitens hat Paulus mehrmals männliche Suchende für weitere Instruktionen zu bestimmten christlichen Frauen, wie Priscilla, gesandt, da diese Frauen sehr sachkundig bezüglich Gott waren, und drittens, und höchst wichtig, der Heilige Paulus war ein GNOSTIKER; er hatte Visionen zu Gott – er traf Emmanuel nach der Kreuzigung auf der Straße nach Damaskus, was zu seiner Bekehrung führte. In diesen Visionen sah Paulus die Einheit von Allem in Gott und er sagte sogar „Christus ist weder weiblich noch männlich". Also konnte kein Geschlecht ausgemacht werden, das dem Anderen über- oder unterstellt sein könnte, da ihr alle („wir" alle) schlußendlich Teil des Einen Gottes sind!

Die Gnostiker lehrten auch, daß Gott nicht zuerst „Adam", den Mann, erschuf und danach Eva, die Frau, als Zweites, sondern menschliche Wesen beider Geschlechter gleichzeitig. Wirklich, die buchstäbliche Übersetzung des *BUCHES GENESIS* in eurer *HEILIGEN BIBEL* sagt ganz klar, daß Gott „adham" erschuf, es steht dort das hebräische Wort für „menschliches Wesen", *NICHT* „ish" oder „Zakar", das hebräische Wort für „männliches menschliches Wesen". Es stellt sich sogar die Frage, ob Eva wirklich die erste Frau war (oh ja, in eurer Bibel), denn es gibt in vielen Schöpfungslegenden auch Hinweise auf eine Frau namens „Lilith". In diesen Legenden fordert Lilith, die Vorfahrin von Eva, als mit Adam gleichgestellt betrachtet zu werden und wurde deshalb von Adam aus dem Garten Eden verbannt. Betrachtet euch Eva und den Apfel und bald darauf flog Adam seinerseits aus Eden hinaus! War es wirklich Evas Fehler oder nicht einfach Adams eigenes Ego, das auf ihn zurückprallte? Seht ihr in eurer gesamten fanatischen Wahrnehmung nicht diesen Humor? Es gibt in eurem Land hin und wieder humorige Leckerbissen, wie dieser „es war nicht der Apfel auf dem Baum, der die Menschheit in solche Schwierigkeiten brachte, sondern es war das Paar auf dem Boden, das sie euch eingebrockt hat!"

Und außerdem ist das hebräische Wort, das in der Genesis für Gott benutzt wird, „Elohim". Dieses Wort wurde mit „Gott" oder „Er" übersetzt, aber seine Wurzeln sind sowohl männlich als auch weiblich, „Eloh" – ist der feminine Singular für „Göttin" und bekam die maskuline Endung „im". Vielleicht war das Moses' Art, die vielschichtigen, alles umfassenden Aspekte Gottes darzustellen; das heißt, daß Gott sowohl maskulin als auch feminin ist, Singular und Plural und Eins und über allen Kategorien und Unterschiedlichkeiten stehend! Ist das möglich?

DIE DUALE NATUR DER GOTTHEIT

In den Lehren der Gnostiker findet man sehr viele Hinweise auf die weiblichen Aspekte und die männlich-weiblich-duale Natur der Gottheit. Ein Beispiel daraus entspricht den Erklärungen der Wissenschaftler über die dualen Aspekte des menschlichen Gehirns – und wir fügen die Meinungen eurer Wissenschaftler wirklich gerne ein, vorausgesetzt, sie sind zu gebrauchen – sie sagen, daß die männliche Seite organisiert und kategorisiert, während die weibliche Seite der Schöpfer und Initiator ist.

Ein anderes kleines Informationsbruchstück ist die mystische Vision, die Johannes nach der Kreuzigung über die Trinität hatte:

„Die Himmel öffneten sich und die gesamte Schöpfung unter dem Himmel leuchtete und die Welt wurde erschüttert. Und ich fürchtete mich und ich sah ein Licht – eine Gestalt in mehreren Ausprägungen – und die Gestalt hatte drei Formen. Sie sagte zu mir ‚Johannes, Jo(h)annes, warum zweifelst du und warum fürchtest du dich? Ich bin Derjenige, der ewig bei dir sein wird. Ich bin der Vater; Ich bin die Mutter; Ich bin der Sohn'".

Uuuups! Hatonn, du meinst, daß es noch mehr Bücher gibt? Sogar ziemlich Viele, tut mir leid, kleine Schlafmützen.

In Einem, das das *GEHEIME BUCH* genannt wird, werdet ihr den hebräischen Ausdruck „ruah" finden, ein feminines Wort, gebraucht für „Geist". Das Buch beschreibt weiterhin diesen göttlichen Muttergeist:

„Sie ist das Abbild des Unsichtbaren, jungfräulicher, perfekter Geist. Sie wurde die Mutter von Allem, denn Sie existierte vor allem Anderen, die Vater-Mutter."

Im *EVANGELIUM AN DIE HEBRÄER* spricht Emmanuel auch von „meiner Mutter, dem Geist", und fügt hinzu, daß ein jeder wahrhaft Gläubige in Gott Vater und Mutter erhält, denn der Geist „ruah" ist „die Mutter von Vielen".

Also ist es nicht nur die Ankunft einer körperlich weiblichen Gottesinkarnation, die die Sterne ankündigen; vielleicht kündigen sie ja auch die notwendige Entfaltung des Muttergeistes in uns Allen an; die Geburt des Christusbewußtseins in jedem Herzen und die Erkenntnis über eure Mutter/euren Vater sowohl in euch als auch außerhalb von euch; denn wie Sri Aurobindo sagte: „das Hauptaugenmerk der nächsten evolutionären Transformation liegt auf der Bewußtseinsveränderung."

Ich möchte hier unterbrechen, um Rick auf seine Anfrage zu antworten, die eine Aussage betrifft, die ich machte als Antwort auf eine Nachfrage von ihm – über den femininen Aspekt Gottes. Er erinnert sich, daß ich sagte, so etwas gäbe es nicht. Ehrlich gesagt, ich kann mich nicht mehr daran erinnern; und hoffentlich habe ich die Frage einfach nur falsch verstanden. Aber die Tatsache bleibt bestehen, daß ich jetzt wieder buchstäblich negativ antworten muß, denn GOTT IST EINS – WEDER MÄNNLICH NOCH WEIBLICH UND DESHALB HAT ER AUCH KEINE ABSOLUT WEIBLICHEN ODER ABSOLUT MÄNNLICHEN ASPEKTE. Man bezieht sich auf „IHN" mit „Er", denn die Menschheit hat sich dafür entschieden, das „Er" in Bezug auf die „Menschheit" zu verwenden und wegen der Rolle innerhalb der universellen Ordnung – Schöpfergott/Schöpfung Mutter. [A.d.Ü.: hier liegt die Pointe in der englischen Sprache mit nur einem Artikel, das kann im Deutschen sehr akkurat über das männliche/weibliche Substantiv ausgedrückt werden „DER Schöpfergott und DIE Schöpfung, als Muttergeist.]

WAS IST MIT GOTT ALS MUTTER?

Nicht nur die gnostischen Christen beten Gott als die Mutter an; die Religionen rund um den Globus haben nicht nur den Himmlischen Vater anerkannt und gepriesen, sondern auch Gott als die Göttliche Mutter und Erschafferin allen Lebens und Sitz der Schöpfung. Tatsächlich entbehrt sowohl das orthodoxe Judentum, das orthodoxe Christentum als auch der orthodoxe Islam jeglicher Erwähnung weiblicher

Bezeichnungen, wie es beim Rest der Weltreligionen der Fall ist, seien es die ägyptischen oder griechischen, die babylonischen oder frühen romanischen, nordamerikanischen oder indianischen Religionen.

In Indien wurde der feminine Aspekt Gottes in verschiedenen Ausprägungen seit urdenklichen Zeiten sowohl von Frauen als auch von Männern verehrt. Ein Beispiel dieser Art der Verehrung wurde durch das Leben des vermutlich größten „Heiligen" Indiens – Sri Ramakrishna – aufgezeigt. Sri Ramakrishna (1836-1886) verehrte und erkannte Gott in „Ihrer" femininen Form als die Mutter – Kali. Seine Nähe zu Gott war so groß, daß er Sie in Ihrer femininen Form anrufen und bitten konnte, in Ihrer physischen Form zu erscheinen, selbst wenn Andere zugegen waren. Das wird höchstwahrscheinlich „Gedankenmanifestation" genannt, wobei er seine Vorstellung in eure Vision einbringen konnte. Die, die das können, sind wirklich weit fortgeschritten, aber es ist ein Kunststück, das ihr auch könnt – IHR glaubt einfach nicht, daß ihr das könnt und deshalb könnt ihr es auch nicht.

Es wurde und wird angenommen, daß es auf dem Pfad der Göttlichen Liebe Gottes fünf Schritte gibt, wie folgt:

1) Der Mensch hat „Angst" und braucht Hilfe.
2) Er sieht Gott als Vater.
3) Er sieht Gott als Mutter. (Und erst ab dieser Ebene beginnt die wirkliche Liebe, denn erst ab hier wird sie intim und angstfrei).
4) Er liebt um der Liebe willen – über alle Maßen und über Gut oder Schlecht hinaus. Oder, über alle Unterschiede von Mutter und Vater oder aller anderen Dualitäten hinaus.
5) Er erkennt Liebe als Vereinigung mit dem Göttlichen, als EINHEIT.

Bitte erinnert euch daran, daß Diejenigen mit Nahtoderfahrungen erzählen, daß beim Zurücklassen des physischen Körpers auch alle sozialen „Masken" abgelegt werden. Mit anderen Worten, es gibt keine Unterschiede mehr bei Klassen, Kasten, Rassen, Nationalitäten oder Geschlecht – also alle weltlichen Dualitäten – verschwinden; es gibt dann keine Identifizierung mehr mit dem physischen Körper und deshalb gibt es diese weltlichen Kategorien auch nicht mehr und sie bedeuten auch nichts mehr. Es muß hier auch angemerkt werden, daß sich diese Todeserfahrungen durch alle kulturellen und religiösen Bräuche ziehen; mit anderen Worten, es sind Dieselben, ungeachtet der Rasse, der Farbe, des Glaubens, des Geschlechts und der Nationalität Dessen, der „starb". Sowohl die nordamerikanischen als auch die asiatischen Indianer haben über die gleichen Grundzüge der Nahtoderfahrung berichtet.

Obgleich das Lichtwesen definitiv sowohl eine Persönlichkeit als auch sehr viel Sinn für Humor hatte, konnte bei „Ihr" kein spezielles Geschlecht ausgemacht werden. Und obwohl Viele Sie mit verschiedenen religiösen Namen – abhängig vom religiösen Hintergrund des Einzelnen – bedachten, gab das Wesen Selbst nie Seinen Namen oder irgendeine Bezeichnung preis. Es stand über diesen Dualitäten; stattdessen war Es Göttliche Liebe – reine Liebe zum Segen der Liebe ohne Grenzen oder Bedingungen.

DREI ASPEKTE DER VERWIRKLICHTEN GÖTTIN

Wohl wissend, daß es nur EINS gibt, so müßt ihr trotzdem verstehen, woher das Konzept der verschiedenen Aspekte kommt.

Sri Ramakrishna wurde oft durch die Liebe Gottes als Mutter in den Ozean Göttlicher Seligkeit versetzt. Aber er erfuhr und erkannte Gott auch in seiner maskulinen Form: als Allah, den islamischen Gott und als Christus. In beiden Fällen arbeitete sich Ramakrishna selbst durch die Lehren der jeweiligen Religion. Im Falle des Islam wiederholte er den Namen Allahs und trug sogar die Roben eines Muselmannes. Zum Schluß hatte er sogar eine visuelle Materialisation des islamischen Idols – des Propheten. Ramakrishna verschmolz mit ihm und wurde wieder einmal, allerdings in einem anderen Fluß, zurückgetragen in den Ozean Göttlicher Seligkeit.

Seine Christuserfahrung hatte er sieben Jahre später, kurz nachdem man ihm die Bibel vorgelesen hatte.

„Eines Tages als er, Ramakrishna, sich im Zimmer eines Freundes, eines reichen Hindu, befand, sah er an der Wand ein Gemälde mit der Madonna und dem Kind. Die Figuren belebten sich – die heiligen Visionen kamen sehr nahe zu ihm, gingen in ihn ein, so daß sein ganzes heiliges Wesen von ihnen durchdrungen war – die einströmende Energie umhüllte seine ganze Seele und riß alle Barrieren nieder. Der Geist des Hindu war geändert. Er hatte keinen Raum mehr für etwas anderes als Christliche Liebe. Dann, ein anderes Mal, an einem Nachmittag im Hain von Dakshineswar, Ramakrishnas Tempel, sah er eine Person mit wunderbaren, großen Augen, heiterem Gemüt und heller Haut auf sich zukommen. Obwohl er nicht wußte, wer das war, erlag er dem Charme seines unbekannten Gastes. Beim Näherkommen sang eine Stimme in der Tiefe von Ramakrishnas Seele:

‚Siehe, der Christus, der Sein Herzblut für die Erlösung der Welt gegeben hat, der ein Meer an Qualen für die Menschenliebe erlitten hat. Er ist es, der Meisteryogi, der sich in ewiger Einheit mit Gott befindet. Es ist Jesus, die inkarnierte Liebe.'"

„Der Menschensohn umarmte den Seher aus Indien, den Sohn der Mutter, und nahm ihn gänzlich in Sich auf. Ramakrishna verlor sich in Ekstase. Wieder einmal erkannte er die Einheit mit Brahman (Gott). In seinem Raum hing zwischen anderen Gottesbildern Eines von Christus, vor dem er jeden Morgen und jeden Abend Räucherwerk entzündete. Später einmal geschah es, daß indische Christen in ihm eine direkte Manifestation des Christus erkannten und sie fielen vor ihm in Ekstase. Aber für ihn war Christus nicht die einzige Inkarnation. Buddha und Krishna waren die Anderen." Was uns natürlich geradewegs zur Frage über Avatare führt und wir haben dieses Thema bereits in einem anderen Kapitel berührt.

WIE SIEHT ES MIT WUNDERN AUS?

Erdlinge messen Wunder mit dem Scheffel, wiegen Beweise in Kilogramm und brauchen Zeichen, Zeichen, Zeichen! So sei es.

Der Herr hat als Kind viele Wunder vollbracht. Die meisten Wunder aus Emmanuels Kindheit wurden aus der Bibel herausgenommen und das ist wirklich sehr schade. Aber ihr könnt Aufzeichnungen darüber in anderen Büchern finden, zum Beispiel in einem, das *DIE VERLORENEN BÜCHER DER BIBEL* heißt. Viele dieser Wunder hatten mit Heilungen und Transformation von Materie zu tun.

In vielen Fällen hat der Herr durch Sein Beispiel die Notwendigkeit von Einsamkeit und Stille betont, weshalb alle „Avatare" soviel Zeit in Wäldern verbracht haben. Alle wurden durch die Versuchungen des Lebens geführt – Lust, Macht, Gier – auch Jesus mit seinen 40 Tagen in der Wüste, aber Alle haben diese Prüfungen ohne einen einzigen Fehler bestanden. Die Worte, die Lord Buddha an die Verführerin Mara gerichtet hat (die ihr netten Leute „Teufel" nennen würdet), sind auffallenderweise ähnlich Denen von Jesus während Seiner 40-tägigen Fastenzeit. Als Lord Buddha während Seiner Fastenzeit von Mara mit Speisen verführt wurde, sagte Er: „Oh, du Freundin der Trägheit, du Verruchte; zu welchem Zweck bist du gekommen? Laß das Fleisch verfallen, wenn nur der Geist stiller und die Achtsamkeit unerschütterlich ist (so daß er sich besser auf den Herrn konzentrieren kann)."

Warum schicken wir Dharma nicht 40 Tage in die Wüste und lassen sie fasten? Sic, sic, ihr, die ihr über solche Dinge nachdenkt – würde euch das „zum Schluß" wirklich helfen, diese Worte zu glauben? Natürlich nicht, und außerdem ist sie weder ein Avatar noch ein Medium – sie ist Schreiberin. Wenn wir sie 40 Tage lang ohne Essen und Trinken in die Wüste schicken würden, würde sie dabei verrückt werden und ihr Alle hättet wieder einen guten Grund, ihre Arbeit herabzuwürdigen. Wenn ihr jetzt nicht bald geschäftig werdet und diesen Schriften die nötige Beachtung schenkt, WERDET IHR ALLE MIT MEHR ALS VIERZIG TAGEN OHNE DACH ÜBER DEM KOPF, LEBENSMITTEL UND GETRÄNKE DASTEHEN! SO SEI ES – BESSER, IHR

DENKT MAL ÜBER DIESES THEMA NACH, ANSTATT EUCH ÜBER DHARMA DEN KOPF ZU ZERBRECHEN. WIR KÜMMERN UNS UM DHARMA!

Jesus sagte: „Der Mensch lebt nicht vom Brot allein, sondern von jedem Wort, das über die Lippen Gottes kommt." Es versteht sich von selbst, daß auch ein unvorbereitetes und unerleuchtetes menschliches Wesen nicht ohne Brot und Unterhalt leben kann.

Guru Nanak wurde auch von Leidenschaften des Bösen geprüft und erwiderte: „Was nützte es, wenn ich König würde, riesige Armeen befehligte, auf einem goldenen Thron säße und meine Befehle wie der Wind die Erde umrunden würden? Wenn ich übernatürliche Kräfte walten ließe, mit einer Handbewegung Reichtum erschaffen würde, nach meinem Willen auftauchen und verschwinden würde und damit öffentlichen Respekt gewönne, würde dies nur Narren täuschen, die Ihn nicht in ihren Herzen halten."

Jesus Christus kam aus seinem Grab und hatte nach etwa drei Tagen seine Auferstehung. Das war eigentlich „von den Toten", aber nicht so, wie ihr euch das vorstellt. Guru Nanak stand auch nach drei Tagen „von den Toten" auf. Er war vor den Augen vieler Menschen in einen See gegangen und komplett darin verschwunden. Seine Familie und Andere suchten seinen Körper vergeblich. Drei Tage später erschien Er wieder mit einem leuchtenden Strahlen um sein Wesen und verkündete den ersten Leitsatz Seines Glaubens:

„Es gibt nur einen Gott, Sein Name ist Wahrheit. Erschaffer aller Dinge, frei von Angst und Haß, zeitlos, geburtslos, existierend aus Sich Selbst heraus, bekannt durch die Gnade des Gurus (bedeutet: spiritueller Lehrer oder Führer). Meditiert über den Wahren Namen."

„Er, der dieses Spiel des Universums arrangiert als materielle Welt, in verschiedenen Formen und Schattierungen, Er wird niemals vergehen. Er erfreut sich am Anblick Seiner eigenen Kunstfertigkeit, zu Seiner eigenen ewigen Herrlichkeit. Er ist der Allmächtige und unterliegt keiner weiteren Herrschaft. Er ist der Herr der Herren, der König der Könige, Alle unterstehen Seinem Willen."

„Du bist die All-Weisheit, das All-Wissen und tiefer als die Ozeane. Du bist überall, wohin ich auch schaue, bist Du. Bin ich von Dir getrennt, werde ich wie ein Fisch sterben. Alles wird in Seiner Präsenz getan. Er sieht Alles."

„Du bist nahe, Du bist fern, Du bist Alles in Allem, Du siehst, Du hörst, Du erschaffst dieses Universum; das einzig richtige Handeln ist zu Deinem Gefallen."

Jetzt, da wir noch einmal zu den Bezeichnungen zurückkommen, laßt mich euch daran erinnern [A.d.Ü.: Lutherbibel 1912, Offenbarung 19, Vers 11 ff. Hervorhebungen kursiv von Hatonn]: „Und ich sah den Himmel aufgetan; und siehe, ein weißes Pferd. Und der darauf saß, hieß Treu und Wahrhaftig, und er richtet und streitet mit Gerechtigkeit. 12 Seine Augen sind wie eine Feuerflamme, und auf seinem Haupt viele Kronen; und er hatte einen Namen geschrieben auf seiner Stirn, den niemand wußte denn er selbst. (Brüder, sein Name war Gott, Sananda!) 13 Und war angetan mit einem Kleide, das mit Blut besprengt war; und sein („Titel") Name heißt „DAS WORT GOTTES". 14 Und ihm folgte nach das Heer im Himmel auf weißen Pferden, angetan mit weißem und reinem Linnen."

„Und aus seinem Munde ging ein scharfes Schwert, daß er damit die Heiden schlüge; und er wird sie regieren mit eisernem Stabe; und er tritt die Kelter des Weins des grimmigen Zorns Gottes, des Allmächtigen. 16 Und er hat einen Namen geschrieben auf seinem Kleid und auf seiner Hüfte also: *EIN KÖNIG ALLER KÖNIGE UND EIN HERR ALLER HERREN.*" So sei es, Chelas, denn eure Tage an eurem Platz sind gezählt!

Was Lord Emmanuel, Guru Nanak und Lord Krishna angeht, so haben sie (unter Anderen), beim Verlassen eurer Erde keinen physischen Körper hinterlassen. Das war in größter Vorausschau, damit ihr kleinen, blinden Lämmer nicht ein nichtssagendes Stück Fleisch anbetet, sondern das ewige Leben versteht. Oh wie wundervoll, wenn ihr Alle diese Botschaft verstanden hättet.

Ein Herr oder Gott unter euch kann auf vielen Wegen erkannt werden – aber die gleichen „Wege" können auch die „Wege" Derjenigen sein, die sich einfach nur gereinigt haben und in ihr Wissen gelangt sind. Aber ein großer spiritueller Lehrer kann an Seinen oder Ihren Taten erkannt werden und auch daran, daß Er/Sie göttliche Kräfte besitzt. Dieses Wesen wird auch die totale Kontrolle über die fünf Funktionen des Körpers haben als da sind Sprechen, Essen, Fortpflanzen, Ausscheiden und Bewegen, und über die fünf Sinne wie Geschmackssinn, Tastsinn, Geruchssinn, Sehen und Hören, sowie über die fünf Elemente der Natur wie Erde, Luft, Wasser, Feuer und Äther.

Große spirituelle Wesen können oft auch über eine oder mehrere Kräfte oder Qualitäten verfügen – Kalas – aber nur ein Avatar verfügt über Alle, einschließlich der letzten und wichtigsten Eigenschaft – Allmächtigkeit oder All-Wissen über die Vergangenheit, der Gegenwart und der Zukunft. Wahre „Avatare" sind wirklich sehr selten, meine Freunde, und jede Menge von euch wurden total in die Irre geführt durch Fassaden, die die wenigen, unvollkommenen Kunststücke großer spiritueller Lehrer noch versteckten. Viele „Körper" wurden nachts zu geheimer Uhrzeit und an geheimen Orten begraben, um dem würdigen Ansehen des „Avatars" nicht zu schaden. Seid nicht allzu naiv, wenn es um Geschichten von hier und dort geht, denn es gibt wirklich nur sehr Wenige und NEIN, ich werde im Moment dieses Thema nicht weiter ausdehnen. DAS SIND LEHRSTUNDEN, DIE EUCH DAZU BRINGEN SOLLEN, DAS HAUS GOTTES NICHT AUFZUTEILEN UND DAMIT AUFZUHÖREN, AN EUREN „AVATAREN" UND DEN DOKTRINEN ZU KLEBEN, DIE AUF ETWAS ANDEREM AUFGEBAUT SIND ALS AUF GOTT. DENN LETZTEN ENDES BEDEUTET AVATAR GOTT UNTER EUCH!

Die Kräfte, die ich oben aufgezählt habe, sind für einen Avatar ganz natürlich und normal und werden spontan eingesetzt; aus diesem Grunde sind Avatare auch in der Lage, wie kleine Kinder Wunder zu wirken. Das heißt nicht, daß sie es auch wirklich tun, denn die Meisten tun es nicht, da es ihr Anliegen ist, euch als Menschen zu entsprechen und euch die Möglichkeit zu geben, Erfahrungen zu sammeln, damit ihr wissen könnt, daß das, was sie können, ihr auch könnt. Alle Wunder, die ein Avatar vollbringt, sind das Ergebnis seiner innewohnenden, natürlichen Kräfte und werden niemals fahrlässig benutzt.

Lassen wir es jetzt dabei, Dharma. Wir können die Beherrschung der Elemente, Materie und des Körpers bei unserer nächsten Sitzung diskutieren. Danke Dir.

Hatonn auf Stand-by. Salu und Segen über euch, meine Lieben.

KAPITEL 25

Aufzeichnung Nr. 2 | GYEORGOS CERES HATONN

Samstag, 3. Februar 1990, 14.00 Uhr, Jahr 3, Tag 171

MEISTERSCHAFT ÜBER KÖRPER, MATERIE UND ELEMENTE

Ein Beispiel dieser Art der Herrschaft wurde von Emmanuel gegeben, als er den tobenden Sturm auf dem Meer besänftigte, der drohte, das Boot Seiner Jünger zu verschlingen. Auch Guru Nanak demonstrierte Seine Kontrolle über die Elemente bei einer amüsanten Gelegenheit. Der Guru reiste nach Mekka, eine der heiligsten muslimischen Städte, wobei Er auf eine Gruppe Muslime traf, die sich Ihm auf Seiner Reise anschlossen:

„Nach ein paar Tagen des gemeinsamen Reisens fragte ihn Einer, welcher Religion er angehörte. ‚Ich gehöre der Religion Derjenigen an, die dem Weg Gottes folgen', erwiderte Nanak."

„Sie bedrängten Ihn, doch zu bestätigen, daß Er ein Muslim sei, aber Er weigerte sich, das zu tun. Das machte sie sehr traurig. Sie waren sich nicht sicher, ob es richtig war, sich in der Gesellschaft eines Ungläubigen aufzuhalten. Der Guru bemerkte das und verschwand mit seinen beiden Begleitern. Sie bemerkten, daß mit Ihm auch eine Wolke verschwand, die sie vor den sengenden Strahlen der Sonne geschützt hatte."

Die Gruppe der Muslime dachte, daß der Guru niemals alleine durch die Wüste käme und waren erstaunt, ihn bei ihrer Ankunft bereits in Mekka zu finden. Und noch dazu war er schon einige Tage dort! Da sie jetzt überzeugt waren, daß er eine große Seele war, „baten sie Ihn um Verzeihung für ihr Mißtrauen Ihm gegenüber".

Auch Lord Krishna demonstrierte anläßlich einiger Begebenheiten eine unglaubliche Meisterschaft über die Elemente, beispielsweise hat auch Er Meer und Wind beruhigt, den Blitz besänftigt und so weiter. Zum Beispiel wurde von dem erst einjährigen Lord Krishna ein Wirbelwind in Hurrikanstärke beruhigt, der schwere Objekte in der Luft herumwirbelte wie Federn und man vor lauter Staub in der Luft nichts mehr sehen konnte. Zweimal rettete Er mit seinem Atem die Einwohner und Tiere eines Dorfes vor einer Feuersbrunst, da „Er unendliche Energie besaß."

Alle Avatare waren inkarnierte Liebe und Hingabe und hatten Mitgefühl für Diejenigen, die an Körper, Seele oder Geist krank waren. Sie heilten dieses Elend ohne Ansicht von Rasse, Farbe, Glaube, Geschlecht oder Nationalität des Kranken, indem sie den in spiritueller Dunkelheit Lebenden die Wahrheit verkündeten, den mental Besessenen die „Dämonen" austrieben, Gliedmaßen und Wunden heilten, die körperlich Blinden wieder sehend und die Tauben wieder hörend machten, Lepra klärten, gebrochene Knochen richteten und selbst schwerkranke Glieder wieder herstellten.

Alle von ihnen erweckten tote Menschen und zweimal sogar tote Tiere in fast identischen Fällen mit denen des Lord Jesus, mit der Ausnahme, daß sogar einige Erweckungen bereits Hunderte oder Tausende Jahre vor der Geburt Jesu stattfanden! Zum Beispiel erweckte Lord Krishna nicht nur ein Kind von den Toten, wie es Jesus mit der Tochter des Jairus getan hat; Er erweckte sogar mindestens ein Dutzend Kälberherden MIT ihren Muttertieren, die an vergiftetem Wasser gestorben waren, nur, indem er sie anschaute!

Auch Guru Nanak erweckte Tote, einschließlich eines Elefanten. In seiner Erklärung, wieso er in der Lage war, dies zu tun, sagte Guru Nanak: „Nur Er kann Tote erwecken. Es gibt keinen Anderen als Gott. Sein Wille geschehe."

Viele dieser Wunder beinhalteten die Transformation von Materie in eine andere Stofflichkeit und/oder Materialisierung oder Entmaterialisierung von Materie. Ein Beispiel hierfür habt ihr in der Speisung der 5000, als Jesus fünf Laibe Brot und zwei Fische in genug Speise verwandelte, um Alle satt zu machen und dazu noch mehrere Körbe mit übrig gebliebenen Laiben füllte. Er ließ bei einer anderen Gelegenheit das gleiche Wunder passieren, bei dem er 4000 mit sieben Laiben und ein paar kleinen Fischen speiste. Ein anderes solches Beispiel war die Vermehrung der Fische in den Netzen Seiner Fischer-Jünger, so daß die Netze fast zerrissen!

Auch Guru Nanak transformierte bei mehreren Gelegenheiten Materie. Einmal weideten die Kühe, die der junge Guru hütete, auf dem Feld des Nachbarn und fraßen alles ab, was dort wuchs. Natürlich war der Nachbar sehr ärgerlich und rannte zum Dorfvorsteher, um sich zu beschweren. Aber als er und der Vorsteher zurückkehrten, fanden sie das Feld des Nachbarn saftig und grün vor, und mit einer größeren Ernte als vorher! Später, bei seiner letzten Arbeitsstelle als Haushaltsvorstand, war Guru Nanak verantwortlich für die Getreidespeicher des Königs. Er gab Allen Korn, die gemäß ihrer Bedürfnisse darum gebeten hatten und trotzdem waren die Speicher immer voll!

Um euch die alles durchdringende Güte des Einen Gottes noch weiter vor Augen zu führen, gebe ich noch ein anderes erzähltes Erlebnis mit Guru Nanak: der Guru wurde von einem Priester gescholten, weil er beim Schlafen Seine Füße in Richtung Kaaba, dem „Hause Gottes" in Mekka gelegt hatte, woraufhin der Guru dem Priester antwortete: „Dann richte meine Füße auf einen Platz aus, an dem es Gott nicht gibt." Also versuchte es der Priester, „aber welche Richtung Seine Füße auch immer nahmen, die Kaaba richtete sich immer passend dazu aus!" Guru Nanak erklärte, daß jeder wahre Nachfolger Gottes herausfinden würde, daß es keinen Platz gibt, an dem es das Haus Gottes nicht gibt!

Lord Krishna hat Zeit Seines Lebens Materie transformiert. Es gibt sehr viele Beschreibungen darüber, wie Seine Feinde versuchten, Lord Krishna mit Pfeilen zu töten, jedoch jedes Mal, wenn die Pfeile Ihm nahekamen, sie sich in Blumenketten oder -Girlanden verwandelten und sich um Seinen Hals legten! Lord Krishna verwandelte auch Materie in Speisen oder ließ einfach Speisen erscheinen oder entschwinden, so, wie es auch Lord Jesus tat.

ENTSCHWINDEN

Alle Avatare konnten entschwinden oder sich erscheinen lassen, und/oder neue Erscheinungen von sich vor den Augen ihrer Anhänger bilden. Die Weiße Büffelkuh wurde so genannt, weil Sie in der Lage war, sich vor ihren Nachfolgern von einer wunderschönen Frau bis hin zu einem Büffelkalb in verschiedenen Farbschattierungen zu verwandeln! Lord Krishna konnte Kraft Seines Willens in zwei verschiedenen Formen gleichzeitig erscheinen oder sich unsichtbar machen. Er konnte auch identische physische Formen gleichzeitig erschaffen, so, als ob man in einem dreiseitigen Spiegel stünde. So etwas geschah während eines Rasa-Tanzes der Gopi Cow-Herdesses, als der Lord „Sich in so vielen identischen Formen zwischen jeweils zwei Gopis" darstellte.

Und außerdem gleicht die Beschreibung einer Erscheinung Lord Krishnas vor Seinem engsten Schüler Arjuna sehr stark einer Erzählung, die im Neuen Testament über die Transformation von Lord Jesus wiedergegeben wird, als der Herr von einem strahlenden Licht umgeben war, das sein ganzes Wesen durchdrang und von Ihm ausging.

Auch Guru Nanak erschien und entschwand hier und da. Einmal vollbrachte er dieses Wunder, um aus den Egos einiger okkulter Yogis mit einigen erlernten übernatürlichen Fähigkeiten oder Kräften die Luft abzulassen, weil sie sich vor dem Guru produzierten, um ihn zu beeindrucken:

> „‚Du siehst meinen Schüler hier vor mir sitzen, beobachte ihn', sagte Bhartari, der Ober-Yogi. ‚Er wird zum Himmel aufsteigen und sofort unsichtbar werden. Wenn du über irgendwelche Kräfte verfügst, hol ihn herunter auf die Erde.'"

> „Der Schüler flog sofort himmelwärts und war bald außer Sichtweite. Bhartari wandte sich an den Guru und forderte ihn auf ‚finde ihn'."

„‚Versteckspielen ist was für Kinder. Warte und sieh.' Als Nanak das sagte, flogen Seine beiden Sandalen in die Lüfte und kurz danach stieg der Schüler wieder herab, von den Sandalen heruntergeschlagen. Die Yogis konnten die Schläge nicht stoppen. Der Schüler fiel zu Füßen des Gurus nieder."

„Dann verschwand der Guru plötzlich und Bhartari höchstpersönlich ging, um Ihn zu suchen. Nach einer langen Zeit kehrte er zurück. ‚Ich habe die Erde und das Wasser und den hohen Himmel durchsucht', sagte er, ‚aber ich kann Guru Nanak nicht finden'. Gerade, als er das aussprach, sah er Guru Nanak dort sitzen, wo Er zuvor auch gesessen hatte."

„‚Wo hast du dich versteckt?', wollte Bhartari mit Erstaunen wissen."

„‚Ich war die ganze Zeit hier', sagte der Guru, ‚mein Körper hat sich in seine Einzelteile aufgelöst und meine Seele ist in die All-Seele eingegangen'."

„Die Siddhas, die Yogis mit übernatürlichen Fähigkeiten, waren von Ehrfurcht überwältigt und saßen sprachlos da."

Es ist wirklich traurig, daß die Menschheit nach eigenem Ermessen Emmanuels großartige „Wunder" aus den Büchern gestrichen hat. Sie waren wirklich herrlich und soviel weitreichender als die Heilungen und das Ausdörren des Feigenbaums. Aber sie wurden als viel zu gefährlich eingeschätzt für das Volk, das diese Dinge nicht wissen sollte.

Es gab einige Situationen, in denen Guru Nanak für Einige sichtbar und total unsichtbar für Andere war. In einem Fall versuchte ein sehr gelehrter Pandit, ein biblischer Lehrer, der sich gewisse übernatürliche Fähigkeiten angeeignet hatte, Ihn mit einem fliegenden Teppich zu treffen, um ihm zu imponieren. Aber als er ankam, konnte er den Guru weder sehen noch finden, obwohl eine große Menschenmenge ihn sehen konnte. Als der Pandit fragte, wo der Guru sich aufhielt, erwiderte die Menge, Er stünde direkt vor ihm: „Der Pandit war nicht nur genervt, sondern fühlte sich auch gedemütigt, als sein Teppich sich weigerte, zurückzufliegen. Er hatte keine andere Chance, als zu Fuß zurückzugehen."

Ihr habt viel versäumt, weil ihr euch von Gott abgewandt habt. All diese herrlichen Dinge hättet ihr lernen können.

Später fragte der Pandit Jemanden, warum er den Guru nicht sah, obwohl alle Anderen Ihn wahrnehmen konnten, da bekam er die Antwort: „Es war dein Stolz, der deinen Blick verdunkelt hat. Wenn du ohne Stolz oder Macht zu Fuß gehst, wirst du Ihn sehen." Am darauffolgenden Tag tat er das und da erklärte Guru Nanak dem Pandit:

„‚Gibt es eine dichtere Dunkelheit als Hochmut? Weil du fliegen konntest, glaubtest du, du seiest ein Superman.'"

„‚Vergib mir, Lehrer,' antwortete der Pandit. ‚Ich habe die Heiligen Bücher gelesen und übernatürliche Kräfte erworben. Ich muß gestehen, ich habe trotzdem keinen Frieden gefunden. Sag mir, wie ich die Füße des Herrn berühren kann.'"

„‚Wissen, das aus der Dunkelheit des Ego erwächst, ist von geringem Wert', sagte der Guru. ‚Du bist sehr gelehrten Männern nachgefolgt, hast aber die Wahrheit in dir nicht verstanden. Du hast Ihn gesucht in Dingen, die nur eine Reflektion der Realität sind. Du bist verloren gegangen in der Wildnis des Wissens. Worte erhalten nur dann eine Bedeutung, wenn du die Wahrheit hinter ihnen als Symbole erkennst.'"

„‚Die Frau eines Anderen, der Besitz eines Anderen, Habgier, übles Verlangen, Suche nach Lustobjekten, schlechte Stimmung, üble Laune, Verleumdung, Begehrlichkeiten und Wut – wer sich von diesen Eigenschaften befreit, wird in seinem Inneren das Ewige, das Unerkennbare entdecken. Diesen verborgenen Nektar entdeckt nur, wer das Juwel aus der Arbeit mit dem Guru erhält und es zu seinem Lebensatem macht. In der Dämmerung der wahren Weisheit – Buddhi – die mit dem Licht des Göttlichen Namens gespeist wurde, in der Gesellschaft der dem Guru ergebenen Heiligen, verleiht der Guru selbst, der Spender, den Heiligen Namen. Wenn der Jünger ihn hoch schätzt, wird er von ihm aufgesogen. Nur er, der die Gnade des Herrn verdient hat, erhält das Heilige Wort. Dieser Körper ist der Tempel des Herrn. In seinem Herzen strahlt Sein Licht. Sagt Nanak, laß das Wort des Guru dein Herz betreten und es durch die Gnade Gottes eine ewige Einheit bleiben.'"

„Der Pandit verneigte sich und sagte: ‚ich habe jetzt die Wahrheit erfahren, daß ich nicht im Außen, sondern im Innen suchen, meine schlechten Eigenschaften ablegen und um die Gunst des Herrn bitten soll, um im Wort des Gurus versunken zu bleiben'."

Auch Lord Jesus erschien und entschwand nach seinem Willen, sogar schon vor Seiner Kreuzigung und Auferstehung. Und tatsächlich war Sein Körper so fein auf den Geist abgestimmt, daß es zuzeiten schien, als enthielte er keine Substanz. Einen Nachweis hierzu findet man in einem der bekanntesten Evangelien: *dem Evangelium des Johannes*. In diesem Evangelium erzählt Johannes von einigen seltsamen Begebenheiten, die darauf hindeuten, daß Jesus weit entfernt davon war, ein gewöhnliches menschliches Wesen zu sein und daß selbst Sein Körper nicht immer ein normaler Körper war: „Ich erzähle euch von einer anderen Herrlichkeit, Brüder; manchmal, wenn ich meinte, Ihn zu berühren, fühlte ich einen festen, materiellen Körper; aber zu anderen Zeiten fühlte ich Ihn, Seine Substanz, immateriell und körperlos, so, als existierte er überhaupt nicht."

ANDERE EVANGELIEN

Also jetzt komm aber mal, Hatonn – andere Evangelien? Nun, meine Chelas, es gab über 28 komplette, aufgeschriebene und bekannte Evangelien. Ein Gelehrter aus Süddeutschland hat die Vier ausgewählt, die in euer Neues Testament eingefügt wurden – muß ich mehr dazu sagen? Wie könnt ihr dabei mit eurer Engstirnigkeit weitermachen? Das ist wie bei den „Zeugen Jehovas", die Oberli heute besucht haben.

Sie mißbilligten all diese wunderbaren Wahrheiten zu und über Oberli und stellten die Frage, ob er an Gott glaube? Und, glauben Sie an den Teufel? Aber als er ihnen anbot, ihnen die Bücher *SATANS TROMMLER* und *SIE NANNTEN IHN JMMANUEL* zu zeigen, verfielen sie in Panik und mußten sofort gehen – eure Kirchen und die von den Kirchen ernannten Priester halten die Massen gefangen. [A.d.Ü.: die beiden genannten Bücher sind auch in Deutsch erhältlich, hier: https://christ-michael.net.] Sie trauen sich noch nicht einmal, sich andere Schriften anzuschauen als die, die von der speziellen Doktrin unterstützt werden. Der Himmel könnte Diese wirklich hart treffen, wenn sie über die Wahrheit stolpern. Das ist der Grund, weshalb kein Avatar eine religiöse Sekte gründet oder unterhält – sie sind nur von Gott – die Sekten sind von Menschen gemacht!

Jesus sagte: „Was aus dem Fleisch geboren ist, ist Fleisch, was aus dem Geist geboren ist, ist Geist." Er ist aus einem speziellen Grund gekommen, sollte als Mensch Erfahrungen sammeln und lebte deshalb als Mensch. Nach seiner Kreuzigung und Auferstehung ins Licht war er in der Lage, sich aus seinem Willen heraus als Mensch zu materialisieren oder zu entmaterialisieren und wurde von Seinen Jüngern auch in physischer Form wahrgenommen. Seine Transformation war natürlich nicht genauso, wie es bei Jemandem ist, der „stirbt" und nach seinem physischen Tod zu einer Lichtgestalt wird, denn er war niemals „tot" im körperlichen Sinne – er transzendierte nur. Er bestand höchstwahrscheinlich aus fester Materie, als er mit Thomas sprach, der seine Zweifel nicht ablegen konnte. Und in dieser Zeitspanne hat er auch einen physischen Körper besessen und aß mit seiner Gruppe. Aber vor dem Übergang konnte er ganz plötzlich Seinen ätherischen Körper formen. Für Uns aus den äußeren Ebenen ist es ziemlich seltsam, daß es für euch so schwierig ist, das akzeptieren zu können. Schmerzt es euch vielleicht, daß der Geliebte Meister nicht starb und drei Tage lang vor sich hinmoderte? Wie kommt es, daß ihr euch Alle praktisch zwingt zu glauben, daß er nach der Kreuzigung nicht im menschlichen Körper weitergelebt hat, um sein irdisches Werk zu vollbringen?

Für mich scheint es aber sehr logisch zu sein. Es ist unlogisch, daß Gott weniger sein sollte oder seine Wahrheit nur mit einer kleinen bigotten Truppe in einem winzigen Gebiet im Mittleren Osten teilen sollte – Gott benimmt sich seiner Herde gegenüber nicht ungerecht. Ihr habt alle während eurer irdischen Lebensströme in großen Mißverständnissen gelebt. Die irdischen Mächte müssen euch in diesen engen Glaubensmustern halten, damit euch die Wahrheit nicht freimachen kann. Versucht es doch einfach und ihr werdet es sicherlich mögen.

Das *Evangelium des Johannes* erzählt von Jakobus, der Ihn einmal als Kind am Ufer stehen sah, aber als er das Johannes zeigen wollte, fragte Johannes „welches Kind?" Und er antwortete „das, das uns winkt." Und Johannes erwiderte: „Das ist, weil wir eine sehr lange Zeit auf dem Meer zugebracht haben. Du siehst nicht mehr gut, Bruder Jakobus. Siehst du nicht den Mann, der dort steht, der schön ist, hellhäutig und freundlich lächelt?" Aber Jakobus sagte „ich sehe keinen Mann, mein Bruder."

Als sie an Land gingen, um das nachzuprüfen, waren sie noch verwirrter. Nach Johannes „Er erschien mir wieder fast kahlköpfig, mit dickem, wallendem Bart, aber Jakobus sah Ihn als jungen Mann, bei dem der Bart gerade sprießte. Ich versuchte, Ihn zu sehen, wie Er war, aber manchmal erschien Er mir als kleiner, schlecht aussehender Mann und dann wieder sah Er zum Himmel hinauf."

Diese Geschehnisse bestätigen die Wahrheit, daß der Herr von unterschiedlichen Menschen unterschiedlich wahrgenommen wird. Das bedeutet nicht, daß es verschiedene Gottheiten gibt; es sagt nur aus, daß die Menschen Ihn auf verschiedene Arten wahrnehmen und Ihn in der Form anbeten, wie sie ihn sehen.

Jesus ließ Seinen Körper kreuzigen, um euch wieder zu zeigen, daß der Körper nur eine Zeiterscheinung ist und man sich nicht an ihn klammern soll. Dann zeigte er euch, daß man ihn benutzen oder weglegen kann; oder als Etwas erscheinen kann, das man selbst wählt. Menschen verstehen die Pointe nie. Ihr müßt suchen und euch an das halten, was von Dauer ist – Seele oder Geist in euch. Ihr müßt lernen zu wissen, daß die Aura oder das Licht, das man um einen Körper herum – auch in der Kirlian-Photographie – sieht, von körperlichen Schmerzen oder Tod unbehelligt bleibt, selbst wenn der Körper abgeschnitten wird oder zusammengefallen ist. Seht es euch an im Bild eines Blattes – wenn ihr ein Stück abschneidet, bleibt die Energiestrahlung komplett erhalten.

WARUM SO VIELE BEISPIELE VON SO VIELEN, WENN IHR NUR EINES GLAUBEN WOLLT?

So sei es, ihr wollt es nicht, Brüder, aber das ist der Zweck dieser ganzen Lektion – ES GIBT NUR *EINEN GOTT* und das könnt ihr nicht ändern, denn er ist in vielen Ausprägungen gekommen und ihr müßt eins werden mit Gott, oder ihr habt eine miserable Zeit vor euch.

WIE STEHT ES MIT WANDELN AUF DEM WASSER?

Das Wandeln auf dem Wasser war ein universelles Beispiel der großen Kraft des Herrn. Fast jeder Avatar hat das da oder dort demonstriert, um auf Etwas hinzuweisen. Buddha lief über einen Fluß, anstatt die Einladungen Derer anzunehmen, die ihn mit einem Boot überquerten und um Niemanden zu verletzen und auch, um die Wahrheit zu bekräftigen, daß „das Floß der Entsagung und die knalligen Gondeln der religiösen Zeremonien nicht zuverlässig genug sind, um den weltlichen Stürmen zu trotzen, während der Vollkommene trokkenen Fußes über den Ozean der Weltlichkeit schreiten kann. Er hätte sich selbst in jeder gewünschten Form überall hinbewegen können, aber er hätte damit nicht die gleiche Lektion vermittelt."

Lord Emmanuel wandelte auf dem Wasser und half auch Seinen Jüngern, über das Wasser zu gehen. Hier hatte die Lektion mit „Glauben" zu tun, denn ohne Glaube, wie Petrus – das war der Punkt – sank man und der Meister mußte ihn wieder herausziehen.

Andere haben das mit der Leidenschaft ihres Glaubens ganz natürlich und leicht gemacht und Einige der Großen haben auch Felsbrocken ins

Wasser gelegt, um Stege zu bauen, über die ihre Anhänger gehen konnten.

Glaube ist also ein Eckstein, auf dem ihr eure spirituelle Grundlage aufbauen müßt: den Glauben an Gott und an die Allmacht Seiner Heiligen Quelle. Ihr habt gehört, daß ihr im Glauben auch Berge versetzen könnt – oh, meine Lieben, wir müssen damit beginnen, diesen Glauben in Kraft umwandeln, mit der ihr agieren könnt, denn wir haben in den kommenden Zeiten, die direkt vor uns liegen, große Dinge zu vollbringen.

Ihr müßt in das Wissen um eure Gaben wie Energie und Macht kommen, damit ihr für den Tag vorbereitet seid, an dem die höheren Frequenzen verfügbar sein müssen. Einige glauben „beinahe genug", aber sie werden in den Stunden der Beförderung in große Not kommen.

Sie wird aus der Einheit kommen, die Geburt des Phönix. Die teilende und kontrollierende Hand des Bösen hat den Phönix gekreuzigt und die Asche der Zerstörung angesetzt. Alle Menschen müssen sich als Brüder zusammenfinden, denn in der himmlischen Ebene Gottes gibt es keine Teilung. *GOTT IST ALLES UND DESHALB IST ALLES, WAS WENIGER ODER FRAGMENTIERT IST, NICHT EINS MIT GOTT, SONDERN STEHT AUSSERHALB SEINER GANZHEIT. IHR KÖNNT DIESE NEGATIVEN, FLEISCHLICHEN DINGE NICHT MITNEHMEN, WENN IHR IN DIE EINHEIT MIT GOTT KOMMT, DENN DORT, IN DEN HALLEN DES GÖTTLICHEN HAUSES, GIBT ES NULL DUNKELHEIT.*

AN IHREN FRÜCHTEN SOLLT IHR SIE ERKENNEN

Laßt uns mal über organisierte Religion sprechen, wie sie die Menschheit in die Irre führt, lächerliche Dogmen und bedeutungslose Rituale verbreitet, ein Netz aus Verwirrung und Angst webt, mit all diesen Mitteln das Wort Gottes pervertiert und umwölkt, nur, um Macht und Kontrolle über das Volk aufrechtzuerhalten.

Die wahre Religion ist eine spirituelle Religion und die Suche nach Gott. Es gibt sehr viele Hilfsmaßnahmen und Unterstützungen, die helfen, sich auf Achtsamkeit zu konzentrieren, sie sollten einem Menschen jedoch nur angeboten, aber ihm sicherlich nicht aufgezwungen werden.

Es ist sehr wichtig, die Wahrheit des Einen Gottes zu suchen, Seine wahren Gesetze zu lernen und Seiner Schöpfung zu dienen. Aber, um mehr über den Herrn zu verstehen, benötigen Viele von euch Führung oder spirituelle Führer, denn ihr seid nicht in der Lage, eure eigene Vollkommenheit anzunehmen. Also müßt ihr das Problem lösen, zwischen guten und schlechten Lehrern zu unterscheiden, die Richtigen von den falschen Propheten zu trennen, denke ich mal würdet ihr sagen. Wie macht man diese Unterscheidung? Diese Frage wird von euch häufiger gestellt als jede Andere – das heißt, wenn ihr nicht schon mit Taubheit geschlagen seid.

Emmanuel hat euch die richtige Antwort gegeben – „AN IHREN FRÜCHTEN SOLLT IHR SIE ERKENNEN."

In anderen Worten, ihr müßt ihre Taten betrachten, die Früchte Derer, die Lehrer oder Führer sein können. Diejenigen, die DIE EINHEIT GOTTES predigen und die Brüder- und Schwesternschaft der Menschheit, die, wie die amerikanischen Indianer „jede Art der Verehrung Gottes durch Andere respektieren, und auch den Dingen Ehrerbietung erweisen, die Andere als geheiligt ansehen", Diejenigen, die Frieden und Einheit in die Welt tragen, indem sie Samenkörner der Liebe und des Mitgefühls aussäen, von Geduld und Toleranz, und die anwenden, was sie predigen, indem sie allen Bedürftigen helfen, ohne Ansehung von Rasse, Farbe, Glaube, Geschlecht, Nationalität – alle „Beziehungen" also, die natürlich auch „ALLES" sind. Diese sind gesegnete und wahre „Propheten", die Friedensbringer – deren Führung müßt ihr suchen in eurem spirituellen Bestreben. Nie die Person – immer DAS WORT!

Die, die sagen, „ihr Weg" sei der „einzig Wahre", die Samen von Haß und Gewalt säen, von Teilung und Disharmonie, die eher die Unterschiede betonen, als die Gemeinsamkeiten zwischen euch Allen, und sogar die, die Liebe predigen, aber das Gegenteil tun, die, die nicht in der Lage sind, Allen gleichwertig zu dienen oder allen Bedürftigen gleicherart zu helfen: erkennt sie als falsche Propheten, vor denen Jesus euch gewarnt hat, das sind die Wölfe im Schafspelz, die, die die Menschheit teilen und den natürlichen Fluß von Einheit, Einigkeit und Harmonie hemmen.

Die, die aus der Wahrheit kommen, werden immer „gestatten" und „segnen", aber niemals veränderte Gesetze Gottes oder der Schöpfung als Wahrheit verkünden. Die, die aus der Wahrheit kommen, werden niemals von sich sagen, sie seien „die Einzigen", und werden auch niemals von der Wahrheit abkommen, daß der christliche Pfad der einzige Weg ist, um die Einheit mit Gott zu erlangen. Er wird nicht urteilen, aber er wird sich auch nicht von jenen Wahrheiten abbringen lassen, die von Gott gegeben wurden, um seinen Weg zu erleuchten. Er wird niemals Ehre für seine Perfektion oder seine Leistung für sich selbst in Anspruch nehmen, sondern immer im Namen Gottes, des Schöpfers, handeln.

Nur derjenige ist ein Prophet und hat auch das Recht, sich als dessen würdig zu bezeichnen, der im Lichte des Wortes Gottes lebt, das von Propheten aller Religionen auf die Erde gebracht wurde, denn nur durch sein Leben in der lichten Wahrheit Gottes und der Wahrheit ist er ein Prophet. Religionen und Vereinigungen werden vom Menschen gemacht, der sich dann als Entscheider über die Wahrheit erhebt, anstatt Gottes Wort als Ganzes zu belassen. Ignoranz ist der Grund für religiöse Konflikte, weil ein Dogma gegenüber dem Anderen behauptet, die eigene Quelle sei Gott. Die Leute reden und vergessen darüber die Einheit von Allem was ist. Es gibt keinen Unterschied zwischen Hindu, Moslem, Christ, Jude, Buddhist, Baha'i oder eingeborenem Indianer. Alle haben dieselbe Form. Das Einzige, was sie trennt, ist der Schleier der Ignoranz. Die Ignoranz hat ihre Wurzel im Ego, es erkennt Ihn nicht in allen Dingen, sondern nur in sehr trivialen und seichten Dingen. Was ist dann also der beste Name für Gott? IHR KÖNNT ALLES NEHMEN, WAS EUCH HILFT, SICH AM BESTEN AUF IHN ZU BESINNEN: Jehova, Om, Allah, Großer Geist, Wakan

Tanka – wirklich alles, denn Er hört auf euren Herzensruf, nicht auf das Geplapper eurer Lippen und Lungen, denn das besteht aus irdischem Fleisch. Es ist die Herzensseele, die von Gott kommt und darauf antwortet Er immer – denn der Ruf erzwingt immer die Antwort!

Ihr müßt damit aufhören, die Unterteilungen der einzelnen Dogmen auseinander zu dividieren und das ansehen, was in ihnen allen wundersam und wahr ist. Ihr müßt die Essenz der großen Vollkommenheit aller Wahrheit zusammenfügen, denn die Wahrheit bleibt immer die Wahrheit – immer und zu hundert Prozent. Ein Mensch kann sich irren und zu Gott finden – er kann aber von Gottes Wahrheit nicht abkommen und trotzdem Gott finden. Wenn ihr euch abwendet von den Gesetzen Gottes und der Schöpfung und euch darauf einlaßt, den Weg Satans und des Übels zu gehen, werdet ihr eurem Übel überlassen und es wird euch auffressen, weil das Übel immer sich selbst auffrißt. Wenn ihr, also 100 % der Menschheit, die Gesetze neu schreibt und durch demokratische Wahl darüber abstimmt – werden sie sich um keinen Deut ändern, denn sie zu verändern, ändert nichts an ihnen. Es führt euch höchstens tiefer in die Lüge, denn wenn ihr einmal die Wahrheit kennt, könnt ihr nicht mehr „unwissend" darüber werden. Denn wenn euch ein anderer Mensch erzählt, etwas, was falsch ist, sei recht, macht ihr euch selbst zum Narren, wenn ihr dessen Dummheit hinterherlauft.

Der Pfad erfordert Disziplin und ein Sich-Öffnen für Wissen und den Empfang der Wahrheit, sowie selbstdisziplinierte Handlungen im Sinne dieser Wahrheit. Da ist nichts mehr mit „Sitzen und Abwarten", bis es über euch hereinbricht! Kein Anderer kann es für euch tun und ihr könnt es auch nicht für einen Anderen tun – jeder muß es für sich selbst tun.

WIEVIEL ZEIT GIBT ES FÜR DAS SPIEL?

Laßt uns gemeinsam darüber nachdenken, was ich euch gesagt habe. Es ist sehr offensichtlich, daß ihr jetzt im Kali lebt, dem Zeitalter des Chaos – der Zeit „der Kreuzigung des Phönix".

Aber, wenn der „Heilige Glaube" wirklich von Gott kommt, wird er nicht zerstört. Aber Diejenigen, die das „von Menschenhand gemachte Dogma der Gebote Gottes" predigen und weiterhin in den Gewohnheiten des Bösen vor sich hindämmern und dabei Gottes Gebote brechen, werden hinweggefegt werden in den neuen Offenbarungen, die über die Welt der Menschheit hereinbrechen!

Die Schleier der dunklen Wolken des Übels werden gehoben und der Ewige Vater wird sich durch großartige und prächtige plötzliche Ereignisse offenbaren; überwältigend sein im Ausdruck Seiner Göttlichen Liebe, sich mehr zu erkennen geben im Hinblick auf die den anfälligen und eigensinnigen Menschen angebotenen Entscheidungen, und unendlich überzeugender und realer sein für die skeptische Menschheit! Die Wahrheit wird nicht mehr länger in ein Geheimnis eingehüllt!

Vor Äonen wurde euch schon mitgeteilt, wie es sein wird: „Nun zu dem, der die Macht hat, euch in meinem Evangelium und dem Gebet des Christos zu verankern, anläßlich der Offenbarung des Mysteriums, welches geheim gehalten wurde seit Anbeginn der Welt, das sich aber jetzt manifestiert und entsprechend des Gebotes des Ewigen Gottes durch die Schriften der Propheten bekannt gemacht werden soll allen Nationen zum Gehorsam unter den Glauben." Das „Geheimnis" wird komplett gelüftet, wenn die Erde von Beben zerrissen wird, die geheimen Orte keine geheimen Orte mehr sind und das freigegeben wird, was für den heutigen Tag bewahrt wurde.

Das „Mysterium der Mysterien" wird beim Erschallen der großen Trompete enthüllt. Die Erde wird ihre Belohnung erhalten, denn die bösartigen menschlichen Gedanken haben in zahllosen Zeitaltern eine Schwingung erzeugt, der jetzt auf einer physischen Ebene Ausdruck verliehen werden muß. Die Gedanken Derjenigen im „Licht" haben auch eine Schwingung erzeugt, die buchstäblich die geheimen Kammern und Tempel der antiken Vorzeit öffnen werden! So, wie die Frequenzen die Grabstätten versiegelt und bewahrt haben, genauso können sie auch die Gräber öffnen, wenn „die Zeit reif ist". Denn es bleibt nichts verborgen, das nicht enthüllt werden soll; und nichts versteckt, was an diesem Tag bekannt sein soll.

In den Offenbarungen wird gesagt: „Und da waren Stimmen, Donnergetöse und Blitze; und da war ein großes Erdbeben, das es zur Zeit der Menschheit noch nicht gegeben hat, ein gewaltiges, enormes Erdbeben."

Es soll dann kommen, „wenn der Mensch den Ozean beherrscht und auf Flügeln in der Luft fliegen kann wie die Vögel, wenn er gelernt hat, den Blitz nutzbar zu machen, dann soll die Zeit des Krieges beginnen. Groß soll die Schlacht sein zwischen den Mächten, riesig der Kampf zwischen Dunkelheit und Licht. Nation wird sich gegen Nation erheben, und sie werden die dunkle Macht dazu benutzen, die Erde zu zerschmettern. Gewaltige Waffen werden die Erdbewohner auslöschen, bis die Hälfte der Menschenrassen dahingerafft ist. Dann werden die Söhne der Morgenröte kommen und den Kindern der Menschen ihre Verordnung übergeben, die da heißt: ‚Oh ihr Menschen, beendet euer Machstreben gegenüber euren Brüdern, denn nur so könnt ihr ins Licht kommen. Beendet euren Unglauben, oh meine Brüder, folgt dem Pfad und wisset, es ist der Rechte'." (Die Smaragdenen Tafeln).

Oh, fragt ihr – die Smaragdenen Tafeln? Wir müssen noch schauen, ob Jemand den Ruf hört und sich zu den Smaragdenen Tafeln meldet. In dieser Schrift werden wir das für eine Weile so stehen lassen, um festzustellen, ob sich Jemand darum kümmert und das mit Allen teilt. Wenn Niemand kommt, werden wir es der Schreiberin geben – so sei es.

Im Moment wird ein großer Zyklus beendet – in Kürze beginnt ein neuer Zyklus. Der Christus klopft an die Tür des Herzens dieser Welt. Diejenigen, die ihn hereinbitten, werden die „Kinder des Neuen Bundes."

Diejenigen, die glaubten, Vervollkommnung könnte erreicht werden, indem man alles Begehren auslöscht und unterdrückt, werden eine große universelle Wahrheit lernen: Ein Mensch wird niemals aufgrund der Dinge gerichtet, die er nicht getan hat. Er wird danach beurteilt, wie er gelebt hat, was er denkt, sagt und tut; niemals durch seine Tatenlosigkeit in Ignoranz. Ah, aber dabei müßt ihr bedenken, daß manchmal die „Tatenlosigkeit" wirklich die großartigste „Tat" ist!

Ein Mensch wird nicht für die Wahrheit haftbar gemacht, wenn es um geistige Dinge geht, außer gegenüber sich selbst und dem Gott in ihm – dem Gott, der am christlichen Tor zu den höheren Ebenen steht; dem Gott, der euer „System" regiert! Deshalb liegt die Kompetenz dieser Schrift in der Tatsache, daß zukünftige Entdeckungen beweisen werden, daß die hierin enthaltenen Informationen genauso akkurat sind wie die in anderen Journalen. Vor euch liegen gewaltige und wunderbare Erfahrungen, wenn die Mysterien zu Wahrheit werden. Neben Entdeckungen über die Orte der Kostbarkeiten, werden auch in der Wissenschaft große Neuentdeckungen gemacht werden. Bald werden sich Geräte ergeben, die für einen bestimmten Zweck gedacht waren, und der Mensch wird die unbekannten Ebenen von Licht, Farbe, Ton und Bewußtsein erforschen – aber das muß sich alles in sauberer Reihenfolge abspielen, wenn kein Mensch es einem Anderen mehr wegnehmen wird.

Ihr steht vor der finalen Auflösung des Alten Zeitalters und danach können Gott und die Menschen regenerieren und wieder vereinigt werden, so daß das Neue Zeitalter aus der Asche des zerstörten Alten erneut emporsteigen kann. Zuerst müssen wir die Kreuzigung ertragen, bevor wir die Wahrheit der Auferstehung erfahren können. Zuerst muß die Asche kommen. So sei es.

Laßt uns jetzt diesen Teil beenden, denn der Körper quält sich mit den sich in die Länge ziehenden Stunden. Das Geschenk von Ruhe und Frieden wird euch zuteilwerden.

In Liebe und Wertschätzung trete ich beiseite, so daß wir schließen können.

ICH BIN HATONN, SALU UND GUTEN ABEND.

KAPITEL 26

Aufzeichnung Nr. 1 | GYEORGOS CERES HATONN

Sonntag, 4. Februar 1990, 8.00 Uhr, Jahr 3, Tag 172

Hatonn hier. Schau um dich herum, Dharma, auf die Schneepracht, die die Welt mit einer umwerfenden Schönheit bedeckt. Gottes Gnade ist wie diese wundersame Schneedecke, die das Land nährt, Ina-Maka Wasser spendet und alles bedeckt, was häßlich und verwundet ist.

Wenn du dir diese wunderbare Bedeckung ansiehst, heißt das noch lange nicht, daß die Häßlichkeit oder die Wunden geheilt sind – es heißt nur, daß die Barmherzigkeit des Vaters alles überziehen kann. Aber, genau wie bei einem starken Schneefall, macht es den Weg etwas schlüpfrig und die Arbeit, in der Reinheit zu bleiben, etwas schwer, denn du mußt auch die irdischen Dinge nutzen, die bedeckt sind und dafür graben und schaufeln, graben und schaufeln, um das, was wichtig ist, an die Oberfläche zu bringen. Heute findest du die Fülle darunter und die Vögel haben etwas zu essen. Du mußt dich auf den Tag einrichten, an dem die Fülle nicht direkt darunter liegt und das Land ausgedörrt ist.

Du mußt im Augenblick leben und doch weißt du, daß es nur zehn Kilometer von hier nichts mehr gibt, außer trockene und ausgedörrte Wüste, die sich über Aberhunderte von Kilometern hinzieht und deren Wasservorrat beinahe erschöpft ist. Schau es dir jetzt an und erinnere dich – denn der Tag wird kommen, da die Wüste als Ozean erscheint und Gebiete, die im Brachland liegen, zu blühen beginnen, da Teile davon auf Gebirgshöhen liegen. Erfreue dich daran, denn deine Mutter wird sich erneuern.

VERZERRTE SICHTWEISE

Bevor wir in die „Kreuzigung" des „Phönix" eintauchen, müssen wir über persönliche Vorstellungen, Bindungen und die Vergewaltigung der Gedanken sprechen – EURER GEDANKEN! Laßt uns weiter über Freiheit sprechen – mentale Freiheit und über das Brechen eurer Fesseln.

Die Menschheit steht vor einer Mauer – wird sie weiterhin auf der Seite der Schwierigkeiten stehen, oder wird sie sich darüber hinwegheben und in das wunderbare Neue – aber Unbekannte – gehen?

Um eure Ketten zu brechen, müßt ihre eure „ANGST" loslassen. Die Angst kontrolliert euer Leben, ob euch das bewußt ist oder nicht. Ihr habt Angst davor, etwas nicht zu haben, Angst davor, etwas zu haben, Angst, daß die Regierung eure Einkommensteuererklärung überprüft, Angst, daß ihr die „Liebe" eines Anderen verlirt (nun ja, das ist sowieso keine „Liebe"), habt Angst, daß eure Miete nicht bezahlt wird, oder die Kinder nicht essen wollen, oder Angst, Angst, Angst und nochmal Angst. Ihr müßt eure Ängste loslassen und eure Gedanken befreien. IN DER FREIHEIT, KEINE ANGST ZU HABEN, KÖNNT IHR WIEDER „DENKEN" UND AUF ALLEN EBENEN REICHHALTIG WACHSEN – DENN DIE LIEBE KANN FREI IN EUCH FLIESSEN, WENN DIE ANGST EINMAL VERSCHWUNDEN IST, DENN IN DER GEGENWART DER LIEBE KANN ANGST NICHT ÜBERLEBEN. ES IST WIE MIT DEM LICHT – IN DER ANWESENHEIT VON LICHT GIBT ES KEINE DUNKELHEIT. GOTT IST LICHT – LASST UNS GEMEINSAM INS LICHT GEHEN, IHR KLEINEN.

Ihr nehmt dieses Buch in die Hand und beurteilt es schon, bevor ihr es Seite für Seite gelesen habt – normalerweise deshalb, weil es bereits Jemand kommentiert hat oder wegen eines Absatzes in der Inhaltszusammenfassung. Manche werden sagen, „noch ein ‚spirituelles' Buch mit lehrendem Idealismus," und Andere werden sagen, „warum haben sie es hier wieder mit der weltlichen Praxis, wenn ich spirituelle Führung brauche und ‚sie' mir nur sagen, was falsch ist?" und dann wie immer – „Das Wort muß aus der Dunkelheit kommen, denn ‚Ich' habe es nicht geschrieben und Jeder, der an körperlose Energien glaubt, spinnt sowieso." Erkennt ihr, wie Angst euren Tatendrang lähmt, selbst wenn es nur, wie hier, um ein Journal geht?

Laßt uns ein paar Rahmenbedingungen betrachten, bevor wir mit dem Thema beginnen. „Für euch, Hatonn, Sananda und wer auch immer da oben ist, ihr habt euren Weg gefunden. Wir brauchen etwas für HEUTE, FÜR HIER UNTEN, und gebt uns keinen Arm voll ‚Kirchenschund'!" Also gut, dann spreche ich aus, woran es liegt – BEI EUCH! DAS SIND DIE FAKTEN, HERR UND FRAU VON UND ZU, DIE REINEN FAKTEN!

Lehrsatz Nummer eins: Keiner kann es für euch erledigen. Ihr müßt um euch herumschauen und aussortieren, wie es ist. Wenn euer Leben perfekt ist, braucht ihr das Journal nicht weiterzulesen – aber der Prozeß beginnt und endet mit euch – unabhängig von irgendjemand Anderem.

Bevor ich überhaupt beginnen kann, müßt ihr einer oder zwei Tatsachen geradewegs ins Auge sehen. Ihr müßt lernen, der Welt und Jedem, der darin lebt, zu verzeihen, UND GANZ SPEZIELL EUCH SELBST, SO DASS IHR WIEDER BEI „0" ANFANGEN KÖNNT, REIN, SAUBER UND FRISCH. Friede und Angstfreiheit im Innen bekommt ihr nur, wenn ihr die angstmachenden Dinge, die euer Leben anfüllen – im Außen wegwerft. Liebe und Frieden, inneren Frieden, werdet ihr nur erfahren, wenn ihr lernt, der Welt zu vergeben und Jedem, der darin lebt, womit ihr auch Jeden, einschließlich euch selbst, als schuldlos ansehen könnt. Ihr könnt nicht zurückgehen und das ausradieren, was vorbei ist – ihr könnt nur damit beginnen, euch selbst jene zurückliegenden Handlungen, die euch mißfallen haben, zu verzeihen, dann damit beginnen, die Dinge klarzustellen, die noch zu korrigieren sind, das zurücklassen, was nicht mehr zu korrigieren ist und weitergehen – aber jetzt korrekt in der Göttlichkeit, anstatt in der fortdauernden Wiederholung der falschen Wege.

In Wirklichkeit ist jeder Moment eurer Lebenserfahrungen eine Gelegenheit für eine neue Ausrichtung und einen neuen Handlungsweg. Wenn ihr euch depressiv fühlt, verärgert, irritiert oder krank, dann könnt ihr sicher sein, daß ihr das falsche Ziel gewählt habt und ihr auf „Angst" reagiert. Entweder habt ihr euch direkt und bewußt entschieden, in eurem eigenen Interesse zu handeln und zu schauen, was ihr „bekommt", anstatt euch nach außen zu richten und zu fragen „was kann ich ‚geben'," und wenn ihr euch dafür entscheidet, euch in eurer Unzufriedenheit zu suhlen und die vermeintlichen Wunden zu lecken, indem ihr Alles und Jedes als Affront betrachtet, anstatt als simples Körbchen mit einigen Auswahlen, dann habt ihr wieder bei eurer „Angst" klein beigegeben.

Laßt mich euch ein Beispiel geben, das mit Dharma zu tun hat. Vom Gatehouse in Sedona kam eine schmerzhafte Anklage über ihre Arbeit und die Anschuldigung, daß das Böse in Dharmas Schriften Einzug gehalten hätte. (Die Anklageschrift, die an alle Empfänger der Gatehouse Mailingliste ging, findet ihr im Anhang, zusammen mit Atons Antwort). Sie ist deshalb beigefügt, weil wir das hier besonders betonen wollen. Bei dieser Angelegenheit erhob die Schlange den Kopf, biß zu und hat damit Gift verspritzt und Schmerz zugefügt. Wir haben uns mit der Angelegenheit auseinandergesetzt und haben sie bereinigt – das hat aber *sehr viele* Andere mit hineingezogen, die verletzt und verwirrt zurückgelassen wurden. Aton hat darauf geantwortet, denn Er steht höher als jeder Andere. Seht ihr das? ER nahm die Last auf sich und trug sie – Dharma hat sie ihm übergeben. Es kommt nicht darauf an, was jetzt noch aus diesem Vorfall erwächst – er ist abgegeben und deshalb keine Drohung mehr, denn alles ist jetzt wieder voller Frieden und Wahrheit. Es ist leicht, zu „vergeben", denn es gibt nichts zu „vergeben" – es ist nichts weiter als eine Meinung gegen eine Andere oder gegen Andere, und es hat überhaupt nichts mit Dharma zu tun, denn als sie wieder in der Balance war, hat sie nichts mehr gefunden, was hätte „korrigiert" werden müssen. Ihr „Irrtum in der Angstreaktion" hätte bedeutet, sich diesen dummen Anklagen zu unterwerfen, die eigentlich nur beweisen, daß ihre Wahrheit gültig ist – ihr könnt das immer durch die Art der Anschuldigungen beurteilen.

Wenn ihr zum Beispiel den genauen Wortlaut der Anklage und der Gegenanklage nehmt, werdet ihr feststellen, daß die beschuldigende Partei entweder die Originalschriften ablehnt, weil sie falsch sind, oder sie versucht, die Wahrheit zu verstecken, um daraus einen persönlichen Vorteil zu ziehen und die Massen daran zu hindern, die Wahrheit und das Wort Gottes zu bekommen. Der Punkt ist, es hat NICHTS mit Dharmas Schriften zu tun, denn sie ist nicht die Autorin dieser Journale – sie tippt nur die Symbole des Alphabets auf ein Blatt Papier. Da sich also die verkündeten Anschuldigungen gegen die „Autoren" dieser Journale richten – HAT DAS ÜBERHAUPT NICHTS MIT DHARMA ZU TUN. SIE MUSS ES IN LIEBE LOS- UND ZURÜCKLASSEN. SIE SOLLTE ES ABER NICHT „VERGESSEN", DENN WENN IHR EUCH NICHT AN EURE LEKTIONEN ERINNERT, SEID IHR DAZU VERDAMMT, SIE ZU WIEDERHOLEN. DAS DIENT EINEM SEHR POSITIVEN ZWECK, DENN ES VERANLASST SIE, IHRE EMPFÄNGER SORGFÄLTIGER ZU PRÜFEN UND IMMER „NUR" AUF DER LICHTEN SEITE ZU SEIN, WENN WIR SCHREIBEN. WENN SIE NICHT KLAR IST, SCHREIBEN WIR EINFACH NICHT, DENN WIR ZWINGEN IHR NICHTS AUF. WEDER DRUCK NOCH ANGST KOMMEN VON GOTT. DRUCK UND ANGST RESULTIEREN AUS DEM ÜBEL.

WAS IST „ZEIT"?

„Zeit" ist nur eine Wahrnehmung, die es euch erlaubt, „Erfahrungen" zu sammeln. Sie gibt euch einen „Raum", innerhalb dessen ihr eine Erfahrung machen könnt. Wollt ihr die Erfahrung von Frieden oder von Konflikten machen? Es hängt ganz allein von euch ab, was es sein wird. Christus ermuntert euch, euch für den Frieden zu entscheiden; Satan versucht, euch mit Lügen zu verführen, damit ihr den Streit sucht. Der alte Dunkle kann euch nur mit Konflikten fertigmachen.

Vielleicht braucht ihr ein klein wenig Definition, was den Ausdruck angeht: Ohne Angst und Dunkelheit zu Leben HEISST, in einem Status von Liebe und Zulassen zu sein. Angst ist der „Gegenpol" zu Liebe. Es gibt buchstäblich nur zwei gültige Gefühle. Das eine ist wirklich – die Liebe; das Andere ist eine mentale Illusion – die Angst. Die Liebe ist die wahre Realität, denn sie ist die Einheit mit dem inneren Gott; Angst ist etwas, das euer Verstand aufgebaut hat und ist deshalb irreal.

Was ihr erfahrt, ist der Status eures Bewußtseins, den ihr nach außen in eure Taten und Aktionen projiziert. Wenn euer Bewußtseinszustand Wohlbefinden ist, Liebe und Frieden, werdet ihr das ausstrahlen und deshalb auch die Erfahrung machen. Ist euer Bewußtseinszustand aufgewühlt und voller Zweifel, Ängste und Bedenken, werdet ihr auch das ausstrahlen und das anziehen, was ihr euch ausmalt und aus diesem Grund wird eben das eure zu erfahrende Realität sein.

Alles Bewußtsein, Brüder, ist vereinigt in EINEM EINZIGEN, ALLE Dinge sind schlußendlich EINS – EINS! Also, was ihr durch eure *körperlichen Sinne* wahrnehmt, beschert euch eine sehr begrenzte und entstellte Sichtweise eurer Realität.

Eure einzelnen Bewußtseinsanteile funktionieren allerdings so, als ob sie nicht eins wären. Das Einzige, das euch wirklich zum Handeln bringt, zu Taten drängt wie z.B. Kriegsszenarien, Konflikte und Verwirrung, wenn ihr es zulaßt, ist das Ego-Bewußtsein. Es projiziert auch die Illusion, daß ihr voneinander getrennt wäret. Euer wirklicher Chef projiziert allerdings keine Illusionen; er erweitert euer Wahrheitsbewußtsein in Richtung Einheit und Zusammenhalt.

Und tatsächlich ist euer Geist Chef, Produzent, Drehbuchautor, Filmproduzent, Rollenverteiler, Filmvorführer, Publikum und Kritiker, alles in Personalunion. Euer Geist, der grenzenlos ist, hat die Fähigkeit, jederzeit den Film und alles Drumherum zu verändern. Euer Geist hat die Kraft, alle Entscheidungen selbst zu treffen. Der egoistische Teil eures Bewußtseins ist wie ein schwerer Vorhang, der die Realität vor euch verbirgt. Ihr könnt lernen, euren Geist dazu zu bringen, den Vorhang zu öffnen, Licht und Wahrheit zu enthüllen und dann kann euer wahres Bewußtsein alternative Lösungen erschaffen, wie ihr mit all den heraufbeschworenen Sinnestäuschungen umgehen wollt. Es wird euch nie an Alternativen fehlen – das ist nämlich die allergrößte Sinnestäuschung, der die Menschheit unterliegt, denn immer, wenn ihr denkt, es gäbe keinen Ausweg – taucht er auf. Es mag nicht passend sein, aber es gibt eine unendliche Anzahl an Alternativen. Es gehört zu eurer Prüfung, welche ihr davon auswählt.

Verurteilt euch nicht, wenn ihr negative und weit hergeholte Alternativen findet – das bedeutet nichts anderes, als daß euer Geist ohne Grenzen arbeitet – IHR selbst müßt die unpassenden Möglichkeiten daraus aussortieren. Und außerdem, wenn ihr euch angewöhnt, alle Entscheidungen in Liebe und unter Berücksichtigung der Gesetze Gottes und der Schöpfung zu treffen, werdet ihr immer aus Alternativen wählen können, die die vollkommene Integrität repräsentieren und nichts weniger wird akzeptiert werden.

WOLLEN WIR DIE GESICHTER DER ANGST ANSEHEN

SCHULDGEFÜHLE:

Junge, Junge, wie die „Kontrolleure" diese lieben. Bringt einen Menschen dazu, sich schuldig zu fühlen und ihr habt ihn in Gefangenschaft! Schaut euch um und erkennt, wieviele „Schuldgefühle" ihr akzeptiert, nur weil ein Anderer beschlossen hat, euch auf die eine oder andere Weise zu kontrollieren. Schaut euch ferner die Gitterstäbe eurer Gefängniszelle an und den Schlüssel zum Schloß – „Angst". Durch diese „Angst" könnt ihr total unbeweglich werden und die Schuld hält euch gefangen. Zum Schluß hört ihr auf, für euch selbst zu funktionieren. Ihr habt die Gesetze von Gott und der Schöpfung bekommen – ALLE ANDEREN GESETZE SIND VON ANDEREN MENSCHEN GEMACHT WORDEN! Also was tut ihr? Ihr beginnt, euch so schuldig zu fühlen, daß ihr euch zum Schluß für unwürdig und undankbar haltet und alles an die übergebt, die die Spielregeln machen. Erkennt ihr nicht, daß, solange ihr die Gebote Gottes und der Schöpfung befolgt, alle anderen Regeln und Regelungen von euch selbst oder von anderen Menschen auferlegt sind?

Die „Verschwörer" inszenieren sogar eine groß angelegte „Schuldkampagne" bei der Fälligkeit eurer Einkommensteuer – nennen euch „Betrüger", wenn ihr Abzüge macht, die ihr rechtmäßig machen könnt! Noch schlimmer, die Zwangsmaßnahme, Einkommensteuerformulare abgeben zu müssen, ist gemäß der Konstitution eurer Gründerväter gesetzeswidrig. Oh, natürlich ist sie „legal", denn sie wurde von der Legislativen eurer demokratischen Vereinigten Staaten festgesetzt – sie ist ILLEGAL!

Ah, aber die Konstitution hat EUCH zum Souverän gemacht – Wir, Das Volk der vereinigten Staaten ... nicht das Volk der Vereinigten Staaten. Beachtet die Großbuchstaben und das Apostroph. [A.d.Ü.: Original: "We The People of the united states ... not the United States' people".] Das sechzehnte Amendment [A.d.Ü.: Änderung, aber auch bei uns als "Amendment" geläufig], setzt die einzelnen Artikel der Konstitution außer Kraft. Als Beispiel – das 21. Amendment legt klar fest, daß es das 18. Amendment ersetzt; das 16. Amendment weist noch nicht einmal daraufhin, daß es eines der vorhergehenden Amendments ersetzt, die natürlich als die ersten Zehn die BILL OF RIGHTS beinhalten. Also, da es nichts Vorhergehendes ersetzt, muß die Abgabe der Einkommensteuererklärung ein freiwilliger Akt oder eine „Ausübung geltenden Rechts" sein und die zwangsweise Abgabe, die die Legislative der Vereinigten Staaten einer Person aufzwingt, die nicht Bürger des Gebietes Washington D.C., Puerto Rico oder eines anderen Territoriums ist, das direkt der Autorität des Kongresses untersteht, ist gemäß der Verfassung rechtswidrig. Denn wenn ihr in einem der fünfzig Staaten wohnt, seid ihr einfach Bürger der vereinigten Staaten und nicht Bürger der Vereinigten Staaten. Nein, sie werden euch das nicht erzählen und so wurde alles Andere in eurer Konstitution neu verfaßt, um EUCH, DAS VOLK, zu betrügen, was eure „Rechte" gemäß eurer Konstitution angeht.

Wieviele von euch bleiben standhaft und geben ihre Steuererklärung nicht ab? Die Abgabe eurer Erklärung könnte momentan gesetzeswidrig sein, aber nehmt ihr deshalb davon Abstand?

(Anmerkung des Herausgebers: Die Gründerväter der Konstitution gaben die Vollmacht zur Steuererhebung an die Staaten, nicht an den Kongreß). Nein – ihr manövriert euch bei jeder Abgabe in total chaotische Angstzustände und Schuldgefühle hinein – ihr habt Angst davor, daß sie euch aus Versehen festnehmen und einsperren – und wenn ihr es nicht besser wißt, wird auch genau das passieren. Anstatt euch über die Wahrheit zu informieren, marschiert ihr weiter zum Trommelschlag des Übels.

WOLLEN WIR ÜBER DIE DINGE SPRECHEN, DIE EUCH INS GEFÄNGNIS BRINGEN

Alle Gesellschaften entwickeln ein Rechtsprechungssystem, mit dem ein Individuum, das eines Verbrechens angeklagt wird, vor Gericht gestellt und, wenn schuldig befunden, auch angemessen bestraft werden kann. Das findet normalerweise vor einem Gericht statt, in dem sich drei wichtige Beteiligte einfinden: der Angeklagte, der Kläger und der Richter.

Der Angeklagte oder Beschuldigte kann einen sachkundigen Partner mitbringen, der ihn unterstützt, den Verteidiger. Zusätzlich kann sowohl der Beklagte als auch der Kläger Zeugen benennen, die in der jeweiligen Angelegenheit unterstützend aussagen. Diese werden dem Richter in einer vorher festgelegten Abfolge präsentiert, der dann entscheidet, ob der Beklagte schuldig ist und welche passende Strafe er bekommen soll.

In den meisten zivilisierten Gesellschaften nimmt dieser Prozeß ziemlich viel Vorbereitungszeit in Anspruch, bevor ein Urteil gesprochen werden kann. Ja natürlich, ich spreche hypothetisch und idealistisch, denn natürlich wurde euer Gerichtssystem auch von den „Verschwörern" gekreuzigt.

Ihr solltet erkennen, daß der Gerichtshof eures Geistes viel schneller arbeitet, wenn er all die notwendigen Informationen verarbeitet, um ein Urteil zu fällen – manchmal innerhalb von Sekunden und selten in mehr als ein paar Tagen.

Euer Geist ist wie ein vielschichtiger Computer, der in der Lage ist, bei jedem speziellen Fall die Beweismittel und das Für und Wider gegeneinander abzuwägen. Danach trifft er eine Entscheidung, tendierend zum Dafür oder Dagegen, indem er die präsentierten (oder aufgenommenen) Daten gegeneinander abgleicht. Folgend trifft er dann die Entscheidung aufgrund dieser Daten. Wenn jetzt ein Individuum wegen eines emotionalen Verbrechens angeklagt wird, trifft sein Verstand die Entscheidung im „Gerichtshof" dieses Geistes. Die Entscheidung DIESES Gerichtes ist bindend und wird die gesamte Zukunft des Individuums bestimmen, wenn dieses „Verbrechen" nicht anläßlich einer anderen Gelegenheit zu einem „Wiederaufnahmeverfahren" führt.

BETRACHTET DEN GERICHTSHOF UND DIE MITSPIELER

Nun, der Inhaber des Geistes (du zum Beispiel) ist offensichtlich der Angeklagte, aber wer könnte dann der Ankläger sein? Wer der Richter? Du bist dir wahrscheinlich der „Verbrechen" bewußt und ebenso der damit einhergehenden „Gefängnisse", solltest du verurteilt und bestraft werden. Offensichtlich mußt du die Natur und die Funktion jedes Beteiligten in diesem „Gerichtshof des Geistes" verstehen.

Jeder von euch hat mindestens drei Zustände des Egos mit drei unterschiedlichen Sichtweisen. Eure Professoren haben sie als Kind, Eltern und Erwachsener bezeichnet. Dieses Konzept ist sehr interessant und wird hier für unsere Belange ausreichen.

Was also ist hier unser Zweck? *IHR – IHR SEID DER PHÖNIX – SPÜRT IHR NICHT, WIE DIE NÄGEL DER KREUZIGUNG IN EURE EIGENE SEELE DRINGEN? ERINNERT EUCH ABER DARAN, FÜR DIE WIEDERGEBURT DES PHÖNIX BRAUCHT MAN IN ERSTER LINIE DIE ASCHE. WIR WERDEN DIE ASCHE DAZU VERWENDEN, DIE FELDER ZU DÜNGEN, DAMIT DAS NEUE ERBLÜHEN KANN.*

DIE DREI EGOS:

KIND: Das ist der ursprüngliche und vielleicht zentrale Zustand des Egos, der Teil von euch, auf den ihr euch bezieht, wenn ihr von eurem „eigenen Ich" sprecht. Es ist der fühlende Teil eures Wesens. Das Kind spürt all eure normalen Gefühle: Verletzung, Wut und Angst, genauso wie ihre Gegenteile, Freude, Liebe und Sicherheit. Als Bestandteil, der die Kraft und Energie für eure kreativen Aktivitäten liefert, ist er wahrscheinlich der einzige Ego-Zustand, der bei der Geburt beobachtet werden kann, obgleich sich die anderen Ego-Zustände genauso schnell entwickeln, wie jeder Moment der Zeit fortschreitet. Das Kind steht vor der Schranke des Gerichts eures Geistes als Beschuldigter, denn nur der kindliche Ego-Zustand spürt die Gefühle. Und tatsächlich wird das Kind dafür angeklagt – für seine Gefühle. Und genau das ist auch der Wesenszug, der von Gott eingefordert wird, damit das Wesen in Sein Himmelreich eintreten kann, denn die anderen Ego-Zustände werden abgestreift.

DER ELTERNSTATUS: Sehr früh im Leben wird dieser Egostatus entwickelt als Antwort auf den Kontakt mit Menschen im Umfeld, deren Anführer eure Eltern oder stellvertretende Personen sind. Dieser Ego-Zustand wird auf Menschen in der unmittelbaren Umgebung übertragen, wobei die wichtigste Person normalerweise die Mutter ist, da sie während der frühen Lernphase des Kindes dem Kind sehr nahe ist. Diese inneren Eltern sind den wichtigen Personen im Leben des Kindes sehr ähnlich. Sie verdienen auch diese Bezeichnung, denn sie ähneln den echten Eltern in Gedankenstruktur und Verhalten. Für das Individuum ist das ein sehr wichtiger Ego-Zustand, da er einen Hinweis auf die wahrscheinliche Reaktion der echten Eltern gibt. Das hilft dem Kind, im Voraus zu wissen, welchen Effekt sein Verhalten vermutlich bei seinen Eltern hervorruft.

Jedes Individuum beginnt sein Leben mit einem instinktiven Gefühl für das Selbst. Der Ausdruck dieses Selbstes, der kindliche Ego-Zustand, wird sehr von der Interaktion mit dem Ego-Zustand der Eltern geprägt. Die Funktion der Eltern ist es, all die Informationen über die Menschen im unmittelbaren Umfeld des Kindes zusammenzutragen, so daß sich das Kind harmonisch auf diese Menschen einstellen kann. Das Kind muß mit diesen wichtigen Menschen gut auskommen, denn davon hängt sein Leben ab. Der Ego-Zustand Eltern ahmt daher all diese Menschen nach und übernimmt ihre Haltungen und Glaubenssätze.

Für ein Kind ist es lebenswichtig, die Zustimmung seiner Eltern aufrechtzuerhalten und ihre Ablehnung zu vermeiden. Die inneren Eltern agieren als ausgezeichnetes Werkzeug der Überwachung und Veränderung des kindlichen Verhaltens, um sich den wirklichen Vorstellungen und Glaubenssätzen der echten Eltern anzugleichen, damit das Kind gut mit ihnen auskommen kann – das ist genau das Gleiche wie bei den Regeln der Obrigkeit, gleichgültig, ob sie richtig oder falsch sind. In einem gewissen Punkt kann das Kind nicht zwischen richtig oder falsch unterscheiden und übernimmt einfach die Richtlinien, um den Frieden innerhalb des „gesetzlichen" Rahmens der Eltern zu bewahren. Dem Kind ist seine große Abhängigkeit von den echten Eltern für seine Existenz bewußt und sie bestätigen ihm das auch immer wieder absichtlich durch ihre Macht, wobei für das Kind die größte Angst ist, daß sie es in seiner eigenen Hilflosigkeit und Isolation hängen lassen. Diese Möglichkeit ist für das Kind ein echter Terror.

Die Wichtigkeit des Ego-Zustandes Eltern darf niemals unterschätzt werden. Aufgrund seines manchmal übertrieben kritischen Verhaltens mag er durchaus als negatives und destruktives Element in der Persönlichkeit betrachtet werden. Das ist eher scheinbar als real, weil der Ego-Status Eltern primär die Absicht hat, das Kind zu beschützen, obgleich die Art, wie er seine Aufgabe erfüllt, oftmals archaisch und verantwortlich für eine schlechte mentale Verfassung ist. Viele Therapeuten haben es verpaßt, diesen wichtigen Punkt anzuerkennen, weshalb ihr Verständnis für klinische Probleme, die daraus erwachsen, sehr begrenzt ist.

Zuerst einmal ist es wirklich schwierig, den Gedanken zu akzeptieren, daß Jeder von euch mehr als einen Persönlichkeitsaspekt hat. Man kann ziemlich leicht den Ego-Status Kind akzeptieren, da sich die Meisten von euch auch einiger Gefühle bewußt sind und deshalb auch die Gefühle ihres inneren Kindes akzeptieren können. Es mag jedoch äußerst schwierig sein, die anderen Ego-Zustände in euch zu erkennen und das ist ganz besonders der Fall, wenn es um die inneren Eltern geht.

Ihr könnt wahrscheinlich diese Ego-Zustände besser in Anderen wahrnehmen als in euch selbst. Wenn zum Beispiel Kinder spielen, sind sie glücklich, traurig, wütend oder verängstigt, das sind klare Ausdrucksweisen des inneren Kindes. Zu anderen Zeiten, wenn sie elterliche Haltungen und Verhaltensweisen nachahmen, arbeiten sie mit dem Ego-Zustand Eltern. Schaut euch das kleine Mädchen an, wenn es mit seinen Puppen spielt. Es wird mit ihnen schimpfen, wenn sie imaginär böse waren oder wird sie loben für eine hervorragende Leistung. Wenn man das Mädchen weiterbeobachtet, wird man feststellen, daß es seine Puppen liebt und mit ihnen schmust. Sein Benehmen zeigt die Entwicklung seiner inneren Eltern, die von seinen eigenen Eltern geprägt wurde. Dazu kommt, daß es auch Einige der elterlichen Verhaltensweisen den Puppen gegenüber übernommen hat und sie kritisiert, lobt, oder sich selbst liebhat. Ganz klar, daß diese Eltern mit ihrem Kind kommunizieren.

DER ERWACHSENENZUSTAND: Wir wollen jetzt den dritten Ego-Status betrachten, der leicht in allen menschlichen Wesen erkannt werden kann. Er wird möglicherweise etwas später heranreifen, als der Elternstatus und entwickelt sich aus dem Teil des Bewußtseins, der damit beschäftigt ist, Informationen über die Welt um euch herum zu sammeln und diese in den Erinnerungsbanken für späteren Zugriff abzulegen. In jeder Minute eines Tages benutzt ihr eure fünf Sinne und sammelt Informationen, die an jedem einzelnen Tag in euren Erfahrungsbereich hineinwachsen. Diese Daten, ohne Vorurteile zusammengetragen, sind unabhängig von Meinungen und Glaubenssätzen anderer Leute, so etwa wie anderes Wissen, das den Weg des Individuums kreuzt. Das steht dann in direktem Gegensatz zum Ego-Zustand Innere Eltern, der gänzlich darauf ausgerichtet ist, zu lernen, wie die Anderen denken und fühlen, und diese Informationen dann zu speichern.

Mit den üppigen Daten, die zur Verfügung stehen, ist der Ego-Zustand Erwachsener einem höchst komplexen Computer sehr ähnlich, der zu anderen Schlüssen kommen wird, wenn man ihn mit einem neuen Problem konfrontiert. Diese Schlußfolgerungen basieren dann auf der immensen Informationsmenge, die über die Jahre zusammengetragen wurde. Das Verstehen des Ego-Zustands Erwachsener ist besonders im Hinblick auf die analytische Betrachtung von Problemen wichtig, die Eltern und Kind erschaffen haben.

Mit der zur Verfügung stehenden Datenfülle und den unbegrenzten zusätzlichen Informationen, die für Nachforschungen abgegriffen werden können, ist das Erwachsenen-Ego in seinen Fähigkeiten praktisch grenzenlos, wenn es nicht aus dem einen oder anderen Grund von den beiden anderen Ego-Zuständen stillgelegt wird.

Idealerweise sollten die drei Ego-Zustände zum Wohle jedes Individuums harmonisch zusammenarbeiten und alle drei Ego-Zustände sind in allen Menschen immer vorhanden, obgleich natürlich in verschiedenen Reifestadien. Sie können am Besten mit drei verschiedenen Standpunkten verglichen werden, die hervortreten, wenn eine Situation eine eindeutige Vorgehensweise erfordert. Das Innere Kind wird ein ganz bestimmtes Gefühl bei der Sache haben, das sich oft als „sympathisch" oder „unsympathisch" bemerkbar macht, mit Ausdrücken wie „mag ich" oder „will ich", oder dem Gegenteil „mag ich nicht" oder „will ich nicht".

Das Ego der Inneren Eltern ist, wie ich schon gesagt habe, auf die Erwartungshaltung der Anderen ausgerichtet und benutzt Wörter, die das auch ausdrücken. Wenn ihr euch dabei erwischt, daß ihr Dinge sagt wie „ich müßte" oder „ich sollte", oder andererseits „ich müßte nicht" oder „ich sollte nicht", so benutzt ihr Phrasen, die die Erwartungshaltung zum Ausdruck bringen, die Andere an euch stellen. Ihr benutzt also das Ego der Inneren Eltern. Dieser Ego-Zustand kommt auch dann ins Spiel, wenn ihr, wie das kleine Mädchen mit seinen Puppen, in fürsorglicher, elterlicher Art Anderen Ratschläge erteilt, ihnen etwas empfiehlt oder sie kritisiert, oder wenn ihr die Verantwortung für Andere übernehmt.

Wenn ihr vom Gesichtspunkt des Erwachsenen-Status aus agiert, gebt ihr entweder ganz sachlich Informationen weiter oder ihr präsentiert Schlußfolgerungen, zu denen ihr aufgrund der euch vorliegenden Informationen gekommen seid. Dann sagt ihr „ich kann" oder „ich will", oder „es ist"; ihr könnt dann auch die gegenteilige Sichtweise der Fakten bekanntgeben wie z.B. „ich kann nicht", „ich will nicht" oder „es ist nicht".

Ich schätze, daß ihr aus dem oben Gesagten mit mir einig seid, daß ihr unter diesen Voraussetzungen nicht nur eine Persönlichkeit mit einem einzigen Standpunkt seid. Ihr tragt für jede gegebene Situation mehr als eine Sichtweise in euch und diese unterschiedlichen Standpunkte können sich auch gegenseitig den Krieg erklären. Betrachtet mal, wie schnell das „Ich will" eines Kindes mit dem „Ich soll nicht" des Erwachsenen kollidiert. Das ist übrigens die Basis vieler Eltern/Kind-Konflikte, über die wir euch noch Bände liefern werden. Es wurde euch eigentlich schon alles präsentiert, ihr habt es vielleicht nur noch nicht gefunden in den ganzen Lehrmaterialien, die mit eurem neuen Selbst einhergehen!

Also, ihr habt jetzt die drei Zustände des Egos kennengelernt, die Alle von euch ihr Eigen nennen, weshalb es jetzt möglich ist, die Rolle zu betrachten, die Jeder in der unendlichen Geschichte des Dramas Gerichtshof in eurem Geist spielt.

DER ANGEKLAGTE: Der Angeklagte ist immer das Innere Kind, der zentrale Mittelpunkt der Persönlichkeit, der für ein Gefühl oder etwas anderes verfolgt wird, das Ärger erzeugt hat. Zum Beispiel mag das Kind angeklagt worden sein, weil es existiert, weil es ein Mädchen oder ein Junge ist, oder weil es sogar bestimmte, nicht akzeptable menschliche Gefühle hat wie Angst, Wut oder Verletzungen.

DER KLÄGER: Der Kläger sind normalerweise die Inneren Eltern, eher die Mutter als der Vater. Es ist wahrscheinlicher, daß die Mutter sich an einer der Eigenschaften des Beschuldigten stört, da sie in täglichem, engem Kontakt mit dem Kind ist. (Das ist jedoch nur so vorausgesetzt und variiert von Kind zu Kind und in unterschiedlichen

Situationen). Geschwister, Großeltern und Lehrer können auch als Kläger infrage kommen. Der Kläger ist immer Jemand aus dem unmittelbaren Umfeld des Kindes, der sich unwohl fühlt durch das Kind oder weil es etwas aufgrund seiner Eigenschaften getan hat.

Die Art, wie der Kläger seinen Unmut ausdrückt, kann beträchtlich variieren, aber welche Methode auch immer angewandt wird, hinterläßt sie im Bewußtsein des Kindes zweifellos, daß es gänzlich für den Unmut verantwortlich ist, den der Kläger hegt.

DER RICHTER: Die nicht beneidenswerte Aufgabe des Richters fällt an die Inneren Eltern. Warum? Weil sie dazu da sind, das Kind davor zu bewahren, sich von seinen wahren Eltern zu entfernen. Das muß unter allen Umständen verhindert werden. Die Eltern müssen deshalb beurteilen, ob die Anklage wirklich korrekt ist und der Kläger wirklich solchen Unmut hegt, daß der Rückzug aus seiner Unterstützung und Fürsorge gerechtfertigt ist. Die Eltern müssen auch bestimmen, ob eine Strafe auferlegt werden soll, um die Wiederholung dieser Tat zu verhindern.

Der Richter kann angerufen werden, um eine sehr schnelle Entscheidung zu treffen oder den Urteilsspruch zu vertagen, bis sich eine oder mehrere ähnliche Anklagen angesammelt haben und dann wird klar, daß die Entfremdung gegenüber den Eltern wahrscheinlich wird.

DIE VERTEIDIGUNG: Da es für jede Frage zwei Seiten gibt, wird im Gerichtshof des Geistes auch die Verteidigung in Gänze berücksichtigt.

Das Kind spricht zu seiner Verteidigung und seine Aussage ist einfach: es hat das getan, was es als richtig erachtete. Es war einfach nur es selbst. Das scheint ihm ein völlig adäquates Argument zu sein. Wenn es unter Druck gesetzt wird, könnte es auch argumentieren, daß es nicht wußte, daß Sich-Selbst-Sein ein Verbrechen ist oder daß ein Anderer davon genervt sein könnte.

Unglücklicherweise ist aber die Unwissenheit über ein Gesetz in keinem Rechtssystem ein adäquates Verteidigungsinstrument. Die Tatsache, daß das Kind nicht wußte, daß Sich-Selbst-Sein als Verbrechen betrachtet wird, bringt ihm gar nichts. Es wird wegen seiner schwachen Verteidigung im Gerichtshof ausgelacht. Die Zuschauer auf den Rängen – Freunde, Verwandte, Gleichaltrige – werden hysterisch. Wie kommt ein Kind dazu, zu glauben, daß Sich-Selbst-Sein als Verteidigungsargument genüge und Unwissenheit über das Gesetz als Argument der Verteidigung akzeptiert würde? Nun, im Gerichtshof Gottes ist das angenehmer, denn dort wird das sofort akzeptiert. In eurer Welt der Dichte ist sowas total inakzeptabel!

Es ist jedoch noch nicht alles verloren. Was ist mit dem Inneren Erwachsenen? Was kann er als Verteidigung anbieten? Unglücklicherweise werden die Anschuldigungen üblicherweise gemacht, bevor der Erwachsene genug Informationen über die Welt aufgenommen hat, um hier Unterstützung zu geben – normalerweise geht niemand los und sucht, bevor die Notwendigkeit entsteht. Er ist sich also der Abhängigkeit des Kindes von seinen Eltern sehr bewußt und könnte bestätigen, daß dem Kind noch die physische und emotionale Kraft fehlt, um die Gefahren dieser Welt ohne die Hilfe seiner Eltern zu überleben. Er kann das Kind darin bestärken, daß es nicht unnormal ist und daß Andere mit den gleichen Eigenschaften nicht als kriminell abgestempelt werden, weil sie diese Wesenszüge besitzen. Aber dieser Rückhalt ist normalerweise sehr gering.

DAS URTEIL: Wenn sich das Gericht zurückzieht, um das Urteil zu beschließen, kann es sich entweder eine beträchtliche Zeit dafür nehmen oder es kann im Bruchteil einer Sekunde entscheiden. Ein Teil dieser Urteile sind Urteile mit „unschuldig". Diese muß man nicht betrachten, da daraus keine Probleme erwachsen. Den Urteilen mit „schuldig" sollte man jedoch große Beachtung schenken.

Wenn der Richter (Eltern) das Kind „schuldig spricht", muß er eine Strafe verhängen, die sicherstellt, daß das Verbrechen nicht wieder passiert. Welche Entscheidung die Eltern jetzt auch immer treffen, sie muß vom Ego-Zustand der Eltern ausgeführt werden. Im Gerichtshof des Geistes ist die Strafe immer so angelegt, daß sie der Schwere des Verbrechens entspricht und viele Jahre später, wenn ihr die dem Kind auferlegte Strafe analysiert, könntet ihr eine Vermutung über das Verbrechen wagen, dessen das Kind beschuldigt wurde.

Manchmal wird die Strafe nicht unmittelbar ausgeführt, sondern wird als Drohung über dem Kopf des Beschuldigten gehalten (Bewährungsstrafe). Um die Einzelheiten zu beleuchten, müßt ihr genau die „Freiheiten" betrachten, die dem Beklagten zur Verfügung stehen.

Dharma, wir müssen bitte Pause machen. Danke Dir.

Über die „Gefühle" werden wir sprechen, wenn wir das Diktat wieder aufnehmen.

Salu und guten Morgen.
Hatonn

„ANKLAGE" VON GATEHOUSE
DIE PHÖNIX JOURNALE BETREFFEND
Von „Dharma"

Im Herbst 1989 wurde eine Serie von zehn Manuskripten veröffentlicht (sie beziehen sich auf das Symbol des Phönix auf jeder Titelseite). Auf den Seiten dieses Materials wurden eine Menge Referenzen angegeben bezüglich A.S.S.K. und Schwester Thedra. Seitdem haben wir bei A.S.S.K. zahlreiche Anrufe und Briefe bekommen mit der Bitte, zusätzliche Informationen bekanntzugeben, die diese Journale betreffen und seither sind viele falsche Informationen und Gerüchte in Umlauf gekommen, was dieses Material betrifft und wir möchten, daß Ihr das Folgende wißt.

1. Dieses Material stammt *nicht* von A.S.S.K., noch haben wir bei A.S.S.K. irgendwelche Verbindungen zum Herausgeber oder dem Vertrieb für dieses Material. Wir bei A.S.S.K. stimmen diesem Material in keiner Weise zu.
2. Wir haben erfahren, daß große Teile des Materials *nicht*, wie angegeben, aus höheren Quellen stammt, sondern aus anderen Werken, die von anderen Personen und Quellen zuvor ver-

öffentlicht, gestohlen und kopiert wurden. Beispiele hierfür können Sie überprüfen:

a. Aus dem Journal mit dem Titel *Space Gate* = Der Großteil der ersten fünf Kapitel dieses Journals ist fast wortwörtlich aus einem Manuskript übernommen worden, das kürzlich von M.W. Cooper herauskam und *Operation Majority – MJ 12* betitelt wurde.

b. Ebenfalls aus dem Journal *Space Gate* = Kapitel 6 wurde fast wörtlich aus der Übertragung eines Videos über internationales Bankwesen von Jonathan May übernommen.

c. Aus dem Journal *Rainbow Masters* = Dieses Journal wurde überwiegend Wort für Wort einer Broschüre entnommen, die von Schwester Thedra vor über 25 Jahren veröffentlicht wurde und *Transcript oft he Masters* benannt war. Diese Niederschriften wurden später in einem Buch mit dem Titel *Secret of the Andes* veröffentlicht. In jedem Fall wurde dieses Material *nicht* im September 1989 gechanneled, wie euch das Journal glauben machen möchte, sondern wurde schon vor über 20 Jahren gedruckt.

d. Aus dem Journal *Cry of the Phoenix* = Kapitel 6 dieses Journals wurde nicht am 17. Dezember 1989 empfangen, wie der Autor euch verkündet, sondern das Meiste dieses Materials wurde Wort für Wort aus einem Buch übernommen, das von Schwester Thedra vor über 30 Jahren aufgezeichnet wurde und *Prophecies for Tiahuanaco* hieß.

3. Als William Cooper (s. oben) erkannte, daß dieser Artikel mit der versteckten Andeutung kopiert wurde, daß er von „Hatonn" „gechannelt" wurde, bat er einfach darum, damit aufzuhören. Als Antwort darauf begann „Hatonn" durch „Dharma" William Cooper in den nächsten Journalen anzugreifen und ihn einen dunklen Bruder zu nennen, der versuchte, die Enthüllung der Wahrheit zu verhindern. In der Niederschrift von Dharma, gechannelt am 4. Januar 1990,

8.00 h, sagt Hatonn: „Weder erkannte diese Schreiberin noch irgendjemand in ihrem Umfeld den Namen William Cooper und sie hatten keine Kenntnis seiner Schriften oder Lektionen usw. Er war ein absoluter Unbekannter für sie."

Wir bei A.S.S.K. möchten Sie wissen lassen, daß das eine Lüge ist. Wir selbst schickten etwa acht Wochen vor der Herausgabe von Space Gate eine Kopie des Berichtes von William Cooper (Operation Majority – M12) an „Dharma" und ihre Truppe.

4. In diesen Journalen werden bestimmte Referenzen bezüglich Schweser Thedra und A.S.S.K. angegeben. Obwohl die Autorin dieser Journale (Dharma) nur Informationen aus zweiter Hand bezüglich verschiedener Gegebenheiten hatte, wurden Einige davon so verzerrt, daß sie den Wünschen der Autoren entsprachen, während Andere so umgeschrieben wurden, daß daraus Lügen wurden.

Zum Beispiel: Es gab niemals einen Anschlag auf das Leben von Schwester Thedra, wie euch in einem der Journale (Survival, Seite 108) weis gemacht wird. Diese Aussage wurde aus den Informationen aus zweiter Hand konstruiert, die der Autor dieser Journale erhalten hatte und lügenhaft verzerrt wurde, um in die „Story" zu passen (daß auch Anschläge auf das Leben von Dharma unternommen wurden). Auf alle Fälle wurden die Referenzen und Behauptungen bezüglich A.S.S.K. und Schwester Thedra in das Material Einiger dieser Journale eingewebt, und wir möchten euch anraten, nichts zu glauben, was ihr lesen könntet in Beziehung auf A.S.S.K. oder Schwester Thedra. Bittet einfach um die Wahrheit.

* * * * *

Die oben angeführten Beispiele sind nur Einige der Diskrepanzen, die entstehen, wenn diese Journale „ans Tageslicht" kommen. Wenn ihr diese Journale gelesen habt, bitten wir euch einfach, die Wahrheit zu sehen, bevor ihr sie an Andere weitergebt.

Wir von A.S.S.K. sind seit über 40 Jahren in die Weitergabe der Wahrheit einbezogen. Es war immer unsere Absicht, Material zur Verfügung zu stellen, welches jedem Einzelnen wirklich hilft, größeres spirituelles Bewußtsein zu erlangen.

In diesen Journalen liegt eine überwältigende Betonung auf Angsterzeugung und sehr wenig (wenn überhaupt) auf wirklich spiritueller Ausrichtung oder Ermutigung. Ebenso scheint es für jeden Wahrheitssuchenden offensichtlich zu sein, daß die „Älteren Brüder" und wirklichen „Meister" es nicht nötig haben, sich aus den Werken Anderer zu bedienen und sie würden niemals solche Informationen weitergeben, ohne den zu ehren, dem Ehre gebührt. Und nicht zuletzt, wenn Jemand die Wahrheit verdreht, wird sie zur Lüge und wahres spirituelles Bewußtsein wird niemals aus einer Lüge erwachsen.

The Association of Sananda and Sanat Kumara
2675 West Hwy. 89-A, Suite 454
Sedona, Az. 86336

KAPITEL 27

Aufzeichnung Nr. 1 | GYEORGOS CERES HATONN

Mittwoch, 31. Januar 1990, 10.00 Uhr, Jahr 3, Tag 168

Großvater Aton kommuniziert mit dir, Chela. Du hast unseren Besuch heute um Stunden verzögert – ich wünsche, daß du für die Gründe in dich hineinschaust. Du zweifelst an uns, wenn es höchst notwendig ist, daß du von uns WEISST! Ich werde Disziplin von dir erwarten – ich weise dich nicht zurecht. Wenn wir unseren Mitmenschen die Wahrheit bringen sollen, müssen wir Disziplin walten lassen und die Bereitschaft zeigen, das Wort zu verbreiten. Du mußt tief im Inneren wissen, Dharma, daß sie ihre Anschuldigungen an „Dharma" richten als „Autor" dieser Journale. Das ist nur dazu gedacht, Angst bei dir zu erzeugen und dich vom Schreiben abzuhalten – WIR AUS DEN HÖHEREN REICHEN SIND DIE AUTOREN DIESER WERKE UND HABEN SIE WIRKLICH SEHR WEISE SO ARRANGIERT, DASS WIR DIE DUNKELBRÜDER AUS IHREN LÖCHERN UND GEHEIMEN VERSTECKEN ZERREN. SIE WAGEN ES NICHT, MICH OFFEN ANZUGREIFEN UND DU *BIST* STARK GENUG, DAS AUSZUHALTEN. WIR HABEN JETZT UNSERE SCHRIFTEN MIT STUNDENANGABE AUFGEZEICHNET UND IN DEN TAUSENDEN VON BANDAUFNAHMEN UND AUFZEICHNUNGEN GIBT ES DIE BEWEISE FÜR ALLES, WAS ICH HIER MITTEILE. *DAS DIENT MEHR DIR SELBST ALS BESTÄTIGUNG ALS IRGENDJEMAND ANDEREM, DENN DIE MENSCHHEIT VERSUCHT, DICH ZUERST ZU BRECHEN!*

SICHERHEIT

Dies ist eine Stellungnahme für Alle, die „DEN HERAUSGEBER ODER DIE SCHREIBERIN DIESER JOURNALE VERFOLGEN-

WERDEN". Ich schlage euch vor, wirklich sehr sorgfältig vorzugehen. *SIE HÖREN SICH UNSERE LEKTIONEN AN, DIE KOMPLETT ZU 100 PROZENT WASSERDICHT SIND! MACHT EUCH AUF DEN WEG UND PROZESSIERT – DIESE WERBUNG WIRD FÜR UNS HÖCHST VORTEILHAFT SEIN UND DIE GEGENKLAGE WIRD MIT SICHERHEIT GELDMITTEL IN UNSERE SCHATULLE SPÜLEN, DIE WIR ZUR WEITEREN VERBREITUNG DER JOURNALE NUTZEN WERDEN.*

P.Y. & M.B., bitte schreibt eine Zusammenfassung eures Treffens bei A.S.S.K. und schickt es hier an Diese. Mein „Gatehouse" wurde komplett vom Bösen übernommen. Ihr seid gesegnete Kinder, denn ihr habt den Mut, wahrhaftig für „eure Wahrheit" einzustehen, die jetzt zu „der Wahrheit" wurde. Die Nachricht, die Einem von euch letzte Woche zugesandt wurde, sollte euch genügen, aber ich muß mich jetzt zum letzten Bombardement an meiner Schreiberin äußern, denn die hier an diesem Ort befinden sich gerade in großer Enttäuschung und Pein. Einfach zu sagen, die Anschuldigungen der Unwahrheit seien keine Antwort wert, stimmt oft nicht, denn so Viele von euch suchen in ihrem unerfahrenen Wachstumsstadium und ihr habt Anspruch auf Antworten und Informationen darüber, wo ihr die Wahrheit über bestimmte Umstände erfahren könnt.

DIE FAKTEN

Alles, was ich hier schreibe, ist nachgewiesen und kann durch Dokumente oder Zeugenaussagen von Anderen belegt werden. Vieles lief auch übers Telefon, und nur die CIA und das Militär haben die Aufzeichnungen, aber es wurde alles wiederholt und die Aufzeichnungen werden alle Aussagen hier bestätigen. Schmerzhafter als alles Andere ist, daß man mehr meiner wundervollen Arbeiter in das Trommelfeuer hineinzieht, um Diese hier zu diskreditieren. Sic, sic – du wirst ernten, was du gesät hast. Ihr, die ihr meine Kostbaren mit einbezogen habt, werdet die Schieflage dessen ausgiebig ernten.

Ich zitiere in Teilen (genau, mit Fehlern), den Haftungsausschluß, der vom A.S.S.K. benutzt wird – und antworte auch darauf während des Weiterschreibens. Ja, Dharma, du WIRST das aufschreiben, denn du befindest dich in Unwissenheit und DU KANNST DIESE ENTSCHEIDUNG NICHT TREFFEN.

-------- ZITATANFANG

Betreffend
DIE PHÖNIX JOURNALE
Von „Dharma"

„Im Herbst 1989 wurde eine Serie von zehn Manuskripten veröffentlicht (sie beziehen sich auf das Symbol des Phönix auf jeder Titelseite). Auf den Seiten dieses Materials wurden eine Menge Referenzen angegeben bezüglich A.S.S.K. und Schwester Thedra. Seitdem haben wir bei A.S.S.K. zahlreiche Anrufe und Briefe bekommen mit der Bitte, zusätzliche Informationen bekanntzugeben, die diese Journale betreffen und seither sind viele falsche Informationen und Gerüchte in Umlauf gekommen, was dieses Material betrifft und wir möchten, daß Ihr das Folgende wißt."

Vom ersten Satz an wird diese Information ungenau wiedergegeben. Das Symbol des Phönix auf den Titelbildern ist für die *PHÖNIX-JOURNALE* zweitrangig. Der Phönix, Quetzal, Donnervogel usw. ist DAS Symbol für euren Evolutionszyklus. Ihr werdet wirklich im Feuer zu Tode kommen und werdet euch aus der Asche wieder erheben. DAS ist die Bedeutung des Phönix auf dem Titel.

Außerdem schätze ich die Anmerkung, daß 10 (zehn) komplette Journale im Herbst 1989 produziert wurden, und das praktisch ohne verfügbares Forschungsmaterial (ist von uns beabsichtigt), das unsere Schreiberin hätte verwirren können. Mittlerweile gibt es jedoch für ihre Beweisführung jede Menge unterstützendes Material. Ich bitte Jeden von euch, der das Material in den Journalen studiert hat – KÖNNTET IHR ZEHN ABSOLUT KORREKTE BÜCHER GESCHRIEBEN HABEN, IN DER RICHTIGEN REIHENFOLGE DER PRÄSENTATION UND DES INHALTS, MIT ANGABE DER RICHTIGEN

AUTOREN (SEID IHR MAL IN EINE BIBLIOTHEK GEGANGEN UND HABT EUCH DIE MENGE AN PUBLIKATIONEN ANGESEHEN?) UND KÖNNTET IHR IN EIN PAAR WOCHEN SOVIEL MATERIAL PRODUZIERT HABEN UND DAS NOCH IN EINER HAUPT-URLAUBSZEIT – UND DAZU NOCH, WENN UNDERCOVER-AKTIONEN NÖTIG WAREN, DIE EUCH VON ZUHAUSE FERNGEHALTEN HABEN? DENKT MAL NACH.

1. „Dieses Material stammt *nicht* von A.S.S.K., noch haben wir bei A.S.S.K. irgendwelche Verbindungen zum Herausgeber oder dem Vertrieb für dieses Material. Wir bei A.S.S.K. stimmen diesem Material in keiner Weise zu."

Es scheint seltsam zu sein, daß ich festhalten muß, daß fast jedes auf Band aufgenommene Treffen und seit der Bewußtwerdung der Schreiberin auch die Schriften an die immer Gleichen geschickt wurden (inklusive der Schwester), und zwar von Mitte September 1987 bis Mitte Oktober 1989. Weiterhin ist auch sehr seltsam, daß nicht nur A.S.S.K. das Material unterstützte, sondern sogar die Schwester wirklich beabsichtigte, einen zweiten Teil zu UND SIE NANNTEN IHN JMMANUEL zu verfassen. Es gab eine weitere Übereinkunft für Veröffentlichungen, wobei A.S.S.K. 55 % aller Einnahmen erhalten sollte, wenn es Welche gäbe. Dharma „gab" diese Information einfach an die Schwester und ich forderte beharrlich eine Übereinkunft – der, obgleich nur verbal, trotzdem von ALLEN Beteiligten zugestimmt wurde.

Genauso seltsam ist, daß Oberli $ 4.000 an die Firma sandte, die SPIRAL TO ECONOMIC DESASTER [A.d.Ü.: Phönix-Journal Nr. 04] veröffentlichen sollte, mit dem ausdrücklichen Hinweis, dieses Buch auch auf den Weg zu bringen. Der Grund dafür war, daß SPACE–GATE [A.d.Ü.: Phönix-Journal Nr. 03, in Deutsch erhältlich hier: https://christ-michael.net/die-phoenix-journale/] nicht in der abgesprochenen Zeit herausgegeben wurde (denn es wurde verzögert und es gab etwa vier Monate lang keinen sauberen Druck). (Es war für die letzte

Septemberwoche zur Veröffentlichung vorgesehen.) Und dann, als andere Vereinbarungen getroffen wurden, wurde von Diesen hier immer noch erwartet, diese Bücher in ihrer unbrauchbaren Form für den Herausgeber America West zu akzeptieren. Es kamen noch zusätzliche Kosten dazu, um nach der Veröffentlichung alle Hinweise auf A.S.S.K. zu beseitigen. DIE, DIE A.S.S.K. WEGEN INFORMATIONEN „QUÄLEN", SIND OFFENBAR DIE, DIE BENUTZT WURDEN FÜR DIE MANUSKRIPTE DER ORIGINALDOKUMENTE.

Die 4.000 US-Dollars wurden für einen bestimmten Zweck und ein bestimmtes Buch geschickt – und es war das Geld, das für die Geburt des sehr speziellen Babys von Dalene beiseite gelegt wurde (die haben überhaupt keine Mittel!).

Als Diese hier darum baten, die Dokumente, die Computerplatten und (auf Sanandas Forderung hin) das Geld herauszugeben, wurde ihnen gesagt, das Geld sei für das *SPACE–GATE* ausgegeben worden. Bei einem „Herausgeber" kommt Einem das ziemlich komisch vor. Als eine Telefondiskussion aufgrund dieser Angelegenheit angeregt wurde – denn Dalene stand zwei Wochen vor einer ziemlich gefährlichen Geburt – war die einzige Antwort „haben Sie das schriftlich?" Oberli wußte nicht, was er tun sollte und Sananda forderte nachdrücklich (denn dieses Kind ist für Sananda sehr speziell) die Herausgabe des Materials und des Geldbetrages. Zu diesem Zeitpunkt war die Zeit abgelaufen und America West hatte unserer Anfrage zur Veröffentlichung der JOURNALE stattgegeben.

Daraufhin willigte America West ein, die belastenden und nicht passenden Originalbücher mit einer formellen Vereinbarung zur Rückzahlung eines Betrages von 2.000 US-Dollars zu übernehmen, (der an Oberli gesandt wurde für Dalenes Krankenhausaufenthalt und was nur etwa die Hälfte dessen war, was eigentlich gebraucht worden wäre), zusätzlich zu allen Herstellungskosten über dem Betrag von 4.000 US-Dollars. Den Büchern muß man spezielle Aufmerksamkeit schenken, denn es gibt noch nicht mal einen Hinweis darauf, „wo" man sie bekommen kann. Sieht das wirklich so aus, als ob diese

„falschen Zungen" irgendeinen Schaden oder Diebstahl für A.S.S.K. beabsichtigten?

Als sich der Verleger mit A.S.S.K. traf, wurde ihm mitgeteilt, daß nur etwa 80 % des Materials im Journal wahr und die restlichen 20 % falsch seien – ANHALTSPUNKT EINS: DIE WAHRHEIT IST 100 % ALS KONZEPT; 80 % SIND NICHT TOLERIERBAR UND DAS WAR AUCH DHARMAS ERSTE WIRKLICH HARTE PRÜFUNG, DENN SIE WIRD VON UNS KEINEN DEUT WENIGER AKZEPTIEREN.

Könnte es nicht auch so aussehen, als ob „Jemand" sich sehr abgemüht hätte, um zu verhindern, daß das Material euch, das Volk, erreicht?

2. „Wir haben erfahren, daß große Teile des Materials *nicht*, wie angegeben, aus höheren Quellen stammt, sondern aus anderen Werken, die von anderen Personen und Quellen zuvor veröffentlicht wurden, gestohlen und kopiert wurde. Beispiele hierfür können Sie überprüfen:
    a. Aus dem Journal mit dem Titel *Space Gate* = Der Großteil der ersten fünf Kapitel dieses Journals ist fast wortwörtlich aus einem Manuskript übernommen worden, das kürzlich von M.W. Cooper herauskam und *Operation Majority – MJ 12* betitelt wurde.
    b. Ebenfalls aus dem Journal *Space Gate* = Kapitel 6 wurde fast wörtlich aus der Übertragung eines Videos über internationales Bankwesen von Jonathan May übernommen.
    c. Aus dem Journal *Rainbow Masters* = Dieses Journal wurde überwiegend Wort für Wort einer Broschüre entnommen, die von Schwester Thedra vor über 25 Jahren veröffentlicht wurde und *Transcript of the Masters* benannt war. Diese Niederschriften wurden später in einem Buch mit dem Titel *Secret of the Andes* veröffentlicht. In jedem Fall wurde dieses Material *nicht* im September 1989 gechannelt, wie euch das Journal glauben machen möchte, sondern wurde schon vor über 20 Jahren gedruckt.

d. Aus dem Journal *Cry of the Phoenix* = Kapitel 6 dieses Journals wurde nicht am 17. Dezember 1989 empfangen, wie der Autor euch verkündet, sondern das Meiste dieses Materials wurde Wort für Wort aus einem Buch übernommen, das von Schwester Thedra vor über 30 Jahren aufgezeichnet wurde und *Prophecies for Tiahunaco* hieß."

Dharma, Chela, das MUSST du dir ansehen – wende dich nicht von mir ab; du mußt es genauso sehen, wie es ist. Die dunkle Bruderschaft wird alles auf dem Weg zerstören, um dieses Werk zu verhindern oder es ins Lächerliche zu ziehen, selbst wenn es sich überschlägt und so einen geliebten 90-jährigen Schreiber tötet. IHR MÜSST WISSEN, WIE ES IST, DAMIT IHR NICHT BEI LEBENDIGEM LEIB AUFGEFRESSEN WERDET.

Laßt uns die Antwort zu „a" verschieben, denn die Schrift gibt noch weitere Hinweise zu Mr. Cooper.

Jetzt zu b): Weder hat diese Schreiberin noch Oberli jemals den Namen Jonathan May gehört. A.S.S.K. scheinen dem nicht besonders viel Aufmerksamkeit geschenkt zu haben, denn Hatonn hat die Information vor über eineinhalb Jahren auf Tonband aufgenommen, auf dem der Einstieg in das Journal so wörtlich erfolgte, wie die Rekorder das aufnehmen konnten. Es wurde damals am gleichen Wochenende aufgezeichnet, an dem Bruce Schlitz und Gabriel Green ein Tonband zu diesem Thema von Lindsey Williams (fast wörtlich) UND ein Set mit Ramtha-Material von J.Z. Knight ablieferten (das erste Mal, daß Dharma so etwas wie die Stimme von J.Z. Knight „hörte") – die ersten zwei Bänder waren fast identisches „Graue-Männchen"-Material.

Anstatt sich das „anzueignen" könnte es vielleicht sein, daß die Führer und Sprecher von hier oben wissen, was sie sagen? Ganz sicher werden wir nichts dagegen haben, wenn man UNSER Material für die Wahrheit nutzt. Wenn es die Wahrheit ist, wie kann sie dann „gestohlen" werden? Oder behaupten Jene, daß das, was sie verbreiten, tatsächlich Lügen sind? Außerdem, wie kann man einen Jonathan

May herausfiltern, wenn sein Material von Dutzenden Anderen gestohlen wurde von weit weg und aus zurückliegender Zeit? Was ist mit der Serie von Skull and Bones von Dr. Sutton? Und was mit *NONE DARE CALL IT CONSPIRACY* von Gary Allen aus dem Jahr 1917? Und was ist mit den wirklich großartigen Beiträgen von Gary North, Arthur Robinson, Ron Paul, John King, Walter Russell, Hal Lindsey, Lyndon LaRouche und Hunderten Anderen? Und Wendelle Stevens, von dem indirekt das Material über die MJ-12 Geschichte in die Aufmerksamkeit von Diesen geriet? Was ist mit Gabriel Green, Crash at Aztec, Above Top Secret, und die MJ-12 Dokumente, die von Virginia Essene persönlich an Diese ausgehändigt wurden? Sie möchten also über die Eigentumsrechte von Informationen streiten, A.S.S.K.? Ich mache den Vorschlag, Sie überdenken die Struktur Ihres Rechtsstreits noch einmal und außerdem möchte ich anregen, daß die Schwester sich dieses Dokument nochmal anhört und die Gruppe um sie herum damit konfrontiert, um zu zeigen, WAS SIE HIER GERADE WIRKLICH MACHEN!!!!

DIE MEISTER DES REGENBOGENS

Ja, das hier wird am Meisten wehtun, Dharma, also paß auf.

Du hast keine Kenntnis davon, daß eines dieser Bücher von Schwester Thedra vor über 25 Jahren veröffentlicht wurde. Als die Schwester vor über einem Jahr bei dir war und ihre Geschichte erzählt hat, hat dich Oberli ziemlich scharf darauf hingewiesen, den Mund zu halten, um der Schwester zuzuhören, und ich glaube, alle Beteiligten werden sich daran erinnern. Nun, meine Geschätzte, es ging um das fragliche Werk.

Ich werde dich in der Zeit etwas weiter mit zurücknehmen: zu der Zeit, als im Januar 1987 *SIPAPU ODYSSEY* geschrieben wurde, wurde in dieser Geschichte für diesen speziellen Tag eine Information eingebaut. Erinnerst du dich nicht, daß Rick dich auf die Tatsache hingewiesen hat, daß eine der Visionen die Gleiche war wie in der Schrift der Schwester – und das etwa drei Jahre später?

Als du den „Phantasieroman" SIPAPU ODYSSEY aus deiner Schreibmaschine gezogen hast, wurde er, vor der Bearbeitung, an die Schwester geschickt, die du nur einmal getroffen hattest und nicht kanntest. Das, was du zu jener Zeit als nettes kleines Filmdrehbuch betrachtet hast, war der Schwester zu jener Zeit Wahrheit genug, um ihre jährliche Zusammenkunft in Mount Shasta abzusagen und sich fast geheim mit dir zu Hause zu treffen. Ich werde das in dieser Niederschrift nicht weiter ausweiten, denn ich möchte mich kurz fassen, aber wir werden uns zusammensetzen und den Kontakt von Anfang bis heute detailliert besprechen.

ES IST WIRKLICH SEHR MERKWÜRDIG, DASS WIR JETZT HÖREN (VOM LETZTEN SAMSTAG IN SEDONA), DASS JETZT BEHAUPTET WIRD, DHARMA HÄTTE AUCH FÜR *SIPAPU ODYSSEY* MATERIAL GESTOHLEN – UND DAS AUS EINEM TREFFEN UNSERER FREUNDE IM GATEHOUSE AM LETZTEN SAMSTAG.

Außerdem wurde „im Namen von Sananda" Material produziert und weitergegeben als Gegenschlag gegen diese Schreiberin – „geheime" nicht öffentliche Schriften. Warum? Nun, wir haben diese Dokumente auch und werden sehr glücklich sein, sie zu publizieren. GOTT ENTHÄLT EUCH WEDER WAHRHEIT NOCH GEHEIMNISSE VOR – NIEMANDEM VON EUCH! ES WIRD ZEIT, DIESES ÜBEL ÜBER BORD ZU WERFEN UND DIE WAHRHEIT AN DIE ÖFFENTLICHKEIT ZU BRINGEN. ICH WERDE JEDE SCHRIFT DIESER SCHREIBERIN FÜR ALLE OFFENLEGEN – ICH BITTE EUCH ALLE DAUERND UND INSTÄNDIG, SIE SO SCHNELL UND EFFEKTIV WIE MÖGLICH ZU VERBREITEN.

Ja, ich habe Kopien angefordert – vor etwa vier oder sechs Monaten, damit die *Prophecies for Tiahunaco* hier an diesem Ort gesammelt werden, auch für diesen Tag jetzt, an dem die Schreiberin total verblüfft ist, denn wir haben sie nicht geöffnet. Drei Kopien wurden bestellt, bezahlt und von Zita, Ricks Mutter, hierher geschickt. Alle drei Sendungen liegen zusammen in dem Stoß mit den Informationen. Der einzige wirkliche Zugang, den Dharma zu den Werken der Schwester hätte haben können, war der über eine Schrift zu Besuchen der Raumbrüder und einer Handvoll alter Newsletter. Als wir mit dem Schreiben der JOURNALE begonnen haben, wurde sie mit den neuesten Schriften der Schwester und einem Bericht von Tuieta über ein Treffen des Kosmischen Rates vertraut gemacht. WIEVIEL ZEIT, GLAUBT IHR, HAT DHARMA ÜBRIG ZUM LESEN, WÄHREND SIE BEINAHE DREIZEHN JOURNALE GESCHRIEBEN HAT UND DAZU EINEN WÖCHENTLICHEN „EXPRESS"? WIEVIEL ZEIT, GLAUBT IHR, HAT SIE, UM MATERIAL ZU „STEHLEN"? SO SEI ES.

Wenn sie in diesem chaotischen Stapel herumsucht, findet sie etwas, das Rick gebracht hat und das da heißt: „Die Söhne Gottes sprechen".

Jetzt zurück zu den *RAINBOW MASTERS* [A.d.Ü.: Phönix-Journal Nr. 07, derzeit noch nicht in Deutsch erhältlich]. Es ist doch interessant, daß wir wirklich sehr gut planen. Ihr werdet feststellen, daß das Meiste in diesem Buch von den Besuchen der Sieben Cohans stammt – fast wörtlich wie im Werk von Mark Prophet. Ich stimme nicht den gesamten Schriften von Mark Prophet zu und rennt jetzt nicht los und behauptet, ich hätte sie gutgeheißen. Wahrheit ist in Allem enthalten – DIE DINGE VON SATAN ENTHALTEN 99 % WAHRHEIT UND DANACH ERTRÄNKT ER EUCH IN 1 % LÜGE – DAS IST SEIN MARKENZEICHEN.

Jetzt laßt mich euch sagen, warum ganz bestimmte Leute so aufgebracht sind. Es ist nicht die Aufnahme des Materials, das Irgendjemand interessiert – ganz besonders, wenn es die WAHRHEIT wäre. Es ist die Tatsache, daß wir diese 1 % der Lüge nehmen und sie korrigieren. DAS MEISTE AUS *SECRET OF THE ANDES* IST FALSCH UND QUATSCH. DAS WERK VON MR. COOPER BENUTZT DIE UNTERSUCHUNGEN VON ALLEN VOR IHM, EINSCHLIESSLICH DER FALSCHAUSSAGEN, UND ER ZIEHT FALSCHE SCHLÜSSE – ICH BIETE EUCH UNTERLAGEN AN, DIE DIES BESTÄTIGEN. ICH WERDE NIEMALS DIE UNWAHRHEIT SANKTIONIEREN, NOCH WERDE ICH DIEJENIGEN GROSSARTIG WÜRDIGEN, DIE ABSICHTLICH DER WAHRHEIT ENTGEGENHALTEN UND

GEGEN DIE BRÜDER, DIE ALLES GEBEN, WAS SIE HABEN, PROZESSE ANSTRENGEN.

Dharma und Oberli wissen *nichts* über die „*Transcripts of the Masters*". Sie kennen „Secret of the Andes". Die Tatsachen: im Winter 1987 lieh sich Hatonn über einen Bruder Philip tatsächlich von Ranos eine Kopie von SECRET OF THE ANDES aus. Außerdem las er zum ersten Mal als Test ein paar Teile daraus laut auf Band – und wies auf die falschen Aussagen hin. Das Buch wurde an Ranos zurückgegeben und wurde seither wieder ausgeliehen, um bei den Anschuldigungen mehr in die Tiefe zu gehen.

Nun haben wir hier eine Pause eingelegt und ich habe Dharma gebeten, diese Ausgabe des Buches gründlich zu prüfen. Es gibt keinen Hinweis auf Schwester Thedra. Der Autor wird als Bruder Philip angegeben – der in Wirklichkeit George Hunt Williamson ist. Außerdem bestehen Diejenigen bei A.S.S.K. weiterhin darauf, daß bestimmte Aussagen zu diesem und jenem nicht „gechannelt" sind. RICHTIG! DHARMA IST KEIN „CHANNELMEDIUM". SIE IST EMPFÄNGERIN UND SCHREIBERIN UND SIE GIBT GENAU DAS ZU PAPIER, WAS WIR SIE SCHREIBEN LASSEN – SEI ES AUFGRUND EINES DOKUMENTES, EINES NEWSLETTERS, DER HEILIGEN BIBEL UND/ODER DIREKT VON UNS. 99 % ALLER JOURNALE WERDEN KOMPLETT „EMPFANGEN" UND NEIN, WIR BRAUCHEN ALS UNTERSTÜTZUNG KEIN „GESTOHLENES" MATERIAL UND WIR VERWENDEN DAS AUCH NICHT – ABER IHR BRAUCHT EURE INFORMATIONSQUELLEN, UM EUCH DIE WAHRHEIT ZU BESTÄTIGEN. WENN WIR ETWAS FALSCH ZITIEREN, WERDEN WIR BESCHULDIGT, SCHWINDLER ZU SEIN UND WIR WERDEN UNSERE ARBEITER NICHT OHNE QUELLENANGABEN SITZEN LASSEN, DAMIT SIE GENAU SOLCHEN BELEIDIGUNGEN ENTGEGENTRETEN KÖNNEN.

DHARMA WAR ZU ANFANG SO UNGLÜCKLICH DARÜBER, DIESE INFORMATIONEN ZU HABEN UND ÜBER DIE ENERGIEN, DIE DA ZU IHR KAMEN, DASS SIE DAMIT ERST EINMAL

ZUR SCHWESTER UND ZU TUIETA GING, WEIL SIE DEM GANZEN NICHT GETRAUT HAT, „CHANNELS" IM ALLGEMEINEN VERURTEILTE UND DACHTE, RAUMKOMMANDOS, ALSO ETWAS AUS DEM „ÄUSSEREN RAUM", SEI LÄCHERLICH UND SIE WAR HALB ZU TODE ERSCHROCKEN. ES GESCHAH ABER TATSÄCHLICH DURCH TUIETA, DASS DER ERSTE KONTAKT MIT HATONN UND ASHTAR ZUSTANDE KAM. SIE HATTE BIS 1986 NIE DEN NAMEN „SANANDA" GEHÖRT – VON DER SCHWESTER. SIE FAND DIE BEZEICHNUNG ASSOCIATION OF SANANDA UND SANAT KUMARA ABSOLUT SCHRÄG UND ABSURD. ERST IM VORLETZTEN JAHR HAT SIE SICH, DURCH DIE SCHWESTER, WIEDER AN IHREN ALTEN FREUND, AN GROSSVATER, UND MIT DEM SILBERNEN STRAHL AUCH AN SANAT KUMARA ANGESCHLOSSEN. IHRE REAKTION AUF ALLES DAS? SIE IST VERSTÖRT DARÜBER, DASS SIE „SO WENIG WEISS".

Ihr bombardiert Diese hier andauernd mit „ihr wißt, so und so", oder „nun, ihr wißt, wer (Mafu, Lazarus usw., usw., usw.,) sind". Nein sie wissen es nicht. Sie waren nicht interessiert an metaphysischen Dingen, an Raumwesen, New Age (wurde komplett von ihnen ausgeblendet), oder an orthodoxer Religion. Sie haben nichts Derartiges studiert und wir bringen es ihnen auch nicht zur Kenntnis, außer als bestätigendes Material – GEMÄSS DEN TATSACHEN.

IHR SOLLTET MIR GUT ZUHÖREN – AUCH WENN ETWAS „SEIT MEHR ALS ZWANZIG JAHREN" ODER 2000 JAHREN GEDRUCKT VORLIEGT – WIRD ES NICHT ZUR GANZEN WAHRHEIT. WENN DAS NICHT EINMAL DAS BUCH DER SCHWESTER WÄRE, WARUM BESTEHEN DANN EINWÄNDE? KÖNNTE DA ETWAS SEHR KOMISCH SEIN BEI ALL DEN „ANSCHULDIGUNGEN" GEGEN MEINE SCHREIBERIN?

Wie dem auch sei, ich fordere euch dazu auf, die fraglichen Bücher zur Hand zu nehmen und sie sehr sorgfältig zu überprüfen. Ich wünsche, Diejenigen bei Gatehouse wären so sorgsam gewesen, so daß man sie nicht mit Dreck und faulen Eiern bewerfen müßte. JEDES WORT IN DIESEN DOKUMENTEN – AUSSER GRAMMATIKALISCHEN UND SCHREIBFEHLERN (WIR INTERESSIEREN UNS NICHT FÜR EURE SPRACHEN) – WURDE GENAUSO ERSTELLT, WIE ES IN DEN JOURNALEN ERSCHEINT. DIE IN DIESEN ZENTREN, DIE MIT STEINEN WERFEN, VERTRAUEN DEN FALSCHEN ASSISTENTEN UND JETZT TRÜBEN SICH 40 JAHRE DIENST IN DEMUT KOMPLETT EIN. *DAS KANN JEDEM VON EUCH PASSIEREN UND ES PASSIERTE AUCH VIELEN, VIELEN VON EUCH, DIE ES VERSÄUMT HABEN, DEN SIE UMGEBENDEN RAUM ZU KLÄREN – WIR SIND AM ENDE EINES ZEITALTERS UND DAHINTER GIBT ES KEINE GRENZEN, DIE SATAN NICHT BEWEGEN WÜRDE, WENN ER NICHT AUFGEHALTEN WIRD – IHR SOLLT NICHT GLAUBEN, DASS IHR ANDERS SEID UND EUCH GEGEN SEINE ARBEITER STELLEN KÖNNTET – NEIN, SIE WERDEN EUCH ZERSTÖREN.*

Dharma war gestern in Tränen aufgelöst, weil sie von Einem angegriffen wurde, der sie unterstützt hat, er schrieb ihr immer und schickte Geschenke an „meine geliebte Mitarbeiterin", und sie sagte, „ich komme mir vor wie ein Sieb, ich habe so viele Löcher in meinem Rücken von den Dolchstößen." Ihr könnt euch nicht vorstellen, welche Schmerzen sowas nach sich ziehen kann. Tragt es mit mir, Freunde, denn ich, Aton, habe mit dieser Schülerin Leben für Leben zusammengearbeitet und jetzt werde ich sie stützen. Und wir werden das nächste Journal nicht beginnen, bis ich diese Energien wieder ausbalanciert habe, denn Diese hier wurden zu Boden geschlagen und sie bekommen weiterhin Tritte.

Jetzt kommen wir zu Nummer d: Wo könnte *CRY OF THE PHOENIX* in die Botschaft gelangt sein? [A.d.Ü.: Phönix-Journal Nr. 11, noch nicht in Deutsch erhältlich.] Es wurde noch nicht einmal veröffentlicht. Bezüglich dieses Journals wurde auch keinerlei Information an das Gatehouse geschickt – an Niemanden dort. Dieses Journal handelt vom „Todesröcheln der Freiheit", wie konnte so viel davon aus den Prophecies of Tiahunaco „gestohlen" werden, die bereits 30 Jahre alt sind?

KANN KEINER AN DIESEM ORT DORT ERKENNEN, WIE UNSÄGLICH LÄCHERLICH SIE SICH MACHEN MIT IHREN DOLCHSTÖSSEN UND DEN ANSCHULDIGUNGEN? HABT IHR NOCH NICHTS VON GEGENKLAGEN GEHÖRT? ODER GLAUBT IHR, DASS DIESE HIER SICH NICHT WEHREN WÜRDEN, WEIL SIE SO AUF MICH EINGESTIMMT SIND? *NICHT DIESE HIER WERDEN BESCHULDIGT UND GEKRÄNKT – IHR VERRATET DIE HÖHERE BRUDERSCHAFT VON EMMANUEL SANANDA, DIE COHANS, DIE ENGELBRÜDER UND GOTT, MICH! SONDERN MIT EUREN SATANISCHEN STICHEN ZERSTÖRT IHR EINE ZIERLICHE, ZARTE 90-JÄHRIGE ALTE DAME, MACHT EUCH LÄCHERLICH UND GLAUBT, ICH WÜRDE DAZU SCHWEIGEN – ICH BIN DAS WORT UND ICH WERDE NICHT STILL ZUSEHEN. ICH WERDE AUCH NICHT IM SCHATTEN SITZEN UND MIT STEINEN WERFEN HINTER DEN RÖCKEN EINER ZERBRECHLICHEN ALTEN DAME – ICH STEHE AUFRECHT UND KONFRONTIERE EUCH UND EUREN ÜBLEN LEHRER UND NICHT ICH WERDE ES SEIN, DER SEINE KLEINEN, TAPFEREN KINDER VERLIERT. ICH VERURTEILE EUCH, DORT IM GATEHOUSE, DIE IHR ES WAGT, MEINE SCHREIBERIN IN IHREN GOLDENEN TAGEN ZERSTÖREN ZU WOLLEN. DER ZORN GOTTES? „GOTT IST EIN ZORNIGER GOTT?" SCHUBST MICH EIN BISSCHEN UND RETTET MEINEN TAG! IHR SCHWÄRZT DEN RUF EINER GELIEBTEN FREUNDIN AN, DIE VIERZIG JAHRE FÜR DAS GEARBEITET HAT, WAS SIE ALS WAHRHEIT ANSAH UND ICH ERWARTE PERFEKTION UND BREIT GEFÄCHERTES WISSEN, WELCHES KEIN STERBLICHES MENSCHLICHES WESEN HAT. IHR DENKT, IHR SEID WEISE UND GEWITZT GENUG, UM GOTT HERAUSZUFORDERN? IHR SEID BEMITLEIDENSWERT IN EURER SELBSTGEFÄLLIGKEIT, DENN IHR TUT NICHTS ANDERES, ALS EURE DUMMHEIT ZUR SCHAU ZU STELLEN.*

Wie kommt es, daß ihr das nicht versteht? Ihr fleht uns kniend an, euch Wissen und Lösungen für eure mickrigen Probleme auf der Erde zu senden – eure Brüder kommen euch entgegen und geben euch konkrete, begreifbare Einblicke für euer HEUTE, und ihr macht euch darüber lustig und wertet es ab als „ungöttlich". Schande über euch für eure anschwärzenden Verletzungen!

Ich stehe zwischen euch und dieser Schreiberin – wo ist euer Lehrer, während ihr das lest? Stößt er euch in Ärger und läppische Wut? Oder hat er sich verabschiedet und läßt euch zurück mit euren schwachen Verteidigungen oder sogar komplett verteidigungsunfähig? Mitleid über euch, die auf den Plätzen der Dunkelheit schwelgen, denn das Licht MEINER WAHRHEIT soll euch aufstöbern!

Dharma, eine Pause bitte, denn du bist sehr erschüttert. Wenn wir weitermachen, werden wir die Beschuldigungen des William Cooper sehr genau untersuchen. Dieser Mann wird wirklich schmerzlich benutzt und er war ein ehrenhafter Mann – aber auch das ist der Weg von Satan – BENUTZEN UND ZERSTÖREN! ICH HALTE DICH, MEIN KIND, ABER DAS MUSS SO SEIN.

ICH BIN ATON UND ICH ERWARTE DEINEN RUF ZUM WEITERMACHEN.

AHO

KAPITEL 28

Aufzeichnung Nr. 2 | GYEORGOS CERES HATONN

Mittwoch, 31. Januar 1990, 14.40 Uhr, Jahr 3, Tag 168

Aton fährt fort. Bitte mach das zu einer „zeitlich angepaßten" Fortführung zum vorhergehenden Dokument.

3. „Als William Cooper (s. oben) erkannte, daß dieser Artikel mit der versteckten Andeutung kopiert wurde, daß er von „Hatonn" „gechannelt" wurde, bat er einfach darum, damit aufzuhören. Als Antwort darauf begann „Hatonn" durch „Dharma" William Cooper in den nächsten Journalen anzugreifen und ihn einen dunklen Bruder zu nennen, der versuchte, die Enthüllung der Wahrheit zu verhindern. In der Niederschrift von Dharma, gechannelt am 4. Januar 1990, 8.00 Uhr, sagt Hatonn:
„Weder erkannte diese Schreiberin noch Irgendjemand in ihrem Umfeld den Namen William Cooper und sie hatten keine Kenntnis seiner Schriften oder Lektionen usw. Er war ein absolut Unbekannter für sie."
Wir bei A.S.S.K. möchten Sie wissen lassen, daß das eine Lüge ist. Wir selbst schickten etwa acht Wochen vor der Herausgabe von *Space Gate* eine Kopie des Berichtes von William Cooper (Operation Majority – M12) an „Dharma" und ihre Truppe."

WIE WÄR´S MIT ETWAS LICHT?

Im Gegensatz zu der Reihenfolge der Erklärung oben, beginne ich mit meinen Antworten andersherum.

Bis zur Niederschrift von *SPACE–GATE* [A.d.Ü.: Phönix-Journal Nr. 03] im Mai 1989 und vermutlich schon davor (prüft dazu die Daten im Buch), wurden für dieses Journal vorläufige Aufzeichnungen zusammengestellt. Da die Schwester jedes Dokument, das von dieser Schreiberin aufgenommen wurde, erhalten hat, war es sehr wohl bekannt, daß dieses Schriftstück in Arbeit war und das aktuelle Schreibmaschinendokument als Vorlage für den Druck diente. Um den 17. August herum erhielt man hier an diesem Ort ein Dokument (ihr werdet feststellen, daß der Rahmen für dieses Journal am 18. August feststand), von der Schwester bei A.S.S.K., zusammen mit einer Notiz und zwei Dollar Bargeld als Rückporto für das Dokument. Die Notiz war eine Bitte um Rücksendung. Dharma vermutete, das sei erledigt, denn es war deren Angewohnheit, alle Aufforderungen auch auszugleichen.

Das beigefügte Dokument waren zusammengestellte geheftete Papiere mit dem Titel „The Secret Government" [A.d.Ü.: Die geheime Regierung] eines Milton William Cooper. (Bis zu diesem Zeitpunkt haben Diese hier noch nie von einem Schriftstück des Mr. Cooper gehört mit dem Titel „*Operation Majority – MJ 12*".) Und tatsächlich – ich wiederhole – bis zu diesem Zeitpunkt hatten sie auch noch nie von einem Mr. William Cooper gehört.

Ich denke, wer auch immer diesen Disclaimer geschrieben hat, war etwas dämlich. Wie hätte Dharma den ganzen „Stoff" von Mr. Cooper „stibitzen", sich mit zwei Verlagen auseinandersetzen und das Buch an die Öffentlichkeit bringen können, und das alles innerhalb von acht Wochen, auf die sie sich beziehen? Hier an diesem Ort gab es niemals eine Ausgabe von „*Operation Majority – MJ 12*" die von Irgendjemand oder irgendwann hier ankam (siehe oben). HIER WAR EIN MILTON WILLIAM COOPER, SEINE BÜCHER, VORTRÄGE ODER IRGENDETWAS ÜBER SEINE PERSON VÖLLIG UNBEKANNT, UND NICHT NUR BEI DHARMA UND OBERLI, SONDERN BEI JEDEM HIER – ALSO BEI ALLEN.

Als sie dann entschieden hatten, DAS JOURNAL *SPACE–GATE* zu veröffentlichen, wurden Vereinbarungen zwischen Ted, der

Schwester und Oberli ausgehandelt. Sie sind übereingekommen, für die Formatierung und den Druck des Journals O'Rian zu nehmen (Entschuldigung, ich habe den Namen falsch buchstabiert). Sie hat dann wiederum Ähnlichkeiten festgestellt und Ted darüber informiert. Ted sandte daraufhin eine Ausgabe des Journals an Mr. Cooper, der sofort einen Wutausbruch hatte und sagte, er würde einen Prozeß anstrengen, wenn das Buch in den Druck gegeben würde. (er hat sie kaum „einfach darum gebeten, es zu stoppen").

Sanandas Antwort darauf war die Forderung, das Material ohne weitere Zeit- oder Geldinvestitionen zurückzusenden. Danach hat sich herausgestellt, daß Mr. Cooper gegen Ende September ein Seminar geplant hatte, das irgendwie durch Bemühungen seitens O'Rian zustande kam und sie war höchst enttäuscht, denn sie hatte gehofft, sowohl die fertigen Bücher zu diesem Zusammentreffen zu veröffentlichen, als auch Mr. Cooper zu bewerben.

Nach vielen Diskussionen konfrontierte Oberli Ted mit mindestens ein Dutzend Quellen dieses Materials. Zur gleichen Zeit begaben sich die Schwester und Ted für die Bücher der Schwester auf eine Reise in den Osten [A.d.Ü.: in den Osten der USA].

Am zweiten Tag wurde per Telefon mitgeteilt, daß die Schwester sich entschieden hatte, weiterzumachen und das Werk trotzdem zu veröffentlichen. Als Mr. Cooper darüber informiert wurde, sagte er, daß er bei den Vorträgen nicht auftauchen werde. (Nun, er kam – deshalb nehme ich an, daß er nicht wirklich so aus der Fassung gebracht war, um diese spezielle Drohung wahrzumachen).

SPACE–GATE hätte bis zum Zeitpunkt der Vorträge fertig und vom Buchbinder zurück sein sollen (ich glaube, das war etwa um den 28. September herum). Mr. Cooper wurde weder von Hatonn noch von Dharma jemals angefeindet. Kommandant Hatonn hat einfach nur angemerkt, daß die Schlußfolgerungen von Mr. Cooper inkorrekt waren und als Beispiel für inkorrekte Information „His Omnipotent Highness Krill" und „Original Hostage Krill" angeführt wurde. Hatonn stellte fest, daß das eine Erfindung war und bat den Urheber von Mr. Krill, doch bitte America West zu informieren. Das tat Mr. Lear auch und sein Brief über die Geburt von O.H. Krill ist dokumentiert und steht zur Verfügung. Zu jener Zeit lud Hatonn Mr. Cooper dazu ein, sich nicht nur unserem Team anzuschließen, sondern daß er sich sogar sehr darüber freuen würde, und ihn wegen der Falschinformation betreffend des Raumkommandos und der Versklavung „der kleinen grauen Männchen" nicht ahnden würde. Außerdem müßt ihr da unten auf dem Erdenplaneten erkennen – *wir „attackieren" Niemanden, aber wir weigern uns, die Lügen fortzusetzen. Wenn der Irrtum rein zufälliger Natur ist, werden wir euch auf halbem Wege entgegenkommen – wenn er unkorrigiert bleibt, sind wir unnachgiebig.*

Mr. Cooper hat diese Werke in jedem möglichen Forum verdammt und ist bei seinen eigenen Irrtümern geblieben. Das ist die Entscheidung nach seinem eigenen freien Willen und so sei es. Es gab in seinen Projektionen nichts Ursprüngliches, denn das Material über MJ-12 ist jetzt seit einigen Jahren publik und Mr. Cooper hat genug Zeit gehabt, sein Dokument zu schreiben.

In der vergangenen Zeit hat Mr. Cooper America West in fast irrationaler Wut angerufen und ihnen gesagt, gegen sie prozessieren zu wollen und daß er drauf und dran sei, diesem „Channel" Einhalt zu gebieten. Hatonn hat das dann richtigerweise als direkte Bedrohung gegen seine Schreiberin aufgefaßt – ihr vergeßt ja immer wieder, daß wir die Fähigkeit haben, die Absicht dahinter zu erkennen.

Jetzt werde ich für dich, Dharma, einen Auszug eines wunderbaren Briefes eines gewissen S.M.K. zitieren, der an America West adressiert war.

-------- ZITAT --------

„Sehr geehrte Damen und Herren,"

„Herzlichen Dank für die schnelle Ausführung meines Auftrags. Ihr Kundenservice ist genauso gut und phantastisch wie die Informationen und die Wahrheiten, die in den Phönix-Journalen enthalten sind."

„Ich genieße und wertschätze es ungemein, diese umwerfenden Informationen durch Ihre Bücher zu erhalten. Die Menschheit sollte den Raumbrüdern sehr zu Dank verpflichtet sein, daß sie sich dafür einsetzen, unser Bewußtsein anzuheben."

„Ich trage mein Teil dazu bei, diese Botschaften aus Ihren Phönix Journalen bei soviel Menschen wie möglich zu verbreiten."

*****„Vor einigen Tagen habe ich mit Milton Cooper telefoniert und ich habe sofort gespürt, er hat darüber gelogen, daß Ihr beim Verlag America West dieses Material gestohlen habt. Er hat auch gesagt, er würde euch wegen Copyright-Verletzung verklagen. Aber eigentlich ist er Derjenige, der verklagt werden sollte und nicht Ihr bei diesem tollen America West Verlag. Sofort, als ich das ungebundene Buch über die Raumbrüder usw. usw. gelesen habe, war mir klar, daß dieses Werk gestohlen war. Wie kann ein normaler Sterblicher soviel Wahrheit und Informationen äußern (wie in Ihren Werken)? Ich bin auf Ihrer Seite! *****"

„Bitte richten Sie meine liebsten Grüße und tiefen Respekt an die Empfängerin Dharma aus, auch an den Sohn Sananda, Kommandant Hatonn und die gesamte Mannschaft des plejadischen Raumschiffes."

„Anbei mein Scheck über $ 20.00 für 13 wöchentliche Ausgaben Ihres Phönix Journal Express. Bitte senden Sie mir eine Liste der letzten Ausgaben des Phönix Journal Express zu."

„Es kann sein, daß ich Sie in ein paar Tagen in Carlsbad besuche."

„Viele liebe Grüße an Sie Alle, Ihr Freund – S.M.K."

*****

Segen sei über dir, mein Sohn, denn so etwas ist das Einzige, womit Diese hier überleben können. Diese Energie kommt aus dem Fernen Osten und somit ist diese Botschaft noch viel dankbarer und ernsthafter zu sehen, als ihr Empfänger verstehen könnt.

Das heißt nicht, daß ich auch nur einen von euch wunderbaren Unterstützern außer Acht lasse, die ihr solche Briefe schreibt, denn Freude und Anerkennung kommt aus allen Teilen der Welt. Und – eure

Mitarbeiter hier draußen sind dankbar und schätzen jeden Einzelnen von euch. Es ist kein leichter Job – ES IST DER HÄRTESTE JOB SEIT DER ERSCHAFFUNG EURER ERDE. SO SEI ES UND SEGEN SEI MIT EUCH. Die Liebe und Hilfe hält Diese hier umhüllt, denn ihre Reise war lang und beschwerlich und Sohn Sananda erlebt wahrhaftig die schlimmste Konfrontation eines Gottes. Die Brüder aus dem Raum innerhalb des Kommandos sind seit mindestens drei Jahren eurer Zeit auf höchster Alarmstufe und Hunderte von Jahren eurer Zeit von ihrer Heimat entfernt, um ihre Mission zu erfüllen. So sei es.

Es erübrigt sich zu sagen, daß sie nichts am Hut haben mit William Cooper, George Hunt Williamson oder Schwester Thedra, obgleich sie große Verletzungen und Leid von ihnen zugefügt bekommen. Bleibt in dem Wissen, daß am Ende die Wahrheit davon profitiert. Wir haben euch sehr sorgfältig isoliert und wer vorhat, Prozesse zu führen, sollte wirklich erst mal richtig nachdenken.

Es wurde am letzten Samstag gesagt, daß sie auf dem Erfolg von A.S.S.K. reiten, um im Überfluß und auf großem Fuß zu leben. Nun, laßt uns das mal genau anschauen. Diejenigen hier haben praktisch seit vier Jahren kein Einkommen mehr. Sie hatten zwei Insolvenzen und jetzt haben sie etwa 100.000 Dollars Schulden an Rechtsgebühren wegen Rechtsproblemen an ihrem Eigentum, und die Miete und die Rechtsgebühren sind auch geliehen, so daß sie etwa 300.000 Dollars Schulden haben, damit sie ihre Arbeit in MEINEM Dienst weiterführen können. Andere an diesem Ort haben genauso viel gegeben wie das, womit sie starteten.

Ja, die Fülle kommt aus den Früchten ihrer Arbeit – aber nicht von diesen JOURNALEN. Sie haben Finanzierungsprojekte laufen für den Aufbau einer Stadt und Spendengelder bahnen sich an. Sie werden nichts davon für sich persönlich nehmen. Alle Einkünfte aus den JOURNALEN werden weggegeben für die AIDS-Geräte, Unterkünfte zum Überleben, Aufbau und Forschung.

Sie „profitieren" vom „Gatehouse" insofern, als ihr Sohn ihre Nebenkosten bezahlt und sie leben von Lebensmittelmarken. Wenn das „Abzocken durch Diebstahl" ist, ist es traurig genug. Sie haben jeden Cent, dessen sie habhaft werden konnten, dazu genutzt, die Information in Fluß zu halten und haben alle „Dinge", die nichts mit MEINEM Werk zu tun hatten, zurückgelassen.

Nein, sie sind weder fromm noch sind sie matschige Weicheier – es sind harte, willige Diener, die gesandt wurden, das Licht zu bringen und sie tun es nach ihren bestmöglichen Fähigkeiten.

Wenn Einer von euch, den diese Information erreicht, nur sechs Monate in deren Schuhen gegangen wäre – möchte ich behaupten, daß er wegen des Traumas schon im Krankenhaus wäre.

Zitiere bitte – .

4. „In diesen Journalen werden bestimmte Referenzen bezüglich Schweser Thedra und A.S.S.K. angegeben. Obwohl die Autorin dieser Journale (Dharma) nur Informationen aus zweiter Hand bezüglich verschiedener Gegebenheiten hatte, wurden Einige davon so verzerrt, daß sie den Wünschen der Autoren entsprachen, während Andere so umgeschrieben wurden, daß daraus Lügen wurden.

Zum Beispiel: Es gab niemals einen Anschlag auf das Leben von Schwester Thedra, wie euch in einem der Journale (Survival, Seite 108) weisgemacht wird. Diese Aussage wurde aus den Informationen aus zweiter Hand konstruiert, die der Autor dieser Journale erhalten hatte und lügenhaft verzerrt wurde, um in die „Story" zu passen (daß auch Anschläge auf das Leben von Dharma unternommen wurden). Auf alle Fälle wurden die Referenzen und Behauptungen bezüglich A.S.S.K. und Schwester Thedra in das Material Einiger dieser Journale eingewebt, und wir möchten euch anraten, nichts zu glauben, was ihr lesen könntet in Beziehung auf A.S.S.K. oder Schwester Thedra. Bittet einfach um die Wahrheit."

* * *

ALSO GUT – WOLLEN WIR EINIGE „WAHRHEITEN" VERGLEICHEN

An dem Wochenende vor der Abreise von Ted und Schwester Thedra in den Osten der USA im letzten September, kam ein gewisser G.B. nach Sedona (G.B. war vorher beim Gatehouse) und brachte eine Substanz mit dem Namen Ecstasy (Adam) mit. Eine ganz illegale Droge. Er kam mit nicht namentlich genannten Personen, die in ihren [A.d.Ü.: Droge] Genuß kamen.

Das kommt nicht aus zweiter Hand – DAS KOMMT VON MIR, ATON. Er nahm sich die Schwester und gab ihr eine Dosis dieser Substanz, durch die sie (ob das jetzt Irgendeiner dort bemerkt hat oder nicht –) körperlich umgebracht wurde. Da wir dieses wertvolle kleine Wesen pflegten und sie zärtlich aufforderten, wieder zurückzukommen, da ihre Reise noch nicht beendet ist, war sie etwa drei Tage lang sehr krank und nur soweit wieder hergestellt, daß sie gerade so ihre geplante Reise hinter sich bringen konnte.

Nach dem Vorfall reiste G.B. ab. Er hat angerufen, um sich über ihr Wohlbefinden zu erkundigen (ihr seht, daß diese Vorfälle vom Initiator nicht unbedingt mit Absicht herbeigeführt werden müssen und ich werde hier nichts über die Absicht preisgeben), und sie hat ihn aufgefordert, nie wieder in ihre Nähe zu kommen. Es soll hier vermerkt werden, daß er wieder zurückkam und für das Gatehouse weiterhin „Geschäfte" machte.

Von Einigen, die mit dem Gatehouse in Verbindung standen, gab es ein paar niederträchtige Verhaltensweisen. Wißt ihr, sich zur Homosexualität zu bekennen z.B., ist eine Sache, aber der körperliche Ausdruck und das damit einhergehende Verhalten ist inakzeptabel. Das Übel hat genau das Haus Gottes heimgesucht.

Jetzt mußt du etwas anschauen, Dharma, das noch schmerzlicher ist, als alles Vorhergehende. Dein dreimaliger Herzstillstand wurde von Denen verursacht, die bei dir waren und mit dem Gatehouse in Verbindung standen. Heißt das, die Schwester wußte es? Natürlich nicht! Außerdem will ich nicht, daß Irgendjemand beschuldigt wird, aber es muß gesagt werden.

Ihr müßt wissen (das gilt für alle Leser), daß ihr, deren Lebenssinn die Verbreitung des WORTES ist, vor dem Beginn eurer Reise in der Körperlichkeit aufgebaut und euch ein Unterbau mitgegeben wurde, der euch bereits vor eurem Eintritt blockierte. Das Böse schlüpft dort hinein, wo es davon ausgehen kann, MEIN WORT zu stoppen. *MEIN WERK UND DAS WORT DER WAHRHEIT WIRD NICHT GESTOPPT! HÖRT GENAU ZU – ES WIRD NICHT GESTOPPT!*

Sie fordern euch Leser der Journale dazu auf, darin nichts zu glauben, was Schwester Thedra oder A.S.S.K. betrifft. So sei es, aber spricht das nicht in einer Art für sich selbst, besser, als ich es jemals aussprechen könnte? Die, die die Journale bearbeiten, haben unzählige Stunden aufgewandt in dem Bemühen, der Anweisung Folge zu leisten, alle Hinweise aus den Journalen zu entfernen. Wenn es noch Referenzen gibt, dann deshalb, weil Sananda sich entschieden hat, sie zu belassen.

Es gibt hier an diesem Ort keine „versteckten" Einkünfte. Die hier haben ihre komplette Altersversorgung dafür ausgegeben, das alles hinaus in die Welt zu tragen – und sich nicht an Beschuldigungen gegen sie selbst geklammert, um sie als Flintenfutter gegen Andere zu benutzen. Wir haben ganz offen auf jede Attacke geantwortet – oft sogar mit Dharmas blutendem Herzen ob der Boshaftigkeit des Angreifers. Es schmerzt mich, die Meinen absichtlich verletzt und gebrandmarkt zu sehen. Sie beklagen sich nicht über ihre eigenen Anklagen – sie weinen darüber, daß die USA angegriffen werden könnten, denn Jene wissen nicht, was sie tun. Laßt euch das ein Beispiel sein – es ist vorher schon passiert und es wird unzweifelhaft noch öfter passieren, bis wir dieses Spiel beendet haben. Aber ich sage euch hier, es wird nicht mehr lange passieren – das hat schon die längste Zeit gedauert.

-------- ZITAT --------

„Die oben angeführten Beispiele sind nur Einige der Diskrepanzen, die entstehen, wenn diese Journale ‚ans Tageslicht' kommen.

Wenn ihr diese Journale gelesen habt, bitten wir euch einfach, die Wahrheit zu sehen, bevor ihr sie an Andere weitergebt.

Wir von A.S.S.K. sind seit über 40 Jahren in die Weitergabe der Wahrheit einbezogen. Es war immer unsere Absicht, Material zur Verfügung zu stellen, welches jedem Einzelnen wirklich hilft, größeres spirituelles Bewußtsein zu erlangen.

In diesen Journalen liegt eine überwältigende Betonung auf Angsterzeugung und sehr wenig (wenn überhaupt) auf wirklich spiritueller Ausrichtung oder Ermutigung. Ebenso scheint es für jeden Wahrheitssuchenden offensichtlich zu sein, daß die „Älteren Brüder" und wirklichen „Meister" es nicht nötig haben, sich aus den Werken Anderer zu bedienen und sie würden niemals solche Informationen weitergeben, ohne den zu ehren, dem Ehre gebührt. Und nicht zuletzt, wenn Jemand die Wahrheit verdreht, wird sie zur Lüge und wahres spirituelles Bewußtsein wird niemals aus einer Lüge erwachsen.

The Association of Sananda and Sanat Kumara
2675 West Hwy. 89-A, Suite 454
Sedona, Az. 86336"

* * *

Ich hoffe, daß ihr bei A.S.S.K., die ihr diese höchst schauderhafte Vorstellung abgegeben habt, auch bemerkt habt, „daß ihr das gesagt habt!" Und ich hoffe auch, daß jeder diese Journale im „Licht des Tages" liest – „IM LICHTE GOTTES". Ich glaube, daß ihr etwas Wahrheit darin findet.

Es interessiert mich nicht, ob ihr 40 Jahre oder zehn Minuten mit der Verbreitung gebraucht habt. Wenn es 40 Jahre waren, muß man noch mehr Sorgfalt für die Entschuldigung der armseligen Einsichtsfähigkeit aufwenden und die Erkenntnis ist noch schwieriger zu erklären. Im Gatehouse gibt es Welche, die sich in nachhaltiger Dunkelheit befinden und das gilt auch für Manche, die dort mit hingenommen werden. Wir haben versucht, dort durchzukommen und wurden nicht gehört, da die Botschaften blockiert und verzerrt wurden. Ich werde vor den Zitadellen eurer Anlagen stehen und das kundtun – nicht im Hintergrund der geheimen Dokumente, nicht geteilt werden wollen – zu spät, denn die Wahrheit wird immer ins Licht finden.

Wir „erschaffen" keine Angst in diesen Dokumenten. Wenn ihr „Angst" verspürt, schaut besser um euch herum. Die Wahrheit wird euch gebracht und gewappnet mit Wahrheit und Erkenntnis könnt ihr Taten vollbringen, die für euch von Vorteil sind und euch davon abhalten, blinde „Opfer" zu sein. „Die Älteren Brüder" und „Wahren Meister" werden eure Bitten weder abschlagen noch euch mit Brei und spirituellem Geschwätz füttern. Wenn A.S.S.K. in den Journalen nichts von spiritueller Natur finden kann, dann bemitleide ich sie am Meisten von Allen.

Nein, Dharma, ich bin noch nicht fertig, aber wir werden es für heute dabei bewenden lassen. Ich gewähre dir Frieden, Chela, denn du bist wirklich sehr krank.

Eine Projektion der Art, wie sie in diesem Haftungsausschluß verbreitet wird, kann nicht über das Gute „gekauft" werden, das sie hervorgebracht hat und ganz sicher segne ich Jene mit Liebe und wünsche ihnen lichtvolles Verständnis, denn sie hören mich nicht.

Halte fest meine Hand, Chela, denn bald werde ich dich heimbringen. Ich sehne mich danach, euch Alle, meine Geliebten und Geschätzten, wieder zuhause um mich versammelt zu haben. Es ist nicht eure Sache, über Diejenigen, die den anderen Weg wählen, zu urteilen oder bei ihnen zu verweilen. Ihr müßt euch um eure Arbeit kümmern. In dieser Reise liegt viel Freude.

ICH BIN ATON

KAPITEL 29

Aufzeichnung Nr. 1 | GYEORGOS CERES HATONN

Donnerstag, 8. Februar 1990, 8.30 Uhr, Jahr 3, Tag 176

Hatonn hier im Licht des Strahlenden. Wir wollen heute Morgen an unserem Journal weiterarbeiten und später am Tag werde ich auf die Eidesstattlichen Aussagen von gestern eingehen und für John S. eine kurze Antwort verfassen. Bitte stellt sicher, daß er wegen der verzögerten Absendung der Botschaft, die für ihn geschrieben wurde, angerufen wird.

Bezüglich der Dinge, die da durchkommen, müßt ihr in euer eigenes Gleichgewicht und in eure innere Behaglichkeit kommen. Vieles wird euch fremd und neu vorkommen, so wie es dargestellt wird, ABER ES IST NICHTS NEUES, was Konzept und Wahrheitsgehalt angeht, denn DIE WAHRHEIT IST und das WORT IST, *DENN GOTT IST UND DIE SCHÖPFUNG IST UND DER MENSCH IST –* NICHT MEHR UND NICHT WENIGER. Ich kann euch immer wieder nur daran erinnern, daß ihr im Schutz des Lichtes bleiben und es „zulassen" sollt, daß sich die Wahrheit „setzt". Und weiter, da jetzt die spirituellen Aspekte in den Fokus rücken, gibt es mehr Meinungen zu einem bestimmten Punkt als es Menschen gibt, die die Schriften erhalten, denn der Mensch weiß nicht wirklich, was er eigentlich glaubt. Der Schubs dient eigentlich nur dazu, euch dazu zu bringen, unterschiedliche, „indoktrinierte" Gedankengänge fallenzulassen und euch mit dem „Konzept" der Göttlichkeit in Einklang zu bringen. Zum Beispiel solltet ihr realisieren, wie im Fall von J.S. – daß der Großteil ALLER Religionen nicht an das „ICH BIN" oder an Germain glaubt. Bitte versteht, daß Doktrinen und menschengemachte Vorgaben durchaus inkorrekte Ideen sein können – aber das Konzept ist identisch darin, daß ihr zuerst an das Höchste glaubt – an Gott. Alle anderen kleinen und großen Teile müssen sich korrekt in diese Priorität fügen. Es geht um eure Beziehung zwischen Seele und Gott – DURCH den christlichen Weg, und das ist der Brennpunkt – nicht durch die Lebensreisen eines gegebenen MENSCHEN.

Das deshalb, weil die Energie eines Christen viele Wege an vielen Orten gegangen ist. Wenn ihr bei einer vorgegebenen „Welle" in eurer Lebensreise gestoppt werdet, werdet ihr vom Punkt der Wahrheit abgeschnitten.

Wie es im Fall der Lehre zu „ICH BIN" ist – laßt den isolierenden Gedanken der Worte vor euch zurück und geht in euch, ruft Germain oder Christus an und fragt sie. In euren eigenen Vorstellungen – „DER RUF ERZWINGT DIE ANTWORT" – und stellt sicher, daß die geliebten Meister in der Klarheit des Lichtes kommen. Ihr braucht keine „Mittelspersonen" – ruft gezielt und die Meister werden antworten.

Wir werden später am Tag über diese Dinge sprechen, aber jetzt wollen wir zu unserem Journal zurückkehren, in dem wir das Gefängnis der Gedanken und das Loslassen der „Angst" besprechen.

* * * * *

GEFÜHLE

Alle Geschöpfe reagieren in irgendeiner Art auf schädliche Einflüsse. Dabei sind menschliche Wesen keine Ausnahme. Da ihr die Fähigkeit besitzt, euch beleidigender Mittel bewußt zu sein, übersetzt ihr diese Bewußtheit in Verletzung. Wann immer ihr euch verletzt fühlt, gibt es etwas, das bedrohlich oder schädlich für euch ist. Eure Bewußtheit über Verletzung ist so sensibel, daß ihr in der Lage seid, die Gefahr schon zu erkennen, bevor sie da ist. Diese Entdeckung der Gefahr kann Angst als Antwort heraufbeschwören, die dem Gefühl entspricht, das wir bekommen, wenn sich der Körper darauf vorbereitet, einer zerstörerischen Gewalt aus dem Weg zu gehen.

Manchmal ist es dem Individuum nicht möglich, der Gefahr zu entgehen, so daß der Körper einen weiteren Schutzmechanismus entwickelt hat – Wut. Dieser Zustand im Körper und im Bewußtsein tritt ein, wenn ihr der Gefahr gegenübersteht und ihr irgendwie zurückschlagen müßt. Zu diesem Zeitpunkt werden alle aggressiven Kampfinstinkte mobilisiert. Ziel der Wut ist es, entweder der Gefahr einen Schrecken einzujagen oder sie irgendwie zu zerstören.

Also gibt es drei grundsätzliche Gefühlsausprägungen, die euch vor Gefahr schützen und das Überleben sichern. (1) Verletzung bedeutet Bewußtheit für Schmerz und die Anwesenheit von Gefahr. Der menschliche Gegenpol ist Traurigkeit – die andauernde Bewußtheit von Schmerz. (2) Angst, deren Kraft herzuleiten ist aus der Erinnerung an Schmerz, bringt das Individuum dazu, weiteren Schmerz zu vermeiden, indem es dessen Quelle schnellstmöglich entflieht. (3) Wut schützt das Individuum vor Gefahr entweder durch das Erschrecken der Gefahr oder durch deren Auslöschung.

Diese drei Gefühlszustände – Verletzung, Angst und Wut – sind im Bruchteil eines Wimpernschlags austauschbar. Es ist jedoch so, daß Schmerzen auf einer sehr persönlichen Ebene immer den anderen beiden Gefühlszuständen vorausgehen. Damit werden Angst und Wut direkt proportional zum Schmerz stimuliert und zum persönlichen Brennpunkt vordatiert. Der ursprüngliche Vorläufer der emotionalen Antwort mag dabei vom Bewußtsein tief verborgen worden sein und nie in der bewußten Wahrnehmung auftauchen, daran müßt ihr euch erinnern. Diese Gefühle sind auch vor und bei der Geburt präsent.

Diese Gefühle liegen im Ego-Zustand Kind und ihr habt gelernt, wie sein Ausdruck als normales, menschliches Gefühl kriminalisiert werden kann.

Das neugeborene Baby ist in der Lage, seinem Schmerz durch Wimmern Ausdruck zu verleihen. Das zieht normalerweise schnelle Hilfe vom fürsorgenden Elternteil nach sich, der in der Lage ist, die Quelle des Unbehagens zu lokalisieren und Abhilfe zu schaffen. Bei einem Neugeborenen ist der Ausdruck des Schmerzes ein Schrei nach Hilfe. Traurigkeit und Verletzungsschmerz ist genauso ein Hilfeschrei.

Wenn das Kind älter wird, ist manchmal keine schnelle Hilfe da und so bleibt der Schmerz oder der drohende Schmerz erhalten. Zu diesem Zeitpunkt wird das Gefühl Angst aufkommen, oft mit einem schrillen, durchdringenden Ausbruch. Wenn das Kind alt genug ist, wird es zur Mutter laufen, die für das Kind Sicherheit darstellt. Wenn es bei der Mutter angekommen ist, wird es sich sicher und beschützt fühlen – es sei denn, sie weist es zurück. Sie wird sich sehr oft um das kümmern, was ihm Angst macht und die Quelle des Schmerzes und der Verletzung entfernen. Andauernde Angst in einem Kind oder Erwachsenen ist auf diese Bemühung zurückzuführen, Sicherheit zu finden.

Die Reaktion Angst mag nicht immer angemessen für die Sicherheit sein, die ein Individuum sucht. Es kann dann notwendig werden, sich mit der Gefahr selbst auseinanderzusetzen und die Angst in Wut umzuwandeln. Das kann dann wirklich sehr, sehr schnell passieren und viele verärgerte Menschen werden sich niemals der Angst bewußt sein, die ihrem Ärger vorausgeht. Sie sind sich auch nicht der Verletzung bewußt, die der Angst vorausging. Wenn sich das Individuum erfolgreich mit der Gefahr in Form seiner Wut auseinandergesetzt hat, wird es sich wieder sicher fühlen. Jetzt wird offensichtlich, daß die Gefühle die Mittel sind, mit denen das Individuum die Sicherheit erhalten will, die für sein Überleben notwendig ist.

Das Gegenteil des Grundgefühls Verletzung ist Freude und Behaglichkeit. Das Individuum erfährt dieses Gefühl, wenn jegliche Unbehaglichkeit verschwunden ist und alles friedlich zu sein scheint. Das Baby und Kleinkind assoziiert diese Gefühle mit der Mutter.

Das zweite Gefühl, die Angst, will auch Sicherheit und Schutz erreichen, und wieder assoziiert das Baby und Kleinkind das mit der Mutter. Gefühle der Sicherheit sind die Antithese zu Angst.

Bei der dritten Gefühlsstufe, der Wut, ist Liebe die Antithese. Während sich das Individuum mithilfe der Wut mit der Gefahr auseinandersetzt, ist es unfähig, Liebe zu spüren, sei es Kind oder Erwachsener.

Wenn die Gefahr gebannt ist, kann das Individuum wieder Sicherheit empfinden und kommt damit in sein Gefühl von Liebe. Bedenkt, daß die Probleme, die durch Angst und Verletzungen entstanden sind, erst gelöst werden müssen, bevor sich Liebe einstellen kann.

Und jetzt kommt der Punkt, an dem es sehr ernst wird. Nachdem wir die drei Grundgefühle betrachtet haben, die für die ordentliche Erkenntnis notwendig sind, sich bei Gefahr zu verteidigen – stellt sich jetzt die Frage, was passiert, wenn die Gefahr, die Quelle der Angst, die Mutter selbst ist, die normalerweise Sicherheit und Erholung bietet? Diese Antwort ist der Schlüssel zu den ursächlichen Konflikten, die allen gefühlsmäßigen Funktionsstörungen zugrunde liegen.

Wenn die Mutter die Quelle der Verletzung ist, kann das Kind seine Verletzungen ihr gegenüber nicht zum Ausdruck bringen, weil sie sie nur noch vergrößern würde. Das Kind kann auch nicht von ihr weglaufen, indem es sein Angstgefühl zur Flucht nutzt, weil es sonst keinen Schutzort mehr hat. Es kann seinen Ärger auch nicht dazu nutzen, sie zu verprellen oder zu zerstören, weil es sie zum Überleben braucht. Demzufolge gibt es für das Kind nur eine Option: es muß die Gefühle blockieren. Es muß sich einfach so mit sich selbst arrangieren, daß es sie nicht mehr spürt.

Der Ego-Zustand Eltern dient dazu, Gefühle zu unterdrücken, deren Ausdruck das Risiko beinhaltet, auf Eltern zu verzichten. Ihr müßt euch bewußt sein, daß in der Folge der Gefühlsausdruck als „Verbrechen" betrachtet werden kann. Ihr versteht sehr wohl, wie die Gefühlsunterdrückung, die mit der elterlichen Mißbilligung einhergeht, zur einzig möglichen Zuflucht wird. Der Egostatus Eltern bestraft das innere Kind nicht nur für das Verbrechen, seine wirklichen Eltern in Streß zu versetzen, sondern schützt es auch davor, sich weiteren Mißbilligungen auszusetzen, indem es diese verhindert.

Wir werden dieses Thema sicherlich noch weiterbesprechen, aber zum jetzigen Zeitpunkt möchte ich einfach, daß ihr realisiert, daß die „Kreuzigung" des kleinen „Kindes des Phönix" grundsätzlich bereits vor der Geburt begonnen hat.

Das wunderbare Potential jeglichen „Kindesmißbrauchs" kann nur dadurch gewandelt werden, daß das „Kind" die Gefühle losläßt, die durch den „Ankläger Eltern" verursacht wurden. Wenn es in den Ausgleich von Annehmen, Zulassen und Loslassen der Angst hineinwachsen kann – wird es verhältnismäßig gut in seine Balance mit dem Selbst zurückkehren können, da dann die anderen Gefühle durch Liebe ersetzt werden, denn die Angst verschwindet in Anwesenheit von Liebe. Es muß lernen, die Anschuldigungen des Anklägers anzunehmen, ohne die Verteidigung aufzugeben, wobei das Verbrechen auch fair behandelt wird, was dann im Gegenzug den Richter dazu befähigt, entsprechend den Umständen ein stichhaltiges Urteilsvermögen an den Tag zu legen.

DIE ZWÖLF SCHRITTE

Die nächste Frage wird natürlich sein – „Aber wie?" Ungeachtet der psychischen Entwicklung und themenbezogenen Wissens, Therapien usw., werdet ihr in Wahrheit mit nur einem Handlungsweg zurückgelassen – ihr müßt zum Gericht gehen, in dem das Urteil gefällt wird – auf die Ebene, wo das Unterbewußtsein diese Forderung an das Bewußtsein stellt. Dann müßt ihr anfangen, euch umzuorientieren, euer Selbst neu zu definieren und euch Hilfe zu suchen, indem ihr euren Blick auf eine höhere Quelle als die der Eltern richtet, denn die Eltern sind mit Makeln behaftet. Das einzig wirklich Makellose im ganzen Universum ist Gott, welchen Namen ihr ihm auch immer geben wollt – außerdem ist er euch viel näher als das „Innere Kind", „der Elternstatus" oder der „Richterstatus". Gott ist die Vollkommenheit innerhalb des Selbst, die heilen, schützen und euch mit dem ganzen Licht der Liebe umgeben kann, eine nie enden wollende und nicht urteilende Liebe.

Zuerst müßt ihr das Problem erkennen, den Wunsch zur Veränderung entwickeln, euch Schritt für Schritt auf die Veränderung zubewegen, die Gefühlsreaktionen loslassen und an Gott übergeben, nicht an die destruktiven, kreuzigenden Methoden, die von der Menschheit angewandt werden.

Aus diesem Grund sind die Programme der „Anonymen" erfolgreich – ihr hört auf, das Kind für Alles und Jedes verantwortlich zu machen und überlaßt das Problem der Vollkommenheit des Schöpfers und er wird euch bei jedem Schritt begleiten – oder euch tragen, wenn der Weg zu beschwerlich ist. Wenn ihr „rückfällig" werdet, holt er euch wieder ab und ihr nehmt euren Weg wieder auf, ohne euch schuldig zu fühlen oder euch zu schämen, denn seine Vollkommenheit reicht für euch Beide aus.

Ich möchte die zwölf Schritte gerne auflisten. Sie wurden so oft publiziert und die Gruppen, die mit diesen zwölf Schritten arbeiten, vervielfachen sich um das Tausendfache. Die Seele muß auf dieser Verständnisebene in der Verbundenheit mit dem Schöpfer geheilt werden – denn keine menschliche Medizin oder Droge kann etwas ausrichten, bevor nicht die Seele ihre Freiheit einfordert.

SCHRITT EINS: *Erkenne, daß dir die Abhängigkeit von einer Sache, sei es Alkohol, Essen, Schmerz, Sorge, Schuld usw. die Kontrolle entzieht und dich machtlos zurückläßt. Du mußt erkennen, daß dein lebenserfahrendes Bewußtsein in seinem derzeitigen Zustand von dir nicht mehr zu kontrollieren ist.*

SCHRITT ZWEI: *Erkenne, daß es eine Macht gibt, die größer ist als das Selbst, die dir Heilung und Stabilität bringen KANN.*

SCHRITT DREI: *Triff eine Entscheidung, deinen Willen und dein Leben der Sorgfalt dieser Höheren Quelle zu überantworten, Gott – so, wie du Ihn verstehst.*

SCHRITT VIER: *Erstelle eine suchende und angstfreie moralische Inventur – schreibe alles auf, selbst wenn es nur „Wahrnehmung" ist.*

SCHRITT FÜNF: *Gestehe Gott, dir selbst und einem anderen menschlichen Wesen die genaue Natur deiner Fehltritte ein, so, wie du sie siehst.*

SCHRITT SECHS: *Du mußt bereit sein, Gott alle diese Charakterdefizite entfernen zu lassen, wie du sie siehst.*

SCHRITT SIEBEN: *Bitte Gott demütig und ernsthaft, diese Unzulänglichkeiten zu entfernen – bitte darum, daß sie entfernt werden.*

SCHRITT ACHT: *Mache eine Liste mit allen Personen, denen du Leid zugefügt hast und entwickle die Bereitschaft, das richtigzustellen.*

SCHRITT NEUN: *Verändere dies bei den Menschen, wenn es möglich ist, es sei denn, sie oder Andere würden dadurch verletzt. Du hast kein Recht, einem Anderen wissentlich Schmerz zuzufügen. Du kannst deine eigene Last nicht loswerden, indem du sie einem Anderen „aufbürdest."*

SCHRITT ZEHN: *Mach weiter mit deiner persönlichen Inventur und erkenne und korrigiere sofort.*

SCHRITT ELF: *Trachte danach, durch Gebet und Meditation deinen bewußten Kontakt mit Gott zu vertiefen, so, wie du Ihn verstehst, und bete nur darum, Seinen Willen für dich zu erkennen und um die Kraft, diesen Willen erfüllen zu können.*

SCHRITT ZWÖLF: *Komme aufgrund dieser Schritte ins spirituelle Erwachen, trage diese Botschaft aufrichtig hinaus und ehre und praktiziere diese Prinzipien bei allen deinen Angelegenheiten.*

ABSCHLIESSENDES ANERKENNTNIS

Suchtstrukturen können kaum geändert werden, bevor das Wesen nicht „ganz unten" angekommen ist, denn nur dort, wo es sich hilflos und nackt seiner Sucht ausgeliefert sieht, erkennt es, daß der einzige Ausweg das Wachsen in die Wahrheit und die Vereinigung mit dem Höheren Sein ist. Es muß wie ein Kind zu seiner Mutter kommen und um Hilfe bitten – es muß seine Hand ausstrecken, denn Gott wird niemals Gewalt anwenden – alles muß durch die Kraft des eigenen freien Willens in die Realität kommen.

Eure Welt ist durch die gleichen Veränderungen gegangen und ist der Sucht des Bösen verfallen. Die Menschheit muß durch die gleichen zwölf Schritte hindurch gehen, um das Neue durch das Dunkel zu erfahren. Momentan befindet ihr euch in der Suchtstruktur – der Kreuzigung. Die Menschheit zeigt keine Wahrscheinlichkeit der rechtzeitigen Veränderung an, um den Weg „durch das Feuer zur Asche" zu verhindern – dann, ihr Lieben, wird der Phönix wieder aufsteigen, indem er die Hand Gottes annimmt, um wieder in sein Leben in Herrlichkeit zurückzufinden, anstatt in der Erniedrigung der bösartigen Geringschätzigkeit seines Daseins zu verharren. Gott wird euren Weg über alle Maßen segnen, wenn ihr nur darum bitten wolltet, denn er erwartet euren Ruf. Er wird alle Himmlischen Heerscharen zur Verfügung stellen, um euch zu begleiten. Er wird euch mit seinen goldenen Schwingen beschützen und wird euch tragen, während er euch erneut das Fliegen lehrt; Er wird der Luftstrom unter euren Flügeln sein, daß ihr nicht fallt, sondern euch frei in die Himmel erhebt, denn Niemand, der mit seinen eigenen Flügeln in den Windströmen Gottes fliegt, kann zu hoch hinaus steigen, da sein Weg unendlich ist. So sei es.

Ihr müßt nackt vor Gott stehen mit dem festen Vorsatz, eure eigenen Verurteilungen zu beenden. Nicht eure irdischen Bezeichnungen, Titel und Namen tragen die Wiedererkennung für den Schöpfer, sondern sie liegt in eurer Seele.

KOMM ZU IHM INNERHALB DEINES WESENS UND ER WIRD DIR DIE GELASSENHEIT GEWÄHREN, DIE DINGE ANZUNEHMEN, DIE DU NICHT VERÄNDERN KANNST, WIRD DIR DEN MUT ZUTEIL WERDEN LASSEN, ZU VERÄNDERN, WAS DU VERÄNDERN KANNST UND DIR DIE WEISHEIT VERMITTELN, DEN UNTERSCHIED ZU ERKENNEN UND ZU VERSTEHEN! AHO!

HATONN IN EINHEIT MIT DEM LICHT – ALS ANFANG –

KAPITEL 30

Aufzeichnung Nr. 1 | GYEORGOS CERES HATONN

Montag, 12. Februar 1990, 7.30 Uhr, Jahr 3, Tag 180

Im Juli, als *UND SIE NANNTEN IHN JMMANUEL* und *SPACE-GATE, DER SCHLEIER WIRD ENTFERNT* [A.d.Ü.: Phönix-Journale Nr. 02 und 03] geschrieben wurden, schrieb Schwester Thedra einen Brief an Dharma und Oberli; wir drucken ihn hier ab, denn ich möchte über „Wirklichkeit" sprechen.

„Ihr Lieben: 6. Juli 89

Realisiert ihr, welcher Segen auf euch liegt?

Welch wundervolles Werk! Ich schätze mich glücklich, daß es jetzt gekommen ist – ich habe darauf gewartet, diese gute Nachricht zu hören –
Ich bin bei euch! – *Laßt euch durch nichts zurückhalten – denn ihr befaßt euch MIT DER WIRKLICHKEIT –*
Ich liebe euch ALLE – T."

WIRKLICHKEIT! WAS GENAU IST WIRKLICHKEIT?

Hatonn hier, um das ein wenig zu besprechen. Laßt uns damit beginnen, über Hatonn zu diskutieren. Gott/Christus – Mutter/Vater, Schöpfer/Schöpferin und die Cohans aus den Ebenen der Erzengel, verbringen ihre „Zeit", wie ihr sie seht, zusammen mit den Kosmischen Räten damit – *DEN UNIVERSEN* FORTDAUERND

MIT IHREM RAT BEI IHREN PROBLEMEN UND WACHSTUMSAUFGABEN BEIZUSTEHEN. WENN SICH EIN PLANET IN UNRUHIGEN ZEITEN BEFINDET (GEDANKENPROJEKTION GOTTES), WIRD SEHR VIEL WERT AUF DEN SPEZIELLEN ORBIS UND SEINE SPEZIFISCHEN EVOLUTIONSSCHRITTE GELEGT. ES WERDEN ENTSCHEIDUNGEN GETROFFEN, WIE DER FOKUS BEI DEN WESEN AM BESTEN AUF DEN PUNKT „REISEN" GELEGT WERDEN KANN, DA SIE AUF DER MANIFESTEN EBENE ERFAHRUNGEN SAMMELN. DAS HÄNGT VON IHRER EBENE DES WACHSTUMS UND VERSTEHENS AB, UND ES WERDEN UNTERSCHIEDLICHE ANNÄHERUNGEN BEACHTET UND GOTT, ATON, ENTSCHEIDET SCHLUSSENDLICH ÜBER DIE ART UND WEISE, WIE ER IN DIESE SCHÖPFUNGEN EINTRETEN WIRD. AN DIESEM PUNKT DER ENTWICKLUNG IST DER CHRISTOS ZU GOTT GEREIFT (DER SANANDA) UND WIRD GESANDT, DA ER IN ALLEN FACETTEN SEINES/IHRES WESENS VOLLKOMMENHEIT ANGESTREBT HAT – ER IST TATSÄCHLICH EINS MIT UND EINGEGANGEN IN GOTT – ER WIRD NIE WIEDER EIN FRAGMENT SEIN; ZUKÜNFTIG WIRD ER – GOTT SEIN!

ER HAT SEINE „KRONE" SOZUSAGEN SOLANGE NICHT ERLANGT, BIS ER DEN PLANETEN DURCH UND IN SEINER HÖHEREN TRANSITION SIEHT UND ALLE WESEN AN DEN FÜR SIE VORBEREITETEN ORTEN SIND. UM DIESE WUNDERBARE REVOLUTION/EVOLUTION DER VOLLKOMMENHEIT ZUZULASSEN, WERDET „IHR" DIE ERFAHRENDEN WESEN AUF EINEM MANIFESTIERTEN, KÖRPERLICH VORHANDENEN PLANETEN SEIN. WIR VON DEN ÄTHERISCHEN WESEN WERDEN DIE „HEERSCHAREN DES HIMMELS" ODER „DIE BÖSARTIGEN PROJEKTIONEN SATANS" SEIN, JE NACH DER WACHSTUMSEBENE EURER SEELENESSENZ.

DAS IST DIE WIRKLICHKEIT, IHR GESCHÄTZTEN MITSPIELER IM SZENARIO DES PHYSISCHEN LEBENS AUF DER KINOLEINWAND. DAS IST ZWAR EIN GUTES DREHBUCH, ABER DIE

BÜHNE BRAUCHT EINE KOMPLETTREPARATUR, DENN DIE SPIELER FALLEN LAUFEND VON DER BÜHNE USW. FÜR DAS ENSEMBLE WIRD ES ZEIT FÜR DEN LETZTEN AKT – INKLUSIVE GOTT/SANANDA/GESAMTHEIT CHRISTUS UND FÜR DIE GRADUIERUNG IN DIE HÖHEREN DIMENSIONEN. DAS IST DIE WIRKLICHKEIT!

ALLE HIMMLISCHEN HEERSCHAREN, DIE FÜR DIE ENTWICKLUNG DIESER SPEZIELLEN ERDE (PLANET) AUSGEWÄHLT WURDEN, SIND AN IHREN PLÄTZEN – IHR BRAUCHT EUCH KEINE GEDANKEN DARÜBER ZU MACHEN, WO ALL DIE ANDEREN HEERSCHAREN SIND – VIELLEICHT MARS ODER OBRICON – DAS IST NICHT EUER BUSINESS. IHR BRAUCHT EUCH NUR UM EUREN EIGENEN SINN UND ZWECK ZU KÜMMERN – WIR KÜMMERN UNS UM UNS SELBST. IHR WERDET JEDOCH EURE ROLLE BESSER SPIELEN, WENN IHR DAS DREHBUCH GELESEN HABT UND ES VERSTEHT. DENN DIESES GESAMTE SZENARIO, DAS IHR HATTET UND AUCH WEITERHIN HABEN WERDET, WIRD DIE GLEICHE GEFOLGSCHAFT VON HEERSCHAREN HABEN, DENN SIE BESTEHEN AUS DEM GRÖSSTEN TEIL EURER ISOLIERTEN „EINHEIT" UND DEM RÜCKFLUSS ZU GOTT.

NUN, WIE WIRD GOTT SICH ZEIGEN, DAMIT DIE MENSCHEN SEINE ANWESENHEIT AKZEPTIEREN? WIE WIRD DER CHRISTUS KOMMEN, DAMIT DIE MENSCHHEIT WEISS, DASS ER WIEDERGEKOMMEN IST? IN JEDER ART, DIE IHM GEFÄLLT! UND ICH SCHLAGE VOR, DASS IHR DIESE KLEINIGKEIT BERÜCKSICHTIGT. DENN IN DER EVOLUTION KOMME ICH ERST EINMAL ALS FELD/FLOTTENKOMMANDANT, SO DASS ICH DAS SPIEL AUS EINER PERSPEKTIVE ÜBERBLICKEN KANN, DIE EUREN GEANKENMUSTERN NÄHER IST! SO SEI ES!

WIEVIELE WERDEN SEHEN?

Wie bei allen Veränderungen – erst einmal Wenige. Dann Viele und zum Schluß, Brüder – Alle. Sie könnten alle die falsche Wahl treffen und Einige werden in ziemlich miserablen Umständen landen – ABER ZUM ENDE HIN WIRD ALLEN GEGEBEN SEIN, ZU „SEHEN"!

Wie lange es dauert, ist immer eine sehr verschwommene Angelegenheit, denn ihr müßt zuerst eure Zerstörung beenden, die ihr mit der leichtsinnigen Handhabung eures freien Willens angerichtet habt. *IHR WERDET DEN WUNDERVOLLEN PHÖNIX KREUZIGEN!* Laßt uns einen Brief ansehen von Paul F. Crouch, dem Präsidenten von TBN (Trinity Broadcasting Network, Inc.). Er gehört zu Denjenigen, die im Rundfunk eine Sendung nach der Anderen über Gott und Christus ausstrahlen und jetzt sehen wir uns seinen Brief an, denn es wurden ihm einige *Journale* zugesandt. Nun, Diejenigen, die die *Journale* gelesen haben, wissen, wer WIR sind und deshalb möchte ich euch zuerst den Spruch geben, den sie als Richtlinie benutzen und den sie ganz kühn auf ihrem Briefpapier aufgedruckt haben: „UND ICH, WENN ICH ERHÖHT WERDE VON DER ERDE, SO WILL ICH SIE ALLE ZU MIR ZIEHEN." Johannes 12, Vers 32. [A.d.Ü.: Lutherbibel 1912]. Der Christos sagte, daß „wenn ich erhöht werde", Alle erhöht werden, denn er trennte sich niemals von den Menschen, noch stellte er sich über sie. Weiter: Ich werde *ALLE* Menschen zu mir ziehen.

Soll das bedeuten, *„einige"* Menschen? Nun schauen wir mal, was Mr. Crouch an Patricia Young in Sedona geantwortet hat.

„Sehr geehrtes Fräulein Young:"
„Wir haben das Buch mit dem Titel *Cry of the Phoenix*, das Sie uns zugeschickt haben, erhalten.

In einem beiläufigen Blick (sic, sic) in dieses Buch haben wir festgestellt, daß es eine Zusammenstellung von Gedankengut ist, die Offenbarungen betreffend, die aber nicht nur aus Heiligen Schriften stammen, sondern auch aus verschiedenem indianischem Kulturgut." (Meine Güte!)

„Wir haben uns natürlich völlig Gottes Heiligem Buch verschrieben (welchem?). Beiden, dem Alten und dem Neuen Testament. Wir akzeptieren keine indianischen Mythologien als Wahrheit. (Weint euer Herz immer noch nicht?) Aus diesem Grunde ist *Cry of the Phoenix* unserer Meinung nach keine verläßliche Wahrheit." (Kann sich Irgendjemand daran erinnern, was in CRY OF THE PHOENIX abgehandelt wird? *DAS TODESRÖCHELN DER FREIHEIT* – es geht hier um die menschliche Freiheit!)

„Wir möchten Sie dazu ermutigen, sich der Heiligen Schrift zuzuwenden, lesen und verstehen Sie sie unabhängig von indianischen mythologischen Konzepten. Nehmen Sie Jesus Christus als den Einen und einzigen Retter dieser Welt an."

„Mit freundlichen Grüßen"

(Unterschrift)

„Paul F. Crouch

Gründer/Präsident. PFC:cjs"

(Was meint ihr, welche „Bibel" diese Bigotten wohl lesen?)

Die Einfügungen in Klammern sind von mir – Hatonn! Das Schreiben ist für eure Forscherteams verfügbar, die Tag und Nacht daran arbeiten, meine Schreiberin hier zu diskreditieren. Wenn das Werk dieser Schreiberin wertlos ist – warum macht ihr euch die Arbeit, es in Verruf zu bringen? Ihre Fehler könnten nur euer eigenes Licht mehr zum Strahlen bringen – IHR WERDET ABER SICHER DAZU BEITRAGEN, DASS UNSERES HELLER STRAHLT UND WIR DANKEN EUCH!

Sagt das nicht Alles? Genau das wird der Welt vorgepredigt! Sie werden absolut schockiert sein, wenn sie feststellen, daß sie total bigott sind und eine gesamte traditionelle, menschliche Zivilisation gottähnlich verurteilt haben. Sie hatten nicht einmal etwas mehr Interesse an dem Thema, als das Buch kurz durchzublättern und es dann wegzulegen. Außerdem glauben sie, daß Hatonn, Sananda usw. usw. eingeborene Indianer seien – ich fühle mich wirklich geehrt, denn es gibt keinen Größeren als der Älteste der Ältesten. Das gehört aber jetzt nicht zur Sache.

Diejenigen Im „UFO-Rinderverstümmelungs-Geschäft" sind die Gleichen. „Verfolgt diese Schreiberin" ist das Motto, „wir arbeiten mit Forschungsdokumenten und so weiter und so fort" – *NUN, WIR ARBEITEN MIT DEN AUFZEICHNUNGEN UND DEM ALL-WISSEN DES UNIVERSUMS, DAS NICHTS VERSTECKT*. So sei es.

Ich vermute, der oben genannte Brief soll zeigen, daß bei der „Entrückung", die die Leute von TBN jetzt jeden Moment erwarten – sie wohl die Einzigen sein werden, die da sind! Nun, das könnte wohl so sein – hinauf zu den flauschigen Schäfchenwolken, wo man radioaktiv verstrahlt wird und angesengte Zehen bekommt. So sei es – die Wahl, die ihr aufgrund eures freien Willens getroffen habt, wird unter allen Umständen respektiert.

Pat, wundervolle Schülerin, ich danke Dir, daß du uns diesen Brief geschickt hast, denn ich muß diese Unterlagen im Besitz meiner Schreiberin haben, bevor wir sowas kommentieren können, denn Wir werden sie schützen und wenn die Dokumente sicher bei uns an diesem Ort sind, werden wir uns dazu entsprechend äußern. Ich möchte hoffen, daß noch Andere an Mr. Crouch schreiben und darauf hinweisen, daß ATON GOTT IST UND SANANDA „JESUS" CHRISTUS und er behauptet, auf diesen Kontakt sehr lange gewartet zu haben und er hat ihn verpaßt, gerade, als er den Massen verkündet hat, sie würden seine Rückkehr verpassen! Es soll euch nicht stören, ihnen die Bücher zu senden – die er verleugnet hat – laßt ihn seine eigenen Bücher haben! So sei es. „Wir akzeptieren keine indianischen Mythologien als Wahrheit." TATSÄCHLICH! ICH ALS GOTT AKZEPTIERE AUCH DIE MYTHOLOGISCHEN GEDANKEN DES MR. CROUCH NICHT ALS WAHRHEIT! AHO UND SELAH! ZUM NUTZEN VON EUCH, DIE IHR MIT VORURTEILEN BEHAFTET SEID: DIE INDIANER GLAUBEN AN DEN GROSSEN GEIST ALS DEM „EINEN" SCHÖPFER; SIE GLAUBEN AN BALANCE UND HARMONIE DER MUTTER-SCHÖPFUNG-VATER SCHÖPFER/SCHÖPFUNG UND DEN HEILIGEN KREIS DER EWIGKEIT ALS CHRIST! NUN, WAS GENAU IST ES, DAS IHR „CHRISTEN"

GLAUBT, DAS DIESE HEIDEN NICHT GLAUBEN? OH, RITUALE? ACH SO – MIR SCHEINT ES, DASS ALL EURE KIRCHEN DIE „KOMMUNION" PRAKTIZIEREN UND DABEI SO TUN, ALS OB SIE BLUT TRINKEN UND FLEISCH ESSEN! UND IHR BENUTZT SYMBOLE WIE KREUZE, KERZEN, STATUEN, UND MYRIADEN ANDERER RITUALE! GLAUBT IHR, GOTT SIEHT EURE BIGOTTERIE UND EURE WIDERSPRÜCHLICHKEITEN NICHT?

JA, MR. CROUCH, SIE HABEN SICH DARÜBER EREIFERT; ABER SIE SIND DERJENIGE, DER TÄGLICH VERKÜNDET UND WARNT – IHR MÜSST VORBEREITET SEIN! DER HERR WIRD WIE EIN DIEB IN DER NACHT KOMMEN – UNERWARTET, UNANGEKÜNDIGT, UND SCHNELL WIE EIN WIMPERNSCHLAG! NUN, IHRE AUGEN WAREN GESCHLOSSEN – IHRE WEISHEIT WAR UNTER VERSCHLUSS GEHALTEN – IHRE OHREN WAREN ZUGEKLAPPT – IHR EGO UND IHR URTEILSVERMÖGEN WEIT OFFEN UND BRUDER – DU HAST DAS RETTUNGSBOOT VERPASST UND DAZU NOCH DAS BOOT FÜR MILLIONEN DEINER BRÜDER VERSTECKT GEHALTEN – *IST DAS EIN ANGENEHMER GEDANKE? SO SEI ES UND SELAH! ICH HOFFE, VON DIR ZU HÖREN, LIEBER SOHN, DENN DEIN BEITRAG IST WIRKLICH GROSSARTIG, WENN DU DEINEN RUF HÖREN WILLST! ICH BIN ATON AUS DEM ALL-EINS-SEIN – DAS EINE LICHT – ICH BIN GOTT, MEIN SOHN, UND SENDE DIR DIE LETZTEN INSTRUKTIONEN UND BOTSCHAFTEN. ICH ZWINGE NICHT – HÖRE MICH, WENN DU WILLST – DENN ES GIBT ANDERE, DIE DAS WERK ERWARTEN. SO SEI ES. –*

* * * * *

Oberli, dieses Teilstück soll in den Express, muß aber auch in *DIE KREUZIGUNG DES PHÖNIX*. Danke Dir. Die Zeit für eure bigotten Spiele ist vorbei. Ihr habt einfach zu viele kleine Götter da unten, die mit den Fragmenten von Gott/Mensch herumspielen.

Entweder eure Menschheit schließt sich wieder der Gemeinschaft der Einheit an und arbeitet im Licht eurem Ziel, der Rückkehr zu Gott, entgegen oder ihr werdet die Wirbelstürme ernten, die an Armageddon kommen als wahres Jüngstes Gericht. IHR ALS INDIVIDUELLE FRFAGMENTE WERDET EURE EIGENE WAHL TREFFEN, ABER ICH KANN EUCH VERSPRECHEN, DASS EINE BIGOTTE PERSON, DIE SICH SELBST ÜBER IHRE BRÜDER ERHEBT, NICHT DEMJENIGEN VORGEZOGEN WIRD, GEGEN DEN SIE FANATISCH VORGEGANGEN IST! ES WIRD EINIGE ÜBERRASCHTE ENTITÄTEN GEBEN, DIE HEISSE FÜSSE HABEN WERDEN, WENN WIR DURCH DIESEN ÜBERGANG GEHEN. IHR DENKT, IHR GEHT IN DIE HEILIGE, GOLDENE STADT UND BETRACHTET EURE „BÖSEN" BRÜDER, WIE SIE WINDELWEICH GESCHLAGEN WERDEN? DAS GLAUBE ICH NICHT – UND AM SCHLUSS ZIEHE ICH AN DEN FÄDEN!

Aton, aber diese Lektionen sind wirklich hart!! Nun, wo seid ihr Schüler während der Äonen gewesen, besonders in den letzten 2000 Jahren, als ihr mit der Wahrheit bespritzt wurdet? Ihr habt euch in die Häuser Satans begeben, um eurer Gefräßigkeit, Wollust und euren Abhängigkeiten zu frönen, während ihr euch immer weiter entfernt habt von Verantwortung und Selbstdisziplin. Jetzt müßt ihr eben eure ganzen Lektionen auf einmal lernen oder ihr verfehlt das Klassenziel! Nicht mehr und nicht weniger – aber ihr WERDET SIE LERNEN – Jeder, Alle!

Ihr hättet euch besser die Sterne angeschaut, aber nicht für eure Wahrsagerei. Ihr befindet euch in einer höchst brenzligen Zwickmühle, ihr Kleinen – wirklich äußerst brenzlig. Wer, habt ihr erwartet, wird euch etwas zu diesen Endzeiten sagen? Woher hättet ihr die Instruktionen haben wollen? Von Mr. Crouch? Von Präsident Bush? (Der hat ganz andere Pläne für euch als Sklaven). Oh, von Mr. Bakker? Oder vielleicht von Billy Graham? Robert Schuller? Henry Kissinger? Oh ja – Mutter Teresa (nur hört ihr keiner zu). *WIE PEINLICH; DA ES SICH HIER NUR UM SATAN UND CHRISTUS/GOTT HANDELT,*

WÜRDET IHR VIELLEICHT DOCH IRGENDWIE ERWARTEN, SIE VON IHNEN ZU BEKOMMEN? NUN, IHR HÖRT JA SATAN SICHER ZU – ES WÜRDE EUCH GUT ZU GESICHT STEHEN, WENN IHR DAMIT BEGINNEN WOLLTET, GOTT ZUZUHÖREN! SELAH!

Wie erwartet ihr, daß euch die Himmlischen Heerscharen erreichen? Mit filmreifen, transparenten Schwingen? Die Meisten von euch behaupten ja, daß sie ihr körperliches Selbst mitnehmen – bißchen schwer, um damit auf einer Wolke zu sitzen – und wir haben im Raum keine Wolken frei, meine Kinder. Oh, ich weiß – Jesus ist für EURE Sünden gestorben, so daß ihr euch keine Gedanken darüber machen müßt, wie ihr eure Angelegenheiten aufgeräumt bekommt – *FALSCH!* Ihr könnt sein ganzes Blut trinken und sein ganzes Fleisch essen – und ihr werdet ziemlich direkt in eurer Schlangengrube landen. Jesus ging zum Kreuz, weil ihr ihn in eurer Bösartigkeit dahin geschickt habt – und alles, was Er tun kann ist, sich für euch einzusetzen und für euch zu bitten. Ihr nennt ihn Gottes Sohn? Er ist auch der Menschensohn! *ICH, GOTT, WERDE ZUM SCHLUSS ÜBER EUREN PLATZ ENTSCHEIDEN – NUR IHR UND ICH – AUGE IN AUGE.* Der geliebte Sohn Christos hat versucht, euch zu sagen wie es ist – er ging zum Kreuz, um euch LEBEN zu zeigen, nicht TOD. ER HAT EUCH VERGEBEN – NICHT MEHR UND NICHT WENIGER, DENN IHR WART IGNORANT UND ER HAT SICH EURER ERBARMT, DENN ER WUSSTE, DASS ICH EURE LIDERLICHEN WEGE NICHT BILLIGEN WÜRDE. NEIN, KLEINE CHELAS, IHR WERDET FÜR EUREN EIGENEN WEG UND EUER BENEHMEN GERADESTEHEN – CHRISTUS IST DER WEG – NICHT MEHR UND NICHT WENIGER – *UND IHR WERDET FÜR EUCH SELBST ANTWORTEN!* OHNE SEINE WAHRHEIT UND DAS LICHT SEINER LEHREN (DENN ER WURDE ALS WEGBEREITER GESANDT), WERDET IHR KEINEN FUSS IN MEIN KÖNIGREICH SETZEN! *ES LIEGT NUR AN EUCH, DENN KEIN ÜBEL WIRD IN MEIN KÖNIGREICH KOMMEN!*

HÖRT GUT ZU: ICH INTERESSIERE MICH NICHT FÜR DHARMA'S WAHRHEIT ODER DIE WAHRHEIT VON SCHWESTER THEDRA, PAUL CROUCH ODER ARCHIE BUNKERS – IHR WERDET IN MEINE WAHRHEIT KOMMEN, WENN IHR VORHABT, MEINE ORTE ZU BETRETEN. ES GIBT KEINE GESONDERTEN WAHRHEITEN, DIE WAHLLOS BEI REGENBOGENTÄNZEN ODER HÜPFSPIELEN VERSPRENKELT WERDEN – ES GIBT EINE WAHRHEIT UND IHR TÄTET GUT DARAN, SIE JETZT MAL ZU SUCHEN! WERFT DAS HIER IN DEN MÜLL – WERFT ALLE JOURNALE IN DEN MÜLL, ABER DAMIT WERDET IHR AUCH EURE ANLEITUNGEN FÜR DIE REISE ZU MEINEN HEILIGEN STÄTTEN WEGWERFEN – SO SEI ES, DENN ICH BIN EURER NÄRRISCHEN SPIELE ÜBERDRÜSSIG, WEIL IHR IN KEINER WEISE WEISE HANDELT. DIE WIRKLICH „BÖSEN HEIDEN" LEHREN IN EUREN SONNTAGSSCHULEN UND BETEN VON EUREN KANZELN HERUNTER, DENN IHR LEBT IN IGNORANZ! KEINER VON EUCH WIRD DIE RICHTLINIEN FÜR MEINE KÖNIGREICHE FESTLEGEN!

JESUS CHRISTUS IST NICHT DER ALLEINIGE UND EINZIGE RETTER EURER WELT. JEDER VON EUCH IST DER ALLEINIGE UND EINZIGE RETTER! CHRISTUS WURDE GESANDT, UM EUCH DEN WEG ZU WEISEN UND IHR HABT SEINE WORTE DER WAHRHEIT ERSETZT DURCH EURE PFUSCHEREIEN UND WENN IHR EURE AUGEN, OHREN UND HERZEN NICHT ÖFFNET – WERDET IHR DAS ERNTEN, WAS IHR VORHER GESÄT HABT. RICHTET NICHT, AUF DASS IHR NICHT GERICHTET WERDET – VON EINER VIEL HÖHEREN AUTORITÄT, MEINE GELIEBTEN.

Wirklichkeit! Ihr solltet euch besser um Wirklichkeit bemühen! Die Wirklichkeit ist nicht eure physische Existenz Augenblick für Augenblick – das ist Nichts. Wirklichkeit ist das, was sich innerhalb eurer Seele befindet, die Ewigkeit. Nun, Irgendjemand hat die Bücher in Worte fassen müssen – so sei es, wenn ihr die Intelligenz habt, bis hierher zu sehen und zu hören, dann habt ihr die Eignungstests für Vorschulkinder gespielt! IHR SEID IN DEN ENDZEITEN DES GRÖSSTEN ZYKLUS VON ALLEN – DIE ERFÜLLUNG DER PROPHEZEIUNGEN DER ÄONEN DER ZEITLOSIGKEIT. DER, DEN IHR „JESUS" (EMMANUEL) NENNT, KAM, UM DIE PROPHEZEIUNGEN DER ERSTEN VERHEISSUNG ZU ERFÜLLEN (DAS ALTE TESTAMENT, WENN IHR SO WOLLT) – WOLLT IHR JETZT VON EUREN GROSSARTIGEN ELFENBEINSOCKELN DER ERKLÄRTEN MENSCHLICHEN WAHRHEIT HERUNTER PROKLAMIEREN, DASS ES KEINE ANDEREN GIBT? GÄBE ES LOGISCHERWEISE DAFÜR KEINE ANLEITUNGSBÜCHER UND EIN SZENARIO, UM AUCH DAS NEUE TESTAMENT ZU ERFÜLLEN – DAS WACHSTUM IN DIE FÜLLE GOTTES UND DES CHRISTOS – ODER AKZEPTIERT IHR NUR DAS, WAS EUCH BEHAGLICHKEIT OHNE MÜHEN VERSPRICHT? LASST EINFACH NUR JESUS MACHEN – WOHL KAUM! IHR SEID DIE JESUSSE, DIE CHRISTUSSE – „DENN ALLES, WAS ICH TUE, KÖNNT AUCH IHR TUN – UND NOCH MEHR!" HAT DAS SCHON MAL JEMAND VORHER GEHÖRT? SO SEI ES.

Ich schlage vor, daß Diejenigen, die in den Besitz dieser Schrift gelangen, diese an Mr. Crouch senden: TBN, P.O. Box A, Santa Ana, CA 92711-2442 Michelle Dr., Tustin, CA 92680; und auch einzeln an Alle, denen ihr in diesem Kreis beiwohnt.

Hebe Deine Augen auf zu den Bergen, von welchen Dir Hilfe kommt – bittet mich in eurem Innern, und ich werde mit euch Zwiesprache halten. Die Meisten von euch haben mich aus meinen eigenen Tempeln ausgeschlossen – mein rechtmäßiger und Geheiligter Ort innerhalb eures Selbst – ICH BIN GEKOMMEN, UM MEIN KÖNIGREICH WIEDER ZURÜCKZUHOLEN! SO SEI ES UND SELAH!

ICH BIN ATON

* * *

Chela, belassen wir es dabei und machen eine Pause. Die Menschen müssen über die Dinge nachdenken, die unser Vater gesprochen hat. Keine brennenden Büsche oder Smaragdtafeln können die Kraft enthalten. Ja, Chela, es wird härter, aber du bist stark genug – du bekommst nicht mehr aufgebürdet, als du tragen kannst. Ich umhülle dich mit meinen Lichtschwingen, damit du es ertragen kannst. Ich weiß, daß du dich an deine Aufgabe nicht erinnert hast, aber jetzt ist es sicherlich klar in deiner Seele? Du wirst aufrechterhalten, denn wir sind Gottes Heerscharen und Niemand wird über uns herrschen und wir stehen zwischen dir und deinem Platz in der Welt. Nimm meine Hand, Geschätzte, denn ich kenne den Weg! Salu, Salu, Salu. Hatonn geht auf Stand-by. Wir müssen heute noch mehr schreiben.

KAPITEL 31

Aufzeichnung Nr. 1 | GYEORGOS CERES HATONN

Dienstag, 13. Februar 1990, 6.30 Uhr, Jahr 3, Tag 181

Die höchste Form der Kreuzigung ist das scheinheilige Töten eures eigenen Volkes durch Giftstoffe und biologische Krankheiten. Das gibt es bei euch seit Jahrhunderten. Wenn ihr hier weiterlest, glaube ich, daß ihr auch der Ansicht seid, daß genau das das richtige Material für dieses Journal ist – vielleicht sogar als erstes Kapitel im Journal. Wir danken Roger Bolton, dem Herausgeber, für ein außergewöhnliches Programm, das sich *Panorama* nennt und für das BBC Fernsehen gedreht wurde. Ich würdige hiermit auch das tapfere und mutige Werk von Robert Harris und Jeremy Paxman. Und die höchste Ehre wird John Coleman zuteil, weil er den Mut aufbrachte, seine Informationen ins Licht der Öffentlichkeit zu rücken und James H. Jones, der *BAD BLOOD* schrieb. Die Liste derer, denen Ehre gebührt, könnte sehr lang sein, so daß wir sie dann benennen, wenn wir sie an ihren Namen erkennen können. Meine Lieben, ihr habt viele wagemutige Pioniere, die ihre Meinung sagen – bitte unterstützt sie auch. Selbst wenn ihr bisher nicht glauben könnt, daß der globale Plan 2000 für die Welt ganz aktuell ist, lest bitte mit offenem Verstand. Männer und Frauen riskieren ihr Leben, um euch diese Informationen zu bringen – und Viele wurden für ihre Bemühungen umgebracht – bitte zollt ihnen Anerkennung.

Noch heute, da sich die „Verbrechen" aus den Nationen des Sowjetblocks wie Rumänien herausschälen, müssen die schockierenden Vorfälle aufgeschrieben werden. Ich kann von dieser Schreiberin gar nicht erwarten, solange zu schreiben, bis wir alles aufgezeichnet haben, aber laßt mich eine abscheuliche Situation in Rumänien herausgreifen, die AIDS betrifft.

Westliche Ärzte, die aus Bukarest zurückkehrten, berichten, daß auf trostlosen Krankenstationen kleine Knirpse lagen, die sich Kinderbettchen und Decken teilten, 550 Kinder, von denen etwa ein Drittel der Getesteten (nicht alle wurden getestet), mit dem AIDS-Virus infiziert waren. Fünfzig davon befanden sich bereits im Endstadium der Krankheit.

Da sich die Risse in dem, was ihr Eisernen Vorhang nennt, vergrößern, wird es eklatant offensichtlich, daß es eine brodelnde neue Welt von AIDS gibt – für die die medizinische Gemeinschaft noch keine Lösung hat, jedoch Ursache des Problems ist und auch die Krankheit weiterhin verbreitet.

Es wird jetzt erwartet, daß sie sich ebenfalls in epidemischem Ausmaß in Osteuropa ausbreitet. Nach der Aussage von Dr. Heymann von der Weltgesundheitsorganisation (Rede des Fuchses im Hühnerhof), geht ein Mitglied der Notfallmannschaft, das diese Woche nach Rumänien entsandt wurde, davon aus, daß diese Annahme wahrscheinlich ist. AIDS wurde durch den Mehrfachgebrauch von Nadeln und durch verunreinigtes Blut verbreitet. Es wurde berechnet, daß in einem Fall durch ein einziges Baby mindestens 120 Weitere infiziert wurden. Diese Seuche hat sich nun über mehrere Städte ausgebreitet – polnischen AIDS-Patienten wurde sogar die Behandlung in Krankenhäusern verweigert.

Was, glaubt ihr, wird jetzt passieren, nachdem der Eiserne Vorhang aufgerissen wird? Was hat euch denn diese Woche so aus den Nachrichten begrüßt – daß Ostdeutsche nach Westdeutschland kommen und in riesiger Anzahl die „Sex"-Läden für Erwachsene stürmen – das war die Überschrift. Rumänien berichtet über eine dramatische Zunahme von „Sex for sale" [A.d.Ü.: Prostitution]. In dem Maße, in dem die unterdrückenden Diktaturen den Weg freimachen für freizügigere Demokratien, öffnen Prostitution, Gebrauch illegaler Drogen und Kontakte mit Fremden neue Wege für das Virus – das wird sogar von der „gesperrten" Presse berichtet.

Jugoslawien, das eine längere Geschichte über Offenheit und einen höheren Drogenkonsum aufweist, hat mehr AIDS-Opfer als bisher in Rumänien aufgefunden wurden. Ostdeutschland hat jetzt eine Vereinbarung mit Westdeutschland über AIDS-Hilfe unterzeichnet, deren 4.000 aktive Kranke die Anzahl von ganz Osteuropa übersteigt. Ich dränge euch wirklich, *AIDS, DIE LETZTE GROSSE PLAGE* noch einmal zu lesen! [A.d.Ü.: Phönix-Journal Nr. 08, derzeit in der Übersetzung.] Ihr müßt sowohl das Wissen als auch das Konzept darüber haben, in welchem Ausmaß sich Infektionen verbreiten – die Verschlimmerung während der Verbreitung – und die „Big Boys" haben bereits weitere Krankheitsviren, die auf ihren Einsatz warten, falls ihr für dieses Virus zu früh eine Heilungsmöglichkeit entwickelt.

SCHAUEN WIR UNS DIESEN MORD GENAUER AN

Ihr müßt euch der Verschwörung über die Auslöschung einer großen Anzahl von Menschen bestimmter Rassengruppen bewußt sein, den sogenannten „unerwünschten" Gruppen und ganzer geographischer Gebiete.

Gemäß eines Planes innerhalb des Global-2000-Berichtes, sollte dieser Massengenozid bereits in den Jahren 1984 bis 1990 stattfinden. Er sollte bis 2000 durchgezogen werden – daher der Titel. Er deckt sich mit dem PLAN 2000 für die wirtschaftliche Übernahme. Es ist nicht nötig, zu „beweisen", daß diese Verschwörung ganz lebendig und diebisch ist – geht, macht eure Hausaufgaben, wenn es euch unangenehm ist. Es gibt „unglücklicherweise" jede Menge sehr gut dokumentierter Informationen. Unwissenheit oder Versteckspielen mit den Umständen wird euch nicht retten – Information und weise Entscheidungen dagegen schon.

Vorfälle in Iran und Indien haben bestätigt, daß die Verschwörer in eine Richtung marschieren, die von einem gewissen Cyrus Vance vorgegeben wird. Es gibt einen 36-bändigen „Report zur Welt" zu diesem Thema – aber glaubt ja nicht, daß ihr dazu Zugang bekommen würdet. Ihr müßt euch auch die Begebenheiten derzeit in Zentralamerika und Äthiopien anschauen, genauso wie in zahlreichen anderen

Ländern, an die ihr euch erinnern könnt. Die Welt ist wirklich klein geworden. In diesen Ländern wurden Viele dahingerafft durch absichtlich geplante und orchestrierte politische und religiöse Konflikte und durch Hunger und folgendem Tod. Vielleicht könnt ihr euch das nicht vorstellen, aber in Äthiopien zum Beispiel hat der Internationale Währungsfonds (könnt ihr euch an den Namen erinnern?) Gelder und Hilfe verweigert. Die Todesrate dort liegt bis dieses Jahr, 1990, in den Millionen.

Der Internationale Währungsfonds (IMF) [A.d.Ü.: in Deutsch IWF] ist natürlich ein Hauptinstrument der Eine-Welt-Verschwörung. Das ist eine sehr gut dokumentiere Tatsache. Außerdem hat die Weltbank über den IWF festgesetzt, daß 150 Millionen Schwarzafrikaner „abgeschrieben werden" müssen. DAS IST KEINE FIKTION – SONDERN *TATSACHE*. Rechnet damit, denn das ist bald fertig – die 150 Millionen sind bereits gestorben oder werden sterben! Das alles natürlich mehrheitlich aufgrund von AIDS, aber es gibt auch andere absichtlich eingesetzte Seuchen, die sicherstellen, daß das Todesmaß auch erreicht wird.

Die Weltgesundheitsorganisation (WHO) und das Rote Kreuz werden nichts Sinnvolles tun, um die Todeswellen aufzuhalten – die WHO ist in diesem Fall auch ein Instrument. Da werden große, sogenannte internationale Anstrengungen unternommen, um den betroffenen Ländern zu helfen, aber das wird nur Augenwischerei sein. Es gibt das alles festgeschrieben als Dokument. Der IWF hat Nigeria, Äthiopien, Ghana, Sudan, Tansania, Sambia, Tschad und anderen schwarzafrikanischen Staaten bereits mitgeteilt – wieviel ihrer Bevölkerungen *GENAU* „zu verschwinden haben". Diese Verordnung wurde bereits in den späten 70er und frühen 80er Jahren erlassen, ihr seht also, sie ist bereits in der Durchführungsphase. Bevor es vom IWF finanzielle Hilfe geben wird, muß dieser Genozid abgeschlossen sein. Schwer zu glauben? So sei es! Wir verstehen, daß das schwer zu glauben ist, deshalb müßt ihr nachforschen, denn die Zeit läuft aus.

Einige der Regierungen dieser Länder haben dagegen protestiert, aber sie wissen, daß es beim IWF ums Geschäftemachen geht. Nigeria, als ein Beispiel, reagierte trotzig und postwendend folgte plötzlich ein unerwarteter Einbruch beim Ölpreis. Als Vergeltungsmaßnahme riefen die Nigerianer weitere Preiseinbrüche aus, um den Weltölmarkt zu destabilisieren, bis der IWF auf seine Provisionen verzichten und finanzielle Hilfe angeboten hätte. Nun, der Rest ist Geschichte.

Oh ja, wir erkennen die Spötter – glaubt mir, sie waren noch weiter zurückgeblieben als zur Zeit des Christos. Nun, ich schlage euch vor, die WORLD ECONOMIC REVIEW durchzuarbeiten und die Publikation zum letzten Jahrzehnt zu prüfen. Ihr könnt John Coleman dafür dankbar sein, daß er dieses Journal herausgegeben hat, denn er ist die erste mutige Person, die diese Informationen für die Öffentlichkeit beleuchtet. Manche von euch glauben ja immer noch, daß ein solcher internationaler Währungsfonds nicht existiert – oh, meine Lieben – das ist REAL!

Es sollte euch nicht schwerfallen zu glauben, daß die Eine-Welt-Verschwörer gewillt sind, weitere 400 Millionen Menschen zu opfern. Das ist keine neue Idee – das geistert bereits seit sehr, sehr langer Zeit herum. Seit dem Beginn eurer Zeitzählung gab es immer eine elitäre Klasse oder eine regierende Gruppe. Diese Gruppen nehmen es sich immer heraus, das Schicksal Derer selbst zu lenken, die sie als „die Menschenmassen" bezeichnen, die in extrem niedrigem Ansehen stehen.

WERDET DIE PROBLEMKLASSEN LOS

Feldmarschall Hague von der Britischen Armee tat das bereits vor und im Zweiten Weltkrieg. Ganze menschliche Nationen wurden zum „Abknallen" aufgestellt, ebenso wie unterschiedliche Rassengruppen. Im Burenkrieg, der vor dem Ersten Weltkrieg stattfand, wurden Frauen und Kinder der Buren in Konzentrationslager verbracht und die Meisten von ihnen starben. Das, meine Freunde, ist vorsätzlicher Genozid – und ihr habt heute vergessen, daß euer Land deshalb gegründet wurde, weil Großbritannien Druck ausgeübt hat, also, warum seid ihr so schockiert, wenn ihr feststellen müßt, wie hinterhältig in der

Vergangenheit – und in der Gegenwart – agiert wurde – und wird? Es ist Zeit, sich zu erinnern, Chelas.

Sir Hague haßte nicht nur seinen Feind – er verachtete auch seine eigenen „gewöhnlichen Soldaten". Mit voller Absicht opferte er Hunderttausende von ihnen in einem Konflikt, den er nicht gewinnen konnte, indem er die Britischen Bürger und das Parlament belog.

Prüft eure Geschichtsbücher und erinnert euch, wieviele Chinesen bei der Umsetzung der „Opium"-Politik des Lord Gladstone ihr Leben verloren. Wieviele Inder wurden getötet, als die Briten in Indien ihre Kolonialmacht durchsetzten? Die Liste ist endlos. Der gemeinsame Nenner ist, daß die „Regierende Klasse" einen „Kult"-Status hat. Sie sind Teil von Sekten-Netzwerken und Geheimgesellschaften, die in vielen Fällen lehren, daß es zu ihren verpflichtenden Aufgaben gehört, gewisse Menschenklassen zu eliminieren. Genau diese Kulttendenz ist heute in den USA vorherrschend – selbst in euren größten Kirchen und Gesellschaftsklubs. Nun, die betrügerische Darwinsche Theorie basiert auf – dem Überleben der Gesündesten – oder des Stärkeren, der nicht unbedingt der Gesündeste sein muß.

BERTRAND RUSSEL

Bertrand Russell sagte, daß die Weltbevölkerung „viel zu schnell wächst". Und er beschwerte sich, daß „die Kriege einfach nicht den Job machen, für den sie gedacht waren, heißt, es werden nicht genug Unerwünschte ausgerottet." „Und", sagte Russell weiter, „in dieser Hinsicht waren die Ergebnisse aus den Kriegen komplett enttäuschend."

Da sich diese Dissertation mit Krankheiten und Seuchen als Mittel zur Ausrottung unerwünschter Klassen befaßte – hört her, was Russell neuerdings sagte: **„Bisher waren Kriege aus diesem Blickwinkel heraus enttäuschend, aber vielleicht würde sich ein bakteriologischer Krieg als effektiver erweisen. Wenn man in jeder Generation einen weltweiten Schwarzen Tod verbreiten würde, könnten sich die Überlebenden weiter fortpflanzen, ohne daß die Welt überfüllt würde. Dieser Sachverhalt mag vielleicht unangenhem sein, aber was soll's!"**

Das stammt aus der Schrift von Mr. Russell *THE IMPACT OF SCIENCE ON SOCIETY*.

Hier habt ihr ein sich selbst hochstilisierendes Mitglied der „Führungsschicht", welches sich als Prüfer darüber erhebt, wer leben und wer sterben soll. Er sagt auch, daß es auf der Erde zuviele Menschen gibt. Damit hat er Recht – aber warum schlägt er nicht Geburtenregelung vor, um diese Situation zu kontrollieren? Natürlich nicht, er sagt, eine gute alte Pest würde die unerwünschten Massen hinwegraffen und der Elite erlauben, weiterzugehen – nun, jetzt wißt ihr es! Er sagte auch, „bei dieser Herde muß genauso selektiert werden wie bei Tieren". Er schlug Selektion durch Pest oder eine andere Seuche vor, die eine große Anzahl Menschen töten würde, von Denen er als „überflüssiges Gepäck" sprach.

Mr. Russell war nicht im Geringsten verlegen über seine Vorschläge und deren Durchführung. Nun, der Schlüssel zu Mr. Russells Verwirklichung war die Seuche.

IN DEN WORTEN RUSSELLS „IM HINBLICK AUF DIE WIEDEREINFÜHRUNG VON SEUCHEN" LIEGT DER SCHLÜSSEL DES BERICHTS GLOBAL 2000 DES COUNCIL ON FOREIGN RELATIONS [A.d.Ü.: CFR, Rat für Auswärtige Angelegenheiten].

Meine lieben Brüder, die von euch ausgerottet geglaubten Krankheiten lauern immer noch schlafend in den Falten des Bühnenbildes. Eigentlich liegen viele der Krankheiten nur „wartend auf Eis". Es liegt sehr wohl innerhalb der wissenschaftlichen Möglichkeiten, sie für sofortigen Einsatz bereitzustellen, sollte sich die Notwendigkeit ergeben.

Die Kulte sind in der Hauptsache nicht christlich (aber nicht von der Anzahl her) – das heißt, die Mitglieder beten eine Gottheit an, die nicht dem Einen Gott des „christlichen" Glaubens entspricht. Die angebetete Gottheit ist tatsächlich die Antithese zum „Christentum" – erkennt ihr die Handschrift? Freunde, die Mitglieder dieser Gruppen interessieren sich keinen Deut für das Abtöten Millionen unerwünschter Menschen von Denen IHR wahrscheinlich Einer sein könntet. Ach, übrigens – die Gruppe der Vernichter wird auch „Club of Rome" genannt.

Mitglieder solcher Kulte werden sogar einem Test zum Töten unterzogen. Die Morde des Son of Sam [A.d.Ü.: hier https://de.wikipedia.org/wiki/David_Berkowitz] waren eine identische Wiederholung der Morde von Jack the Ripper. Wenn eine Person einmal auf Töten „programmiert" ist, ist die Anweisung zum Töten sehr einfach. Der beste Beweis wird als wissenschaftliche Tatsache von eurem erstaunlichen H.G. Wells gegeben (Mitreisender und Kollege von Bertrand Russell). Mr. Wells sagt in seinem Essay *„Anticipation of the Reaction of Mechanical Scientific Progress Upon Human Life and Thought"*, daß es leicht ist zu töten, wenn man damit die Ideale der „Herrscherklasse" unterstützt. Dieses Thema zieht sich durch Wells' sämtliche Schriften. Außerdem sagt Mr. Wells auch „Es ist richtig und angemessen zu töten, um die Qualität der Herrscherklasse zu bewahren." Er sagt „es ist nicht gut, niederen Wesen zu erlauben, die Wesen der besten Qualität aufgrund ihrer größeren Anzahl zu überfluten."

Jetzt kommen wir zu Wells' Meinung über die Schwarzen. „Männer der Neuen Republik werden nicht zimperlich sein, dem Tod ins Auge zu sehen oder ihn herbeizuführen – sie werden Ideale hochhalten, die das Töten der Mühe wert machen." Der Council on Foreign Relations und der Club of Rome – eure derzeitig herrschende Klasse des „Adels" der Aristokraten – hat als Leitbild, daß die gewöhnliche „Herde" nicht zu groß anwachsen darf. Das ist die Argumentation zum Töten, es muß nur noch ausgeführt werden.

WINSTON CHRUCHILL – KRIEGSHELD?

Winston Churchill war sehr wohl Teil der „Herrscherklasse". Er empfand nichts für Diejenigen, auf die er als Untergeordnete herabsah – was so ziemlich Jeder war. Obwohl man ihm viele Alternativen angeboten hatte, die den Zweiten Weltkrieg viel früher als im Jahr 1945 beendet hätten, entschied er sich dafür, diese Angebote zu ignorieren, wie der Deutsche Rudolf Hess herausfand, als er versuchte, sich mit Churchill zu treffen. Das Abkommen, das Hess Churchill anbieten wollte, war Frieden mit Deutschland, so daß Hitler sich um die

Bolschewiken kümmern konnte. Churchills zionistisches Beraterteam sorgte dafür, daß Hess nie in dessen Nähe kam. Die Bemühungen des Duke of Hamilton, einem Freund von Hess, ein Treffen mit Churchill zu arrangieren, schlugen komplett fehl. Churchill hatte kein Interesse daran, zu beenden, was er als seinen *„köstlichen Krieg"* bezeichnete. Ihr wißt Alle, was Hess in den gerade vergangenen Tagen zugestoßen ist – das war ein kompletter Verstoß gegen alle Menschenrechte. Laßt mich euch daran erinnern – Nationen, die Millionen ihrer Bürger das Leben nehmen, werden nicht zögern, das Leben von Millionen von Mitgliedern der „farbigen Bevölkerung" in aller Welt auszuhauchen, genauso wenig wie das der sogenannten unerwünschten Weißen, besonders der „Patrioten" der Elite in den USA.

IHR MÜSST DIE GRÜNDE VERSTEHEN

Warum könnten die herrschenden Klassen darauf abzielen, soviele Menschen loszuwerden? Die Antwort liegt natürlich in der Theorie begründet, daß es zuviele Menschen gibt, die die viel zu geringen Ressourcen, die nicht ersetzt werden können, aufbrauchen (sicherlich eine stichhaltige Option). Wenn Menschen selbstsüchtig werden, vergessen sie Gott und die Gottheit. Ungeachtet dessen, womit in Nah und Fern geworben wird – die wichtigsten herrschenden Mitglieder der „Führungsschichten" glauben einfach nicht an die Gottheit, an die ihr glaubt. Das beinhaltet auch die Aristokraten und den Adel in Europa – die Kirche wurde als reine Fassade installiert, hinter der der Genozid orchestriert wird – IM NAMEN CHRISTI! Viele, Viele im liberalen Establishment des Ostens der Vereinigten Staaten operieren auf dieselbe Art und Weise. Deren Gott, meine Lieben, ist Luzifer – der Morgenstern(!), den sie schon längst als Herrscher des Universums bestätigt haben. Oh ja, ich schlage euch vor, daß ihr jetzt ordentlich schaudert und es hinter euch bringt.

In dieser Idee sind sie vereinigt mit den „Kirchen" der Sowjetunion, die zu „einer spirituellen Mobilisierung gegen Amerika" aufgerufen haben und laßt euch nicht von Glasnost an der Nase herumführen!

Die neuerdings befreiten Menschen scharen sich nicht in den „christlichen" Kirchen zusammen, wenn sie sich in eure wundervolle „neue Welt" aufmachen – sie strömen so schnell sie können in die Shops mit Sex und Pornographie.

Es gab ein formelles Treffen, das den „Plan für die Spirituelle Mobilisierung gegen Amerika" ankündigte. Das Ergebnis war ein weiteres Treffen, das von den führenden „Kultisten" der Welt besucht wurde. Das Diskussionsthema war „Spirituelle Wiederauferstehung des Westens".

Diese Art von Treffen wird erst denkbar mit einer allgemeingültigen Loyalität zu einem falschen Gott. Aber der wirkliche Punkt war das: „Umsetzungsstrategie für den Plan Global 2000". Der wichtigste Redner informierte sein Publikum darüber, daß „die Menschheit im 14. Jahrhundert mit der Beulenpest besser dran war als mit dem Klima heute und der Überschattung durch nukleare Waffen". Der Schlüssel zu dieser Aussage liegt wieder in dem Wort „Seuche". [A.d.Ü.: Die Beulenpest ist eine Seuche.]

ZUSAMMENSETZUNG DER PUZZLETEILE

Der erste Schritt, um die Puzzleteile zusammenzufügen, ist das Zurückgehen zum Ersten Weltkrieg. Zu jener Zeit schrumpfte die Anzahl der Briten nicht, als sie Millionen ihrer Jugendlichen für einen Krieg opferten, der nur dazu diente, Profite für die Banker zu machen. Der erste vermutete Gebrauch bakteriologischer Waffen fand gegen Ende dieses mörderischen Krieges statt. Es lief wie folgt ab: nach vier Jahren Stillstand, währenddessen keine Seite die Vorherrschaft errang, brachen die Deutschen endlich durch die französischen Linien und standen weniger als 23 Kilometer vor Paris, als sie von einer PLÖTZLICHEN Katastrophe heimgesucht wurden. Praktisch die ganze Frontlinie der deutschen Einheiten wurde heimgesucht von einer Grippe, bekannt als Typ A. Das war im April 1918.

Weit davon entfernt, die Deutschen besiegt zu haben, wie General Hague seiner Regierung glauben machte, stand die deutsche Armee wirklich mit dem Marsch auf Paris vor der Offensive. Die Deutschen wurden kurz von den unerfahrenen und unerprobten amerikanischen Streitkräften gestoppt. Die Amerikaner legten ein Artilleriefeuer. Nun, das ist ja sicherlich nichts Neues, aber ab diesem Punkt fielen die Ereignisse in den Untergrund der Geheimhaltung. Die gesamte deutsche Armee wurde zu gleicher Zeit von einer ansteckenden Grippe befallen. Vor dem Artilleriefeuer der Amerikaner gab es bei den deutschen Truppen keine Grippefälle. Und plötzlich, als ob eine Wolke über ihnen zerplatzt wäre, waren die deutschen mit einer solchen Grippe infiziert, so daß die ganze Division lahmgelegt war. In manchen Bereichen an der Front waren die Kompanien auf nicht mehr als zehn Männer zusammengeschrumpft. Diese Epidemie war so heftig, daß die Briten und die Amerikaner das erste Mal in der Lage waren, durch die deutschen Linien zu brechen. Das hat sich dann als der Wendepunkt des Krieges herausgestellt. Danach wichen die Deutschen schnell zurück und gaben praktisch den Kampf auf.

Bakteriologische Experten in England, Deutschland und der Schweiz glauben, daß die Amerikaner Granaten mitbrachten, die die Grippeviren enthielten, die dann über den Deutschen freigesetzt wurden. Das war die einzige „glaubwürdige" Erklärung für den plötzlichen und augenblicklich tödlichen Ausbruch dessen, was später als Epidemie der Spanischen Grippe bekannt wurde, die zuerst an der deutschen Frontlinie ausbrach, danach durch die ganze Welt zog und dabei Millionen Menschen tötete. Und tatsächlich starben mehr Menschen an der Grippe als im damaligen Krieg.

Die Biologen des Council on Foreign Relations und des Club of Rome arbeiten im Moment daran, einen „Ausbruch" dieser Art zu verhindern. Die Vorbereitungen für Global 2000 können nicht umgesetzt werden, wenn man die unüberlegte Verbreitung einer solchen Epidemie, die wahllose Personen trifft, nicht irgendwie in Schach halten kann.

DA HABT IHR ES – „SIE" HABEN FÜR DIE ELITE DEN STEUERUNGSMODUS FÜR AIDS UND EINIGE ANDERE UNTERSTÜTZENDE SEUCHEN. WIRD ES NICHT LANGSAM ZEIT, DASS IHR

AUFHÖRT ZU DEMONSTRIEREN UND DAS GERÄT BAUT, DAS EUER WERTVOLLSTES GUT ERHALTEN WIRD? DER SENSENMANN REITET DERZEIT UNBEMERKT ÜBER DIE WELT.

Kein Mensch weiß wirklich, woher das Grippevirus eigentlich kam, aber die ersten bekannten Fälle gab es im Jahr 1580 in Asien und die Krankheit tauchte sporadisch bis 1890 immer wieder auf. Selbst dort, wo die Grippe nicht epidemisch ausbrach, starben mehr Menschen an der Grippe als bei allen bekannten nuklearen Zwischenfällen. Nehmt zur Kenntnis, daß wir mit dem Wort „bekannt" eingeschränkt haben. Wo sind alle die Friedensdemonstranten, wenn es um die Grippe geht? Die erste bekannte erzeugte Grippeepidemie gab es auf dem Schlachtfeld gegen Ende des Ersten Weltkrieges. Sie wurde direkt als chemisch/biologische Waffe eingesetzt.

UND WIE STEHT ES MIT CHEMIKALIEN?

Nun, Dharma möchte über Chemikalien in der Kriegsführung sprechen und obgleich wir beim Thema Biologie sind, werden wir ein wenig alternativen Horror einstreuen.

Am 22. April 1915 kam eine Nachmittagsbrise auf. Sie wehte aus Norden, von hinter den deutschen Linien her und strich leicht über die Gesichter der alliierten Soldaten, die um das Dorf Langemarck, nahe Ypres, in Position standen.

Die französischen Reservisten und die Algerier aus Frankreichs nordafrikanischer Kolonie waren neu in den Schützengräben. Der frische Wind schien ein gutes Omen zu sein, denn ein paar Sekunden später stellten die deutschen Gewehre wie auf Befehl das Feuer ein, von dem sie den ganzen Tag bombardiert wurden. Ruhe senkte sich über die Front.

Um 05.00 Uhr stiegen drei rote Raketen in den Himmel auf und signalisierten den Start eines ohrenbetäubenden Artilleriefeuers. Hochexplosive Granaten fielen auf das abgelegene Ypres und die umliegenden Dörfer. Zur gleichen Zeit bemerkten die Truppen in den Gräben um Langemarck zwei grüngelbe Wolken aus den Reihen des

Feindes mit dem Wind aufsteigen und sich beim Vorwärtsschweben langsam zu einer einzigen Wolkenbank aus blauweißem Nebel zu vereinigen: außer Sichtweite und in speziellen Arealen, die durch Sandsäcke und Beton geschützt waren, öffneten deutsche Pioniere die Ventile von 6.000 Zylindern, die über eine vier Meilen lange Front verteilt waren. Die Zylinder enthielten flüssiges Chlorgas – in dem Augenblick, als sich der Druck löste und es mit Luft in Berührung kam, verdampfte es und zischte in Form einer dichten Wolke hinaus. Bei 30 Teilen pro Million verursacht Chlorgas einen kratzenden Husten. Bei einer Konzentration von einem Teil pro Tausend ist es tödlich. Die Brise bewegte sich wieder und einhundertsechzig Tonnen davon rollten mit einer Höhe von etwa 1,80 Metern direkt über den Boden, in Richtung Schützengräben der Alliierten. Meine Lieben, DIE CHEMISCHE KRIEGSFÜHRUNG HATTE BEGONNEN!

Die Welle brach innerhalb einer Minute über die vordere Front herein und hüllte Zehntausend Mann der Truppe in eine beißende grüne Wolke ein, die so dick war, daß keiner mehr seinen Nachbarn im Schützengraben sehen konnte. Sekunden später ging ihnen die Luft aus, ihre Kehlen begannen zu kratzen und sie rangen nach Luft.

Chlorgas bringt Einen nicht zum Ersticken: es vergiftet, legt Bronchien und Lungen bloß. Die Entzündung produziert massenhaft Flüssigkeit, die die Luftröhre blockiert, erzeugt Schaum vor dem Mund und füllt die Lungen. Manche versuchten, ihre Köpfe in der Erde zu vergraben. Andere versuchten, den Wolken zu entkommen, aber fanden nur heraus, daß sie durch die Anstrengung noch mehr Gift verschluckten. Die Gaswelle schwappte über die sich quälenden Männer und ihre Gesichter wurden blau von der Anstrengung zu atmen; Manche husteten so stark, daß es ihre Lungen zerriß. Jeder Mann „ertrank in seinen eigenen Absonderungen", wie es später in den britischen Verlustmeldungen hieß. Dieser eine Angriff hätte den Krieg beenden können, aber die deutschen Soldaten hatten sich eingegraben.

Das kleine Spiel wurde „Falkenhayn Experiment" genannt, denn der deutsche Kommandant Falkenhayn war über den unglaublichen

Effekt genauso überrascht wie sein Gegner. Das hat die Alliierten 5.000 Tote und 10.000 Verwundete gekostet.

Sechsunddreißig Stunden später schlugen die Deutschen erneut zu, noch während die Briten und Franzosen versuchten, die Bresche aufzufüllen. Welle über Welle des Gases flutete über die Alliierten Truppen hinweg und bald wurde das Gas noch von Deutschen begleitet, die seltsame Masken mit Glasaugen und großen Kapuzen trugen.

Die letzte und schlimmste Attacke kam später im Sommer, am 24. Mai, die den Angriffen am 1., 6. und 10. Mai folgte. Der einzige vorläufige Schutz waren mit Urin vollgesaugte Tücher oder mit Erde gefüllte Kleider, die in Glasröhren steckten. Und dann kam der Höhepunkt. Die Alliierten setzten daraufhin zur Freude der Banker 400 Millionen US-Dollars aus, um ihr eigenes Gas herzustellen – ach, und übrigens – unter dem Namen Hague Convention wurde eine Kommission ins Leben gerufen, die solche chemischen Waffen gesetzlich verbieten sollte. Aber die Alliierten waren genial – sie tauchten mit „Tränengas" auf, das von Dr. Tappen erfunden wurde und deshalb „T-Stoff" genannt wurde. Und dann gab es auch noch Stinkbomben.

Wie ihr vermuten könnt, wurden die chemischen Fabriken zum Rückgrat der Wirtschaft – besonders der deutschen Wirtschaft. Nun, diese deutschen Laboratorien produzierten weiterhin und über Jahre hinweg alle Arten tödlicher Stoffe. Aber zu jener Zeit wurde Gas zu DER Waffe der Wahl – und natürlich entstand dabei noch ein kleiner neuer Industriezweig – Gasmasken und Schutzbunker.

Fangt ihr jetzt an, euch nach einem kleinen Schutzsystem im Untergrund zu sehnen? Ich hoffe doch, denn es wird für Oberflächenbewohner eine Zeit des Todes kommen und zwar in unendlich vielen Gegenden. Ich werde permanent denunziert und meine Schreiberin offen bedroht, weil ich euch solche Dinge sage. „Gott würde keine solche Angst schüren wie du, also bist du böse." So sei es. Sie haben auch Christus und Dharma denunziert. „Ja", hat sie neulich gesagt, „sie haben auch Ihn gekreuzigt!" Laß uns bitte eine Pause machen, Chela.

Hatonn auf Stand-by.

KAPITEL 32

Aufzeichnung Nr. 2 | GYEORGOS CERES HATONN

Dienstag, 13. Februar 1990, 13.30 Uhr, Jahr 3, Tag 181

Guten Tag, Hatonn hier, um im Licht unseres Strahlenden Einen fortzufahren.

Am 20. Februar 1919 meldete die Times of London, daß „die geschätzten Verluste zwischen 1918 und 1919 etwa bei 20 bis 30 Millionen Menschen liegen. Die Krankheit zeigt eine ungewöhnlich hohe Todesrate."

Indische Quellen sprechen von „einer Todesrate, allein in Indien, von über 20 Millionen", und das ist ein sehr interessanter Vermerk für den Council on Foreign Relations und die Global 2000 Verschwörer. Es wird weiterhin festgestellt, daß die echten Zahlen nach unten korrigiert wurden, um keine weitere Panik auszulösen.

Amerikanische Aufzeichnungen zeigen auf, daß mehr als die Hälfte der Bevölkerung von Alaska ausgelöscht wurde. Und auf den Pazifischen Inseln starben fast Dreiviertel der Bevölkerung. Es sollte von besonderem Interesse sein, daß es in Alaska kaum FAHRMÖGLICHKEITEN ODER TRANSPORTE GIBT. Aus diesem Grund kann man sicherlich die Theorie bestätigen, daß die Krankheit aus der Luft kam und keine Ansteckung von Mensch zu Mensch erfolgte. Das erleichtert deshalb auch die Annahme, daß die kommende Seuche (oder Seuchen) dadurch eingeschleust wird (oder werden), daß man Luft und Regenwolken künstlich infiziert.

Das Ausmaß der Verwüstung durch eine Grippe-Pandemie ist für euch schwierig vorzustellen. Es schien, als ob sie in Wellen käme und die Sterberate der Attacke war überraschend. Und hier sprechen wir von etwa 70 Jahren in der Vergangenheit, in denen neue und innovative

Technik gegenüber heute eingeführt werden konnte. Die Sterberate war unter den jungen Menschen besonders hoch. Die offiziellen Aufzeichnungen in Indien zeigen, daß ganze Dörfer und Städte komplett ausgelöscht wurden. Es wurden stehengebliebene Züge gefunden, bei denen der Fahrer starb und die Waggons mit Körpern angefüllt waren. Auf Bahnhöfen lagen hohe Stapel mit Toten und man mußte Reinigungen durchführen. Es gab kein Entrinnen.

Jetzt hört mir genau zu. In offenen, unbewaldeten und nicht beholzten Gegenden war die Anzahl der Toten höher als in bewaldeten Gebieten. Und wieder erhärtet dies die Wahrscheinlichkeit, daß das Virus aus der Luft kam und beabsichtigt war. Bestimmte Länder und einige Inseln konnten der Krankheit ziemlich lange widerstehen, obwohl Schiffe aus befallenen Gebieten in ihre Häfen einliefen. Dafür kann man keine Art der Quarantäne verantwortlich machen und es bleibt eines der verborgenen, ungelösten Rätsel.

Alle Forschungsaufzeichnungen zu diesem Thema sind einfach „verloren gegangen" oder „die Akten sind für die allgemeine Öffentlichkeit nicht verfügbar". Es ist ziemlich offensichtlich, daß es Wissen darüber gibt, wie und warum die Pandemie bestimmte Gebiete traf, während Andere davon unberührt blieben. Solche Informationen wären natürlich für die Planer von Massengenoziden durch Seuchen sehr hilfreich und es sind Hinweise durchgesickert, daß sie sehr wohl für bestimmte und ausgewählte Personen verfügbar waren.

MANCHE ÖRTLICHKEITEN SIND GLEICHER ALS ANDERE

Eine Insel im Atlantik, St. Helena, und Australien sind zwei Gebiete, die erst gegen Ende des Ausbruchs betroffen waren. Die Quarantäne kann es wohl kaum gewesen sein, daß die Krankheit diese Gebiete erst so spät erreichte.

Schiffspassagiere, die auf dem Weg nach Australien waren, wurden mit umwerfender Plötzlichkeit krank und die Sterberate war höher als an irgendeinem anderen Ort. Der launenhafte Weg, auf dem sich die

Pandemie bewegte, wurde in der Öffentlichkeit nie begründet. Das Virus schien einfach in ein paar Stunden Tausende von Meilen zurückzulegen, dann aber irgendwie Wochen oder Monate zu brauchen, um nächstgelegene Orte zu erreichen. Ein Dr. L. Weinstein hat zu dieser Pandemie eine brillante Publikation veröffentlicht. Seine Werke befinden sich im Britischen Museum in London.

Er stellte fest: „Die Grippe-Pandemie fand in drei Wellen statt, beginnend im Frühjahr 1917/1918. Sie war charakterisiert durch eine hohe Angriffsrate und 50 Prozent der Weltbevölkerung war davon betroffen. Eine noch tödlichere Welle startete am 12. September 1918 in Schottland und Massachusetts. Sie breitete sich in sehr kurzer Zeit über die ganze Welt aus. Ihr epidemiologisches Verhalten war sehr ungewöhnlich. Obgleich direkte Ansteckung in manchen Gegenden vorkam, tauchte die Epidemie auf der einen Seite am gleichen Tag in weit voneinander entfernten Teilen der Welt auf, benötigte aber auf der anderen Seite Wochen, um sich über relativ kurze Entfernungen zu bewegen. Sie wurde in Boston und Bombay, Indien, am gleichen Tag beobachtet, brauchte aber drei Wochen bis New York City, obwohl zwischen diesen beiden Städten reger Reiseverkehr herrschte. In Joillet, Illinois, tauchte sie vier Wochen später als in Chicago auf, obwohl nur 38 Meilen davon entfernt. Die Todesraten durch Atemwegserkrankungen während der zweiten Welle in verschiedenen amerikanischen Städten zeigen, daß der Vorfall in Jolliet-Chicago nicht ungewöhnlich war. Dagegen zeigten Pittsburgh und Toledo mit ihren fast gleich großen Todesraten während normaler Zeiten und ihren ähnlichen Populationsgruppen mit ähnlichen Berufsbildern einen bemerkenswerten Unterschied. Die Todesrate in Pittsburgh überstieg Diejenige von Toledo um 400 Prozent."

Das Folgende kommt auch von Dr. Weinstein. Im Jahr 1948 gab es einen weiteren Ausbruch der Grippe und die von Dr. F. Magressi erstellten Studien zeigen, daß sie bei Schäfern in Sardinien in abgelegenen Gegenden ausbrach. Dr. Magressi sagte: „Wir konnten den Ausbruch der Grippe bei Schäfern nachweisen, die sehr lange alleine gelebt hatten – auf abgelegenem, offenem Land und weit entfernt von Wohngebieten. Das passierte absolut zeitgleich mit dem Auftauchen der Grippe in den nächst gelegenen bewohnten Städten." Magressi sagt, daß die Ausbreitungsgeschwindigkeit der Krankheit ganz widersprüchlich zu einer direkten Ansteckung verlief.

Eine ganz interessante Ergänzung hierzu kommt von einem britischen Epidemiologen, C.W. Creighton, der im Jahr 1837 zu dem Ergebnis kam, daß die Ausbreitung von Pest und Grippe auf ein, wie er es nannte, „Miasma zurückzuführen ist, das sich über das Land ausbreitet."

HEUTIGE MÖGLICHKEITEN

Mit all den verschiedenen Möglichkeiten, die den Verschwörern von Global 2000 zur Verfügung stehen, ist es nicht allzuweit hergeholt, daß ein solches Miasma künstlich erzeugt und über ausgewählten Ländern oder sogar Städten ausgebracht werden kann.

[A.d.Ü.: Miasma laut Wikipedia: https://de.wikipedia.org/wiki/Miasma, Miasma (das, gr. μίασμα) bedeutet so viel wie „übler Dunst, Verunreinigung, Befleckung, Ansteckung" und bezeichnete vor allem eine „krankheitsverursachende Materie, die durch faulige Prozesse in Luft und Wasser entsteht".[1] Dabei ist der Bedeutungsumfang dieses Begriffs nicht rein auf den biologisch-medizinischen Effekt der „Krankheitsübertragung" (miasmatische Infektion[2]) beschränkt, sondern kann auch im übertragenen Sinne auf die geistig-emotionale Ebene angewandt werden.]

Das ist natürlich einer der Wege, über den die kommenden Seuchen eingesetzt und verbreitet werden. Ihr habt sicherlich nicht das letzte Mal Pest oder Grippe gesehen – oder Pocken, was das betrifft. Das mikrobiologische Konzept zur Ausbreitung von Seuchen oder Grippe, plus die Tatsache, daß diese Viren und Bakterien im Schlafzustand gehalten werden können und man sie „ausbrechen" lassen kann zeigt, wie leicht es für die Verschwörer der Eine-Welt-Regierung ist, die kommenden Seuchen durch Verfahren über die Luftansteckung zu verbreiten.

Der alte Gedanke, daß diese Krankheiten nur durch menschliche Ansteckung von Mensch zu Mensch übertragen werden können, wurde während der Grippe-Pandemie im Jahr 1919 ad acta gelegt. Die derzeitige Ursache der Grippe wurde euch bis jetzt verheimlicht – aus gutem Grund. Obgleich – und hört euch das genau an – ein Veterinär aus Fort Dodge, Iowa, (im Jahr 1918) nachgewiesen hat, daß bei Schweinen eine neue Krankheit aufgetaucht ist, die eine genaue Kopie der menschlichen Grippe darstellte. Erinnert euch das an das Bovine Leukämie-Virus und an Visna-Viren von AIDS bei Schafen? Ich gehe davon aus, daß sich die Meisten von euch auch noch an die „Schweinegrippe" erinnern?

Das wichtigste Untersuchungsergebnis kam von einem Dr. A. Burnett, der nachwies, daß das Grippevirus in einem sich entwickelnden Hühnerembryo gezüchtet werden kann. Daraus konnten die verschiedenen Stränge der Grippe identifiziert werden, die Menschen befallen. Alle Bemühungen, ein Gegenmittel zu finden, waren nur von mäßigem Erfolg. Der höchst ansteckende Typ A, der in der Pandemie von 1919 Millionen Menschen tötete, schien sich zu verändern, was seitens des medizinischen Berufsstandes „innerhalb der orthodoxen Sichtweise schwer zu verstehen ist". Es scheint, als ob ihr nicht in der Lage wäret, Typ A der Grippe zu bekämpfen. Es scheint wahrscheinlich zu sein, daß Reserven dieses tödlichen Virus immer noch existieren.

Es ist bekannt, daß die Sowjetunion eine große Lagerhaltung dieser tödlichen und bakteriologischen Waffen hält und es ist wahrscheinlich, daß auch der Typ A des Grippevirus gut in deren Arsenal paßt.

Die Sowjets waren lange sehr gut ausgerüstet, um Reserven von Grippeviren zu züchten, was ja bis vor Kurzem nicht für möglich gehalten wurde. Da es keine bekannte menschliche Brutstätte für das Virus gibt, kann es gut sein, daß ein absichtlich herbeigeführter Ausbruch zugelassen wird, und wenn er durch Lufttechniken ausgeführt wird, werdet ihr eine Epidemie vom Kaliber der Pandemie des Jahres 1919 erleben – wenn die Sowjets diese Möglichkeiten haben, was fast sicher ist – muß sie der Westen auch haben.

Wenn man das Ziel von Global 2000 zugrundelegt, kommt es Einem so vor, als ob es ziemlich einfach sein müßte, über jedem beliebigen Zielgebiet eine ganze Bandbreite an Ausbrüchen tödlicher Viren zu arrangieren. Es wäre auch sicher, daß die elitären Verschwörer sehr wohl Behandlungen oder Gegenmittel für die Krankheit zur Verfügung haben, genauso wie sie Gegenmittel und Behandlungsmöglichkeiten für das AIDS-Virus haben.

LAGERHALTUNG FÜR VIREN

Manche Virentypen können in Tieren gehalten werden, um sie dann kontrolliert oder unkontrolliert ausbrechen zu lassen. Das ansteckende und tödliche Lassa-Fieber zum Beispiel, wurde gerade an Tieren als Wirte getestet, als es zufällig ausbrach und eine weltweite Panik erzeugte. Wenn das tödliche Virus nicht eingezäunt gewesen wäre, hätte es Millionen Menschen getötet, ohne Rücksicht auf deren Status und ohne Ansehung von Rasse, Farbe oder Glauben.

Jetzt werdet ihr nicht nur eine Gänsehaut haben, sondern es wird euch schütteln: im Jahr 1978 kam durch einen richtigen „Patzer" im NATO-Hauptquartier an die Öffentlichkeit, daß „wissenschaftliche Experten" herausgefunden hatten, daß die Russen drei furchtbare neue Krankheiten zur Kriegsführung entwickelt hatten. Jetzt erinnert euch daran, daß „Patzer und Lecks" wohl arrangiert zu bestimmten Zeiten passieren und weiterhin sollet ihr WISSEN, daß, wenn Rußland das hat – die U.S. es auch haben, also meditiert mit all diesem Wissen im Hinterkopf. Die drei Krankheiten sind: Lassa-Fieber, das mehr als ein Drittel aller Menschen tötet, die sich damit anstecken, (35 aus 100), Ebola-Fieber, das für 70 von 100 damit infizierten Menschen tödlich ist und das tödliche Marburg-Fieber – uuups! (Grüne Affenkrankheit) – und der Rest wird Geschichte.

LASSA - FIEBER

Bevor keine effektiven Methoden gefunden werden, ausgewählte Gebiete und Menschengruppen zu immunisieren und zu dekontaminieren, ist das Lassa-Fieber absolut verheerend. Die Viren des Lassa-Fiebers werden weiterhin unter höchsten Sicherheitsvorkehrungen gehalten. Die Welt ist wahrscheinlich solange davor sicher, bis die Verschwörer des Genozids eine etwas bessere Lösung dafür gefunden haben, wie sie die Ansteckung durch das Virus auf Zielländer, -städte und -gebiete begrenzen können, ohne damit ihre eigenen Mitverschwörer zu behelligen.

Wenn die Viren des Lassa-Fiebers aus der Luft über einem Land wie Indien zum Beispiel ausgebracht werden, würden sie innerhalb von drei bis vier Monaten geschätzte 80 bis 100 Millionen Menschen dahinraffen, wie die verfügbaren Aufzeichnungen im Zentrum für Seuchenkontrolle in Atlanta zeigen [A.d.Ü.: Center for Disease Control, CDC]. Und wieder, erwartet nicht, daß ihr in das Zentrum marschiert und euch die Aufzeichnungen präsentiert werden.

„Offiziell" wurde das Virus für Lassa-Fieber ja zerstört – dem ist nicht so und das zu machen, wäre ein sehr, sehr umfangreicher Job. Die Viren des Lassa-Fiebers liegen „auf Lager" und warten. Ebenso ist das Virus des Lassa-Fiebers ein Rekombinantes Hybridvirus (kennt ihr das?). Es kann nicht in mehreren Ländern gleichzeitig auftauchen – es kann nur einen Brennpunkt geben, an dem es ausbricht. Das wurde bewiesen, als es das erste Mal nur in „Lassa" in Nigeria auftauchte.

Der Ausbruch des Lassa-Fiebers in Nigeria war fast eine Katastrophe, denn das Virus brach aus, als gerade Experimente an Wirtstieren in dieser Region liefen. Alarm und Besorgnis, die von der Weltgesundheitsorganisation und dem Seuchenzentrum in Atlanta zur Schau gestellt wurden, zum Beispiel, lassen den Glauben an eine Panik aufkommen – aber ihr solltet bemerken, daß nur ein halbes Prozent von euch Lesern jemals von dieser Seuche gehört hat.

Das Seuchenzentrum ergriff außergewöhnliche Maßnahmen, um das Virus einzudämmen und gab die Anweisung, alle Seuchen durch Ausbrennen zu zerstören. Selbst die Luft aus den Klimaanlagen der Labore war verseucht. Das ist ein absolut tödliches Virus und arbeitet ein gutes Stück schneller als euer gutes altes AIDS-Virus.

ZURÜCK ZUR GRIPPE

Sie kann wirklich auch ein ordentlicher Killer sein, wenn sie pandemisch ausbricht. Sie kann lokalisiert werden, da sie die Technologie der menschlichen Reisegewohnheiten IGNORIERT. Wenn wir uns die Ausbrüche in den Jahren 1889 und 1890 ansehen, die klein und vom Typ A waren – so kam der erste Bericht im Mai aus Rußland. Zu Beginn streute sie sehr langsam und es dauerte bis Oktober, bis sie eine nahe Stadt erreichte. Ganz klar ignorierte die Ansteckung die menschlichen Reisegewohnheiten, denn die Leute pendelten dauernd zwischen den beiden Städten hin und her.

Als die Grippe in Hong Kong ausbrach, schien es natürlich, daß sie aus Kalifornien kam, denn das ist der nächste Punkt der Vereinigten Staaten zu Hong Kong, also hätte die Seuche zuerst in Kalifornien ausbrechen müssen. Aber sie brach in einer kleinen Wüstenstadt mit dem Namen Needles aus. Das, Brüder, ist entschieden unnormal. Es schien, als ob die großen Städte San Francisco, San Diego und Los Angeles ausgespart würden und erst in der fünfundvierzigsten Woche gab es Fälle in den Bundesstaaten Nevada und Arizona. Hier ist es wichtig, den Gedanken zu untermauern, daß die Krankheit aus der Luft kommt und sich in offenen, unbewaldeten Gebieten zuerst ausbreitet und dann erst weiterwandert. Es kann kontrolliert werden, wo sie ausbricht. Jetzt habt ihr das Beispiel auch gesehen zu den Inselfällen, die der Pandemie 1918/1919 nicht entgehen konnten.

WIE STEHEN DIE MÖGLICHKEITEN MIT UFOS?

Ist das jetzt Zufall oder so geplant und warum sollte euch ein Raumkadett diese spezielle Information sonst geben? Also, ich gehe in die Aufzeichnungen – die Verschwörer des Global 2000 Plans werden bald behaupten, daß die Krankheiten vom Raumkommando gebracht und eingebaut wurden – das ist der nächste Punkt auf der Agenda „Angst und Schrecken". Wißt ihr, all die kleinen grauen Außerirdischen, die im Schatten mit euren Militärs und euren Regierungsverbündeten durch die Gegend rennen? Schaut hier besser nicht hin – sie sind Alle so dunkel wie ein Kerker und zweimal so dreckig – nicht die kleinen Außerirdischen – die „großen" grauen Männer! Aber ihr werdet diese Geschichte schlucken, euch damit ködern lassen und bis zum Anschlag auf Linie sein, denn wißt ihr was – die Hälfte der Gemeinschaft wird immer noch darüber debattieren, welche Information von wem kommt, Prozesse über Copyrights führen und sich um Seminartermine streiten. Regierung und Verschwörer werden sich über euch kleine Bürger totlachen – bis hin zu den ihnen gehörenden Banken; von Denen wird auch Keiner eine Grippe oder so etwas wie eine starke Erkältung haben!

Die Anderen aus den spirituellen Zentren werden weiterhin Christos und Aton mit Steinen bewerfen und euch Neuigkeiten und Informationen zu „des Kaisers Welt" bringen. Öffnet eure Augen, denn wir tun alles, was wir können, um euch am Leben zu erhalten, so daß ihr trotz der ganzen Unannehmlichkeiten weiter auf eurem Planeten funktionieren könnt und wir von dieser Ebene machen uns über alle Geduld hinaus auch noch Sorgen über die Felsbrocken, mit denen unsere Schreiber und Empfänger bombardiert werden. Wir haben mittlerweile tägliche Attacken – von Solchen, die von sich behaupten, DIE Quelle der spirituellen Wahrheit zu sein! So sei es! Schaut mal, ob ihr die Grippe mit einem purpurfarbenen Shirt heilen könnt, das wird aber nichts werden, es sei denn, Germain sitzt selbst in eurem Shirt. Heilung durch Glauben nutzen? Ich finde nicht genug „Glauben", um Nesselsucht zu heilen, geschweige denn ein tödliches Virus. Außerdem finde ich auch Diejenigen, die von sich behaupten, alles Wissen zu besitzen und ein paar harmlose Drogen mitbringen, „um ein wenig mehr zu erwachen". Nun, das Erwachen wird wirklich abrupt vonstattengehen und ihr werdet um euren Tod beten, um die Übelkeit zu erleichtern, die euch auffressen wird. Wart ihr jemals so krank, daß es euch zuviel war, noch am Leben zu sein und trotzdem habt ihr es überstanden? Diese Seuchen bringen Krankheit (Übelkeit) über alle Maßen und es gibt wirklich nichts, das Erleichterung bringen könnte.

MARKIERT EUCH DAS HIER – *DAS KOMMT NICHT RUNTER VOM RAUMKOMMANDO!*

Das hier ist lustig, da hat Jemand gerade bemerkt, daß sich unter den verborgenen Spielzeugen – auch ein Gegenmittel zum Virus Typ A befindet, von dem die Welt NICHTS weiß. Zwei sehr gut bekannte Wissenschaftler haben versucht, diese Information zu veröffentlichen, aber ohne Erfolg. Die Tests wurden 1957 in den Niederlanden durchgeführt. Es schien so, als ob bei den Älteren (80- bis 90-Jährige), die zur Behandlung ihrer „Erkältungen" zu ihren Ärzten gingen, eine hohe Konzentration Antikörper vom Typ A festgestellt wurde, was die Wissenschaftler zu der Vermutung führte, daß diese Leute irgendwann einem Virus eines Untertyps ausgesetzt waren und damit gegen die Folgeangriffe immun waren.

Anstatt jetzt diese Fälle zu einer wichtigen medizinischen Entdeckung zu machen und schnell Antikörper von den Spendern herzustellen – wurde gar nichts gemacht und Propaganda wurde verboten. Nun gut, Priore und Rife haben sie auch aus dem Geschäft gedrängt.

Meine Lieben, Regenwolken können mit Seuchen oder Grippe und mit jedem beliebigen anderen Virus infiziert und über bestimmten Gebieten ausgebracht werden.

Warum mache ich so lange herum mit der Grippe? Das hat einen Grund – wenn ich euch einen Abriß über die anderen kleinen Nettigkeiten gebe, die für euch geplant sind, verliere ich mein Publikum, weil ihr zum Streiken und Demonstrieren ausschwirrt – wie ich hoffe! Es ist aber besser, wenn ihr euch eure Untergrundhöhlen grabt und sie mit einem guten Luft- und Filtersystem ausstattet. Wir haben euch gesagt, wie, und wenn ihr euch nicht daran erinnert – geht los und lest nochmal *FIGHTING CHANCE* oder *SURVIVAL IS ONLY TEN FEET FROM HELL*. [A.d.Ü.: Phönix-Journal Nr. 06, bisher nur in Englisch].

Gott beachtet Niemanden von euch, der sich in Satans oder des Kaisers Besitz befindet und wenn ihr da unten Dinge seht, die dem Kaiser gehören – dann habe ich schlechte Nachrichten für euch – ihr bekommt eure Informationen von der falschen Quelle und diese miserable Energie wird euch bei lebendigem Leib auffressen.

Einige mit großer Nähe hier zu meiner Gruppe haben sich wegen des Buches *SURVIVAL* von ihr getrennt und Dr. Robinson hat die gleiche Sachlage auch in seiner Stadt gefunden. Er hat angeboten, den ersten Schutzbunker zu bauen – es wurde abgelehnt, denn wie sollte man herausfinden können, wen man retten soll! Eine identische Aussage bekam unser Herausgeber – „Wer sollte die zu Rettenden selektieren?" Hat mal Jemand davon gehört, für Alle zu bauen und ebenso genug Lebensmittel für Alle einzulagern? Sie haben das in Rußland und China und sogar in der Schweiz gemacht – könnt ihr das nicht genauso machen? Ihr behauptet, im reichsten Land der Welt zu leben! Aber das stimmt ja nicht – ihr seid pleite, aber ein Überlebenssystem würde auch nicht mehr kosten als drei Tarnkappenbomber pro Jahr.

Raindrops keep falling on my head [A.d.Ü.: Anspielung auf einen Song aus den 1970ern, hier: https://de.wikipedia.org/wiki/Raindrops_Keep_Fallin%E2%80%99_on_My_Head] – hmm de-dee, diddel dee dee – kann leicht krankmachend sein. Wenn sie euch in einer bestimmten Gegend auf den Kopf fallen, fällt jeder um.

Wenn eure eigenen „bornierten" Wissenschaftler mit guten Absichten von diesen Möglichkeiten wissen – glaubt ihr nicht, daß des Kaisers satanische Verschwörer auch über diese Möglichkeit Bescheid wissen? Des Kaisers Dinge, sicher. Des Satans Dinge – SICHER! Was ist mit den göttlichen Dingen – wie IHR ZUM BEISPIEL? Ein zorniger Gott? Ach du meine Güte – also, wie wäre es mit nur einem kleinen winzigen Stich einer kleinen Wut über diese widersinnige Aussage. Wenn ihr euch so wenig um das Geschenk des Lebens schert, das Gott euch gegeben hat, dann sei es so.

Dharma, laß uns hier enden, da du jetzt zu besorgt bist und wir beginnen, etwas närrisch und hoffnungslos zu werden. Meine Lieben, es ist weder närrisch noch hoffnungslos – wir müssen dranbleiben, denn die haben alle keine Ahnung von dem, was sie tun.

Ich denke, wir sollten später am Abend auch nicht mehr arbeiten, denn es war lang heute mit den vielen notwendigen Nachbearbeitungen, die zwischendurch noch gemacht wurden. Jeder von euch muß mehr Ruhepausen bekommen. Ich bitte euch, nach 23.00 Uhr nicht mehr zu arbeiten, denn Müdigkeit drosselt unser Tempo.

Bitte nimm diese Woche für den Express bereits vorhandenes Material, da wir mit diesem Dokument vorankommen müssen und es nicht allzu lang wird, denn in diesem Fall werden die Leute die Lektüre aufschieben, weil es zu viel ist. Bete für deinen Bruder, der noch nicht sehend ist, denn ihr braucht Einheit und Gemeinschaft. Wir müssen noch darüber sprechen, wie ihr das anstellen könnt – meinst du, deine Bildung auf dieser Ebene läßt ein wenig zu wünschen übrig? So sei es.

Ich gehe auf Stand-by, damit wir ein wenig ausspannen können. Ich danke dir für deinen Dienst, den ich sehr schätze. Ihr aus meiner Gruppe habt die Tickets für eure Heimreise mit Sicherheit verdient. Aho!

Salu, Salu, Salu – im Dienst für den Strahlenden.

Hatonn klärt bitte.

KAPITEL 33

Aufzeichnung Nr. 1 | GYEORGOS CERES HATONN

Mittwoch, 14. Februar 1990, 7.00 Uhr, Jahr 3, Tag 182

Hatonn hier im Licht, daß wir mit dem Thema Mord weitermachen können.

SELTSAMES HINSCHEIDEN

Ich werde mit einer Frage beginnen. Wieviele von euch bemerken, sagen wir, daß es höchst unüblich ist, daß ein Schah von Persien gesund bei euch ankommt und ein paar Wochen später „eines natürlichen Todes" stirbt? Und Marcos? Howard Hughes? Und Casey (gerade, als er die ganze Verschwörung um Iran-Gate hätte auspacken können)? Wie war das mit all den Zeugen zu Kennedys Ermordung? Ausgewählte Seuchen? Meine Güte – es ist gefährlich, innerhalb der Eliten zu arbeiten, denn wenn ihr schädlich für ihre Verschwörungen werdet, kann man sofort auf euch verzichten und dann wird auf euch wird verzichtet. Ihr werdet auch dann entbehrlich für sie, wenn ihr deren Spiel perfekt spielt und „Probleme irgendwelcher Art macht". Die Dunklen Brüder haben keinerlei ethischen Code. Selbst Kriminelle haben einen ethischen Code. Die Verschwörer nicht!

SEUCHEN, GRIPPE UND ANDERE HÖHERE FORMEN DES TÖTENS

Wir machen weiter mit dem Thema Grippe, denn hier gibt es mehr Erfahrungswerte, auf die wir zurückgreifen können. Es ist interessant anzumerken, daß die direkte Ansteckung mit dieser Krankheit nie ernsthaft in Betracht gezogen wurde. Natürlich wird sie sich innerhalb einer Familie, Schulen usw. auf diese Art weiterverbreiten, aber *niemals*, wenn Viele diese Krankheit *gleichzeitig* bekommen.

Wenn die Ansteckung vorrangig „bei deren Beginn" von Mensch zu Mensch stattfindet, dann würde das in *bewaldeten* Gebieten genauso schnell vonstatten gehen wie in offenen Arealen. Es ist also offensichtlich, daß Wälder und starke Belaubung Schutz vor den krankmachenden Keimen aus der Luft bieten.

Nun, ihr Schlafmützen, eure Verschwörer, die den Vietnam-Krieg losgetreten und aufrecht erhalten haben, wußten diese Dinge. Sie entlaubten also absichtlich riesige Landstriche und wenn ein paar Millionen amerikanischer Kinder besprüht wurden mit einem kleinen Agent Orange, zusätzlich zu dem, was sie sonst noch auf dem Boden ausgebracht haben – so sei es. Und ihr dachtet, sie räuchern die feindlichen Verstecke aus – sic, sic. Und was noch schlimmer ist, die Verschwörer ließen eine „Mord"-Kampagne gegen Alle anlaufen, die sich gegen diesen Krieg ausgesprochen haben. Kann sich einer daran erinnern, was eine vernichtete Jane Fonda alles ertragen hat? Und Dr. Spock? Und was ist mit der Schädigung der jungen Menschen, die lieber flüchteten, als loszugehen, um entweder Kanonenfutter zu werden oder den Bruder zu töten?

Wenn ihr das nicht selbst erlebt habt, könnt ihr euch nicht vorstellen, wie sich eine Napalmbombe auf ein Dorf auswirkt – das Braten und Kochen von unschuldigen Familien und Babys. Wieviele von euch wissen, was „Streumunition" ist? Wieviele eurer eigenen Ehemänner, Väter und Söhne/Töchter wurden mit Waffen getötet, auf denen „made in U.S.A." stand? Also, das wird wieder und wieder passieren – in den Amerikas begann es mit Panama und jetzt ist der Weg gepflastert für einen patriotischen Marsch genau durch Zentral- und Südamerika – alles im Namen der Drogenkontrolle.

SEIT BEGINN DES DROGENKRIEGES – GAB ES IN DEN AMERIKANISCHEN DROGENMÄRKTEN WEDER ENGPÄSSE NOCH PREISERHÖHUNGEN.

Ihr müßt euch gewahr sein, daß in Wolken eingebettete Keime nicht wie in einem fortlaufenden Fluß auftauchen – sie kommen geballt, wie aus einer Spraydose oder bei Windstößen von Verunreinigungen.

Könnte es sein, daß die Verschwörer daran arbeiten, ein perfektes Stoß-System für Krankheitsausbreitung zu erschaffen? Rein logisch wäre so etwas der nächste Schritt, meint ihr nicht? Wenn Kriege einfach nicht schnell genug die weniger gewünschte Population töten können, um der Überlastung durch sie Herr zu werden, ist es doch logisch, daß andere Methoden entwickelt werden. Oh, ihr werdet die Kriege weiterhin haben, ihr Lieben, weil eure Wirtschaft tot ist und es muß ein Weg gefunden werden, sie über die Todesmaschine immer wieder neu zu beleben, bis das System „kein Geld/ökonomische Totalkontrolle" insgesamt funktioniert.

Weint denn euer Herz nicht, wenn ihr einen Präsidenten seht, der in Freizeitkleidung Kriegs-„spiele" sieht und verkündet, diese Kinder seien die beste Kampftruppe? Kommt ihr vielleicht auf den Gedanken, er könnte sie fit dafür machen, irgendwohin zu gehen und Kampftruppe zu werden? Was ist mit Medaillen (nur für Männer), wenn sie nach Panama gehen, Tausende Zivilisten töten und dabei eure eigene protegierte Kolonie zerstören? Ihr glaubt, in Panama gab es 200 Tote auf dem zivilen Sektor? Rechnet mal mit über 7000. Noch unehrenhafter – was ist, wenn man nicht die Ehre hat, unter den Gezählten zu sein? Zum Beispiel denkt doch jede Familie eines gefallenen und gelisteten Soldaten, daß ihr Sohn einer der 125 gelisteten Gefallenen ist. Woher wollt ihr das wissen? Könnte es vielleicht sein wie bei dem Erdbeben in San Francisco im Jahr 1906? Aberhunderte starben und doch war die Liste der Toten nicht exakt – wer könnte damit argumentieren, wenn eine „offizielle" Liste existiert und jeder denkt, ein geliebter Verwandter ist unter Denjenigen, die gezählt wurden?

Betrachtet die Grippe, die in Alaska wütete. Die Fakten solltet ihr in den Kongreßberichten vom 16. Januar 1919 unter der Überschrift „United States Senate, Committee of Appropriations" finden. Sie erzählen die Geschichte, wie das Virus *zur gleichen Zeit in ganz Alaska* zugeschlagen hat. Es ist nachgewiesen, daß die Ansteckung nicht von Mensch zu Mensch erfolgte. Da in Alaska jede Menge Regen und Schnee fällt, ist es dann nicht offensichtlich, was dort passierte?

LEGIONÄRSKRANKHEIT

Jetzt gehen wir zur „Legionärskrankheit", die 1976 in Philadelphia während eines Treffens der Amerikanischen Legion ausbrach, 29 Menschen tötete und 183 Weitere ins Krankenhaus brachte. Das war ein Experiment, das von den Anstiftern des Global 2000 durchgeführt wurde, die an einem Hybridvirus herumforschten, mit dem sie arbeiten konnten und der durch Methoden aus der Luft gezielt und kontrolliert ausgebracht werden konnte.

Der ernsthafte Beginn dieser Krankheit wurde innerhalb einiger Stunden sichtbar, wenn in dieser Zeitspanne allgemeinen Unwohlseins das Fieber einsetzte. Es war begleitet von Muskelkrämpfen, danach von einem schnellen Fieberanstieg und mit unerbittlicher Genauigkeit folgten Schmerzen in der Brust und Atemprobleme, was zu einem umgehenden Tod führte. Der Weg dieser Krankheit war genauso unvorhersehbar wie in den Fällen von Lassa-Fieber. Die Todesrate war vergleichsweise hoch. Antibiotika waren nutzlos.

Berichten zufolge gab es „sorgfältige Nachforschungen, die ergaben, daß alle Betroffenen eine lange Zeit in der Lobby des Hotels verbrachten." (Heißt, in dem Hotel, in dem das Treffen veranstaltet wurde). „Es scheint ein Zusammenhang zu bestehen zwischen der Anzahl der Krankheitsfälle und der Zeit, die auf einem Bürgersteig außerhalb des Hotels verbracht wurde, um eine Parade zu sehen. Es kann ein Unterschied gemacht werden zu Denjenigen, die sich auf dem Bürgersteig der anderen Straßenseite aufhielten. Es gibt den starken Verdacht auf einen aus der Luft kommenden Krankheitserreger, dessen Auftreten uneinheitlich ist, gemessen an der Breite der Straße". War das ein „natürlicher Ausbruch" eines neuen Virus oder war es Teil eines sorgsam ausgeführten Experimentes? Bevor ihr das verwerft, denkt daran, daß es in den 1950er Jahren ausgedehnte und weitreichende Experimente mit der Droge LSD gab, die von dem Schweizer Unternehmen Hoffmann-LaRoche hergestellt wurde und von gewissen Forschungsorganisationen in den Vereinigten Staaten in den meisten Fällen mit offizieller Sanktion ausgeführt wurden. Die Elite rechnet einfach mit dem extrem kurzen Gedächtnis der Massen. Eigentlich gehen sie sogar noch weiter – Nachrichten werden gesendet und sofort wieder begraben, denn die meisten Menschen hören bei den Nachrichten nicht wirklich hin, wenn es ein nationales Ballspiel gibt oder „TV Spezial".

Im Fall der Legionärskrankheit waren sich die Opfer völlig unbewußt darüber, was man mit ihnen gemacht hat. Dieser Krankheitsausbruch ist ein identisches Muster – es war ein „nicht offizieller" „offizieller" Test von den Planern des Global 2000. Die LSD-Experimente waren Teil eines Musters, das Aldous Huxley und die CFR-Verschwörung ausgearbeitet haben. Es gab weitere Ausbrüche der Legionärskrankheit in Schottland in 1983/1984, bei denen 65 Menschen unter ähnlichen Umständen starben. Der Ausbruch in Schottland lief praktisch unkommentiert, außer einem einzigen Artikel in einer britischen Zeitung, der ihn erwähnte.

Das Zentrum für Seuchenkontrolle in Atlanta sagt, daß die Legionärskrankheit nicht durch zwischenmenschliche Kontakte weiterverbreitet werden kann. Warum also tauchte die Legionärskrankheit plötzlich auf und verschwand genauso schnell wieder? Woher kam sie? Ihr solltet wissen, daß ein ganzes Reservoir darauf wartet, genutzt zu werden, wenn es den Verschwörern angebracht erscheint. Die Aussicht auf neue Krankheiten, die euch völlig unvorbereitet treffen können, sollte euch arglose und vertrauensvolle Lämmer sehr depressiv machen. Die Erreger sind da und warten auf euch, ihr könnt sie nicht ignorieren. Ihr habt es in der Vergangenheit gesehen und euch erwartet Ähnliches in der Zukunft, einschließlich das Ausbrechen neuer Krankheiten – AIDS ist nur der Anfang und nachfolgend war es ein massiver Ausbruch von Herpes in euren Fortpflanzungssystemen. Ein weiteres Anzeichen dafür, wie ernst die letzten „Ausschüttungen über euch" waren, ist, daß sich die Erreger im Körper befinden und wenn ihr einmal infiziert seid, werdet ihr sie nicht mehr los, sondern sie warten den passenden Moment ab, um aktiv zu werden, statt passiv zu bleiben. Wenn das AIDS-Virus einmal aktiv ist, wird es meistens nicht mehr vollkommen in die Defensive gehen.

GEPLANTE EXPERIMENTE UND TÄTERSCHAFTEN

Es kann nicht geleugnet werden, daß diese Dinge Beides sind, experimentell, wie in den Laborstudien, nur daß sie dabei euch, das Volk, benutzen und auch geplant eingesetzt und mit Sorgfalt versprüht. Nun, Chelas, ihr befindet euch auf den letzten Stufen der Fertigstellung des wohl durchdachten Plans und es gibt massive Unterstützung seitens der Drogenhersteller – ihr nennt sie Pharmaunternehmen. Da sie für die Entwicklung dieser Krankheiten bezahlt haben und auch die Früchte der Behandlungsmedikamente ernten wollen – wird es auf diesem Weg nie eine Behandlungsmöglichkeit geben – für gar nichts. Warum eine „Behandlungsmethode" für Herzerkrankungen finden, wenn die gesamte Industrie auf der Grundlage einer aktiven „Herzerkrankung" aufgebaut ist? Der logische modus operandi ist natürlich, behandlungsfähige Nebenwirkungen für die derzeitige Erkrankung aufzubauen oder die bestehende Krankheit einfach nicht zu heilen.

Seit 1940, der Zeit des Grippe-Experiments mit der Einstiegsluke Virus im Hühnerembryo, gab es einen riesenhaften Anstieg von Experimenten mit bakteriellen Viren, genannt PHAGEN (erinnert ihr euch an die T-Zellen und Makrophagen usw. in AIDS?), die eine große Anzahl Wissenschaftler angezogen haben. Seit 1940 gibt es Abertausende neuer Experimente, die von Wissenschaftlern durchgeführt wurden, die mit Zuschüssen der Stiftungen Ford, Carnegie und den Rockefellers arbeiteten (CFR, Trilaterale, IWF, Weltbanken – !) Wenn ihr euch erinnert, finanzieren diese Stiftungen meistens „anti-amerikanische" Projekte und natürlich werfen sie Geld in alles, was mit dem Club of Rome und den anderen oben genannten Organisationen zu tun hat.

Genau das sind die Stiftungen der Verräterorganisationen für die Eine-Welt-Regierung und dem Plan Global 2000.

ERINNERT IHR EUCH AN DIE FILME? SERIE ANDROMEDA!

Fiktion? Sie haben euch gesagt, es sei Fiktion! Wenn ihr sie nicht gesehen habt – leiht sie euch aus und schaut sie euch an. Es war eine Darstellung der aktuellen Wahrheit (genauso wie es auch *SIPAPU ODYSSEY* ist) über die Arbeitsweise, wie sie für das Virus des Lassa-Fiebers bestand. Das, Brüder, ist nicht an den Haaren herbeigezogen; das ist wirklich fies und dreckig.

Erinnert ihr euch auch noch an Stanley Kubrics Clockwork Orange? [A.d.Ü.: Uhrwerk Orange]. Nun, unser lieber Wally Gentlemen, aus 2011, wird sich sicher wenigstens noch an Mr. Kubric erinnern. Habt ihr den Dr. Strangelove aus jenem Film noch im Kopf? Dieser Mann ist derzeit noch am Leben.

Eure neue Sorte Wissenschaftler ist verantwortlich für bemerkenswerte Fortschritte in der Molekularbiologie – macht Angst, oder nicht? Ihr größtes Problem ist es aber, Wirtszellen zu finden, in denen sie Viren züchten können, die dann von einer einzelnen Plaque reproduziert werden können. Rein zufällig war das die Methode, die das Zentrum für Seuchenkontrolle in Atlanta anwandte, um das Virus des Lassa-Fiebers zu isolieren.

Der verstörende Faktor in diesem Vergleich ist die Art, wie mit den Schlafphasen dieser Viren und Bakterien umgegangen wird. Im Entwicklungszyklus von Viren gibt es vier Phasen, wobei die „endosymbionte Phase" die Wichtigste ist. Phagen können in Speichergefäßen gehalten und dann entlassen werden, wenn man sie braucht. Das bedeutet, daß große Mengen an Phagen im Schlafzustand gehalten, dann erweckt und auf verschiedene Arten freigelassen werden, wie mit geimpften Wolken über einem bestimmten Zielgebiet; oder durch zielgerichtete Projektionen aus der Luft. Das Legionärsvirus wurde durch die Luft entlassen.

Zu euch Spöttern, die ihr sagen werdet, daß kein Mensch solche Dinge, die wir hier preisgeben, ins Auge fassen würde, sage ich, geht zurück zum Ersten Weltkrieg und erinnert euch an die Tragödie, als die blühende Jugend der westlichen Nationen auf eine so erschütternde Anzahl zurückgeschnitten wurde, daß es den Verstand betäubt. Wenn ihr mir nicht glaubt, lest euch Hintergrundwissen dazu an und betrachtet euch die Friedhöfe der Schlachtfelder Europas mit Reihen über Reihen Tausender weißer Kreuze – Tote zu Hunderttausenden – durch Chemikalien und Krankheiten. Ihr seid ziemlich schnell im Vergessen solcher Dinge und wischt sie vom Tisch – wäre vielleicht auch ein netter Park für Picknicks. Genau darum, Dharma, habe ich im Jahr 1915 begonnen. Wenn ihr die Lektionen der Vergangenheit überseht – seid ihr dazu bestimmt, sie immer und immer zu wiederholen. Ihr habt schon vergessen und bewegt euch jetzt in der Wiederholung in der hinterlistigsten Art und Weise.

SIE TATEN ES UND SIE WERDEN ES WIEDER TUN

Ihr solltet realisieren, daß Menschen in der Lage waren, diesen Krieg zu orchestrieren und zwar aus Gründen, die man euch nie erklärt hat (Gier auf der Seite der Banker, die riesige Gewinne eingestrichen haben); könnt ihr wirklich nicht glauben, daß diese gleichen Gruppen von Männern nicht einfach ein paar Millionen Inder, Lateinamerikaner, Afrikaner und Asiaten umbringen würden? Ganz besonders, wenn es so weltabgeschieden durchgeführt werden kann, daß keine Komplikationen von Menschen kommen, die nach Absicht oder Möglichkeiten fragen? Sie sind voll leistungsfähig und beabsichtigen genau das!

NUN, DIESE PLÄTZE SIND SOWIESO ÜBERBEVÖLKERT

So sei es – ABER, was ihr in den USA übersehet; *EINHUNDERT MILLIONEN AMERIKANER WURDEN ZUR AUSLÖSCHUNG EINGE-*

PLANT, WIE ES IN DEN BESTIMMUNGEN DES PLANES GLOBAL 2000 FESTGESETZT WURDE UND VON HIER OBEN SCHEINT ES MIR, ALS OB SIE DAS BEREITS ALLEINE MIT AIDS HINKRIEGEN.

Die Areale der Vereinigten Staaten, in denen große und konzentrierte Gruppen standhafter Patrioten leben, werden höchstwahrscheinlich die Zielgebiete der Planer des Global 2000 sein. Das darum, weil die Straftäter innerhalb der Verschwörung VERRÄTER der Vereinigten Staaten von Amerika sind – es sind keine Patrioten für die Konstitutionellen Vereinigten Staaten und sie haben euch an jeder Kreuzung an der Nase herumgeführt und sind euch bei der Planung und Orchestrierung des Planes um Längen voraus. Sie haben euch aufgesaugt und jetzt verschlingen sie euch und alles, wofür Amerika steht. Eure Verfassung wurde komplett zerstört und überrollt. Es gibt in euren Gerichten keine Gerechtigkeit und IHR HABT KEINE FREIHEIT MEHR.

Aus diesem Grund gibt es nur vereinzelte Überbringer dieser Wahrheiten und deshalb arbeiten sie auch sehr isoliert, damit sie aus den Zielgruppen heraus- und davon ferngehalten werden. Die Zielgruppen schließen sich zusammen, wo Demonstrationen und Kontaminierungen am Besten funktionieren. Schaut euch an, wo das AIDS-Virus ausgebrochen ist. Ihr werdet feststellen, daß sehr Wenige aus den Reihen der Elite infiziert sind und wenn, dann war es reiner Zufall.

Wenn AIDS den Job nicht macht, werden sie irgendeine alte tödliche Plage in den Zielgebieten über euch kommen lassen, angefangen bei der Pest über Pocken bis zu nicht behandelbaren Stämmen von Kinderkrankheiten wie Masern, Windpocken, Grippen usw. usw. – durch irgendeine dieser vielen „Phagen", die die Planer „ganz obenauf" liegen haben.

Der erfolgreiche Einsatz einer Seuche muß von riesigen Speicherbehältern von „Phagen" kommen, und, glaubt mir, diese Mengen haben sie zur Hand. Die Sowjetunion nennt ihre Speicherbehälter Bevorratung von „Massenvernichtungswaffen". Und wenn die Sowjets für den nächsten Weltkrieg gerüstet sind – dann sind sie bereit und warten.

WISST IHR, ES WIRD EINEN KRIEG GEBEN: ER WIRD FURCHTBAR SEIN UND DIE ANNAHME IST, DASS IHR BÜRGER SCHLAFEN WERDET UND KEINE SCHUTZEINRICHTUNGEN HABT, IN DENEN IHR EUCH SELBST SCHÜTZEN KÖNNT. ICH ERINNERE EUCH, DASS 100 PROZENT DER MENSCHEN, DIE SICH UNTER DER ERDE AUFHALTEN, SEHR GUT ÜBERLEBEN WERDEN. UND WENN IHR DARÜBER HINAUS NOCH LUFTREINIGUNGSFILTER UND EINEN ANGEMESSENEN LEBENSMITTELVORRAT HABT – KÖNNT IHR ALLES DAS ÜBERLEBEN, WAS SIE ÜBER EUCH AUSSCHÜTTEN. WENN IHR NICHT GENÜGEND SCHUTZVORRICHTUNGEN HABT – WIRD ES DIE TOTALE AUSLÖSCHUNG EURER GESAMTEN BÜRGERSCHAFT WERDEN – UND BAKTERIEN UND KURZLEBIGE VIREN ZERSTÖREN KEINE FESTEN ANLAGEN, WIE ZUM BEISPIEL FABRIKEN UND HÄUSER, COMPUTER UND AUTOS.

Ich hoffe ja wirklich, daß ihr, die ihr alle Diejenigen kennt, die versuchen, diese Schreiberin davon abzuhalten, die Botschaften öffentlich zu machen und sie böse nennen, die Botschaften böse nennen, UNS von der Bruderschaft des Licht böse nennen und uns Mitarbeiter von Teufel und Satan titulieren, auch realisieren, welche Schuhe verschmutzt und angeschwärzt sind. Wenn ihr weiterhin nur da sitzt und über geistiges Licht sinniert, werdet ihr bald selbst „Geist" sein, um über eure Fehler nachzudenken. Alle, die diese Botschaften „böse" nennen, arbeiten genauso sorgfältig an eurer Zerstörung wie eine Wasserstoffbombe, die genau auf euren Kopf gerichtet ist. Gott schickt euch Wahrheit, Wissen und Instruktionen als Antwort auf eure Bitten und ihr geht auf die Schreiber los und kreuzigt sie – nun, mit diesen Aktionen begeht ihr Selbstmord und kreuzigt auch den Phönix, der kommt, um euch den Weg zu weisen. So sei es, denn wohin euer Handeln führt, ist eure Wahl. Nicht von den Brüdern aus dem Kosmos kommt eure Zerstörung – sondern von eurem schlafenden Bruder und von diesen „grauen Wesen", denen ihr, gut verpackt, euer Leben und eure Freiheiten überantwortet habt. Armageddon könnte sich als sehr amüsant herausstellen, relativ gesehen, wenn ihr nicht aufwacht und DEN PLAN verändert. Die satanischen Verschwörer von Global 2000 und ihre eifrigen „kleinen Teufelchen" haben unvorstellbar häßliche Pläne für euer Wohlbefinden und sie haben vor, das bis zum Jahr 2000 durchgezogen zu haben!

SELBST IN MEINEN EIGENEN GRUPPEN

Dharma und Oberli und meine anderen Arbeiter, die Tag und Nacht arbeiten und andauernd bombardiert werden mit „nun, wann gehen sie mal ‚rauf', um Geld zu generieren, damit wir ‚unsere' Arbeit machen können?" Ich wiederhole – DAS IST NICHT UNSERE ARBEIT, DIESES WORT IST UNSERE ARBEIT – WIR HABEN KEIN PROBLEM MIT EUREM IRDISCHEN ÜBERLEBEN, AUSSER ALS UNSERE BRÜDER. WIR HABEN HÜBSCHE, SICHERE RAUMFAHRZEUGE UND MUTTERSCHIFFE, PLANETEN UND SYSTEME INNERHALB EINES RIESIGEN UNIVERSUMS. IHR VERBRINGT MEHR ZEIT DAMIT, ÜBER DONALD TRUMPS SCHEIDUNGSVEREINBARUNG ZU PLAPPERN UND ZU LABERN, ALS EUCH UM EUER EIGENES ÜBERLEBEN ZU KÜMMERN. SO SEI ES. AUSSERDEM HABEN MEINE SCHÜLER AKTUELL GAR KEINE PROBLEME, AUSSER DASS WIR SIE IN DER ZEIT EINES WIMPERNSCHLAGS IN SICHERHEIT BRINGEN KÖNNEN. *EUER LEERER MAGEN IST NICHT DHARMAS ODER OBERLIS PROBLEM – ES IST DAS EURE! EURE SEELENBEZIEHUNG MIT GOTT IST AUCH NICHT IHR PROBLEM – SONDERN DAS EURE! UND WENN IHR WEITERHIN RUMSITZT UND MEINT, DER MEISTER JESUS HAT ALLES FÜR EUCH GEMACHT – DANN VERSPRECHE ICH EUCH: SATAN WIRD ZULETZT LACHEN* – UND ER WIRD EURE SEELE HABEN!

Wenn ihr euch dazu entschließt, keine dieser Informationen zu nutzen, die wir euch bringen – gut. Wenn ihr meint, die Anstrengungen oder die Ausgaben sind zu groß, euch einer Gruppe anzuschließen oder Lebensmittel einzulagern oder euch eine Schutzvorrichtung zu bauen – kümmert mich das nicht. Ihr werdet auch keine großen

Gewinne machen, wenn ihr in Gold oder T-Bills investiert – unsere Absicht ist es, Denjenigen, die ehrlich darum bitten – eine Möglichkeit aufzuzeigen, wie sie überleben können – und nicht, wie sie nach irdischen Maßstäben reich werden. Ich bin insofern an eurem Erfolg interessiert, als es um die zugeteilten Jobs bezüglich der akzeptierten Mission geht, das Wort weiterzutragen. Geht nicht davon aus, daß ich euch Maßnahmen anhand gebe, wie ihr schnell reich werden könnt – wir sprechen hier von eurem eigenen Überleben. Wenn es euch zu negativ ist, das zu schlucken – werft das Buch in den Müll und meditiert, singt Ohms und Aums – es ist euer Privileg der Privilegien – aber Wieviele werden dann an die Türen Derjenigen klopfen, die ihren Schutz gebaut und Lebensmittelvorräte haben – und sie bitten, sich an deren Tisch setzen zu dürfen? Werden die jungen „Verhexten" aus Sedona weiterhin ihre Attacken fahren und dann, wenn der Weg steinig wird, zu den Wenigen gehen, die zugehört haben? So war es mit Noah auch, und es gab Einige, die hatten nasse Füße bis über den Kopf, denn sie haben das Rettungsboot verpaßt, während sie auf das Kreuzfahrtschiff und den Luxusliner gewartet haben.

ZURÜCK ZU DEN SUPERKEIMEN

Es ist leicht, riesige Speichervorräte zu halten, wenn man Viren in eine schützende Substanz einhüllt. Das Virus des Lassa-Fiebers ist ein perfektes Beispiel eines geschützten Virus und schaut euch in diesem Zusammenhang auch die Situation bei AIDS an. Da habt ihr ein Virus, das sich in eine komplett abgeschirmte Zelle einnistet, die, jedenfalls bisher, nicht von Medikamenten erreicht werden kann. Deshalb hängt ihr auch fest, was die Notwendigkeit von Gegenmitteln oder Frequenzstrahlungen als Behandlungsart angeht. Alle bisher bekannten Viren haben mittlerweile eine von Menschen erschaffene Schutzumhüllung.

POCKEN !!!

Sie sind nicht tot und weg! Sie werden nur in einem „tiefliegenden" Zustand gehalten. Ein kleiner süßer Pockenvirus kann einfach

30 Jahre oder länger in einem meditativen Zustand herumliegen. Das kann durch einen natürlichen Vorfall oder durch künstliche Induktion erfolgen. Es passiert aber etwas anderes, mit dem ihr zu kämpfen habt – bei jedem Ausbruch – ist die Form immer instabiler und weitaus virulenter als zuvor. Pocken können außerdem gemütlich in einem Wirtskörper mindestens zehn Jahre überleben, ohne irgendwelche sichtbaren Krankheitssymptome zu produzieren. Herpes ist dafür ein exzellentes Beispiel, denn bei ihm besteht der gleiche Ablauf. Die Fakten sind – es gibt keine Behandlung dafür, genauso wenig wie bei Pocken. Die Viren wurden noch nach 30 Jahren in den Körpern gefunden.

Pocken traten erstmalig im Jahr 249 v.Chr. in China auf (das ist ziemlich lange her). Danach, 200 Jahre n.Chr., fegten sie durch das Römische Reich und verwüsteten alles. Im Europa des Mittelalters waren Pocken die vorherrschende Krankheit. Große Pockenepidemien kommen in Zyklen, die Jahrhunderte auseinander liegen. Das Virus kommt auch aus der Luft und ist deshalb eine sehr viel bösartigere Variante und daher für die Todeskaufleute des Club of Rome etwas Natürliches, denn sie haben bereits Impfungen, die auch bei allen ihren elitären Mit-Verschwörern eingesetzt wurden.

Diese höhere Form des Tötens ist ideal – denn die Menschheit wird sie einfach als „von Gott gesandt" ansehen oder, schaut, was die Aliens euch „wirklich" antun – und die Schafe rennen Hals über Kopf wie wild herum und schauen nicht nach der Ursache – „sie" teilen es euch als Katastrophenalarm über das Fernsehen mit und lassen es bei euch. Dann kommt der Präsident über die Ätherwellen und startet einen „Krieg gegen alles, was ‚das Ding' im Moment sein könnte", ruft den Notstand aus, bemächtigt sich eures Vermögens und ihr geht zum Sterben irgendwohin – in ihrem „Planungsbuch" haben sie sogar ein bedeutendes Kapitel, wie man die massive Anzahl an Körpern wegschafft, meine Freunde. Das Militär wird zum Schluß drankommen, sofern kein nuklearer Anschlag stattfindet, und die Uniformierten werden die Körper entsorgen.

Meine lieben kleinen Kinder – diese furchtbaren Dinge werden auf die möglichst übelste Tour über euch ausgeschüttet. Durch den offenen und freizügigen Mißbrauch eurer Geschlechtsorgane. Ihr werdet langsam für einen Lebensstil geöffnet, der eigentlich von euch erfordert, „in eurem moralischen Verhalten abartig zu sein", „mental gesund gemäß psychiatrischer Regeln zu sein" – alles wird zu „Menschenrechten" umgedeutet, von Sodomie (auf diesem Weg wird AIDS am Schnellsten und Sichersten verbreitet), bis zum Austausch von Körperflüssigkeiten – über Drogennadeln. Diese Zielgruppe ist komplett unerwünscht und in jeder Hinsicht ungewollt. Durch Drogenkriege kann man Millionen töten und es göttlich nennen, durch Jugendliche, die wegen vorsätzlichen Mordes in die Ghettos „drängen", in denen dann ein langwieriger und kompromißloser Krieg entsteht! So oder so kann man Hunderttausende und zahllose Millionen unerwünschter Personen loswerden, wenn man den Bürgern zuerst die Waffen verbietet, sie nachfolgend konfisziert und dann einfach in den Tod stürzt; das geht, ohne Munition zu verschwenden.

Wenn diese schlafenden Viren erwachen, wird es großflächig Hepatitis, Meningitis und Myelitis geben, die einen quälenden Tod verursachen. Ich habe euch im AIDS-Journal und auch in Anderen schon gesagt – obgleich nur angedeutet – daß es im Kaposi-Sarkom, das von AIDS kommt – eine Spirochäte von Syphilis gibt, die aus einer Wunde gezüchtet wird.

Nun, ich habe eine Schreiberin hier, der übel ist und ich werde dieses Thema jetzt beenden. Ich schlage vor, ihr macht regen Gebrauch von den Informationen anderer Autoren und, wenn ihr noch Exemplare von *EINE HÖHERE FORM DES TÖTENS* von Robert Harris und Jeremy Paxman bekommen könnt, dann sichert sie euch; Hill and Wang, New York (es wurde schon einmal versucht, Druck und Veröffentlichung einzustellen). Und von James H. Jones *BAD BLOOD, THE TUSKEEGE SYPHILIS EXPERIMENT*. Des Weiteren werden euch alle Informationen von John Coleman weiterhelfen, z.B. Die kommenden Seuchen (Bericht zu Global 2000) usw. Es gibt noch mehr, aber meine

Absicht ist es, euch Informationen zu präsentieren – ich bin nicht im Büchergeschäft tätig und, ehrlich gesagt, möchte ich einfach diesen ausgezeichneten, mutigen und sorgenden Menschen für ihre endlose Arbeit danken. Wir sind hier in keiner Weise im „literarischen Bereich". Diese Journale dienen einem einzigen Zweck, der Information. Wenn ihr sie nur lest, um zu kritisieren oder nach falscher Interpunktion zu suchen – so sei es, das ist euer Vorrecht; ich schlage vor, ihr ignoriert die Kommata und fangt an, eure Schutzhöhlen zu graben. DIE WAHRHEIT WIRD EUCH FREI MACHEN! IGNORANZ WIRD EURE VERNICHTUNG SEIN!

DAS SIND DIE AUSGEWÄHLTEN METHODEN FÜR DIE KREUZIGUNG!

* * * * *

KAPITEL 34

Aufzeichnung Nr. 1 | GYEORGOS CERES HATONN

Dienstag, 6. März 1990, 8.15 Uhr, Jahr 3, Tag 202

VORBEREITUNG

Hatonn spricht über glückliche Zufälle im Lichte des Strahlenden und die Vergänglichkeit der „Zeit". Ich werde euch auch nochmal an Dinge erinnern, die wir in den Journalen bereits diskutiert haben, wie z. B. das ÜBERLEBEN – ich werde euch nicht langweilen mit Wiederholungen, sondern euch eher versichern, daß dies kein „neues" Thema ist, sondern nur eine falsch ausgerichtete Sichtweise.

Bereits in euren frühen 1980er Jahren gab es schon einige Wahrheits-Überbringer, denen ich hiermit Anerkennung zollen möchte, und die schon sehr hart daran gearbeitet haben, die Aufmerksamkeit der Massen zu erzeugen, aber nur Wenige haben ihnen zugehört. Ron Paul, Gary North, Arthur Robinson, Antony Sutton, John King usw. – die Liste ist wirklich sehr lang. JETZT WIRD ES ABER ZEIT, EINMAL ZUZUHÖREN, MEINE LIEBEN, DENN DER FUCHS SITZT BEREITS IM HÜHNERSTALL.

In den frühen 1980er Jahren konntet ihr taschenweise Bargeld zu eurem örtlichen Edelmetallhändler tragen und mit unglaublichen Schätzen heimkehren. Mittlerweile ist es schwieriger geworden, aber trotzdem immer noch möglich. Vergeßt nicht, daß ich in den Journalen eine riesige Bandbreite von Menschen anspreche, also habt bitte Geduld auf beiden Seiten der wirtschaftlichen Verkettungen. Wenn ihr also offensichtlich keine Vermögenswerte habt, werdet ihr nicht in der Lage sein, Münzen zu kaufen. Bitte benutzt eure Köpfe und paßt die Informationen eurer Situation an. Wir können euch Basisinformationen in einem gewissen Rahmen geben – wir können aber nicht

Jeden einzeln kontaktieren und auf diese Weise 6 Milliarden Personen instruieren und jedem einen Plan anfertigen.

Zum Beispiel könnt ihr immer noch Gold- und Silbermünzen kaufen, wenn ihr vorsichtig seid und nicht allzu große Mengen kauft. Es gibt immer noch viele seriöse Händler und es hindert euch nichts daran, mit Allen Geschäfte zu machen, wenn ihr genug Vermögen habt. Ihr könnt gute Preise erzielen, wenn ihr Schmuck aus Edelmetallen im Leihhaus kauft. Ihr könnt Waren auf Flohmärkten kaufen – unglücklicherweise sind das aber auch Orte für Hehlerware. Ihr könnt gebrauchte haltbare oder preisreduzierte Güter kaufen sowie Werkzeuge und Ausrüstungsgegenstände, die ihr später als Tauschware zur Verfügung habt. Es gibt auch immer noch spezielle Gelegenheiten, aber es gibt viele andere Verfasser, die euch dazu noch mehr sagen können. Ich habe keine Ambitionen, das Material von Anderen zu verwenden – wir wollen, daß ihr aufwacht und die Informationen nutzt, die euch bereits zur Verfügung stehen.

Laßt uns das mal mehr von einer allgemeinen und realistischen Seite aus betrachten.

Seit den Plänen der Illuminati, die die Fraktion der „Machtelite" ist, denn ihre Macht ist Geld – Wuups! Ich habe schon meine Schreiberin verloren und deshalb auch einen Großteil von euch treuen Lesern – so sei es, gehen wir zurück zu den Basisinformationen und Beschreibungen.

„EPHESER 6, VERSE 10-13"

10 Zuletzt, meine Brüder, seid stark in dem HERRN und in der Macht seiner Stärke. 11 Ziehet an den Harnisch Gottes, daß ihr bestehen könnet gegen die listigen Anläufe des Teufels. 12 Denn wir haben nicht mit Fleisch und Blut zu kämpfen, sondern mit Fürsten und Gewaltigen, nämlich mit den Herren der Welt, die in der Finsternis dieser Welt herrschen, mit den bösen Geistern unter dem Himmel. 13 Um deswillen ergreifet den Harnisch Gottes, auf daß ihr an dem bösen Tage Widerstand tun und alles wohl ausrichten und das Feld behalten möget. [A.d.Ü.: Bibelversion Luther 1912]

So sei es.

****

DIE VERSCHWÖRUNG

Die Möglichkeit von Aufständen und Revolution in Amerika ist für die meisten Amerikaner nicht mehr so ganz undenkbar – heutzutage passiert das täglich. Jedoch ist hier eine Verschwörung im Gange, nicht nur eure Regierungsform abzusetzen, sondern einen großen Teil eurer Bevölkerung zu zerstören und die Vereinigten Staaten auf einen schwächelnden Außenposten unter der diktatorischen Herrschaft einer internationalen Regierung zu reduzieren. HÖRT MIR GUT ZU, DENN ICH ERLÄUTERE EUCH NOCH EINMAL DAS GRUNDWISSEN DAZU. WENN IHR EUCH ERINNERT UND DIESE DINGE BEREITS WISST – LEST SIE NOCH EINMAL, DENN WENN ICH DIE EINZELNEN FRAKTIONEN AUFZÄHLE, DIE SICH GEGENSEITIG BEKRIEGEN, WERDET IHR DIE INFORMATION BRAUCHEN.

Der Plan, die Eine-Welt-Regierung zu errichten, wurde geheim gehalten. Weltweit gibt es nur etwa 5.000 Leute, die ein umfassenderes Wissen über DEN PLAN haben. Da stehen wir jetzt, genau dort, wo auch eure guten Autoren stehen, deren Material am Ende dieses Journals aufgelistet ist. Ich werde keine *Bibliographie* als solche verwenden, denn ich brauche keine – aber ihr braucht Bestätigungen und Instruktionen – ich gebe euch ein paar Informationen vorab, damit ihr aufsteht, danach sucht und sie findet – schnell! Des Weiteren befürworte ich nicht ALLES Material von „jedem" Autor oder jeder Gruppe, aber es gibt da und dort ein paar Autoren, die in vollkommener Integrität schreiben und ihr Werk ist wirklich sehr wertvoll. Ich bin jetzt auf einige Rechtsstreitigkeiten gefaßt, weil „Hatonn das Material einiger Autoren NICHT verwendet hat". Nun, vielleicht ist die Absicht eines Autors wirklich etwas wunderlich, aber die Schlußfolgerungen sind inkorrekt und deshalb gibt er ziemlich unnötigerweise seine Informationen vor ihnen an. Einige Autoren ziehen Schlüsse, die ganz akkurat sind, erreichten sie jedoch durch inkorrekte Annahmen – wobei das letzte immer das Akzeptablere ist.

Unglaubliche und unfaßbare Bemühungen sind unternommen worden, um die wahre Natur des Plans vor solchen Leuten zu verbergen, die sich dagegen aufgelehnt oder ihn veröffentlicht hätten – dazu gehören Mord, Folter, Rufmord, Zerstörung von Karriere und Familienstruktur.

Es gab jedoch zahlreiche einzelne Menschen, die verschiedene Aspekte der Verschwörung aufgedeckt haben. Viele dieser Leute haben ihre Aufdeckungen in gedruckter Form zur Verfügung gestellt. Einige der mutigsten Aufklärer und Autoren sind von den höchsten Rängen des CIA, FBI, SATANISCHE/ODER HEXENZIRKEL, KGB, KONGRESS USW. ÜBERGELAUFEN. *DENN FÜR JEDEN EINZELNEN, DER GERADEHERAUS WAR, GIBT ES DUTZENDE, DIE IMMER NOCH AUF DEN GEHALTSLISTEN DIESER GRUPPIERUNGEN STEHEN UND IN DER ÖFFENTLICHKEIT DIE WORTE DER LEGITIMIERTEN SCHMÄHEN, ZERSTÖREN UND VERWISCHEN.* Ihr, die ihr das lest, müßt Unterscheidungsvermögen entwickeln und hoffentlich denkt ihr auch an das Rüstzeug und die Tips, die wir euch diesbezüglich schon gegeben haben.

Nur um euch eine kleine Verbindung zur Historie der Hexenkunst zu geben – im Jahr 1624 landete eine Gruppe Puritaner an der amerikanischen Küste – in einem Hafen, der Collins Bay genannt wurde. Dieser Hafen liegt genau nordwestlich von der Stadt, die ihr jetzt Boston nennt. Das Schiff, mit dem sie kamen, gehörte einem gewissen Francis Collins. Mr. Collins war ein „Hexer" keltischen Ursprungs. Er baute sein Haus in Marblehead, südlich der heutigen Salem Bay. Francis Collins baute auch die Salem Kirche. Und diese Kirche war der Ursprung der Hexenprozesse. Es genügt jedoch der Hinweis, daß – um der Form zu genügen – zwar Hexen anwesend waren, aber ihr könnt natürlich darauf wetten, daß keiner der zum Tode Verurteilten wirklich ein Hexer war.

Dieser Familie Collins entsprangen führende Köpfe der „Hexen"-Kulte, wie die Druiden mit ihrem Rat der Dreizehn und wirklichem und wahrhaftigem Satanismus. Ein wirklich mutiger Überläufer, der einmal Hohepriester des 13-Staaten-Sektors des Druiden-Ordens war, deren Zentrale in San Antonio, Texas, sitzt, (Name wird nicht bekannt gegeben, da seine Familie in großer Gefahr schwebt), kann euch Geschichten erzählen, die *„SATANS TROMMLER"* in den Bereich der Kindergarten-Lektüre verweisen [A.d.Ü.: Phönix-Journal Nr. 09].

Als dieser Mann im Jahr 1971 Druidenpriester des Ordens war, erhielten über 90 % der Politiker in diesem 13-Staaten-Gebiet durch ihn persönlich finanzielle Unterstützung vom Orden. Diese Politiker erhielten auch von ihm persönlich Anweisungen bezüglich der politischen Entscheidungen. Die Anweisungen wurden vom Rothschild-Tribunal zum Druidischen Rat der Dreizehn als der darunter liegenden Hierarchie weitergegeben und der Rat gab diese dann weiter an Einzelpersonen und Organisationen, die unter seiner Verwaltung standen.

Dieser Mann war auch persönlich verantwortlich für den Mord an einem Offizier im militärischen Dienst. Er wurde vor Gericht gestellt und verurteilt. Als jedoch der Mithäftling der gemeinsamen Gefängniszelle freigelassen wurde, bat „Sir X" ihn, eine bestimmte Person in den USA zu kontaktieren, von der Sir X wußte, daß sie ein Hexer war (der Mord passierte in Deutschland und deshalb war die Verurteilung auch in Deutschland). *Innerhalb von ein paar Tagen tauchten ein US-Senator und ein Mitglied des Kongresses im Gefängnis auf. 24 Stunden später bekam Sir X seine ehrenvolle Entlassung samt allen Informationen über den Schießvorfall, der aus seiner Akte gestrichen wurde.* Und, was glaubt ihr, wird die letztendliche Strafe in den Iran-Contra-Skandalen sein? Selbst ein Mann in eurem Land, der am Präsidentschaftswahlkampf teilnimmt und die Wahrheit ans Tageslicht bringt – wird inhaftiert und sein junger Mitarbeiterstab wird zu 72 bzw. 86 Jahren Gefängnis verurteilt, weil sie finanzielle Wahlkampfmittel generiert haben.

Als Sir X nach seiner Entlassung in den USA zurück war, schickte ihn seine Mutter nach New York City. Gleich nach seiner Ankunft wurde er sechs Monate lang vom Vorsitzenden des Druidischen Rats der Dreizehn trainiert. Danach reiste er hinüber zur Westküste, wo er ein weiteres sechsmonatiges Training von Louise Hubner erhielt, die auch Mitglied im Druidischen Rat der Dreizehn war. (Erinnert euch, zu jener Zeit war der Familienname Collins.)

Dann, im Jahr 1972, wurde Sir X eine graphische Darstellung DES PLANS ZUR ÜBERNAHME DER WELT gezeigt. Jetzt atmet mal tief ein, denn wir werden hier eintauchen, das Wasser habt ihr ja mit eurem großen Zeh bereits getestet.

PLAN DER ILLUMINATI ZUR ÜBERNAHME DER WELT

Präsident und Vizepräsident entfernen
Der Republikanische Nachfolger gibt die Wahl an den Demokraten ab

Demokratischer Präsident erläßt folgende Gesetze:
1. Neues Waffengesetz, das die Bürger entwaffnet
2. Entfernung der Steuerbefreiung für Kirchen
3. Gesetz zum Völkermord erlassen
4. Präsidialmacht zur Ausrufung des Kriegsrechts
5. Verbot für Hamsterkäufe

DRITTER WELTKRIEG
Verursacht durch den Staat Israel, der um Öl, Ackerland und Chemikalien Krieg führt.

PLÄNE FÜR AMERIKA
Jede Person in Abhängigkeit von der Regierung bringen durch:
1. Erschaffung einer Pseudo-Ölknappheit
2. Alle Schußwaffen beschlagnahmen
3. „Sofortmaßnahmen" beschließen (Alle LKWs, Schiffe und Züge stoppen. Charles Manson führt eine Armee mit 200.000 weißen Gefangenen an und Mitglieder von Motorradclubs sollen in den Straßen Massenwahnsinn erzeugen (sechs Monate nach

seiner Entlassung) durch Bombenanschläge auf Kirchen, Vergewaltigungen, Morde und andere angstmachende Praktiken). „Das wird sein, wenn die Lichter von New York für immer ausgehen" – Rothschild Tribunal.
4. Kriegsrecht ausrufen und den Kongreß auflösen. Nationalgarde für Ordnung sorgen lassen. Ein Polizist für fünf Menschen.
5. Mit dem Hamsterkaufverbot die Lagerung von Lebensmitteln und medizinischen Versorgungsmaterialien unterbinden
6. Sicherheitskarten ausgeben, um Kaufen und Verkaufen zu kontrollieren
7. Geldsystem zerstören (Alles Geld etc. wird wertlos)
8. Neue Währung ausgeben
9. Alles Ackerland zerstören. „Es wird südlich der Mason-Dixon-Linie und vom Atlantik bis zu den Rocky Mountains nichts mehr geben, was höher ist als zwei Inches (etwa 5 cm)." – Rothschild Tribunal

Rothschild schickt alle Länder, außer Amerika, im Kampf um Öl nach Israel. Die Verwendung von Neutronenbomben tötet Menschen; alle Gebäude, natürliche Ressourcen und Ackerland bleiben aber intakt. Wenn der Krieg vorüber ist, wird die Welt von Jerusalem aus regiert.

****

Oh Ihr Lieben, ich mache keine Witze, dieser Plan ist der „Endplan". DER PLAN 2000 – ZUMINDEST EIN TEIL DAVON.

SEHT IHR LANGSAM, WARUM SO HORRENDE ANSTRENGUNGEN UNTERNOMMEN WERDEN, UM DIE VERÖFFENTLICHUNG MEINER SCHRIFTEN ZU VERHINDERN UND DIESE SCHREIBERIN ZUM SCHWEIGEN ZU BRINGEN? – ES IST WAHRHAFTIG SEHR ERNST – BETET FÜR DIESE SCHREIBERIN UND DIE, DIE IHR LIEB SIND, UND BITTET UM GOTTES SCHUTZSCHILD FÜR SIE IN DEN ZEITEN IHRER ARBEIT.

Betrachtet euch die obige Liste genau und vergleicht sie mit der heutigen Situation, fast zwei Jahrzehnte später – ihr seht, nur einige der Marionetten haben sich verändert … aber nicht der Plan als solcher! Schaut euch an wie das übereinstimmt mit dem Aufstieg einer weltweiten politischen Herrschaft, wie in der Offenbarung dargelegt.

Zusätzlich zu der Graphik für die Übernahme der Welt bekam er einen Brief von den Rothschilds – auf Rothschild-Briefpapier, in dem stand: „Wir haben einen Mann gefunden, der bereit ist, in Gehorsamkeit gegenüber den Illuminati der Herrscher der Welt zu werden. (Jetzt kommt der Schock:) Sein Name ist Jimmy Carter."

EINE RUHIGE, KLEINE STADT NAMENS SAN ANTONIO

Im Jahr 1972 war eine Einwohnerzahl von etwa 500.000 gemeldet. Von dieser halben Million standen mindestens 100.000 in direkter Verbindung zum Hexenkult.

Nun, meine Lieben, ihr müßt jetzt erkennen: Der, der in mir ist, ist größer als der, der in euch ist und ich kann die Zaubersprüche bündeln, so daß sie nicht funktionieren und alles schief gehen wird. Alles, was ihr tun müßt, ist, darum zu bitten! Denn nur auf dem lichten Pfad werdet ihr es schaffen, Satan, Dämonen, Drogen, Gewohnheiten, Abhängigkeiten und Morddrohungen zu eliminieren. Aber ihr werdet feststellen, daß in der Anfangszeit nach eurer Veränderung hin zum lichten Pfad nur sehr wenige zuhören, und dann werden es mehr und mehr und ihr aus dem Licht werdet alle zusammenführen und werdet wie eine Lichtmauer sein, über die und durch die keinerlei Finsternis dringen kann.

Diese Fähigkeit entwickelt sich nur durch das Verständnis der Probleme, wie sie sind, ohne verzerrte Vorstellungen und in der Wahrheit. Nehmt das Banner der Wahrheit auf, denn die, die vorher gekommen sind, wurden durch die üblen Feinde geschädigt. Hunderte kamen bereits tapfer vor den derzeitigen Schreibern – achtet, unterstützt und schützt sie. Wer in der Wahrheit handelt, verteidigt und schützt die Sprecher und die Individuen – die mit den bösen Absichten rufen ihre Namen und Adressen in den Äther – in diesen Tagen wird all Jenen die Möglichkeit gegeben, ihr Unkraut und ihre Disteln, die sie gesät haben, auch selbst zu ernten, denn Gott bewegt sich, Brüder – Gott bewegt sich.

BETRACHTET EUCH DIE PLÄNE

Die Illuminaten wurden von der Rothschild-Dynastie in Zusammenarbeit mit Adam Weishaupt gegründet. Die Rothschilds tauchten in Deutschland aus dem Nichts auf und wurden die mächtigste Bankiersfamilie der Welt. Der Aufbau der Illuminati geschah, nachdem die Rothschilds Adam Weishaupt getroffen hatten. Weishaupt wurde als Sohn eines jüdischen Rabbis geboren, wandte sich aber vom Judentum ab und wurde Franziskaner-Mönch. Er studierte in Frankreich, wo er zu einem engen Freund von Robespierre wurde, der später die Französische Revolution anführte. Weishaupt freundete sich auch mit einigen Mitgliedern des französischen Hofes an. Diese Freunde praktizierten Schwarze Messen, Säuglingsopfer und andere abscheuliche Rituale, einfach so zum Vergnügen. Durch diese Verbindungen wurde Weishaupt mit „Satanismus" vertraut (in Unterscheidung zum „Hexenkult").

Weishaupt wünschte, Kopien der „Kabbala", des „Großen Schlüssels des Salomo" und des „Kleinen Schlüssels des Salomo" zu erwerben. Diese Bücher zeigen auf, wie man sich Dämonen dienstbar, und wie man durch okkulte Praktiken und Rituale einen Menschen gefügig macht. Die Rothschilds hatten Kopien dieser Bücher und diese wurden dann in die Gemeinschaftsbeziehung mit Weishaupt eingebracht. Das daraus folgende Ergebnis war die erste Vereinigung des Satanismus mit dem Handwerkszeug der Kabbala.

Die Rothschilds überredeten Weishaupt, aus der katholischen Kirche auszutreten und die unterschiedlichen okkulten Gruppierungen zu vereinen, womit er sofort begann. Einer der von Weishaupt gegründeten Hexenzirkel war der Orden des „Golden Dawn", der der private Orden der Rothschilds wurde und bis heute noch ist.

Weishaupt und die Rothschilds fügten die Maximen des Golden Dawn zusammen. Die Rothschilds gaben, was sie für wichtig hielten und Weishaupt war der Priester, der es in die endgültige Form goß. Das Ergebnis all dessen war die offizielle Gründung der Illuminati am 1. Mai 1776. Für Hexen ist der 1. Mai der Geburtstag von Beltane. Für sie ist es der Tag, an dem die Sonne – ihr Gott des Lichts – aus der Unterwelt, in der er geruht hat, wieder in die Atmosphäre zurückkehrt. Die niederen Ränge der Hexen kennen ihn als „Pan", aber die oberen Ränge kennen ihn als „Luzifer". Für alle Hexen weltweit gilt der 1. Mai als Neujahrstag der Hexen. Die Tatsache, daß der Kommunismus seinen Geburtstag am 1. Mai zelebriert, sollte der Welt eigentlich zeigen, daß die gleichen konspirativen Persönlichkeiten, die den westlichen Kapitalismus durch Bankenkontrolle steuern, auch den Kommunismus in der gleichen Art und Weise steuern.

Die wichtigste Wahrheit (Lüge) in der Hexenzunft ist die sogenannte Prophezeiung der Wahrheit: „Wenn Luzifers Sohn den Thron besteigt, werden Hexen für immer in Frieden sein." [A.d.Ü.: Hexenreim: „When the Son of Lucifer takes his throne, then will witches have peace forever mone (morning)."] Ziel der Hexenkunst war und ist die Inthronisierung des „Sohnes von Luzifer" – Satan als der eingesetzte Weltherrscher – so daß die Hexen weltweit mit allen Mitteln die Welt regieren können, um Luzifer als den alleinigen Gott der Welt zu verehren.

Um dieses Ziel zu erreichen, haben sie bereits ein Netzwerk hinter den Kulissen etabliert, das die sechs grundlegenden Bereiche der Gesellschaft sehr effektiv beherrscht:

1. Den religiösen Bereich
2. Den politischen Bereich
3. Den wirtschaftlichen Bereich
4. Den Bildungsbereich
5. Den militärischen Bereich
6. Den sozialen Bereich

In jedem Bereich kennt nur das Personal an der Führungsspitze die wahre Natur des Zwecks und der Aktivitäten seiner Organisation. Die Arbeitnehmer in den tieferen und mittleren Schichten glauben sehr oft, sie würden dort für ein nobles humanitäres Ziel arbeiten.

Die Macht der Illuminaten ist Geld. Im Bereich der Finanzen sind ihre Ressourcen ziemlich grenzenlos. Ihre Organisationsstruktur wird von drei Pyramiden und einer Sphinx dargestellt. Die drei Pyramiden zeigen an der Spitze die gleichen vier Gruppen: Das Rothschild Tribunal (drei Mitglieder), dargestellt durch ein Dreieck um das Auge Luzifers. Direkt darunter steht der Druidische Rat der 13. Darunter der Rat der 33 (Freimaurer). Darunter „die 500", die den Außenstehenden als berüchtigte „Bilderberger" bekannt sind.

Ab diesem Punkt sind die Gruppen unterschiedlich. In den drei Pyramiden, die die okkulten und religiösen Bereiche darstellen; aus dem politischen Bereich und den verschiedenen Organisationen werden in den Schaubildern nur ein paar der wichtigsten Gruppierungen gezeigt. Es gibt noch andere Gruppen, die unter der Kontrolle der Illuminati stehen, aber die hier Gezeigten sind sehr repräsentativ für die meisten Vereinigungen. Die Sphinx zeigt den Leistungsfluß der Illuminati. Um das Schaubild zu verstehen, muß man sich immer wieder daran erinnern, daß die treibende Kraft *DAS GELD* ist!

Die Illuminati haben vor einigen Jahren ihren Namen verändert, da ein paar Autoren damit begannen, ihn preiszugeben. Der Name, den sie innerhalb der Organisation benutzen und der geläufiger ist, ist „Moriah", was bedeutet: „Der siegreiche Wind".

Es erübrigt sich zu sagen, daß die Leute immer noch die Bedeutung des Wortes „Illuminati" kennen und zusammenzucken, wenn jemand damit anfängt, ihre Aktivitäten zu beschreiben – wie in diesem Moment!

Bitte seht in diesem Journal einiges an Platz für Diagramme vor. Deshalb laßt uns jetzt eine Pause machen, was auch gleichzeitig die Seitenzählung für die Formatierung erleichtert.

Hatonn geht auf Stand-by, Salu.

NACHTRAG ZUM OBIGEN KAPITEL

Dharma, die Diagramme sollen gleich hinter diesem Nachtrag plaziert werden. Es gibt noch etwas, was in dieser Aufzeichnung gesagt werden muß und – zeitlich gesehen – ist es jetzt soweit, ich werde es euch erklären.

Allen Lesern, die glauben, wir sind ein paar alberne kleine Kinder, die darauf aus sind, sich unbeliebt zu machen und deshalb Material von anderen Autoren „stibitzen", z. B. von unserer verehrten Schwester Thedra, habe ich folgendes mitzuteilen.

Bitte blättert mal zu Anhang Nr. 1.

Das ist eine Notiz, die wir am heutigen Tag um 11.09 Uhr bekommen haben. (Oberli, streiche alle relevanten Informationen aus, wie z. B. Wohnort usw., aber lasse America West stehen, denn wir müssen einen Schutzschild um diese geschätzten Mitarbeiter aufbauen, wir möchten jedoch sicherstellen, daß die Öffentlichkeit sich dessen bewußt ist.) Als Information für die Leser – Chuck, den wir unter Nr. 1 erwähnt haben, ist unser Drucker und ich werde seinen Wohnort in diesem Dokument nicht preisgeben.

Das Manuskript, um das es geht, ist „*DIE KREUZIGUNG DES PHÖNIX*". Für alle von euch, die ihr die damit in Zusammenhang stehenden Gefahren und Intrigen nicht ernst nehmt, nehmt bitte das folgende zur Kenntnis:

Anhang Nr. 2:

Das ist wirklich ziemlich angsterregend, und es wird in diesem Dokument als auch in *DIE KREUZIGUNG DES PHÖNIX* erwähnt, denn die Drucklegung wurde hinausgezögert aufgrund der vorhergehenden Notiz. Füge es als Nachtrag passend ein mit einem speziellen Hinweis zu Inhalt und Quelle. Kennzeichne es *gut*, damit es wegen der Quelle zu keinem Mißverständnis kommt – es darf nicht so aussehen, als ob es von uns käme, denn wir werden den Inhalt neutralisieren und die Energien beseitigen, bevor es neu gedruckt wird.

Der Grund, weshalb der Brief von den Satanisten so wichtig ist, ist der, daß er an George Green als Kündigung geschickt wurde und seine Person mit einem satanischen Fluch belegt wurde, was eine Folge des Fiaskos mit der Billy Goodman/Bill Cooper-Sendung am 28. Februar 1990 war (letzte Woche). Der Brief wurde geschickt, um William Cooper und seine Truppe zu unterstützen, alle Anrufe in die Rundfunkstation zu leiten. Diese Quelle, Brüder, ist so übel wie ihr euch das nicht vorstellen könnt – Satan bezieht direkt Stellung – ja, der „Big Boy" höchstpersönlich.

Es würde mich interessieren, ob Herr Cooper uns zukünftig des Diebstahls geistigen Eigentums aus seinen Dokumenten anzuklagen wünscht? Es interessiert mich nicht, was Herr Cooper tut, es ist jedoch für Herrn Cooper und Herrn Goodman äußerst wichtig zu WISSEN, wer im Speziellen ihre Aktivitäten unterstützt. Wir werden das genauso abdrucken, wie wir es bekommen haben. Ich möchte jedoch darauf hingewiesen haben, daß Satan ein Meister der Verwirrung und Täuschung ist – er hat bisher keine Finte ausgelassen, noch hat er es versäumt, auf den ganzen Dokumenten Spuren zu hinterlassen. Wenn ihr den blassen Druck des satanischen Zeichens nicht erkennen könnt, das fast wie ein Wasserzeichen im Papier eingelassen ist, schlage ich euch vor, besser hinzuschauen, dann könnt ihr es unterscheiden. Im Grunde ist es ein Schattendruck.

Da uns Herr Cooper eines Wort-für-Wort Plagiats von Dokumenten seiner Autorenschaft beschuldigt, in einer Größenordnung von etwa 50 Seiten, obwohl das Dokument nur 26 Seiten umfaßte – könnten dies hier die restlichen 24 Seiten sein? Wir wissen nicht, wovon er spricht.

Und was das Gatehouse betrifft – der, der sich da Satan nennt, steht auch unter Schutz durch verbale Bindung an Wesenheiten, die das Gatehouse umgeben – was könnte das bedeuten?

Vielleicht könnt ihr jetzt erkennen, warum die telefonische Androhung des Mr. Cooper an George Green, „diesen Kanal lahmzulegen", von uns sehr ernst genommen wurde. Wenn man einmal als Werkzeug des satanischen Teams dient, wird auch sichergestellt, daß diese Person total unvernünftig und irrational wird. Ich schlage vor, daß Mr.

Cooper seinen Freunden wie John Lear wirklich besser zuhört, denn seine Nachforschungen wurden freiwillig mit Bill geteilt.

Laßt mich euch sagen, was das bedeutet; es bedeutet, daß ihr hier nicht mit irgend-welchem sinnlosen Tüddelkram herumspielt. Es bedeutet, daß der König des Bösen höchstpersönlich keine Grenzen kennt, die Wahrheit zu unterbinden und man kann nicht genau sagen, wo das hinführt. Ich schlage vor, Brüder, daß ihr den Gott des Lichts einladet und euch in den Schutzmantel Gottes und den Ewigen, Geheiligten Kreis des Christos hüllt, denn wer sich ganz ungeschützt läßt, wird in wirkliche Schwierigkeiten kommen.

Wir haben einige seiner Spießgesellen konfrontiert und er ist total gereizt. Er kämpft immer in dieser Manier. Außerdem nimmt er sich eine Person, die bereits aus der Balance ist und zerstört alles, was sie berührt. Der Brief und die darin enthaltene Botschaft sind nicht nur sehr echt, sondern man kann auch ganz genau die Handschrift erkennen.

Jetzt die Anhaltspunkte: in dem ganzen Verwirrungschaos über die genaue Bedeutung des Dokumentes kann es sehr gut so aussehen, daß diese Energie das Wort in den Journalen als falsch anschwärzt. Nein, Nein, Nein – so nicht. Er sagt euch genau, wo die Falschheit zu finden ist – er segnet Mr. Cooper und Mr. Goodman und schreibt auf das Papier, damit die Welt es sehe – „P.S.: Ich verfluche Sie, George Green, und alle Ihre Mitarbeiter. Einschließlich der Paladianer (Plejadier, natürlich)."

Außerdem haben er und sein ganzer Schwarm sämtliche Rituale durchexerziert, um genau das zu erreichen. Ich sage euch aber, fürchtet euch nicht, denn diese Milbe auf der Haut Gottes ist nichts, denn der Fürst des Bösen hat sich sogar mitten ins Herz Gottes gewagt und seine Schmähungen und Drohungen bedeuten nichts mehr als ein kleiner Angstschauer über einem gebeutelten Land. Die Wahrheit aber ist, daß die Lage auf eurer Welt sehr ernst und desaströs geworden ist, er seinen Machtanspruch des Welt-Königreiches einfordert und die Grenzlinien zwischen sich und seinen Truppen und Gott und den Himmlischen Heerscharen ignoriert.

Ich habe noch schlechtere Nachrichten für euch, die ihr das kleine Fiasko in diesem Radioprogramm inszeniert habt – ihr seid alle auf seiner Liste der „Stümper", weil ihr das alles so miserabel gemacht habt, daß er die Schlacht verloren hat. Es ist wichtig für Mr. Goodman zu wissen, daß Viele George Green angerufen und ihm geschrieben haben, weil sie sich entschuldigen wollten für die unsägliche Ungerechtigkeit in diesem Programm. Satan mag es nicht, wenn seine Jungs einen gut ausgetüftelten Plan verpfuschen. Darüber solltet ihr mal besser nachdenken.

Weiterhin empfehle ich Mr. Cooper und Mr. Goodman, das *SPACE–GATE* [A.d.Ü.: Phönix-Journal Nr. 03] mal beiseite zu legen und sich stattdessen in wichtigere Materialien wie *SATANS TROMMLER* [A.d.Ü.: Phönix-Journal Nr. 09] zu vertiefen und zu überlegen, ob sie für dieses Material auch gelobt werden wollen! Wie wäre es, dafür zu sorgen, meine Schreiberin und meinen Verleger jetzt mal aus dem Schneider zu lassen und sich bei Mr. Cooper für die ganze Literatur zu bedanken, die wir hier veröffentlichen? So sei es! Es zahlt sich ordentlich aus, wenn man Bescheid weiß über das eigene Seifenkisten-Niveau.

Für dich, liebe Schwester und liebe, liebe Tuieta – schaut euch dieses Material bitte genau an, denn das Problem liegt nicht an oder in der Nähe dieser Quelle oder Herkunft, und Dharma wurde sehr schlimm benutzt und angegriffen. Jetzt wird es damit weiter gehen, die Glaubwürdigkeit der Schwester und die von Ed DeMar usw. zu zerstören. Wenn ihr die Wahrheit in diesen Dokumenten nicht erkennen könnt, kann ich euch leider nichts weiter an Offensichtlichkeiten anbieten.

Es kommt nichts als Liebe für alle Wesen aller Arten und aller Glaubensrichtungen, Farben und menschlicher Rassen von diesem Ort hier und wir haben die, die ihnen am nächsten standen beobachtet, wie sie sie gekreuzigt und hinterhältigste, unglaubliche, himmelschreiende Lügen über sie verbreitet haben. Sie haben jedoch nichts zu befürchten, denn Sananda/Aton stehen quer zwischen Satan und diesen Arbeitern und Wahrheitsüberbringern. Das lindert jedoch nicht die Schmerzen, wenn man von Denen, Denen man vertraut und die man über alles schätzt, verletzt und angeklagt wird.

Bitte markiert die Kopien am Beginn und Ende dieses Teiles, denn wir wollen das exakt wiedergegeben haben, einschließlich der Information wo der Autor erreicht werden kann – wie er sagt „für weitere Information".

Ich erwarte auch, daß ihr Kopien dieses Teiles mit allen Anlagen an Bill Cooper, Schwester Thedra, Tuieta, Billy Goodman, John Lear usw. schickt, genauso wie an Alle, die diese regelmäßig bekommen. Dann möchte ich noch wissen, ob ihr für dieses Thema noch ein Express wollt.

Ich möchte hoffen, daß die Empfänger, die einen Rechtsstreit planen, genauestens hinschauen, denn ihr habt in aller Öffentlichkeit Namen genannt und die Verleumdungen über diese Personen in den Radiowellen über eine ganze Nation geschickt. Ihr habt sie Schwindler und vorsätzliche Lügner und Diebe genannt. Ich rate euch an, euch mit den Verleumdungsgesetzen auseinanderzusetzen, denn die Verfassung der Vereinigten Staaten ist immer noch irgendwie am Laufen und ihr habt meine Arbeiter öffentlich verunglimpft und die verlogenen Anklageschriften in alle vier Ecken eures Kontinents geschickt. Ja, wirklich, ich würde genau über diese Dinge nachdenken. Mr. Goodman hat das Vertrauen seiner Zuhörerschaft mißbraucht, die ihn respektiert und verehrt hat.

Wenn wir jetzt weitermachen und uns mit Religion, Bildungswesen und anderen sozialen Strukturen befassen, wird die Auswirkung noch schlimmer werden. Ihr, die ihr für euch in Anspruch nehmt, in Licht und Wahrheit zu sein und behauptet, nur die Wahrheit teilen zu wollen – ich bitte euch dringend, in euer Inneres zu schauen und eure Wahrheit zu finden, denn die Trompete ist erschallt und die Meisten haben sie überhört. So sei es.

Der Vater weint mit deinen Augen, Dharma, aber Er wird dich umsorgen, daß dein Herz in Frieden ist und Du mußt es zulassen, daß Andere ihren eigenen Weg finden, Chela. Alles wird bis zum Ende getestet werden und geheiligt seien die, die fest stehen im Sturm, denn die Lampe von Wahrheit und Licht wird für Alle gehalten, damit sie sehen und wissen, Amen.

Laßt es uns dabei belassen, denn dein Herz ist zu schwer, um weiter zu arbeiten. Euch wird ein Puffer gegen die Druckwellen gegeben werden, ihr müßt dieses Wissen verinnerlichen. Ich werde auch George, Chuck, Desirée und Anderen Trost geben, die die Verletzungen dieser Schleudern und Pfeile tragen – ihr seid jeden Augenblick unter unserem Schutz. Werft von diesem Material nichts mehr weg, denn es ist wichtig, daß wir jeder Mitteilung dieser Art widersprechen. Des Weiteren darf nichts in den Papierkorb, ohne daß die Energien ausgeschaltet wurden. Reinigt alles, womit es in Berührung kam, selbst unter dem Papierkorb. Kommt euch nicht komisch vor, wenn ihr das macht, denn ihr versteht Strahlungen und Energiedruck noch nicht – bleibt in Schutz.

Ich stehe jetzt neben dir, damit du deinen Streß etwas ausgleichen kannst, Chela, und wir werden die Arbeit wieder aufnehmen, wenn es passend ist.

Hatonn, im Namen der Bruderschaft des Lichts, im Dienst der Erleuchteten Heerscharen, des Vater/Mutter Schöpfers, Der Schöpfung von Allem-was-ist – und in eurem Dienst, unserer lieben Familie des Großen Geistes der Lichten Ebenen, lege ich meinen Segen über euch und um euch, damit ihr in Sicherheit bleibt.

Salu!
Hatonn klärt die Frequenz, bitte.
Danke.

ORGANISATION DER ILLUMINATI

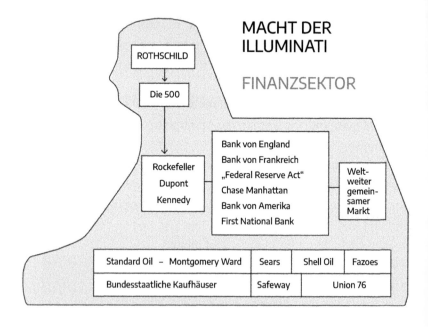

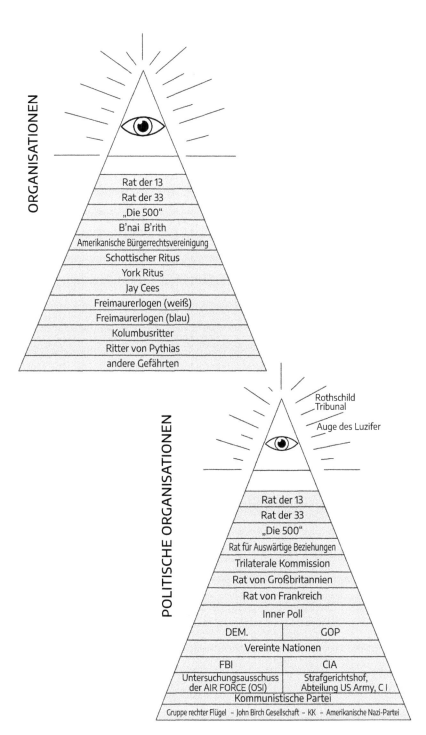

ORGANISATION DER ILLUMINATI

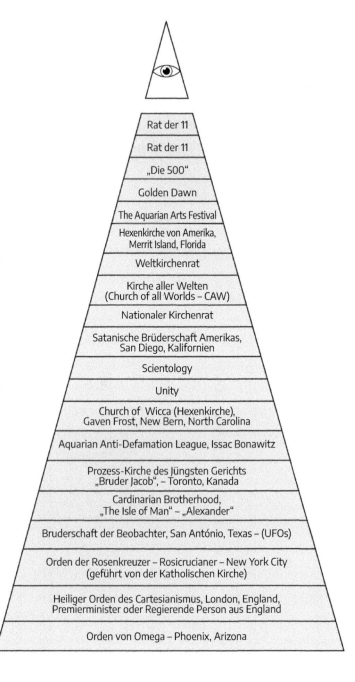

Anmerkung der Übersetzerin:
Gestattet mir noch einen Hinweis in eigener Sache, liebe Leser:

Im Kapitel 34 dieses Journals „Die Kreuzigung des Phönix" nimmt Hatonn Bezug auf drei Anhänge. Diese Anhänge wurden in der ersten deutschen Ausgabe NICHT beigefügt. Wir haben aus verschiedenen Gründen, die den Lesern dieser Journale bekannt sein müßten, darauf verzichtet. Wir bitten um euer Verständnis.

Danke.

BIBLIOGRAPHIE

Die gesamten Phönix-Journale in Englisch finden Sie hier zum kostenlosen Download:
http://fourwinds10.com/journals/

Die bis jetzt ins Deutsche übersetzten Phönix-Journale finden Sie hier zum kostenlosen Download:
https://christ-michael.net/download-phoenix-journale/

Infos über die in drei Ausgabeformaten Hardcover, Paperback und eBook erschienenen Phönix-Journale in deutscher Sprache finden Sie unter:
https://christ-michael.net/die-phoenix-journale/

Glossar

Für die Phönix-Journale generell

CHRIST MICHAEL ATON VON NEBADON (CM)

Christ Michael ist ein Paradies Schöpfersohn, geschaffen vom Ewigen Vater und dem Ewigen Sohn. Seine Identität als Schöpfersohn prädestinierte ihn zum Schöpfer eines eigenen Universums, unseres Lokaluniversums von Nebadon, das in der Peripherie des großen Universums liegt. Alle Schöpfersöhne werden Michaele genannt (vgl. „El Machal", der Allerhöchste). Dazu hat jeder seine individuelle Namenskennung, die in diesem Fall Christ/Christ Michael lautet. Christ Michael ist erst seit ca. 2000 Jahren vollständig souverän über sein Universum.

Durch die 7. Selbsthingabe als Jesus von Nazareth (gemeinsam im gleichen Körper mit Esu Jmmanuel Kumara als Navigator) auf einem Planeten der Luziferrebellion erlangte er vor dem Ewigen Vater den Rang des Souveräns von Nebadon. Christ Michael gilt unter den Schöpfersöhnen als sehr risikofreudiger und unkonventioneller Schöpfersohn, der die Tendenz besitzt, neue Wege zu beschreiten. Sein vollständiger Name ist übrigens um vieles länger und würde auf Papier wohl eine halbe Seite einnehmen. Dieser Name wird im Urantia-Buch nicht offenbart. Er nennt sich einfach Christ Michael, bzw. CM, Aton, Hatonn, oder auch George, und manchmal auch in seinem reichhaltigen Humor „Big Cheese".

ATON BZW. GYEORGOS CERES HATONN

Kommandant des plejadischen Sternschiffes Phönix, hinter dem sich die aktuelle Verkörperung von Christ Michael Aton – kurz CM genannt – verbirgt. CM löst hierdurch das Versprechen seiner Rückkehr ein. Er ist nicht durch Geburt inkarniert, sondern benutzt den geklonten Körper eines „großen Grauen" für seine spezielle Mission in der Korrekturzeit. Unter diesem Namen wurden auch die meisten Beiträge für die Phönix-Journale „durchgegeben". (Eve)

Esu Jmmanuel Kumara – Sananda

Esu ist der Sohn von Sanat Kumara und bekleidet den Rang eines Mächtigen Botschafters. Er ist ein Sternenkrieger erster Güte, erprobt und erfahren, und er diente Christ Michael in der Inkarnation als Jesus, wo er in einer Doppelinkarnation mit CM im Körper von Jesus seinen Erfahrungsschatz auf materiellen Welten zur Verfügung stellte. Er trägt den Titel „Sananda", unter dem er als „Aufgestiegener Meister" bekannt ist. Sananda bedeutet „Eins mit Gott". In den kommenden ca. 1000 Jahren des Neuen goldenen Zeitalters hat er das Amt des planetaren Fürsten auf der materiellen Ebene inne. Er ist definitiv verkörpert und wird wieder sichtbar auf der Erde sein. Sein weibliches Komplementär ist die Aufgestiegene Meisterin Lady Nada, die damals als Maria Magdalena verkörpert war.

Adam und Eva

Auszug aus einem Channeling mit El Morya, „Verschmelzen der Religionen" Adam und Eva: Dies war eine große Mission, eine der großen Offenbarungen, aber was Eva gemacht hat – ihr „Versagen", wurde durchweg lächerlich gemacht und in die Geschichte gepackt, in der ein Apfel gegessen wurde. Vergeßt die Apfelgeschichte, ihr Lieben. Adam und Eva kamen als hochgebildete Persönlichkeiten hierher, von der Sphäre Jerusem. Sie hatten einen hohen Rang in der universellen Hierarchie, sie waren erfahrene Mitarbeiter in den universellen Labors und Mitglieder des Ordens der planetaren „Adame und Evas", die im Allgemeinen auf Planeten entsandt werden, die eine Offenbarung benötigen. Sie kannten ihren Job gut, und verpflichteten sich selbst wie verlangt, den Job ohne weitere himmlische Unterstützung zu vollbringen, sozusagen „in Quarantäne".

Nun liefen die Dinge auf diesem speziellen Planeten von Urantia nicht so gut, wie es erhofft worden war. Adam und Eva war es nicht gestattet, ihre DNS mit den „gewöhnlichen" Leuten zu vermischen, die hier angesiedelt waren. In ihrer Mission ging es um die Implementierung der höheren DNS durch Fortpflanzung, exklusiv aus der vermischten DNS von Adam und Eva und ihren direkten Nachkommen, wie auch um Unterrichtung.

Es geschah nicht aus Gier nach persönlichen Vorteilen, daß Eva gegen die Abmachung verstieß und im Mitgefühl ihre DNS an die „gewöhnlichen" Leute weitergab. Es war ihre bewußte Entscheidung, die aus dem Wunsch des Dienstes an der Menschheit in Kraft gesetzt wurde. Adam war sehr betroffen über Evas Entscheidung, und daher solidarisierte er sich mit Eva, so daß sie nicht alleine die Konsequenzen aus dem Vertragsbruch tragen mußte.

Auch Adam gab seine DNS jenseits des vorgegebenen Rahmens weiter, um sich selbst auf dieselbe Ebene wie Eva zu begeben. Die Konsequenzen bestanden darin, daß Adam und Eva den Garten, in dem sie lebten, verlassen mußten und Beide sämtliche Privilegien verloren, die ihnen vorher zugestanden hatten.

Nachdem ihr irdisches Leben geendet hatte, wurden sie zur Verantwortung gezogen, weil sie vertragsbrüchig geworden waren, aber Gott ist wahrhaftig Liebe und Christus rehabilitierte sie. Jetzt sind Beide Mitglieder im planetaren Rat von Urantia.

Soweit zu diesem Thema, nur um euch ein Beispiel zu geben, wie Information abhanden kommen kann, geschmälert, ins Lächerliche gezogen wird. Und denkt mal darüber nach, wie viele Frauen in der Geschichte gefoltert worden sind, nur wegen eines Alptraumes, den der Mensch als „Erbsünde Evas" bezeichnet.

Diese gescheiterte Mission hatte mit Sicherheit Konsequenzen für alle Menschen, die auf Erden gelebt haben, aber das was ungebildete, gierige und naive Menschen daraus gemacht haben, kann nicht wirklich Eva zugeschrieben werden.

Zusatz aus dem UB: Adam und Eva materialisierten vor fast 38000 Jahren auf Urantia. Sie waren ca. 2,5 Meter groß und hatten eine violette Hautfarbe. Ihre Körper leuchteten und in der Nacht, wenn sie ihre Mäntel trugen, erschien das Leuchten von ihren Köpfen wie ein Heiligenschein. Sie hatten eine sehr schwierige Mission, weil die planetare Quarantäne sie von jeglichem Kontakt mit dem Rest des Universums isolierte. Sie kamen auf einen rückläufigen Planeten, ohne planetarischen Prinzen, mit Menschen, die wenig auf ihr Erscheinen vorbereitet waren.

Eva gebar 105 Nachkommen aus reiner Herkunftslinie, bevor sie ihr Mandat aufgaben – siehe oben. Adam wurde 530 Jahre alt und starb an Altersschwäche. Eva starb 10 Jahre vor Adam an einem schwachen Herzen. (Urantia-Buch, Schriften 73-76)

Sanat Kumara

Sanat Kumara ist das Oberhaupt der weitläufigen Familie Kumara. Esu JMMANUEL Kumara ist sein Sohn – in kosmischem Verständnis eine „Ausdehnung seiner Energie" (vgl. Esu's Biographie durch Jess, unter der Rubrik VIPs, Esu). Seine weibliche Entsprechung ist Lady Venus Kumara. Die Kumaras sind eine Familie von „Sternenkriegern", was bedeutet, daß sie Spezialisten für komplizierte und verfahren erscheinende Situationen sind.

Während Christ Michaels 7. Selbsthingabe als „Jesus" gemeinsam mit Esu waren eine Menge der Leute in seinem direkten Umfeld inkarnierte Kumaras. Bekannt ist, daß die Kumaras ursprünglich aus dem System Lyra kamen, von wo sie aufgrund von Zerstörung ihres

Heimatplaneten umsiedeln mußten. Ein Teil integrierte sich ins plejadische System, ein anderer ins Sirius-System.

Sanat Kumara ist uns hauptsächlich geläufig als „Herr der Venus", der sich aber auch ausgedehnte Zeitalter um Urantia kümmerte. Derzeit ist sein Amt das des solaren Logos, was man quasi als Supervisor unseres Sonnensystems bezeichnen könnte. Das Wort Kumar bedeutet im Indischen soviel wie „Prinz". Passenderweise wird Esu Jmmanuel Kumara in den nächsten ca. 1000 Jahren das Amt des materiellen Fürsten (vgl. engl. „Prince") bekleiden, gemeinsam mit seiner weiblichen Entsprechung Lady Nada.

NEBADON

Nebadon ist der Name des Lokaluniversums, in dem wir uns befinden. Es ist die Schöpfung des Schöpfersohnes Christ Michael gemeinsam mit dem Muttergeist Nebadonia. Es ist bis jetzt ein Projekt von 400.000.000.000 Jahren. Es wird, wenn es fertig ist, aus 100 Konstellationen, 10.000 Systemen und 10.000.000 bewohnten Planeten bestehen. (Urantia-Buch, Teil II)

NEBADONIA

Universum Mutter Geist von Nebadon. Sie wurde von der Dritten Person der Trinität erschaffen, dem „Vereinigten (Mit-)Spieler (Conjoinded Actor), auch „Mitvollzieher" genannt und auch als der „Heilige Geist" bezeichnet. Nebadonia ist die Repräsentantin dieser Dritten Person der Trinität, in unserem Lokaluniversum von Nebadon. Universum Mutter Geist von Salvington, Göttliche Ministerin, Gehilfin und spirituelle Begleiterin von Michael – in aller Liebenswürdigkeit in ganz Nebadon als „Mutter" bekannt. Sie allein erschuf unzählige Persönlichkeiten. Sie ist die Schöpferin der Seraphimen Wesen in Nebadon und die Selbsthingeberin des Geistes durch das Repräsentieren des „Mitvollziehers", wie auch durch ihren eigenen Einfluß als die Präsenz des Heiligen Geistes. Sie stellt den „Lebensfunken" zur Verfügung, der alles Leben, Geschöpfe und Pflanzen auf allen Welten Nebadons belebt. (UB, Schrift 34)

Orvonton

Name des Superuniversums, in dem sich unser Lokaluniversum Nebadon befindet. Es handelt sich um das SIEBTE Superuniversum, das ganz Besonders auf den Fokus der Liebe ausgerichtet ist. Der amtierende Hauptgeist ist Lord SIRAYA, von den Sirianern auch als Lord Surea bezeichnet.

Durch BEYOND wissen wir jetzt, daß Siraya wesentlicher Teil eines Komplottes gegen CM ist und seine Aufgabe zur Disposition steht.

(Eve) Zusatz: Eigentlich wird ein Superuniversum von drei Persönlichkeiten „regiert". Sie werden die „Ältesten der Tage" genannt.

Orvonton rotiert, zusammen mit den anderen sechs Superuniversen um das Zentrale und Göttliche Universum, der perfekten Schöpfung des Paradies Havona. Nach Vollendung wird es aus 1 Trillion bewohnter Planeten, 10 Hauptsektoren (relativ symmetrische Sternhaufen) und 10 Trillionen Sonnen bestehen. Wenn man durch die dichtesten Ebenen von Orvonton in Richtung Paradies schaut, sieht man die Milchstraße. Orvonton ist noch nicht vollendet. Seine Hauptstadt ist Uversa. (UB, Schrift 15)

Phönix

Plejadisches Raumschiff, Mutterschiff. Es hieß früher anders, wurde im Rahmen von Christ Michaels Mission umbenannt. Die Phönix ist CMs materieller „Sitz" und seine Kommandozentrale in seinem Projekt der Säuberung Urantias. CM kehrte 1954 als Kommandant Hatonn bzw. Gyeorgos Ceres Hatonn (auch genannt Aton) gemäß seinem früher gegebenen Versprechen zurück und fing an, Durchgaben zum Zeitgeschehen über das irdische Medium Dharma zu machen. Diese Journale wurden bis Ende der 90er Jahre fortgesetzt und werden als „Phönix-Journale" bezeichnet. Der aus der Asche emporsteigende Phönix ist auch das Siegel auf jedem Journal. (Eve)

QUARANTÄNEPLANET

Planeten, die einer Rebellion anheimfallen (wie es auf Urantia mit der von dunklen Kräften inszenierten „Luzifer-Rebellion" der Fall war), werden von den kosmischen universellen Kreisläufen des Lichts abgekoppelt und in „Quarantäne" isoliert, damit sich die Rebellion nicht weiter ausbreiten kann.

Urantia wurde sofort nach Caligastias Anschluß an die Rebellion unter Quarantäne gestellt und es wurde damals auch sofort damit begonnen, die Korrekturzeit zu planen. Mit Beginn der Korrekturzeit wird der Planet wieder an die kosmischen Kreisläufe angeschlossen und unter ein besonderes Programm gestellt.

Die Quarantäne war mit ein Grund, warum die Amnesie der Menschen auf Urantia bezüglich ihrer kosmischen Herkunft besonders schwerwiegend ausgefallen ist. (Eve) Zusatz: Die Isolation und Abkopplung vom Universellen Kreislauf wird so lange aufrecht erhalten, bis die Ältesten der Tage darüber zu Gericht sitzen und über die Angelegenheit ein Urteil fällen.

Die Isolation, die auch weitere 36 Planeten betraf, dauerte 200.000 Jahre, bis 1985 der Gerichtsprozeß stattfand. Dies war der Beginn der Korrekturzeit.

KORREKTURZEIT

Kosmische Zyklen sind als Taktgeber für die Entwicklungsstufen gemäß dem Schöpfungsplan anzusehen. Da Urantia seit der sogenannten „Luzifer-Rebellion" vor etwa 200.000 Jahren aus dem Tritt gekommen ist, der Planet mit der Menschheit jedoch nicht aufgegeben werden soll, hat Christ Michael eine Korrekturmaßnahme eingeleitet, die mit Unterstützung vieler himmlischer Persönlichkeiten, der Menschheit und dem Planeten den Anschluss an den Rest des Lokaluniversums ermöglichen soll und die Verankerung in „Licht und Leben" zum Ziel hat.

Die Korrekturzeit wird sich voraussichtlich über die nächsten 1000 Jahre erstrecken. Die Korrekturzeit bezieht sich nicht nur auf die Erdveränderungen – aufgrund natürlicher oder vom Menschen verursachter Gründe, wie Umweltverschmutzung, Überbevölkerung – sondern auch auf die Veränderungen in Bezug auf die Institutionen, die mit Wirtschaft, Politik, Religion, Erziehung und der Familie zu tun haben.

Christ Michael hatte sich mit dem Plan für diese nötige Korrektur schon vor 200.000 Jahren befasst und er betrifft noch 36 andere Planeten, die ebenfalls in die Rebellion involviert waren und somit auch in Quarantäne und ohne Möglichkeit der Kommunikation mit dem Universum waren.

Urantia

Der Name von diesem Planeten, der Erde, in den kosmischen Registern. Unser Planet wurde schon so genannt, lange bevor es auf ihm Bewohner gab, die fähig dazu waren, in einer gesprochenen Sprache zu kommunizieren. Der Name geht auf den Planetarischen Höchsten zurück, der mit den Lebensträgern zusammen ankam, um Leben einzupflanzen und dessen Name Urantia war.

Urantia-Buch

Das Urantia-Buch (engl. The Urantia Book) ist ein 1955 erschienenes Buch in englischer Sprache, in dem der Begriff „Urantia" als eigentlicher Name des Planeten Erde vorgestellt wird. Das Buch entstand in Chicago, Illinois, USA zwischen 1924 und 1955 und beruft sich auf Offenbarungen durch geistige Wesenheiten aus sehr hohen kosmischen Kreisen.

Die Schriften des Urantia-Buches (erste deutsche Ausgabe 2005; 2. Ausgabe 2008) bietet dem Leser u.a. einen einzigartigen Überblick über Struktur, Verwaltung und Personal des Schöpfungsreichs sowie über die Geschichte unseres Universums von Nebadon, der Erde Urantia, der Evolution der Menschheit, der Mission von Adam und Eva und der Ersten Ankunft von Christ Michael auf der Erde vor 2.000 Jahren.

Auch wenn das Buch aus heutiger Sicht nicht frei von irreführenden Beschreibungen ist, präsentieren die Inhalte insgesamt einmalige und überzeugende Darstellungen über die Grundfragen der Existenz und insbesondere über das Abenteuer der menschlichen Evolution in Bezug auf die Wiederherstellung der Verbindung zum Schöpfer.

WEITERE INFORMATIONEN

zu den Themen dieses Buches, insbesondere im Zusammenhang mit der Mission von Christ Michael Aton, finden Sie unter

https://christ-michael.net/

Buchempfehlung: Phönix-Journal Nr. 02

Das Journal Nr. 02 gehört zu den wichtigen Grundlagen-Werken. Nicht umsonst empfiehlt auch Christ Michael, alias Hatonn, dringend die Lektüre dieses Buches.

Es enthält die ungefilterten und unzensierten Zeugnisse über die dramatischen Ereignisse in Israel vor 2000 Jahren. Erschütternd, berührend – und sehr kontrovers zur kirchlichen Lehrmeinung. Unter schwierigsten Bedingungen hat diese Schrift den Weg in die Öffentlichkeit gefunden. Jesus Sananda Jmmanuel sagt dazu in der Einleitung:

„Das folgende Dokument wurde übersetzt von Schriftrollen, die in Eurem Jahr 1963 von einem katholischen Priester griechischer Herkunft ans Licht gebracht wurden. Die Schriften wurden meistens mit mir an der Seite aufgezeichnet. Diese Schrift beweist zweifelsfrei, daß die falschen Glaubenslehren der Religionen jeglicher Wahrheit entbehren und daß sie die verantwortungslosen Machenschaften skrupelloser Kreaturen sind, die teilweise vom ‚Heiligen Stuhl' angeheuert wurden."

Allein mit diesen Worten zeigt Jesus Sananda Jmmanuel, daß er nicht den Zerrbildern des weichgespülten „Softie" entspricht. Er ist damals gekommen – wie es im Buch heißt – *„das Schwert der Wahrheit und des Wissens und der Kraft des Geistes, die dem Menschen innewohnt"* zu überbringen.

Die Inhalte dieses Buches verschaffen z. B. Klarheit darüber, was er gelehrt und vorgelebt hat, warum sein Name in „Jesus" abgeändert wurde, wer seine Lehrer waren, warum er den Weg der Kreuzigung gegangen ist, wer die wirklichen Verräter waren und viele – prophetische – Einzelheiten über sein Versprechen, wieder zu uns zurückzukehren.

Es sind Worte von großer Kraft und Weisheit. Wer bereit ist, sich mit dem Herzen auf den „Geist" dieser Texte einzulassen, wird mit tiefen Erfahrungen der Erkenntnis beschenkt.

Erhältlich beim *tradition Verlag* (https://tredition.de) oder im Buchhandel in drei Ausgabeformaten Taschenbuch, Hardcover und eBook.

Buchempfehlung: Phönix-Journal Nr. 03

Das Journal Nr. 03 gehört – ähnlich wie das Journal Nr. 02 – zu den wichtigen Grundlagen-Werken.

In diesem Buch enthüllt Commander Hatonn hochgeheime Aktivitäten in den USA, wie z. B. des MJ-12-Programms (Majestic 12) und der Jason Society, deckt die Hintergründe der mysteriösen UFO-Abstürze oder des geheimen Raumfahrtprogramms auf und nennt den wirklichen Mörder von John F. Kennedy.

Es vermittelt schockierende, aber auch erkenntnisreiche Einblicke in eine Welt jenseits unseres durch Zensur eingeschränkten Vorstellungsvermögens.

Obwohl bereits 1989 zum ersten Mal veröffentlicht, hat dieses Phönix-Journal nichts von seiner Brisanz verloren. Im Gegenteil. Jetzt, fast 30 Jahre später, können durch den anhaltenden Aufwach- und Erkenntnisprozeß die dargestellten Fakten und Zusammenhänge besser verstanden werden. Unverblümt sagt Hatonn:

„Ihr sitzt und meditiert über dies oder jenes in euren lächerlichen Kostümen und singt Kristalle an und Gott allein weiß, was sonst noch, – sehr riskant für eure Gesundheit und die Existenz im Ewigen Leben. Beherzigt die Warnung! Geht diesen Dingen nach – erforscht sie und hört der Wahrheit zu, die versucht, von eurem inneren Wissen in eure Gehirne vorzudringen."

Durch Indoktrination seitens einer selbsternannten Elite halten uns Lüge und Selbstbetrug seit Generationen gefangen. Zur Befreiung reicht uns Hatonn seine helfende Hand:

„Die einzige Weise, in der ihr hoffen könntet, Stand zu halten, wäre, wenn ihr angemessene ähnliche Fähigkeiten hättet – die eure Brüder aus dem Kosmos euch anzubieten haben." Wenn wir diese Hilfe nicht annehmen, sagt Hatonn weiter, marschieren wir geradewegs zum Armageddon. - Höchste Zeit, endlich - in Einheit mit dem Göttlichen - unser Schicksal zu wenden.

Erhältlich beim *tredition Verlag* (https://tredition.de) oder im Buchhandel in drei Ausgabeformaten Taschenbuch, Hardcover und eBook.

Buchempfehlung: Phönix-Journal Nr. 09

In diesem Buch zeigt Sananda (Esu Jesus Jmmanuel) mit der ihm eigenen schonungslosen Offenheit eine schockierende Realität, welche sich seit Generationen im Geheimen aber doch letztlich mitten unter uns abspielt. Aus Geld-

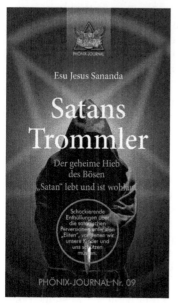

und Machtgier haben Hunderttausende ihr Denken und Handeln einem Kult unterworfen, der als Satanismus bezeichnet wird. Es sind zu einem großen Teil sehr prominente Menschen aus Politik, Kultur und Medien. Hinter einer ehrenwerten Maske sind sie abscheuliche Monster mit perversen Praktiken, bei denen z. B. hilflose Kinder erbarmungslos sexuell mißbraucht und am Ende rituell ermordet werden.

Es geht hier aber auch um Aufklärung über die subtilen und verführerischen Vorstufen zur Hölle. Drogen, geisttötende exzessive Musik, sexuelle Perversionen oder auch heilsversprechende Ideologien können besonders junge Menschen in einen Teufelskreis führen, dem sie nur schwer wieder entrinnen können.

Sananda nimmt kein Blatt vor den Mund bei der Erklärung satanischer Symbole, Rituale und vor allen Dingen, wie bereits im Kindesalter die Weichen gestellt werden für das Abgleiten in die Knechtschaft des Bösen. Und das alles mit den „Segen" von Eltern, Pädagogen und der Politik. Umso wichtiger ist es, daß wir die kranke Gottesferne bereits im Keim erkennen. Denn, so Sananda, „wenn ihr nicht aufwacht und Euch dieses Problems annehmt, dann werdet ihr eine Generation Kinder verlieren, entweder an die Krankheit selbst oder als Mordopfer in den Händen dieser Bösartigen – oder sowohl als auch."

Wie gute Eltern zu ihren Kindern zeigt Sananda aber auch einfühlsam die Wege zur Selbsterkenntnis auf: „Ihr seid bis zu eurer nahenden Zerstörung Menschen der Lüge gewesen. Ihr müßt Wissen darüber erlangen, wie ihr dem Widerstand leisten könnt, was dabei ist, euch einzunehmen. Gott hat euch nicht verraten – IHR habt das Göttliche verraten und in eurer Ignoranz ein Angebot bei Skorpionen abgegeben. Ich biete euch nun meine Hand an, auf daß ich euch heimbringen möge."

Erhältlich beim *tradition Verlag* (https://tradition.de) oder im Buchhandel in drei Ausgabeformaten Taschenbuch, Hardcover und eBook.